OECD/G20 BASE EROSION AND PROFIT SHIFTING PROJECT

グローバル税源浸食防止(GloBE)
Pillar Two
モデルルール・コメンタリー・事例集
〔改訂版〕

はしがき

　本書（以下「本改訂版」）は、OECDから公表された「グローバル税源浸食防止（GloBE）Pillar Two モデルルール（原題：*Tax Challenges Arising from the Digitalisation of the Economy – Global Anti-Base Erosion Model Rules (Pillar Two))*」、「グローバル税源浸食防止（GloBE）Pillar Two コメンタリー（原題：*Tax Challenges Arising from the Digitalisation of the Economy – Consolidated Commentary to the Global Anti-Base Erosion Model Rules (2023)*)」、「グローバル税源浸食防止 （GloBE） Pillar Two 事例集（原題：*Tax Challenges Arising from the Digitalisation of the Economy – Global Anti-Base Erosion Model Rules (Pillar Two) Examples)*」に、その後の運用指針（2023年末までの公表）で示された内容を書き加えた改訂版の日本語仮訳です。複雑化する国際課税の潮流におきまして、本書が、読者の皆様の研究・業務の一助となれば幸いです。

　周知の通り、2021年10月に140を超える国・地域が経済のデジタル化から生じる税の問題に対処するための国際課税改革に合意しました。詳細は監訳者あとがきをご参照いただくところですが、GloBEルール（第2の柱）は、国際課税改革の重要な構成要素のひとつであり、大規模な多国籍企業が事業を行う国・地域で発生する所得に対して国際的に合意された最低税率に基づく租税を負担することを担保するものです。

　本改訂版は、弊協会が2023年5月に刊行いたしました初版から、新たに順次公表された運用指針（実施ガイダンス）の内容を上記の時点まで該当箇所や付属文書で取り込んでおります。本改訂版以降にアップデートされた公表物については、ご参照いただく際にご留意いただけますようお願い申し上げます。

　最後に、本改訂版の翻訳にあたっては、岡田至康先生をはじめとするPwC税理士法人の皆様より多大なご尽力を頂きました。改めて、今回も大変な翻訳の作業をお引き受けいただきました皆様に、心より感謝申し上げます。

令和7年4月吉日
公益社団法人　日本租税研究協会
事務局

Originally published in English under the title:

OECD (2021), *Tax Challenges Arising from the Digitalisation of the Economy – Global Anti-Base Erosion Model Rules (Pillar Two): Inclusive Framework on BEPS*, OECD Publishing, Paris,

https://doi.org/10.1787/782bac33-en.

OECD (2024), *Tax Challenges Arising from the Digitalisation of the Economy – Consolidated Commentary to the Global Anti-Base Erosion Model Rules (2023): Inclusive Framework on BEPS*, OECD/G20 Base Erosion and Profit Shifting Project, OECD Publishing, Paris,

https://doi.org/10.1787/b849f926-en.

OECD (2024), *Tax Challenges Arising from the Digitalisation of the Economy –Global Anti-Base Erosion Model Rules (Pillar Two) Examples*, OECD, Paris,

https://www.oecd.org/tax/beps/tax-challenges-arising-from-the-digitalisation-of-the-economy-global-anti-base-erosion-model-rules-pillar-two-examples.pdf.

©2025 JAPAN TAX ASSOCIATION
Japanese language edition, Japan Tax Association, Tokyo, 2025.

　この仮訳はOECDによる公訳ではないことにご留意頂きたい。オリジナル版と日本語版で翻訳等に不一致が認められる場合、オリジナル版のテキストが優先される。なお、本翻訳は参考のための仮訳であって、正確には原文を参照されたい。

目次

序文 　10
略語 　12

Ⅰ　モデルルール

総括 　14
第1章　適用範囲 　15
　第1.1条　GloBEルールの適用範囲 　15
　第1.2条　MNEグループおよびグループ 　15
　第1.3条　構成事業体 　16
　第1.4条　最終親事業体(UPE) 　16
　第1.5条　除外事業体 　16
第2章　課税規定 　18
　第2.1条　IIRの適用 　18
　第2.2条　IIRに基づくトップアップ税額の配分 　19
　第2.3条　IIRの二重課税排除の仕組み 　19
　第2.4条　UTPRの適用 　20
　第2.5条　UTPRトップアップ税額 　20
　第2.6条　UTPRにおけるトップアップ税額の配分 　20
第3章　GloBE所得・損失の計算 　22
　第3.1条　財務諸表 　22
　第3.2.条　GloBE所得・損失の計算のための調整 　22
　第3.3条　国際海運所得の適用除外 　26
　第3.4条　本店とPE間の所得・損失の配分 　27
　第3.5条　フロースルー事業体の所得・損失の配分 　28
第4章　調整後対象租税の計算 　29
　第4.1条　調整後対象租税 　29
　第4.2条　対象租税の定義 　30
　第4.3条　一の構成事業体から他の構成事業体への対象租税の配分 　30
　第4.4条　一時差異への対応と調整 　31
　第4.5条　GloBE純損失に係る選択 　33
　第4.6条　申告後の調整および税率の変更 　34
第5章　実効税率(ETR)およびトップアップ税額の計算 　35
　第5.1条　ETRの計算 　35
　第5.2条　トップアップ税額 　36
　第5.3条　実質ベースの所得除外 　37
　第5.4条　追加当期トップアップ税額 　39
　第5.5条　デミニマス除外 　40
　第5.6条　少数被保有構成事業体(MOCE) 　40

第6章	企業再編および所有構造	41
第6.1条	グループ結合および分離における連結収入基準の適用	41
第6.2条	MNEグループへの構成事業体の加入と離脱	42
第6.3条	資産および負債の移転	43
第6.4条	ジョイントベンチャー(JV)	44
第6.5条	複数の最終親事業体(UPE)を持つMNEグループ	45
第7章	課税中立的な制度および分配時課税制度	46
第7.1条	フロースルー事業体であるUPE	46
第7.2条	支払配当損金算入制度の対象となるUPE	47
第7.3条	適格分配時課税制度	48
第7.4条	投資事業体のETRの計算	50
第7.5条	投資事業体の税務上透明な事業体選択	50
第7.6条	課税分配法の選択	51
第8章	執行	53
第8.1条	申告義務	53
第8.2条	セーフハーバー	54
第8.3条	運営指針	55
第9章	移行ルール	56
第9.1条	移行時の租税属性の取扱い	56
第9.2条	実質ベースの所得除外に係る移行期間中の措置	56
第9.3条	国際事業活動の初期段階にあるMNEグループに係るUTPRの適用除外	57
第9.4条	申告義務に係る移行期間中の措置	58
第10章	定義	59
第10.1条	用語の定義	59
第10.2条	フロースルー事業体、税務上透明な事業体、リバースハイブリッド事業体およびハイブリッド事業体の定義	78
第10.3条	事業体およびPEの所在地	79

Ⅱ　コメンタリー

はじめに		82
第1章	適用範囲	92
第1.1条	GloBEルールの適用範囲	92
第1.2条	MNEグループおよびグループ	98
第1.3条	構成事業体	100
第1.4条	最終親事業体(UPE)	101
第1.5条	除外事業体	104
参考資料		110
第2章	課税規定	111
IIRの概要		111
第2.1条	IIRの適用	114

第2.2条	IIRに基づくトップアップ税額の配分	118
第2.3条	IIRの二重課税排除の仕組み	121
UTPRの概要		122
第2.4条	UTPRの適用	122
第2.5条	UTPRトップアップ税額	128
第2.6条	UTPRにおけるトップアップ税額の配分	131
注記事項		135

第3章　GloBE所得・損失の計算　137

第3.1条	財務諸表	137
第3.2条	GloBE所得・損失の計算のための調整	142
第3.3条	国際海運所得の適用除外	184
第3.4条	本店とPE間の所得・損失の配分	193
第3.5条	フロースルー事業体の所得・損失の配分	196
参考資料		202
注記事項		203

第4章　調整後対象租税の計算　204

第4.1条	調整後対象租税	204
第4.2条	対象租税の定義	215
第4.3条	一の構成事業体から他の構成事業体への対象租税の配分	221
第4.4条	一時差異への対応と調整	230
第4.5条	GloBE純損失に係る選択	245
第4.6条	申告後の調整および税率の変更	247
参考資料		251
注記事項		251

第5章　実効税率(ETR)およびトップアップ税額の計算　253

第5.1条	ETRの計算	253
第5.2条	トップアップ税額	255
第5.3条	実質ベースの所得除外	260
第5.4条	追加当期トップアップ税額	273
第5.5条	デミニマス除外	275
第5.6条	少数被保有構成事業体(MOCE)	281
参考資料		284
注記事項		284

第6章　企業再編および所有構造　286

概要		286
第6.1条	グループの結合および分離における連結収入基準の適用	290
第6.2条	MNEグループへの構成事業体の加入と離脱	296
第6.3条	資産および負債の移転	303
第6.4条	ジョイントベンチャー(JV)	307
第6.5条	複数の最終親事業体(UPE)を持つMNEグループ	310
参考資料		315

	注記事項	315
第7章	課税中立的な制度および分配時課税制度	316
	第7.1条　フロースルー事業体であるUPE	316
	第7.2条　支払配当損金算入制度の対象となるUPE	323
	第7.3条　適格分配時課税制度	327
	第7.4条　投資事業体のETRの計算	332
	第7.5条　投資事業体の税務上透明な事業体選択	335
	第7.6条　課税分配法の選択	338
	注記事項	342
第8章	執行	344
	第8.1条　申告義務	344
	第8.2条　セーフハーバー	350
	第8.3条　運営指針	353
第9章	移行ルール	355
	第9.1条　移行時の租税属性の取扱い	355
	第9.2条　実質ベースの所得除外に係る移行期間中の措置	362
	第9.3条　国際事業活動の初期段階にあるMNEグループに係るUTPRの適用除外	362
	第9.4条　申告義務に係る移行期間中の措置	366
	注記事項	366
第10章	定義	367
	第10.1条　用語の定義	367
	第10.2条　フロースルー事業体、税務上透明な事業体、リバースハイブリッド事業体およびハイブリッド事業体の定義	422
	第10.3条　事業体およびPEの所在地	426
	参考資料	433
	注記事項	433
付属文書A	セーフハーバー	435
第1章	移行期間CbCRセーフハーバー	439
第2章	恒久的セーフハーバー	469
	セクション1．簡易計算セーフハーバーの枠組み	470
	セクション2．重要性の低い構成事業体(NMCE)の簡易計算	474
第3章	QDMTTセーフハーバー	479
第4章	移行期間UTPRセーフハーバー	496

Ⅲ　事例集

はじめに	500
第2章－事例	501
第2.1.3条	501
第2.1.5条	503
第2.2.3条	506

第2.2.4条	509
第2.3.2条	510
第2.4.1条	514
第2.4.2条	516
第2.5.3条	517
第2.6.4条	519
第3章 – 事例	521
第3.1.2条	521
第3.2.1条第b項	526
第3.2.1条第c項	528
第3.2.1条第f項	530
第3.2.1条第i項	533
第3.2.3条	536
第3.2.6条	538
第3.2.7条	538
第3.3.1条	540
第4章 – 事例	543
第4.1.3条	543
第4.1.5条	544
第4.3.2条	548
第4.3.3条	550
第4.4.1条	552
第4.4.1条第e項	553
第5章 – 事例	557
第5.2.1条	557
第5.3.4条	557
第5.3.7条第a項	559
第5.5.2条	560
第6章 – 事例	562
第6.2.1条第e項	562
第7章 – 事例	563
第7.1.1条第a項	563
第7.1.4条	566
第7.3.4条	567
第9章 – 事例	568
第9.1.1条	568
第9.1.3条	568
第10章 – 事例	574
第10.1条	574

序文

　デジタル化およびグローバル化は、世界中の経済と人々の生活に大きな影響を与えており、この影響は、21世紀に入って加速している。このような変化は、100年以上も適用されてきた国際的な事業所得への課税ルールに対する課題をもたらし、税源浸食と利益移転（Base Erosion and Profit Shifting（BEPS））の機会を生み出した。課税制度への信頼を回復するとともに、経済活動が行われ、価値が創造される場所において利益が課税されるようにするためには、政策立案者による大胆な行動が必要である。

　2013年、OECDは、大規模な多国籍企業（MNE）による租税回避に対する社会的・政治的関心の高まりを受けて、これらの課題に対処するための取り組みを強化した。2013年9月には、OECDとG20各国が協力して、BEPSに対処するための行動計画を策定した。この行動計画では、クロスボーダーの活動に影響を与える国内ルールに一貫性を持たせ、既存の国際基準における実質的な要件を強化し、透明性と確実性を向上させることを目的とした15の行動を特定した。

　2年間の作業を経て、2014年に暫定的な形で公表されたものも含め、15の行動に対応する措置が包括的なパッケージに統合され、2015年11月にG20各国の首脳に報告された。このBEPSパッケージは、約1世紀ぶりとなる国際的な課税ルールの大幅な見直しの第1弾となるものである。このBEPSの措置が実施されることで、利益を生み出す経済活動が行われ、価値が創造される場所において利益が課税されるようになることが期待される。旧態依然としたルールや各国間で整合性を欠いた国内法制に依処したBEPS対応策は、効果を失っていくことになる。

　また、OECDとG20諸国は、BEPS勧告の一貫した協調的な実施を確保し、プロジェクトをより包摂的なものにするため、引き続き協力していくことに合意した。その結果、OECD/G20のBEPS包摂的枠組み（Inclusive Framework）が創設されることとなり、関心を持ち、コミットしているすべての国・地域は、OECD租税委員会（OECD Committee on Fiscal Affairs（CFA））とその下部組織である作業部会等に対等な立場で参加することになった。140超の参加国・地域を擁する包摂的枠組みは、BEPS行動計画のミニマムスタンダードの実施状況のモニタリングとピアレビューを行い、BEPSの課題に対処するための基準設定に関する作業を完了しつつある。参加国・地域以外にも、他の国際機関や各地域の税務関係機関も包摂的枠組みの活動に参加しており、さまざまな作業について企業や市民団体からも意見を求めている。

　BEPSパッケージの実施により、国際的な課税環境の状況は劇的に変化し、税制の公平性が向上しているが、BEPSの重要な未解決課題の一つである、経済のデジタル化から生じる

税務上の課題への対処は未解決のまま残されていた。2021年10月8日、大きな一歩として、世界のGDPの95％超を占める140超の包摂的枠組み参加国・地域は、国際的な課税ルールを改革し、デジタル化、グローバル化した今日の世界経済において、多国籍企業がどこで事業を展開し、利益を生み出しても、公平に課税されるようにするための2本の柱の解決策に参加した。

　本モデルルールは、2021年12月14日に包摂的枠組みによって承認され、OECD事務局によって作成され、発行された。

　また、本コメンタリーは、2022年3月14日に、一定の事例に対するルールの適用を解説する詳細な事例集とともに、包摂的枠組みで承認され、公表された。包摂的枠組み参加国・地域は2024年にGloBEルールの適用を開始するため、コメンタリーの内容は2023年12月末までの包摂的枠組みで承認された様々な運営指針を組み入れて更新されている。

略語

BEPS	Base Erosion and Profit Shifting	税源浸食と利益移転
CbC	Country-by-Country	国別
CbCR	CbC Reporting	国別報告書
CE	Constituent Entity	構成事業体
CFC	Controlled Foreign Company	被支配外国会社
CIT	Corporate Income Tax	法人所得税
ETR	Effective Tax Rate	実効税率
FX	Foreign Exchange	外国為替
FXGL	Foreign Currency Gains or Losses	為替差損益
GAAP	Generally Accepted Accounting Principles	一般に公正妥当と認められた会計原則
GloBE	Global Anti-Base Erosion	グローバル税源浸食防止
IAS	International Accounting Standards	国際会計基準
IFRS	International Financial Reporting Standards	国際財務報告基準
IIR	Income Inclusion Rule	所得合算ルール
JV(s)	Joint Venture(s)	ジョイントベンチャー
LTCE	Low-Taxed Constituent Entity	軽課税構成事業体
MNE	Multinational Enterprise	多国籍企業
MOCE	Minority-Owned Constituent Entity	少数被保有構成事業体
MOPE	Minority-Owned Parent Entity	少数被保有親事業体
NPO	Non-Profit Organisation	非営利団体
OCI	Other Comprehensive Income	その他包括利益
OECD	Organisation for Economic Cooperation and Development	経済協力開発機構
PE	Permanent Establishment	恒久的施設
POPE	Partially-Owned Parent Entity	部分的被保有親事業体
QDMTT	Qualified Domestic Minimum Top-up Tax	適格国内ミニマムトップアップ税
UPE	Ultimate Parent Entity	最終親事業体
UTPR	Undertaxed Profits Rule(注)	軽課税所得ルール

（注）当初、UTPR は、「Undertaxed Payments Rule」とされていたが、本モデルルールでは、「UTPR」とのみ表記されている。本モデルルール以降、税源浸食支払額の割合とは関係なく、従業員数と有形資産の総価値の占める割合によってトップアップ税額を各国・地域に配分することになったことから、わが国を含め、UTPR を「Undertaxed Profits Rule」と表現することが一般化しているとみられる。

グローバル税源浸食防止（GloBE）
Pillar Two
Ⅰ．モデルルール

総括

グローバル税源浸食防止(GloBE)ルールは、大規模な多国籍企業(MNE)グループが、事業活動を行っている各国・地域において生じる所得に対して最低水準の税金を支払うこととなることを目的とした協調的な税制を定めている。これは、国・地域ごとに決定された実効税率(ETR)が最低税率を下回る場合に、その国・地域で発生した利益に上乗せ税(トップアップ税)を課すことで実現する。

- 第1章は、GloBEルールの適用範囲を定めている。

- 第2章は、トップアップ税額を負担するグループの構成事業体と、そのような事業体に課されるトップアップ税額の計算について定めている。

- 第3章および第4章は、GloBEルールに基づくETRの計算の構成要素について定めている。第3章では、MNEグループの各構成事業体の会計年度のGloBE所得・損失の計算について、第4章は、その所得に係る租税の計算について定めている。

- 第5章は、同じ国・地域に所在するすべての構成事業体の所得と租税を合計して、その国・地域のETRを計算する方法について定めている。ETRが最低税率を下回る場合は、その差分がトップアップ税率となり、当該国・地域の所得に当該税率を乗じることでトップアップ税額の総額が計算される。トップアップ税額は、その国・地域に所在する構成事業体間で比例配分され、第2章に従ってトップアップ税額を負担する構成事業体に課される。また、第5章は、トップアップ税額の対象となる所得の額を減少させる実質ベースの所得除外の選択を定めている。

- 第6章は、買収、処分、ジョイントベンチャー(JV)に関するルールを定めている。

- 第7章は、一定の課税中立的な制度および分配時課税制度などに対するGloBEルールの適用について定めている。

- 第8章は、情報申告書の提出義務やセーフハーバーの適用など、GloBEルールの執行について定めている。

- 第9章は、一定の移行ルールを定めている。

- 第10章は、GloBEルールで使用される用語の定義を定めている。

GloBEルールでは、国・地域ごとに最低税率が適用される。その点を踏まえて、OECD/G20 BEPS包摂的枠組みは、2021年10月8日の声明で、公平な競争条件を確保するために、米国の国外軽課税無形資産所得(Global Intangible Low-Taxed Income(GILTI))制度がGloBEルールと共存する条件を検討することに合意した。

第1章　適用範囲

本章のルールの適用

第1章は、本ルールの適用範囲を定めている。

- 第1.1条は、GloBEルールの対象となるMNEグループおよびグループ事業体について定めている。
- 第1.2条から第1.4条は、事業体または事業体の集まりがどのような場合にグループを構成するか、また当該グループがどのような場合にMNEグループに該当するかを判定するための重要な定義について定めている。
- 第1.5条は、GloBEルールの適用対象外となる除外事業体について定めている。

第1.1条　GloBEルールの適用範囲

1.1.1. GloBEルールは、判定対象会計年度の直前の4会計年度のうち、少なくとも2会計年度において、UPEの連結財務諸表上の年間収入金額が7億5000万ユーロ以上であるMNEグループのメンバーである構成事業体に適用される。さらに、第6.1条では、一定の場合に、この連結収入基準を修正して適用している。

1.1.2. 第1.1.1条におけるMNEグループのいずれかの会計年度が12か月以外の期間である場合、それらの各会計年度に係る7億5000万ユーロの基準は、判定対象とする会計年度の期間に応じて調整される。

1.1.3. 除外事業体に該当する事業体は、GloBEルールの適用対象外となる。

第1.2条　MNEグループおよびグループ

1.2.1. MNEグループとは、UPEの国・地域に所在しない一以上の事業体またはPEを有するグループをいう。

1.2.2. グループとは、所有または支配を通じた関係を有する事業体の集まりであり、これらの事業体の資産、負債、収益、費用およびキャッシュ・フローが以下のいずれかの取扱いをなされているものをいう。

(a) UPEの連結財務諸表に含まれているもの
(b) 規模や重要性、またはその事業体が売却対象ということのみを理由として、UPEの連結財務諸表から除外されているもの

1.2.3. グループには、一の国・地域に本店が所在し、他の国・地域に一以上のPEを有する事業体で、当該事業体が第1.2.2条で定められる別のグループに属していないものも含む。

第1.3条　構成事業体

1.3.1. 構成事業体とは、以下をいう。

　(a)　グループに含まれるすべての事業体
　(b)　(a)に該当する本店が有するすべてのPE

1.3.2. 上記第b項に基づき構成事業体となるPEは、本店およびその他のPEとは別個のものとして取り扱われる。

1.3.3. 構成事業体には、除外事業体である事業体を含まない。

第1.4条　最終親事業体（UPE）

1.4.1. UPEとは、以下の第a項または第b項のいずれかの事業体をいう。

　(a)　以下のいずれにも該当する事業体
　　　ⅰ．他のいずれかの事業体に対する支配持分を直接または間接に保有している事業体
　　　ⅱ．他のいずれかの事業体にその支配持分を直接または間接に保有されていない事業体
　(b)　第1.2.3条に定めるグループの本店

第1.5条　除外事業体

1.5.1. 除外事業体とは、以下のいずれかの事業体である。

　(a)　政府事業体
　(b)　国際機関
　(c)　非営利団体
　(d)　年金基金
　(e)　UPEである投資ファンド
　(f)　UPEである不動産投資ビークル

1.5.2. 除外事業体には、以下のいずれかの事業体も含まれる。

　(a)　事業体の価値の95％以上が（直接または除外事業体の連鎖を通じて）第1.5.1条で定められる一以上の除外事業体（年金サービス事業体を除く。）によって所有されており、かつ、以下のいずれかを満たす事業体

ⅰ．専らまたは主として当該除外事業体のために資産を所有し、資金を投資するもの
　　　ⅱ．当該除外事業体が行う活動に付随する活動のみを行うもの

(b) 事業体の価値の85％以上が（直接または除外事業体の連鎖を通じて）第1.5.1条で定められる一以上の除外事業体（年金サービス事業体を除く）によって所有されている場合で、当該事業体の実質的にすべての所得が、第3.2.1条第b項または第c項に従って、GloBE所得または損失の計算から除かれる除外配当または除外資本損益である事業体

1.5.3. 申告構成事業体は、事業体を第1.5.2条の除外事業体として取り扱わない選択ができる。本条に基づく選択は、5年選択とする。

第2章　課税規定

> **本章のルールの運用**
>
> 第2章は、親事業体またはUTPRの適用国・地域に所在する構成事業体に課されるトップアップ税額を、以下の順で計算することを定めている。
>
> - 第5章のルールに基づいて計算された各LTCEに係るトップアップ税額を、第2.1条から第2.3条に従って、IIRに基づき親事業体に帰属させる。
> - そして、IIRの適用後に親事業体に帰属させられずに残ったトップアップ税額があれば、第2.4条から第2.6条に従って、UTPR適用国・地域に配分する。

第2.1条　IIRの適用

2.1.1. ［実施国・地域名を記入］に所在するMNEグループのUPEである構成事業体で、会計年度中いずれかの時点において、LTCEの所有者持分を（直接または間接に）保有しているものは、当該会計年度における当該LTCEに係るトップアップ税額の配分額に相当する税額を支払うものとする。

2.1.2. ［実施国・地域名を記入］に所在するMNEグループの中間親事業体で、会計年度中いずれかの時点において、LTCEの所有者持分を（直接または間接に）保有しているものは、当該会計年度における当該LTCEに係るトップアップ税額の配分額に相当する税額を支払うものとする。

2.1.3. 第2.1.2条は、以下のいずれかの場合には適用されない。

(a) 当該MNEグループのUPEが、当該会計年度に適格IIRを適用することを求められる場合

(b) 当該中間親事業体に対する支配持分を直接または間接に保有する他の中間親事業体が、当該会計年度に適格IIRを適用することを求められる場合

2.1.4. 第2.1.1条から第2.1.3条にかかわらず、当該会計年度中いずれかの時点において、LTCEの所有者持分を直接または間接に保有している［実施国・地域名を記入］に所在するPOPEは、当該会計年度における当該LTCEに係るトップアップ税額の配分額に相当する税額を支払うものとする。

2.1.5. 第2.1.4条は、POPEが当該会計年度において適格IIRを適用することを求められる他のPOPEによって（直接または間接に）完全に所有されている場合には、適用されない。

2.1.6. ［実施国・地域名を記入］に所在する親事業体は、［実施国・地域名を記入］に所在

しないLTCEについて、第2.1.1条から第2.1.5条の規定を適用するものとする。

第2.2条　IIRに基づくトップアップ税額の配分

2.2.1. LTCEに係るトップアップ税額の親事業体への配分額は、第5章に基づいて計算された当該LTCEに係るトップアップ税額に、当該会計年度における当該LTCEに係る当該親事業体の合算比率を乗じた額とする。

2.2.2. ある会計年度のLTCEに係る親事業体の合算比率は、(a)当該会計年度における当該LTCEのGloBE所得から当該親事業体以外の所有者によって保有されている所有者持分に帰属するGloBE所得を減額したものの、(b)当該会計年度における当該LTCEのGloBE所得に占める割合とする。

2.2.3. LTCEの親事業体以外の所有者によって保有されている所有者持分に帰属するGloBE所得の額は、当該LTCEの純利益をそのGloBE所得と同額であったものとし、かつ、以下のすべてを仮定した場合に、UPEの連結財務諸表で適用されている許容された財務会計基準の原則に基づき、当該親事業体以外の所有者に帰属するものとして取り扱われていたであろう額とする。

(a) 当該親事業体が当該財務会計基準に基づいて連結財務諸表（仮想の連結財務諸表）を作成していたこと
(b) 当該親事業体が当該LTCEに対する支配持分を保有することとし、当該LTCEのすべての収益・費用が、仮想の連結財務諸表上、項目ごとに当該親事業体の収益・費用に連結されていたこと
(c) 当該LTCEのGloBE所得のすべてが、グループ事業体以外の者との取引により生じたものであること
(d) 当該親事業体が直接または間接に保有していない所有者持分のすべてが、グループ事業体以外の者に保有されていたこと

2.2.4. フロースルー事業体の場合、本条のGloBE所得には、第3.5.3条によってグループ事業体でない所有者に配分された所得は含まれない。

第2.3条　IIRの二重課税排除の仕組み

2.3.1. 第2.1.3条または第2.1.5条に基づきIIRの適用除外の対象とならない中間親事業体またはPOPEを通じて間接的にLTCEの所有者持分を保有する親事業体は、第2.3.2条の規定に従い当該LTCEに係るトップアップ税額の配分額を減額する。

2.3.2. 第2.3.1条における減額は、当該親事業体へのトップアップ税額の配分額のうち、適格IIRに基づき当該中間親事業体または当該POPEで課税されている部分に相当する額とする。

第2.4条　UTPRの適用

2.4.1.　［実施国・地域名を記入］に所在するMNEグループの構成事業体は、当該国・地域に配分された当該会計年度のUTPRトップアップ税額に相当する追加現金支出税金費用がこれらの構成事業体に生じる結果となるように、損金算入が否認されるものとする（または、国内法に基づいて同等の調整を行うことが求められることとする）。

2.4.2.　第2.4.1条の調整は、可能な限り、当該会計年度終了の日を含む課税年度に適用される。この調整が、当該課税年度において、当該会計年度に［実施国・地域名を記入］に配分されたUTPRトップアップ税額に相当する追加現金支出税金費用を生じさせるのに十分でない場合には、その不足額は、必要な範囲で、翌会計年度以後に繰り越され、各課税年度において、可能な範囲で第2.4.1条に規定する調整の対象となる。

2.4.3.　第2.4.1条は、投資事業体である構成事業体には適用されない。

第2.5条　UTPRトップアップ税額

2.5.1.　ある会計年度のUTPRトップアップ税額の総額は、当該会計年度のMNEグループの各LTCEについて（第5.2条に従って）計算されるトップアップ税額の合計額に、第2.5条および第9.3条に定める調整を行った額とする。

2.5.2.　第2.5.1条に基づき計算されるLTCEに係るトップアップ税額は、当該LTCEに係るUPEの所有者持分のすべてが一以上の親事業体によって直接または間接に保有されており、かつ、当該会計年度において、当該LTCEに関して、それらの親事業体が所在する国・地域において適格IIRの適用を求められる場合には、ゼロに減額される。

2.5.3.　第2.5.2条の適用がない場合、第2.5.1条に基づき計算されるLTCEに係るトップアップ税額は、当該LTCEに係るトップアップ税額の親事業体への配分額のうち、適格IIRに基づき課税される額だけ減額される。

第2.6条　UTPRにおけるトップアップ税額の配分

2.6.1.　第2.6.2条および第2.6.3条によって、［実施国・地域名を記入］に配分されるUTPRトップアップ税額は、第2.5.1条で計算されたUTPRトップアップ税額の総額に、当該国・地域のUTPR割合を乗じて計算されることとする。［実施国・地域名を記入］のUTPR割合は、各MNEグループの会計年度ごとに、以下のように計算する。

$$50\% \times \frac{\text{当該国・地域の従業員数}}{\text{すべてのUTPR適用国・地域の従業員数}} + 50\% \times \frac{\text{当該国・地域の有形資産の総価値}}{\text{すべてのUTPR適用国・地域の有形資産の総価値}}$$

本計算式上における用語の定義は、以下のとおりとする。

(a) 当該国・地域の従業員数とは、［実施国・地域名を記入］に所在するMNEグループのすべての構成事業体の従業員数の合計とする。

(b) すべてのUTPR適用国・地域の従業員数とは、当該会計年度において適格UTPRが施行されている国・地域に所在するMNEグループのすべての構成事業体の従業員数の合計とする。

(c) 当該国・地域の有形資産の総価値とは、［実施国・地域名を記入］に所在するMNEグループのすべての構成事業体の有形資産の正味帳簿価額の合計とする。

(d) すべてのUTPR適用国・地域の有形資産の総価値とは、当該会計年度において適格UTPRが施行されている国・地域に所在するMNEグループのすべての構成事業体の有形資産の正味帳簿価額の合計とする。

2.6.2. 第2.6.1条においては、以下のとおり取り扱われる。

(a) 投資事業体の従業員数および有形資産の正味帳簿価額は、UTPRトップアップ税額の総額を配分する計算式から除外される。

(b) PEに配分されないフロースルー事業体の従業員数および有形資産の正味帳簿価額は、当該フロースルー事業体が設立された国・地域に所在する構成事業体（もしあれば）に配分される。PEまたは本規定によって当該フロースルー事業体が設立された国・地域に所在する構成事業体に配分されないフロースルー事業体の従業員数および有形資産の正味帳簿価額は、UTPRトップアップ税額の総額を配分する計算式から除外される。

2.6.3. 第2.6.1条にかかわらず、過去会計年度において［実施国・地域名を記入］に配分されたUTPRトップアップ税額の総額に相当する額の追加現金支出税金費用が、［実施国・地域名を記入］に所在する当該MNEグループの構成事業体で生じていない限り、当該MNEグループに係る［実施国・地域名を記入］のUTPR割合は、当該会計年度においてはゼロとみなされる。当該会計年度のUTPR割合がゼロの国・地域に所在するMNEグループの構成事業体の従業員数および有形資産は、当該会計年度のUTPRトップアップ税額の総額の配分にあたっては、第2.6.1条に基づく計算式から除外される。

2.6.4. 第2.6.3条は、当該会計年度において適格UTPRが施行されているすべての国・地域において、当該会計年度に係る当該MNEグループのUTPR割合がゼロである場合には、適用されない。

第3章　GloBE所得・損失の計算

> **本章のルールの運用**
>
> 第3章は、構成事業体のGloBE所得・損失の額を、以下の順で計算することを定めている。
> - 第3.1条に従って、当該構成事業体に係る当該会計年度の財務会計上の純損益を用いる。
> - そのうえで、当該財務会計上の純損益に、第3.2条から第3.5条に規定する調整を行い、当該事業体のGloBE所得・損失を計算する。

第3.1条　財務諸表

3.1.1. 各構成事業体のGloBE所得・損失は、当該構成事業体に係る当該会計年度の財務会計上の純損益に、第3.2条から第3.5条に規定する項目に係る調整を行ったものをいう。

3.1.2. 財務会計上の純損益とは、UPEの連結財務諸表作成の際に計算される当該会計年度における（グループ会社間取引を相殺消去する連結調整を行う前の）構成事業体の純利益または損失とする。

3.1.3. UPEの連結財務諸表の作成に用いられる財務会計基準に基づき、構成事業体に係る財務会計上の純損益を計算することが合理的に実施可能ではない場合に、以下のすべての要件を満たすときは、他の許容された財務会計基準または承認された財務会計基準を用いて、当該構成事業体に係る当該会計年度の財務会計上の純損益を計算することができる。

(a) 当該構成事業体の財務諸表が、当該許容された財務会計基準または当該承認された財務会計基準に基づいて作成されていること
(b) 当該財務諸表に含まれる情報が信頼できること
(c) UPEの連結財務諸表の作成で用いられる財務会計基準と異なる特定の会計原則または財務会計基準を収益または費用項目あるいは取引に適用することによって100万ユーロを超える永久差異が生じている場合には、当該永久差異がUPEの連結財務諸表で用いられる財務会計基準に従って適切に調整されること

第3.2条　GloBE所得・損失の計算のための調整

3.2.1. 構成事業体のGloBE所得・損失の計算上、当該構成事業体に係る財務会計上の純損益について、以下の項目を調整する。

(a) 純税金費用

(b) 除外配当
(c) 除外資本損益
(d) 再評価によって含められる損益
(e) 第6.3条に基づき除外される資産および負債の処分損益
(f) 非対称外国為替差損益
(g) 政策上の否認費用
(h) 過年度の誤謬と会計原則の変更に起因する損益
(i) 発生年金費用

3.2.2. 申告構成事業体による選択により、構成事業体は、株式報酬により支払われた当該構成事業体の費用に関して、財務諸表に計上された費用の金額に代えて、当該構成事業体の所在国・地域において課税所得の計算上損金算入が認められる金額を用いることができる。当該株式報酬費用が行使されずに失効するオプションに関連して生じる場合、当該構成事業体は、当該オプションが失効する会計年度に係るGloBE所得・損失の計算上、過去に減額した金額を加算しなければならない。この選択は、5年選択であり、当該選択が行われた会計年度およびその後のすべての会計年度において、同一の国・地域に所在するすべての構成事業体の株式報酬に一律に適用しなければならない。株式報酬に関する取引の一部が財務諸表上費用計上された後の会計年度において、当該選択が行われた場合、当該構成事業体は、過去会計年度のGloBE所得・損失の計算上減額した金額の累積額が、これらの過去会計年度にその選択が有効であったとした場合に損金として認められていたであろう額の累積額を超過する場合、当該選択を行った会計年度に係るGloBE所得・損失の計算において当該超過額を含めなければならない。当該選択が取り消された場合、当該構成事業体は、当該選択に基づいて減額された金額のうち、未だ支払われていない株式報酬について財務諸表に計上された費用を上回る額を、当該選択が取り消された会計年度に係るGloBE所得・損失の計算に含めなければならない。

3.2.3. 異なる国・地域に所在する構成事業体間の取引で、双方の構成事業体の財務諸表上、同額で計上されていないもの、または、独立企業原則に合致していないものは、同額となるように調整するとともに、独立企業原則に合致するように調整しなければならない。同一の国・地域に所在する二つの構成事業体間での資産の譲渡またはその他の移転により生じた損失が独立企業原則に合致して計上されていない場合に、当該損失がGloBE所得・損失の計算に含まれるときには、当該損失を独立企業原則に基づいて再計算しなければならない。なお、本店とそのPEとの間の所得または損失の配分に関するルールは、第3.4条に定められている。

3.2.4. 適格還付税額控除は、構成事業体のGloBE所得・損失の計算上、所得として取り扱うこととする。非適格還付税額控除は、構成事業体のGloBE所得・損失の計算上、所得として取り扱わないこととする。

3.2.5. 連結財務諸表上、公正価値会計または減損会計の対象となる資産および負債について、申告構成事業体は、GloBE所得の計算上、実現主義に基づいた損益計算を選択すること

ができる。この選択は、5年選択であり、当該選択が適用される国・地域に所在するすべての構成事業体に適用される。当該選択は、当該申告構成事業体が、当該選択の適用範囲をこれらの構成事業体が有する有形資産に限定するか、投資事業体である構成事業体に限定しない限り、これらの構成事業体のすべての資産および負債に適用される。当該選択をした場合の取扱いは、以下のとおりである。

(a) 資産または負債に係る公正価値会計または減損会計に起因するすべての損益は、GloBE所得・損失の計算から除外される。
(b) 損益の計算上、資産または負債の帳簿価額は、以下のいずれか遅い日の帳簿価額とされる。
　ⅰ．選択年度開始の日
　ⅱ．資産の取得日または負債の発生日
(c) 当該選択が取り消された場合、当該構成事業体のGloBE所得・損失は、その取消年度開始の日において、当該資産または負債の時価と、当該選択に基づいて計算された当該資産または負債の帳簿価額との差額だけ調整される。

3.2.6. ある国・地域において、ある会計年度に合計資産譲渡益が生じた場合、申告構成事業体は、第3.2.6条に基づく年次選択を行うことにより、当該国・地域について、遡及期間内の過去会計年度に係るGloBE所得・損失を次の第b項および第c項に記載する方法で調整し、当該調整後に残る調整後資産譲渡益を第d項に記載する方法で遡及期間に配分することができる。この場合、第5.4.1条に基づいて、過去会計年度のETRおよびトップアップ税額(もしあれば)を再計算しなければならない。この選択をした場合の取扱いは、以下のとおりである。

(a) 選択年度における純資産譲渡益または純資産譲渡損に係る対象租税は、調整後対象租税の計算上、除外される。
(b) 選択年度における合計資産譲渡益は、遡及期間内の最も古い損失年度に繰り戻され、当該国・地域に所在する構成事業体の純資産譲渡損と比例的に相殺される。
(c) いずれかの損失年度において、調整後資産譲渡益が当該国・地域に所在するすべての構成事業体の純資産譲渡損の合計額を超える場合、調整後資産譲渡益は、次の損失年度(もしあれば)に繰り越され、当該国・地域に所在する構成事業体の純資産譲渡損と比例的に相殺される。
(d) 第b項および第c項の適用後に残る調整後資産譲渡益は、遡及期間内の各会計年度に均等に配分される。配分の対象となる関連会計年度の資産譲渡益配分額は、次の計算式に従って、当該会計年度において当該国・地域に所在する構成事業体のGloBE所得・損失の計算に含めることとする。

$$\text{配分の対象となる各関連会計年度の資産譲渡益配分額} \times \frac{\text{選択年度における当該特定構成事業体の純資産譲渡益}}{\text{選択年度におけるすべての特定構成事業体の純資産譲渡益}}$$

上記の計算式における特定構成事業体とは、選択年度において純資産譲渡益を有しており、配分の対象となる関連会計年度において当該国・地域に所在していた構成事業体をいう。当該関連会計年度において特定構成事業体が所在しない場合には、当該会計年度に配分される調整後資産譲渡益は、当該各会計年度において当該国・地域に所在する各構成事業体に均等に配分される。

3.2.7. 軽課税事業体のGloBE所得・損失の計算上、グループ内金融取引に係る費用が、その取決めが見込んでいる期間にわたり、以下に該当することが合理的に見込まれる場合には、当該グループ内金融取引に係る費用を除外しなければならない。

(a) 当該軽課税事業体のGloBE所得・損失の計算に含まれる費用の額を増加させること
(b) 一方で、高税率国・地域の取引相手の課税所得がそれに見合って増加しないこと

3.2.8. UPEは、その連結会計上の処理を適用することにより、同一の国・地域内に所在し、かつ、連結納税グループに含まれる構成事業体間の取引から生じる収益、費用、譲渡損益をこれらの各構成事業体のGloBE所得・損失の計算上、相殺消去することを選択できる。本条に基づく選択は、5年選択とする。選択の実行または取消しにあたり、GloBE所得または損失の各項目に重複や漏れが生じないよう、適切な調整を行う必要がある。

3.2.9. 保険契約者に帰属する利得に対して課される租税を保険会社が支払い、同支払額を当該保険契約者に転嫁する場合、当該転嫁した金額は当該保険会社のGloBE所得・損失の計算に含めないものとする。保険会社は、保険契約者に帰属する利得が当該保険会社の財務会計上の純損益の計算に反映されていない場合、当該利得に対応する保険契約負債の増減が当該保険会社の財務会計上の純損益の計算に反映されている範囲で、当該保険会社のGloBE所得・損失の計算上、当該利得を含めることとする。

3.2.10. 構成事業体が発行したその他Tier1資本に関連して支払われたまたは支払われるべき配当に起因する当該構成事業体の自己資本の減少額は、当該構成事業体のGloBE所得・損失の計算上、費用として取り扱われる。構成事業体が保有するその他Tier1資本に関連して受け取ったまたは受け取るべき配当金に起因する当該構成事業体の自己資本の増加額は、当該構成事業体のGloBE所得・損失の計算に含まれる。

3.2.11. 構成事業体の財務会計上の純損益は、第6章および第7章の関連規定の要件を反映するように必要に応じて調整されなければならない。

第3.3条　国際海運所得の適用除外

3.3.1. 国際海運所得を有するMNEグループの場合、各構成事業体の国際海運所得および適格付随的国際海運所得は、各構成事業体が所在する国・地域における第3.2条に基づくGloBE所得・損失の計算から除外するものとする。また、構成事業体の国際海運所得および適格付随的国際海運所得の計算の結果、損失となる場合には、当該損失は、当該構成事業体のGloBE所得・損失の計算から除外するものとする。

3.3.2. 国際海運所得とは、構成事業体が、以下により稼得した純所得をいう。

(a) 所有、賃借、その他利用の形態如何にかかわらず、当該構成事業体が自由に使用できる場合における、当該構成事業体が国際航路で運航する船舶による旅客または貨物の輸送

(b) スロットチャーター契約に基づき国際航路で運航される船舶による旅客または貨物の輸送

(c) 国際航路における旅客または貨物の輸送のために使用される船の賃貸で、装備、乗組員およびその他必要なものが完備されたもの

(d) 国際航路における旅客または貨物の輸送の用に供することを目的とした裸用船契約に基づく船舶の賃貸で、他の構成事業体に対するもの

(e) 国際航路における旅客または貨物の船舶輸送を目的としたプール事業、共同事業または国際運航代理事業への参加

(f) 国際航路における旅客または貨物の輸送に使用された船舶の売却。ただし、当該船舶が当該構成事業体による使用のために1年以上所有されていたことを条件とする。

国際海運所得には、同一の国・地域内の内陸水路を運航する旅客または貨物の船舶輸送から得られる純所得は含まれないものとする。

3.3.3. 適格付随的国際海運所得とは、構成事業体が、主に国際航路における旅客または貨物の船舶輸送に関連して行われる以下の活動から稼得する純所得をいう。

(a) 構成事業体でない他の海運事業者への裸用船契約に基づく船舶の賃貸。ただし、契約期間が3年を超えないものに限る。

(b) 他の海運事業者により発行されたチケットの販売で国際航海の国内区間分に係るもの

(c) コンテナの賃貸および短期保管またはコンテナの返還遅延に係る料金

(d) 技術者、機器整備士、貨物運搬担当者、船内食担当者、顧客サービス担当者による他の海運事業者へのサービス提供

(e) 投資所得を生ずる投資が、国際航路での船舶を運航する事業を遂行するために不可欠なものとして行われる場合の当該投資所得

3.3.4. ある国・地域に所在するすべての構成事業体の適格付随的国際海運所得の合計額は、これらの構成事業体の国際海運所得の50%を超えないものとする。

3.3.5. 構成事業体で生じる費用で第3.3.2条に定める国際海運活動に直接起因するものおよび第3.3.3条に定める適格付随的国際海運活動に直接起因する費用は、当該構成事業体の国際海運所得および適格付随的国際海運所得の計算上、これらの活動に係る収入金額から控除される。構成事業体で生じるその他の費用で当該構成事業体の国際海運活動および適格付随的国際海運活動に間接的に起因する費用は、当該構成事業体の総収入金額に対する当該活動に係る収入金額の割合で配分されるものとする。構成事業体の国際海運所得および適格付随的国際海運所得に帰属するすべての直接および間接費用は、当該構成事業体のGloBE所得・損失の計算から除外する。

3.3.6. 構成事業体の国際海運所得および適格付随的国際海運所得が、本条に基づきGloBE所得・損失の計算の適用除外の対象となるためには、当該構成事業体は、当該所得に関係するすべての船舶の戦略上または商業上の管理を当該構成事業体の所在する国・地域内で実質的に実施していることを証明しなければならない。

第3.4.条　本店とPE間の所得・損失の配分

3.4.1. 第10.1条(PE)の定義の第a項、第b項および第c項に該当するPEである構成事業体の財務会計上の純損益は、当該PEの個別財務諸表に反映された純利益または損失をいう。当該PEが個別財務諸表を有していない場合、財務諸表上の純損益は、当該PEの個別財務諸表が、UPEの連結財務諸表の作成に使用された財務会計基準に従い、かつ、単独で作成されたとすれば当該個別財務諸表に反映されたであろう額をいう。

3.4.2. 第3.4.1条に定めるPEの財務会計上の純損益は、必要に応じて、以下のとおり調整する。

(a) 第10.1条(PE)の定義の第a項および第b項に該当するPEの場合、当該PEが所在する国・地域で課税対象となる所得および損金算入される費用の額であるか否かにかかわらず、当該国・地域で適用される租税条約または国内法に従って当該PEに帰属する収益および費用の金額ならびに項目のみを反映することとする。

(b) 第10.1条(PE)の定義の第c項に該当するPEの場合、OECDモデル租税条約第7条に従って当該PEに帰属したであろう収益および費用の金額ならびに項目のみを反映することとする。

3.4.3. 第10.1条(PE)の定義の第d項に該当するPEである構成事業体の場合、財務会計上の純損益の計算に含まれる収益は、本店が所在する国・地域で免税とされる収益で、当該国・地域外で行われる事業に帰属するものとする。財務会計上の純損益の計算に含まれる費用は、本店が所在する国・地域で税務上損金算入が認められない費用で、当該国・地域外で行われる事業に帰属するものとする。

3.4.4. PEの財務会計上の純損益は、第3.4.5条に定める場合を除き、その本店に係るGloBE

所得・損失の計算には含まれない。

3.4.5. PEのGloBE損失は、当該PEの損失がその本店の国内課税所得の計算上、費用として取り扱われる場合で、かつ、当該本店の所在国・地域および当該PEの所在国・地域のいずれの法律のもとでも課税対象となる所得項目と相殺されていない限りにおいて、当該本店のGloBE所得・損失の計算上、(当該PEではなく)当該本店の費用として取り扱われるものとする。事後に当該PEで生じたGloBE所得は、その本店のGloBE所得・損失の計算上、既に当該本店の費用として取り扱われた当該PEに係るGloBE損失の額を限度として、(当該PEではなく)当該本店のGloBE所得として取り扱われるものとする。

第3.5条　フロースルー事業体の所得・損失の配分

3.5.1. フロースルー事業体である構成事業体の財務会計上の純損益は、以下のように配分される。

(a) 当該事業体の事業の全部または一部がPEを通じて行われている場合、当該事業体の財務会計上の純損益は、第3.4条に従って、当該PEに配分される。
(b) UPEではない税務上透明な事業体の場合、第a項適用後の財務会計上の純損益は、当該構成事業体の所有者持分に応じて当該構成事業体所有者に配分される。
(c) UPEである税務上透明な事業体またはリバースハイブリッド事業体の場合、第a項適用後の財務会計上の純損益は、当該構成事業体自身に配分される。

3.5.2. 第3.5.1条の規定は、フロースルー事業体の各所有者持分について、個別に適用される。

3.5.3. 第3.5.1条を適用する前に、フロースルー事業体の財務会計上の純損益は、当該フロースルー事業体の所有者持分を直接または税務上透明なストラクチャーを通じて間接に保有するグループ事業体以外の所有者に対して配分される額を減額する。

3.5.4. 第3.5.3条は、以下のいずれかの場合には適用されない。

(a) フロースルー事業体であるUPE
(b) UPEが(直接または税務上透明なストラクチャーを通じて)所有するフロースルー事業体

これらの事業体の取扱いについては、第7.1条に定められている。

3.5.5. フロースルー事業体の財務会計上の純損益は、他の構成事業体に対して配分される額を減額する。

第4章　調整後対象租税の計算

本章のルールの運用

第4章は、第4.2条に定義される構成事業体の対象租税を、以下のように計算することを定めている。

- 第4.1条に従って計算される構成事業体の当該会計年度の当期税金費用に、第4.4条および第4.5条に基づき一定の一時差異を反映し、第4.3条に基づき一定の場合に、ある構成事業体から他の構成事業体に対象租税を配分する。
- 第4.6条に基づき、一定の申告後の税務調整の影響も考慮する。

第4.1条　調整後対象租税

4.1.1. 構成事業体の会計年度の調整後対象租税は、財務会計上の純損益に計上される当該会計年度の対象租税に関する当期税金費用に対して、以下の金額を調整したものとする。

(a) （第4.1.2条に基づき計算した）当該会計年度の対象租税の追加項目および（第4.1.3条に基づき計算した）当該会計年度の対象租税の減少項目の純額

(b) （第4.4条に基づき計算した）繰延税金調整総額

(c) 国内税法上、課税対象となるGloBE所得・損失の計算に含まれる対象租税のうち資本またはその他包括利益に計上された金額の増加額または減少額

4.1.2. 構成事業体の当該会計年度の対象租税の追加項目の金額は、以下の合計額とする。

(a) 財務会計上、税引前利益の計算において費用として計上された対象租税の額

(b) 第4.5.3条に基づき使用されるGloBE純損失に係る繰延税金資産の額

(c) 当該会計年度に納付された対象租税のうち、不確実な税務ポジションに関連するもので、過去会計年度に第4.1.3条第d項に基づき対象租税の減少項目として扱われた金額

(d) 適格還付税額控除に係る控除額または還付額で、当該会計年度の当期税金費用の減額として計上された額

4.1.3. 構成事業体の当該会計年度の対象租税の減少項目の金額は、以下の合計額とする。

(a) 第3章の規定によりGloBE所得・損失の計算から除外された所得に関する当期税金費用の額

(b) 非適格還付税額控除に関する税額控除または還付額のうち、当該会計年度の当期税金費用の減少額として計上されていない額

(c) 構成事業体に還付または控除された適格還付税額控除以外の対象租税の額で、財務会

計上、当該会計年度の当期税金費用の調整として取り扱われなかった額
(d) 不確実な税務ポジションに関連する当該会計年度の当期税金費用の額
(e) 会計年度終了の日から3年以内に支払われる予定のない当該会計年度の当期税金費用の額

4.1.4. 対象租税が二重に考慮されることはない。

4.1.5. ある国・地域においてGloBE純所得がない会計年度につき、その国・地域の調整後対象租税額がゼロ未満であり、かつ、調整後対象租税見込額よりも小さい場合、当該国・地域の当該構成事業体は、第5.4条に基づき、これらの金額の差に相当する追加当期トップアップ税額が当該国・地域において生ずるものとして取り扱われる。調整後対象租税見込額とは、国・地域のGloBE所得・損失に最低税率を乗じたものとする。

第4.2条　対象租税の定義

4.2.1. 対象租税とは以下の租税を意味する。

(a) 財務会計上、構成事業体の所得もしくは利得、または当該構成事業体が有する所有者持分に係る所得もしくは利得に関連して計上された租税
(b) 適格分配時課税制度において、利益分配、みなし利益分配および事業外費用に課された租税
(c) 一般的に適用される法人所得税の代わりに課された租税
(d) 所得および資本金などを課税標準とする租税を含む、利益剰余金および法人の資本金等を対象として課された租税

4.2.2. 対象租税には、以下の租税は含まれない。

(a) 適格IIRで親事業体に課されるトップアップ税額
(b) QDMTTで構成事業体に課されるトップアップ税額
(c) 適格UTPRの適用の結果、構成事業体で行われる調整に起因する租税
(d) 非適格還付インピュテーションタックス
(e) 保険会社が保険契約者の利得に関して納付する租税

第4.3条　一の構成事業体から他の構成事業体への対象租税の配分

4.3.1. 第4.3.2条は、CFC税制および一の構成事業体から他の構成事業体への分配に係る租税の配分だけではなく、PE、税務上透明な事業体およびハイブリッド事業体に関する対象租税の配分についても適用される。

4.3.2. 対象租税は、以下の方法により一の構成事業体から他の構成事業体に配分が行われる。

(a) 構成事業体の財務諸表に含まれる対象租税で、PEのGloBE所得・損失に関する金額は、当該PEに配分される。
(b) 税務上透明な事業体の財務諸表に含まれる対象租税で、第3.5.1条第b項により構成事業体所有者に配分されたGloBE所得・損失に関する金額は、当該構成事業体所有者に配分される。
(c) 構成事業体に係る(直接または間接の)所有者がCFC税制の対象となる場合に、CFC税制の適用により、当該直接または間接の構成事業体所有者の財務諸表に、その持分割合に応じて反映されている当該構成事業体(CFC)の所得に対する対象租税は、当該構成事業体(CFC)に配分される。
(d) 構成事業体がハイブリッド事業体である場合、構成事業体所有者の財務諸表に反映されているハイブリッド事業体の所得に係る対象租税については、当該ハイブリッド事業体に配分される。
(e) 構成事業体に係る直接の構成事業体所有者の財務諸表に反映されているその会計年度中に行われた当該構成事業体からの分配に関して計上された対象租税については、当該分配を行った構成事業体に配分される。

4.3.3. 受動的所得に関して第4.3.2条第c項および第d項によりある構成事業体に割り当てられる対象租税は、以下のいずれか少ない金額が、当該構成事業体の調整後対象租税に含まれる。

(a) その受動的所得に関して配分された対象租税の額
(b) 構成事業体所有者においてCFC税制または課税上透明なものとしての取扱いの対象とされる、当該構成事業体(CFC子会社)の受動的所得に、当該構成事業体所有者で生じた受動的所得に係る対象租税を考慮せずに計算した当該構成事業体の国・地域におけるトップアップ税率を乗じた額

当該構成事業体所有者で生じた当該受動的所得に係る対象租税で、本条適用後の残額については、第4.3.2条第c項または第d項に基づく配分は行われない。

4.3.4. PEのGloBE所得が第3.4.5条に基づいて本店のGloBE所得として取り扱われる場合、当該PEの所在地で生じた当該GloBE所得に係る対象租税は、当該所得に本店の所在国・地域における通常所得に対する最高法人税率を乗じた額を超えない範囲で、本店の対象租税として取り扱われる。

第4.4条　一時差異への対応と調整

4.4.1. 構成事業体のその会計年度の繰延税金調整総額は、適用税率が最低税率よりも低い場合には、財務諸表上の繰延税金費用の額となり、それ以外の(すなわち適用税率が最低税率以上である)場合には、当該会計年度の対象租税に係る繰延税金費用を最低税率で再計算し、以下の除外項目に加え、第4.4.2条および第4.4.3条に定められる調整を行った額とする。

(a) 第3章でGloBE所得・損失の計算から除外された項目に係る繰延税金費用の額
(b) 計上否認額および対象外計上額に係る繰延税金費用の額
(c) 繰延税金資産に関する評価調整または財務会計上の認識調整に関する影響額
(d) 国内の適用税率の変更に伴う再測定により発生する繰延税金費用の額
(e) 税額控除の発生・使用に関する繰延税金費用の額

4.4.2. 繰延税金調整総額には、以下の調整を行うものとする。

(a) 当該会計年度中に支払われた計上否認額または対象外計上額相当の増加
(b) 過去会計年度においてリキャプチャー繰延税金負債の額として取り扱われた額のうち、当該会計年度に納付された額相当の増加
(c) 認識基準を満たさないため、その会計年度の欠損に係る繰延税金資産を認識していない場合で、当該会計年度の税務上の欠損に係る繰延税金資産を認識するとしたときに減少するであろう繰延税金調整総額に相当する額の減少

4.4.3. 最低税率より低い税率で計上された繰延税金資産は、納税者がその繰延税金資産がGloBE損失に係るものであると証明できる場合には、その繰延税金資産が計上された会計年度において最低税率による再計算が可能となる。この場合、繰延税金調整総額は、本条に基づいて再計算されたことにより増加する繰延税金資産の金額相当額が減少する。

4.4.4. リキャプチャー対象外引当に該当しない繰延税金負債のうち、第4.4条の計算の対象とされ、かつ、その後5会計年度以内に納付されなかった金額については、当該金額を本条に基づきリキャプチャーの対象とする。当会計年度に確定したリキャプチャー繰延税金負債の額は、5会計年度前の対象租税の減額として取り扱い、当該会計年度のETRおよびトップアップ税額は、第5.4.1条の規定により再計算される。なお、当会計年度のリキャプチャー繰延税金負債とは、第4.4.5条に定めるリキャプチャー対象外引当に関するものを除き、5会計年度前の繰延税金調整総額に含まれていた繰延税金負債の増加額のうち、当会計年度終了の日までに戻し入れられていないものをいう。

4.4.5 リキャプチャー対象外引当とは、以下の項目から生じる繰延税金負債に関する増減により発生した税金費用を意味する。

(a) 有形資産に係る減価償却費
(b) 有形資産への多額の投資を伴う不動産の使用または天然資源の開発のための政府からのライセンスまたはこれと同様の取決めに関する費用
(c) 研究開発費用
(d) 廃棄および修復費用
(e) 公正価値会計の適用による未実現純利益
(f) 外貨換算による純利益
(g) 保険準備金および保険契約の繰延新契約費

(h) 構成事業体が所在する国・地域と同一の国・地域内の有形資産に再投資される有形資産の売却益
(i) 上記(a)から(h)に関して会計原則の変更の結果発生する追加計上額

4.4.6. 計上否認額とは、以下を意味する。

(a) 構成事業体の財務諸表に計上される不確実な税務ポジションに関する繰延税金費用の増減
(b) 構成事業体の財務諸表に計上される他の構成事業体からの分配に関する繰延税金費用の増減

4.4.7. 対象外計上額とは、構成事業体のある会計年度の財務会計上、計上される繰延税金負債の増加額のうち、第4.4.4条に定められた期間内に納付する見込みがなく、かつ、申告構成事業体が当該会計年度の繰延税金調整総額に含めない旨の年次選択をしたものをいう。

第4.5条　GloBE純損失に係る選択

4.5.1. 第4.4条の規定を適用する代わりに、申告構成事業体は、ある国・地域についてGloBE純損失に係る選択を行うことができる。ある国・地域においてGloBE純損失に係る選択がなされた場合、その国・地域のGloBE純損失が存在する各会計年度において、GloBE純損失に係る繰延税金資産が認識される。GloBE純損失に係る繰延税金資産は、その国・地域の会計年度におけるGloBE純損失に最低税率を乗じて計算するものとする。

4.5.2. GloBE純損失に係る繰延税金資産は、その残高が翌会計年度以降に繰り越され、これを使用した会計年度において減額する。

4.5.3. GloBE純損失に係る繰延税金資産の使用額は、翌会計年度以降において、その国・地域にGloBE純所得が存在するとき、当該GloBE純所得に最低税率を乗じた額または使用可能なGloBE純損失に係る繰延税金資産のいずれか低い額となる。

4.5.4. GloBE純損失に係る選択がその後取り消された場合、GloBE純損失に係る選択を適用しなくなった最初の会計年度開始の日において、GloBE純損失に係る繰延税金資産はゼロに減額される。

4.5.5. GloBE純損失に係る選択は、MNEグループの、その選択をした国・地域を含む最初のGloBE情報申告書の提出において行われなければならない。なお、GloBE純損失に係る選択は、第7.3条に定める適格分配時課税制度が存在する国・地域においては行うことができない。

4.5.6. MNEグループのUPEであるフロースルー事業体においても、本条のGloBE純損失に係る選択を行うことができる。この選択が行われた場合、GloBE純損失に係る繰延税金資産は、第4.5.1条から第4.5.5条に従って計算されるが、第7.1.2条による減額後のフロースルー事

業体のGloBE損失額を参照して計算される。

第4.6条　申告後の調整および税率の変更

4.6.1. 財務諸表において計上された構成事業体の過去会計年度の対象租税に関する負債の調整が生じた場合は、当該調整が当該国・地域の過去会計年度の対象租税を減少させるものである場合を除き、その調整が行われた会計年度に対象租税の調整が行われたものとして取り扱われる。一方、過去会計年度の構成事業体の調整後対象租税に含まれていた対象租税が減少する場合、当該過去会計年度のETRおよびトップアップ税額は、第5.4.1条に基づいて再計算しなければならない。第5.4.1条の再計算において、当該過去会計年度の調整後対象租税は、対象租税の当該減少分だけ減額され、当該過去会計年度およびその間の過去会計年度について計算されるGloBE所得も必要かつ適切に調整される。なお、申告構成事業体は、重要性のない対象租税の減少について、その調整が行われた会計年度における対象租税の調整として取り扱う年次選択を行うことができる。重要性のない対象租税の減少とは、一会計年度に当該国・地域で計算される調整後対象租税の減少が合計で100万ユーロ未満であるものをいう。

4.6.2. 適用される国内税率の引下げによって生じる繰延税金費用の額は、その引下げによって最低税率よりも低い税率が適用される場合に、構成事業体の第4.1条により認識した過去会計年度の対象租税に関する負債の調整として取り扱われる。

4.6.3. 適用される国内税率の引上げによって、納付されたときに認識される繰延税金費用の額は、当初最低税率よりも低い税率で計上されていた場合に、第4.6.1条により、第4.1条のもとで認識した過去会計年度の対象租税に係る構成事業体の負債に対する調整として取り扱われる。この調整は、最低税率で再計算された繰延税金費用を上限とした繰延税金費用の増加額を限度とする。

4.6.4. 構成事業体がある会計年度の税金費用として計上し調整後対象租税に含めた金額のうち100万ユーロ超の金額が当該会計年度終了の日から3年以内に納付されない場合、その未納付額を対象租税として認識した過去会計年度のETRおよびトップアップ税額は、第5.4.1条に基づき、調整後対象租税から当該未納付額を除外して再計算しなければならない。

第5章 実効税率(ETR)およびトップアップ税額の計算

本章のルールの運用

第5章は、各LTCEに係るトップアップ税額を、以下の順で計算することを定めている。

- 第3章に基づいて計算される各構成事業体のGloBE所得・損失および第4章に基づいて計算される調整後対象租税を、同じ国・地域にある他の構成事業体のものと合計し、当該国・地域のETRを計算
- いずれの国・地域が軽課税国・地域であるか(すなわち、そのETRが最低税率を下回るか)を特定
- 各軽課税国・地域のトップアップ税率を計算
- 軽課税国・地域のGloBE純所得に実質ベースの所得除外額を適用して、その国・地域の超過利益を計算
- 当該超過利益にトップアップ税率を乗じた金額から、QDMTTを減額して、各軽課税国・地域に係るトップアップ税額を計算
- 軽課税国・地域に所在する各構成事業体のGloBE所得の割合で、トップアップ税額を各構成事業体に配分

このように計算された各LTCEに係るトップアップ税額は、第2章の規定に基づいて、親事業体またはUTPR適用国・地域にある構成事業体に課される。

この章には、同一の国・地域に所在する構成事業体の収入金額の合計および所得の合計が特定の基準を超えない場合の、デミニマス除外も含まれている。また、第5.6条において、MOCEのETRの計算に関する特別ルールが定められている。

第5.1条 ETRの計算

5.1.1. MNEグループが、その国・地域においてGloBE純所得を有する場合には、当該国・地域について、会計年度ごとにETRを計算する。MNEグループの国・地域におけるETRは、当該会計年度について、その国・地域に所在する各構成事業体の調整後対象租税の合計額を当該国・地域のGloBE純所得で除した値とする。なお、第5章において、各無国籍構成事業体は、別個の国・地域に所在する単一の構成事業体として取り扱われる。

5.1.2. ある会計年度におけるその国・地域のGloBE純所得は、以下の算式に従って計算された正の値とする。
GloBE純所得＝すべての構成事業体に係るGloBE所得－すべて構成事業体に係るGloBE損失

なお、上記計算式におけるそれぞれの用語の定義は、以下のとおりである。

(a) すべての構成事業体に係るGloBE所得とは、当該会計年度について、当該国・地域に所在するすべての構成事業体に係る第3章に従って計算されるGloBE所得の合計額をいう。
(b) すべての構成事業体に係るGloBE損失とは、当該会計年度について、当該国・地域に所在するすべての構成事業体に係る第3章に従って計算されるGloBE損失の合計額をいう。

5.1.3. 投資事業体である構成事業体の調整後対象租税およびGloBE所得・損失は、第5.1.1条のETRの計算および第5.1.2条のGloBE純所得の計算から除外される。

第5.2.条　トップアップ税額

5.2.1. 当該会計年度に関して、当該国・地域におけるトップアップ税率は、以下の計算式に従って計算された正の率とする。

$$トップアップ税率 = 最低税率 - ETR$$

ここで、ETRとは、当該会計年度に関して、第5.1条に従って計算される当該国・地域における実効税率をいう。

5.2.2. 当該会計年度に関して、当該国・地域の超過利益とは、以下の計算式に従って計算された正の値とする。

$$超過利益 = GloBE純所得 - 実質ベースの所得除外額$$

なお、上記計算式におけるそれぞれの用語の定義は、以下のとおりである。

(a) GloBE純所得とは、当該会計年度の当該国・地域について第5.1.2条に基づき計算されたGloBE純所得をいう。
(b) 実質ベースの所得除外額とは、当該会計年度の当該国・地域について第5.3条に基づき計算された実質ベースの所得除外額をいう。

5.2.3. 当該会計年度の当該国・地域におけるトップアップ税額は、以下の計算式に従って計算された正の値とする。

$$当該国・地域のトップアップ税額 = (トップアップ税率 \times 超過利益) + 追加当期トップアップ税額 - 国内トップアップ税額$$

なお、上記計算式におけるそれぞれの用語の定義は、以下のとおりである。

(a) トップアップ税率とは、当該会計年度の当該国・地域について、第5.2.1条に従って計算される率をいう。
(b) 超過利益とは、当該会計年度の当該国・地域について、第5.2.2条に従って計算される超過利益をいう。
(c) 追加当期トップアップ税額とは、当該会計年度の当該国・地域について、第4.1.5条または第5.4.1条に基づいて追加当期トップアップ税額として計算される金額をいう。
(d) 国内トップアップ税額とは、当該会計年度の当該国・地域についてのQDMTTに基づく課税額をいう。

5.2.4. 第5.4.3条に定める場合を除き、構成事業体に係るトップアップ税額は、当該国・地域のGloBE純所得の計算に含まれる当該会計年度の（第3章に従って計算される）GloBE所得を有する構成事業体ごとに、以下の式に従って計算される。

$$\text{構成事業体に係るトップアップ税額} = \text{国・地域に係るトップアップ税額} \times \frac{\text{構成事業体のGloBE所得}}{\text{すべての構成事業体のGloBE所得}}$$

なお、上記計算式におけるそれぞれの用語の定義は、以下のとおりである。

(a) 国・地域に係るトップアップ税額は、当該会計年度の当該国・地域について、第5.2.3条に従って計算されたトップアップ税額をいう。
(b) 構成事業体のGloBE所得は、当該会計年度の当該国・地域について、第3.2条に従って計算された当該構成事業体のGloBE所得をいう。
(c) すべての構成事業体のGloBE所得の合計は、当該会計年度の当該国・地域について、第5.1.2条に基づく当該国・地域のGloBE純所得の計算に含まれるGloBE所得を有するすべての構成事業体の当該GloBE所得の合計額をいう。

5.2.5. 当該国・地域に係るトップアップ税額が第5.4.1条に基づく再計算に係るもので、かつ、当該国・地域に当会計年度のGloBE純所得がない場合には、トップアップ税額は、第5.4.1条の再計算の対象となった会計年度における当該構成事業体のGloBE所得に基づき、第5.2.4条の計算式を用いて配分される。

第5.3条 実質ベースの所得除外

5.3.1. 第5.2条に定められるトップアップ税額を計算するため、当該国・地域のGloBE純所得から実質ベースの所得除外額を控除し、当該国・地域の超過利益が計算される。MNEグループの申告構成事業体は、その会計年度のGloBE情報申告書において、トップアップ税額を計算する際に実質ベースの所得除外額を計算せず、または、控除しないことによって、年次選択として、実質ベースの所得除外を適用しないことができる。

5.3.2. 当該国・地域の実質ベースの所得除外額は、当該国・地域の各構成事業体(投資事業体である構成事業体を除く。)の給与および有形資産のカーブアウトを合計したものである。

5.3.3. 当該国・地域に所在する構成事業体の給与のカーブアウトは、当該国・地域においてMNEグループのために活動する適格従業員に係る適格人件費(ただし、以下の金額を除く。)の5%相当額とする。

(a) 資産計上され、適格有形資産の帳簿価額に含まれる適格人件費
(b) 当該会計年度のGloBE所得・損失の計算から除外される、国際海運所得および第3.3.5条に基づく適格付随的国際海運所得に係る適格人件費

5.3.4. 当該国・地域に所在する構成事業体の有形資産のカーブアウトは、当該国・地域に所在する適格有形資産の帳簿価額の5%相当額とする。適格有形資産とは、以下のものをいう。

(a) 当該国・地域に所在する有形固定資産
(b) 当該国・地域に所在する天然資源
(c) 当該国・地域に所在する有形資産に関する借手の使用権資産
(d) 有形資産への多額の投資を伴う不動産の使用または天然資源の開発のための政府からのライセンスまたはこれと同様の取決め

有形資産のカーブアウトの計算においては、売却、リースまたは投資のために所有されている有形資産(土地または建物を含む。)の帳簿価額は含まれない。有形資産のカーブアウトの計算においては、国際海運所得および適格付随的国際海運所得を得るために使用される有形資産(すなわち、船舶その他の船舶機器およびインフラ)の帳簿価額は含まれない。第3.3.4条における適格付随的国際海運所得の上限を超える所得に係る有形資産の帳簿価額は、有形資産のカーブアウトの計算に含まれる。

5.3.5. 第5.3.4条における適格有形資産の帳簿価額は、UPEの連結財務諸表に計上された、報告対象年度の期首および期末の帳簿価額(減価償却累計額または減耗累計額を控除し、資産計上された人件費を含む。)の平均として計算される。

5.3.6. 第5.3.3条および第5.3.4条において、PEの所在する国・地域に適格従業員および適格有形資産が所在する場合には、PEである構成事業体の適格人件費および適格有形資産は、第3.4.1条により定められたPEの個別の財務諸表に計上され、第3.4.2条に基づき調整されるものとする。PEの適格人件費および適格有形資産は、本店の適格人件費および適格有形資産には含まれないこととする。第3.5.3条および第7.1.4条によってその所得の全部または一部が除外されるPEについて、その適格人件費および適格有形資産は、同一の割合でMNEグループの実質ベースの所得除外額の計算から除外される。

5.3.7. フロースルー事業体に係る適格人件費および適格有形資産は、第5.3.6条に基づき配

分されるものを除いて、第5.3.3条および第5.3.4条において、以下のように配分される。

(a) 第3.5.1条第b項に基づきフロースルー事業体の財務会計上の純損益が構成事業体所有者に配分された場合、当該構成事業体所有者がその適格従業員および適格有形資産と同一の国・地域に所在することを条件として、当該構成事業体所有者に対し同一の割合で配分される。

(b) フロースルー事業体がUPEである場合、UPEが所在する国・地域における適格人件費および適格有形資産は、当該UPEに配分され、第7.1.1条に基づき除外される所得に対応する適格人件費および適格有形資産はUPEに配分されない。

(c) フロースルー事業体のその他のすべての適格人件費および適格有形資産は、MNEグループの実質ベースの所得除外額の計算には含まれない。

第5.4条 追加当期トップアップ税額

5.4.1. 実効税率調整条項により、過去会計年度のETRおよびトップアップ税額の再計算が求められまたは許容される場合、以下のように取り扱われる。

(a) 過去会計年度のETRおよびトップアップ税額については、実効税率調整条項において求められる調整後対象租税およびGloBE所得・損失に対する調整を行った上で、第5.1条から第5.3条の規定に従って再計算される。

(b) 当該再計算によって生じるトップアップ税額の増加額は、第5.2.3条における追加当期トップアップ税額として取り扱われる。

5.4.2. 第5.4.1条に基づく再計算による追加当期トップアップ税額があり、かつ、当期において当該国・地域のGloBE純所得がない場合には、第2.2.2条の適用上、当該国・地域における各構成事業体のGloBE所得は、第5.2.4条および第5.2.5条によってその事業体に割り当てられたトップアップ税額を最低税率で除した金額とする。

5.4.3. 第4.1.5条の適用によって追加当期トップアップ税額が生じた場合、第2.2.2条の適用上、当該国・地域の各構成事業体のGloBE所得は、本条に基づいて当該事業体に割り当てられたトップアップ税額を最低税率で除した金額とする。本条に基づき各構成事業体に配分される追加当期トップアップ税額は、その調整後対象租税が、ゼロ未満であって、かつ、当該構成事業体のGloBE所得・損失に最低税率を乗じた金額未満となる構成事業体に対してのみ配分される。当該税額は、当該各構成事業体に対して、以下の金額に応じて比例配分される。

$$(GloBE所得・損失 \times 最低税率) - 調整後対象租税$$

5.4.4. 本条および第5.2.4条により追加当期トップアップ税額が配分された構成事業体は、第2章の適用上、LTCEとして取り扱われる。

第5.5条　デミニマス除外

5.5.1. 第5章の規定にかかわらず、当該会計年度に関して以下のいずれにも該当する場合には、申告構成事業体の選択に基づいて、当該国・地域に所在する構成事業体に係るトップアップ税額は、当該会計年度においてゼロとみなされる。

(a) 当該国・地域の平均GloBE収入が、1000万ユーロ未満であること
(b) 当該国・地域の平均GloBE所得・損失が、100万ユーロ未満または損失であること

本条における選択は、年次選択とする。

5.5.2. 第5.5.1条の適用上、その国・地域の平均GloBE収入(または平均GloBE所得・損失)は、当該国・地域の当年度および直近2会計年度のGloBE収入(またはGloBE所得・損失)の平均値とする。前会計年度または前々会計年度において、当該国・地域にGloBE収入またはGloBE損失を有する構成事業体が所在しなかった場合には、当該各会計年度は、当該国・地域の平均GloBE収入および平均GloBE所得・損失の計算には含めないものとする。

5.5.3. 第5.5.2条の適用上、GloBE収入およびGloBE所得・損失は以下のように定められる。

(a) その会計年度におけるその国・地域のGloBE収入とは、当該会計年度において当該国・地域に所在するすべての構成事業体の収入金額の合計額であり、第3章に定められる調整額を考慮して計算される。
(b) その会計年度におけるその国・地域のGloBE所得・損失とは、当該国・地域のGloBE純所得(ある場合)またはGloBE純損失である。

5.5.4. 第5.5条の選択は、無国籍構成事業体または投資事業体である構成事業体には適用されないため、無国籍構成事業体または投資事業体の収入およびGloBE所得・損失は、第5.5.3条の計算には含まれない。

第5.6条　少数被保有構成事業体(MOCE)

5.6.1. 第3章から第7章および第8.2条に定められる国・地域のETRおよびトップアップ税額の計算において、少数被保有サブグループを構成する事業体は、別個のMNEグループとして取り扱われる。少数被保有サブグループを構成する事業体について、その調整後対象租税およびGloBE所得・損失は、MNEグループのその他の構成事業体に係るETR(第5.1.1条)およびGloBE純所得(第5.1.2条)の計算上、除外される。

5.6.2. 少数被保有サブグループを構成する事業体でないMOCEのETRおよびトップアップ税額は、第3章から第7章および第8.2条に基づき、単体として計算される。MOCEの調整後対象租税およびGloBE所得・損失は、MNEグループのその他の構成事業体に係るETR(第5.1.1条)およびGloBE純所得(第5.1.2条)の計算上、除外される。なお、本条は、MOCEが投資事業体である場合は適用されない。

第6章　企業再編および所有構造

本章のルールの運用

第6章は、買収、処分およびJVに関するルールを定めている。

- 第6.1条は、第1.1条を補足する規定であり、過去4年間にグループ結合およびグループ分離が行われた場合の連結収入基準の適用に関して追加的なルールを定めている。
- 第6.2条は、構成事業体が当該会計年度中にMNEグループに加入または離脱する場合に適用されるGloBEルールに関して特別ルールを定めている。
- 第6.3条は、組織再編の一部として行われる資産および負債の移転の取扱いに関して特別ルールを定めている。
- 第6.4条は、一定のJVをGloBEルールの適用対象に含めることを定めている。
- 第6.5条は、複数の最終親事業体(UPE)を持つMNEグループに関して特別ルールを定めている。

第6.1条　グループ結合およびグループ分離における連結収入基準の適用

6.1.1. 第1.1条の適用上、

(a) 判定対象会計年度の直前4会計年度のいずれかにおいて、複数のグループが結合して一のグループとなった場合、当該グループ結合前のいずれかの会計年度における各グループの連結財務諸表に含まれる収入金額の合計が7億5000万ユーロ以上であれば、当該会計年度の当該MNEグループの連結収入基準は充足されているものとみなされる。

(b) 判定対象会計年度において、グループのメンバー以外の事業体(買収対象者)が、(取得者である)別の事業体またはグループと結合をする場合で、かつ、当該買収対象者または当該取得者がいずれのグループのメンバーでもなかったために、当該買収対象者または当該取得者が当該判定対象会計年度の直前4会計年度のいずれにおいても連結財務諸表を有していない場合には、当該判定対象会計年度の前4年間の各会計年度に係る各々の財務諸表または連結財務諸表に含まれる収入金額の合計額が7億5000万ユーロ以上であるときは、当該MNEグループの当該会計年度における連結収入基準は充足されているものとみなされる。

(c) GloBEルールの適用対象である一のMNEグループが複数のグループに分離され、それぞれが別個のグループとなる場合、各グループは、以下の要件を満たす場合に、連結収入基準は充足されているものとみなされる。

　ⅰ．グループ分離後最初に終了する判定対象会計年度については、当該グループの当

該会計年度における年間収入金額が7億5000万ユーロ以上である場合

ⅱ．グループ分離後2年目から4年目の判定対象会計年度については、当該グループの年間収入金額が、グループ分離会計年度以降の少なくとも2会計年度において7億5000万ユーロ以上である場合

6.1.2. 第6.1.1条の適用上、グループ結合とは、以下の場合におけるあらゆる取決めをいう。

(a) 複数の別個のグループに属するグループ事業体のすべてまたは実質的にすべてが、共通の支配下に置かれ、それらが一つに統合されたグループのグループ事業体を構成する場合

(b) いずれのグループのメンバーでない事業体が、他の事業体またはグループと共通の支配下に置かれ、それらが一つに統合されたグループのグループ事業体を構成する場合

6.1.3. 第6.1.1条の適用上、グループ分離とは、一のグループに属するグループ事業体が、同一のUPEに連結されることのない複数のグループに分離される場合のあらゆる取決めをいう。

第6.2条　MNEグループへの構成事業体の加入と離脱

6.2.1. 第6.2.2条に定める場合を除き、会計年度（取得年度）中に、ある事業体（買収対象者）が、当該事業体の直接または間接の所有者持分の譲渡により、MNEグループの構成事業体となる場合または構成事業体でなくなる場合には、以下の規定が適用される。

(a) 買収対象者があるグループに加入またはグループから離脱する場合または買収対象者が新たなグループのUPEとなる場合には、当該買収対象者の資産、負債、収益、費用またはキャッシュ・フローのいずれかの部分が、当該取得年度においてUPEの連結財務諸表において項目ごとに連結されているときは、GloBEルールの適用上、当該グループのメンバーとして取り扱われるものとする。

(b) 当該取得年度において、MNEグループは、GloBEルールの適用上、UPEの連結財務諸表に反映されている当該買収対象者の財務会計上の純損益および調整後対象租税のみを考慮するものとする。

(c) 当該取得年度およびその後の各会計年度において、当該買収対象者は、その資産および負債の取得価額に基づく帳簿価額（historical carrying value）を用いて、そのGloBE所得・損失および調整後対象租税を計算するものとする。

(d) 第5.3.3条に基づく当該買収対象者の適格人件費の計算においては、UPEの連結財務諸表に反映された適格人件費のみを考慮するものとする。

(e) 第5.3.4条の適用における当該買収対象者の適格有形資産の帳簿価額の計算は、当該買収対象者が当該MNEグループのメンバーであった期間に応じて調整されるものとする。

(f) GloBE純損失に係る繰延税金資産を除き、MNEグループ間で移転された構成事業体の繰延税金資産および繰延税金負債については、GloBEルールの適用上、取得側の

MNEグループが当該繰延税金資産および繰延税金負債の発生時に当該構成事業体を支配していたと仮定した場合と同じ方法および同じ程度で、当該取得側のMNEグループにより考慮されるものとする。

(g) 過去に繰延税金調整総額に含まれていた買収対象者の繰延税金負債は、第4.4.4条の適用上、処分側のMNEグループにおいてこれを戻し入れたものとする一方、取得側のMNEグループにおいては当該取得年度においてこれが生じたものとして取り扱うものとする。ただし、この場合、第4.4.4条の適用による対象租税の減額調整は、当該金額を戻し入れることとなった会計年度において効力を有するものとする。

(h) 当該取得年度中、当該買収対象者が親事業体であり、かつ、複数のMNEグループのグループ事業体である場合、MNEグループごとに計算されるLTCEに係るトップアップ税額の配分額に対して、IIRの規定をそれぞれ適用するものとする。

6.2.2. 買収対象である構成事業体が所在する国・地域において、または、税務上透明な事業体の場合にはその資産が所在する国・地域において、当該構成事業体に対する支配持分の取得または処分が、当該（構成事業体が所有する）資産および負債の取得または処分と同一またはこれと同様のものとして取り扱われ、税務上の簿価と、当該支配持分との引き換えに支払われた対価または当該資産・負債の時価との差額について処分側の構成事業体に対象租税が課される場合には、GloBEルールの適用上、当該構成事業体に係る当該支配持分の取得または処分は当該（構成事業体が所有する）資産および負債の取得または処分として取り扱われるものとする。

第6.3条　資産および負債の移転

6.3.1. 資産および負債の処分または取得の場合、処分側の構成事業体は処分による損益をそのGloBE所得・損失の計算に含めるとともに、取得側の構成事業体はUPEの連結財務諸表の作成に用いられた財務会計基準に基づき計算された当該取得された資産および負債の帳簿価額を使用してそのGloBE所得・損失を計算するものとする。

6.3.2. 資産および負債の処分または取得がGloBE組織再編の一部である場合、第6.3.1条は適用されないものとし、かつ、以下のとおり取り扱う。

(a) 処分側の構成事業体は、当該処分による損益をそのGloBE所得・損失の計算から除外するものとする。

(b) 取得側の構成事業体は、当該処分側の構成事業体の当該資産および負債の処分時の帳簿価額を用いて、取得後のGloBE所得・損失を計算するものとする。

6.3.3. 資産および負債の処分または取得が、処分側の構成事業体において非適格譲渡損益を認識するGloBE組織再編の一部である場合には、第6.3.1条および第6.3.2条は適用されず、以下のとおり取り扱われる。

(a) 処分側の構成事業体は、当該非適格譲渡損益の範囲内で、当該処分による損益をその

GloBE所得・損失の計算に含めるものとする。
(b) 取得側の構成事業体は、当該取得資産および負債に係る当該処分側の構成事業体の処分時の帳簿価額に当該非適格譲渡損益を考慮した国内税法に沿った調整を加えた額を用いて、取得後のGloBE所得・損失を計算するものとする。

6.3.4. MNEグループの構成事業体が所在する国・地域において、税務上資産の簿価および負債の額を時価に調整することが求められるまたは認められている場合には、申告構成事業体の選択により、当該MNEグループの当該構成事業体について、以下のとおり取り扱われる。

(a) 各資産および負債に関する損益のうち、以下の金額をそのGloBE所得・損失の計算に含めるものとする。
　ⅰ. 当該税務調整の原因となった事由（起因事由）発生の直前における当該資産または負債の財務会計上の帳簿価額とその直後における当該資産または負債の時価との差額
　ⅱ. 起因事由に関連して発生した非適格譲渡益（または譲渡損）相当の減額（または増額）
(b) 起因事由が発生した直後の当該資産または負債の財務会計上の公正価値を用いて、当該起因事由の発生後に終了する会計年度のGloBE所得・損失を計算するものとする。
(c) 第6.3.4条第a項で計算された金額の純合計額を、以下のいずれかの方法で当該構成事業体のGloBE所得・損失に含めることとする。
　ⅰ. 当該純合計額を、当該起因事由が発生した会計年度に含める。
　ⅱ. 当該純合計額を5で除した金額に相当する額を、当該起因事由が発生した会計年度およびその後の4会計年度にそれぞれ含める。ただし、当該構成事業体がこの期間内の会計年度において当該MNEグループから離脱する場合には、残額をすべて当該会計年度に含めることとする。

第6.4条　ジョイントベンチャー（JV）

6.4.1. GloBEルールは、各会計年度において、JVおよびそのJV子会社に以下のとおり適用するものとする。

(a) 第3章から第7章および第8.2条は、JVおよびそのJV子会社に係るトップアップ税額の計算上、当該JVおよびそのJV子会社が別個のMNEグループの構成事業体であり、かつ、当該JVがそのグループのUPEであるものと仮定して、適用されるものとする。
(b) JVまたはJV子会社の所有者持分を直接または間接に保有する親事業体は、第2.1条から第2.3条に従い、当該JVグループのメンバーに係るトップアップ税額の配分額について、IIRを適用することとする。
(c) JVグループトップアップ税額は、第b項に基づき適格IIRのもとで課される当該JVグループのメンバーに係るトップアップ税額の各親事業体への配分額だけ減額されると

ともに、残額は第2.5.1条に基づき計算されるUTPRトップアップ税額の総額に加算されるものとする。

第6.5条　複数の最終親事業体（UPE）を持つMNEグループ

6.5.1. 複数のUPEを持つMNEグループには、以下の規定が適用される。

(a) 各グループの事業体および構成事業体は、GloBEルールの適用上、単一のMNEグループのメンバーとして取り扱われる（複数のUPEを持つMNEグループ）。

(b) 事業体（除外事業体を除く。）が複数のUPEを持つMNEグループにより項目ごとに連結されている場合、または、その支配持分が複数のUPEを持つMNEグループの事業体によって保有されている場合、当該事業体は構成事業体として取り扱われる。

(c) 複数のUPEを持つMNEグループの連結財務諸表とは、許容された財務会計基準に基づき作成された、ステープルストラクチャーまたは二元上場の取決め（該当する場合）の定義で参照されている連結財務諸表をいい、当該許容された財務会計基準はUPEの財務会計基準とみなされるものとする。

(d) 複数のUPEを持つMNEグループを構成するそれぞれのグループのUPEは、当該複数のUPEを持つMNEグループのUPEとする（複数のUPEを持つMNEグループについてGloBEルールを適用する場合、UPEと言及されている箇所は、必要に応じて、複数のUPEを意味するものとして読み替えるものとする）。

(e) [実施国・地域を記入]に所在する複数のUPEを持つMNEグループの親事業体（各UPEを含む。）は、第2.1条から第2.3条までの規定に従って、当該UPEに対するLTCEに係るトップアップ税額の配分額についてIIRを適用するものとする。

(f) [実施国・地域を記入]に所在する複数のUPEを持つMNEグループのすべての構成事業体が、第2.4条から第2.6条に従って、複数のUPEを持つMNEグループの各LTCEに係るトップアップ税額を考慮してUTPRを適用するものとする。

(g) 各UPEは、第8.1条に従ってGloBE情報申告書を提出することが求められる。ただし、一の指定申告事業体を選任し、当該情報申告書に複数のUPEを持つMNEグループを構成する各グループに関する情報を含める場合にはこの限りではない。

第7章 課税中立的な制度および分配時課税制度

> **本章のルールの運用**
>
> 第7章は、一定の課税中立的な制度および分配時課税制度などに関するGloBEルールの適用について定めている。
>
> - 第7.1条および第7.2条は、課税中立的な制度(税務上透明な事業体に係る制度や支払配当損金算入制度など)の対象となるUPEに関する特別ルールを定めている。
> - 第7.3条は、ある事業体の利益が分配される場合、または、みなし分配される場合に、当該事業体の利益に対して課税する税制に関する特別ルールを定めている。
> - 第7.4条から第7.6条は、被支配投資事業体に関する特別ルールを定めている。このルールは、GloBEルールのもとで被支配投資事業体について課税漏れを生じさせることなく、課税の中立性を維持することを目的としている。

第7.1条 フロースルー事業体であるUPE

7.1.1. MNEグループのUPEであるフロースルー事業体の当該会計年度のGloBE所得は、以下のいずれかに該当する場合、各所有者持分に帰属するGloBE所得の額を減額して計算される。

(a) 当該所有者持分の保有者が、MNEグループの会計年度終了の日後12か月以内に終了する課税期間において当該所得に対して課税されており、かつ、以下のいずれかであること
  ⅰ. 当該所有者持分の保有者が、当該所得の全額につき最低税率以上の表面税率で課税されること
  ⅱ. 当該所得に対する当該UPEの調整後対象租税と所有者持分の保有者に係る税額の合計額が、当該所得の全額に最低税率を乗じた額以上となることが合理的に見込まれること
(b) その保有者が以下のいずれかに該当する自然人であること
  ⅰ. 当該UPEの所在国・地域の税務上の居住者であること
  ⅱ. 保有する所有者持分に係る当該UPEの利益および資産に対する請求権が総計で5%以下であること
(c) その保有者が、政府事業体、国際機関、非営利団体または年金基金であり、以下のいずれかに該当すること
  ⅰ. 当該UPEの所在国・地域の居住者であること
  ⅱ. 保有する所有者持分に係る当該UPEの利益および資産に対する請求権が総計で5%以下であること

7.1.2. MNEグループのUPEであるフロースルー事業体は、当該会計年度のGloBE損失の計算上、各所有者持分に帰属するGloBE損失額を減額しなければならない。ただし、当該所有者持分の保有者自身の課税所得の計算上、当該損失の利用が認められない場合はこの限りではない。

7.1.3. 第7.1.1条に基づきGloBE所得を減額するフロースルー事業体は、その対象租税を比例的に減額する。

7.1.4. 第7.1.1条から第7.1.3条は、以下のいずれかのPEに適用される。

(a) MNEグループのUPEであるフロースルー事業体が、その事業の全部または一部につきPEを通じて行う場合の当該PE
(b) UPEが、税務上透明な事業体に対する所有者持分を直接または税務上透明なストラクチャーを通じて保有している場合において、当該税務上透明な事業体の事業の全部または一部がPEを通じて行われている場合の当該PE

第7.2条　支払配当損金算入制度の対象となるUPE

7.2.1. 当該会計年度のGloBE所得・損失の計算上、支払配当損金算入制度の対象となるUPEは、以下のいずれかに該当する場合、当該会計年度終了の日後12か月以内に損金算入できる配当として分配される金額について、当該会計年度のGloBE所得を限度として減額する。

(a) 当該配当が、MNEグループの会計年度終了の日後12か月以内に終了する課税期間において、当該配当受領者において課税対象となり、かつ、以下のいずれかに該当する場合
　ⅰ．当該配当受領者が、当該配当につき最低税率以上の表面税率で課税されること
　ⅱ．当該配当所得について、当該UPEの調整後対象租税と配当受領者により納付される税額の合計額が、当該配当所得の全額に最低税率を乗じた額以上になることが合理的に見込まれること
　ⅲ．当該配当受領者が自然人であり、当該配当が供給協同組合からの事業分量配当であること
(b) 当該配当受領者が、以下のいずれにも該当する自然人であること
　ⅰ．UPEが所在する国・地域の税務上の居住者であること
　ⅱ．保有する所有者持分に係るUPEの利益および資産に対する請求権が総計で5%以下であること
(c) 配当受領者が、UPEが所在する国・地域の居住者であり、かつ、以下のいずれかであること
　ⅰ．政府事業体
　ⅱ．国際機関

    iii．非営利団体
    iv．年金基金（年金サービス事業体を除く。）

7.2.2. 第7.2.1条に従ってGloBE所得を減額するUPEは、その対象租税（配当の損金算入が認められた租税を除く）の額を比例的に減額し、その同額をGloBE所得の金額の計算上、減額しなければならない。

7.2.3. UPEが、支払配当損金算入制度の対象となる他の構成事業体の所有者持分を（直接または支払配当損金算入制度の対象となる構成事業体の連鎖を通じて）保有している場合、第7.2.1条および第7.2.2条は、UPEが第7.2.1条の要件を満たす受領者にそのGloBE所得を分配する金額を限度として、UPEが所在する国・地域の他の支払配当損金算入制度の対象となる各構成事業体に対して適用される。

7.2.4. 供給協同組合からの事業分量配当は、受領者の課税所得の計算上、控除可能な費用または原価を減額させる範囲において、当該受領者において課税対象とされたものとする。

第7.3条　適格分配時課税制度

7.3.1. 申告構成事業体は、適格分配時課税制度の対象となる構成事業体について年次選択を行うことにより、第7.3.2条に基づいて計算されるみなし分配税の額を、当該会計年度の調整後対象租税に加算することができる。本条に基づく選択は、当該国・地域に所在するすべての構成事業体に適用される。

7.3.2. みなし分配税の額は、以下のうちいずれか少ない金額とする。

 (a) 当該国・地域における当該会計年度の第5.2.1条に基づいて算出されたETRを、最低税率に引き上げるために必要な調整後対象租税の額
 (b) 当該国・地域に所在する構成事業体が、当該会計年度中に適格分配時課税制度の対象となる所得をすべて分配したとした場合に課される税額

7.3.3. 第7.3.1条の選択の対象となる会計年度ごとに、年間のみなし分配税額リキャプチャー勘定が設定される。みなし分配税額リキャプチャー勘定は、まず、当該勘定が設定された国・地域および会計年度について第7.3.2条に基づき計算されたみなし分配税の金額を増加させる。その後の各会計年度終了の日において、過去会計年度について設定されたみなし分配税額リキャプチャー勘定の残高を、以下の順でその発生年度の古いものから、かつ、ゼロ未満にならない範囲で減額する。

 (a) 第一に、構成事業体が、実際の分配またはみなし分配に関連して当該会計年度中に支払った税額
 (b) 第二に、当該国・地域のGloBE純損失に最低税率を乗じた額
 (c) 第三に、第7.3.4条に基づいて当該会計年度に適用されるリキャプチャー勘定損失繰越額

7.3.4. 当該国・地域のリキャプチャー勘定損失繰越額とは、第7.3.3条第b項の金額が、みなし分配税額リキャプチャー勘定の未決済残高を超過する場合の当該超過額である。リキャプチャー勘定損失繰越額として認識される当該超過額は、翌会計年度以降のみなし分配税額リキャプチャー勘定を減額させるものとなる。翌会計年度以降においてリキャプチャー勘定損失繰越額の適用によりみなし分配税額リキャプチャー勘定が減額されるとき、リキャプチャー勘定損失繰越額は、同額を減少させなければならない。

7.3.5. （第7.3.3条に基づき認識される）みなし分配税額リキャプチャー勘定が設定された会計年度後4会計年度目の終了の日において未決済残高がある場合には、当該勘定が設定された会計年度のETRおよびトップアップ税額について、第5.4.1条に基づく再計算を行わなければならない。当該再計算においては、当該会計年度について過去に計算された調整後対象租税から、当該みなし分配税額リキャプチャー勘定の未決済残高を減額することとする。

7.3.6. 実際の分配またはみなし分配に関連してある会計年度中に支払われた税額のうち、第7.3.3条に基づくみなし分配税額リキャプチャー勘定の減少として取り扱う金額については、当該会計年度の調整後対象租税には含まれないものとする。

7.3.7. 離脱構成事業体が、MNEグループから離脱する年度または実質的にすべての資産を譲渡する年度における取扱いは、以下のとおりとする。

(a) みなし分配税額リキャプチャー勘定が残っている過去会計年度のETRおよびトップアップ税額は、第5.4.1条の原則に従い再計算される。当該再計算においては、当該会計年度について過去に計算した調整後対象租税の額からみなし分配税額リキャプチャー勘定の残高を減額することとする。

(b) 第5.2.3条における追加当期トップアップ税額の計算上、当該再計算の結果として生じたトップアップ税額の増額分に対し、ディスポジションリキャプチャー割合を乗じる。

7.3.8 ディスポジションリキャプチャー割合は、離脱する構成事業体ごとに、以下の計算式で求められる。

$$\frac{構成事業体のGloBE所得}{当該国・地域の純所得}$$

なお、上記計算式におけるそれぞれの用語の定義は、以下のとおりである。

(a) 構成事業体のGloBE所得は、当該国・地域のみなし分配税額リキャプチャー勘定に対応する各会計年度において、第3章に従って計算された離脱構成事業体のGloBE所得の合計額とする。

(b) 当該国・地域の純所得は、当該国・地域のみなし分配税額リキャプチャー勘定に対応する各会計年度において、第5.1.2条に従って計算された当該国・地域のGloBE純所得

の合計額とする。

第7.4条　投資事業体のETRの計算

7.4.1.　第7.4条の規定は、投資事業体の定義を満たす構成事業体に適用される。ただし、税務上透明な事業体である投資事業体および第7.5条または第7.6条に基づく選択の対象となる投資事業体は除く。

7.4.2.　構成事業体である投資事業体のETRは、当該投資事業体の所在国・地域のETRとは別に計算される。個別の投資事業体に係るETRは、当該投資事業体の調整後対象租税を、第3章に基づいて計算される当該投資事業体に係るGloBE所得のMNEグループに対する配分額で除したものである。当該国・地域内に複数の投資事業体が所在する場合、個別の投資事業体について計算される調整後対象租税および当該個別の投資事業体に係るGloBE所得・損失のMNEグループに対する配分額は、当該投資事業体全体のETRの計算上、合算される。

7.4.3.　投資事業体の調整後対象租税は、第4.1条に基づいて当該投資事業体について計算される調整後対象租税のうち、当該投資事業体に係るGloBE所得のMNEグループに対する配分額に起因するものと、第4.3条に基づいて当該投資事業体に配分される対象租税の合計額とする。なお、投資事業体の調整後対象租税には、当該投資事業体に係るGloBE所得のMNEグループに対する配分額に含まれない所得に起因して生じる対象租税は含まれない。

7.4.4.　投資事業体に係るGloBE所得のMNEグループに対する配分額は、第7.5条または第7.6条に基づく選択の対象とならない持分のみに関して、第2.2.2条の規定に従って計算される当該投資事業体に係るGloBE所得・損失のUPEに対する配分額とする。

7.4.5.　投資事業体である構成事業体に係るトップアップ税額は、当該投資事業体に係るGloBE所得のMNEグループに対する配分額が当該投資事業体の実質ベースの所得除外額を超える部分の金額に対して、当該投資事業体のトップアップ税率を乗じた額とする。投資事業体のトップアップ税率は、最低税率が当該投資事業体のETRを超えている場合のその超過分とする。当該国・地域内に複数の投資事業体が所在する場合、個別の投資事業体について計算されたGloBE所得のMNEグループ配分額および実質ベースの所得除外額を合算して、投資事業体全体のETRを計算する。

7.4.6.　投資事業体の実質ベースの所得除外額は、第5.3条の原則に従い（第5.3.2条の例外を考慮することなく）計算するものとする。投資事業体の適格有形資産および適格従業員の適格人件費については、当該投資事業体のGloBE所得総額に占める当該投資事業体に係るGloBE所得のMNEグループに対する配分額の割合に応じて減額するものとする。

第7.5条　投資事業体の税務上透明な事業体選択

7.5.1.　申告構成事業体は、投資事業体または保険投資事業体である構成事業体について、

当該構成事業体所有者が、その所在国・地域において、当該構成事業体の所有者持分の時価の年次変動に基づいて、時価評価またはこれと同様の制度により課税されており、かつ、その所得に関して当該構成事業体所有者に適用される税率が最低税率以上である場合、当該構成事業体を税務上透明な事業体として取り扱うことを選択することができる。この場合、構成事業体が直接保有する投資事業体または保険投資事業体の所有者持分を通じて、他の投資事業体または保険投資事業体に対する所有者持分を間接的に保有している場合、当該構成事業体が有する当該直接所有者持分が時価評価またはこれと同様の制度で課税されているときは、当該構成事業体が間接的に保有している当該他の投資事業体または保険投資事業体に対する所有者持分についても、時価評価またはこれと同様の制度で課税されているとみなされる。

7.5.2. 本条に基づく選択は、5年選択とする。この選択が取り消された場合、投資事業体が所有する資産または負債の処分による損益は、取消会計年度開始の日の資産または負債の時価に基づいて計算される。

第7.6条　課税分配法の選択

7.6.1. 申告構成事業体の選択により、構成事業体所有者（投資事業体である場合を除く。）は、その保有する投資事業体である構成事業体に対する所有者持分に関する分配に対して、最低税率以上の税率で課税されることが合理的に見込まれる場合、当該投資事業体である構成事業体に対する所有者持分に関して、課税分配法を適用することができる。

7.6.2. 課税分配法では、以下のとおり、取り扱われる。

(a) 投資事業体のGloBE所得の分配およびみなし分配は、その分配を受けた構成事業体所有者（投資事業体を除く。）のGloBE所得に含まれる。
(b) 現地控除可能税額グロスアップは、分配を受けた構成事業体所有者（投資事業体を除く。）のGloBE所得および調整後対象租税に含まれる。
(c) 判定年度の投資事業体の未分配GloBE純所得に係る構成事業体所有者の持分割合相当額は、申告年度の当該投資事業体のGloBE所得として取り扱われ、当該GloBE所得に最低税率を乗じて計算される額は、第2章の適用上、当該会計年度のLTCEに係るトップアップ税額として取り扱われる。
(d) 当該会計年度の投資事業体のGloBE所得・損失およびその所得に起因する調整後対象租税は、第b項に定められているものを除き、第5章および第7.4.2条から第7.4.5条に基づくすべてのETRの計算から除外される。

7.6.3. ある会計年度の未分配GloBE純所得とは、判定年度の投資事業体のGloBE所得の額を限度として、以下に掲げる金額の合計額を減額した額とする。

(a) 当該投資事業体の対象租税の額
(b) 判定期間における持分保有者（投資事業体である構成事業体を除く）に対する分配およ

びみなし分配の額
(c) 判定期間中に発生したGloBE損失の額
(d) 投資損失繰越額

7.6.4. ある判定年度の未分配GloBE純所得は、分配またはみなし分配の金額のうち、過去の判定年度の未分配GloBE純所得の減少として扱われた金額に相当する額については減少させることはできない。また、未分配GloBE純所得の計算上、GloBE損失は、過去会計年度終了の日の未分配GloBE純所得を減少させた金額相当額について減額される。ある会計年度のGloBE損失につき、その会計年度を含む判定期間の終了前において残額がある場合には、当該残額は、投資損失繰越額となり、その後の会計年度のGloBE損失と同様に減額される。

7.6.5. 第7.6条での用語の定義は、以下のとおりとする。

(a) 判定年度とは、申告年度の3年前の会計年度をいう。
(b) 判定期間とは、判定年度開始の日に開始し、グループ事業体が所有者持分を保有していた申告年度終了の日に終了する期間をいう。
(c) みなし分配は、投資事業体への直接または間接の所有者持分が、非グループ事業体に移転された場合に発生するものとし、この場合のみなし分配の額は、当該移転日における当該所有者持分に帰属する未分配GloBE純所得（当該みなし分配の額の計算前）の持分割合相当額とする。
(d) 現地控除可能税額グロスアップとは、投資事業体において生じる対象租税のうち、当該構成事業体所有者において当該投資事業体からの分配に関連して生じる租税債務に対する税額控除として認められるものをいう。

7.6.6. 本条に基づく選択は、5年選択とする。この選択が取り消された場合、取消年度前の会計年度終了の日における投資事業体の判定年度の未分配GloBE純所得に係る構成事業体所有者の持分割合相当額は、取消年度の当該投資事業体のGloBE所得として取り扱われ、第2章の適用について、当該GloBE所得に最低税率を乗じた額は、取消年度のLTCEに係るトップアップ税額として取り扱われる。

第8章 執行

本章のルールの運用

第8章は、GloBEルールの執行について定めている。

- 第8.1条は、MNEがGloBEルールに基づいて行った税額計算に係る情報を提供するために、標準化された情報申告書を、GloBEルールを導入している各国・地域において提出する義務を定めている。
- 第8.2条は、一定のセーフハーバーを策定することを認めている。
- 第8.3条は、合意された運営指針の制定を通じて、GloBEルールの適用における税務当局間の協調を促進している。

第8.1条　申告義務

8.1.1. 第8.1.2条に従い、[実施国・地域を記入]に所在する各構成事業体は、[実施国・地域を記入]の税務当局に、第8.1.4条から第8.1.6条に準拠して、GloBE情報申告書を提出する。この申告書は、当該構成事業体自身または構成事業体を代理する指定現地事業体が提出することができる。

8.1.2. 第8.1.4条から第8.1.6条に準拠して、GloBE情報申告書が、以下のいずれかの者によって提出された場合には、構成事業体は、[実施国・地域を記入]の税務当局にGloBE情報申告書を提出する義務はない。

   (a) 当該申告年度において[実施国・地域を記入]との間で適格な権限ある当局間協定が有効である国・地域に所在するUPE

   (b) 当該申告年度において[実施国・地域を記入]との間で適格な権限ある当局間協定が有効である国・地域に所在する指定申告事業体

8.1.3. 第8.1.2条が適用される場合、[実施国・地域を記入]に所在する構成事業体またはその代理の指定現地事業体は、[実施国・地域を記入]の税務当局に対し、当該GloBE情報申告書を提出する当該事業体の識別情報およびその所在国・地域を届け出る必要がある。

8.1.4. GloBE情報申告書は、GloBEルール実施枠組みに従って作成された標準テンプレートで提出され、かつ、(簡易報告手続の制定によるものも含め、実施枠組みに従って特定、拡大、限定される)MNEグループに関する以下の情報を含むものとする。

   (a) 納税者番号(存在する場合)、所在国・地域およびGloBEルール上の分類を含む当該構成事業体の識別情報

(b) 他の構成事業体により保有される当該構成事業体に対する支配持分を含む、当該MNEグループ全体の構成に関する情報
(c) 以下を計算するために必要な情報
　ⅰ．第5章における各国・地域のETRおよび各構成事業体に係るトップアップ税額
　ⅱ．第6章におけるJVグループのメンバーに係るトップアップ税額
　ⅲ．第2章におけるIIRに基づくトップアップ税額およびUTPRトップアップ税額の各国・地域への配分額
(d) GloBEルールの関連規定に従って行われた選択に関する記録
(e) GloBEルール実施枠組みの一環として合意され、GloBEルールを執行するために必要なその他の情報

8.1.5. GloBE情報申告書は、GloBEルール実施枠組みに従って作成された標準テンプレートに含まれる定義および手続を適用する。

8.1.6. GloBE情報申告書および本条に基づく届出書は、申告年度終了の日後15か月以内に［実施国・地域を記入］の税務当局に提出する。

8.1.7. ［実施国・地域を記入］の税務当局は、GloBE情報申告書の情報、提出および届出書に関する要件をGloBEルール実施枠組みで規定される要件（簡易な報告手続きの制定を含む。）に整合させるために修正することができる。

8.1.8. 罰則、制裁、申告書および申告情報の秘密保持に関する［実施国・地域を記入］の法律はGloBE情報申告書に適用される。

第8.2条　セーフハーバー

8.2.1. 第5章にかかわらず、申告構成事業体の選択により、ある国・地域（セーフハーバー国・地域）のある会計年度に係るトップアップ税額は、当該国・地域に所在する構成事業体が、当該会計年度に適用されるGloBEルール実施枠組みにより定められる要件に従ってGloBEセーフハーバーとして適格である場合には、ゼロとみなされる。

8.2.2. ある国・地域のためになされた第8.2.1条に基づく選択は、以下のすべての状況に該当する場合には適用されない。

(a) 第5章に従って計算されるセーフハーバー国・地域のETRが最低税率を下回る場合には、GloBEルールのもと、［実施国・地域を記入］にトップアップ税額が配分されうる場合
(b) ［実施国・地域を記入］の税務当局が、GloBE情報申告書の提出後36か月以内に、納税義務のある構成事業体に対して、セーフハーバー国・地域に所在する構成事業体の当該関連するセーフハーバーの適格性に重大な影響を及ぼした可能性のある特定の事実および状況を通知し、当該納税義務のある構成事業体に対し、それらの事実および

状況が当該構成事業体のセーフハーバーの適格性に及ぼす影響を6か月以内に明らかにすることを要請した場合

(c) 当該納税義務のある構成事業体が、当該回答期限内に、それらの事実および状況が当該構成事業体の当該関連するセーフハーバーに対する適格性に重大な影響を及ぼしていないことを証明できなかった場合

第8.3条　運営指針

8.3.1. ［実施国・地域を記入］の税務当局は、国内法の要件に従い、合意された運営指針に従ってGloBEルールを適用する。

第9章　移行ルール

本章のルールの運用

第9章は、一定の移行ルールを定めている。

- 第9.1条は、MNEグループがGloBEルールの適用対象となる場合に適用される移行ルールを定めている。

- 第9.2条は、移行期間中の第5.3条に基づく実質ベースの所得除外額の計算において用いられる割合を定めている。

- 第9.3条は、国際事業活動の初期段階にあるMNEグループに対するUTPRの適用除外を定めている。

- 第9.4条は、申告義務に関する移行期間中の措置を定めている。

第9.1条　移行時の租税属性の取扱い

9.1.1. 移行年度およびそれ以降の各年度において、当該国・地域のETRを計算する場合、MNEグループは、当該移行年度の国・地域におけるすべての構成事業体の財務諸表に反映または開示されたすべての繰延税金資産および繰延税金負債を考慮する必要がある。これらの繰延税金資産および負債は、最低税率と国内税率のいずれか低いほうの税率で計算されなければならない。最低税率より低い税率で計上された繰延税金資産は、納税者がその繰延税金資産がGloBE損失に係るものであることを証明できる場合、最低税率により考慮することができる。本条の適用上、繰延税金資産に係る評価調整または会計上の認識調整の影響は考慮されない。

9.1.2. 第3章におけるGloBE所得・損失の計算から除外される項目から発生する繰延税金資産で、2021年11月30日の翌日以後に行われる取引により発生するものについては、第9.1.1条の計算から除外されなければならない。

9.1.3. 2021年11月30日の翌日以後、移行年度開始前までに構成事業体間で資産の移転があった場合、（取得側の）取得資産（棚卸資産を除く。）の税務簿価は、処分側の事業体における処分時の処分資産の帳簿価額に基づいて計上され、GloBEルール適用上考慮される繰延税金資産および負債は、その金額に基づいて決定される。

第9.2条　実質ベースの所得除外に係る移行期間中の措置

9.2.1. 第5.3.3条の適用上、次の表に掲げる暦年で始まる各会計年度について、5%の値を次の表に定める値に置き換えるものとする。

開始会計年度	第5.3.3条の率
2023	10%
2024	9.8%
2025	9.6%
2026	9.4%
2027	9.2%
2028	9.0%
2029	8.2%
2030	7.4%
2031	6.6%
2032	5.8%

9.2.2. 第5.3.4条の適用上、次の表に掲げる暦年で始まる各会計年度について、5%の値を次の表に定める値に置き換えるものとする。

開始会計年度	第5.3.4条の率
2023	8%
2024	7.8%
2025	7.6%
2026	7.4%
2027	7.2%
2028	7.0%
2029	6.6%
2030	6.2%
2031	5.8%
2032	5.4%

第9.3条　国際事業活動の初期段階にあるMNEグループに係るUTPRの適用除外

9.3.1. 第9.3.4条に基づき、第2.5.1条のもとで考慮されるトップアップ税額は、第5章に定められる要件にかかわらず、MNEグループが国際事業活動の初期段階にある間は、ゼロに減額される。

9.3.2. 第9.3条の適用上、以下のいずれにも該当する会計年度については、MNEグループがその国際事業活動の初期段階にあるものとして取り扱われる。

(a) 6以下の国・地域に構成事業体を有する場合

(b) 基準国・地域以外のすべての国・地域に所在するすべての構成事業体の有形資産の正味帳簿価額の合計額が5000万ユーロ以下の場合

9.3.3. 第9.3.2条において、MNEグループの基準国・地域とは、当該MNEグループが初めてGloBEルールの適用対象となった会計年度における有形資産の総額が最も大きい国・地域をいう。ある国・地域における有形資産の総額は、当該MNEグループのその国・地域に所在するすべての構成事業体が所有するすべての有形資産の正味帳簿価額の合計額とする。

9.3.4. 第9.3条は、MNEグループが初めてGloBEルールの適用対象となった会計年度開始の日から5年を経過した日の翌日以後に開始する会計年度については適用されない。GloBEルールの効力発生時にその適用対象となるMNEグループの場合、この5年の期間は、UTPRに関するルールの効力発生時点を起点として計算される。

9.3.5. [任意規定]第9.3.3条により[実施国・地域を記入]がMNEグループの基準国・地域となる場合、第9.3.1条は、当該MNEグループの国際事業活動の初期段階においては適用されず、当該初期段階において以下のとおり取り扱われる。

(a) [任意規定]第2.5.1条におけるLTCEについて計算されるトップアップ税額は、当該LTCEが基準国・地域に所在する場合、第5章に定められる要件にかかわらず、ゼロに減額される。
(b) 基準国・地域以外の国・地域のUTPR率は、ゼロとみなされる。

第9.4条　申告義務に係る移行期間中の措置

9.4.1. 第8.1.6条にかかわらず、GloBE情報申告書または第8.1条に基づく届出書は、移行年度である報告対象会計年度終了の日の翌日から18か月以内に[実施国・地域を記入]の税務当局に提出する必要がある。

第10章 定義

> **本章のルールの運用**
>
> 第10章は、GloBEルールにおいて使用されている用語の定義を定めている。
>
> ・ 第10.1条は、GloBEルールで使用される用語の一般的な定義を定めている。
>
> ・ 第10.2条は、フロースルー事業体に関する定義を定めている。
>
> ・ 第10.3条は、GloBEルールの適用にあたり、事業体の所在地を決定するためのルールを定めている。

第10.1条　用語の定義

10.1.1. 以下に示す用語は、次のとおり定義される。

許容された財務会計基準（Acceptable Financial Accounting Standard） とは、国際財務報告基準（IFRS）およびオーストラリア、ブラジル、カナダ、EU加盟国、EEA加盟国、香港（中国）、日本、メキシコ、ニュージーランド、中華人民共和国、インド共和国、大韓民国、ロシア、シンガポール、スイス、英国、米国において、一般に公正妥当と認められた財務会計基準を意味する。

発生年金費用（Accrued Pension Expense） とは、財務会計上の純損益に含まれる年金負債費用の額と、当該会計年度の年金基金への拠出額との差額を意味する。

追加当期トップアップ税額（Additional Current Top-up Tax） とは、第5.4条に定める税額および第4.1.5条または第7.3条に定める金額等、第5.4条の追加当期トップアップ税額として取り扱われるすべての金額を意味する。

その他Tier1資本（Additional Tier One Capital） とは、銀行業における健全性基準に従って構成事業体が発行する資本調達手段で、事前に定めたトリガーイベントが発生した場合に株式に転換または元本が減額され、金融危機の際の損失を吸収するための機能を有するものを意味する。

対象租税の追加項目（Additions to Covered Taxes） は、第4.1.2条に定義されている。

調整後資産譲渡益（Adjusted Asset Gain） 第3.2.6条に基づく選択の対象となる資産譲渡益総額に関する調整後資産譲渡益とは、選択年度の合計資産譲渡益から、第3.2.6条第b項または第c項に基づき過去の損失年度の資産譲渡損と相殺された資産譲渡益を控除した額を意味する。

調整後対象租税（Adjusted Covered Taxes） は、第4.1.1条に定義されている。

合計資産譲渡益(Aggregate Asset Gain) 第3.2.6条に基づく選択に関する合計資産譲渡益とは、選択年度における、当該国・地域に所在するすべての構成事業体による現地有形資産の処分から生じる純譲渡益からグループ事業体間の資産譲渡による損益を除いたものを意味する。

合意された運営指針(Agreed Administrative Guidance) とは、包摂的枠組みが公表するGloBEルールの解釈または運用に関するガイダンスを意味する。

トップアップ税額の配分額(Allocable Share of the Top-up Tax) は、第2.2.1条に定義されている。

年次選択(Annual Election) とは、申告構成事業体が行う選択であり、その選択が行われた会計年度にのみ適用されるものを意味する。

資産譲渡益配分額(Allocated Asset Gain) 第3.2.6条に基づく選択に関する資産譲渡益配分額とは、第3.2.6条第d項に基づく遡及期間において、各会計年度に配分される調整後資産譲渡益を意味する。

独立企業原則(Arm's Length Principle) とは、構成事業体間の取引が、独立企業間で行われる比較可能な取引や比較可能な状況下で適用されるであろう条件を参照して行われなければならないという原則を意味する。

非対称外国為替差損益(Asymmetric Foreign Currency Gains or Losses) とは、会計上と税務上の機能通貨が異なる事業体の以下に掲げる外国為替差損益を意味する。

(a) 構成事業体の課税所得または欠損金の計算に含まれるもので、当該構成事業体の会計上の機能通貨と税務上の機能通貨との間の為替レートの変動に起因するもの
(b) 構成事業体の財務会計上の純損益の計算に含まれるもので、当該構成事業体の税務上の機能通貨と財務会計上の機能通貨との間の為替レートの変動に起因するもの
(c) 構成事業体の財務会計上の純損益の計算に含まれるもので、当該構成事業体の財務会計上の機能通貨と第三の外国通貨との間の為替レートの変動に起因するもの
(d) 課税所得の計算に含まれるか否かにかかわらず、当該構成事業体の税務上の機能通貨と第三の外国通貨との間の為替レートの変動に起因するもの

税務上の機能通貨とは、構成事業体がその所在国・地域における対象租税に係る課税所得または欠損金を計算するために使用する機能通貨である。財務会計上の機能通貨とは、構成事業体が財務会計上の純損益を計算するために使用する機能通貨である。第三の外国通貨とは、構成事業体の税務上または会計上の機能通貨ではない通貨である。

権限のある財務会計機構（Authorised Accounting Body） とは、当該国・地域において、財務報告のための財務会計基準を規定、制定または承認する法的権限を有する組織である。

承認された財務会計基準（Authorised Financial Accounting Standard） とは、当該事業体が所在する国・地域において権限のある財務会計機構により承認された一般に公正妥当と認められる会計原則を意味する。

平均GloBE所得・損失（Average GloBE Income or Loss） は、第5.5.2条に定義されている。

平均GloBE収入（Average GloBE Revenue） は、第5.5.2条に定義されている。

コメンタリー（Commentary） とは、OECD/G20のBEPS包摂的枠組みによって作成されたGloBEルールのコメンタリーを意味する。

連結財務諸表（Consolidated Financial Statements） とは以下のいずれかを意味する。

(a) 許容された財務会計基準に準拠して事業体が作成した財務諸表であって、当該事業体および当該事業体が支配持分を有する事業体の資産、負債、収益、費用およびキャッシュ・フローを単一の経済単位のものとして表示した財務諸表
(b) 事業体が第1.2.3条のグループの定義を満たす場合、許容された財務会計基準に基づいて作成された当該事業体の財務諸表
(c) UPEが第a項または第b項に記載された財務諸表を有しているが、その財務諸表が許容された財務会計基準に準拠して作成されていない場合、比較可能性を阻害する重要な差異が生じないよう調整され、作成された財務諸表
(d) UPEが上記の財務諸表を作成していない場合、UPEが承認された財務会計基準（許容された財務会計基準または比較可能性を阻害する重要な差異が生じないよう調整された他の財務会計基準）に従い連結財務諸表を作成することが求められる場合に作成される財務諸表

構成事業体（Constituent Entity） は、第1.3.1条に定義されている。

構成事業体所有者（Constituent Entity-owner） とは、同一のMNEグループの他の構成事業体の所有者持分を直接または間接に所有する構成事業体を意味する。

CFC税制（Controlled Foreign Company Tax Regime） とは、外国事業体（被支配外国会社（CFC））が稼得した所得の一部または全部について、その所得がその時点で持分保有者に分配されているか否かにかかわらず、当該CFCの直接または間接の持分保有者に対して、その持分に対応する所得に課税する一連の税制（所得合算ルール（IIR）を除く。）を意味する。

支配持分（Controlling Interest） とは、ある事業体の所有者持分で、その持分保有者が以下のいずれかの場合に該当するものを意味する。

(a) 許容された財務会計基準に基づいて、当該事業体の資産、負債、収益、費用および

キャッシュ・フローを項目ごとに連結することが求められる場合
(b) その持分保有者が連結財務諸表を作成していたと仮定した場合に、当該事業体の資産、負債、収益、費用およびキャッシュ・フローを項目ごとに連結することが求められるであろう場合

本店は、そのPEに対する支配持分を有しているものとみなされる。

協同組合(Cooperative) とは、その組合員の代わりに商品やサービスを共同で販売または購入する事業体で、当該事業体の所在地国・地域の税制上、組合員が協同組合を通じて販売した財・サービスおよび組合員が協同組合を通じて購入した財・サービスに関して、課税中立性を確保するように取り扱われる事業体を意味する。

対象租税(Covered Taxes) は、第4.2条に定義されている。

損金算入配当(Deductible Dividend) とは、支払配当損金算入制度の対象となる構成事業体について、以下のいずれかに該当するものを意味する。

(a) 所有者持分を保有する者に対する利益の配当であり、当該構成事業体の所在国・地域の法律に基づき当該事業体の課税所得から控除できるもの
(b) 協同組合の組合員に対する事業分量配当

支払配当損金算入制度(Deductible Dividend Regime) とは、事業体の所有者に対する利益分配の額を当該事業体の課税所得から減額することで、所有者に対する単一段階課税を実現することを目的とした制度を意味する。この定義において、協同組合の組合員に対する事業分量配当は所有者に対する分配として取り扱われる。支払配当損金算入制度は、協同組合に対する課税を免除する制度も含まれる。

みなし分配税額(Deemed Distribution Tax) は、第7.3.2条に定義されている。

みなし分配税額リキャプチャー勘定(Deemed Distribution Tax Recapture Account) とは、第7.3.3条に従って管理される勘定を意味する。

離脱構成事業体(Departing Constituent Entity) とは、第7.3.1条に基づく選択の対象となる構成事業体であって、MNEグループから離脱するかまたはその実質的にすべての資産を同じ国・地域に所在する同じMNEグループの構成事業体以外の者に移転する構成事業体を意味する。

指定申告事業体(Designated Filing Entity) とは、MNEグループを代表してGloBE情報申告書の提出を行う者として、MNEグループによって指定された構成事業体(UPEを除く。)を意味する。

指定現地事業体(Designated Local Entity) とは、[実施国・地域の名称を記入]に所在するMNEグループの構成事業体であって、MNEグループの[実施国・地域の名称を記入]に所

在する他の構成事業体から、GloBE情報申告書の提出または第8.1.3条に基づく届出書の提出を行う者として指定された事業体を意味する。

否認計上額（Disallowed Accrual）は、第4.4.6条に定義されている。

ディスポジションリキャプチャー割合（Disposition Recapture Ratio）は、第7.3.8条に定義されている。

非適格還付インピュテーションタックス（Disqualified Refundable Imputation Tax）とは、適格インピュテーションタックス以外の租税で、構成事業体において発生するまたは構成事業体が支払う税額で以下のいずれかに該当するものを意味する。

(a) 当該構成事業体が分配する配当金に関して、当該配当金の受益権所有者に対して払い戻される税額、または、当該受益権所有者が当該配当金に関連する租税債務以外の租税債務から控除できる税額
(b) 配当金の分配時に分配法人に対して還付される税額

二元上場の取決め（Dual-listed Arrangement）とは、異なるグループの複数のUPEが締結する以下のすべてに該当する取決めを意味する。

(a) UPEは、契約上の取決めのみでそれぞれのグループの事業を統合することに同意すること
(b) UPEは、契約上の取決めに従い、一定の固定した比率でそれぞれの持分保有者に対する分配（配当および清算配当）を行うこと
(c) それぞれのグループの活動は、法的な独立性を維持する一方、契約上は単一の経済主体として管理されること
(d) 契約で規定されるUPEの所有者持分が、異なる資本市場において独立して気配値が示され、取引され、譲渡されていること
(e) UPEは、複数のグループに属するすべての事業体の資産、負債、収益、費用およびキャッシュ・フローを合わせて単一の経済単位として表示した連結財務諸表を作成し、当該連結財務諸表について外部監査を受けることが義務付けられていること

実効税率（ETR）（Effective Tax Rate）は、第5.1.1条に定義されている。

選択年度（Election Year）とは、年次選択においてその選択が行われる年を意味する。

適格分配時課税制度（Eligible Distribution Tax System）は、以下のすべてに該当する法人所得課税制度を意味する。

(a) 法人が持分保有者に利益を分配した場合、法人が持分保有者に利益を分配したとみなされた場合または法人が一定の事業外費用を計上した場合にのみ、当該法人に対して課税されるもの
(b) 最低税率以上の税率で課税されるもの

(c) 2021年7月1日以前に施行されたもの

適格従業員(Eligible Employees) とは、MNEグループの構成事業体の従業員ならびにMNEグループの指揮および管理のもとでMNEグループの通常の事業活動に関与している独立した請負業者の従業員を意味する。従業員にはパートタイム従業員を含む。

適格人件費(Eligible Payroll Costs) とは、従業員報酬(給与、賃金および健康保険料や年金拠出金など、当該従業員に直接かつ個別に便益を提供するその他の支出を含む。)、支払給与税および雇用税、雇用者の社会保険料負担を意味する。

適格有形資産(Eligible Tangible Assets) は、第5.3.4条に定義されている。

事業体(Entity) とは、以下のいずれかを意味する。

(a) 法人(自然人を除く。)
(b) パートナーシップや信託などの取決めであって、個別の財務諸表を作成するもの

実効税率調整条項(ETR Adjustment Article) とは、第3.2.6条、第4.4.4条、第4.6.1条、第4.6.4条および第7.3条に示されている条項を意味する。

超過利益(Excess Profit) は、第5.2.2条に定義されている。

除外配当(Excluded Dividend) とは、所有者持分に関連して受領または生じる配当金またはその他の分配金を意味し、以下の持分に係るものを除く。

(a) 短期ポートフォリオ持分
(b) 第7.6条に基づく選択の対象となる投資事業体の所有者持分

除外事業体(Excluded Entity) は、第1.5.1条および第1.5.2条に定義されている。

除外資本損益(Excluded Equity Gain or Loss) とは、構成事業体の財務会計上の純損益に含まれている以下のいずれかに起因する利益または損失を意味する。

(a) 所有者持分(ポートフォリオ持分を除く)の時価の変動による損益
(b) 持分法により会計処理されている所有者持分に関する損益
(c) 所有者持分(ポートフォリオ持分を除く)の処分による損益

申告構成事業体(Filing Constituent Entity) とは、第8.1条に基づきGloBE情報申告書を提出する事業体である。

財務会計上の純損益(Financial Accounting Net Income or Loss) は、第3.1.2条に定義されている。

会計年度(Fiscal Year) とは、MNEグループのUPEが連結財務諸表を作成する会計期間を意味する。連結財務諸表の定義第d項に該当する場合、会計年度とは暦年を意味する。

5年選択(Five-Year Election) とは、申告構成事業体がある会計年度(選択年度)に関して行う選択を意味する。当該選択は、当該選択年度およびそれに続く4会計年度は取り消すことはできない。また、ある会計年度(取消年度)に5年選択を取り消した場合、取消年度に続く4会計年度では、新たに選択を行うことはできない。

一般政府(General Government) とは、中央政府、その実質的管理下にある機関、州政府・地方政府およびこれらの執行機関を意味する。

GloBEルール実施枠組み(GloBE Implementation Framework) とは、GloBEルールの協調的実施を促進する執行規則、ガイダンス、手続きを策定するために、BEPSに関する包摂的枠組みが策定する手続きを意味する。

すべての構成事業体に係るGloBE所得(GloBE Income of all Constituent Entities) は、第5.1.2条第a項に定義されている。

GloBE所得・損失(GloBE Income or Loss) は、第3.1.1条に定義されている。

GloBE情報申告書(GloBE Information Return) とは、GloBEルール実施枠組みに準拠して策定される標準化された申告書で、第8.1.4条に定められた情報を含むものをいう。

GloBE純損失に係る繰延税金資産(GloBE Loss Deferred Tax Asset) は、第4.5条に定義されている。

GloBE純損失に係る選択(GloBE Loss Election) は、第4.5.1条に定義されている。

すべての構成事業体に係るGloBE損失(GloBE Losses of all Constituent Entities) は、第5.1.2条第b項に定義されている。

GloBE組織再編(GloBE Reorganisation) とは、組織変更または資産および負債の移転(合併、分割、清算またはそれらに類する取引などによるもの)で、以下のすべてに該当するものをいう。

(a) 移転の対価の全部または重要な部分が、取得側の構成事業体または当該取得側の構成事業体の関連者が発行した資本持分であること。清算の場合、移転の対価は当該清算する者の資本持分であること(移転の対価として資本持分を発行することが経済的な意味を有さない場合には、無対価となる場合がある。)

(b) 処分側の構成事業体の当該資産の処分に係る損益の全部または一部が課税対象とならないこと

(c) 取得側の構成事業体が所在する国・地域の税法において、取得側の構成事業体は、当該処分または取得後の課税所得を計算する上で、処分側の構成事業体の当該処分資産に係る税務上の簿価を用いることが求められること(処分または取得に伴う非適格譲渡損益があれば調整する。)

GloBE収入(GloBE Revenue)は、第5.5.2条の目的のために第5.5.3条第a項で定義されている。

GloBEルール(GloBE Rules)とは、OECD/G20のBEPSに関する包摂的枠組みで策定された一連のルールを意味する。

GloBEセーフハーバー(GloBE Safe Harbour)とは、MNEによるコンプライアンスおよび税務当局による執行を円滑にするための、第8.2.1条に規定される例外措置を意味する。ある国・地域に所在するMNEグループの構成事業体がGloBEセーフハーバーの対象となる要件は、BEPSに関する包摂的枠組みがGloBEルール実施枠組みを策定するために行う作業の一環として定める共通の合意されたプロセスに従って設定される。

政府事業体(Governmental Entity)とは、以下の第a項から第d項に定められているすべての基準を満たしている事業体を意味する。

(a) 政府(その行政に係る下位機関または地方自治体を含む。)の一部であるか、または、政府によって完全に所有されていること
(b) 以下のいずれかを主たる目的としていること
 ⅰ. 政府の機能を果たすこと
 ⅱ. 投資の実行・保有、資産管理およびそれらに関連する活動を通じて、当該政府や国・地域の資産を管理または投資すること、また、営利事業を行うものではないこと
(c) その全体的な業績について当該政府に対する説明責任を有し、政府に年次報告を行うこと
(d) 解散時にその資産が当該政府に帰属し、純利益を分配する範囲において、その純利益が当該政府にのみ分配され、いかなる私人の利益にもならないこと

グループ(Group)は、第1.2.2条および第1.2.3条に定義されている。

グループ事業体(Group Entity)とは、いずれかの事業体またはグループに関して、同じグループのメンバーである事業体を意味する。

高税率国・地域の取引相手(High-Tax Counterparty)とは、軽課税国・地域ではない国・地域に所在する構成事業体、または、グループ内金融取引に関して当該事業体が計上した収益または費用を考慮せずにETRを計算した場合において軽課税国・地域ではない国・地域に所在することになる構成事業体を意味する。

国際会計基準(IFRS)とは、国際財務報告基準を意味する。

所得合算ルール(IIR)とは、第2.1条から第2.3条に定められているルールを意味する。

再評価によって含められる損益(Included Revaluation Method Gain or Loss)とは、以下のすべてに該当する会計処理または会計実務に基づいて発生した当該会計年度のすべての有形

固定資産に係る(関連する対象租税の増加または減少後の)純損益を意味する。

(a) 当該有形固定資産の帳簿価額を定期的に時価に調整するもの
(b) 価値の変動をその他包括利益に計上するもの
(c) その他包括利益に計上された利益または損失が、その後、損益を通じて計上されるものではないもの

保険投資事業体(Insurance Investment Entity)とは、保険契約または年金契約に基づく負債に関連して設立され、保険会社としてその所在国の規制を受ける事業体によって完全に所有されている事業体であり、当該要件を除き、投資ファンドまたは不動産投資ビークルの定義を満たすものを意味する。

中間親事業体(Intermediate Parent Entity)とは、同一のMNEグループ内の他の構成事業体の所有者持分を直接または間接に保有する構成事業体(UPE、POPE、PEまたは投資事業体を除く。)を意味する。

国際機関(International Organisation)とは、以下の第a項から第c項のすべての基準を満たす政府間組織(超国家的組織を含む。)または当該組織に完全に所有されている機関または組織を意味する。

(a) 主に各国政府により構成されていること
(b) 当該組織が設立されている国・地域との間で、本部協定または実質的に同様の協定(例えば、当該国・地域内の当該組織の事務所または事業所(例：下位機関、地方事務所または地域事務所)に特権と免除を与える取決め)を締結していること
(c) 法律またはその管理規定により、その収入が私人の利益にならないこと

国際海運所得(International Shipping Income)は、第3.3.2条に定義されている。

グループ内金融取引(Intragroup Financing Arrangement)とは、MNEグループの複数のメンバー間で締結される取決めで、高税率国・地域の取引相手が直接または間接に軽課税事業体に対して行う信用供与もしくは投資を意味する。

投資事業体(Investment Entity)とは、以下のいずれかの事業体を意味する。

(a) 投資ファンドまたは不動産投資ビークル
(b) 第a項の事業体により直接にまたは第a項の事業体の連鎖を通じて95%以上所有されており、かつ、専らまたは主として当該投資事業体の利益のために資産を保有または資金を投資するために運営されている事業体
(c) 事業体の価値の85%以上が第a項に記載された事業体によって所有されている事業体。ただし、当該事業体の所得の実質的にすべてが、第3.2.1条第b項または第c項に従ってGloBE所得・損失の計算から除外される除外配当または除外資本損益であること

投資ファンド(Investment Fund)とは、以下の第a項から第g項に定めるすべての基準を満たす事業体をいう。

- (a) 複数の投資家(その一部は互いに関連しない)の資産(金融、非金融を問わない。)をプールするために設けられたものであること
- (b) 予め定められた投資方針に基づいて投資を行うこと
- (c) 取引、調査、分析などに係る投資家のコストを削減し、リスクを一体として分散することを可能にするものであること
- (d) 主に投資収益を得ることまたは特定のもしくは一般に起こる事象もしくは結果に備えることを目的としていること
- (e) 投資家は、自らが行った出資に基づいて、ファンドの資産からのリターンもしくは当該資産によって稼得される所得を得る権利を有すること
- (f) 当該事業体またはその管理者が、当該事業体が組成または管理されている国・地域の規制(適切なマネーロンダリング防止規制および投資家保護規制を含む。)の対象となること
- (g) 投資家のために投資ファンド運用の専門家が運用していること

ジョイントベンチャー(JV, Joint Venture)とは、UPEがその所有者持分の50%以上を直接または間接に保有しているが、UPEの連結財務諸表において持分法によりその財務数値が報告されている事業体を意味する。ただし、以下のものを含まない。

- (a) GloBEルールの対象となるMNEグループのUPE
- (b) 第1.5.1条で定義された除外事業体
- (c) MNEグループが保有する事業体の所有者持分が第1.5.1条における除外事業体を通じて直接所有されている事業体であって以下のいずれかに該当する事業体
  - ⅰ. 専らまたは主として投資家の利益のために資産を所有または資金を投資するために運営されていること
  - ⅱ. 除外事業体が行う活動に付随する活動を行うこと
  - ⅲ. 当該事業体の実質的にすべての収入が第3.2.1条第b項および第c項に基づき、GloBE所得・損失の計算から除外されること
- (d) 除外事業体のみで構成されるMNEグループが所有する事業体
- (e) JV子会社

JVグループ(JV Group)とは、JVとJV子会社を意味する。

JVグループトップアップ税額(JV Group Top-up Tax)とは、UPEに割り当てられたJVグループの全メンバーに係るトップアップ税額の配分額を意味する。

JV子会社(JV Subsidiary)とは、JVが許容された財務会計基準に基づいて資産、負債、収益、費用およびキャッシュ・フローを連結している(または許容された財務会計基準に基づいて

それらを連結することが求められていたであろう）事業体を意味する。本店がJVまたはJV子会社である場合、そのPEは、別個のJV子会社として取り扱われる。

納税義務のある構成事業体（Liable Constituent Entity（or Entities）） とは、第8.2.1条のGloBEセーフハーバーが適用されない場合に、第2章に基づきトップアップ税額の納税義務を負うかまたは調整の対象となる可能性のある、［実施国・地域の名称を記入］に所在する一以上の構成事業体を意味する。

現地有形資産（Local Tangible Asset） とは、構成事業体と同じ国・地域内にある不動産を意味する。

遡及期間（Look-Back Period） 第3.2.6条に基づく選択に関する遡及期間とは、選択年度およびその前4会計年度を意味する。

損失年度（Loss Year） とは、申告構成事業体が第3.2.6条に基づいて選択を行った国・地域に所在する構成事業体に純資産譲渡損が発生し、当該構成事業体すべての純資産譲渡損の合計額がそれらの純資産譲渡益の合計額を上回る遡及期間の会計年度を意味する。

軽課税構成事業体（LTCE, Low-Taxed Constituent Entity） とは、軽課税国・地域に所在するMNEグループの構成事業体または無国籍構成事業体で、ある会計年度においてGloBE所得があり、（第5章に基づいて計算される）その会計年度のETRが最低税率よりも低いものをいう。

軽課税事業体（Low-Tax Entity） とは、軽課税国・地域に所在する構成事業体、または、グループ内金融取引に関連して当該構成事業体が計上した収益または費用を考慮せずに当該国・地域のETRを計算した場合に軽課税国・地域となる国・地域に所在する構成事業体を意味する。

軽課税国・地域（Low-Tax Jurisdiction） とは、各会計年度においてMNEグループがGloBE純所得を有し、当該会計年度において最低税率よりも低い（第5章に基づいて計算される）ETRが適用される国・地域を意味する。

本店（Main Entity） とは、そのPEの財務会計上の純損益をその財務諸表に含める事業体である。

比較可能性を阻害する重要な差異（Material Competitive Distortion） とは、一般に公正妥当と認められた会計原則のもとでの特定の原則または手続きの適用に関して、対応するIFRSの原則または手続きを適用した場合に計算されたであろう金額と比較して、一会計年度において合計額が7500万ユーロを超える差異をもたらすものを意味する。特定の原則や手続きの適用が比較可能性を阻害する重要な差異となる場合には、その原則や手続きの対象となる項目や取引の会計処理は、合意された運営指針に従って、IFRSに基づきその項目や取引に求められる処理に適合するように調整されなければならない。

最低税率(Minimum Rate)とは、15%を意味する。

少数被保有構成事業体(MOCE, Minority-Owned Constituent Entity)とは、UPEが直接または間接に30%以下の所有者持分を保有する構成事業体を意味する。

少数被保有親事業体(MOPE, Minority-Owned Parent Entity)とは、他のMOCEに対する支配持分を直接または間接に保有するMOCEを意味する。ただし、当該MOCEに対する支配持分が他のMOCEによって直接または間接に保有されている場合を除く。

少数被保有サブグループ(Minority-Owned Subgroup)とは、MOPEとその少数被保有子事業体を意味する。

少数被保有子事業体(Minority-Owned Subsidiary)とは、MOPEにより直接または間接に支配持分を保有されているMOCEを意味する。

MNEグループ(MNE Group)は、第1.2.1条に定義されている。

投資事業体のGloBE所得のMNEグループ配分額(MNE Group's Allocable Share of the Investment Entity's GloBE Income)は、第7.4.4条に定義されている。

複数の最終親事業体(UPE)を持つMNEグループ(Multi-Parented MNE Group)とは、以下のいずれにも該当する二以上のグループを意味する。

(a) それらのグループのUPEが、ステープルストラクチャー契約または二元上場の取決めを締結すること
(b) 結合されたグループの少なくとも一の事業体またはPEが、結合されたグループの他の事業体の所在地の国・地域とは異なる国・地域に所在していること

純資産譲渡益(Net Asset Gain)とは、第3.2.6条に基づく選択に関して、選択が行われた国・地域に所在する構成事業体による現地有形資産の処分(他のグループメンバーへの資産移転を除く。)による純利益を意味する。

純資産譲渡損(Net Asset Loss)とは、ある構成事業体がある会計年度に行った現地有形資産の処分(他のグループメンバーへの資産移転を除く。)による純損失をいう。純資産譲渡損の金額は、第3.2.6条に基づいて行われた過去の選択の結果、第3.2.6条第b項または第c項の適用に従って当該損失と相殺された純資産譲渡益または調整後資産譲渡益の金額を減額するものとする。

有形資産の正味帳簿価額(Net Book Value of Tangible Assets)とは、財務諸表に計上された減価償却累計額、減耗累計額および減損損失累計額を考慮した後の有形資産の期首および期末の平均値を意味する。

GloBE純所得(Net GloBE Income)は、第5.1.2条に定義されている。

GloBE純損失(Net GloBE Loss) とは、以下の計算式に従って計算されるゼロまたは負の値を意味する。

$$\text{GloBE純損失} = \begin{array}{c}\text{すべての構成事業体に係る}\\\text{GloBE所得}\end{array} - \begin{array}{c}\text{すべての構成事業体に係る}\\\text{GloBE損失}\end{array}$$

なお、上記計算式におけるそれぞれの用語の定義は、以下のとおりである。

(a) すべての構成事業体に係るGloBE所得とは、第3章に従って計算される当該国・地域内に所在するすべての構成事業体に係る当該会計年度のGloBE所得の合計を意味する。
(b) すべての構成事業体に係るGloBE損失とは、第3章に従って計算される当該国・地域内に所在するすべての構成事業体に係る当該会計年度のGloBE損失の合計を意味する。

純税金費用(Net Taxes Expense) とは、以下の合計金額を意味する。

(a) 費用、当期税金費用、継延税金費用として計上された対象租税(GloBE所得・損失の計算から除外された所得に係る対象租税を含む。)の額
(b) 当該会計年度の損失に起因するすべての繰延税金資産の額
(c) 費用として計上されたQDMTTの額
(d) GloBEルールに基づいて発生する租税のうち、費用として計上される金額
(e) 費用として計上された非適格還付インピュテーションタックスの額

非営利団体(Non-Profit Organisation) とは、以下の要件をすべて満たす事業体を意味する。

(a) 居住地国・地域で設立され、運営されている事業体のうち、
　　ⅰ．宗教、慈善、科学、芸術、文化、スポーツ、教育またはその他の同様の目的のためにのみ運営されるもの
　　ⅱ．職業団体、業界団体、商工会議所、労働団体、農業・園芸団体、市民団体または社会福祉の振興のみを目的として運営されるもの
(b) 第a項に記載された活動により稼得されるすべての収益が、実質的に当該居住地国・地域において非課税であること
(c) その事業体の収益や資産につき所有権や受益権を持つ持分保有者や社員がいないこと
(d) 以下の場合を除き、当該事業体の収益または資産を、個人または慈善団体ではない者に対して分配し、または、その利益のために利用してはならないこと
　　ⅰ．当該事業体の慈善活動の実施のため
　　ⅱ．提供された役務または資産の使用に対する合理的な報酬の支払いのため
　　ⅲ．当該事業体が購入した財産の対価として公正な市場価格で支払を行うため
(e) 当該事業体の終了、解散または清算時において、その資産のすべてを非営利団体また

は当該事業体の居住地国・地域の政府（政府事業体を含む。）もしくはその下位機関に分配または返還しなければならないこと

ただし、非営利団体には、当該事業体が設立された目的に直接関係のない営利事業を行う事業体は含まれない。

非適格還付税額控除（Non-Qualified Refundable Tax Credit）とは、適格還付税額控除ではないが、その全部または一部が還付される税額控除を意味する。

非適格譲渡損益（Non-Qualifying Gain or Loss）とは、GloBE組織再編に関連して、処分側の構成事業体において生じる損益のうち、当該処分する構成事業体の所在国・地域で課税対象となる損益とGloBE組織再編に関連して生じた財務会計上の損益のうち、いずれか小さい方を意味する。

従業員数（Number of Employees） UTPR割合における従業員数とは、当該課税管轄国・地域の税務上の居住者であるすべての構成事業体のフルタイム当量（FTE）に換算した総従業員数を意味する。この場合、構成事業体の通常の営業活動に関与する独立請負人は、従業員に含まれる。PEについては、第3.4.1条で決定され、第3.4.2条で調整されるPEの個別財務会計に当該従業員の給与コストが含まれている場合には、当該PEが所在する課税管轄国・地域の従業員数として割り当てる。PEが所在する課税管轄国・地域として割り当てられた従業員数は、本店の課税管轄国・地域の従業員数に含めることはできない。

OECDモデル租税条約（OECD Model Tax Convention）とは、OECD が発行した「Model Tax Convention on Income and on Capital：Condensed Version 2017」を意味する。（https://doi.org/10.1787/mtc_cond-2017-en）

その他包括利益（Other Comprehensive Income）とは、連結財務諸表で使用される承認された財務会計基準において、損益に計上しないことが求められるまたは認められている収益および費用の項目を意味する。その他包括利益は、通常、財政状態計算書（貸借対照表）の資本の部における調整として計上される。

所有者持分（Ownership Interest）とは、ある事業体の利益、資本または剰余金に対する権利を有するあらゆる資本持分を意味し、本店がそのPEの利益、資本または剰余金に対して有する資本持分も含まれる。

親事業体（Parent Entity）とは、除外事業体ではないUPE、中間親事業体、POPEを意味する。

親事業体の合算比率（Parent Entity's Inclusion Ratio）は、第2.2.2条に定義されている。

部分的被保有親事業体（POPE, Partially-Owned Parent Entity）とは、以下のいずれにも該当する構成事業体（UPE、PE、または投資事業体を除く。）を意味する。

   (a) 同じMNEグループの他の構成事業体の所有者持分を（直接または間接に）保有してい

ること
(b) 当該構成事業体の利益に関する所有者持分の20%超が、MNEグループの構成事業体ではない者により、直接または間接に保有されていること

受動的所得(Passive Income) とは、GloBE所得に含まれる所得で、以下のものを意味する。

(a) 配当または配当相当額
(b) 利子または利子相当額
(c) 賃貸料
(d) 使用料(ロイヤルティ)
(e) 年金
(f) 上記第a項から第e項に掲げる所得を生み出す資産から生じる純利益

ただし、CFC税制の適用またはハイブリッド事業体の所有者持分を有する結果として、構成事業体所有者がこれらの所得に対して課税される範囲に限る。

年金基金(Pension Fund) とは、以下を意味する。

(a) 当該国・地域において、個人に対する退職給付およびその他の付随的または偶発的な給付の管理あるいは提供を専らまたは主として行うために設立され運営される事業体であり、以下のいずれかであるもの
　ⅰ．その国・地域またはその行政に係る下位機関や地方自治体により規制されているもの
　ⅱ．これらの給付が、国の規制によって保証または保護されており、信託契約または信託委託者を通じて所有する資産プールから資金を提供することにより、MNEグループが倒産した場合の年金債務の履行が確保されているもの
(b) 年金サービス事業体

年金サービス事業体(Pension Services Entity) とは、専らまたは主として以下のいずれかのために設立・運営されている事業体をいう。

(a) 年金基金の定義における第a項の事業体のために投資を行うこと
(b) 当該事業体と年金基金が同一のグループのメンバーであり、年金基金の定義における第a項の事業体が行う規制された活動に付随する活動を行うこと

恒久的施設(PE, Permanent Establishment) とは、以下のいずれかを意味する。

(a) ある国・地域に所在する事業の場所(事業の場所とみなされるものを含む。)であって、適用される租税条約に従ってPEとして取り扱われるもの。ただし、当該国・地域が、OECDモデル租税条約第7条と同様の規定に従って、当該事業の場所に帰属する所得に対して課税する場合に限る。
(b) 適用される租税条約が存在しない場合において、ある国・地域が国内法に基づき、あ

る事業の場所に帰属する所得に対して、当該国・地域の税務上の居住者に対する課税方法と同様に純額ベースで課税する場合における当該事業の場所（事業の場所とみなされるものを含む。）

(c) 法人課税制度を導入していない国・地域の場合、当該国・地域内に所在する事業の場所（事業の場所とみなされるものを含む。）であって、OECDモデル租税条約が適用されるとすればPEとして取り扱われるもの。ただし、当該国・地域が同モデル条約第7条に従って当該PEの帰属所得に対して課税する権利を有していたであろう場合に限る。

(d) 第a項から第c項に該当しない場合で、その事業体の所在国・地域外の事業の場所（または事業の場所とみなされるもの）であり、当該活動がその場所を通じて行われるもの。ただし、当該所在国・地域が当該活動に帰属する所得を免税とする場合に限る。

政策上の否認費用(Policy Disallowed Expenses) とは、以下を意味する。

(a) 構成事業体が賄賂やキックバックなどの違法な支払いのために計上する費用
(b) 構成事業体が計上する5万ユーロ（または構成事業体の財務会計上の純損益の計算に使用される機能通貨における相当額）以上の罰課金

ポートフォリオ持分(Portfolio Shareholding) とは、MNEグループが保有するある事業体の所有者持分で、その分配や処分の日において当該事業体の利益、資本、剰余金に対する請求権または議決権のいずれかについて10%未満の権利しか有さないものを意味する。

過年度の誤謬と会計原則の変更に起因する損益(Prior Period Errors and Changes in Accounting Principles) とは、会計年度における構成事業体の自己資本の期首残高の変動のうち、以下のいずれかに起因するものを意味する。

(a) 過去会計年度の財務会計上の純利益の計算における誤りに係る訂正であって、当該過去会計年度のGloBE所得・損失の計算における収益または費用に影響を与えるもの。ただし、当該誤りに係る訂正により、第4.6条に定められる対象租税の租税債務が著しく減少する場合を除く。
(b) GloBE所得・損失の計算における収益または費用に影響を与える会計原則または方針の変更

適格付随的国際海運所得(Qualified Ancillary International Shipping Income) は、第3.3.3条に定義されている。

適格国内ミニマムトップアップ税(QDMTT, Qualified Domestic Minimum Top-up Tax) とは、当該国・地域の国内法に含まれる最低税率課税で、以下のすべてに該当するものを意味する。

(a) GloBEルールと同等の方法で、当該国・地域内に所在する構成事業体の超過利益（国内超過利益）を計算すること

(b) 当該会計年度における当該国内の構成事業体の国内超過利益に関する租税債務を最低税率水準まで引き上げることになること
(c) GloBEルールおよびコメンタリーで定められている内容と整合する方法で実施され、運用されていること。また、当該国・地域では、当該ルールに関連するいかなる便益も提供しないこと

QDMTTは、連結財務諸表で使用されている財務会計基準ではなく、権限ある財務会計機構により許容された財務会計基準または比較可能性を阻害する重要な差異を解消するために調整された承認された財務会計基準に基づいて、国内超過利益を計算することができる。

適格IIR（Qualified IIR）とは、GloBEルール第2.1条から第2.3条までに相当する一連のルール（これらの条項に関連するGloBEルールの規定を含む。）であって、ある国・地域の国内法に導入され、GloBEルールおよびコメンタリーの規定のもとでもたらされる結果と整合する方法で実施・運用されるものを意味する。ただし、当該国・地域は当該ルールに関連するいかなる便益も提供しないものとする。

適格インピュテーションタックス（Qualified Imputation Tax）とは、ある構成事業体が計上または納付した対象租税のうち、当該構成事業体が分配する配当金（PEが計上または納付する対象租税である場合、本店が分配する配当金）の受益権所有者において、還付または控除が可能なものであって、以下のいずれかの要件を満たすものをいう。

(a) 対象租税を課した国・地域以外の国・地域が外国税額控除制度に基づき還付または税額控除を行うもの
(b) 構成事業体に対象租税を課した国・地域の国内法に基づき、当該配当金の受益権所有者が最低税率に等しいまたは超過する表面税率で課税されている場合において還付されまたは税額控除が可能となるもの
(c) 構成事業体に対象租税を課した国・地域の税務上の居住者である個人が当該配当の受益権所有者であり、その受領した配当が当該個人の通常の所得として課税される場合において還付または控除可能なもの
(d) 政府事業体、国際機関、居住者である非営利団体、居住者である年金基金、居住者である投資事業体（グループ事業体ではないもの）または居住者である生命保険会社において、還付または控除可能なもの（年金基金事業に関して配当金を受領し、年金基金が受領する配当に対する課税と同様に課税されるものに限る。）

第d項に関し、非営利団体または年金基金は、その国・地域で設立・管理されている場合、その国・地域の居住者として取り扱われる。投資事業体は、その国・地域で設立・規制されている場合、その国・地域の居住者として取り扱われる。生命保険会社は、その所在国・地域の居住者として取り扱われる。

適格還付税額控除(Qualified Refundable Tax Credit)とは、構成事業体が、税額控除を認める国・地域の国内法に基づき、当該税額控除を受けるための条件を満たした時から4年以内に、現金または現金同等物として還付されなければならないように設計された還付税額控除を意味する。一部が還付対象となる税額控除については、その構成事業体が、当該税額控除を認める国・地域の国内法に基づいて、控除を受けるための要件を満たした時から4年以内に、当該構成事業体に対して現金または現金同等物として還付される範囲内で、適格還付税額控除となる。なお、適格還付税額控除には、「適格インピュテーションタックス」または「非適格還付インピュテーションタックス」に基づいて控除または還付される税額は含まれない。

適格UTPR(Qualified UTPR)とは、GloBEルールの第2.4条から第2.6条に相当する一連の規則(これらの条項に関連するGloBEルールの規定を含む。)であって、ある国・地域の国内法に含まれ、GloBEルールおよびコメンタリーに定められている内容と整合する方法で実施・運用されるものをいう。ただし、当該国・地域が当該ルールに関連するいかなる便益も提供しないものとする。

適格な権限ある当局間協定(Qualifying Competent Authority Agreement)とは、権限ある当局間で行われる二国間または多国間の協定または取決めで、毎年のGloBE情報申告書の自動的交換を定めたものを意味する。

不動産投資ビークル(Real Estate Investment Vehicle)とは、その事業体またはその事業体の持分保有者のいずれかにおいて単一段階の課税(最大で1年間の課税繰延べが可能)となる事業体を意味する。ただし、当該事業体が専ら不動産を所有する一方、幅広い投資家により所有されている場合に限る。

リキャプチャー繰延税金負債(Recaptured Deferred Tax Liability)は、第4.4.4条に定義されている。

リキャプチャー対象外引当(Recapture Exception Accrual)は、第4.4.5条に定義されている。

対象租税の減少項目(Reductions to Covered Taxes)は、第4.1.3条に定義されている。

基準国・地域(Reference Jurisdiction)は、第9.3.3条に定義されている。

申告年度(Reporting Fiscal Year)とは、GloBE情報申告書の対象となる年度を意味する。

短期ポートフォリオ持分(Short-term Portfolio Shareholding)とは、配当金またはその他の分配金を受領するまたは計上する構成事業体が経済的に保有しているポートフォリオ持分で、その保有期間が分配日において1年未満のものをいう。

ステープルストラクチャー(Stapled Structure)とは、複数のグループのUPEによって締結された以下のすべての取決めに該当するものを意味する。

(a) 各グループのUPEの所有者持分の50％以上が、所有形態、譲渡制限またはその他の条件により互いに結合されており、個別に譲渡または取引することができないこと。結合された所有者持分が上場されている場合、それらは単一の価格で表示されること
(b) UPEのうちいずれかの者は、当該二以上のグループ内のすべての事業体の資産、負債、収益、費用およびキャッシュ・フローを単一の経済単位としてまとめて表示した連結財務諸表を作成しており、規制上、当該連結財務諸表について外部監査を受けることが求められていること

無国籍構成事業体(Stateless Constituent Entity)とは、第10.3.2条第b項と第10.3.3条第d項に定義される構成事業体を意味する。

実質ベースの所得除外(Substance-based Income Exclusion)は、第5.3条に定義されている。

有形資産(Tangible Assets)とは、UTPR割合および第9.3条において、関係する課税管轄国・地域での税務上の居住者とされるすべての構成事業体の有形資産を意味する。有形資産には、現金または現金同等物、無形資産、金融資産は含まれない。PEに関しては、第3.4.1条で決定され、第3.4.2条に従って調整されたPEの個別財務諸表に有形資産が計上されている場合には、当該有形資産はPEが所在する課税管轄国・地域に割り当てられる。PEの課税管轄国・地域に割り当てられた有形資産は、本店の課税管轄国・地域の有形資産には含まれない。

租税(Tax)とは、一般政府への強制的かつ対価性のない支払いを意味する。

課税分配法(Taxable Distribution Method)は、第7.6.2条に定義されている。

租税条約(Tax Treaty)とは、所得および資本に関する二重課税の防止のための協定を意味する。

判定年度(Tested Year)は、第7.6.5条に定義されている。

判定期間(Testing Period)は、第7.6.5条に定義されている。

トップアップ税額(Top-up Tax)とは、第5.2条に基づいて国・地域または構成事業体に対して算出された上乗せの租税を意味する。

トップアップ税率(Top-up Tax Percentage)は、第5.2.1条に定義されている。

繰延税金調整総額(Total Deferred Tax Adjustment Amount)は、第4.4.1条に定義されている。

UTPRトップアップ税総額(Total UTPR Top-up Tax Amount)とは、第2.4.1条に定義されたUTPRに基づいて配分されるトップアップ税額の総額を意味する。

移行年度(Transition Year)とは、ある国・地域において、MNEグループがその国・地域に関してGloBEルールの適用対象となった最初の会計年度を意味する。

UPE（Ultimate Parent Entity）は、第1.4条に定義されている。

未分配GloBE純所得（Undistributed Net GloBE Income）は、第7.6.3条に定義されている。

UPE所在国・地域（UPE Jurisdiction）とは、UPEが所在する国・地域を意味する。

軽課税所得ルール（UTPR, Undertaxed Profits Rule）とは、第2.4条から第2.6条までに定められたルールを意味する。

UTPR適用国・地域（UTPR Jurisdiction）とは、適格UTPRを施行している国・地域を意味する。

UTPR割合（UTPR Percentage）とは、第2.6.1条に定める計算式に従ってUTPRトップアップ税総額のうちUTPR適用国・地域に配分される割合を意味する。

UTPRトップアップ税額（UTPR Top-up Tax Amount）とは、UTPRのもとでUTPR適用国・地域に割り当てられたトップアップ税額を意味する。

第10.2条　フロースルー事業体、税務上透明な事業体、リバースハイブリッド事業体およびハイブリッド事業体の定義

10.2.1. 事業体がその収入、支出、利益または損失に関して、当該事業体が組成された国・地域において課税上透明なものとして取り扱われる範囲内で、他の国・地域の税務上の居住者としてその収入または利益について対象租税が課される場合を除き、当該事業体はフロースルー事業体となる。

(a) フロースルー事業体は、その所有者の所在国・地域において課税上透明なものとして取り扱われる範囲内で、その収入、支出、利益または損失に関して、税務上透明な事業体となる。

(b) フロースルー事業体は、その所有者の所在国・地域において課税上透明なものとして取り扱われない場合、その収入、支出、利益または損失に関して、リバースハイブリッド事業体となる。

10.2.2. ある国・地域で、ある事業体の収入、支出、利益または損失について、当該事業体の直接の所有者がその持分に応じて稼得したものまたは当該所有者において生じたものとみなされる場合、当該事業体は、当該国・地域の国内法において課税上透明なものとして取り扱われているものとする。

10.2.3. 構成事業体である事業体またはPEの所有者持分は、その所有者持分が、税務上透明な事業体の連鎖を通じて間接的に保有されている場合、税務上透明なストラクチャーを通じて保有されているものとして取り扱われる。

10.2.4. 管理支配地、設立地または同様の基準に基づき、ある国・地域の税務上の居住者で

はなく、当該国・地域の対象租税またはQDMTTの対象とならない構成事業体は、以下のすべてを満たす場合、その収入、支出、利益または損失に関して、フロースルー事業体であり、かつ、税務上透明な事業体として取り扱われる。

(a) 当該構成事業体の所有者が、当該事業体を課税上透明なものとして取り扱う国・地域に所在していること
(b) 当該構成事業体が、その設立された国・地域に事業の場所を有していないこと
(c) 収入、支出、利益または損失が、PEに帰属しないこと

10.2.5. ある事業体が所在国・地域の国内法において、独立した課税主体として取り扱われる場合で、かつ、その所有者の所在国・地域において課税上透明なものとして取り扱われる場合には、当該事業体はその収入、支出、利益または損失に関して、ハイブリッド事業体として取り扱われる。

第10.3条　事業体およびPEの所在地

10.3.1. フロースルー事業体ではない事業体の所在地は、以下のように決定される。

(a) 管理支配地、設立地または同様の基準に基づいて、ある国・地域の税務上の居住者である場合、その国・地域に所在していることとする。
(b) それ以外の場合は、設立された国・地域に所在していることとする。

10.3.2. フロースルー事業体である事業体の所在地は、以下のように決定される。

(a) MNEグループのUPEである場合、または第2.1条に従ってIIRを適用することが求められる場合、当該事業体はその設立された国・地域に所在していることとする。
(b) それ以外の場合、無国籍の事業体として取り扱われることとする。

10.3.3. PEの所在地は、以下のように決定される。

(a) 第10.1条のPEの定義の第a項に該当する場合、発効済みの租税条約に基づいてPEとして取り扱われ、課税される国・地域に所在していることとする。
(b) 同定義の第b項に該当する場合、その事業の存在に基づいて、純額で課税される国・地域に所在していることとする。
(c) 同定義の第c項に該当する場合、そのPEの所在地の国・地域に所在していることとする。
(d) 同定義の第d項に該当する場合、無国籍PEとみなされることとする。

10.3.4. 第10.3.1条により、構成事業体が、二以上の国・地域に所在する（二重所在事業体の）場合、GloBEルール上の所在地は、以下のように決定される。

(a) 発効済み租税条約がある締約国・地域のいずれにも所在している場合、以下のとおりとする。

- ⅰ．当該租税条約上、みなし居住者として取り扱われる国・地域に所在するものとされる。
- ⅱ．当該租税条約の適用上、当該構成事業体のみなし居住地国について、権限ある当局間の相互協議が求められており、かつ、その合意が存在しない場合には、第b項が適用される。
- ⅲ．構成事業体がそれぞれの締約国・地域の税務上の居住者であるとされるため、租税条約による救済または免除の対象とならない場合には、第b項が適用される。

(b) 租税条約が適用されない場合、その所在地は、以下のとおり決定される。
- ⅰ．その会計年度により多くの対象租税を支払った国・地域に所在することとする。この場合、CFC税制に基づいて納付された対象租税は考慮しないものとする。
- ⅱ．それぞれの国・地域で支払われた対象租税額が同額かゼロである場合、第5.3条に従って、当該事業体ごとに計算される実質ベースの所得除外額が大きい国・地域に所在するものとする。
- ⅲ．それぞれの国・地域における実質ベースの所得除外額が同額かゼロである場合、MNEグループのUPEとして設立される国・地域に所在することとなる場合を除き、無国籍構成事業体と取り扱われる。

10.3.5. 第10.3.4条に基づき、親事業体である二重所在事業体が、適格IIRの適用を受けない国・地域に所在する場合、他方の国・地域は、発効済みの租税条約によって制限されない限り、当該事業体に適格IIRの適用を求めることができる。

10.3.6. 事業体が、会計年度中に所在地を変更した場合、その会計年度開始の日に所在していた国・地域に所在するものとする。

グローバル税源浸食防止（GloBE）
Pillar Two
Ⅱ．コメンタリー

はじめに

1．グローバル税源浸食防止（GloBE）ルールは、デジタル経済における税制上の課題に対処するための解決策の一環として策定されたものである。このルールは、大規模な多国籍企業（MNE）が、事業活動を行っている各国・地域において生じる所得に対して、最低水準の租税を確実に支払うように設計されている。GloBEルールは、各国で共通のアプローチとして施行されることを見込んでいる。共通のアプローチに賛同する国・地域は、GloBEルールの導入を求められるものではないが、導入することを選択した場合には、GloBEルールおよびGloBEルールのコメンタリー（ルールの適用順序を含む）が意図する結果と整合する形でGloBEルールを実施、運用することに同意している。こうしたGloBEルールの実施と運用の一貫性は、MNEに予測可能性を提供し、二重課税や過剰な課税のリスクを回避し、透明かつ包括的な課税制度につながると考えられる。

2．GloBEルールは、ある国・地域におけるMNEの超過利益に対して支払われる租税の総額を最低税率にまで引き上げるトップアップ税の仕組み―すなわち、IIRとUTPR―を適用する。このトップアップ税は、事業体の所得に対する典型的な直接税のように適用されるものではなく、国・地域ごとに計算された超過利益に適用され、ある年度において当該利益に課される租税が最低税率を下回る場合に限り適用される。GloBEルールに基づき課される税は、制度上、所得に対する典型的な直接税というより、国際的な代替ミニマム税に近いものである。すなわち、標準化された課税ベースと税計算の手続きを用いてMNEグループ内の軽課税所得のプールを特定し、各国・地域での当該所得に対するグループの実効税率（ETR）を最低税率まで引き上げることを目的として国際的な調整を図った課税制度である。GloBEルールがトップアップ税として設計されていることにより、各国・地域において同ルールのもとで支払うこととなる追加的な租税の合計額によってETRが最低税率を超えないようにすることで、GloBEルールを各国が協調的に適用することを促している。ただし、IIRおよびUTPRはトップアップ税として設計されているが、各国・地域がその国内法における法人税制のもとでこれらのルールを法制化することを制限するものではない。

3．このGloBEルールは、モデルルールという形で作成されている。これは、各国・地域に、国内での実施のためのひな型を提供するためである。本コメンタリーは、税務当局および納税者に、GloBEルールの解釈と適用に関する指針を提供する。本コメンタリーの目的は、GloBEルールについて、一貫性のある共通の解釈を提供することにより、税務当局とMNEグループの双方が協調して運用できるようにすることである。本コメンタリーでは、GloBEルールの意図する適用結果を説明するとともに、特定の用語の意味を明確にする。また、特定の事実・状況へのルール適用を解説する事例も提示している。包摂的枠組みは、第8.3条に定める運営指針を通じて、ルール適用に係る追加の事例を策定する見込みである。各章の内容は、以下のとおりである。

適用範囲

4．第1章は、GloBEルールの適用範囲を定めている。GloBEルールは、第1.1条に定める連結収入基準を満たすMNEグループの構成事業体に適用される。なお、第1.1条は、第6.1条により修正され、グループ結合およびグループ分離の場合における連結収入基準の適用を明確にする追加のルールが定められている。

課税規定

5．第2章は、IIRとUTPRの運用方法を定めている。IIRは、主たるルールとして、MNEグループ内の親事業体においてLTCEに係るトップアップ税額の配分額に対して適用される。IIRでは、所有権の連鎖の最上位にある親事業体が優先してIIRを適用するトップダウンアプローチが採用されている。トップダウンアプローチでは、ある中間親事業体が、所有権の連鎖において当該中間親事業体より上位にあり、かつ、適格IIRの対象となる他の親事業体によって支配されている場合、当該中間親事業体はIIRを適用してはならない。しかしながら、分割所有ルールなど、トップダウンアプローチにはいくつかの例外がある。そのような場合の二重課税を避けるために、IIRには二重課税排除の仕組みが含まれており、ある親事業体がIIRに基づき支払うべきトップアップ税額があるものの、当該税額が別の親事業体で課される場合、当該税額を前者の親事業体の税額から減額することとされている。

6．UTPRは、IIRを補完するものとして機能するものであり、IIRのもとではトップアップ税額が課されない特別な状況においてのみ適用される。UTPR適用国・地域においてUTPRを適用すると、当該国・地域は、UTPRトップアップ税額相当の追加納税額をMNEグループの構成事業体に課すことになる。第2章では、各軽課税国・地域のUTPRトップアップ税額を計算するためのルールと、UTPRトップアップ税額をUTPR適用国・地域に配分するための仕組みを定めている。

国・地域ごとのETRの計算

7．第3章は、構成事業体のGloBE所得・損失を計算するための手続きを定めている。この計算の出発点となるのは、当該会計年度の連結財務諸表の作成において、構成事業体について計算された財務会計上の純損益である。GloBEルールでは、事業体の財務会計上の純損益をGloBE所得・損失の計算の出発点として用いる。これは、財務会計上の純損益が、あらゆる国・地域において適用できる統一的な所得の測定基準であるからである。その上、連結財務諸表の作成において既に用いた情報を利用するため、MNEグループのコンプライアンスコストを軽減することにもなる。財務会計上の純利益とGloBE課税ベースとの間の特定の永久差異に対処するため、GloBEルールでは、この金額を調整して当該事業体のGloBE所得・損失を計算する。さらに、第3章は、所得を本店とPEとの間および税務上透明な事業体とその

持分所有者との間で配分するためのメカニズムを提示している。第3.3条に定める国際海運所得の除外は、OECDモデル租税条約(OECD、2017年[1])の第8条の適用範囲に基づき、国際海運事業から得られる所得を除外している。

8．第4章は、各構成事業体のGloBE所得に対する対象租税の額を計算するための手続きを定めている。対象租税の額の計算は、いくつかのステップを踏んで行われる。最初のステップでは、構成事業体について計算された当該会計年度の当期租税の額を使用し、この金額を調整して、その事業体の調整後対象租税の額を計算する。この調整には、収益と費用の認識時期の差異、すなわち一時差異に対処するための税効果会計原則に基づく調整が含まれる。つまり、こうした一時差異のみを理由に、GloBEルールによる納税額に永久差異が生じることを防ぐため、GloBEルールでは、当期租税の額に対する税効果会計の調整を含めている。税効果会計原則は、財務会計と税務の間の認識時期の差異が生じる都度、繰越制度(carry forwards)など、他のアプローチよりも、個別に、より洗練された方法で対処できることから、GloBEルールは、一時差異に対処するために税効果会計原則を用いている。このアプローチはMNEグループが既に他の目的で使用している会計情報システムを利用することから、コンプライアンスコストの削減にもつながる。また、この章では、CFC税制のようにクロスボーダーで課税される税を、所得が生じた国・地域に適切に配分するメカニズムも定めている。さらに、申告書提出後の当該国・地域の租税債務の増減に対応するための調整メカニズムも定めている。

9．第5章は、各LTCEのトップアップ税額の計算のステップを定めている。まず、構成事業体は自身の所得および調整後対象租税と、同じ国・地域に所在する他の構成事業体の所得および調整後対象租税を合計して、当該国・地域のETRとトップアップ税率を計算する。その国・地域が軽課税国・地域である場合、実質ベースの所得除外を当該国・地域におけるGloBE所得合計に適用して、当該国・地域における超過利益を計算する。次に、当該超過利益にトップアップ税率を適用して、各軽課税国・地域のトップアップ税額を計算する。最後のステップとして、各軽課税国・地域別のトップアップ税額を当該国・地域の各構成事業体に配分する。その後、第2章の規定が適用されることとなる。なお、少数被保有グループに関しては特別なルールが適用される。第5章ではさらに、同じ国・地域に所在する構成事業体について、それらの事業体の収入および所得の合計額が一定の基準を超えない場合のデミニマス除外を定めている。

組織再編および特別な所有構造

10．対象となる構成事業体の支配持分の一部もしくは全部の譲渡、またはその資産および負債の移転の取扱いは、第6章に定める特別なルールによって整理されている。これらのルールには、グループ結合またはグループ分離後のMNEグループに対する連結収入基準の適用に関する個別ルールも含まれている。さらに、対象となる事業体のGloBE所得および対象租税ならびに繰延税金資産と繰延税金負債を処分側の事業体と取得側の事業体との間で配分す

るルールとともに、対象となる事業体の資産および負債の税務上の簿価の計算に関するルールも定めている。また、第6章では、MNEグループのJV持分について生じる所得をGloBEルールの適用対象とするJVに関する特別ルールと、複数の最終親事業体（UPE）を持つMNEグループに関する特別ルールも定めている。

課税中立的な制度および分配時課税制度

11. 第7章は、GloBEルールにおいて本来意図していないような結果が生じないように、課税中立的な制度および分配時課税制度に適用される具体的なルールを定めている。こうしたルールには、UPEが税務上透明な事業体であるか、あるいは、支払配当損金算入制度の対象であり、UPEに対する持分所有者において当該UPEのGloBE所得が最低税率を上回る税率で課税される場合には、当該UPEのGloBE所得を控除する特別ルールが含まれている。また、被支配投資事業体のETRの計算およびそうした事業体における一定の選択に関する特別なルールも含まれている。最後に、この章には、分配時課税制度に関する特別なルールも含まれている。

執行および移行ルール

12. 第8章は、GloBEルールの執行に関して定めている。この規定には、GloBEルールの適用対象となる構成事業体が第8.1条に基づきGloBEルールを遵守することを示すため申告すべき情報が含まれている。また、第8章は、GloBEセーフハーバールールの導入や、申告が重複するといったコンプライアンス上の負担を軽減するための運営指針の公表の可能性についても触れている。合意されたセーフハーバーに関しては、本文書の付属文書Aにおいて定めている。第9章は、GloBEルールの適用前に生じた損失その他の租税属性の取扱いなどに係る移行ルールが定められている。

用語の定義

13. 第10章は、GloBEルールにおいて用いられている用語の定義を定めており、第10.2条において、フロースルー事業体、税務上透明な事業体、リバースハイブリッド事業体、ハイブリッド事業体の定義を定めている。第10.3条では、GloBEルールの適用における事業体およびPEの所在地を判定するためのルールを定めている。

共通アプローチのもとでの調整および整合性に関する要件

14. GloBEルールは、いわゆる共通アプローチとして実施されることが予定されている。共通アプローチに賛同する国・地域はGloBEルールの導入を強制されるものではないが、導入する場合には、GloBEルールおよびコメンタリーが意図する結果と整合する形でGloBEルー

ルを実施、運用することが求められる。GloBEルールおよびコメンタリーに整合した実施と運用は、透明かつ包括的な課税制度につながり、その結果、MNEに予測可能性を提供し、二重課税や過剰な課税のリスクを回避することができると考えられる。

適用範囲

15. ある国・地域におけるGloBEルールの適用が、他の国・地域におけるGloBEルールの適用により見込まれている結果と異ならないようにするため、第1.1条における適用範囲の規定は、GloBEルールの国・地域間の調整において重要な役割を果たす。例えば、ある国・地域がその国内法に基づきUTPRの適用における収入基準を低く設定した場合、この国内法の基準は超えるものの、GloBEルールの基準を下回るMNEグループにとってUTPRが主たるルールとして機能することとなる。こうした適用は、GloBEルールの基本設計に反するとともに、適格IIRを導入している国・地域に本社を置くMNEにとって、想定外の結果をもたらすものである。

16. 一方、GloBEルールに対する調整されたアプローチは、共通のアプローチに従っている国・地域が、自らの国・地域の納税者に対し、その子会社および支店の国外所得に関する追加的な課税措置の導入を妨げるものではない。ただし、そうしたルールの適用がGloBEルールのもとで意図される結果と矛盾しないことが条件となる。例えば、外国子会社の所得に関して、IIRに類似した制度で、当該国・地域に本社を置く小規模なMNEグループ（年間の連結収入金額が第1.1条に定める基準を下回るMNEグループ）の国外所得にのみ適用される税制を導入することは、GloBEルールの制度設計に反するものではなく、また、共通アプローチの一環として合意された適用順序を損なうことにはならないと考えられる。

通貨換算

17. GloBEルールは、ユーロ建ての金額でいくつもの基準を定めている。そのような基準には、第1.1条に定める連結収入基準や第5.5条に定めるデミニマス除外などがある。金額基準の使用において、ある国・地域がユーロ以外の通貨で金額基準を定めている場合や、GloBEルールの適用対象となるMNEグループが、国内法で使用されている通貨以外の通貨で連結財務諸表を作成している場合など、基準の適用について、なんらかの調整が必要となることが考えられる。

17.1. さらに、MNEグループの各国・地域におけるGloBEルールの計算の整合性と一貫性を確保するため、MNEグループは、当該MNEグループの連結財務諸表の表示通貨で適用国・地域のGloBEルールの計算を行うことが求められる。MNEグループの表示通貨とは、当該グループの連結財務諸表の表示に使用される通貨である。本要件は、適用国・地域の現地通貨にかかわらず適用される。

17.2. MNEグループにおける財務会計上の連結手続により、GloBEルールにおける計算に必要な金額の多くは、連結財務諸表の作成に用いられる承認された財務会計基準に基づいて表示通貨に換算されている。GloBEルールにおける計算に関連するその他の金額は、当該金額が表示通貨で存在しないか、またはGloBEルールにおける計算にあたり財務会計上の連結決算数値を基に、構成事業体レベルではなく合計レベルで換算されるため、連結財務諸表の作成において換算されていない。これらの金額は、特に、GloBEルールにおける計算のために、表示通貨に換算する必要がある。MNEグループは、連結財務諸表の作成上、またはその他の財務会計上必要であるかにかかわらず、連結財務諸表の作成において使用される承認された財務会計基準に関連する外貨換算規則(例:IAS第21号またはASC830号)に従って、GloBEルールにおける計算上必要な金額を表示通貨に換算しなければならない。

17.3. GloBEルール第2章に従って構成事業体に配分されるトップアップ税額(またはそれに相当する調整額)がMNEグループの表示通貨で計算された後、国・地域は、使用する為替レートが妥当であり、かつ当該会計年度に係るものである限り、自らの国・地域で支払うべきトップアップ税額を現地通貨に換算するため、自らの国・地域の外貨換算規則を適用することができる。国・地域は、以下のもの(ただし、これらに限定されない)を含め、合理的な為替換算基準を採用することができる。

　　a．会計年度の平均為替レート
　　b．会計年度終了の日の為替レート
　　c．支払期日の為替レート

17.4. 国・地域はいかなる為替換算基準でも選択することはできるが、MNEグループがGloBEルールを確実に遵守できるよう国内法において個別ルールを採用することが推奨される。

現地通貨で設定された金額基準

18. GloBEルールにおける金額基準は、ユーロで設定されている。国・地域によってGloBEルールの適用基準が異なることとなるリスクを避けるために、GloBEルールを実施する国・地域が基準を設定する場合、国内法においてもユーロを使用することが推奨される。しかし、GloBEルールを実施する国・地域の中には、国内法に基づく基準を設定する場合、外国通貨を使用することに法律上または実務上、支障が生じる恐れがある国・地域がある。このような場合、国内通貨で基準を設定することも許容されるが、国内の基準と他国が設定した基準との差異を最小限にするために、毎年、当該基準を見直すべきである。

19. ある国・地域がユーロ以外の現地通貨の基準を用いてGloBEルールを国内法に導入する場合、一貫した方法を用いて現地通貨での基準を改定することとする。したがって、国・地域は、欧州中央銀行(ECB)が公表する外国為替参照レートにより決定される12月の月間平

均為替レートに基づき、毎年ユーロ以外の通貨建ての基準を改定し、改定後の基準は、翌年のいずれかの日に(または参照日に基づき)開始する会計年度に適用するものとする。国・地域の現地通貨がECBの外国為替参照レートにない場合、または国・地域が国内法に基づいて金額基準を設定する際に、当該ECBの為替レートを使用することに法律上または実務上の支障が生じる場合は、当該国・地域の中央銀行が公表する12月の月間平均為替レートに基づき、ユーロ以外の通貨建ての基準を改定することとする。

19.1. 上記の改定ルールは、実施国・地域の国内法において以下の規定に定める基準を改定する目的に限定して適用され、連結財務諸表の金額を国内法における当該基準の表示通貨に換算する目的では適用されない。

- a．7億5000万ユーロ以上の連結財務諸表における収入金額について定めている第1.1条、第1.2条および第6.1.1条
- b．100万ユーロ超の永久差異について定めている第3.1.3条
- c．調整後対象租税額に係る合計での100万ユーロ未満の減額(第4.6.1条)または100万ユーロ超(第4.6.4条)の未納付について定めている第4.6.1条および第4.6.4条
- d．1000万ユーロ未満の平均GloBE収入金額および100万ユーロ未満の平均GloBE所得・損失について定めている第5.5.1条第a項および第b項
- e．5000万ユーロ以下の有形資産の正味帳簿価格の合計について定めている第9.3.2条
- f．一会計年度における差異の総額が7500万ユーロを超える場合について定めている第10.1条「比較可能性を阻害する重要な差異」
- g．構成事業体が罰金およびペナルティとして計上した5万ユーロ以上の費用について定めている第10.1条「政策上の否認費用」
- h．運営指針によりGloBEルールのコメンタリーに組み込まれたユーロ建ての基準

19.2. 当該条項が過去会計年度を参照する基準である場合、当該基準を現地通貨に換算するための各会計年度の為替レートは、当該過去会計年度開始の日の属する年の前年12月における平均為替レートに基づくものとし、すべての会計年度に適用される単一の為替レートに基づくものではない。例えば、第1.1条は、「GloBEルールは、判定対象会計年度の直前の4会計年度のうち、少なくとも2会計年度において、最終親事業体(UPE)の連結財務諸表上の年間収入金額が7億5000万ユーロ以上であるMNEグループの構成事業体に適用される」と規定している。判定対象会計年度を2026年として、ある国・地域が当該基準として現地通貨を使用すると仮定した場合、MNEグループの収入金額が当該基準を超えているか否かの判定にあたっては、対象会計年度すべてに単一の為替レートを適用するのではなく、以下のとおり各年度の換算レートに基づいて、MNEグループの収入金額が、判定対象の4会計年度のうち2会計年度において基準額を超えているかを判定する必要がある。

- a．2022会計年度－7億5000万ユーロを、ECBが公表する外国為替参照レートにより計算される2021年12月の月間平均為替レートに基づいて現地通貨に換算
- b．2023会計年度－7億5000万ユーロを、ECBが公表する外国為替参照レートにより計算

される2022年12月の月間平均為替レートに基づいて現地通貨に換算

c．2024会計年度－7億5000万ユーロを、ECBが公表する外国為替参照レートにより計算される2023年12月の月間平均為替レートに基づいて現地通貨に換算

d．2025会計年度－7億5000万ユーロを、ECBが公表する外国為替参照レートにより計算される2024年12月の月間平均為替レートに基づき現地通貨に換算

20．後で詳しく述べるように、国内法で用いられている通貨と異なる通貨で連結財務諸表を作成しているMNEグループは、当該国・地域においてGloBEルールの適用対象となるかどうか（およびその適用方法）を判断するために、連結財務諸表の数値を当該通貨に換算する必要があると考えられる。こうした換算を行うことができるのは、MNEグループの会計年度終了の日に限られるものの、当該国・地域は、会計年度開始の日に基準がどのように換算されるのかについて、MNEグループにおいて見通しが立つように現地通貨での基準の改定方法を定めることで、不確実性を最小限に抑えることができる。

20.1．潜在的な歪みを最小限に抑え、GloBEルールにおける金額基準の一貫性をもった適用を明確なものとするため、MNEグループは、関連する基準の対象となる金額を、当該会計年度開始の日の属する年の前年12月における平均為替レートに基づき、自らの表示通貨から実施国・地域の国内法において使用される通貨に換算しなければならない。過去会計年度の当該12月における平均外国為替レートは、以下の方法で計算される。

a．国内法の基準がユーロ建ての場合、ECBが公表する外国為替参照レート。ECBが実施国・地域の現地通貨に対する外国為替参照レートを公表していない場合、平均為替レートは、実施国・地域の中央銀行が公表する外国為替参照レートによって計算される。

b．国内法の基準がユーロ以外の通貨建ての場合、平均為替レートは、実施国・地域の中央銀行が公表する外国為替参照レートに基づいて計算される。

20.2．上記パラグラフ19.2の記載内容と同様に、ある基準の対象となる金額が過去会計年度において計算される場合、MNEグループは、当会計年度に適用される12月の平均為替レートに基づいて当該金額を再換算する必要はない。すなわち、MNEグループの2023年に開始する会計年度の収入金額（例：7億5000万ユーロ）は、ECBが公表する外国為替参照レートにより計算される2022年12月の月間平均為替レートに基づき現地通貨に換算され、将来の会計年度の計算（例：第1.1条）においても、同額の現地通貨建て金額となる。

20.3．ある国・地域がECBの為替レートに依拠しない場合、納税者が必要な為替換算を行う際に役立つように、当該国・地域は、その国・地域の中央銀行が提示する12月の月間為替レートを参照して計算される平均レートを公表することが推奨される。

20.4．この換算は、MNEグループにとって予期しない結果をもたらす可能性があることは認識されている。例えば、ある国・地域のMNEグループのメンバーは、財務会計上の機能通貨を現地通貨とすることができる。第3.1.3条に基づき、構成事業体は、その財務諸表（現

地通貨(例：英ポンド)で表示)において、100万ユーロに相当する英ポンドへの換算額を下回る永久差異を有する可能性がある。しかし、当該永久差異を財務会計上は期中平均レートに基づいてMNEグループの表示通貨(例：米ドル)に換算するが、国内法の適用において前年12月の平均為替レートに基づいて米ドルから英ポンドに換算する必要があるため、為替の影響により、永久差異が100万ユーロに相当する英ポンド換算額を超過する場合があり得る。同様に、当該外国為替換算規則が逆の結果をもたらすこともあり得る。しかしながら、GloBEの金額基準が実施国・地域間で一貫性をもって適用されることが基本的に重要であり、ある会計年度の対象グループに対するGloBEルールの適用において、MNEグループと税務当局にとって確実性をもたらすという観点からこのような結果は許容されるものと考えられる。

現地通貨の変動によって基準に差異が生じる場合の調整ルール

21. 他の国・地域からのある国・地域への基準の適用やGloBEルール上の課税ベースの計算において違いがある稀な状況において、こうした差異は、国・地域間の調整と適用関係に悪影響を及ぼしかねない。そのような差異の結果、ある国・地域はGloBEルールが予定していない状況で第2章に基づく課税ルールを適用することとなり、同じくGloBEルールを導入している他の国・地域で見込まれるような結果をもたらさない可能性がある。

22. したがって、ユーロ以外の通貨で金額基準を適用する国・地域は、こうした差異によって、共通のアプローチやモデルルールおよび本コメンタリーのもとで意図されるものと異なる結果が生じないようにする自国の規定を設けなければならない。各国内の規則が適格IIR、適格UTPRまたはQDMTTの適格基準を満たしているかを判断するプロセスを定めるGloBEルール実施枠組みの中で、共通のアプローチと整合する調整メカニズムが検討される可能性がある。

MNEグループが国内法に基づく現地通貨とは異なる通貨を使用している場合

23. GloBEルールに基づく金額基準を決定するために使用される通貨がユーロで設定されているか、ユーロ以外の通貨で設定されているかにかかわらず、国内法で定める通貨とは異なる通貨で連結財務諸表を作成しているMNEグループは、当該国・地域においてGloBEルールの適用対象となるかどうか(およびその適用方法)を判断するために、連結財務諸表の数値を当該通貨に換算する必要がある。その際、連結財務諸表に記載される金額を現地通貨に換算する方法は、MNE間の公平な競争条件を確保し、各国・地域における制度適用の整合性を最大限高めるように合意されたものでなければならない。例えば、UPE所在国・地域の国内法が収入基準をA国通貨で設定しているものの、連結財務諸表がB国通貨で作成されている場合、連結収入基準が満たされているかどうかを判断するため、他の国・地域のGloBEルールのもとで、他のMNEグループに適用する場合と同じ方法で連結収入をB国通貨からA

国通貨に換算すべきである。

24. GloBEルール実施枠組みの導入の一環として、各国・地域は望ましい現地通貨の基準の改定方法と通貨換算方法の整備を評価する予定である。これにより、各国・地域は、国内法上の要件を満たすだけではなく、ルールの適用において十分な確実性を確保し、GloBEルールの適用範囲または運用において異なる国・地域間の不必要な差異を生じさせないことが可能となる。

参考資料

OECD(2017), Model Tax Convention on Income and on Capital: Condensed Version 2017, OECD Publishing, Paris, https://dx.doi.org/10.1787/mtc_cond-2017-en.[1]

第1章 適用範囲

1．第1章は、GloBEルールの適用対象となるMNEグループおよびグループ事業体について定めている。第1.1条は、GloBEルールが過去4会計年度のうち少なくとも2会計年度の連結収入金額が7億5000万ユーロ以上であるMNEグループの構成事業体に適用されることを定めている。なお、第1.1条は第6.1条により修正され、グループ結合およびグループ分離が行われる場合における連結収入基準の適用を明確にする追加のルールを定めている。

2．第1章には、どのような場合に事業体または事業体の集まりがグループを構成し、どのような場合にそのグループがMNEグループに該当するのかを判定するための多くの重要な定義が含まれている。第10章における事業体の広範囲の定義では、この用語によって、個別の法人だけでなく、パートナーシップや信託などの取決めも含むことを定めている。第1.2条のコメンタリーにおいて詳述しているように、一または複数の事業体が共通の支配下にあり、そのためにそれらの収益が同一の連結財務諸表に含まれている（または含まれることとなる）場合、それらの事業体はグループを構成する。その上で、GloBEルールの適用対象となるグループ事業体を特定するために構成事業体という用語が使われる。構成事業体の定義において、一または複数のPEを有する事業体は、複数の別個の構成事業体に分けられる。この章では、GloBEルールから除外される事業体（除外事業体）についても定めている。これらの用語の意味を補足する詳細な定義は、第10章において定めている。

第1.1条　GloBEルールの適用範囲

3．第1.1条は、GloBEルールの適用を、過去4会計年度のうち少なくとも2会計年度の年間連結収入金額が7億5000万ユーロ以上のMNEグループに限定している。適用範囲に関するこれらのルールは、小規模なグループや国内でのみ事業を行うグループがGloBEルールの適用を受けないようにするものである。同条は、除外事業体に該当する事業体はGloBEルールの適用を受けないことも明確にしている。

第1.1.1条

4．第1.1.1条は、主に二つの内容で構成されている。

a．第一に、GloBEルールの適用をMNEグループの構成事業体に限定している。MNEグループと構成事業体の意義は、第1.2条と第1.3条のコメンタリーにおいて詳述する。

b．第二に、CbCRルールで用いられる収入基準に基づく判定である。GloBEルールの適用は、この基準により過去4会計年度のうち少なくとも2会計年度の連結収入金額が7億5000万ユーロ以上のMNEグループに限定される。この収入基準の適用については、後で詳述する。

5．連結収入基準は、GloBEルールの租税政策としての目的に配慮する一方、その適用の費

用対効果を考慮した結果として導入されたものである。すなわち、GloBEルールの適用を第1.1条の要件に該当するMNEグループに限定することで、制度導入による影響と税収確保のメリットを保ちながらも、グローバルミニマム税の導入に伴うコンプライアンスコストおよび執行のコストを最小限に抑えている。また、CbCRで使われている基準と同じ金額基準を用いることで、GloBEルールの導入に伴う追加のコンプライアンスコストを抑えることにもなり、既存の情報収集および交換制度に基づいて、税務当局がルールの遵守状況を確認することを容易にしている。

6．連結収入基準の判定では、MNEグループの連結財務諸表において報告されている収入を用いる。この基準は、ルールが適用されるか否かの判断につき毎期変動する影響を緩和するため、過去4会計年度のうち2会計年度で判定することとしている。MNEグループが判定対象会計年度の直前の4会計年度のうち少なくとも2会計年度において7億5000万ユーロ以上の連結収入金額を計上している場合、そのMNEグループを構成する構成事業体は、GloBEルールの適用範囲に含まれる。なお、当年度（すなわち、判定対象会計年度）の連結収入金額は、この4会計年度の判定基準には含まれない。当年度の結果を収入基準の対象から除外することによって、MNEグループは判定対象会計年度開始の日に、当該年度においてGloBEルールの適用対象となるか否かを確認することができる。

7．稀な状況ではあるものの、判定対象会計年度直前の4会計年度の連結財務諸表が入手できないことがある。これは、グループを構成する事業体が最近設立されたために、事業体の過去会計年度の財務諸表が存在しない場合や、判定対象会計年度前は、グループを構成する事業体が連結財務諸表の作成を求められない単独の事業体であった場合に起こりうる。第6.1.1条第b項は、後者の状況について定めている。すなわち、ある事業体が他の事業体と共通の支配下に置かれてグループを構成する場合、各事業体の過去会計年度の財務諸表における収入の合計額が7億5000万ユーロ以上である場合、連結収入基準を満たすこととなる（第6.1.1条第b項に関するコメンタリーを参照）。

8．グループを構成する事業体が最近設立されたために、グループの過去会計年度の財務諸表が存在しない場合は、設立後3年目がGloBEルールを適用できる最初の会計年度となる。これは、その時点で、判定対象となる過去2会計年度が存在するからである。過去2会計年度について収入基準を満たしている場合、過去4会計年度の連結財務諸表が存在しなくても、そのグループは第3会計年度においてGloBEルールの適用対象となる。

9．例えば、1年目に、A社とB社が設立され、ABグループを形成したとする。ABグループについては連結財務諸表が作成される。1年目と2年目のABグループの連結収入金額は7億5000万ユーロとなった。この場合、1年目と2年目では、ABグループはGloBEルールの適用対象とはならない。第1.1.1条の規定では、ABグループの連結収入金額は、判定対象会計年度前の4会計年度のうち少なくとも2会計年度において7億5000万ユーロ以上でなければならないからである。一方、3年目では、判定対象会計年度（3年目）の前2会計年度においてABグループの連結収入金額が7億5000万ユーロであるため、連結収入基準の要件に該当することとなる。

収入基準は連結収入金額に適用

10. 収入基準は、グループの連結財務諸表に計上されている連結収入金額をもとに判定する。第10.1条における連結財務諸表の定義においては、連結財務諸表が許容された財務会計基準に従って作成されていることが求められ、MNEグループが外国支店を通じて事業を行う単一の事業体で構成されている状況や許容された財務会計基準に基づいて連結財務諸表を作成していない状況に対処するためのみなし規定が定められている。

10.1. パラグラフ4に記載のとおり、第1.1条の収入基準は、CbCRで用いられる基準に基づいている。しかし、GloBEルールとCbCRの収入基準は同一ではない。例えば、第1.1条は、MNEグループの過去4会計年度のうち2会計年度の収入金額に基づいている。しかし、どちらの基準も、MNEグループの連結財務諸表の損益計算書に計上された年間収入金額に基づいて適用される。これは当然ながら、いずれの収入金額の定義も、MNEグループの連結財務諸表で使用される財務会計基準に基づくものであることを意味する。

10.2. 連結財務諸表の損益計算書に計上された収入金額に基づき収入基準を適用することにより、MNEグループがGloBEルールの適用対象となるか否かを判定する負担が軽減される。MNEグループは、(多くの場合、別の目的で既に作成されている)その連結損益計算書を確認するだけで、年間総収入金額を計算することができる。しかし、連結損益計算書において収益をどのように表示しなければならないかについては、財務会計基準によって要件が異なる。他の基準と比べて、MNEグループに対してより柔軟性を与えている基準もある。このような柔軟性のため、財務会計基準で定義されている収入の表示方法は、MNEグループによって異なる場合がある。すべての収入を1項目で表示する場合もあれば、各種の収入を区分して個別に表示する場合もある。さらに、使用されている財務会計基準によっては、あるMNEグループでは、複数の項目(例:特別損益項目または非経常損益項目、保険会社における投資所得)が、収入とは区分して個別に表示され、他のMNEグループでは収入の一部に含めて表示される場合がある。連結損益計算書における収入項目の表示に関するこのような異なる基準や慣行は、第1.1条の基準の適用において一貫性を欠く可能性がある。GloBEルールの適用における確実性と一貫性を高めるために、第1.1条の収入の定義をさらに明確化すべきである。

10.3. GloBEルール第1.1条において、収入には、商品の引渡しまたは生産、役務の提供、またはMNEグループの通常業務であるその他の活動から生じる経済価値の流入が含まれる。収入金額は、関連する財務会計基準に従って決定されなければならず、値引、返品、引当金の相殺を認める場合もあるが、いずれにしても売上原価およびその他の営業費用(これらの金額は通常、損益計算書のトップラインに反映されている)を控除する前に計算されなければならない。異なる種類の収入が連結財務諸表の連結損益計算書に個別に表示されている場合、第1.1条の適用において、それらを合計しなければならない。

10.4. さらに、第1.1条における収入には、連結財務諸表の損益計算書に反映された投資に係

る純利益（実現か未実現かを問わない）、および特別損益項目または非経常損益項目として個別に表示された収益または利益が含まれるものとする。MNEグループの連結損益計算書が、投資に係る総利益と投資に係る総損失を別個に表示している場合、MNEグループは、第1.1条における収入金額の計算において、投資に係る総利益の範囲内で当該総損失の金額を収入金額から減額するものとする。これにより、損益計算書において損益を個別に表示することを求める財務会計基準によって、MNEグループが第1.1条の収入基準テストの適用において不利にならないことが確保される。

10.5. 特定の項目に関して、取引に係る総額が財務諸表に計上されない可能性がある金融活動を行う事業体については、UPEの財務会計基準に基づき収入に類似しているとみなされる項目が、金融活動においては用いられるべきである。それらの項目は、財務会計基準により、「銀行業務純益」、「純収入」、またはその他の項目として表示される可能性がある。例えば、金利スワップなどの金融取引に係る収益または利益が、UPEの財務会計基準上、純額ベースで適切に報告される場合、「収入」という用語は、その取引からの純額を意味する。

10.6. 事例1：MNEグループA社は製造会社であり、通常業務以外に付随的な受取利息が発生した。この受取利息は、MNEグループA社の損益計算書において、売上原価および販売費および一般管理費の下で受取利息として計上されている。したがって、受取利息は、第1.1条上、MNEグループA社の収入金額には含まれないものとする。

10.7. 事例2：MNEグループB社は、産業機器の製造、販売、リースに従事している。MNEグループB社は、その通常の業務において、顧客が機器を購入する際にその顧客に対してローンを提供している。MNEグループB社は、その損益計算書において純収入の項目として利息およびリース収入を計上している。この場合、利息およびリース収入は、第1.1条上、MNEグループB社の収入金額に含まれるものとする。

11. ある事業体の収益がMNEグループの収益に連結されている場合において、当該事業体の持分の一部が少数株主によって直接または間接に所有されていても、第1.1.1条の基準は、グループの連結財務諸表に計上されている当該事業体の収入総額で判定する。このことは、連結収入基準の判定において、MNEグループの総収入金額を計算する際の収入金額は、連結財務諸表に計上されている収入金額でなければならず、少数株主に帰属する金額を減額しないことを意味する。収入基準は、各グループ事業体の収入金額の単純合計額ではなく、MNEグループの連結収入金額に基づいて判定される。すなわち、連結処理において相殺消去される他のグループ事業体との取引から得た収入は、収入基準テストでは除外されることとなる。

12. 第1.1.3条および第1.5条のコメンタリーにおいて詳述するように、除外事業体は構成事業体には該当しない（したがって、GloBEルールの適用対象ではない）ものの、除外事業体の収益がグループの他の事業体と連結財務諸表において合算されている限り、除外事業体は、収入基準の判定上、グループ事業体に該当する。したがって、連結収入基準を適用するにあ

たり、当該除外事業体の収入を含めて判定しなければならない。これにより、CbCRにおける報告義務の判定基準との整合性が確保され、除外事業体とグループの他の事業体との取引から生じる収入の取扱いについて対処するための追加ルール（収益の細分化を防止するための租税回避否認規定を含む）を導入する必要がなくなる。

13. ある国・地域の国内法において収入基準がユーロ以外の通貨で設定されており、収入基準が毎年改定される場合、対象となる会計年度に適用される収入基準は、その会計年度開始の日における最新の収入基準とされる。パラグラフ19.1および19.2に記載のとおり、国・地域は、ユーロ以外の通貨建ての基準を前年12月の平均為替レートに基づき毎年改定することが求められている。例えば、A国が前年12月の平均レートに基づき毎年1月に現地通貨での収入基準を改定し、翌年1月1日以後に開始する会計年度から適用しているものとする。MNEグループの会計年度が2024年7月1日に開始し、2025年6月30日に終了する場合、2024年7月1日時点で有効である収入基準を適用することになる。

13.1. 2024年7月1日に開始する会計年度末に、MNEグループは、当該国・地域の関連するGloBEルールの金額基準を満たしているか否かにつき判定する必要がある。MNEグループの連結財務諸表の表示通貨が、当該国・地域の国内法において定められているGloBEルールの金額基準の通貨と異なる場合、MNEグループは、MNEグループの会計年度開始日直前の12月の平均為替レートに基づき、表示通貨から当該国・地域の国内法において規定される通貨に換算することが求められる。上記パラグラフ13の事例では、2024年7月1日に開始する会計年度について、MNEグループは、関連する基準を適用して収入金額を現地通貨に換算する際に2023年12月の平均為替レートを使用することとなる。

13.2. 場合によっては、MNEグループは、UPEの会計年度とは異なる会計年度に基づいて構成事業体の財務諸表を作成することがある。例えば、MNEグループのUPEおよび（UPE所在国に所在する）他の構成事業体は12月31日に終了する会計年度に基づき財務諸表を作成し、外国に所在する構成事業体は11月30日に終了する会計年度に基づき財務諸表を作成する場合がある。このような場合、MNEグループは、連結財務諸表において使用する財務会計基準の規則に応じて、連結財務諸表の作成において異なる会計慣行を適用する可能性がある。

13.3. 一部のMNEグループは、当該構成事業体のその会計期間の財務数値を連結財務諸表に組み入れることがある。したがって、前述の事例では、UPEは、12月31日に終了する会計年度内に終了する、各外国に所在する構成事業体の11月30日に終了する会計年度の各外国に所在する構成事業体の収益および税金を連結財務諸表に含めることになる。この場合、連結財務諸表に計上される収益または費用の一部は、UPEの会計年度開始前の取引に係るものである。

13.4. 別のMNEグループは、UPEの会計年度に基づいて構成事業体の収益を切り出し、UPEの会計年度を跨ぐ当該構成事業体の2会計年度からの金額を合算して連結することがある。したがって、前述の事例では、構成事業体は、UPEの会計年度内に終了する会計年度

の後半の11か月(すなわち1月から11月)の収益と費用を、UPEの会計年度内に開始する会計年度の最初の月(すなわち12月)の収益と費用に合算し、その合算額を連結財務諸表に含めることとなる。

13.5. GloBEルールにおける会計年度とは、第10.1条において、一般にUPEが連結財務諸表を作成する際に使用する会計期間と定義されている。前述したとおり、MNEグループの一部の構成事業体が(UPEの会計年度とは)異なる会計年度に基づき財務諸表を作成している場合、当該UPEの会計年度のGloBEルールにおける計算は、MNEグループが連結財務諸表において使用している方法に基づいて当該会計年度の違いから生じる差異が調整される。したがって、当該構成事業体の会計年度の数値をそのまま連結財務諸表に含めているMNEグループについては、その金額をGloBEルールにおける計算に使用しなければならない。他方、UPEの会計年度に対応する当該構成事業体の財務数値を計算し、その財務数値を連結財務諸表に含めているMNEグループについては、その金額をGloBEルールにおける計算に使用しなければならない。

13.6. その他にも、連結財務諸表に含まれない構成事業体が、UPEとは異なる会計年度を有している場合がある。これは、例えば、構成事業体が重要性を理由に連結財務諸表から除外されている場合である。このような場合、MNEグループは、当該構成事業体の財務会計上の純損益を計算するために、第3.1.3条に依拠する可能性がある。さらに、MNEグループのJVまたはJVグループは、UPEの会計年度とは異なる会計年度で財務諸表を作成する場合もある。

13.7. GloBEルールは、UPEの会計年度に基づいて適用される。構成事業体の財務諸表がUPEの会計年度と異なる会計年度で作成され、連結財務諸表に含まれない場合、当該構成事業体の会計年度に係るGloBEルールにおける計算は、UPEの会計年度中に終了する会計年度に基づき行わなければならない。同様に、JVまたはJVグループの財務諸表が異なる会計年度で作成されている場合、当該JVまたはJVグループの会計年度に係るGloBEルールにおける計算は、UPEの会計年度中に終了する会計年度に基づいて行わなければならない。これにより、MNEグループの申告年度においてトップアップ税に係る租税債務がある場合、その計算に必要なデータが、その申告年度のGloBE情報申告書の提出期限までに入手できるようになる。

13.8. 例えば、MNEグループAはB国に構成事業体B社を所有している。MNEグループAの申告年度は12月31日に終了する会計年度である。B社はMNEグループAの連結財務諸表には含まれない。B社の個別財務諸表は、承認された財務会計基準を使用し、11月30日に終了する会計年度で作成されている。2024年1月1日から2024年12月31日までの申告年度について、MNEグループAは、B社の2023年12月1日から2024年11月30日までの会計年度の個別財務諸表を使用する。

第1.1.2条

14. 第1.1.2条は、MNEグループの会計年度が12か月以外の期間である場合について定めている。MNEグループの会計年度は、第10.1条に定義されており、UPEの会計期間とする。こうした会計年度の定義は、CbCRの適用判定と一致しており、GloBEルールとCbCRの判定基準の適用における一貫性を確保している。

15. 第1.1.2条のルールは、直前会計年度またはそれ以前の会計年度において12か月以外の期間がある場合に適用する。第1.1.2条は、12か月以外の期間における基準の適用に際し、7億5000万ユーロの収入基準を当該期間に応じて再計算する必要があると定めている。こうした再計算は、いくつかの方法で行うことができる。例えば、MNEグループの会計年度が9か月の場合、各国・地域の税務当局はそれに応じて収入基準を4分の1減らして9か月分に引き直し、5億6250万ユーロ（7億5000万ユーロ/12×9）とすることができる。同じ結果となるために、12か月の会計年度に対応するように、グループの連結収入金額を12か月分に引き直すこともできる。例えば、MNEグループの会計年度が9か月であり、当該期間の連結収入金額が5億6250万ユーロである場合、各国・地域の税務当局は、12か月に占めるその年度の月数の割合に応じて12か月分相当の収入金額を計算するよう定めることができる。この計算方法に基づくと、基準を適用する上での当該年度のMNEグループの連結収入金額は、7億5000万ユーロ（＝5億6250万ユーロ/［9/12］）となる。

第1.1.3条

16. 第1.1.3条は、除外事業体の定義に該当する事業体はGloBEルールから除外されると定めている。これらの事業体は、構成事業体の定義から除外されるため、GloBEルールの適用対象外となる（ただし、収入基準の計算を目的とする場合を除く）。様々な種類の除外事業体については、第1.5条のコメンタリーにおいて詳述している。

第1.2条　MNEグループおよびグループ

17. 第1.2条は、GloBEルールにおける「MNEグループ」および「グループ」という用語を定義している。これらの用語は、第1.1条に基づくGloBEルールの適用範囲を決定するために用いられており、二つの重要な役割を果たしている。第一に、これらの用語により、GloBEルールの適用対象を、外国の子会社または外国の支店を持つグループまたは事業体に限定している。第二に、これらの用語は、複数の事業体が同一のグループに属すると判定されるための所有および支配の程度を定めている。

18. 第1.1条のコメンタリーにおいて説明したとおり、グループの構成事業体は、MNEグループのメンバーでない限り、GloBEルールの適用対象とはならない。第1.2.1条は、MNEグループの定義を定めている。この定義は、次の二つの内容で構成される。

a．複数の事業体がグループを構成するか否かは、財務会計上の連結テストに基づいて判定される。この連結テストは、UPEが作成する連結財務諸表に基づいて判定される。第10.1条の連結財務諸表の定義の第d項には、連結財務諸表を作成しないUPEのためのみなし規定が定められている。この規定は、UPEが承認された財務会計基準(許容された財務会計基準または比較可能性を阻害する重要な差異を防止するために一定の調整を加えた他の財務会計基準のいずれか)に従って作成する義務があるならば作成されたであろう財務諸表を使用することを定めている。

b．グループは、そのUPE所在国・地域以外の国・地域に、一または複数の事業体またはPEを有している場合、MNEグループに該当する。

19. 第1.2.3条におけるグループの定義の拡大により、別の国・地域に、一または複数のPEを有している単独の事業体についてもGloBEルールが適用される。

第1.2.1条

20. 第1.2.1条は、グループがMNEグループに該当するには、グループのUPEが少なくとも一の外国の子会社またはPEを直接または間接に有していなければならないと定めている。UPE所在国・地域以外の国・地域に所在する子会社または第10.1条に定義するPEが一つでもあれば(所得を稼得していないものも含む)、当該グループはMNEグループの定義に該当する。

第1.2.2条

21. 第1.2.2条は、財務会計上の連結テストに基づいてグループを定義している。グループとは、所有または支配の関係があり、第1.2.2条の第a項または第b項に定める要件に該当する事業体(個別の財務諸表を作成するパートナーシップや信託などを含む)で構成される。この定義は、第1.3条において構成事業体を定義する際にも用いられている。

22. 第a項は、UPEの連結財務諸表に含まれる事業体の集まりについて言及している。これは、MNEグループのためにUPEが作成する連結財務諸表において、事業体の資産、負債、収益、費用およびキャッシュフロー、すなわち、財務数値(当該事業体のPEの財務数値も含む)が項目ごとに連結されていることを意味する。連結財務諸表が存在しない場合でも、ある事業体がその支配する事業体に関して連結財務諸表を作成する必要があるならば、連結対象となる事業体の集まりはグループとみなされることとなる。なぜなら、第10.1条における「連結財務諸表」という用語の定義には、これらの事業体が連結対象となるため、同じグループの一部を構成するとみなす第d項の「みなし連結テスト」が含まれているからである。

23. 事業体がグループの一部を構成するか否かは、第10.1条における「事業体」の定義と第a項に定める要件に該当するかどうかによって判断する。例えば、共同支配事業(IFRSにおける定義(IFRS Foundation、2022年[2])は、その資産、負債、収益、費用およびキャッシュ

フローのうち、グループの他の事業体である共同支配事業者(例えば、パートナーシップへの出資者)に帰属する部分が項目ごとに連結財務諸表に含まれている場合、当該事業体の定義(例えば、パートナーシップ)に該当し、当該事業体は当該グループの別の事業体になりうる。したがって、比例連結法に基づいて報告される事業体は、グループの構成事業体として取り扱われる。この場合、事業体の資産、負債、収益、費用およびキャッシュフローのうち連結財務諸表に反映される部分を、GloBEルールの適用において考慮する(例えば、第1.1条の連結収入基準は、連結財務諸表に計上されている収入金額のみを考慮する)。

24. 第b項は、売却目的で保有されている、あるいは規模や重要性を理由として連結から除外され、許容された財務会計基準の報告上特別な取扱いとなっているため、項目ごとに連結されていない事業体も、グループを構成すると定めている。したがって、このような事業体も、許容された財務会計基準において連結対象とされるUPEによる支配条件に該当する限り、保有目的や重要性などにかかわらず、グループに属する事業体として取り扱われる。

24.1. 政府事業体として取り扱われるソブリン・ウェルス・ファンドに所有される事業体については、第1.4.1条に定めるUPEの定義のコメンタリーを参照されたい。

第1.2.3条

25. 第1.2.3条は、連結収入基準を満たし、子会社ではなくPEを通じて国境を越えて事業を展開しているMNEグループもGloBEルールの適用対象となることを定めるために、「グループ」の定義の解釈を広げている。この定義により、本来は第1.2.2条に定義するグループのメンバーではないが、他の国・地域に所在する一または複数のPEを有している単独の事業体は、GloBEルール上、グループとして取り扱われることとなる。したがって、第1.2.1条と合わせると、事業体とその国外PEは、グループおよびMNEグループの定義に該当することとなる。

26. 第1.2.3条は、当該事業体が第10.1条のPEの定義の第d項および第10.3.3条第d項に基づく無国籍PEのみを有している場合は適用されない。なぜなら、そうしたPEは、他のどの国・地域の法令においてもPEとして認識されないからである。これは、単独の事業体が第10.1条のPEの定義の第d項によって定義されるPEを有している場合にのみ生じる状況である。

第1.3条　構成事業体

27. 構成事業体という用語によって、GloBEルールの適用対象となるグループ事業体について定めている。例えば、グループ事業体をLTCEとして取り扱い、GloBEルールの第2章から第5章に基づきIIRまたはUTPRに基づいて課税するためには、当該グループ事業体は構成事業体でなければならない。

第1.3.1条

28. 構成事業体の最初の類型は、第1.3.1条第a項によって、グループのメンバーである事業体と規定されている。したがって、第1.2.2条で定めるグループの各事業体は、第1.5条に基づき除外事業体に該当しない限り、構成事業体となる。

29. 構成事業体の第二の類型は、第1.3.1条第b項で説明されている。同項に基づき、本店（それ自体が構成事業体とされる）のPE（第10.1条において定義される）は、別個の構成事業体として取り扱われる。同項は、第10.1条のPEの定義に記述されている4種類のPEのいずれにも適用される。

第1.3.2条

30. 第1.3.2条は、第1.3.1条第b項に基づき構成事業体となるPEは、本店およびその他のPEとは別個の構成事業体として取り扱われることを明確にしている。PEの定義は第10.1条に定められており、PEが税務上認識されていることが前提となっている。国外のPEにおいて行われる事業活動を区分することは、第5章での国・地域ブレンディング計算において欠かせないものである。この区分により、ある国・地域においてPEを通じて稼得した所得とそれに課される租税が、異なる国・地域に所在する本店または別のPEの所得および租税と混同されないようにすることができる。この区分により、MNEグループの外国の子会社およびPEを同等に取り扱うことを担保している。

第1.3.3条

31. 第1.3.3条は、構成事業体には、除外事業体に該当する事業体は含まれないことを定めている。したがって、後述のとおり、除外事業体はGloBEルールの対象外とされる。

第1.4条 最終親事業体（UPE）

32. 第1.4条は、UPEの定義を定めている。UPEは、グループの定義の中でも用いられており、MNEグループを構成するすべての事業体を識別するための出発点である。UPEの識別は、GloBEルールの適用において様々な箇所で関係している。例えば、GloBEルールでは、UPE所在国・地域によるIIRの適用を優先している。また、第3章での構成事業体のGloBE所得・損失の計算の基礎として用いられるのは、通常、UPEが適用する財務会計基準である。

第1.4.1条

33. 同条の第a項と第b項は、2種類のUPEについて定めている。第a項は、最もよくある状況であり、第1.2.2条に定義するグループのUPE、すなわち、少なくとも二つの事業体で構成されるグループのUPEについて定めている。これに対し、第b項は、第1.2.3条に定義するグ

ループ(すなわち、本店と一以上のPEで構成されるグループ)のUPEについて定めている。この場合、本店がグループのUPEとして取り扱われる。

第1.2.2条が定義するグループのUPE

34. 第a項では、グループが第1.2.2条に従って二以上の事業体で構成されている場合におけるUPEという用語を定義している。グループのUPEになるためには、事業体は二つの要件に該当しなければならない。第一の要件は、第i号に定められている。同号は、UPEとは別の事業体の支配持分を直接または間接に保有する事業体であると定めている。第10.1条の支配持分の定義において、事業体が別の事業体の支配持分を保有するか否かを判定するために財務会計上の連結テスト(みなし連結テストを含む)を用いている。したがって、事業体が許容された財務会計基準に従って別の事業体の資産、負債、収益、費用およびキャッシュフローを項目ごとに連結することが求められる場合、または前者の事業体が承認された財務会計基準(許容された財務会計基準または比較可能性を阻害する重要な差異を防止するために調整された別の財務会計基準のいずれか)に従って連結財務諸表を作成していたならば同様に項目ごとの連結を求められる場合には、第i号の要件に該当する。

35. 第二の要件は、第ii号に定められている。同号は、その事業体に対する支配持分は第i号に規定されているように、別の事業体によって直接または間接に保有されていてはならないと定めている。したがって、別の事業体によって支配持分を保有されている事業体は、第ii号に基づき、グループのUPEに該当しない。別の言い方をすれば、所有権の連鎖の上位に、その事業体を項目ごとに連結することが求められる、または、連結財務諸表を作成するのであれば求められる別の事業体が存在する場合、その事業体はグループのUPEとみなされない。

第1.2.3条が定義するグループのUPE

36. もう一つの類型のUPEは、第1.4.1条第b項に規定されている。同項は、グループが一または複数の国外PEを有する単独の事業体である場合、(第10.1条において定義される)本店がUPEであると定めている。第1.2.3条のコメンタリーで説明しているように、このUPEの定義の拡大は、PEを通じて国境を越えて事業を展開している国内事業体をGloBEルールの適用対象とするために必要となる。

政府事業体として取り扱われるソブリン・ウェルス・ファンドはUPEではない

36.1. 政府事業体は、GloBEルールにおいて除外事業体である。政府事業体の定義に関するコメンタリーにおいて詳述されているように、政府事業体は、その国・地域では通常課税対象とならない政府機関であり、外国の法令または租税条約に基づく課税除外の恩典を受けるため、GloBEルールに基づく課税対象から除外される。政府事業体という用語は、政府によって直接または間接に完全に所有され、営利事業を行うものではないことを条件として、投資の実行・保有、資産管理およびそれらに関連する活動を通じて、政府あるいは国・地域の資

産を管理または投資することを主たる目的としている事業体を含んでいる。政府事業体として取り扱われるためには、当該事業体は、政府に対する説明責任を有し、政府に年次報告を行うとともに、解散時にはその資産は政府に帰属し、利益の分配はすべて政府に行われなければならない。このような性質を持つ政府事業体は、一般的にソブリン・ウェルス・ファンドと呼ばれている。これらの要件を満たすことにより、政府事業体は政府と同様に適切に扱われ、GloBEルールに基づく課税対象から除外されることとなる。

36.2. 一般的に、除外事業体が別の事業体の支配持分を保有している場合、当該事業体はMNEグループのUPEとなり得る。持分が支配持分であるか否かは、許容された財務会計基準に基づき、その保有者が事業体の資産、負債、収益、費用およびキャッシュフロー（財務数値）を項目ごとに連結することを求められるか否かによって決まる。政府は通常、自らが所有する政府事業体以外の事業体の財務数値を項目ごとに連結することは求められない。

36.3. 第10条のコメンタリーのパラグラフ30で言及されているように、政府事業体の定義の第b項第ii号の要件は、ソブリン・ウェルス・ファンド（法人として設立されたものを含む）などの事業体を含めることを意図している。ソブリン・ウェルス・ファンドは通常、国・地域の将来の財政需要に応じるため、当該国・地域の国際収支を安定させ、国内消費と貯蓄の適切なバランスをとるために、投資の保有および管理を目的として政府によって組成される。ソブリン・ウェルス・ファンドは、政府、国・地域に代わり資産を保有または管理する。また、政府は、投資家としての役割と事業規制当局としての役割との間の潜在的な対立を軽減または排除するために、政府自らが直接投資を行うのではなく、ソブリン・ウェルス・ファンドを通じて投資を保有または管理することを選択する場合もある。したがって、ソブリン・ウェルス・ファンドは、政府によって完全に所有され、政府の投資活動を一元管理する投資会社や資産運用会社と類似し、コングロマリット企業における本社とは異なる。

36.4. ソブリン・ウェルス・ファンドが、国・地域の承認された財務会計基準に基づき投資会社に該当しない場合（例えば、ソブリン・ウェルス・ファンドが長期投資家であり、その投資の一部の資金回収時期が明確でないため、投資会社の定義を満たさない場合）、またはこの承認された財務会計基準において類似の投資会社に対する連結要件の例外規定がない場合、当該ソブリン・ウェルス・ファンドは、支配持分を有するすべての事業体の財務数値を項目ごとに連結することを求められる可能性がある。その結果、7億5000万ユーロの基準を満たさないMNEグループが、中央政府、州政府、地方政府、またはそれらの執行機関や政府機能を遂行する機関（当該政府）に直接所有されるのではなく、ソブリン・ウェルス・ファンドを通じて当該政府によって所有されるという理由だけで、GloBEルールの適用対象であるより大きなMNEグループの一部として扱われる可能性がある。この取扱いはGloBEルールの趣旨とは矛盾することとなる。なぜなら、第10.1条に基づき政府事業体として取り扱われるソブリン・ウェルス・ファンドは、政府と同等の扱いを受けることとされており、別々のMNEグループが当該政府により直接所有されている場合、GloBEルール上、単一のMNEグループとはみなされないからである。第1章のUPEとグループの定義がこのような結果が

生じることを意図していないことを明確にするため、包摂的枠組みは、第10.1条の政府事業体の定義を満たすソブリン・ウェルス・ファンド(すなわち、第10.1条の政府事業体の定義の第b項第ii号が適用される政府事業体)は、UPEとはみなされず、MNEグループの一部ともみなされないことに合意した。さらに、第10.1条の政府事業体の定義を満たすソブリン・ウェルス・ファンドは、そのソブリン・ウェルス・ファンドが所有者持分を有する事業体の支配持分を保有しているとはみなされない。したがって、ある事業体がMNEグループのUPEであるか否かは、ソブリン・ウェルス・ファンドにより保有されるいかなる所有者持分も考慮せずに判断される。

第1.5条　除外事業体

37. 第1.5条は、除外事業体に該当し、GloBEルールの適用を受けない事業体を定めている。除外事業体に該当する場合、GloBEルールの適用において、三つの実務的な効果がある。

   a. 第一に、除外事業体にはIIRとUTPRは適用されない。例えば、第2.1条に従ってIIRの適用を求められるのは、構成事業体に限られる。したがって、MNEグループのUPEにあたる除外事業体は、IIRの適用を求められず、所有権の連鎖における除外事業体の直下の事業体(その事業体自体は除外事業体ではないことを前提とする)がIIRを適用しなければならない。

   b. 第二に、前述した収入基準の適用を除き、GloBEルールの適用上、除外事業体の計算要素(利益、損失、発生した租税、有形資産および人件費等)はGloBEルールに基づく様々な計算から除外される。

   c. 第三に、除外事業体は、GloBE情報申告書の提出等のGloBEルールの執行上の義務を負わず、除外事業体の所得、租税、資産等に関する情報は、GloBE情報申告書において報告されない(ただし、第8.1.4条第b項に基づき求められる除外事業体に関する情報およびGloBEルール実施枠組みにおいて合意されるその他の情報を除く)。

38. 第1.5条は、三つの規定に分かれている。第1.5.1条は、除外事業体に該当する事業体の類型を列挙している。第1.5.2条では、除外する事業体の範囲を拡大し、一定の要件に該当する場合は、除外事業体が所有する他の事業体も除外事業体に含めることを定めている。最後に、第1.5.3条は、事業体を第1.5.2条に基づく除外事業体として取り扱わないとする選択の機会を申告構成事業体に与えている。

39. 場合によっては、MNEグループが除外事業体のみで構成されていることもありうる。例えば、投資ファンドは、自らが支配する別個の投資ビークルの資産、負債、収益および費用を連結することを求められることがある。しかし、それらの投資ビークルがいずれも第1.5.2条の要件に該当している場合、当該MNEグループ全体がGloBEルールから除外される。なぜなら、当該グループには、ETRの計算の実施や第2章の課税規定の適用、またはGloBEルールの執行に係る規定の遵守を求められる構成事業体が一つも存在しないからである。

第1.5.1条

40. 第1.5.1条は、除外事業体となる事業体の類型を列挙している。通常、これらの事業体は、事業を行う事業体のグループと項目ごとに連結されず、したがって、第1.3条に定めるテストに基づき、グループの構成事業体とみなされないと考えられる。しかし、網羅性と整合性の観点から、また、ルール適用の確実性を高めるため、第1.5.1条では、明示的に除外事業体のリストを提示している。

41. 第1.5.1条の第a項から第d項において列挙している事業体は、政府事業体、国際機関、非営利団体、年金基金である。それぞれ第10.1条に定義されており、同条のコメンタリーにおいてより詳述している。

42. 第e項と第f項に定める除外事業体は、MNEグループのUPEである投資ファンドまたは不動産投資ビークルである。これらの事業体は、課税中立的な取扱いとなる投資ビークルとしての位置づけを維持するために、GloBEルールから除外されている。MNEグループのUPEではない投資ファンドまたは不動産投資ビークルは、第1.2条および第1.3条の連結の要件を満たしているならば、MNEグループの構成事業体として取り扱われうる。しかし、そのような投資ファンドまたは不動産投資ビークルは、投資事業体とみなされ、第7.4条から第7.6条におけるETRの計算のための特別ルールの対象となる。

第1.5.2条

43. 第1.5.2条では、第1.5.1条における除外事業体の定義を拡大し、除外事業体が所有する事業体について定めている。第1.5.2条は、除外事業体が規制上あるいは商業上の理由から、別の被支配事業体を通じて資産の保有や特定の機能を有することを求められる場合を見込んだ規定である。例えば、商業上または規制上の制限により、第1.5.1条第e項に定める投資ファンドが、投資ファンド自らの責任を限定するために、ある資産に直接投資せず、別のビークルを通じて投資を行わなければならないことがある。第1.5.2条の規定は、このような状況に対応したものであり、そのような保有ビークルが除外事業体に該当することを認めている。第1.5.2条では、次の二つの項を定めている。

　a．第a項は、第1.5.1条に基づく除外事業体が、その資産の保有、資金の投資または除外事業体の事業活動に付随する業務の実施のために別の事業体を置く状況を定めている。

　b．第b項は、除外事業体が設立した別の事業体の財務会計上の純利益が、除外配当または除外資本損益で構成されるため、GloBEルールの適用から除外されることを定めている。

43.1. 事業体が、そのすべてのPEの活動を含む当該事業体の活動全体に基づいて、第1.5.2条に定める除外事業体の定義を満たす場合、当該PEが行う活動は、第1.5.2条の適用において、活動テストを適用するまたは「事業体の所得のすべてが実質的に除外配当または除外資本損

益」であるか否かを判断する際に、別個のものとはみなされない。さらに、当該事業体が除外事業体の定義を満たす場合、当該PEが行う活動も含め、その活動全体がGloBEルールから除外される。

44. 第1.5.2条は、第a項または第b項において定めている事業体が（第10.1条において定義される）年金サービス事業体によって所有されている場合には適用されない。年金サービス事業体とは、第10.1条のコメンタリーにおいて詳しく説明しているように、第1.5.2条で定める事業体と類似する機能を有する特別目的事業体である。年金サービス事業体に、除外事業体に該当する別の被支配事業体を設立することを認めると、除外事業体（政府事業体、国際機関、非営利団体、年金基金等）のためにその機能を果たす被支配事業体のみを見込んでいる第1.5.2条の規定の効果を曖昧なものとする恐れがある。

45. 第1.5.2条は、グループのメンバーである事業体が、そのグループのメンバーではない第1.5.1条に定義する除外事業体によって所有されている場合にも適用される。グループのメンバーである事業体が投資ファンドまたは不動産投資ビークルによって所有されている場合、当該事業体は、その投資ファンドまたは不動産投資ビークルが当該グループのUPEでないにもかかわらず、第1.5.2条の要件に該当することが可能となる。例えば、投資ファンドが完全に所有している事業体が、グループのUPEに該当し、かつ、第1.5.2条の要件に該当しているものとする。この場合、投資ファンドは、当該グループと項目ごとに連結されていないために当該グループの一部でないにもかかわらず、当該UPEは第1.5.2条に基づく除外事業体に該当する。

第a項

46. 第1.5.2条第a項に基づき除外事業体に該当するためには、所有権テストと活動テストの二つの要件に該当しなければならない。

所有権テスト

47. 所有権テストは、第a項の柱書きにおいて定められている。このテストでは、第1.5.1条に定義する一または複数の除外事業体が、その事業体の価値の95%以上を所有していなければならないとしている。95%という基準は、ファンドマネジャーが投資ファンドのごく一部を所有している場合や国内法により法人を設立するためには二以上の持分所有者が必要とされる場合、あるいは除外事業体がパートナーシップを通じて投資しており、国内法上、ジェネラルパートナーの役割を果たす別の事業体を置くことが求められる場合など、少数持分所有者が存在する状況を見込んだものである。

48. 第a項は、第1.5.1条の除外事業体が、除外事業体の連鎖関係を通じて事業体の価値の95%以上を所有している場合にも適用される。例えば、A社が第1.5.1条の除外事業体に該当するものとする。A社は、B社（別の除外事業体）を完全に所有しており、B社は、C社の価値の95%を所有している。この場合、C社は、第a項の所有権テストを満たしている。なぜなら、

その価値の95%がA社によって間接的に所有されているからである。対照的に、A社がB社の所有者持分の95%を保有している場合は、C社に関して所有権テストは満たされないことになる。なぜなら、この事例ではA社が所有する価値は、90%に希薄化(95%×95%)しているからである。

49. 「事業体の価値」という表現は、事業体によって発行された所有者持分の価値の総額をいう。株式の場合、株主が保有する発行済株式の価値をいう。事業体の価値は、除外事業体が所有する所有者持分(当該事業体の利益、資本または剰余金に対する権利をいう)の金額を直接測定したものとは異なる。「事業体の価値」に基づく測定と「所有者持分」に基づく測定の違いは、前者は当該事業体が発行した所有者持分の価値全体に占める除外事業体が所有する所有者持分の価値の総額を見るのに対し、後者は所有者持分に伴う具体的な権利(すなわち、利益、資本または剰余金に対する権利)の一つまたは複数を比較することにある。

50. 同項において言及している所有権テストが満たされるのは、除外事業体が事業体の資本持分の価値の95%以上を受益者として(直接または間接に)所有している場合に限られる。価値の評価は、除外事業体が有する事業体に対する所有者持分割合の直近の変更日時点で行い、除外事業体が保有するすべての所有者持分の価値を考慮しなければならない。例えば、新規に設立された事業体が1株1ユーロの価値の普通株式を200株と1株2ユーロの価値のある優先株式を100株発行したとする。除外事業体である株主がすべての普通株式と優先株式90株を受け取る。この状況では、事業体の価値は400ユーロであり、除外事業体である株主は第1.5.2条の適用上、事業体の価値の95%(380/400)を所有していることになる。

51. ある事業体に対する除外事業体の持分の価値は、当該事業体に対する除外事業体の所有者持分割合の直近の変更日時点で測定される。例えば、事業体が報酬パッケージの導入の一環で少数株主または従業員に新株を発行した場合、そのような株式発行直後に、除外事業体が依然として当該事業体の所有者持分の価値の95%を保有しているか否かを判定する。しかし、当該事業体に対する除外事業体の所有者持分割合に変更が生じない限り、株式の種類間の相対的な価値の未実現の変動は、第1.5.2条に基づくテストの適用に影響すべきではない。例えば、上記の例における事業体の所有者持分の価値が300ユーロに減少した結果、普通株式の価値が100ユーロとなった場合、除外事業体は、その保有する株式の時価が当該事業体全体の93%(280/300)になったにもかかわらず、依然として当該事業体の価値の95%を保有しているものとして取り扱われる。

活動テスト

52. 活動テストは、第1.5.2条第a項第i号および第ii号に分けて定められている。

53. 第i号は、事業体が「専らまたは主として、資産の保有または資金の運用のために」活動していることを要件としている。「専らまたは主として」という表現は、事業体の活動の概ねすべてが資産の保有または資金の投資に関連していることを要件とする事実関係に関するテストを意味する。パラグラフ54.1で解説される場合を除き、第a項に基づき除外事業体とす

るためには、事業体は資産の保有または資金の投資以外の活動を積極的に実施してはならない。例えば、第i号は、政府のために資産を保有し資金を投資する政府所有のソブリン・ウェルス・ファンドに適用しうる(第10.1条の政府事業体の定義を満たしていない)が、政府所有の航空会社には適用されない。なぜなら、航空会社の活動は、資産の保有と資金の投資の活動の範囲を超えているからである。また、第i号は資産の保有または資金の投資が「当該除外事業体のため」であることを要件としている。例えば、第1.5.1条に列挙されている除外事業体は完全所有の子会社を有し、当該子会社が資産(事業会社の所有者持分を含む)を直接取得するために第三者から資金を借り入れる場合がある。このような場合、当該借入と当該取得は、除外事業体である親会社のための資産の保有または資金の投資として取り扱われるものとする。この要件は、除外事業体のための資産の保有または資金の投資という要件を含む、同条の他の要件と合わせて解釈する必要がある。

54. あるいは、その事業体が除外事業体の実施する活動に付随する活動のみを実施する場合、第ii号の活動テストは満たされる。この代替的な活動テストが定められたのは、本来であれば、第1.5.1条で定める当該除外事業体によって実施される活動が、当該除外事業体によって完全に所有されている法律上別個の事業体(95%所有の事業体を含む)に外部委託される可能性があるからである。例えば、除外事業体が、専ら当該除外事業体にサービスを提供する情報技術サービス会社を設立した場合、そのような会社は第ii号の要件に該当することとなる。

54.1. さらに、事業体の活動が第i号と第ii号双方に該当する場合、第1.5.2条第a項の活動テストを満たしていないとみなされるべきではない。したがって、事業体が付随的な活動を行いつつ、それ以外の活動が専らまたは主として除外事業体のために資産を保有し、または資金を投資するものである場合、当該事業体は活動テストを満たすこととなる。

54.2. 非営利団体は、親団体である非営利団体の慈善活動の資金調達の一環として、商業活動を行うために完全所有の子会社を設立する場合がある。一部の承認された財務会計基準において、非営利団体は連結財務諸表を作成することを求められ、したがって、他の除外事業体と比較して、MNEグループのUPEとなる可能性が高い。非営利団体の収入はGloBEルールの収入基準から除外されないため、最終的に非営利団体の慈善活動の資金調達のための子会社の小規模な商業活動が、GloBEルールの適用を受けまたはトップアップ税の対象となり、あるいはその双方に該当する場合がある。

54.3. 非営利団体がGloBEルールを遵守できるようにするため、包摂的枠組みは、非営利団体の100%子会社の「付随的」活動を判断するための明確な基準に合意した。第1.5.2条第a項第ii号における非営利団体が行う活動に付随する活動か否かを判断するために、当該非営利団体もしくは複数の非営利団体により価値の100%が直接または間接に所有され事業体の活動は、すべてのグループ事業体の収入金額(非営利団体または第1.5.2条第a項第i号、第1.5.2条第b項における除外事業体である事業体、または明確な基準の適用がない場合でも第1.5.2条第a項第ii号における除外事業体となるであろう事業体による収入金額を除く)の合計が、当該

会計年度において、7億5000万ユーロ（会計年度が12か月以外の期間である場合は、第1.1.2条に規定されるところにより調整される金額）以上の場合、または7億5000万ユーロ未満の場合であっても当該MNEグループの収入金額の25％以上の場合には、付随的とみなされない。このみなし規定の適用により、当該子会社によって行われている実際の事業活動は考慮されず、またそれによる影響を受けない。

54.4. すべてのグループ事業体の収入金額（非営利団体または第1.5.2条第a項第i号、第1.5.2条第b項における除外事業体、または明確な基準の適用がない場合でも第1.5.2条第a項第ii号における除外事業体となるであろう事業体による収入金額を除く）の合計が、当該会計年度において、MNEグループの収入金額の25％以上または7億5000万ユーロ以上の場合、第1.5.2条第a項第i号、第1.5.2条第a項第ii号または第1.5.2条第b項の要件を満たさない関連子会社はすべて、第1.5.2条における除外事業体とはならない。

54.5. 非営利団体の定義は、資金提供者の分類には依拠しない。政府から資金提供を受けている組織は、政府事業体および非営利団体の定義に該当する可能性がある。政府事業体が非営利団体の定義を満たす場合、GloBEルールにおいて非営利団体であると同時に政府事業体としても取り扱われ、その事業体は非営利団体の付随的所得に関するガイダンスを適用することもできる。当該ガイダンスの恩典を受けうる政府事業体の例としては、政府所有の教育機関、研究機関、病院、その他の政府所有の医療提供者が挙げられる。

第b項

55. 第b項は、第1.5.1条で言及している除外事業体（年金サービス事業体を除く）がその価値の85％以上を所有する別の事業体の財務会計上の純損益が、主に第3.2.1条の第b項または第c項に従ってGloBE所得から除外される除外配当または除外資本損益で構成されているために、もともとGloBE所得・損失から除外される状況を規定したものである。こうした類型の保有ビークルには、GloBEルールに基づくトップアップ税は課されないことが見込まれる。なぜなら、その所得のすべてがGloBE所得から除外されるからである。この規定の実質的な効果は、この規定により、これらの事業体が第2章の課税規定を適用されなくなることである。また、第b項の所有比率は、第a項よりも低く定められている。これは、特に投資ファンドが保有するビークルに関して、第三者がより大きな持分を保有している状況、あるいは所有ビークルの持分が事業会社の経営者やその他の従業員に発行される状況において、より柔軟に対応できるようにするためである。なお、「事業体の価値」の意味は、第a項のコメンタリーにおいて説明しているとおりである。

56. 「その所得の実質的にすべて」（すなわち、その所得の概ねすべて）という表現は、事業体が被支配会社の配当その他の資本収益以外に少額の所得を認識しているという理由だけで、第b項の要件に該当することができない状況を避けるために定められている。例えば、事業体の有する銀行口座の現金について銀行から受け取る利子は、当該事業体の所得全体に占めるその受取利子の割合がごくわずかであれば、第b項に基づき当該事業体が除外事業体

に該当することの妨げとなるべきではない。

第1.5.3条

57. 第1.5.3条は、第1.5.2条に基づき除外事業体に該当する事業体に関して、第1.5.2条を適用しない選択を定めている。この選択は、(第10.1条において定義される)5年選択である。この選択を行った場合、GloBEルールは、第1.5.2条に規定されている事業体にも、MNEグループの他の構成事業体に適用されるのと同様に適用される。例えば、LTCEのトップアップ税額に関してUTPRではなくIIRを適用するために、申告構成事業体は、ある事業体を第1.5.2条に基づく除外事業体としてではなく、構成事業体として取り扱うことを選択することができる。この例では、除外事業体である投資ファンドをUPEとするMNEグループを想定している。当該投資ファンドは、連結財務諸表の作成に用いる許容された財務会計基準に基づき子会社を項目ごとに連結しているとする。この場合、このようなMNEグループはこの選択を行うことで、そのすべての構成事業体をUTPRの適用対象とするのではなく、当該事業体がIIRをその子会社に適用できるようにすることができる。

参考資料

IFRS Foundation(２０２２), International Financial Reporting Standards, https://www.ifrs.org/. [2]

第2章　課税規定

1．GloBEルールの第2章は、全般的な課税規定について定めている。課税規定は、IIRとUTPRという二つの連動するルールから構成されている。IIRは、MNEグループ内の特定の親事業体に適用されるが、このルールの適用にあたっては、通常、所有権の連鎖の中で最上位に位置する事業体を優先する順序付けルールが用いられている（「トップダウン」アプローチ）。IIRは、最低税率を下回るETRのLTCEについてトップアップ税を課すものである。UTPRはIIRの補完的機能を有するものであり、LTCEがIIRに基づく課税対象とならない範囲において、特定の構成事業体における費用の損金算入を否認する（またはそれと同等の調整を求める）ものである。

2．両者を総合すると、IIRとUTPRは、対象となるすべてのMNEグループが、事業を展開している国・地域において通常稼得すべき利益を上回る利益について最低でも一定水準の租税を支払うことを担保するための体系的な解決策を提供するものである。一方、第2条の規定に従ってIIRを適用する親事業体の所在国・地域が、他の国・地域で生じる所得に対する二重課税を排除するために（税額控除方式の代わりに）所得免除方式を採用する二国間租税条約を締結している場合には、これらの規定の適用に懸念が生じる可能性がある。IIRを国内法として適用している場合には、租税条約のスイッチオーバールールによって、親事業体の居住地国・地域は、PEの所得に対する課税を行うことができる。スイッチオーバールールは、PEに関して、親事業体の居住地国がIIRを適用することを確保するものである。また、当該ルールは、その国内法の発動により、一方の締約国の居住者が他方の締約国のPEに対してIIRを適用する必要がある場合に限り適用される。

IIRの概要

3．IIRは次の三つの条項から構成される。

　a．第2.1条は、IIRの適用が求められるMNEグループの事業体を特定している。IIRが適用される親事業体には、第10.1条の定義に基づき、除外事業体でないUPE、中間親事業体またはPOPEが該当することとなる。
　b．第2.2条は、LTCEの所得に対する持分に基づいて、関連する親事業体にトップアップ税額を帰属させるための計算式を定めている。
　c．第2.3条は、二重課税を回避するために、親事業体に配分されたトップアップ税額と、同一のLTCEに対してIIRを適用することが求められる他の親事業体に配分されたトップアップ税額の二重課税を排除する仕組みを定めている。これらのルールは、MNEグループの利益のいかなる部分も一つの国・地域においてのみIIRの適用対象となるように、特定の階層構造または分割所有構造におけるIIRの適用を調整することを目的としている。

各条項の概要は以下のとおりである。

4．第2.1.1条は、UPE所在国・地域におけるIIRの適用に関する主要なルールを定めている。UPE所在国・地域がIIRを導入している場合、原則として、MNEグループ内のLTCEについてトップアップ税を課すのは当該UPE所在国・地域となる。UPEが当該会計年度に適格IIRが適用されている国・地域に所在し、MNEグループのいずれのLTCEも適格IIRを適用することが求められるPOPEによって所有されていない場合、IIRはUPE所在国・地域内において当該UPEにのみ適用される。この法人の(階層または所有)構造のもとで、UPEが当該会計年度に適格IIRを適用することが求められない国・地域に所在する場合には、トップダウンアプローチに基づいて、所有権の連鎖の中で次に位置する中間親事業体が、第2.1.2条に従って、直接または間接に所有者持分を保有するLTCEのトップアップ税額の配分額についてIIRを適用することが求められる。

5．第2.1.2条および第2.1.3条は、中間親事業体によるIIRの適用について定めている。まず、第2.1.2条は、第2.1.1条と同一の文言および仕組みを用いており、より上位に位置する他の親事業体の同一のLTCEに係るトップアップ税額の配分額にかかわらず、中間親事業体が直接または間接に保有する所有者持分に基づいて当該LTCEのトップアップ税額の配分額を考慮することとしている。

6．さらに、あるLTCEに係るトップアップ税額の配分額に関して、同一のMNEグループ内の複数の中間親事業体がIIRを適用することが求められる可能性がある。このような場合、各々の中間親事業体がIIRを適用しなければならない。ただし、複数の中間親事業体が同じ所有権の連鎖の一部であり、同一のLTCEに関してIIRの適用を求められる場合には、トップダウンアプローチを適用して下位に位置する事業体に対するIIRの適用を無効にするか、または、上位に位置する事業体のトップアップ税額を下位に位置する事業体に課されたトップアップ税額だけ減額することにより、二重課税を排除することとしている。これらの各手法が用いられる場合に関しては、以下で詳述している。

7．第2.1.4条から第2.1.5条は、一部のLTCEがMNEグループ以外の重要な(すなわち、20%を超える)少数持分保有者を有する、いわゆる「分割所有構造」の場合に適用される。この場合、GloBEルールはトップダウンアプローチから離れ、それに代わって、所有権の連鎖の中で下位に位置するにもかかわらず、POPEにIIRを適用することを求めている。POPEとは、同じMNEグループの他の構成事業体の所有者持分を直接または間接に保有し、自らの所有者持分の20%超が当該同じMNEグループの構成事業体ではない者により保有される構成事業体をいう。ただし、POPEには、UPE、PE、投資事業体、保険投資事業体は含まれない。

8．分割所有構造に適用されるルールは、少数持分保有者が受益者である軽課税所得について、MNEグループに不均衡な税負担を課すことなく、GloBEルールのもとで課税漏れが生じる可能性に対応するために設計されている。例えば、UPEがある親事業体の60%の所有者持分を保有し(すなわち、少数持分保有者が40%を保有)、当該親事業体があるLTCEの持分を100%保有している場合、UPEは第2.1.1条に基づき、トップアップ税額の60%の持分割合

相当額を支払うことになる。追加的なルールがなければ、当該LTCEの所得の相当部分がIIRの影響を受けないこととなり、結果として課税漏れや歪みが生じることとなる（例えば、MNEグループは子会社の少数持分を当該MNEグループの既存持分保有者へと分離することで、UPEのトップアップ税額に係る租税債務を減額することが可能となる）。したがって、UPEに対して少数持分保有者が受益者となるLTCEの所得に対するトップアップ税額を支払うことを求める代わりに、親事業体(POPE)に対し、その持分に係るトップアップ税額に対してもIIRの適用を求めることで、GloBEルールに基づいて生じる税負担を少数持分保有者が適正な割合で負担することを図るものである。

9．UPEが適格IIRを適用しているか否かにかかわらず、POPEが優先してIIRを適用するという点において、分割所有ルールはトップダウンアプローチの例外として機能している。このことは、適格IIRが同一のLTCEに対して複数回適用され得ることを意味している。二重課税を排除するために、UPE(UPEがIIRを適用していない場合には、次の階層に位置する中間親事業体)は、第2.3条に従い、適格IIRに基づいて(UPEのトップアップ税額の配分額のうち)POPEに課されることとなるトップアップ税額について、当該トップアップ税額に係る租税債務を減額することとなる。これらの各ルールの運用に関するさらに詳細なコメンタリーは後述のとおりである。

10．第2.1.6条は、親事業体の所在国・地域(IIR実施国・地域)に所在しないLTCEに対して、当該親事業体の所在国・地域にIIRの適用を求めるものである。これは、MNEグループがGloBEルールの適用範囲に含まれる場合、IIRは異なる国・地域に所在する構成事業体および無国籍構成事業体に対してのみ適用されることを意味する。ただし、GloBEルールを導入する国・地域は、グローバルミニマム税の適用を親事業体の国・地域に所在する事業体にまで拡大することができる。国内に所在するLTCEへのIIRの適用に関するさらに詳細なコメンタリーは後述のとおりである。

10.1．「はじめに」に関するコメンタリーのパラグラフ17.1および17.2に記載のとおり、MNEグループは、すべての国・地域について、MNEグループの連結財務諸表の表示通貨でGloBEルールの計算を行うことが求められる。したがって、第2条に基づき構成事業体に配分されたトップアップ税額に係る租税債務(関連する減額を含む)は、MNEグループの連結財務諸表の表示通貨で計算される。その結果として、MNEグループは、連結財務諸表の表示通貨で計算されたトップアップ税額に係る租税債務を、当該税額を納付する国・地域の現地通貨に換算することを求められる可能性がある。国・地域は、この換算ための合理的な為替換算基準を採用することができるため、MNEグループは、関連する国・地域の国内法の規定に基づいて、当該換算を行う必要がある。

第2.1条　IIRの適用

第2.1.1条

11. 第2.1.1条は、IIRを適用する際の主要なルールを定めている。IIRは構成事業体であるUPEが「会計年度中のいずれかの時点において、LTCEの所有者持分を(直接または間接に)保有する」場合に適用される。UPEが保有するLTCEの所有者持分の多寡は、本条が適用されるか否かの決定に直接的に関連するものではない。なぜなら、本ルールは、LTCEが構成事業体(JVの場合にそのように取り扱われるものも含む)であり、MNEグループのメンバーであることを前提としているからである。

12. 第2.1.1条には、IIRにおける主要な課税規定も含まれており、UPEが、当該会計年度における当該LTCEのトップアップ税額の配分額相当額を納税することを求めている。親事業体の「配分額」の決定については、第2.2条のコメンタリーで説明している。

13. IIRは、UPEが「当該会計年度中のいずれかの時点」において当該LTCEの所有者持分を保有している場合に適用される。これは、UPEは当該会計年度中に処分または取得した構成事業体に関してもIIRを適用することが求められることを意味する。当該会計年度中の持分の保有期間は、第5章のトップアップ税額の計算において既に反映されていることから、第2.1.1条の適用において関係することはない。トップアップ税額の計算においては、UPEが当該会計年度にLTCEを所有していた期間を考慮して作成された連結財務諸表に計上された利益の金額を考慮する。第6.2.1条に規定する特別ルールは、IIRおよびトップダウンアプローチがどのように適用されるかを含め、これらの状況下でGloBEルールがどのように運用されるかについてさらに詳細に定めている。

第2.1.2条

14. 第2.1.2条は、中間親事業体によるIIRの適用に関するルールを定めている。第10.1条において、中間親事業体とは、同一のMNEグループに属する他の構成事業体の所有者持分を(直接または間接に)保有する(UPE、POPE、PEまたは投資事業体以外の)構成事業体と定義されている。投資事業体(すなわち、第10条の定義に規定される投資ファンドまたは不動産投資ビークルおよびこれらの事業体の特定の子会社)は、少数持分保有者に対する投資事業体の課税の中立性を維持するため、中間親事業体および親事業体の定義から除外されている。保険投資事業体も同様に中間親事業体の定義から除外されている。投資事業体および保険投資事業体の取扱いについては、第7.4条から第7.6条のコメンタリーで詳述している。LTCEの所有者持分がPEまたはその本店のいずれに保有されているかについての難しい事実認定や争いを回避するため、PEはGloBEルールにおける親事業体として取り扱われることはない。その代わりに、この文脈において、PEを通じて保有されるLTCEの所有者持分はその本店が保有するものとして取り扱われる。

15. 第2.1.2条は、当該会計年度中のいずれかの時点においてLTCEの所有者持分を直接または間接に保有する中間親事業体に対して、IIRを適用し、「当該LTCEに係るトップアップ税額の配分額」に基づいたトップアップ税額を支払うことを求めている。これらのルールは、第2.1.1条に規定するUPEと同様に適用されるが、当該中間親事業体が直接または間接にその所有者持分を保有する一部の構成事業体にのみ適用される点で異なる。なお、第2.1.2条に第2.1.1条の文言が反映されている箇所は、第2.1.1条のコメンタリーの対応する箇所が第2.1.2条にも適用される。中間親事業体のトップアップ税額の配分割合は、UPEの配分割合によって制限されるものではない。例えば、（適格IIRを導入していない国・地域内に所在する）UPEが、中間親事業体の所有者持分の90%を保有し、当該中間親事業体がLTCEの所有者持分の100%を保有するものとする。当該LTCEに対するこれら二つの親事業体の配分割合は、それらの親事業体が直接または間接に保有する当該LTCEの所有者持分に基づくこととなる。したがって、当該LTCEのトップアップ税額に係る当該中間親事業体の配分割合は100%となる一方、当該UPEの当該LTCEに対する配分割合は90%となる。

16. なお、中間親事業体が保有する当該LTCEに係る所有者持分の多寡は、第2.1.2条の適用の有無とは関係しない。したがって、当該LTCEが同一のMNEグループのメンバーである限り、当該中間親事業体はIIRを適用するために当該LTCEの支配持分を有している必要はない。例えば、ある中間親事業体があるLTCEの所有者持分を10%保有していても、第2.1.2条に従ってIIRを適用することが求められる場合がある。ただし、当該中間親事業体が支払うことを求められるトップアップ税額は、第2.2.1条に従い、当該中間親事業体の所有者持分（出資持分）に係る配分額に限定される。

第2.1.3条

17. 「トップダウンアプローチ」は第2.1.3条に盛り込まれており、原則として、IIRを所有権の連鎖の最上位にある親事業体に優先的に適用することを定めている。この規定の仕組みは、複数の親事業体が当該LTCEに係る同一の所有者持分にIIRを適用することによって二重課税が生じないように、第2.1.2条の適用を制限するものである。

18. 第2.1.3条第a項は、UPEが当該会計年度に適格IIRを適用することを求められる場合、第2.1.2条を無効化し、中間親事業体の段階でIIRの適用がないようにするものである。「適格IIRを適用することが求められる」という文言は、UPEが所在する国・地域の国内税法がUPEに適格IIRを適用することを求める場合にのみ第2.1.3条第a項における除外規定が適用されることとするものである。例えば、UPEが所在する国・地域が適格IIRを導入しているものの、それがまだ効力を生じていない場合、または、UPEが当該ルールの適用範囲に含まれない除外事業体である場合には、第2.1.3条第a項は適用されない。

19. 第2.1.3条第b項は、複数の中間親事業体が同一のLTCEにIIRを適用することを求められる場合における「トップダウンアプローチ」について定めており、中間親事業体の支配持分が適格IIRの適用を求められる別の中間親事業体により直接または間接に保有されている場合

には、当該中間親事業体の段階でIIRを適用できないようにするものである。

20. 一方の中間親事業体が他方の中間親事業体の支配持分を保有していない場合には、第2.1.3条第b項は適用されず、IIRは無効化されない。したがって、IIRは同一のMNEグループの複数の中間親事業体に適用される場合がある（注1）。

第2.1.4条

21. 第2.1.4条は、POPEによるIIRの適用に関するルールを定めている。第2.1.4条は、会計年度中のいずれかの時点においてLTCEの所有者持分を直接または間接に保有するPOPEにIIRを適用し、トップアップ税額の配分割合に基づいてトップアップ税額を支払うことを求めている。第2.1.4条において「第2.1.1条から第2.1.3条にかかわらず」とあるのは、UPEまたは中間親事業体が適格IIRの適用を求められるか否かにかかわらず、本ルールが適用されることを意味している。なお、第2.1.4条に第2.1.1条の文言が反映されている箇所は、第2.1.1条のコメンタリーに対応する箇所が第2.1.4条にも適用される。

第2.1.5条

22. 第2.1.5条は、複数のPOPEが同一の所有権の連鎖内にあり、同一のLTCEについてIIRを適用することが求められる場合の優先ルールを定めている。本条は、POPEがIIRの適用を求められる他のPOPEにより（直接または間接に）完全に所有されている場合には、当該POPEにIIRが適用されないようにするものであり、トップダウンアプローチと整合している。

23. 本条は、POPEが他のPOPEにより完全に所有されている場合にのみ適用されるが、ルールを無効化するために、上位に位置する中間親事業体により直接または間接に支配持分が保有されていることを要件とする第2.1.3条第b項（中間親事業体の優先ルール）の文言とは異なる文言を用いている。この違いは意図的なものであり、部分的に所有されているサブグループの各階層において少数持分が存在する組織構造に対処するためのものである。このような状況において支配基準を用いると、部分的に所有される所有権の連鎖の中の上位階層でIIRを適用することとなり、連鎖の下位階層における少数持分に帰属するトップアップ税額が本ルールの適用対象外になってしまう結果となる。したがって、歪みを回避し、適切なトップアップ税額が考慮されるようにするために、POPEは、当該会計年度において適格IIRの適用を求められる他のPOPEにより（直接または間接に）完全に所有されている場合を除き、IIRを適用しなければならないこととされている（注2）。

第2.1.6条

24. 第2.1.6条は、親事業体が、IIR実施国・地域外に所在するLTCEに対してIIRを適用することを求めている。しかしながら、いくつかのIFメンバーは、同一のMNEグループのメン

バーである国内外の構成事業体間で異なる取扱いとなることを回避するために、国内においてもIIRを適用することを望むかもしれない。このような場合、IIR実施国・地域はさらなるルールを導入し、親事業体に対して、その親事業体自身に配分されたトップアップ税額と併せて、国内のLTCEの所有者持分に帰属するトップアップ税額の持分も対象とすることを求めることができる。このアプローチにおいて、軽課税国・地域に所在する親事業体は、国内のLTCEのトップアップ税額の配分額に対してIIRを適用するとともに、第5.2.4条に基づき親事業体に配分されるトップアップ税額についてもIIRを適用するものとする。

25. 国内のLTCEに係る親事業体の所有者持分に適用されるIIRは、GloBEルールおよびコメンタリーに定められるその他の要件を満たす場合には、適格IIRとして取り扱われるものとする。このような国内IIRの適用は、引き続き、トップダウンアプローチおよび分割所有ルールを含む第2章に定める合意されたルールの適用順序に従うものとし、国内IIRに基づいて徴収されるいかなるトップアップ税額も、第2章の通常のルールに従って他の国・地域によってもIIRに基づく租税として認識されるべきである。同様に、国・地域が親事業体に当該親事業体自らに対しても国内IIRを適用することを求める場合には、課された租税が親事業体自身に配分されたトップアップ税額に関連するものであっても、当該ルールを適用した結果として支払うべきいかなるトップアップ税額もIIRに基づいて課されたものとして取り扱われる。そのようなIIRは、当該租税が課される状況および課されることになる税額が、親事業体が自己の所有者持分を100%保有していた場合に課されるであろう租税の額と同じである場合には、GloBEルールに基づく適格IIRとして取り扱われる。このような場合における国内IIRの適用は、当該構成事業体がIIRの適用が求められる親事業体であるか否かにかかわらず、同一国・地域に所在するすべての構成事業体に適用されうる国内ミニマムトップアップ税とは区別されるべきである。

26. 例えば、H社（持株会社）がA国・地域に所在するMNEグループのUPEであり、B国に所在するB1社の所有者持分を100%保有しているものとする。B1社は、同じくB国に所在するB Sub1社の所有者持分を100%保有していることから、親事業体でもある。A国・地域とB国・地域はGloBEルールを導入しているが、潜在的な差別的取扱いへの懸念に対処するために、B国・地域は、同国・地域に所在する親事業体に対して、国内のすべてのLTCEのトップアップ税額の配分額と第5.2.4条に基づき当該親事業体に配分されるであろうトップアップ税額の双方に対してIIRを適用することを求めている。B国は、当該会計年度においては軽課税国・地域とみなされるものとする。このシナリオでは、第2.1.1条および第2.1.3条第a項に従って、H社のみがIIRを適用し、B国・地域に所在する事業体のトップアップ税額を徴収することができる。A国・地域がGloBEルールを導入していない場合、B1社が、B Sub1社のトップアップ税額の配分額に係るIIRを適用することとなり、B1社は、第5.2.4条に基づき自らに配分されるであろうトップアップ税額についてもIIRを適用するものとして取り扱われるものとする。

第2.2条　IIRに基づくトップアップ税額の配分

27. IIRの適用対象となる事業体は、トップアップ税額の「配分額」に相当する額の租税を支払うこととなる。第2.2条には、本ルールに基づくトップアップ税額の帰属に関するルールが含まれている。まず、第2.2.1条では、親事業体へのトップアップ税額の配分額を第5章に基づいて計算されたトップアップ税額に合算比率を乗じた額であると定義している。そして、第2.2.2条は、次にこれらの計算を行うために必要な実務上の定義を定めており、第2.2.3条のルールに基づき、他の所有者に帰属するGloBE所得の金額を減額するとともに、第2.2.4条に基づくフロースルー事業体に関する特別ルールの適用を受ける場合には、当該ルールを適用して計算するものとしている。

第2.2.1条

28. 第2.2.1条は、トップアップ税額の配分に関する計算式について定めており、本条では、(第2.1条により決定される)IIRを適用する親事業体に対してトップアップ税額に係る租税債務の配分額を割り当てることとしている。ここでいう配分額とは、当該LTCEの所得に対する親事業体の所有者持分を参照して計算される、LTCEについて支払われるべきトップアップ税額である。これは当該LTCEのトップアップ税額に親事業体の合算比率を乗じることにより計算することができる。

第2.2.2条

29. 第2.2.2条は、IIRを適用するための親事業体の合算比率について定義している。合算比率とは、当該会計年度におけるLTCEのGloBE所得の総額に占める当該LTCEのGloBE所得に係る親事業体の持分の割合である。子会社が完全子会社である場合には、合算比率は常に1となり、さらなる計算は不要である。ただし、第2.2.2条は合算比率について、GloBE所得の総額から他の所有者に保有されている所有者持分に帰属するGloBE所得の金額を差し引き、その差額をその事業体のGloBE所得の総額で除すことにより計算すると定めている。他の所有者に保有されている所有者持分に配分されるGloBE所得の金額は、第2.2.3条に基づいて計算される。

第2.2.3条

30. 第2.2.3条は、第2.2.2条第a項に定める他の所有者に帰属するGloBE所得を計算する仕組みについて定めている。この金額を決定する出発点となるのは、第3章で規定されている構成事業体のGloBE所得・損失の計算であり、GloBE所得・損失の計算は当該事業体の財務会計上の純損益を出発点とし、これに調整を加えることにより行われる。当該構成事業体の所得は単体の事業体ごとに計算され、かつ、通常はグループ事業体間の取引も尊重される。つまり、原則として、GloBE所得の計算では、財務諸表の連結手続きで行われるような相殺消

去調整は考慮されない。第3.2.8条は、MNEグループが連結会計上の相殺消去調整を適用することを認めているが、これは同一国・地域内に所在するグループ事業体間の取引についてのみ認められるものである。したがって、ほとんどの場合、LTCEのGloBE所得が、最終的に連結財務諸表に反映される財務会計上の利益と完全に一致することは考えにくい。場合によっては、連結調整後のLTCEの財務会計上の純損益がゼロとなることがある。しかしながら、IIRを適用する親事業体に配分されなければならないのは財務会計上の純利益ではなくGloBE所得である。

31. 連結財務諸表は、通常、被支配子会社のすべての資産、負債、収益、費用およびキャッシュフローを反映する。ただし、当該子会社の一部が第三者によって保有されている場合には、UPEの所有者はこれらの項目について100%の持分を保有していない。したがって、UPEは、連結財務諸表において当該UPEの所有者に帰属する部分を適切に報告するために、その子会社の資産、負債、収益、費用およびキャッシュフローが少数持分保有者に帰属する程度を判断しなければならない。連結損益計算書には、UPEの連結純利益を計算するにあたり、利益の総額から少数持分保有者に帰属する部分を減額する調整が含まれる。同様に、連結貸借対照表には、連結グループの総資産に対する少数持分保有者の累計額を表示する項目が含まれる。これらの調整を行わなければ、連結財務諸表は、連結グループの利益のうちUPEの所有者に帰属する部分を過大に表示することとなる。

32. GloBEルールでは、UPEがその連結財務諸表で適用する、または、適用する必要があると考えられる原則を利用し、UPEが完全には所有していないLTCEの他の所有者に帰属する財務会計上の純損益の割合を決定する。IIRが中間親事業体またはPOPEによって適用される場合、本ルールは、当該親事業体に対して、UPEが少数持分保有者に適用する当該原則を、当該少数持分保有者が保有するLTCEに係る中間親事業体またはPOPEの所有者持分についても適用することを求めている。このため、第2.2.3条では、第a項から第d項に定める仮定に基づいて、LTCEのGloBE所得に相当する財務会計上の利益の額を（これらの原則に従って）仮想的に配分することが求められている。

33. 第a項に含まれる第一の仮定は、この仮想配分を行う親事業体が、UPEの連結財務諸表（仮想の連結財務諸表）で用いられるのと同じ財務会計基準を用いて連結財務諸表を作成するというものである。この仮定は、親事業体がUPEでない場合に必要となる。UPEは実際に連結財務諸表を作成しているが、これらの財務諸表は、第2.2.3条の適用においては仮想の連結財務諸表となる。この仮定は、IIRを適用する親事業体間でLTCEのGloBE所得、さらにはトップアップ税額を適切に配分するための統一的な財務会計基準を定めるものである。すべての親事業体はその合算比率を計算するために同一の財務会計基準を適用することになるため、トップアップ税額の課税漏れ（または二重課税）が生じることがなく、同一のLTCEについて親事業体によるIIRの適用とPOPEによる適用との間で第2.3条に基づいた適切な調整が行われることになる。

34. 第b項に含まれる第二の仮定は、親事業体が当該LTCEに係る支配持分を保有しており、

当該LTCEの収益・費用が、仮想の連結財務諸表上、項目ごとに当該親事業体の収益・費用に連結されるというものである(すなわち、当該会計年度において財務会計基準に基づき計上されたLTCEの各収益・費用項目の金額が、仮想の連結財務諸表に反映された各収益・費用項目の連結金額に含まれるということである)。当該LTCEは、UPEが支配持分を保有しているために構成事業体となるが、当該UPEの支配持分はIIRの適用が求められる親事業体を通じて保有されていない可能性がある。当該親事業体は、当該LTCEに係る少数持分を保有しているに過ぎず、そのような場合、当該親事業体は当該LTCEを項目ごとに連結する必要はない。例えば、本ルール上、当該親事業体がその所有者持分を考慮するだけであるならば、持分法の適用に基づいて当該LTCEの純損益を連結財務諸表に取り込むのみとなる可能性がある。第b項の仮定は、当該親事業体が当該LTCEに係る支配持分を保有していない場合であっても、当該LTCEが仮想の連結財務諸表を作成する当該親事業体によって支配されているかのように取り扱われることを明確にしようとするものである。これにより、当該LTCEのすべての収益・費用を当該親事業体の仮想の連結財務諸表に項目ごとに反映し、関連する財務会計基準に基づいて他の所有者に配分される利益の割合を決定する必要がある。この仮定は、当該LTCEの収益・費用を連結する場合に限定されるが、これは、その利益がGloBE所得に等しいという仮定から生じ得る混乱を避けるべく設けられている。例えば、損益計算書において代替されるGloBE所得は、貸借対照表またはキャッシュフロー計算書に適切につながらない可能性があるが、これは第2.2.3条の規定を実施する目的において関係するものではない。

35. 第c項の第三の仮定は、当該LTCEのGloBE所得のすべてがグループ事業体以外の者との取引に起因するものとすることである。通常の連結財務諸表作成手続きにおいて、グループ間取引に起因する収益・費用は相殺消去される。この仮定は、GloBE所得の一部または全部がグループ内の事業体との取引によって稼得されたものであるか否かにかかわらず、また、それが実際の連結財務諸表の作成において相殺消去されていたか否かにかかわらず、仮想の配分計算で配分されるべき金額は当該LTCEのGloBE所得の総額であることを明確にしようとするものである。GloBE所得の一部または全部が実際に他のグループ事業体との取引から生じたものであっても、その全額が仮想の配分計算において配分される必要がある。

36. 第d項の第四の仮定は、他のすべての所有者(他の構成事業体を含む)は、当該LTCEに係るいかなる支配持分も保有していないものとして取り扱われることとするものである。この仮定は、当該LTCEの持分を保有するMNEグループの他の構成事業体をグループの事業体でない者と同様に取り扱うものである。したがって、他の構成事業体に帰属する所得は、グループの事業体以外の事業体に帰属する所得として取り扱われる。これにより、当該親事業体が直接および間接に保有する所有者持分に帰属する所得のみが当該親事業体の合算比率(注3)に含まれる。

第2.2.4条

37. 第2.2.4条は、フロースルー事業体の場合、合算比率の計算上のGloBE所得の合計は、MNEグループの構成事業体が保有する所有者持分に帰属するGloBE所得の合計であることを明確にしている。したがって、第3.5.3条に基づきグループ事業体以外の者に配分される金額は、親事業体の合算比率(注4)の計算上は除外される。

第2.3条　IIRの二重課税排除の仕組み

第2.3.1条

38. 第2.3.1条は、同一の所有権の連鎖に属する二つの親事業体が同じトップアップ税額に対してIIRを適用することが求められ、かつ、第2.1.3条または第2.1.5条の優先ルールによってもIIRの重複適用の可能性が解消されない場合において、親事業体に配分されたトップアップ税額を減額することを定めている。このような状況は、例えば、上位に位置する中間親事業体が下位に位置する別の中間親事業体に対して非支配持分を保有し、下位に位置する当該中間親事業体がLTCEに対する所有者持分のすべてを保有する場合に生じる。この場合、双方の親事業体は、当該LTCEについて第2.1.2条に基づきIIRを適用することが求められる。第2.1.4条および第2.1.5条の適用において、POPEが下位に位置する別のPOPEの所有者持分のすべてを保有していない場合にも同様の状況が生じる可能性がある。この場合、同じ所有権の連鎖に属する双方のPOPEがIIRを適用することが求められる。第2.3.1条は、このような状況における二重課税を排除するものである。

第2.3.2条

39. 第2.3.2条は、第2.3.1条に従って減額が求められるトップアップ税額の計算について定めている。第2.3.2条では、IIRに基づき上位に位置する親事業体が支払うべきトップアップ税額から、適格IIRに基づき下位に位置する別の親事業体で課税される金額を減額することとしている。トップアップ税額の減額は、トップアップ税額のうち、上位に位置する親事業体に配分される「部分」で、かつ、下位に位置する中間親事業体またはPOPEで「課税されている部分」に限定される。言い換えれば、当該減額は、IIRの適用義務を負う下位に位置する中間親事業体またはPOPEを通じて間接的に保有される所有者持分に帰属する当該LTCEに係るトップアップ税額のうち、上位に位置する当該親事業体に配分されるトップアップ税額の配分額に限定されることになる(注5)。

40. 第2.3条では、親事業体のトップアップ税額の配分額は、所有権の連鎖の中でより下位に位置するPOPEまたは中間親事業体に配分される金額だけ減額されることを定めている。この減額は、親事業体間でのトップアップ税額の配分時点で行われるのであって、トップアップ税額の全額または一部が実質的に支払われた後で行われるわけではない。

UTPRの概要

41. UTPRは、LTCEについて計算されたトップアップ税額に関し、適格IIRによって当該トップアップ税額が課税されない範囲において調整を行う仕組みについて規定するものである。UTPRは、次の三つの条項から構成される。

   a．第2.4条は、UTPRを導入している国・地域により適用されるUTPRの調整の仕組みを定めている。
   b．第2.5条は、UTPRに基づいて配分されるMNEグループのトップアップ税額の総額の計算方法を定めている。
   c．第2.6条は、当該トップアップ税額の各UTPR適用国・地域への配分方法を定めている。

42. これらの規定についてのさらに詳細な説明は後述のとおりである。

第2.4条　UTPRの適用

第2.4.1条

43. 第2.4.1条は、MNEグループの構成事業体において、UTPR適用国・地域に所在する構成事業体に、当該国・地域に配分されたUTPRトップアップ税額に相当する追加現金支出税金費用を生じさせるのに十分な額の費用の損金算入が否認される（または国内法において同等の調整を受ける）ことを定めている。UTPRに基づく調整の時期については、第2.4.2条で述べられている。

損金算入の否認

44. 通常、納税者の損金算入を否認すれば、当該国・地域で課税対象となる純利益が増加することで、当該納税者の現金支出税金費用が増加することとなる。損金算入の否認の結果として増加する納税額は、損金算入が否認された支払金額（またはその他費用）に、納税者に適用される税率を乗じた金額と等しい金額となる。ある国・地域内のUTPRが損金算入の否認の仕組みに依拠する場合、当該ルールに基づき否認されるべき損金算入額は、第2.6条に基づいて当該国・地域に配分されるUTPRトップアップ税額を当該所得に対する当該納税者の適用税率で除することにより計算される。例えば、あるUTPR適用国・地域に所在する構成事業体にUTPRトップアップ税額10が配分され、その国・地域の法人税率が25％である場合、損金算入可能な支払い額40（＝10/25％）の損金算入を否認すると、追加納税額は本ルールに基づいて配分されたUTPRトップアップ税額（40×25％＝10）に等しい結果となる。

45. 第2.4.1条に基づく損金算入の否認とは、当該国・地域の通常の課税所得の計算において考慮される支出またはその他これに類する項目について国内税法において損金算入を否認することをいう。損金算入が否認される費用は、他の構成事業体との取引に起因するものであ

る必要はない。これには、減価償却費または償却費の否認が含まれ、純粋なみなし費用または経済的実質を伴わない損失(みなし利子費用など)の損金算入の否認にまで及ぶ。独立企業原則の適用に関連して、PEまたはその本店において生じるみなし費用についても、その金額が当該国・地域における通常の課税所得の計算に際して考慮されるのであれば、UTPRにおいても同様に考慮される。ある費用項目が既に他のルール(利子の損金算入制限ルールなど)により損金算入が制限されている限りにおいては、当該費用の損金算入の否認はここでいう損金算入の否認には含まれない。ある調整が非課税所得に対して計上された費用の損金算入の否認の形式をとり、結果として当該構成事業体が追加現金支出税金費用の支払い義務を負わない場合、UTPRに基づく調整の目的において有効な損金算入の否認には該当しない。

同等の調整

46. さらに、第2.4.1条は、UTPRは損金算入の否認と同等の調整の形式をとることができることを定めている。UTPRには、調整の仕組みに関する定めはなく、それは国内法の運用の問題であり、UTPR適用国・地域に委ねられている。

47. UTPRに基づく調整は、既存の国内税制の制度設計に依拠するものであり、他の国内法の規定および租税条約を含む国・地域の国際的な義務との調整を行うことが必要となる。例えば、UTPRに基づく調整は、配分されたUTPRトップアップ税額に等しい金額の追加税額を居住者である納税者に直接賦課することができる。または、国・地域によっては、トップアップ税額の配分を反映させるために、当年度または過去年度に損金算入した費用の戻入れに相当するみなし所得を追加的に含める、あるいは、控除額またはみなし控除額を減額することを選択することもできる。

追加現金支出税金費用

48. 第2.4.1条は、UTPRによる調整がどのような形式で行われる場合であっても、その調整によって、当該国・地域に所在するMNEグループの構成事業体に、各会計年度に当該国・地域に配分されたUTPRトップアップ税額相当額の追加現金支出税金費用が(当会計年度または繰越の仕組みに基づき将来の会計年度において)生じるべきであることを定めている。ここでいう追加現金支出税金費用とは、構成事業体の租税債務を計算するための通常の国内法に基づいて本来支払われるであろう金額に加えて生じるものをいう。この結果として生じる追加現金支出税金費用は、当該会計年度が終了する日を含む課税年度について計算されるべきであり、その国・地域において当該構成事業体に適用される通常の税法に基づく当該課税年度の納税額に加えて納付されなければならない。追加現金支出税金費用は、当該構成事業体が課税所得を計算するための通常の国内法に基づき本来支払っていたであろう税額を増加させることになる。これは、当該構成事業体において発生した費用の損金算入の可否に影響する国内法の規定が適用された後に、UTPRが適用されることを意味する。長期にわたって追加現金支出税金費用の支払いを追跡するのに必要な申告義務については、第8.1.4条第c項で述べられている。

49. 第2.4.1条の適用において、ある課税年度における追加現金支出税金費用には、将来の期間に関して当該構成事業体が納付義務を負う税額は含まれないこととされている。これは、法人税の目的においては本来繰り越すことができたであろう損失額を減額したとしても、それに相当する金額の所得が後続期間に生じるまで、本条の意味する当該課税年度の追加現金支出税金費用は生じないことを意味する(注6)。

国・地域に所在する構成事業体

50. 第2.4.1条は、MNEグループの構成事業体は、UTPR適用国・地域に所在する構成事業体に当該国・地域に配分されたUTPRトップアップ税額に相当する追加現金支出税金費用を生じさせるのに十分な額の費用の損金算入が否認される(または国内法において同等の調整を受ける)ことを定めている。

51. 第2.4.1条は、そのUTPR適用国・地域に所在する構成事業体間におけるUTPRトップアップ税額の配分方法については定めていない。あるUTPR適用国・地域に所在する構成事業体間の配分については、当該UTPR適用国・地域の国内法において規定されるものであり、それによってそのような配分の仕組みは他の既存の国内税法と最も適切に整合がとれることになる。UTPR適用国・地域は、その国内法において、UTPRに基づく調整がその国・地域に所在する一の構成事業体にのみ行われることとするか、または、複数の構成事業体に行われることとするかを定めることができる。例えば、国内法上、複数の構成事業体が同一の連結納税グループに属する場合があり、その場合、UTPRで求められる調整を行う最も簡単な方法は、個別の事業体ごとではなく、国内税法における連結納税グループ単位でその調整を行うことである。

52. また、構成事業体がMNEグループに完全またはほぼ完全に所有されているか、あるいは、部分的に所有されているかにより、構成事業体は異なる取扱いを受けることもある。部分的に所有される構成事業体にトップアップ税額を配分すると、当該構成事業体の少数持分保有者は、UTPRの適用により生じる税金費用の一部を間接的に負担することとなる。したがって、UTPR適用国・地域は、少数持分保有者が自身の経済的持分を保有しないLTCEに関して配分されるトップアップ税額を負担する範囲を最小限に抑えるために、MNEグループが完全にまたはほぼ完全に所有する構成事業体に最初にトップアップ税額を配分することを定めることができる。

53. 第2.4.1条は、損金算入が否認された(またはそれと同等の調整を求められた)構成事業体と同一の構成事業体が追加現金支出税金費用を支払うことを求めていない。例えば、UTPR適用国・地域が、税務上透明な事業体に対して損金算入を否認する(またはそれと同等の調整を課す)場合、その効果はその所有者に及ぶ。この場合、当該UTPR適用国・地域によって徴収される追加現金支出税金費用は、税務上透明な事業体の所有者に賦課される、または負担させる可能性がある。こうした追加現金支出税金費用は、当該調整によってUTPRトップアップ税額に等しい追加現金支出税金費用を発生させる結果になったか否かを評価する上

で考慮される。

第2.4.2条

54. 第2.4.2条は、UTPRに基づく調整をできる限り早期に実施することを求めるとともに、UTPRに基づく調整に一定の制約がある状況に対処するための繰越の仕組みについて定めている。繰越の仕組みに関連する申告義務については、第8.1.4条第c項のコメンタリーで説明している。

会計年度終了の日を含む課税年度

55. UTPRトップアップ税額は、ある特定の会計年度中に生じた軽課税利益に基づいて計算される。UTPRに基づく調整を行うことができる最も早い課税期間は、その会計年度中に開始し、当該会計年度終了の日と同日またはそれ以後に終了する当該構成事業体の課税年度となる。

56. 納税者または税務当局は、GloBE情報申告書が実際に提出されるまでは、国・地域に配分されるUTPRトップアップ税額を知ることができない可能性がある。GloBE情報申告書は、MNEの会計年度終了の日後15か月以内に提出することが求められるが、この提出の日付は関連する課税年度の税務申告書の提出期限後となる場合がある。UTPRに基づく調整が損金算入の否認の形式で行われる場合、国・地域は、その構成事業体に対して当該課税年度における関連する損金算入額に反映するために修正申告書を提出するよう求めることができる。当該調整によって修正申告書の提出が必要となる場合には、UTPR適用国・地域に所在する構成事業体は、単にUTPRが適用された結果として納税額が増加したことに起因する申告または納税の遅延に関していかなる罰則も受けるべきではない。当該課税年度に完全に調整を行うことができない場合には、当該調整は翌課税年度、または合理的に実行可能な範囲で速やかに行われるべきである（繰越の仕組みに関する条項を参照）。

可能な範囲

57. さらに、第2.4.2条は、第2.4.1条に規定される調整は、当該会計年度終了の日の属する課税年度において可能な範囲で適用されるものと定めている。しかしながら、例えば、損金算入額がごく限られる等の理由により、UTPRに基づく調整が特定の課税年度についてはその額において制限される場合がある。そのような場合であっても、UTPRに基づく調整は、可能な限り早期に当該構成事業体から最大額を徴収できるようにするものである。

58. MNEグループの構成事業体の追加現金支出税金費用は、UTPRに基づく調整が課される特定の構成事業体の事実および状況によって異なる場合がある。前述のとおり、損失を計上している構成事業体において損金算入を否認しても、当該構成事業体に直ちに追加現金支出税金費用が生じない場合がある。したがって、ある特定の課税年度に関して可能な範囲で調整を行うために、UTPR適用国・地域は、適用法令に基づく制限を考慮した可能な範囲に

おいて、その課税年度において直ちに追加現金支出税金費用が生じる構成事業体に対して優先的に調整を行うべきである。

繰越の仕組み

59. 第2.4.2条は、繰越の仕組みを規定し、当該会計年度終了の日の属する課税年度に関して行われたUTPRに基づく調整が、当該会計年度に当該国・地域に配分されたUTPRトップアップ税額に相当する十分な追加現金支出税金費用をもたらす結果とならず、(例えば、繰越欠損金の減額によって当課税年度または将来の課税年度において)さらなる調整がなされなければ十分な追加現金支出税金費用が生じない状況に対処している。言い換えれば、第2.4.2条に規定された繰越の仕組みは、UTPR適用国・地域に配分されたUTPRトップアップ税額が、UTPRを適用した結果として当該国・地域に所在する構成事業体に(当課税年度または将来の課税年度において)生じる追加現金支出税金費用を超過する場合に適用される。

60. 第2.4.2条は、このような場合において、UTPRトップアップ税額と、UTPRの適用により構成事業体に生じた追加現金支出税金費用の額との差額を翌会計年度に繰り越し、翌会計年度終了の日を含む課税年度(直後の課税年度と見込まれる)において課税する必要があることを定めている。この差額は、翌年に第2.4.1条に規定する調整の対象となるが、最初に配分された国・地域に係るものとして取り扱われ、その後の年度において再び第2.6条に規定する全般的な配分の仕組みの対象とはならない。また、MNEグループがGloBEルールの適用対象外となった場合や、国内法に基づきトップアップ税額が配分された構成事業体がMNEグループから離脱した場合については、以下を参照されたい。

61. 繰越の仕組みが適用される場合、UTPR適用国・地域に所在する構成事業体は、(例えば、否認対象となる十分な損金算入額がなかったことや損失を計上していた結果として)過去会計年度にUTPRの適用が制限されていたことに起因して生じた納税の遅延に対してはいかなる罰則も受けるべきではない。

62. 第2.4.2条は、その国・地域に配分されたUTPRトップアップ税額に相当する追加現金支出税金費用が当該国・地域の構成事業体において生じることを確実にするために、(次年度以後において)別の調整を行う必要がある場合に限り、繰越の仕組みが適用になることを定めている。例えば、最初の調整の結果、その国・地域に配分されたUTPRトップアップ税額に相当する追加現金支出税金費用が長期にわたって当該構成事業体に生じることから、別の調整を課す必要がない状況も考えられる。これは、当該調整が損失金額の減額で構成され、当該損失がUTPR適用国・地域の法令に基づいて無期限に繰越可能である場合に該当する可能性がある。ただし、当該損失を無期限に繰り越すことができない場合には、UTPRに基づく調整は繰り越される必要があるかもしれない。なぜなら、最初の調整によって必ずしも当該損失の繰越可能な期間内に追加現金支出税金費用が生じるとは限らず、当該繰越期間の終了時にさらなる調整が必要となるからである(注7)。

63. 第2.4.2条の適用は、配分されたUTPRトップアップ税額が追加現金支出税金費用を生じ

させる結果にならなかった課税年度後の最初の課税年度に限定されない。第2.4.2条に規定する繰越の仕組みは、第2.4.1条に基づく調整を完全に実施するために必要な限りにおいて、UTPRトップアップ税額のうち課税されていない部分が翌年以後の各年度において第2.4.1条に規定する調整の対象となるように設計されている。前年から持ち越され当該会計年度の第2.4.1条の調整の対象に含められたトップアップ税額が、当該会計年度においても追加現金支出税金費用を生じさせる結果にならなかった場合、第2.4.2条が翌年に再び適用され、課税されずに残る部分がある限り翌年以後に無期限に繰り越す仕組みとなっている。第2.4.2条は、UTPRに基づく調整に係る繰越部分にも適用されることとなり、当該調整は翌課税年度に「可能な範囲で」適用されることを定めている。第2.4.2条は無期限の繰越の仕組みを定めているが、国内法上、特定の状況においては一定期間経過後の繰越について実務的にその適用が制限される場合がある。例えば、国・地域に国内法による時効の規定があるため、税務当局が繰越の仕組みを完全に適用することができない場合がある。このような場合であっても、未徴収のトップアップ税額が他の国・地域に配分されることはない。

64. 第2.4.2条の適用は、MNEグループがGloBEルールの適用対象となる会計年度、またはUTPRに基づきUTPRトップアップ税額が配分される構成事業体がMNEグループに属する会計年度に限定されない。MNEグループの収入金額が第1.1条に定める基準を下回る場合であっても、(過去会計年度において)UTPRトップアップ税額を配分されたが追加現金支出税金費用が生じていない構成事業体は、当該配分されたUTPRトップアップ税額については引き続き納税義務を負うこととなる。

65. 上述のとおり、第2.4.1条は、UTPR適用国・地域に所在する構成事業体間におけるUTPRトップアップ税額の配分方法を規定するものではない。したがって、UTPR適用国・地域は、できる限り早期にUTPRトップアップ税額を徴収できるようにするため、翌年以後の年度において、UTPRトップアップ税額を当該国・地域に所在する構成事業体間で再配分することができる。この場合、翌年以後に行う第2.4.1条に基づく調整の対象となるのは、当該国・地域の国内法に基づき最初にトップアップ税額が配分された構成事業体に限定されない。当該調整は、当該国・地域に所在する同一のMNEグループに属するいかなる構成事業体に対しても適用することができる。ただし、第2.4.2条の要件に従い、当該会計年度終了の日を含む課税年度に関して可能な範囲で当該調整を行うものとする。同様に、ある構成事業体にトップアップ税額が配分されたものの追加現金支出税金費用が生じず、その後に当該構成事業体がMNEグループから離脱するような状況に対処するため、UTPRトップアップ税額を当該MNEグループに属する当該国・地域内の他の構成事業体に再配分する仕組みを導入することができる。また、UTPR適用国・地域は、当該構成事業体がMNEグループから離脱した場合であっても、当該構成事業体が国・地域の適格UTPRに基づき配分されたトップアップ税額について引き続き納税義務を負うものと定めることもできる。さらに、UTPR適用国・地域は、清算または類似の取引によって当該UTPR適用国・地域内に属する当該MNEグループの構成事業体が存在しないことになる場合には、UTPRに基づき最終的な課税を行う可能性を検討することもできる。

第2.4.3条

66. 第2.4.3条は、被支配投資事業体をUTPRの適用範囲から除外している。この除外規定は、グループ事業体以外の所有者に関して、これらの事業体の課税の中立性が妨げられることを回避するためのものである。なお、MNEグループのUPEである投資事業体は除外事業体であり、それゆえに、既にGloBEルールの適用対象外であることに留意する（第1.5条のコメンタリーを参照）。

第2.5条　UTPRトップアップ税額

67. 第2.5条は、UTPRに基づきUTPR適用国・地域に配分されるトップアップ税額を決定する方法について定めている。UTPRトップアップ税額の総額は、（第2.5.1条で定める）納税義務を負うトップアップ税額の総額のうち、（第2.5.2条および第2.5.3条に定めるところにより）適格IIRの対象とされていないトップアップ税額の総額として計算される。

68. IIRと同様に、UTPRは、MNEグループの国・地域別ETRおよびトップアップ税額の決定に際して第5章に従って計算される。これには、GloBE所得・損失、当該所得に対する対象租税の額を計算するための同一の手法および実質ベースの所得除外を適用するためのルールが含まれる。同様に、構成事業体の定義の適用除外（例えば、政府事業体に関するもの）は、トップアップ税額を決定するためのETRの計算にも適用され、これらの事業体に関してトップアップ税額が発生しないように、またはUTPRに基づきトップアップ税額の配分が行われないようにしている。

69. IIRおよびUTPRに基づくトップアップ税額を同一の方法で計算することにより、各国・地域におけるGloBEルール間の整合性が向上し、導入費用やコンプライアンスコストが削減できると同時に、両ルールの適用により超過課税や経済活動により稼得した所得を超えた課税が生じないようにしている。さらに、IIRとUTPR双方において同一のトップアップ税額の計算方法に依拠することで、両ルールのもとで期待される結果を整合させることができ、UTPRがIIRに対して重要な補完的機能を果たすことを可能にしている。IIRとUTPRの両ルールにおいて同一のトップアップ税額の計算方法を用いなければ、UTPRに基づく結果はIIRのそれよりも効果が低いか、または厳しいものとなるであろう。

第2.5.1条

70. 第2.5.1条は、UTPRトップアップ税額の計算の出発点について定めており、各国・地域でUTPRに基づいて行われる調整額の合計が、MNEグループが活動しているすべての軽課税国・地域について計算されたトップアップ税額の総額を超えることがないようにしている。

71. 第5.2条に記載された方法に従い、UTPRに基づき配分されるトップアップ税額は、

MNEの国・地域別ETRが最低税率を下回る国・地域に所在する各構成事業体(すなわち、LTCE)について決定される。UTPRトップアップ税額の総額は、MOCEの取扱いを規定する第5.6条や投資事業体の取扱いを規定する第7.4条または第7.6条などのトップアップ税額の計算に影響を及ぼす可能性のあるGloBEルールの関連規定を考慮して、これらの各LTCEについて計算されたトップアップ税額の合計額に等しくなる。これらの各LTCEについて計算されたトップアップ税額は、第2.5.2条、第2.5.3条および第9.3条に規定されるところにより、調整の対象となることがある。JVおよびJV子会社に関しては、第6.4.1条第c項が、適格IIRに基づき課税されなかったJVグループのトップアップ税額について、第2.5.1条の適用上、UTPRトップアップ税額の総額を増加させることを定めている。これらの調整を考慮したUTPRトップアップ税額の総額は、第2.6条に定められる仕組みに従ってUTPR適用国・地域間で配分される。

第2.5.2条

72. 第2.5.2条および第2.5.3条は、一または複数の適格IIRの対象となるLTCEの利益について計算されるトップアップ税額に関連するものである。その場合において、IIRはUTPRよりも優先される。第2.5.2条は、IIRを適用する親事業体が一体として当該LTCEに係るUPEの所有者持分のすべてを保有している場合に適用される。第2.5.3条は、以下のコメンタリーにおいて詳しく説明しているが、IIRを適用する親事業体が当該LTCEに係るUPEの所有者持分のすべてを保有していない場合に適用される。

73. 第2.5.2条は、あるLTCEに対して計算されるトップアップ税額は、当該LTCEに係るUPEの所有者持分のすべてが、当該会計年度においてその所在国・地域により適格IIRの適用を求められる親事業体により直接または間接に保有されている場合には、ゼロに減額されることを定めている。

74. UPEの段階でIIRが適用されない状況においては、第2.1条に規定されるところにより、より下位に位置する親事業体にIIRの適用が求められる場合がある。あるLTCEに係るUPEの所有者持分が、IIRの適用を求められる親事業体を通じて間接に保有されている場合、当該LTCEについてUTPRに基づくトップアップ税額の配分は行われないものとする。このルールに従って、トップアップ税額がゼロに減額されるか否かは、事業体ごとに決定される。つまり、LTCEごとに決定される。

75. 複数の親事業体が、複数のLTCEに関して適格IIRの適用を求められる場合がある。また、特定のLTCEの所有者持分が、同一の国・地域に所在し、かつ、適格IIRの適用が求められる複数の親事業体によって保有されている場合も考えられる。このような場合、当該判定(当該LTCEに係るUPEの所有者持分のすべてが当該会計年度について適格IIRの適用を求められる親事業体により直接または間接に保有されているかどうかの判定)において、各親事業体が保有する所有者持分が考慮されることとなる。つまり、あるLTCEに係るUPEの所有者持分のすべてが、適格IIRの適用が求められる親事業体を通じて保有される場合、当該

LTCEについてはUTPRに基づいて配分されるべきトップアップ税額はないこととなる。

UPE所在国・地域の軽課税利益へのUTPRの適用

76. UPEが適格IIRの適用を求められているという事実は、UPE所在国・地域に所在する構成事業体がUTPRの適用対象外であることを意味するものではない。UPEが当該会計年度に適格IIRの適用が求められる場合、それはUPE所在国・地域の法令に基づき、他の国・地域に所在するPEおよび子会社についてのみIIRの適用を求められる場合がある。この場合、外国（すなわち、UPE所在国・地域以外）に所在するLTCEについては、UTPRに基づきトップアップ税額は配分されない。一方、UPE所在国・地域のETRが最低税率より低い場合、国内（すなわち、UPE所在国・地域）に所在するLTCEについてはUTPRに基づき配分されるトップアップ税額が生じる可能性がある。当該トップアップ税額は、第5.2.3条に基づきUPE所在国・地域において支払うべきQDMTTによってゼロに減額される可能性がある。UPEが国内のLTCEに関して国内IIRを適用することが求められる場合には、第2.5.2条に基づいて、トップアップ税額がゼロに減額される可能性がある（第2.1.6条に関するコメンタリーを参照）。UPE所在国・地域で生じるトップアップ税額がゼロに減額されない場合、当該トップアップ税額はUTPRトップアップ税額に含められ、以下のコメンタリーで詳しく説明するとおり、第2.6条に従って各UTPR適用国・地域に配分される。

第2.5.3条

77. ほとんどの場合、LTCEが適格IIRの適用対象となる他の構成事業体に完全に所有されている（よってUTPRは適用されない）か、または、LTCEの持分がIIRの適用対象とならない他の構成事業体に完全に保有されている（よってUTPRが適用される）かのいずれかであるものと考えられる。しかしながら、中間親事業体がLTCEの持分を保有し、第2.1.2条に基づき当該LTCEの所得に対する持分についてIIRを適用するものの、UPEの所有者持分に帰属するトップアップ税額のすべてが中間親事業体の所在国・地域の適格IIRに基づき課税されていない状況がありえる。このような状況は、例えば、（適格IIRが存在しない国・地域に所在する）UPEが、当該LTCEに対して中間親事業体よりも多くの所有者持分を保有している場合に生じる可能性がある。この場合、第2.5.2条に基づき課税対象からトップアップ税額の全額を控除するのではなく、中間親事業体の所在する国・地域において適格IIRに基づき課されるトップアップ税額を当該LTCEのトップアップ税額の総額から控除することとなる。この仕組みによって、IIRがUTPRよりも優先適用され、GloBEルールのもとで、同じ軽課税所得に対して重複して課税されないようにしている。また、当該LTCEに係る所有者持分が異なる親事業体によって保有され、それらの親事業体の当該LTCEに係る所有者持分を合わせても当該LTCEに係るUPEの所有者持分よりも少ない場合がある。このような場合、第2.5.3条の規定に従い、当該各親事業体に配分された当該LTCEに係るトップアップ税額の総額は、UTPRに基づき配分されるトップアップ税額の総額から控除されることとなる（注8）。

78. 第2.5.3条により、UTPRトップアップ税額の総額を（ゼロに減額するのではなく）IIRの

対象となるトップアップ税額の分だけ減額するため、少数持分保有者が受益者である軽課税所得が課税対象として残ることとなる。第2.5.2条に基づく除外の仕組みとは異なり、第2.5.3条に基づく減額の仕組みは、当該MNEグループの（UTPRに基づく）トップアップ税額を、当該LTCEについてUPEに適格IIRが適用されていたとすれば当該UPEに配分されていたであろうトップアップ税額に制限するものではない。また、ここでは、MNEグループの所有構造、または、POPEに配分されていたであろうトップアップ税額の配分額を理由に、当該POPEがIIRに基づき課税対象となっていたか否かを判断する必要はない。その代わりに、第2.5.3条は、当該LTCEに係るUPEのトップアップ税額の配分額にかかわらず、当該LTCEの所得総額に対して計算されるトップアップ税額からIIRに基づく課税額を控除することを定めている。（LTCEに係るUPEの所有者持分に限定されず）LTCEのトップアップ税額の総額に対してUTPRを適用することで、その適用の簡素化を図っている。LTCEに係るUPEのトップアップ税額の配分額に限定されないことから、IIRがUPEに対して適用されたとすれば徴収されていたであろうトップアップ税額よりも大きな額の税金費用が計上されることになる。

第2.6条　UTPRにおけるトップアップ税額の配分

79. 第2.6.1条から第2.6.3条は、実質ベースの配分基準に基づいて、UTPRトップアップ税額の総額を各UTPR適用国・地域に配分するために使用される計算式について定めている。

第2.6.1条

UTPR割合の目的

80. 第2.6.1条は、第2.5.1条に基づき計算されたUTPRトップアップ税額は、UTPR適用国・地域ごとにそれぞれのUTPR割合を適用して配分されることを定めている。さらに、第2.6.1条は、各UTPR適用国・地域のUTPR割合を計算するための計算式を定めており、UTPR適用国・地域の観点から起草されている。言い換えれば、この計算式により、UTPR適用国・地域への配分額が決定される。

81. UTPR割合は、各UTPR適用国・地域におけるMNEグループの実体を相対的に反映する要素に基づいて計算される。実体的な要素に依拠することにより、簡潔で透明性の高い配分基準となり、税務当局間の調整を容易にする。また、MNEグループが相対的により多くの実体を有する国・地域は、UTPRに基づく調整を吸収するだけの担税力（例えば、損金算入可能な費用）が大きい国・地域であることが見込まれる。このアプローチは、第2.6.3条の除外の仕組みとともに、UTPRに基づく調整を課すだけの十分な能力を有していない国・地域にトップアップ税額を配分するリスクを軽減することを目的としている。

UTPR割合の要素

82. 第2.6.1条は、UTPR割合が国・地域単位で合計された定量的要素に基づいて計算されることを定めている。これらの要素は、MNEグループのCbCRで求められる情報に基づくものである。より具体的には、第2.6.1条では、UTPR適用国・地域の実体は、当該国・地域に所在する構成事業体の従業員数および有形資産の正味帳簿価額に基づく比率に基づいて計算されることを定めている。従業員数および有形資産の正味帳簿価額が、国・地域における実体を一貫して測るために最も適切な指標であると判断された。加えて、UTPRにおいて用いられるこれらの計算要素は、MNEグループおよび税務当局の双方に、既存のコンプライアンスの仕組みに基づいた明確な基準を提供することにもなる。CbCRから入手可能な定量的要素を用いることにより、UTPR適用国・地域間の調整を容易にし、紛争のリスクを最小限に抑えることに繋がる。その他の要素(給与金額など)については、包摂的枠組みによる検討の結果、除外された。

83. 従業員数と有形資産の正味帳簿価額は、それぞれUTPR適用国・地域のUTPR割合の半分を占める。これは、事業の実体がMNEグループの業種およびビジネスモデルによって様々な形態をとる可能性があることを認識した上で、国・地域を超えて、従業員数および有形資産の正味帳簿価額の双方に基づいて実体を評価できることを反映したものである。各要素に50%の比重を用いることで、計算式において、二つの要素のいずれか一方が他方より優位になることを避けることとしている。

84. 従業員数および有形資産の正味帳簿価額については、第10.1条に定義されるとおりである。これらの定義の詳細についてはコメンタリーを参照されたい。

85. 第10.1条に規定された定義は、BEPS行動計画13に関する報告書に規定されたCbCRにおける定義と同様である。CbCRにおける定義と同様の定義に依拠することにより、各UTPR適用国・地域のUTPR割合の計算に関連する潜在的なコンプライアンスコストを最小限に抑えることができる。第2.6.1条は、MNEグループのCbCRから入手可能な情報を参照するものではなく、独自の定義を規定することで、MNEがCbCRを提出していなかった場合にUTPR割合を計算する根拠が存在しない状況を回避している。しかしながら、簡素化のために、MNEグループは、構成事業体の財務諸表から入手できる情報、および第10.1条に規定する当該指標の定義に従ってその国・地域に所在する各構成事業体の従業員数および有形資産を用いてCbCRを作成することができる。このような方法で作成されたCbCRは、UTPR割合の計算上、関連する金額を特定するために利用することが可能となる。

UTPR割合の適用範囲および決定時期

86. UTPR割合は、UTPRトップアップ税額を配分する目的のため、適格UTPRを導入した国・地域(UTPR適用国・地域)についてのみ計算される。UTPR割合は、MNEグループが事業を展開しているすべてのUTPR適用国・地域について計算され、これらのUTPR適用

国・地域が当該MNEグループのGloBEルールに基づく軽課税国・地域である場合にも同様である。これは、UTPR適用国・地域でもある軽課税国・地域には、そのUTPR割合がゼロでない場合には（例えば、第2.6.3条の規定によりゼロとなることがある）、UTPRトップアップ税額の一部が配分されることを意味する。同様に、UPE所在国・地域自体がGloBEルールに基づく軽課税国・地域となり、UPE所在国・地域に所在する構成事業体について生じるUTPRトップアップ税額の一部が配分される可能性がある。さらに、UPE所在国・地域は、（第2.1.6条に従って）UPE所在国・地域に所在しないMNEグループの構成事業体に関して適格IIRを適用することができるが、これはUPE所在国・地域に所在する構成事業体について生じるUTPRトップアップ税額を計算する目的に関係するものではない。

87. さらに第2.6.1条は、UTPR適用国・地域（実施国・地域を含む）に所在するグループの構成事業体の実体的要素のみが分数の分母に含まれることを定めている。そのため、トップアップ税額はUTPR適用国・地域にのみ配分される。UTPRトップアップ税額の一部が適格UTPRを導入していない国・地域に配分されないようにするため、UTPR適用国・地域に所在しない構成事業体の実体的要素は、配分基準の計算において考慮されない。UTPRを導入していない国・地域にUTPRトップアップ税額を配分すると、これらの国・地域に配分されたトップアップ税額は徴収されないこととなるため、当該ルールの有効性が著しく低下することになる。UTPR割合は、各会計年度において毎年決定されるが、MNEグループがその事業の重要な取得、処分または再編を行わない限り、年度ごとに著しく異なることはないものと見込まれている。

第2.6.2条

88. 第2.6.2条は、国・地域別のUTPR割合の計算における2種類の適用除外について定めている。

第a項

89. 第a項は、第一の適用除外についての規定である。第一の適用除外は、投資事業体の従業員および投資事業体が保有する有形資産に関するものである。この適用除外は、UPE以外の投資ファンドのみに関係する。第2.4.3条のコメンタリーにおいて既に述べているとおり、UPEである投資ファンドおよび不動産投資ビークルは除外事業体であるため、それらの従業員および有形資産は、国・地域のUTPR割合の計算において考慮されることはない。第2.6.2条の第a項に定める除外は、その他の被支配投資事業体、すなわち除外事業体でない投資事業体に関するものである。第a項は、被支配投資事業体の従業員および被支配投資事業体が保有する有形資産は、国・地域別のUTPR割合の計算上除外されることを定めている。被支配投資事業体は第2.4.3条に基づくUTPRの適用範囲から除外されるため、被支配投資事業体の従業員および有形資産は配分計算上考慮されない。UTPRトップアップ税額の一部を投資事業体のみが所在する国・地域に配分すると、UTPRの有効性が低下することとなる。

第b項

90. 第b項は、第二の適用除外について定めている。第二の適用除外は、フロースルー事業体の従業員および有形資産に関するものである。実際問題として、フロースルー事業体の実体はPEを生じさせる可能性がある。第一段階として、フロースルー事業体の資産および従業員はPEに帰属させることになる。PEに配分された資産および従業員は、当該PEが所在する国・地域のUTPR割合の計算において考慮される。

91. 一方で、例えば、活動または活動が行われる場所がその国・地域においてPEを生じさせるのに十分でないために、フロースルー事業体がPEを有しないこととなる場合もある。そのため、当該フロースルー事業体の一部の資産および従業員は、当該資産および従業員が関連するPEに帰属させた後においてもなお配分されないままとなる可能性がある。このような場合、第2.6.2条第b項は、PEに配分されていないフロースルー事業体の従業員および有形資産は、フロースルー事業体が組成された国・地域に所在する構成事業体に対して、それらが当該フロースルー事業体の構成事業体の所有者であるか否かにかかわらず、配分されることを定めている。フロースルー事業体の従業員および有形資産の配分に関するこのアプローチは、第3.5条に定めるフロースルー事業体の損益の配分に関するアプローチとは異なるものである。フロースルー事業体が組成された国・地域に構成事業体が存在しない場合、PEに配分されない従業員および有形資産は、計算式から除外される。

第2.6.3条

92. 第2.6.3条は、UTPR適用国・地域は、前年度に当該国・地域に配分されたUTPRトップアップ税額が、当該国・地域に所在する構成事業体において同等の追加現金支出税金費用を生じさせていない場合には、第2.6.1条に規定される配分の仕組みから除外されることを定めている。そのような場合、第2.6.3条は、当該国・地域のUTPR割合はゼロであることを定めている。この仕組みは、必要な税額を課すことができるようになるまで、当該国・地域にはトップアップ税額が配分されないようにするものである。また、第2.6.3条は、当該国・地域に所在する構成事業体の従業員数および有形資産は、その配分基準の計算式の分母から除外されることを定めている。これにより、UTPR割合がゼロのUTPR適用国・地域に配分されていたであろうトップアップ税額が、実際には他のUTPR適用国・地域に配分されるようにしている。

93. 第2.6.3条は、UTPRが適用される各会計年度において毎年適用される。さらに、第2.6.3条は、当該除外の仕組みは特定のMNEグループ固有のものであることを定めている。これは、UTPRに基づく調整に対応できる担税力が、UTPR適用国・地域に所在するそのMNEグループの構成事業体の固有の事情に依拠するためである。例えば、MNEグループがUTPR適用国・地域で損失を有する場合には、調整に対応できる担税力が制限される可能性がある。なお、このルールがあるMNEグループに適用される場合であっても、UTPR適用

国・地域に従業員および有形資産を有する他のMNEグループについて計算されたUTPRトップアップ税額が当該国・地域に配分されることを妨げるものではない。

第2.6.4条

94. 第2.6.4条は、（第2.6.3条に基づき）ある会計年度において、MNEグループの構成事業体が所在するすべてのUTPR適用国・地域のUTPR割合がゼロとなる場合には、第2.6.3条は適用されないことを定めている。この例外規定により、そのような場合においても、UTPRトップアップ税額が引き続きUTPR適用国・地域に配分されるようにしている。この例外は、すべてのUTPR適用国・地域が追加のトップアップ税額を課す能力が限られている可能性がある場合に適用されるため、第2.4.2条に規定されるとおり、その年度に配分されたUTPRトップアップ税額が繰り越され、将来の年度において回収される必要があることを認めているものである。第2.6.3条と同様に、第2.6.4条は、UTPRが適用される各会計年度において、毎年、かつ、MNEグループごとに適用される（注9）。

注記事項

1. 第2.1.3条の適用については、第2の柱のGloBEモデルルールに関するコメンタリー事例集で解説されている。https://www.oecd.org/tax/beps/tax-challenges-arising-from-the-digitalisation-of-the-economy-global-anti-base-erosion-model-rules-pillar-two-examples.pdf.
2. 第2.1.5条の適用については、第2の柱のGloBEモデルルールに関するコメンタリー事例集で解説されている。https://www.oecd.org/tax/beps/tax-challenges-arising-from-the-digitalisation-of-the-economy-global-anti-base-erosion-model-rules-pillar-two-examples.pdf.
3. 第2.2.1条から第2.2.3条の適用については、第2の柱のGloBEモデルルールに関するコメンタリーの事例集で解説されている。https://www.oecd.org/tax/beps/tax-challenges-arising-from-the-digitalisation-of-the-economy-global-anti-base-erosion-model-rules-pillar-two-examples.pdf.
4. 第2.2.4条の適用については、第2の柱のGloBEモデルルールに関するコメンタリーの事例集で解説されている。https://www.oecd.org/tax/beps/tax-challenges-arising-from-the-digitalisation-of-the-economy-global-anti-base-erosion-model-rules-pillar-two-examples.pdf.
5. 第2.3.2条の適用については、第2の柱のGloBEモデルルールに関するコメンタリーの事例集で解説されている。https://www.oecd.org/tax/beps/tax-challenges-arising-from-the-digitalisation-of-the-economy-global-anti-base-erosion-model-rules-pillar-two-examples.pdf.
6. 第2.4.1条の適用については、第2の柱のGloBEモデルルールに関するコメンタリーの事

例集で解説されている。https://www.oecd.org/tax/beps/tax-challenges-arising-from-the-digitalisation-of-the-economy-global-anti-base-erosion-model-rules-pillar-two-examples.pdf.

7 第2.4.2条の適用については、第2の柱のGloBEモデルルールに関するコメンタリーの事例集で解説されている。https://www.oecd.org/tax/beps/tax-challenges-arising-from-the-digitalisation-of-the-economy-global-anti-base-erosion-model-rules-pillar-two-examples.pdf.

8 第2.5.3条の適用については、第2の柱のGloBEモデルルールに関するコメンタリーの事例集で解説されている。https://www.oecd.org/tax/beps/tax-challenges-arising-from-the-digitalisation-of-the-economy-global-anti-base-erosion-model-rules-pillar-two-examples.pdf.

9 第2.6.4条の適用については、第2の柱のGloBEモデルルールに関するコメンタリーの事例集で解説されている。https://www.oecd.org/tax/beps/tax-challenges-arising-from-the-digitalisation-of-the-economy-global-anti-base-erosion-model-rules-pillar-two-examples.pdf.

第3章　GloBE所得・損失の計算

1．GloBEルールの第3章は、各構成事業体のGloBE所得・損失の計算について定めている。この計算の出発点となるのは、第3.1条の規定に従って計算された構成事業体の財務会計上の純損益である。GloBEルールの趣旨を適切に反映させるために、当該金額に、第3.2条に基づき、財務会計上の利益と課税所得との間の一般的な差異に関する調整を加える（配当所得の除外や違法な支払いの足し戻し等）。第3.3条は、国際海運所得と適格付随的国際海運所得を除外する固有の規定である。第3.4条は、所得を本店とPEに配分するための規定であり、第3.5条は、フロースルー事業体を通じて得た所得を他の構成事業体に配分するための規定である。総合すると、第3章は、財務会計上の純損益をGloBE所得・損失に引き直す計算について定めている。第3章で計算されたGloBE所得・損失が、その後の章において、特定の国・地域においてトップアップ税額を支払うべきか否かを判定するためのETRと超過利益の計算に用いられる。

第3.1条　財務諸表

第3.1.1条

2．第3.1.1条は、GloBE所得・損失の計算において構成事業体の財務会計上の純損益を出発点とすることを定めている。この金額に対し、第3.2条から第3.5条に定める収益、利得、損失、費用の項目に関する調整を加える。

第3.1.2条

3．第3.1.2条は、財務会計上の純損益を定義している。この金額は、事業体のすべての収益および費用を考慮した、単体の構成事業体単位で決定される純損益であり、グループ事業体間の取引から生じる損益および税金費用を含む。言い換えれば、GloBE所得・損失の計算の出発点は、グループ事業体間の取引から生じる収益または費用を消去する連結調整を行う前のグループ事業体の最終の純損益ということである。構成事業体の財務会計上の純損益の計算においては、財務会計上の連結手続において行われるグループ事業体間の取引からの収益および費用の相殺消去は行わない。さらに、構成事業体の財務会計上の純損益の計算においては、事業の取得時期にかかわらず、取得した事業に対するパーチェス法による会計処理から生じる収益または費用に対する調整（当該構成事業体の個別財務諸表ではなくMNEグループの連結財務諸表に反映されているもの）は考慮されない。パーチェス法による会計処理から生じる収益および費用の項目以外の収益および費用で、構成事業体の個別財務諸表ではなく連結財務諸表に反映されている項目は、信頼できる一貫性のある方法で、関連する事業体へ紐づけることができる場合に限り、構成事業体の財務会計上の純損益およびGloBE所得・損失の計算において考慮することができる（例：株式報酬）。

4．取得日が2021年12月1日より前の企業結合において、構成事業体は、プッシュダウン会

計(許容されている場合)を適用した後の個別財務諸表に計上されている帳簿価額、または、UPEが使用している財務会計基準に従って計算された資産および負債の帳簿価額を使用することができる。ただし、この取扱いは、MNEグループが取得した資産および負債の調整前帳簿価額に基づき、財務会計上の純損益を合理的な正確性をもって計算するための十分な記録を有していない場合に限られる。このような場合、構成事業体は、その財務会計上の純損益およびその調整後対象租税の計算において、買収に関連して生じるすべての繰延税金資産および負債も考慮しなければならない。取得日が2021年12月1日以後の場合、構成事業体は、事業の取得に起因する資産および負債の帳簿価額に対するプッシュダウン会計に係る調整を含めることはできない。

5．構成事業体の純損益は、連結財務諸表の作成において当該構成事業体の収益または損失を計算するために使用した財務会計基準を使用して計算しなければならない(後述する第3.1.3条に定める場合を除く)。一般に、連結財務諸表は、許容された財務会計基準に従ってUPEが作成する財務諸表である。第10.1条において、許容された財務会計基準に含まれる国際会計基準および各国の財務会計基準が列挙されている。

5.1．すべての構成事業体のGloBE所得・損失は、MNEグループの連結財務諸表の表示通貨で計算しなければならない。すなわち、構成事業体の財務会計上の純損益は、MNEグループの連結財務諸表の作成において計算された当該構成事業体の純損益であり、MNEグループの連結財務諸表の表示通貨に換算されたもの(グループ事業体間の取引を消去する連結調整を行う前のもの)である。さらに、構成事業体のGloBE所得・損失の計算に関連するすべての金額は、財務会計基準が当該金額をMNEグループの連結財務諸表の表示通貨に換算することを求めているか否かにかかわらず、連結財務諸表の作成に使用された承認された財務会計基準に従って、MNEグループの連結財務諸表の表示通貨に換算する必要がある。

5.2．(許容されたまたは承認された)財務会計基準においては、MNEグループが、現地機能通貨からMNEグループの連結財務諸表の表示通貨に取引を換算するために、二つの基本的な方法のいずれかを採用することを認めている。第一の方法では、機能通貨で行われた取引は同時に換算され、表示通貨で財務諸表に計上される。第二の方法では、取引は機能通貨で財務諸表に計上され、連結手続において連結財務諸表の表示通貨に換算される。そのため、MNEグループの会計システムは、表示通貨で報告できるようにデータをどのように換算するかについて、大きく異なる可能性がある。その結果、GloBE計算に必要なデータの中には、連結財務諸表の表示通貨で容易に入手できるものとそうでないものがある。

5.3．第一の方法を使用するMNEグループは、構成事業体のGloBE所得・損失を計算するために必要なデータのほとんどを、MNEグループの連結財務諸表の表示通貨で容易に入手できる可能性が高い。MNEグループは、連結財務諸表の作成において、関連する財務会計基準に基づいて既に換算された金額を再換算する必要はない。

5.4．第二の方法を採用するMNEグループは、多くの場合、連結レベルの表示通貨では合計

値のみ入手可能となる。したがって、GloBEルールの適用上、MNEグループの連結財務諸表の表示通貨では、必要な金額のすべてが入手可能ではなく、あるいはごく一部のみしか入手できないこととなる。GloBEルールがより詳細なデータに基づく計算や調整を求めている場合、MNEグループは、構成事業体の現地機能通貨でのみ入手可能なデータに依拠せざるを得ないことが多い。そのようなデータをGloBE計算の出発点として使用することは、必ずしも整合性リスクを生じさせるものではない。なぜなら、そのデータが、MNEグループの連結後の会計システム（表示通貨）か、連結前の会計システム（現地機能通貨）のいずれから収集されたものであって、MNEグループの連結財務諸表に適用される財務会計基準に従って計上されているのであれば、その金額が表示通貨への換算前であっても、基本的には連結財務諸表の作成に使用した情報と同一であるからである。

5.5. この場合、構成事業体のGloBE所得・損失を計算するために必要な金額は、連結財務諸表の作成に使用された承認された財務会計基準における、IAS第21号およびASC第830号に相当する原則に従って表示通貨に換算する必要がある。また、ハイパーインフレに関する指針を含め、当該承認された財務会計基準の為替換算に関する他の部分も適用される。

5.6. 財務会計基準は、MNEグループが機能通貨から表示通貨への換算方法をどのように設定すべきかについて規定していない。例えば、財務会計基準は、特定の種類の取引について、スポットレートや年平均レートを適用するなどの換算方法を規定していない。その代わりに、これらの基準は原則に基づくものであり、MNEグループに対し適切な換算方法の設定について指針を提供している。この指針は、MNEグループに対して、適切な換算方法を選択する柔軟性と、取引や勘定科目ごとに異なる換算方法を選択する可能性を提供している。したがって、（パラグラフ5.4で説明した）第二の方法を使用するMNEグループには、関連する財務会計基準の下で利用可能な同一の柔軟性が与えられることになる。ただし、関連する換算ロジックを決定する際、MNEグループは、関連する承認された財務会計基準のもと、関連する金額が財務会計上の連結手続の一環として直接換算される場合と合理的に近似するという要件を充足する必要がある。

6．UPEがこれらの基準の一つに従って作成された財務諸表を有していない場合、当該UPEの連結財務諸表は、承認された財務会計基準を使用して作成される、または作成されるであろう財務諸表であり、必要に応じて、比較可能性を阻害する重要な差異を防ぐための調整を行うことが求められる。第10.1条において、承認された財務会計基準と比較可能性を阻害する重要な差異の双方が定義されている。承認された財務会計基準とは、事業体が所在する国・地域の権限のある財務会計機構によって認められた財務会計基準である。権限のある財務会計機構は、第10.1条では、当該国・地域において、財務報告のための財務会計基準を規定、制定、または承認する法的権限を有する組織と定義されている。したがって、承認された財務会計基準は、当該国・地域の権限のある財務会計機構によって定められたものに限られ、すべての許容された財務会計基準が当該国・地域における承認された財務会計基準となるわけではない。なお、比較可能性を阻害する重要な差異に関する調整が必要とされる

のは、承認された財務会計基準のうち許容された財務会計基準ではないものに限られ、許容された財務会計基準として列挙されている国際会計基準および各国の財務会計基準については、そのような調整を必要としない。

7．GloBE所得・損失の計算の出発点として連結財務諸表の作成に使われる情報を使用することには、数多くの利点がある。異なる国・地域に所在する構成事業体について当該国・地域の財務会計基準(例えば、特定の取引に対する異なる重要性基準や異なる研究開発費の分類基準など)を用いるよりも一貫性が高まり、異なる財務会計基準の利用により同じ取引に対して意図的に異なる会計処理を適用することができるリスクを回避することができる。さらに、財務報告のために既に作成されている情報を利用することでコンプライアンスコストを軽減し、独立監査人による監査の対象となっていることによる便益も享受できる。

8．財務会計上の純損益および第3.2条に定める調整額について、少数持分保有者に帰属する損益を比例的に減額することはしない。その代わりに、第2.2条で計算した合算比率を適用することにより、非構成事業体が保有する所有者持分に帰属するトップアップ税額は、IIRに基づく親事業体のトップアップ税額の配分額の計算から実質的に除外される。

9．GloBE所得・損失の計算規定は、損益計算書に計上されている財務会計上の純損益を出発点としているため、特定の財務会計基準において連結財務諸表の損益計算書ではなく、その他包括利益(OCI)に係る収益または費用として報告される項目は、通常はGloBE所得・損失の計算から除外される。OCIに含まれる項目には、特定の負債および持分投資損益、外国為替差損益、年金債務の変動などがある。ただし、コメンタリーの第3.2.1条第d項において後述する再評価によって含められる損益は、OCIに計上されている項目をGloBE所得・損失の計算から除外するという原則に対する例外的な取扱いである。

10．OCIに含まれる一部の項目は、構成事業体の所在国・地域の課税所得の計算にも含まれていることがあり、構成事業体がそれらの項目に関連する当期税金に係る負債または繰延税金負債を計上することがある。しかしながら、OCIに含まれる項目は原則としてGloBE所得・損失から除外されるため、OCIに計上されGloBE所得・損失から除外された収益に関連する税金費用が(OCIに計上されるのでなく)構成事業体の当期税金費用に含まれている場合、第4.1.3条第a項に従い、当該税金費用は構成事業体の調整後対象租税から除外しなければならない。

11．また、OCIに計上された損益項目が損益計算書を通じて「リサイクル」される、つまり、後に損益計算書に含められる場合がある。これらの項目が構成事業体の課税所得にも含まれている限り、当該国・地域における課税所得と財務会計上の純損益との間に一時差異や収益認識の期ずれを生じさせるにすぎない。しかし、特定の状況において、これらの項目が後に損益計算書には含まれるものの、構成事業体の課税所得には含まれない場合には、永久差異を生じさせる可能性がある。

12．連結財務諸表の作成に用いられる財務会計基準には重要性の基準が含まれるため、連結

財務諸表の作成において特定の構成事業体の財務会計上の純損益を計算する際に、UPEの財務会計基準を厳格に適用する場合からの軽微な乖離が当該重要性の基準値を超えない場合は調整する必要はない。会計監査人が監査意見に限定を付すことなく連結財務諸表における乖離について許容している場合は、差異が重要でないことを示唆している。一方、監査意見に特定の損益項目の財務会計上の取扱いに関する限定意見が含まれていることは、乖離が重要であることに(決定的ではないが)関連するおそれがあることを示唆している。また、UPEが使用している財務会計基準が、UPE所在国・地域の権限のある財務会計機構によって認められたものであり、当該財務会計機構が、(UPEが連結財務諸表を作成する際に)異なる財務会計基準を適用して外国構成事業体の財務会計上の純損益を計算することを認めている場合は、当該異なる財務会計基準を使用して計算した外国構成事業体の財務会計上の純損益をUPEの財務会計基準に厳密に合わせるための調整は必要ない(注1)。

第3.1.3条

13. 第3.1.3条は、構成事業体がUPEの連結財務諸表の作成に用いられる財務会計基準とは異なる財務会計基準を使用して当該事業体の個別財務諸表を作成しており、かつ、連結財務諸表において当該UPEが使用している財務会計基準に準拠して当該事業体の個別財務諸表の財務会計上の純損益を正確に計算することが合理的に実行可能ではない場合の対応について定めている。この場合、当該構成事業体の財務会計上の純損益は、他の許容された財務会計基準または承認された財務会計基準(比較可能性を阻害する重要な差異の調整後)を使用して計算することができる。第3.1.3条が適用される事例は多くないことが見込まれる。通常、MNEグループは連結財務諸表の作成に際して、子会社の財務諸表をUPEの財務会計基準に変換する連結プロセスを有しているからである。そのような場合においては、UPEの連結財務諸表の作成に用いられた財務会計基準に基づき、構成事業体の財務会計上の純損益を正確に計算することが、合理的に実行可能である。しかしながら、例えばMNEグループがある事業体グループを直近に取得した場合において、当該被取得事業体グループがMNEグループの財務会計基準とは異なる財務会計基準をこれまで使用しており、かつ、被取得事業体の財務会計システムを当該被取得事業体の過去の財務会計基準からUPEの財務会計基準に変換することが合理的に実行可能でない場合には、第3.1.3条が適用される可能性がある。

14. 構成事業体の財務会計上の純損益を計算するためにUPEの財務会計基準を使用することが合理的に実行可能ではない場合に代替の財務会計基準を使用するためには、三つの要件に該当する必要がある。第3.1.3条の適用に関する第一の要件は、当該構成事業体の財務諸表が許容された財務会計基準または承認された財務会計基準に基づいて作成されていることである。承認された財務会計基準に基づき作成されている財務諸表には、比較可能性を阻害する重要な差異について調整を加えなければならない。当該構成事業体は、第3.1.3条の適用において、当該構成事業体の財務諸表において用いられている財務会計基準以外の財務会計基準を使用することはできない。構成事業体が許容された財務会計基準または承認された財務会計基準に基づいて財務諸表を作成していない場合、実務上の対応が困難である場合におい

ても、UPEの財務会計基準を使用して財務会計上の損益を計算しなければならない。

15. 第3.1.3条の適用に関する第二の要件は、当該他の財務会計基準に従って作成されている財務諸表の情報が信頼できることである。これは、情報を正確に記録する適切な仕組みが整備されていなければならないことを意味する。この点に関して、UPEまたは構成事業体の所在地（フロースルー事業体の場合は、組成国・地域）において適用される一般に公正妥当と認められる監査基準に従って、会計監査人により、構成事業体が適用している財務会計上の内部統制および会計プロセスが検証され、許容されたものでなければならない。構成事業体がある会計年度においてこの要件に該当しない場合、その年度の収益および費用の実績値を計算し、財務諸表の情報の信頼性を確保する仕組みを構築し、実施しなければならない。

16. 第3.1.3条の適用に関する最後の要件は、当該他の財務会計基準の使用によって、UPEの財務会計基準を使用した場合と比較して、100万ユーロを超える永久差異が生じないことである。永久差異の総額が100万ユーロを超える場合、当該構成事業体の財務諸表における関連項目の財務会計上の取扱いは、UPEの財務会計基準が適用された場合の取扱いに合わせて調整しなければならない。この要件は、財務会計基準間の永久差異にのみ適用される。例えば、ある金融商品がUPEの財務会計基準では負債として、他の財務会計基準では資本持分として扱われ、UPEの財務会計基準では当該金融商品に係る受取額を財務会計上の純利益に反映するが、当該他の財務会計基準では純利益に反映しないものとする。この財務会計上の取扱いの差異は、その金融商品の所有者の財務会計上の純損益に永久差異を生じさせる。なお、異なる財務会計基準のもとで用いられる会計年度の差異を含む期間差異は、この要件の対象とはならない。

16.1. 第3.1.2条の要件と同様に、第3.1.3条に従って計算された金額は、構成事業体のGloBE所得・損失を計算するために、第3.1.2条に関するコメンタリーのパラグラフ5から5.6に定める指針に従って、連結財務諸表の表示通貨に換算しなければならない。本要件は、当該金額が他の承認された財務会計基準に従って計算されたか否かにかかわらず適用される。第3.1.3条に従って使用される承認された財務会計基準の為替換算要件が、連結財務諸表の作成において使用された承認された財務会計基準の為替換算要件と著しく乖離しない限り、表示通貨に換算する必要がある金額に適用される為替換算方法は、その金額が連結財務諸表の作成において使用された財務会計基準に基づいて換算された場合と同じになると想定される。

第3.2条　GloBE所得・損失の計算のための調整

17. 構成事業体の財務会計上の純損益の計算後、包摂的枠組み参加国・地域において共通する、特定の財務会計上と税務上の差異（すなわち、財務会計上の純損益と課税所得の差異）に関する調整が加えられる。財務会計基準と税務基準の差異は、通常、将来の期間に解消されることのない永久差異と、将来の期間に解消される一時差異（すなわち、期間差異）とに区分できる。第3.2条において求められる調整は、通常、財務会計基準と国内税務基準の違いか

ら生じる永久差異に関連している。一時差異については、第4章で定めている。

18. 以下のコメンタリーでは、調整を加算金額または減算金額として定めている。加算金額として以下に規定する調整は、財務会計上の純利益を増やし、財務会計上の純損失を減らす。これらの項目は、通常、売上その他の収益を増やし、費用を減らす効果を有する調整に起因する。減算金額として以下に規定する調整は、財務会計上の純利益を減らし、財務会計上の純損失を増やす。これらの項目は、通常、売上その他の収益を減らし、費用を増やす効果を有する調整に起因する。後述する多くの調整項目は、いくつかの類似した調整項目の合計であり、それらの項目には加算金額もあれば、減算金額もある。確実に加算調整または減算調整となるのは、政策上の否認費用（加算）と除外配当（減算）の2種類だけである。他の調整項目は、一貫して加算または一貫して減算の調整となる傾向があるものの、特定の会計年度においては、加算、減算が逆の調整となることもある。

19. 第3.2条に基づく調整によりGloBE所得・損失の計算から所得の額が除外される限りにおいて、当該所得に関連するすべての対象租税は、第4.1.3条第a項に従って調整後対象租税から除外されなければならない。

第3.2.1条

20. 第3.2.1条は、各構成事業体のGloBE所得・損失の計算において必要となる財務会計上の純損益に対する調整について定めている。こうした調整により、構成事業体のGloBE所得・損失は、通常の法人税の所得計算と整合し（例えば、非支配持分に係る持分法損益の除外）、GloBEルールにおいてMNEグループの所得の二重課税が排除される（例えば、構成事業体からの受取配当の除外）。

21. 包摂的枠組みの各参加国・地域は、その国内税法に基づき課税所得を計算するために、財務会計上の純損益に対する独自の加算調整と減算調整を有している。所在地がどこであったとしても、すべての構成事業体について財務諸表がGloBE所得・損失の計算の出発点として用いられるため、構成事業体の課税所得とGloBE所得・損失との間には、一定の永久差異が生じる。そのような永久差異は、GloBEルールにおいて共通の課税ベースを計算する上で、当然に考慮されるべきものである。包摂的枠組みのすべての参加国のGloBE所得・損失を課税所得計算の規定と完全に一致させるため、包括的な一連の調整を規定することは、政策的にも設計上の観点からも可能ではなく、望ましくもない。実際、課税所得計算の基礎となる利益からの所得の除外などの多くの永久差異は、GloBEルールによって対処しようとしている軽課税という結果を生じさせる。しかし、賄賂や罰金の取扱いなど、財務諸表に対する一部の調整は、GloBEルールやより一般的な税制に基づく適切なものである。調整の数は、複雑さをできる限り減らすために最小限にとどめられているが、第3.2条に定める調整は、重要性があり包摂的枠組みの参加国・地域において広く受け入れられている取扱いを反映している。第3.2.1条は、9項目の調整を定めている。それぞれの調整の説明は以下のとおりである（注2）。

第a項－純税金費用

22. 第a項は、構成事業体の財務会計上の純損益に純税金費用を足し戻す調整である。純税金費用の定義は、第10.1条に記載されている。この定義においては、様々な種類の税金費用項目（またはその調整項目）が網羅されており、財務会計上の純利益の計算においては通常考慮されるものであるが、GloBEルールの適用目的において、適切なETRの計算を行うため、GloBE所得・損失に足し戻さなければならない。例えば、会計年度中に発生する税金費用やその他の対象租税債務は、財務報告上の純利益を減少させることが見込まれるが、これらの税金費用は、GloBEルールの適用上、当該年度の総所得に対する租税を正確に計算するために、所得に足し戻さなければならない。ある事業体の100の所得に対し20の対象租税が発生した場合、GloBEルールの適用上、ETRは20％（＝20/100）であって、25％（＝20/80）とはならない。

23. 純利益に関する租税は足し戻されるため、純税金費用に関する調整は通常、加算金額となる（すなわち、GloBE所得を増額させる）。しかし、後述のとおり、構成事業体に純損失が生じ、繰延税金資産が発生した場合、この調整は減算金額となる。

24. 第10.1条は、構成事業体の純税金費用は、以下の純額となると定めている。

    a. 費用、当期税金費用、繰延税金費用として計上された対象租税（GloBE所得または損失の計算から除外された所得に係る対象租税を含む）
    b. 当該会計年度の損失に起因するすべての繰延税金資産
    c. 費用として計上されたQDMTT
    d. GloBEルールに基づいて発生する租税のうち、費用として計上されるもの
    e. 費用として計上された非適格還付インピュテーションタックス

25. この定義の第a項および第b項は、通常、事業体の純利益を計算する際に考慮されるが、GloBEルールの適用上、所得に足し戻すべき税項目として定めている。第c項および第d項は、QDMTTまたはGloBEルールの適用により生じた租税債務であって、GloBEルールの課税ベースの計算上、費用として取り扱うべきではないものを定めている。第e項は、GloBE所得の計算に足し戻す必要のある項目として、個別に非適格還付インピュテーションタックスを定めている。第10.1条のコメンタリーにおいて詳述するとおり、非適格還付インピュテーションタックスとは、当初構成事業体の所得に課せられるものの、当該所得の所有者への分配時に還付される（または還付可能となる）ため、対象租税の定義から除外される租税である。

対象租税

26. 財務会計上の純損益の計算において損金算入された対象租税は、税引前利益の計算に含まれる税引前費用も税引前利益から控除される法人所得税も、GloBE所得・損失の計算においては足し戻さなければならない。一般的な租税政策として、還付される税額控除は、課税

所得において損金算入できない。同じ租税について損金算入と税額控除を認めると、事実上、同じ租税について二重で控除することとなるためである。対象租税は、ETRの分子に含められ、その結果、税額控除と同じ方法でGloBEルールに基づく潜在的な租税債務を減少させる。GloBE所得・損失は、通常の法人税における課税所得に相当するものであり、ETRの分母となるため、GloBE所得・損失の計算において税金費用の損金算入を認めることは、GloBEルールの政策と矛盾することになる。この調整は、純税金費用調整額を増加させる加算調整である。

27. GloBE所得・損失の計算から除外される所得に対する対象租税は、GloBE所得・損失の計算において損金算入されないよう、財務会計上の純損益に足し戻さなければならない。

28. 例えば、構成事業体の初年度の所得が120で、10％の法定税率に従って、その所得に対する対象租税12を支払うものとする。構成事業体の財務会計上の純損益は、108（＝120－12）である。さらに、所得のうち20がGloBE所得の計算から除外され、対象租税のうち2が除外所得から生じたと仮定する。これにより、構成事業体のGloBE所得は100、調整後対象租税は10となるべきであり、その結果ETRは10％となる。もしGloBE所得に係る租税のうち10だけを純利益108に足し戻すと、除外所得を計算から除外した後のGloBE所得は98（＝108＋10－20）となる。この場合、除外所得に係る租税2について、実質的にGloBE所得の計算で損金算入が認められることになり、その結果、ETRは10.2％となる。当該会計年度の対象租税12を全額足し戻すことにより、GloBE所得は100（＝108＋12－20）、ETRは10％と正確に計算される。

29. 構成事業体の対象租税とは、通常、その構成事業体の課税所得、あるいは利益剰余金または資本に関連して、財務諸表に計上される租税をいう。疑義を避けるために述べると、他の者（すなわち、外国の受取人）に課される租税に関して、一般に適用される法人税の代わりに、構成事業体が源泉徴収した金額は、当該構成事業体が負担する費用であり、当該構成事業体の対象租税ではない。したがって、構成事業体のGloBE所得の計算においてそのような金額に関して調整を加える必要はない。これは、外国の受取人の所得に対して構成事業体の所在国・地域で課される源泉徴収税を、外国の受取人に払い戻すため、外国の受取人が支払人である構成事業体に対し、支払額のグロスアップを要求するか否かにかかわらず同様である。

繰延税金資産

30. 欠損金に関する繰延税金資産は、税務上認識した所得について前払いした租税を表すものではない。欠損金に関する繰延税金資産は、所得に対する費用の超過額である欠損金が、将来発生する所得に係る租税債務を減額する効果を有するため、資産として認識するものである。このようにして、繰延税金資産は、事業損失の経済的影響を軽減することになる。繰延税金資産は、会計上の税引前損失を基に計算される。したがって、繰延税金資産の金額は、純税金費用調整額の計算において減算金額として扱われることになる。例えば、A社が初年

度に100の経済的損失を被り、15の繰延税金資産を計上するものとする(法人税率は15%と仮定)。国内税法上の繰越欠損金として同年度に15の繰延税金資産を認識することにより、会計上の純損失は85となる。GloBEルール上、当該損失を正確に反映させるため、この15は純税金費用調整額の計算において減算金額として取り扱われる。なお、繰延税金資産が純税金費用の定義の第a項による対象租税に関する調整に含まれる場合は、第b項による調整には含まれない。

適格ミニマムトップアップ税(QDMTT)

31. QDMTTは、第5.2.1条に基づくETRの計算の一部としてではなく、第5.2.3条に基づきトップアップ税額を直接減額するものであるが、対象租税の損金算入を認めない取扱いをQDMTTについても同様に適用することになる。これらの租税は、純税金費用調整額を増加させる調整である。QDMTTには該当しないが、対象租税の定義に該当する国内ミニマム税は、財務会計上の純損益の計算上、費用計上されている場合、第a項に基づき足し戻さなければならない。

GloBE租税

32. GloBEルールに基づき計算されたトップアップ税額が財務諸表に計上される場合、当該税額は財務会計上の純損益に足し戻さなければならない。通常、ある税制に基づき支払われる租税の金額は、当該租税の課税標準額を減らすことはない。GloBEルールに基づき生じたトップアップ税額に係る当該調整は、当該税額が当会計年度に係る債務の見積額の計上によるものか、過去会計年度の実際の租税債務の調整によるものかにかかわらず適用される。これらの租税は、純税金費用調整額を増加させる。例えば、MNEグループがその財務諸表において、ある会計年度のトップアップ税額の見積額を計上したとする。当該金額を足し戻すことにより、GloBE所得の金額が過小となり、ETRが過大に計算されることを防ぐことができる。

非適格還付インピュテーションタックス

33. 非適格還付インピュテーションタックスは、対象租税に該当しないが、財務会計上の純損益に足し戻されなければならない。なぜなら、非適格還付インピュテーションタックスはMNEグループが自身の選択した時期に配当を分配することにより、還付を受けることができる実質的な預け金であり、GloBE所得・損失の計算において費用として取り扱うのは適切ではないからである。非適格還付インピュテーションタックスの支払または発生時に財務会計上の純損益の計算において費用として計上した場合、当該費用計上額は足し戻さなければならない。これは、純税金費用調整額を増加させる加算調整である。その一方で、非適格還付インピュテーションタックスが、ある会計年度においてMNEグループに還付または税額控除され、財務会計上の純損益において収益としてまたは税金費用の減額として計上される場合には、当該金額は所得から減額するかまたは税金費用に足し戻すことになる。これは、純税金費用調整額を減少させる減算調整である。

第b項－除外配当

34. 被支配事業体および持分法適用事業体からの配当および分配金は、通常、グループの連結損益計算から除外される。連結対象となっている事業体および持分法適用事業体に係る損益は、グループの連結損益に直接含まれる。連結財務諸表では、同じ利益の二重計上を避けるために、これらの事業体からの分配金を認識しない。しかしながら、GloBEルールでは構成事業体の個別財務会計上の純損益を出発点として、当該構成事業体のGloBE所得・損失および対象租税を計算している。したがって、その出発点となる構成事業体の財務会計上の利益には、フロースルー事業体に対する所有者持分に関して受領しまたは認識する分配額や、JV、関連事業体の所有者持分に係るグループ内配当、その他の事業体の所有者持分に係る配当(ポートフォリオ持分に対する配当を含む)が含まれているものと考えられる。

35. 構成事業体が受領する配当その他の分配金に対する課税は、国・地域によって異なる。多数の包摂的枠組み参加国・地域は、国内法において、配当に係る税額控除や免税等の租税の減免措置を有している。多くの場合、当該減免措置が利用可能か否かは、株式保有の規模および期間、あるいはその双方によって決まる。税制上の詳細な取扱いは、分配側および受領側の事業体の性質および居住地の他、分配金の性質そのものにも左右される。例えば、非居住者からの受取配当は、居住者からの受取配当とは異なる方法で課税されることがあり、また、分配金の受領は、自己株買いとは異なる方法で課税される場合がある。GloBEルールは、その適用において一貫性を確保し、各国税制間の取扱いの差異を調整することから生じ得る重大な複雑性を避けるため、包摂的枠組み参加国・地域の多くが適用している資本参加免税制度における適用要件に立脚した一貫性のある明確な基準を適用することを、MNEグループに対して求めている。

36. 第3.2.1条第b項は、構成事業体の財務会計上の純損益について、会計年度中に受領した除外配当の額を減額する調整を行うものである。除外配当は、(i)MNEグループが発行体の所有者持分の10%以上を保有している場合、または(ii)構成事業体が所有者持分に関するすべての経済的権利を12か月以上保有している場合における、当該株式その他の資本持分に対して支払われる配当その他の分配金である。第b項は、多くの包摂的枠組み参加国・地域で導入している資本参加免税制度の運用および適用範囲と整合する重要な株式保有と長期の株式保有の双方を対象とした配当に係る幅広い免除措置を提供する一方で、構成事業体が株式のトレーディング活動に関して受領する配当については意図されていない恩典を与えないようにしている。保険会社の準備金の変動が保険契約者のために保有する有価証券からの除外配当(投資管理手数料控除後)と経済的に一致する場合(例：ユニットリンク保険)、保険準備金の変動による費用はGloBE所得・損失の計算から除外される。

37. 除外配当は、第10.1条において、所有者持分に関して受領または計上する配当その他の分配金と定義されており、短期ポートフォリオ持分および第7.6条に基づく選択の対象となる投資事業体に対する所有者持分に係るものは除かれている。これら2種類の所有者持分に

適用される例外については後述する。また、複合金融商品(すなわち、許容される財務会計基準において資本と負債の両方の要素を有するもの)である所有者持分に関して配当その他の分配金を受領または未収計上する場合、当該所有者持分の資本部分に関して受領または未収計上した金額のみが除外配当として取り扱われるものとする。

短期ポートフォリオ持分

38. GloBEルールに基づく配当除外規定は、(i)MNEグループによる保有割合が低い所有者持分(ポートフォリオ持分)であり、かつ、(ii)構成事業体が経済的に短期間のみ保有している所有者持分(短期ポートフォリオ持分)に係る配当を対象外としている。つまり、短期ポートフォリオ持分について受領または計上する配当は構成事業体のGloBE所得・損失に含められる。所有者持分(次のセクションで取り上げる第7.6条に基づく選択の対象となる投資事業体に対する所得者持分を除く)に関して受領または計上する配当その他の分配金のうち、受領する構成事業体においてGloBE所得・損失に含めるものは以下の表のとおりである。

受領または計上する配当その他の分配金に係る持分の種類	ポートフォリオ持分(分配事業体の利益、資本、剰余金に対する請求権または議決権が10%未満の場合)	非ポートフォリオ持分(分配事業体の利益、資本、剰余金に対する請求権および議決権が10%以上の場合)
短期保有持分(経済的な保有期間が1年未満)	GloBE所得・損失に含める配当	除外配当
非短期保有持分(経済的な保有期間が1年以上)	除外配当	除外配当

39. ポートフォリオ持分とは、第10.1条において、ある事業体の所有者持分で、その分配や処分の日において当該事業体の利益、資本、剰余金に対する請求権または議決権のいずれかについて10%未満の権利しか有さないものと定義されている。したがって、当該事業体の利益、資本、剰余金に対する請求権および議決権の少なくとも10%以上を保有している所有者持分のみが、非ポートフォリオ持分とみなされる。所有者持分がポートフォリオ持分にあたるか否かを判定する上で、利益、資本、剰余金に対する請求権に加え、議決権も考慮される。これは議決権が当該事業体に対する持分所有者としての関与を反映すると考えられるためである。

40. 所有者持分に関する10%基準を適用する際に、MNEグループが保有する、同一の権利(利益、資本、剰余金に対する請求権または議決権)を有するすべての所有者持分を合計して判定する。さらに、第10.1条において、所有者持分とは、その内在する権利に対する持分が資本持分であること、つまり、ある事業体の株式、持分、資本参加権またはこれらに相当するものであって、連結財務諸表の作成に用いられる許容された財務会計基準または承認された財務会計基準に基づいて資本持分として区分されるものであると定めている。

41. 短期ポートフォリオ持分とは、配当その他の分配金を受領または計上する構成事業体が、その所有者持分について分配日時点で経済的に保有している期間が1年未満である場合のポートフォリオ持分をいう。構成事業体が「経済的に保有している」とは、その所有者持分に係る利益、資本、剰余金に対する請求権または議決権を含む当該所有者持分の保有に伴う便益および負担（またはそれらに係る権利義務）のすべてまたは実質的にすべてを有しており、判定期間にわたりそのような権利義務を他の取決めにより放棄または譲渡していない場合をいう。構成事業体が所有者持分の保有に伴う便益または負担（またはそれらに係る権利義務）のすべてまたは実質的にすべてを有しているか否かは、事実および状況に基づいて判断される。

42. 保有期間全体にわたり所有権を有していることと分配日時点で所有権を有していることは異なるものであり、分配日に受領した配当は必ずしも保有期間にわたり所有権を有していたことを示すものではない。分配日時点で計上される配当その他の分配金は、通常、その日付時点で持分を経済的に所有していることを反映している。したがって、経済的所有テストは、保有期間にわたる所有と分配日時点における所有の間に生じうる不一致に対応するものであり、ポートフォリオ持分に係る分配をGloBE所得・損失の計算から除外するためには、当該持分を経済的に1年以上保有していなければならないという要件を定めている。

43. 構成事業体がポートフォリオ持分を経済的に1年間保有しているか否かの判定は、配当の分配日時点で行われる。当該判定においては、保有している所有者持分の変動を考慮する必要があるが、簡素化のため、特定の種類の株式の所有者持分を処分した場合、直近で取得した同じ種類の株式を処分したものとみなすこととする。同じ種類の株式とは、分配事業体が発行する同じ権利を有する株式であり、互いに交換可能なものをいう。例えば、ある事業体が、利益配当および解散時の純資産の分配に対する権利を有する普通株式と、毎年100ユーロの配当を受け、10年後に2000ユーロで償還可能な優先株式を発行している場合、二つの種類の株式を発行していることになる。この場合、優先株式の処分は、普通株式の保有期間の判定に影響を与えない。

44. 構成事業体は、少なくとも12か月間継続して所有者持分を保有していれば、当該所有者持分を1年間保有しているものとみなされる。この要件は、受領または計上した分配金に係る所有者持分にのみ適用され、当該分配金が同じ要件に該当する別の分配金を原資としているか否かをさらに判断する必要はない。例えば、ある投資信託の所有者持分に係る分配金を受領している構成事業体は、当該所有者持分に係る保有期間を判定しなければならないが、当該投資信託について、当該分配金の利益の源泉となる投資対象（資本持分）の保有期間を判定する必要はない。経済的所有テストは、個別の構成事業体ごとに、かつ、同じ種類の株式ごとに適用されるため、同じ種類の株式についても、1年以上保有している株式に関し受領または計上する配当は除外されるが、それ以外の配当は除外されない。10％基準とは異なり、保有期間要件は、構成事業体ごとに適用される。つまり、グループ内の株式譲渡は、保有期間の中断とみなされる。ただし、構成事業体間のGloBE組織再編により移転する場合、保有

期間の中断とはみなされない。

45. 短期ポートフォリオ持分に関して、配当所得は除外配当に関する調整には含められず、GloBE所得・損失に含められる。短期ポートフォリオ持分に係る配当に関して国内法に基づき支払われた租税は、第4.1.1条に基づくETRの計算の調整後対象租税(分子)に含められる。短期ポートフォリオ持分に係る配当の取扱いは、内国法人の配当および外国法人の配当の双方について同様に適用される。短期ポートフォリオ持分からの配当をGloBE所得・損失に含めることにより、関連費用を除外する手続きをなくし、関連費用の範囲および金額を定める規定は不要となる。各国の税制において、課税所得から除外される所得に関連する費用について損金算入を認めない場合が多いが、簡素化のため、GloBEルール上、除外配当の関連費用の損金算入を否認せず、当該関連費用の範囲および金額を定める規定を設定していない(ただし、例えば、ユニットリンク保険において、保険契約者のために保有する有価証券の除外配当に関連する保険準備金の変動による費用は、GloBE所得・損失の計算から除外される)。なお、申告構成事業体は、短期ポートフォリオ持分であるか否かにかかわらず、(各構成事業体について)5年選択を行い(選択がない場合には除外配当に係る調整が適用されるが)、当該構成事業体がポートフォリオ持分に関して受領したすべての配当を、GloBE所得の計算に含めることができる。つまり、この場合、選択後は、選択された構成事業体のポートフォリオ持分に係るすべての配当は、当該構成事業体のGloBE所得・損失の計算に含まれることになる。

第7.6条に基づく選択の対象となる投資事業体に対する所有者持分

46. 第10.1条における除外配当の定義において、第7.6条に定める課税対象分配法の選択対象となる投資事業体に対する所有者持分に関し受領または計上する配当その他の分配金は、除外配当に含めないと定めている。当該投資事業体からの配当その他の分配金は、課税対象分配法を選択した場合には除外配当ではなくなるため、当該構成事業体所有者のGloBE所得・損失の計算に含めなければならない。この選択については、第7.6条のコメンタリーにおいて詳述している。

第c項－除外資本損益

47. 第c項は、構成事業体の除外資本損益に関する調整について定めている。

48. 除外資本損益は、第10.1条で定義されており、所有者持分に帰属する3種類の損益が含まれている。

　a．所有者持分(ポートフォリオ持分を除く)の時価の変動による損益
　b．持分法に基づき財務会計上の純損益に含まれる所有者持分に関する損益
　c．所有者持分(ポートフォリオ持分を除く)の処分から生じる損益

時価の変動

49. 第一の除外資本損益は、時価評価などの公正価値会計が適用される所有者持分の時価の変動に起因するものである。公正価値法では、定期的に所有者持分を再評価し、その価値の変動を損益計算書の損益または貸借対照表のOCIとして計上する。公正価値法による所有者持分(ポートフォリオ持分を除く)の損益は、GloBE所得・損失の計算から除外される。したがって、除外される時価評価益については、財務会計上の純損益の減算調整を行い、除外される時価評価損については、財務会計上の純損益の加算調整を行う。なお、所有者持分の時価評価損益は、第3.2.1条第b項に従ってGloBE所得・損失の計算から除外された当該所有者持分に係る配当を反映するよう調整しなければならない。当該時価評価損益が損益計算書ではなくOCIまたは資本に計上されている場合、当該損益は既にGloBE所得・損失から除外されており、その場合は第3.2.1条第c項に基づく調整は不要となる。

持分法会計

50. 第二の除外資本損益は、持分法により会計処理されている所有者持分から生じる損益に起因するものである。多くの財務会計基準では、MNEグループが保有する事業体の持分が、重要であるが非支配持分である場合(通常、事業体の資本持分の20%から50%を有する場合)、持分法による会計処理が求められる。これらの事業体は、財務会計基準においてJVまたは関連会社と呼ばれる。第1章のコメンタリーで述べているとおり、会計上JVまたは関連会社に該当する事業体は、MNEグループにより支配されていないため、第1.3条の定義により構成事業体には該当しない。持分法においては、当該事業体の税引後損益の持分割合相当額が、当該事業体の所有者の財務会計上の純損益に含まれる。

51. 持分法により会計処理されている所有者持分に関する調整は、当該適用対象の事業体が純利益を計上したか純損失を計上したかにより、加算金額または減算金額になる。持分法適用による利益を計上する場合、財務会計上の純損益に対する減算調整が必要となる。持分法適用による損失を計上する場合、財務会計上の純損益に対する加算調整が必要となる。持分法損益は、当該損益またはその一部が所有者の所在国・地域の法律に基づき当該所有者の課税所得の計算に含まれるか否かにかかわらず、GloBE所得・損失の計算から除外される。したがって、持分法により会計処理されている事業体が所有者の課税管轄国・地域において税務上透明な事業体として取り扱われる場合においても、当該事業体の年間損益は当該所有者のGloBE所得・損失の計算から除外されることとなる。

52. 通常、その所有者持分が持分法により会計処理されている事業体は、構成事業体ではない。しかし、第6.4条に従い、第10.1条において定義されるJVは構成事業体であるかのように取り扱われる。第6.4条の対象となるJVは、その所有者持分の50%以上が直接または間接にUPEによって保有されている事業体である。この定義には、会計上JVとなる事業体と関連会社となる事業体が含まれる。第10.1条に定義されるJVに対する所有者持分についても持分法が適用されるため、第3.2.1条第c項で求められる調整は、JVに対する所有者持分に対し

ても適用される。

処分損益

53. 第三の除外資本損益は、譲渡時においてMNEグループが合計10%以上を保有している事業体の所有者持分、すなわちポートフォリオ持分以外の所有者持分の処分により生じる損益である。この損益の区分には、構成事業体の所有者持分、第10.1条で定義されるJVに対する所有者持分、構成事業体またはJVに該当しない事業体に対する所有者持分(ポートフォリオ持分を除く)の売却による損益が含まれる。所有者持分の譲渡が構成事業体の資産および負債の譲渡として取り扱われる場合については、第6.2.2条を参照されたい。

54. 多くの包摂的枠組み参加国・地域において、所有者持分の処分による利益は、全部または一部が免税または軽減税率による課税の対象とされ、所有者持分の処分による損失は損金算入できない場合もある。配当に関する税制と同様に、所有者持分の処分損益に対する国内法に基づく課税の方法は、各国により大きく異なる。国内法上の取扱いは、所有者持分の発行体の性質(および居住地)ならびに処分の方法によって決まる。前述したとおり、多くの包摂的枠組み参加国・地域において、所有者持分の処分損益の全部または一部は、課税ベースから除外されている。処分側の事業体の財務会計上の利益に含まれる所有者持分の処分損益は、その算定基礎が資本持分の帳簿価額であるか(当該所有者持分に係る)原資産の帳簿価額であるかにかかわらず、当該処分側の事業体の課税所得から除外され、永久差異となる。GloBE所得・損失の計算において当該永久差異が調整されなければ、所有者持分の売却益は、処分側の事業体のETRを引き下げる(そしてGloBEルールに基づく潜在的な租税債務を増加させる)。一方、損失は、処分側の事業体のETRを引き上げる(そしてその他の利益が当該損失と相殺されることで、GloBEルールに基づく租税債務を減少させる可能性がある)。GloBEルールでは、原則として所有者持分の処分損益は処分側の事業体のGloBE所得・損失の計算から除外されるため、これらの永久差異の大部分は解消される。ただし、ポートフォリオ持分の処分損益は、GloBE所得・損失に含められる。簡素化のため、GloBEルール上、GloBE所得・損失の計算において、除外資本損益に関連する費用の損金算入を否認しない(ただし、例えば、ユニットリンク保険において、保険契約者のために保有する有価証券にかかる除外資本損益に対応する保険準備金の変動による費用は、GloBE所得・損失の計算から除外される)。

55. ポートフォリオ持分の定義は、除外配当と除外資本損益(上述参照)の双方において用いられる。潜在的な適用範囲は、除外配当の方が除外資本損益よりも広い。これは除外配当の対象外となるものが保有期間要件により限定されているためである。所有者持分の処分損益のうち、当該持分を処分した構成事業体のGloBE所得・損失に含められる損益は、以下の表のとおりである。

処分損益に係る持分の種類	ポートフォリオ持分(分配事業体の利益、資本、剰余金に対する請求権または議決権が10%未満の場合)	非ポートフォリオ持分(分配事業体の利益、資本、剰余金に対する請求権および議決権が10%以上の場合)
短期保有持分(経済的な保有期間が1年未満)	GloBE所得・損失に含める損益	除外資本損益
非短期保有持分(経済的な保有期間が1年以上)	GloBE所得・損失に含める損益	除外資本損益

56. 除外配当に適用される規定とは異なり、当該持分の処分損益をGloBE所得・損失に含めるか否かの判定において、ポートフォリオ持分の保有期間は関係しない。

57. MNEグループは、構成事業体の所有者持分の為替変動をヘッジするのが一般的である。ヘッジ対象となるリスクは、具体的には親事業体が所有者持分を保有する構成事業体の機能通貨と親事業体の機能通貨との間に生じる外貨エクスポージャーである。許容される財務会計基準では、国外事業に対する純投資に起因する通貨リスクのヘッジ(純投資ヘッジ)として有効であると判断されたヘッジ手段に係る為替差損益は、連結財務諸表のOCIに計上される。

57.1. 純投資ヘッジにおけるヘッジ手段にかかる損益の取扱いは、ヘッジ対象である投資の取扱いと整合させるべきである。したがって、申告構成事業体は、以下のすべての要件を充足する限りにおいて、構成事業体の財務会計上の純損益に計上される為替差損益を、第3.2.1条第c項における除外資本損益として取り扱うための5年選択を行うことができる。

　a．これらの為替差損益は、ポートフォリオ持分以外の所有者持分の為替リスクをヘッジするヘッジ手段に起因する。
　b．当該損益は、連結財務諸表のOCIに計上される。
　c．連結財務諸表の作成に使用される承認された財務会計基準において、当該ヘッジ手段が有効性を有するヘッジとみなされる。

結果として、構成事業体の財務会計上の純損益に計上される為替差益から生じる租税は、第4.1.3条第a項に基づく対象租税額の減額として取り扱われる。

57.2. 前項の規定は、連結財務諸表におけるヘッジ取引の取扱いに大きく依拠している。第b項では、連結財務諸表の損益に計上されるヘッジとOCIに計上されるヘッジを区別している。連結財務諸表の損益計算書に計上されたヘッジ損益は、GloBE所得・損失の計算に適切に考慮される。除外されるヘッジ損益は、OCIに反映される国外事業に対する純投資に関連するものである。なぜなら、その純投資の処分から生じる損益は除外資本損益となるからである。第c項の規定は、連結財務諸表の作成に使用した財務会計基準において有効性を有するヘッジとみなされる取引に限定している。

57.3. 純投資ヘッジは、自らはヘッジ対象の所有者持分を保有していないが、MNEグループの財務または金融機能を果たしている構成事業体(発行体である構成事業体)により発行される可能性がある。この構成事業体は、ヘッジの経済的および会計的効果を、当該ヘッジ対象である所有者持分を保有する構成事業体に、関連会社間貸付またはその他の手段により、移転することができる。したがって、発行体である構成事業体がヘッジ手段を保有し、当該構成事業体がヘッジ効果をヘッジ対象である所有者持分を保有する構成事業体に対して、関連会社間貸付またはその他の手段により、移転している場合、当該純投資ヘッジに係る為替差損益は、所有者持分を保有する構成事業体の第3.2.1条第c項の除外資本損益として取り扱われ、発行体である構成事業体のGloBE所得・損失への調整は行われない。

資本投資合算選択

57.4. 構成事業体のGloBE所得・損失の計算から除外される所得項目の多くは、株式または資本投資に係る配当および利得を含む投資損益に関するものである。このような項目は、多くの場合、全額または部分的な免除制度の恩典を受ける一方で、特定の国・地域または状況においては、これらの除外所得項目が対象租税の課税対象となる可能性がある。そのような場合に、当該投資による損失が国・地域のある会計年度の税額合計を減額することにより、MNEグループのETRが過少に計算されるのを防ぐために調整が必要となる可能性がある。このような調整を認めることにより、当該国・地域におけるMNEグループのETRの計算が、除外された利益または損失、あるいは除外項目に関連する税金費用または税効果によって歪められることはない。国・地域の国内課税ベースに含まれる資本投資に関する損失(利益も含む)の影響を中立化するために、申告構成事業体は、資本投資合算選択を行うことができる。この選択がない場合、そのような損失に起因する調整は、ETRの計算において行われない。

57.5. 資本投資合算選択は、国・地域ごとに、当該選択が行われた国・地域に所在する構成事業体が保有するすべての所有者持分(ポートフォリオ持分を除く)に適用される。資本投資合算選択は5年選択である。ただし、資本投資合算選択が有効であった期間に、ある所有者持分に関する損失がGloBE所得・損失の計算に考慮されていた場合においては、当該所有者持分に関する選択を取り消すことはできない。資本投資合算選択が行われた場合、パラグラフ57.11に基づく適格所有者持分以外の所有者持分の所有者は、

a．以下に関する会計上の損益(第3.2.1条第c項を除く第3.2条の規定に従って調整されたもの)をGloBE所得・損失に含める。
　　i．所有者が所有者持分の時価評価または減損に対して課税され、法人所得税に反映される場合、または所有者が実現主義で課税され、法人所得税に所有者持分の時価評価の変動または減損に対する繰延税金費用が含まれる場合の時価および減損による当該所有者持分の損益
　　ii．税務上透明な事業体に対する持分であり、所有者が持分法を用いて持分を会計処理している場合の当該所有者持分に帰属する損益

ⅲ．所有者の国内課税所得に含まれる所有者持分の処分損益(利得の種類に特有の控除またはその他の類似の減免措置(所有者持分の処分に直接起因する資本参加免税制度など)により全額相殺される利得および持株割合に応じて一部相殺される利得を除く)

　b．第4.1.3条第a項および第4.4.1条第a項にかかわらず、GloBEルールの関連規定の適用を受ける調整後対象租税の計算に、これらの項目に関連するすべての当期税金費用および繰延税金費用を含める。

税務上透明な事業体を通じて得た税額控除の取扱い

57.6. 税務上透明な事業体の所有者持分の直接または間接の所有者は、税務上透明な事業体を通じて帰属した税額控除を、当該税額控除の特徴に基づき、GloBEルールの通常の要件に従って取り扱うものとする。例えば、適格還付税額控除(QRTC)の場合、税務上透明な事業体を通じて所有者に帰属した税額控除額は、所有者のGloBE所得・損失において所得として取り扱われる。一方、税務上透明な事業体を通じて所有者に帰属した非適格還付税額控除または非還付税額控除は、GloBE所得として取り扱われず、所有者の調整後対象租税の減少項目として取り扱われる(ただし、以下に示すとおり、当該税額控除が適格フロースルータックスベネフィットである場合を除く)。

適格所有者持分の適格フロースルータックスベネフィットの取扱い

57.7. 資本投資合算選択の対象となる所有者は、パラグラフ57.8から57.10に記載されている取扱いを適格所有者持分を通じて帰属する適格フロースルータックスベネフィットに適用する。パラグラフ57.5に規定される取扱いは適格所有者持分には適用されない。したがって、適格所有者持分を通じて所得が発生した場合、所有者のGloBE所得・損失は、当該所得に応じて増加することはなく、所有者の対象租税は、当該所得に関して計上された税金費用の金額が減額されることとなる。同様に、適格所有者持分を通じて損失が発生した場合、所有者のGloBE所得・損失は、当該損失に応じて減額されることはなく、パラグラフ57.8に規定される範囲において、所有者の調整後対象租税において加算金額として取り扱われることにより、当該損失に関する所有者の税金費用の減算金額は、実質的に所有者の調整後対象租税から除外される。

57.8. 適格フロースルータックスベネフィットは、適格フロースルータックスベネフィットが財務会計上、税金費用の減算として処理された金額を限度とし、適格所有者持分の直接保有者、または、MNEグループの構成事業体ではない一連の税務上透明な事業体を通じた適格所有者持分の間接保有者の調整後対象租税に足し戻される。適格フロースルータックスベネフィットとは、パラグラフ57.9aまたはbに記載された金額(適格還付税額控除を除く)で、パラグラフ57.9に従って所有者の適格所有者持分に対する投資額の減額できる範囲において適格所有者持分を通じて帰属するものをいう。

57.9. ある所有者が有する適格所有者持分について、以下のいずれかの金額が当該所有者に

おいて帰属または受領される場合、当該適格所有者持分に対する投資額は、それと同額だけ減額されるものとする。

a．所有者に帰属する税額控除額
b．所有者に帰属する損金算入可能な損失額に、所有者に適用される法定税率を乗じた金額
c．所有者への分配額(資本の払戻しを含む)
d．適格所有者持分の全部または一部を売却して得た収入金額

このルールの適用においては、いかなる場合においても、所有者の投資額がゼロを下回ることはないものとする。したがって、減額した場合に投資額がゼロを下回ることになる部分の金額については、投資額の減額として取り扱われない。

57.10. パラグラフ57.9aからdに記載された項目のうち、パラグラフ57.9に従って所有者の投資額がゼロまで減少した後に適格所有者持分を通じて帰属または受領するものは、所有者の調整後対象租税額を減額するものとして取り扱われる。ただし、パラグラフ57.9cもしくはdに記載された項目または適格還付税額控除が、所有者の調整後対象租税額を減額するものとして取り扱われるものは、適格所有者持分を通じて帰属し、(パラグラフ57.8に従い)所有者の調整後対象租税額を増額するものとして取り扱われた適格フロースルータックスベネフィットの金額を上限とする。

57.10.1. ただし、財務会計上、持分の会計処理に比例償却法を適用している適格所有者持分を保有する投資家は、毎年回収される投資額を計算するために比例償却法を適用しなければならない。財務会計上、持分の会計処理に比例償却法を適用していない適格所有者持分を保有する投資家は、パラグラフ57.10.2に従って、毎年回収される投資額を計算するために、この方法を使用することにつき取消不能な選択をすることができる。この選択は、適格所有者持分(を保有する投資家が属するMNEグループ)の申告構成事業体が、投資家が持分を取得した、またはGloBEルールの適用対象となった最初の会計年度に行わなければならない。

57.10.2. GloBEルールで適用される比例償却法では、パラグラフ57.9aからdに記載された項目で、適格所有者持分を通じて帰属または受領したものは、期待されるタックスベネフィットの割合に応じて投資額の減額として取り扱われる。期待されるタックスベネフィットの割合とは、会計年度において帰属または受領したパラグラフ57.9aおよびbに記載された項目の、投資期間にわたり適格所有者持分を通じて帰属または受領すると予想される当該項目の合計に対する割合である。パラグラフ57.9aからdに記載された項目で、適格所有者持分を通じて帰属または受領した金額のうち、投資額の減額を超過する金額は、(パラグラフ57.8に従い)所有者の調整後対象租税額を増額するものとした金額から控除するものとする。

57.10.3. 比例償却法は以下の事例で説明する。投資家が20%の税率で課税され、投資により5年間で100のタックスベネフィットを受けることが予想され、適格所有者持分を90で取得したと仮定する。さらに、投資家の財務会計上の投資に関する当期法人所得税は、投資からの

タックスベネフィットの額と投資の比例償却額を相殺することで計算されると仮定する。また、期待されるタックスベネフィットと実際のタックスベネフィットが等しく、財務会計上の投資の比例償却額が、パラグラフ57.10.2に基づいて計算された比例償却額と等しいと仮定する。下表は、適格所有者持分を通じて毎年帰属するタックスベネフィットの額に基づく各年の比例償却計算を示したものである。

投資金額	90					
	1年目	2年目	3年目	4年目	5年目	合計
税額控除額	15	15	16.67	16.67	16.67	80
減価償却に係る税効果	10	10				20
タックスベネフィット見込額	25	25	16.67	16.67	16.67	100
タックスベネフィット見込割合	25%	25%	16.67%	16.67%	16.67%	100%
対応する投資金額の償却額	22.50	22.50	15.00	15.00	15.00	90.00
グロスの税金費用(タックスベネフィット)	(25)	(25)	(16.67)	(16.67)	(16.67)	(100)
対応する投資金額の償却額	22.50	22.50	15	15	15	90
当期税金費用(タックスベネフィット)	(2.5)	(2.5)	(1.67)	(1.67)	(1.67)	(10)

投資家は、各年度の調整後対象租税を計算する際、パラグラフ57.10.2で認められた金額と同じ比例償却額を使用しているため、投資家の財務会計上の当期税金費用を調整する必要はない。

57.11. 適格所有者持分とは以下のものである。

a．税務上透明な事業体への投資であって、
  ⅰ．国内税法上、資本持分として取り扱われるもの
  ⅱ．税務上透明な事業体の資産、負債、収益、費用およびキャッシュフローが、MNEグループの連結財務諸表に項目ごとに連結処理されていない場合に、当該税務上透明な事業体が事業を行っている国・地域の承認された財務会計基準において資本持分として取り扱われるもの
b．その所有者持分に関する利得の合計額(税務上透明な事業体を通じて得られる分配、欠損金に係るタックスベネフィットおよび適格還付税額控除を含むが、適格還付税額控除以外の税額控除を除く)が、所有者持分の保有者が投資した総額を下回ると見込まれ、投資額の一部が適格還付税額控除以外の税額控除として回収されるもの(当該税額控除を譲渡することにより回収するか、当該税額控除を投資家の対象租税債務を減額するために使用されるか否かは問わない)

期待される投資利益の合計額は、投資が行われる時点で、投資条件を含む事実と状況に基づいて計算される。投資家がフロースルー事業体に対して真の経済的持分を有さず、投資損失

から保護される場合には、持分は適格所有者持分とはみなされない。また、国・地域が、開発事業者または投資家がGloBEルールの適用を受ける場合にのみ、当該持分を通じて税額控除の恩典を移転することを認めている場合には、その持分は適格所有者持分とはみなされない。

57.12. 運営指針に関する第8.3条の規定は、適格所有者持分を有するフロースルー事業体に関連するルールの適用に関して、結果の一貫性を確保するために適用される。共通のアプローチを採用する国・地域が、フロースルー事業体の持分を適格所有者持分として取り扱うことに関連し、意図しない結果をもたらすリスクを特定した場合、当該リスクを特定された国・地域は、フロースルー事業体または適格所有者持分に関する更なる要件を検討すること、または必要に応じて、そのような持分の取扱いに関する代替的なルールを検討することを求められる可能性がある。この点に関して、包摂的枠組みは、税額控除を発生させるプロジェクトに関して国・地域におけるフロースルー事業体の特徴や利用可能性のモニタリングを行う。この分析は、個別の納税者の分析ではなく、税額控除制度全体に関する実証的データおよび過去のデータに基づいて行われる。

第d項 – 再評価によって含められる損益

58. 一部の財務会計基準では、事業体は、有形固定資産に関する会計方針として原価法と再評価法のいずれかを選択することができる。再評価法では、資産は再評価後の金額、すなわち再評価日の時価から再評価日後に計上した減価償却累計額および減損損失累計額を控除した金額で計上される。再評価による増加額は、通常、利益ではなくOCIとして認識される。一方、再評価による減少額は、通常（常にではないが）、損失として認識される。再評価益は、通常、財務会計上の純損益から除外され、減価償却費は再評価後の金額に基づいて計算されることから、修正措置がなければ、再評価法はGloBE所得に影響を与えることになる。したがって、OCIに計上された再評価法適用による損益がGloBE所得・損失の計算に及ぼす影響を排除するため、第d項に基づき、当該会計年度の再評価によって含められる損益のすべてをGloBE所得・損失の計算に含めることとしている。再評価による損失または再評価日後の減価償却額の増加分は、それらの損失または費用が第3.2.1条第d項に従いGloBE所得・損失の計算に含められた再評価による増加額（利益）の範囲内において、GloBE所得・損失の計算に含めることが認められる。

59. 第10.1条において、再評価によって含められる損益とは、以下のすべてに該当する会計処理または会計実務に基づいて発生した当該会計年度のすべての有形固定資産に関する純損益であり、関連する対象租税を増加または減少させるものと定義している。

　a．当該有形固定資産の帳簿価額を定期的に時価に調整するもの
　b．価値の変動をOCIに計上するもの
　c．OCIに計上された利益または損失がその後、損益を通じて計上されるものではないこと

60. この定義に従い、OCIに計上する損益が、当該損益に関連する対象租税を控除した後の金額で計上されている場合には、当該対象租税相当額を増額することになる。再評価によって含められる損益に関連する対象租税(当期税金費用または繰延税金費用)は、第4.1条に基づく調整後対象租税の計算に含められる。再評価によって含められる損益の定義に、関連する対象租税の金額が含まれているのは、ETRの計算への影響を考慮し対象租税が実質的に損金算入されないようにするためである。

61. 再評価損益は、第3.2.1条第d項に従って、毎年(または再評価が年1回よりも少ない頻度で行われる場合には再評価時に)所得に反映される。第d項に従って期間ごとに再評価益が認識され、当該再評価益が国内法において課税されるまたは将来課税される場合には、当該再評価益をOCIに計上する際に認識した税金相当額の調整も毎年度必要となる。再評価益が国内法において課税されない場合においても、OCIに計上される再評価益について繰延税金費用を認識することがある。この場合の繰延税金費用は、有形固定資産の簿価に含まれる再評価益相当額が、売却ではなく、当該資産の利用により課税所得を創出することによって実現されることを根拠としている。しかし、資産の売却益が国内法において免税となる状況においては、繰延税金負債を認識することにより対象租税を増額させてはならない。

62. 第3.2.5条の選択は有形資産についても行うことができ、再評価法の対象となる資産も対象に含まれる。当該選択を行った場合、OCIに計上される損益は、その計上時にGloBE所得・損失の計算に含められることはなく、当該資産の処分時まで繰り延べられる。また、当該選択を行った場合、構成事業体は選択対象資産について、再評価法に起因する当該資産の帳簿価額の増減を反映することなく減価償却費を再計算する必要がある。同様に、OCIに計上した再評価損益に係る対象租税も、資産の処分まで繰り延べる必要がある。

第e項－第6.3条に基づき除外される資産および負債の処分損益

63. 第e項は、第6.3条に基づき除外される資産および負債の処分損益に関する調整を定めている。

64. 資産の処分損益は、当該資産の取得側の事業体が(同じMNEグループの)別の構成事業体であっても、通常、GloBEルールに基づき損益として認識される。財務会計規則においても通常は、資産の売却損益は会計上の純損益に含まれる。取得した資産は、(取得側の事業体の)財務諸表において、その取得価額で計上される。しかし、グループ会社間の譲渡の場合、当該グループ内取引が当該グループの連結上の利益に影響を与えないようにするため、連結財務諸表を作成する際に当該グループ内取引の損益および対象資産の帳簿価額の増減を消去するための調整が行われる。その場合でも、各構成事業体の個別財務会計上の純損益の計算上は、当該グループ内取引についても非グループ会社と取引する場合と同様の方法により、当該取引の結果が反映される。

65. 第6.3条は、原則として資産(ポートフォリオ持分ではない所有者持分を除く)および負債の譲渡によって生じた損益を、GloBE所得・損失の計算に含めることを定めている。なお、

別の構成事業体の所有者持分を譲渡した場合の損失には、第6.3条は適用されない。前述のように、資産・負債の譲渡による損益がGloBE所得・損失の計算に含まれることは、(同じMNEグループの)構成事業体間の譲渡取引であっても、個別の事業体ごとに財務会計規則を適用することによる自然な結果である。しかし、譲渡がGloBE組織再編によるものである場合、譲渡資産・負債に係る損益は、非適格譲渡損益に該当する場合に限り、第10.1条において定義される税務上と財務会計上の譲渡損益のうちいずれか少ない金額がGloBE所得・損失の計算に含まれる。多くの国・地域では、課税繰り延べについて定めている組織再編税制において損失を計上することを認めていないため、非適格譲渡損は存在しない。第6.3条に基づき譲渡益が除外される場合、第3.2.1条第e項の調整は減算金額となり、同様に、譲渡損が除外される場合、調整は加算金額となる。

第f項－非対称外国為替差損益

66. 第f項は、非対称外国為替差損益に関する調整について定めている。非対称外国為替差損益は一般に、構成事業体の財務会計上の機能通貨と国内税法上の機能通貨の差異によって生じる為替差損益である。

67. GloBEルール上、(財務会計上と税務上の)機能通貨が同じである場合、為替差損益に関する調整を行わない。その場合、財務諸表に計上されている為替差損益は、国内法上、課税されるか否かにかかわらず、GloBE所得・損失の計算に含まれる。為替差損益が国内法上課税されない場合、永久差異が生じ、当該国・地域のETRに影響を与えることになる。

68. GloBEルール上、財務会計上と税務上で構成事業体の機能通貨が異なる場合、生じうる歪みを回避するために調整を行う。第10.1条において、非対称外国為替差損益の定義には、4種類の為替差損益が示されている。定義において、為替差損益は、構成事業体の税務上の機能通貨、財務会計上の機能通貨、および第三の外国通貨の間の関係に基づいて説明されている。税務上の機能通貨とは、構成事業体が所在する国・地域における対象租税に係る当該構成事業体の課税所得または損失を計算するために用いられる機能通貨である。財務会計上の機能通貨は、構成事業体の財務会計上の純損益の機能通貨である。第三の外国通貨は、構成事業体の税務上の機能通貨でも財務会計上の機能通貨でもない通貨である。各種類の非対称外国為替差損益に関し、第3.2.2条第f項に基づいて求められる調整は以下のとおりである。

69. 定義の第a項は、構成事業体の財務会計上の機能通貨による取引について、税務上の機能通貨が異なるために課税所得または損失が生じる場合に適用される。同項により、税務上の為替差損益を財務会計上の純損益に調整することとなる。第a項は、税務上の為替差損益のうち為替差益の金額を財務会計上の純損益に対する加算調整として、為替差損の金額を財務会計上の純損益に対する減算調整として行うことを定めている。

70. 第a項は、財務会計上の機能通貨建ての資産または負債(財務会計上は為替差損益が生じていないもの)について、税務上の機能通貨で再換算することにより税務上の為替差損益が生じる場合においても適用される。

71. 定義の第b項は、構成事業体の税務上の機能通貨による取引について、構成事業体の財務会計上の機能通貨が異なるために、財務会計上の損益が生じる場合に適用される。この調整は、財務会計上の純損益から財務会計上の為替差損益を除外するものである。したがって、第b項は、財務会計上の為替差損益のうち為替差益の金額を財務会計上の純損益に対する減算調整として、また、為替差損の金額を財務会計上の純損益に対する加算調整として行うことを定めている。

72. 第b項は、税務上の機能通貨建ての資産または負債(税務上の為替差損益は生じていないもの)について、財務会計上の機能通貨で再換算することにより財務会計上の為替差損益が生じる場合においても適用される。

73. 第c項は、第三の外国通貨建ての取引から生じる為替差損益を除外する調整について定めている。第三の外国通貨建ての取引により、構成事業体の財務会計上および税務上の機能通貨の双方に関して為替差損益が生じることがある。しかし、第c項は、財務会計上の機能通貨に関する為替差損益にのみ適用される。同項は、GloBE所得・損失の計算において、財務会計上の為替差損益のうち為替差益の金額を財務会計上の純損益に対する減算調整として、また、為替差損の金額を財務会計上の純損益に対する加算調整として行うことを定めている。

74. 第d項は、第三の外国通貨建て取引について(税務上の機能通貨における)為替差損益を含める調整を行うことを定めている。同項は、税務上の為替差損益のうち為替差益の金額を財務会計上の純損益に対する加算調整として、また、為替差損の金額を財務会計上の純損益に対する減算調整として行うことを定めている。同項は、税務上の機能通貨における為替差損益が、構成事業体の所在国・地域において課税所得に含まれるか否かまたは課税対象となるか否かにかかわらず適用される。第三の外国通貨建て取引の為替差損益が国内法に基づく課税対象とならない場合、第d項の適用において税務上の為替差損益の金額とは、構成事業体が財務諸表に適用している方法と同じ方法で税務上の機能通貨に基づいて為替差損益を計算し課税されていたとしたならば生じていたであろう為替差損益の金額となる。

74.1. 非対称外国為替差損益の調整は、構成事業体の税務上の機能通貨および財務会計上の機能通貨を参照して計算されるが、その結果生じる調整額は、構成事業体のGloBE所得・損失を計算するために、MNEグループの連結財務諸表の表示通貨に換算する必要がある。この表示通貨への換算は、第3.1.2条および第3.1.3条ならびにこれらの条項に関するコメンタリーに従って行わなければならない。

第g項 – 政策上の否認費用

75. 第g項は、政策上の否認費用に関する調整について定めている。第10.1条において、政策上の否認費用とは、賄賂およびキックバックなどの違法な支払い、ならびに罰金およびペナルティについて構成事業体が計上した費用と定義されている。罰金の金額が僅少な場合に同項の規定を適用しないものとする重要性の基準が設定されており、5万ユーロ(または構成

事業体の財務会計上の純損益の計算に適用されている通貨建ての相当額)以上の罰金およびペナルティについて第g項の調整が適用される。賄賂およびキックバックについてはそのような基準は存在せず、常に損金算入は否認される。

76. 賄賂、キックバックその他の違法な支払いは、財務会計規則では費用として認められているものの、ほとんどの包摂的枠組み参加国・地域において税務上、損金算入は認められていない。例えば、賄賂の損金算入は、汚職に対する措置の一環として、および「国際商取引における外国公務員に対する贈賄のさらなる防止のための税制措置に関するOECD理事会勧告」(OECD, 2009[3])（注3)でも規定されているとおり、公共政策上の理由で否認される。第3.2.1条第g項の適用上、支払いは、当該支払いを行った構成事業体に適用される法律、またはUPEに適用される法律に基づき違法とされる場合に、違法とされる。

77. 賄賂と同様、政府が科した罰金およびペナルティについては、一般に、税務上、損金算入が否認される。しかし、罰金およびペナルティの損金算入を認めない政策上の意図は、経済的コストをその行為を犯した者にのみ限定することである。ペナルティが損金に算入される場合、当該納税者が当該ペナルティの負担をすべての納税者と分け合うことになるため、政策上の意図を薄めることになる。

78. しかし、交通違反切符などの軽犯罪に対する罰金およびペナルティは賄賂よりも頻度が高く、金額も様々である。例えば、運送会社に対する50ユーロの交通違反切符から、大手銀行が証券法違反で科される数百万ユーロ規模の罰金まで、様々な場合がある。多くの罰金およびペナルティは僅少なものであるとの認識に基づき、5万ユーロ(または機能通貨における相当額)以上の罰金およびペナルティについてのみGloBE所得・損失の計算上損金算入を認めていない。損金算入の否認は、定期的に行われる同じ活動に関して科される罰金（例えば、履行強制金)で、1年間に合計で5万ユーロ(または機能通貨における相当額)以上となるものにも適用される。定期的な罰金またはペナルティには、是正措置がとられるまで定期的に賦課される罰金またはペナルティが含まれるが、交通違反切符のような複数回にわたる同種の違反に対する別個の罰金は含まれない。この基準の目的は、構成事業体の財務諸表において、会計上、個別具体的に計上されないような少額の罰金については、引き続き損金算入を認めることにある。このアプローチにより、GloBEルールのためだけに少額の罰金およびペナルティを把握するという複雑さを回避し、かつ、少数の税務上損金算入されない多額な罰金またはペナルティが会計上の費用に含まれることによりMNEがトップアップ税額を免れることを防止することになる。租税やその他の政府機関に対する債務の支払遅延に関する支払利子は、本規定の趣旨に鑑みて、罰金またはペナルティとはみなされず、財務会計上の純損益に足し戻す必要はない。

第h項－過年度の誤謬と会計原則の変更に起因する損益

79. 第h項は、過年度の誤謬と会計原則の変更に関する調整について定めている。第10.1条において、過去会計年度の誤謬と会計原則の変更に起因する損益とは、構成事業体の自己資

本の会計年度開始の日の残高（期首残高）の変動のうち、過去会計年度の財務会計上の純利益の計算における誤りに係る訂正であって、当該過去会計年度のGloBE所得または損失の計算における収益または費用に影響を与えるもの、またはGloBE所得・損失の計算に含められる収益・費用に影響する会計原則もしくは方針の変更に起因する変動に係る損益を意味する。第h項は、誤謬の修正により過去会計年度の対象租税が100万ユーロ以上減額されるような場合には適用されない。そのような誤謬の修正には、第4.6.1条の規定が適用される。

80. MNEグループが過去会計年度の構成事業体の財務会計上の純損益の計算における誤謬を修正した場合、誤謬が発見された会計年度または実務上可能な限り速やかに、事業体の自己資本の期首残高を再計算する必要がある。MNEグループは、誤謬に係る会計年度の修正連結財務諸表を作成しなければならない場合もある。ただし、誤謬がグループ事業体間の取引に起因しており、結果的に両グループ事業体において誤謬が同額相殺された場合、誤謬は連結財務諸表に影響を与えない可能性がある。しかし、その場合においても、GloBEルールにおける事業体の個別の自己資本の期首残高に対する調整は、第3.2.1条第h項に従って行わなければならない。この調整は、誤謬の内容に応じ、自己資本の期首残高を増加させることもあれば減少させることもある。例えば、収益を誤って除外した場合、誤謬が修正される時点で通常は自己資本の期首残高を増加させることになり、GloBE所得・損失の計算上、対応する所得を増加させることとなる。

81. 誤謬が、構成事業体に対するGloBEルール適用前の会計年度に起因するものである限り、自己資本の期首残高の調整は、GloBE所得・損失の計算には影響せず、第3.2.1条第h項に基づく調整は不要である。また、第4.6.1条に基づき、過去会計年度のETRおよびトップアップ税額の再計算をする必要がある場合、当該誤謬に係る調整は第4.6.1条に従って関連する会計年度において行われることになるため、第3.2.1条第h項に基づく調整は不要である。

82. MNEグループが財務会計上の純損益の計算において使用した会計原則または会計方針を変更した場合、過去会計年度から継続して当該新たな会計原則または会計方針を適用してきたものとして自己資本の期首残高を再計算することが必要となる場合がある。当該再計算は、会計原則または方針の変更の結果、その後の会計年度においてMNEグループの収益または資本として二重計上されたり、または除外されたりすることを防ぐために必要である。会計原則または会計方針が変更された場合、資本の増減は、新たな会計原則または会計方針のもとで、将来期間において財務会計上の純損益の計算に含められるべき、または過去会計年度の当該計算に含められていたであろう、収益、利益、費用または損失の純額を表す。会計原則または会計方針の変更により、自己資本の期首残高の増加または減少のいずれかが必要となる場合がある。第3.2.1条第h項に基づく調整は、自己資本の期首残高の調整と一致させる必要がある。したがって、会計原則または会計方針の変更により自己資本の期首残高が減少する場合、第3.2.1条第h項に基づく調整は、GloBE所得・損失の計算における追加的な損金算入と同じ効果を持つ減算調整となる。一方、会計原則または会計方針の変更により自己資本の期首残高が増加する場合、第3.2.1条第h項に基づく調整は、GloBE所得・損失の計

算において追加的な所得と同じ効果を持つ加算調整となる。

83. 構成事業体の損益項目に起因する自己資本調整が、GloBE所得・損失の計算に含まれていた、または含まれていたであろう範囲において、関連する構成事業体の財務会計上の純損益に対する調整として扱わなければならない。当該調整が構成事業体に対するGloBEルール適用前の会計年度に起因する場合、GloBE所得・損失の計算には含まれない。

84. 構成事業体に対するGloBEルール適用前の会計年度に起因する調整の額は、あらゆる事実および状況に基づいて決定する必要がある。

第i項－発生年金費用

85. 年金債務は、会計年度中の年金基金への拠出額を限度として、GloBE所得・損失の計算において費用として認められる。年金債務の年間費用を年金基金への拠出額に基づいて計算することには、二つのメリットがある。第一に、各国の税制においては、一般に、拠出の時期を基準として年金債務を損金算入するため、年金基金への拠出に関して、GloBEルール上の年金基金に帰属する年金費用の認識時期と各国の租税債務の計算との整合性をより高めることができる。第二に、年金会計に基づく処理の一部をOCIにのみ反映させている一部の許容された財務会計基準のもとで生じ得る複雑な調整や潜在的な競争上の懸念を回避することができる。しかし、第3.2.1条第i項は、年金基金を通じて提供される年金制度の年金費用にのみ適用される。したがって、元従業員に対して直接年金を支給するために年金費用を計上する場合には、第3.2.1条第i項の適用を受けない。なぜなら、GloBEルール上、財務会計上の純損益の計算において費用計上したのと同一期における同一金額として取り扱うからである。

年金収益の取扱い

86. 第3.2.1条第i項における発生年金費用に関する調整額は、構成事業体の財務会計上の純損益に年金基金に関する発生年金費用または年金収益が含まれているか否かにより異なる。発生年金費用の場合、調整額は、(a)年金基金への拠出額と、(b)当該会計年度中、財務会計上の純損益の計算において当該年金基金に係る年金費用として計上された金額との差額である。当該差額に関する財務会計上の純損益の調整は、財務諸表において年金基金に係る年金費用として計上された金額が、年間の当該年金基金への拠出額を上回る場合、加算調整（GloBE所得を増加させる）となる。年金基金への拠出額が財務諸表に計上された費用を上回る場合、減算調整（GloBE所得を減少させる）となる。発生年金収益の場合、調整額は、当該会計年度中の年金収益と年金基金への拠出額（もしあれば）の合計として計算される。この場合、調整額は負の金額となる。この調整額は、赤字または負債のポジションの場合だけでなく、年金基金が黒字の場合にも適用される。発生年金費用の会計上の損益に対する調整額（正または負の金額）を計算する計算式は以下のとおりである。

GloBE調整額＝（会計年度の発生収益または発生費用＋会計年度の拠出金）×（－1）

- 発生収益は正の金額で表示
- 発生費用は負の金額で表示
- 拠出額は正の金額で表示

年金基金が剰余金を有し、その剰余金(純利益)が構成事業体に分配される場合、その剰余金は、分配された会計年度における当該構成事業体のGloBE所得・損失の計算に含まれる。

GloBE所得・損失を計算するための追加の調整

所定の状況における債務免除

86.1. 包摂的枠組みは、財務会計上の純損益に含まれる債務免除益の額に関して、申告構成事業体が選択を行い、債務免除が以下に該当する場合には、構成事業体のGloBE所得・損失の計算から除外されるとすることに合意した。

a．債務免除が、関連する国・地域の法令で定められた破産手続きまたは倒産手続きの下で行われるものであって、当該国・地域の裁判所またはその他の司法機関により監督されるか、または独立した破産管財人が任命される場合。この場合、同一手続きの対象となる第三者が有する債権および関連者が有する債権の双方に係る債務免除益は、GloBE所得・損失の計算から除外される。

b．債務免除が、一または複数の債権者が債務者と関連者ではない者(すなわち、第三者が有する債権)である場合の手続きに従って起こり、当該債務者が、当該手続きにより免除された第三者が有する債権に係る債務免除がなければ12か月以内に支払不能になると結論付けることが合理的である場合。この場合、同一手続きの対象となる第三者が有する債権および関連者が有する債権の双方に係る債務免除益は、GloBE所得・損失の計算から除外される。

c．債務免除が、債務者の負債が債務免除の直前に計算された債務者の資産の公正な市場価値を超過している時に起こる場合。この場合、債務者が関連者ではない債権者に対して負う債務のうち、次のいずれか少ない金額が除外される。(i)債務者の負債が、債務免除の直前に計算された債務者の資産の公正市場価値を超過する額、または、(ii)債務免除の結果、債務者の国・地域の税法に基づき債務者の租税属性が減少する額。パラグラフ86.1cは、パラグラフ86.1aまたはbが適用されない場合にのみ適用される。

86.2. 債務者が国内税法上当該所得に課税されない場合、前パラグラフの救済がなければ、トップアップ税額がMNEグループに発生する可能性があり、支払不能または財政難に陥った事業体を支援するために設けられた税制および会社法上の政策措置が損なわれる可能性がある。しかし、債務免除の当事者が同じMNEグループのメンバーである場合、取引の各当事者のGloBE所得・損失に与える影響が認識された場合、プランニングの機会が生じることとなる。上記のような状況においてのみ、構成事業体のGloBE所得・損失の計算の調整を認めることは、規模が重大で、構成事業体の存続にとって重要な、真正な債務超過の事案のみ

が該当するようにすることを意図している。

86.3. したがって、パラグラフ86.1a、bまたはcに該当する場合には、財務会計上の純損益における債務免除による所得、債務免除に関連する当期税金費用および繰延税金費用(国内の租税属性の減少により生じる)は、それぞれ債務者である構成事業体のGloBE所得・損失および調整後対象租税から除外されるものとする。ただし、この取扱いは、申告構成事業体が選択した場合にのみ適用される。さらに、パラグラフ86.1cの対象となる債務の場合、上記の取扱いは、免除された債務のうち救済の対象となる部分にのみ適用される。

86.4. 債務免除がパラグラフ86.1aまたはbに該当する場合、関連者が有する債権および第三者が有する債権の双方に係る債務免除益に関連する金額が、構成事業体のGloBE所得・損失の計算から除外される。ただし、債務免除がパラグラフ86.1cに該当する場合、債務者が関連者でない債権者に対して負う債務に関連する金額のみが、構成事業体のGloBE所得・損失の計算から除外される。さらに、パラグラフ86.1cに基づき構成事業体のGloBE所得・損失の計算から除外される金額は、国内税法に基づく債務者の租税属性(外国税額控除など、GloBE上の対象租税に含まれない租税属性を含む)の減少額と、構成事業体が純資産ベースで支払能力を有するために必要な金額(すなわち、負債と資産の公正な市場価値との差額)のいずれか低い金額である。

86.5. パラグラフ86.1aにおける「法令で規定された倒産手続または破産手続(であって)、裁判所またはその他の司法機関によって監督されるもの」とは、ある国・地域の国内法に基づいて規定され、財政難にある企業の再建を支援し、その存続を確保し、または清算を整然と進めるための手続きであって、裁判所その他の司法機関によって監督され、または確認されなければならないものと定義されている。「独立した破産管財人の選任」は、債務免除益に関する調整の範囲を、対象となる構成事業体を管理するために独立した管財人が選任される場合も含むように拡大するものである。国・地域によっては、このプロセスは国内法によって決定されるが、裁判所や司法機関による監督や確認は行われない。管財人が任命された後に法的に放棄された債務のみが、調整の対象となる。さらに、パラグラフ86.1aに定める債務免除に係る取扱いは、債権者が債務者と「関連者」であるか否かにかかわらず適用される。

86.6. パラグラフ86.1bまたはcの適用を検討するうえで、二つの事業体間の関係がOECDモデル租税条約(OECD, 2017)第5.8条に規定された基準を満たさない場合、債権者は債務者と「関連者」ではないとみなされる。

86.7. (パラグラフ86.1bの適用の検討における)当該第三者の有する債権の総額に係る債務免除がなければ、債務者が12か月以内に支払不能になると結論付けることが合理的か否かは、適格な独立した当事者の意見に基づくべきである。この場合の「支払不能」とは、厳密な貸借対照表の基準ではなく、「その事業体は支払期日が到来してもすべての債務を返済することはできない」という一般的な意味を指す。第三者からの債務の免除がなければその事業体が支払不能になるか否かを判断する際、適格な独立した当事者は、債務者と「関連者」である債

権者に対して負っている債務を除外して判断しなければならない。この要件を満たすために、構成事業体は、適格な独立した当事者から外部の専門的助言を求める必要がある。パラグラフ86.1bの適用範囲では、第三者からの債務のみに基づく支払能力のテストを行うという要件にかかわらず、同一手続きのもとで関連者が有する債権も当該債務免除の対象に含まれる場合には、当該関連者が有する債権に係る債務免除益も上記パラグラフ86.3に概説された調整の恩典を受けることになる。「手続き」とは、通常の意味であるが、債務者と債権者の間の交渉と合意を含むものでなければならない。関連するすべての債務免除が単一の法的合意に基づくものである必要はないが、関連する債務免除は、客観的に見て債務者の支払能力を確保するために実施された単一の手続きまたは計画に基づくものである必要がある。

第3.2.2条

株式報酬

87. 第3.2.2条は、GloBE所得・損失の計算において、構成事業体の課税所得の計算上損金算入が認められる株式報酬の金額を、当該構成事業体の財務諸表において費用計上された金額の代わりに使用する選択を認めている。多くの包摂的枠組み参加国・地域において、法人は、オプション行使時の当該株式の市場価格に基づき、株式報酬を税務上損金算入することができる。また、発行時のストックオプションの現在価値を発行時または権利行使期間にわたり損金算入した後、オプション行使時においては、既に損金算入した金額とオプションを行使した時点の市場価値との差額を損金算入することができる場合もある。

88. 財務会計上、法人は、通常、株式報酬を発行時のストックオプションの現在価値に基づいて計上し、当該金額を権利行使期間にわたって償却する。権利行使期間中の状況の変化によっては、株式報酬費用の見積金額を修正し、財務会計上費用計上される金額を調整することもある。権利行使期間中に株式の市場価格が上昇した場合は、財務会計上費用計上した金額よりも高い金額を税務上損金算入することになり、その場合、当該差異は永久差異となる。

89. このように、財務会計上の利益の計算において認められる費用の金額と現地の課税所得計算において認められる費用の金額との間に差異がある場合、GloBE ETRを押し下げる傾向があり、最低税率未満になる場合もある。第3.2.2条に基づく選択をすることで、権利行使日時点の株式価値に基づき、損金算入を認める国・地域の税制と、GloBE所得・損失の計算を、より整合させることができる。この選択を行わない場合、構成事業体は、単に財務会計上の純損益の計算において費用として認められる株式報酬の金額に基づきGloBE所得・損失を計算することになる。

90. 第3.2.2条の選択は、申告構成事業体が行うものとする。この選択は、株式、ストックオプション、株式引受権（またはそれらに相当するもの）などの報酬で、費用として認められる金額の計算が国内税務上と財務会計上との間で異なるものに限定して適用される。原則として、この選択は、従業員および従業員以外に対する株式報酬に適用される。ただし、国内の

課税標準において従業員と従業員以外で異なる規定が適用されている場合、この選択は、国内税制に従って、従業員と従業員以外の株式報酬に別々に適用される。

91. 第3.2.2条の選択を行った場合、権利行使されることなく失効するオプションについて、構成事業体は、GloBE所得・損失の計算上当該選択に従い過去に費用として調整した金額を、追加所得として足し戻さなければならない。この規定により、構成事業体は、支払われることのない項目について、損金算入という恩典を享受することがなくなる。

92. この選択は5年選択であり、同じ国・地域に所在するすべての構成事業体の株式報酬費用に対して、その選択を行った年度およびその後のすべての会計年度について、その選択を取り消すまで一貫して適用される。この選択は国・地域ごとに行われるため、ある国・地域については選択を行い、他の国・地域については選択しないこともできる。さらに、選択の取り消しも国・地域ごとに行われる。

93. ある会計年度において、株式報酬費用の一部を財務諸表に計上した後、権利行使日前にこの選択を行った場合、構成事業体は、過去会計年度におけるGloBE所得・損失の計算に含まれた株式報酬費用が、過去会計年度に当該選択を行っていたとしたならば当該株式報酬に関して認められていたであろう損金算入額を超過する金額を足し戻さなければならない。つまり、構成事業体は、財務会計上費用として計上した金額をGloBE所得・損失の計算上費用とした後に、同じ株式報酬費用について税務上の損金算入のタイミングでGloBE所得・損失から再度控除することは認められない。また、当該国・地域に所在する構成事業体によって支払われた株式報酬の一部または全部に関して、第3.2.2条に基づく選択を権利行使期間の終了前に取り消した場合、それらの構成事業体は、オプションがまだ行使されていない株式報酬に係る費用に関してのみ、取り消しが適用される会計年度の直前の会計年度までの期間において当該選択に基づきGloBE所得・損失の計算上損金算入したことによる超過額を、足し戻さなければならない。つまり、選択の取り消しは、最終的な損金算入が決定されていない株式に基づく報酬費用にのみ影響し、既に行使されているオプションに関して損金算入が認められた金額には影響しない。

94. 第3.2.2条に基づく選択を行ったか否かを問わず、構成事業体が計上する株式報酬費用の全額について、当該構成事業体は、財産の提供または使用、またはサービス等の提供の対価として当該株式報酬費用を負担したことにつき、信頼できる一貫性のある方法で追跡できることが条件とされる。この選択は、財産（財産の使用を含む）またはサービスを受領し、株式報酬をそれらの対価として支払って当該株式報酬費用を負担した構成事業体にのみ適用される。株式報酬として提供された株式は、関連する費用を負担した構成事業体によって発行された株式である必要はない。しかし、株式報酬として付与される当該株式を発行する構成事業体は、当該株式報酬の対価として財産、サービス等を受領していない限り、当該株式報酬費用の損金算入は認められない。したがって、例えば、ある構成事業体がその経営幹部に、UPEの株式という形で株式報酬を提供した場合、UPEではなく当該構成事業体が当該株式報酬費用を損金算入する。

95. 財務会計上認められた金額を超える株式報酬の金額を、損金算入することが認められるのは、一の構成事業体のみであり、かつ、その構成事業体が現地の税務上、そのような株式報酬の損金算入を認められている場合に限られる。したがって、株式報酬として用いられる株式を発行した事業体から、株式報酬費用を負担する事業体に対して会計上費用を付け替えなければならない場合、当該株式を発行した事業体の費用と、当該費用を負担する事業体からの支払いは、連結財務諸表において費用計上される株式報酬費用の金額と同額である必要がある。

第3.2.3条

クロスボーダー取引に関する独立企業要件

96. 第3.2.3条において、グループ事業体間の取引は、常に独立企業原則と整合する価格により行われ、当該取引の当事者であるすべての構成事業体において、GloBEルール上、同一の価格で取引を計上しなければならないと定めている。

97. MNEグループの構成事業体は、通常、独立企業原則に基づく移転価格ポリシーを有しており、当該ポリシーに従い決定された移転価格は、当該構成事業体の財務諸表に反映され、所在国・地域の課税所得の計算に用いられる。したがって、各構成事業体の財務諸表においては、独立企業原則に基づく同一の価格でグループ事業体間の取引が反映されることが、通常期待される。MNEグループおよび関連者間取引を行っている各構成事業体の納税申告書を調査する税務当局は、独立企業原則の遵守状況を評価するのに最も適した立場にある。MNEグループがその財務諸表に反映されている移転価格を用いて所在国・地域の課税所得を計算しており、税務当局が移転価格調整を要求していない場合、当該取引価格はGloBE所得・損失の計算においても用いられるべきである。こうした状況において、MNEグループは、第3.2.3条に基づく調整を行わない。

98. 第3.2.3条は、関連者間取引の当事者である一または複数の構成事業体(取引当事者)の課税所得が、財務諸表において用いられている価格とは異なる移転価格を適用して計算されている場合には、GloBEルールのもとで二重課税または二重非課税が生じることを回避するために、財務会計上の純損益を調整することを定めている。このような差異は、現地での税務申告時や、申告後に税務当局によって一以上の取引当事者の納税申告書が調査された際に生じることがある。

99. すべての関連する税務当局が、独立企業原則を反映させるため移転価格を同一の価格に調整することを合意した場合、取引当事者は、GloBE所得・損失の計算上、当該価格に基づいてGloBE所得・損失を調整しなければならない。例えば、そのような事例は、二国間の事前確認(APA)が、双方の取引当事者の国・地域の権限ある当局によって合意されている場合に生じる可能性がある。二国間の事前確認に基づき合意されている独立企業間価格に整合するように、GloBE所得・損失に対する調整はすべての取引当事者に対して一貫して適用さ

れなければならない。取引当事者のいずれかの納税申告書の調査に関連して、当該各当事者に関連する税務当局が、移転価格を同一の価格に調整することに合意した場合、当事者である各構成事業体は、そのGloBE所得・損失を調整しなければならない。各取引当事者の価格の調整は、第4.6.1条に従い、そのGloBE所得・損失の計算に反映される。

100. 取引当事者の財務諸表において用いられた移転価格が、一方の取引当事者の課税所得計算に用いられた移転価格とは異なるものの、別の国・地域に所在する他方の取引当事者の課税所得計算に用いられた移転価格とは一致していることがある。こうした差異は、以下の場合に生じる。

　　a．ユニラテラルAPAが合意されている場合
　　b．一方の構成事業体が、自国の移転価格ルールを遵守するために、財務会計上と税務上の差異調整を含む申告納税制度に基づき税務申告書を提出する場合
　　c．税務当局が、取引当事者である構成事業体のうちの1社について、税務申告書において使用されている移転価格に異議を唱え、調整する場合

101. このような差異が生じた場合、(当該一方の取引当事者の)課税所得計算に使用された移転価格は、独立企業原則に整合しているものと推定される。GloBEルールのもとで二重課税または二重非課税が生じないようにするため、第3.2.3条に基づき、必要に応じて、GloBE所得・損失を調整しなければならない。具体的には、一方の取引当事者のみに対する一方的移転価格調整が行われた場合、第3.2.3条に基づき当該当事者のすべての取引相手のGloBE所得・損失について当該調整に対応する調整を行うことになる。ただし、当該一方的な移転価格調整がある国・地域における当該MNEグループの課税所得を増減させるもののうち、表面税率が最低税率よりも低い国・地域に関するもの、または当該一方的移転価格調整が行われた年度の前2会計年度の各年度において当該MNEグループに関して低課税国・地域となる国・地域(軽課税国・地域)に関するものである場合は、第3.2.3条に基づく調整を行う必要はない(注4)。

102. 第3.2.3条により、二重課税または二重非課税を防ぐための必要な調整が行われる。例えば、高税率国・地域における課税所得を増加させる当該国・地域における移転価格調整が行われた場合には、第3.2.3条に基づく対応する調整を行うことにより、軽課税国・地域に所在する関連取引の相手方である当事者のGloBE所得を減額しなければならない。この対応する調整を行わない場合、高税率国・地域において国内法に基づき課税される所得金額が、GloBEルールに基づき再度課税対象となることになり、二重課税となる。同様に、高税率国・地域における課税所得を減少させる移転価格調整が行われた場合、すべての取引事業者のGloBE所得・損失に対応する調整は、軽課税国・地域に所在する関連取引の相手方当事者のGloBE所得を増額させて、GloBEルールに基づくトップアップ税の課税対象に含めなければならない。この対応する調整を行わなければ、高税率国・地域の課税所得から除外された所得については、当該高税率国・地域においてもGloBEルールのもとでも課税されず、二重非課税の利益が生じてしまうことになる。

103. しかし、第3.2.3条の調整を行うことによりGloBEルールのもとで二重課税または二重非課税が生じることになる場合、当該調整は行われない。例えば、表面税率が最低税率を上回っている国・地域で行われた一方的な移転価格調整により課税所得が減額されたとしても、その前の2年間における当該国・地域のETRが最低税率を下回っている場合には、当該一方的な移転価格調整をGloBE所得・損失の計算に反映させるべきではない。これは、もしその取引相手が高税率国・地域に所在している場合、当該一方的な移転価格調整をGloBE所得・損失の計算に反映させることにより二重非課税が生じるためである(すなわち、調整対象となる所得は、いずれの国・地域においても課税されず、かつGloBEルールのもとでもトップアップ税を課されない)。最後に、軽課税国・地域における課税所得を増加させる一方的移転価格調整は、GloBE所得に反映させるべきではない。なぜなら、そのような調整は、GloBEルールのもとで二重課税を生じさせるからである(すなわち、当該調整を行うことにより、当該一方的移転価格調整が行われる国・地域において当該所得にトップアップ税が課されることになるが、当該所得は既に他の国・地域において課税されているか、または他の国・地域が軽課税国・地域である場合にはトップアップ税が課されるか、あるいはその双方に該当する)。

104. 第3.2.3条においては、独立企業間価格を適用すること以外の要件は課されない。したがって、同条においては、GloBEルールの適用における所得または費用の項目の認識時期と、各国の税務上の当該項目の認識時期を一致させることを、MNEグループに対して求めていない。

105. GloBEルール実施枠組みは、複数の取引当事者の納税申告書に関する手続に関連して、独立企業原則を反映するように移転価格を調整する必要があるか、あるいはどの程度調整する必要があるかについて、関連する税務当局間の意見が一致しない場合の取扱いや、GloBEルールのもとで二重課税または二重非課税が生じないようにするためのGloBE所得への適切な調整について、さらに検討を行う予定である。また、GloBEルール実施枠組みは、第3.2.3条に従って構成事業体が行う調整に関連する情報の報告についても、検討する予定である。

同一国内取引に関する独立企業要件

106. 一方、同じ国・地域に所在する構成事業体間の取引については、通常、連結財務諸表の作成に用いた金額に対して税務上の調整を行う必要はない。これは、同じ国・地域内で一の納税者から別の納税者に所得が移転しても、通常、その国・地域における課税所得の総額には影響しないからである。このような同一国内取引は、既に連結納税制度またはグループリリーフ制度などに従い、国内税法上、消去されているか、その他の方法で調整されている場合がある。GloBEルール上、純粋な同一国内取引に関して、独立企業原則を遵守するための追加の調整は、通常、求められない。同一国内取引の影響は、通常、第5章の国・地域ブレンディングルールに基づき消去されるからである。さらに、対象租税を課さない国・地域における構成事業体は、同一・地域内取引に、独立企業原則を適用しない場合がある。

107. しかし、第3.2.3条は、資産の売却や譲渡等により損失が生じ、その損失がGloBE所得・損失の計算に含まれる場合には、同一国・地域の構成事業体間の取引であるとしても独立企業原則を適用することを要求している。この規定は、MNEグループが独立企業原則に合致しない価格を用いて行われるグループメンバー間での売却や譲渡等を通じ、ある国・地域において損失が創出されることを防ぐことを意図としている。当該損失が構成事業体のGloBE所得・損失の計算から除外される場合には、この規定は適用されない。例えば、MNEグループが、損失が発生した国・地域において、第3.2.8条に基づき連結会計を適用する選択をしている場合、その損失は連結仕訳において消去され、構成事業体のGloBE所得・損失の計算から既に除外されている。

108. MOCEとその他の構成事業体との間の取引も、独立企業原則に従って計上しなければならない。これは、MOCEは、第5.1条および第5.2条に基づき、当該国・地域のETRおよびトップアップ税額の計算に含められず、代わりに第5.6条に従ってそのETRとトップアップ税額を別個に計算するからである。したがって、取引の当事者の収益および費用は、国・地域ブレンディング計算において消去されず、独立企業原則に基づく取引を反映させなければ、当該国・地域およびMOCEのETRおよびトップアップ税額の計算を歪めることになる。同様に、同じ国・地域に所在する投資事業体とその他の構成事業体との間の取引も、独立企業原則に従って計上しなければならない。

109. 最後に、第3.2.3条において明示的には述べられていないものの、同じ国・地域の構成事業体間の取引についても、いずれの構成事業体においても同額で計上されなければならない。同じ国・地域の構成事業体には共通の財務会計基準が適用されることから、通常は同額で計上されることが見込まれる。この原則は、GloBE所得・損失の計算から所得が除外されたり、費用が二重計上されたりすることを防ぐため、すべての場合において適用される。

第3.2.4条

109.1. 第3.2.4条のコメンタリーにおいては、包摂的枠組みが合意したGloBEルールにおける適格還付税額控除と市場性譲渡可能税額控除の取扱いについて述べている。第3.2.4条で規定される取扱いは、適格還付税額控除または市場性譲渡可能税額控除である税額控除にのみ適用される。税額控除制度が、その一定割合または一部のみが還付または譲渡可能な(すなわち取引可能な)税額控除である場合、その税額控除は二分され、還付または譲渡可能な部分は適格還付税額控除または市場性譲渡可能税額控除であるか否かを判断するためにテストされる。第4.1.3条第b項または第c項のコメンタリーは、適格還付税額控除または市場性譲渡可能税額控除の定義を満たさない税額控除または税額控除の一部にも適用される。

適格還付税額控除

110. 第3.2.4条は、特定の還付可能な税額控除の取扱いについて定めている。第3.2.4条において規定されている還付可能な税額控除とは、税制を通じて提供される政府の優遇措置をい

う。これは、税額計算の誤りやインピュテーション制度に基づく過年度に納付した租税の通常の還付ではなく、研究開発などの特定の活動を行う際の優遇措置のことである。これにより、政府は、企業が特定の活動や特定の支出を行った場合に同額の租税を相殺することを認めるものであり、租税債務がない場合には未使用の控除額を還付するものである。こうすることで、政府は、補助金と同様の方法で、事実上、当該特定の活動や費用に係る支払いを行うこととなる。基本的な考え方は、政府と納税者の間で小切手をやり取りするよりも効率的であるため、可能な限り、租税の減額によって優遇措置や補助金を提供するというものである。

111. 適格還付税額控除の額面価格が、当該税額控除を受ける権利が発生した年度において、当該税額控除を受ける構成事業体のGloBE所得として取り扱われる。しかし、適格還付税額控除が資産の取得または建設に関連し、その税額控除を受ける権利を生じさせる活動に従事する構成事業体(オリジネーター)が、その税額控除に関して資産の帳簿価額を減額する、または繰延収益として認識し、税額控除からの収益を資産の耐用年数にわたって認識するという会計方針を有する場合、オリジネーターは、適格還付税額控除に関して同じ会計方針に従い、税額控除の特性を変えることなく、GloBE所得・損失を計算することができる。この取扱いは、このような種類の還付可能な税額控除は、実質的には特定の種類の活動に対する政府の援助であり、最終的に現金または現金同等物で受け取ることができるものであることを踏まえれば、所得の一部を構成する政府補助金と同じ特徴を有しているため、同様に取り扱われるべきであるという考えを反映している。適格還付税額控除の定義に関するコメンタリーも参照されたい。包摂的枠組みは、課税所得となる適格還付税額控除やその他の税額控除に関する移行期に係る問題や税効果に係る影響に対処するための更なる指針を提供する予定である。

112. 構成事業体の財務諸表において、適格還付税額控除の金額が当期法人所得税(またはその他の対象租税)の減額として処理されている場合、当該金額を収益としてではなく租税の減額として処理した会計仕訳をすべて取り消すために、当該金額を第4.1.2条第d項に基づき対象租税の追加項目として取り扱わなければならない。これにより、適格還付税額控除は税金費用の減額ではなく、収益項目として取り扱われることとなる。適格還付税額控除の定義に該当する税額控除が既に財務諸表において収益として取り扱われている場合には、このような調整は不要である。

市場性譲渡可能税額控除

112.1. 市場性譲渡可能税額控除とは、税額控除を受ける権利の保有者が、当該税額控除を付与した国・地域の対象租税に係る債務を軽減するために、利用することができ、保有者において法的譲渡可能要件および市場性要件を充足する税額控除を意味する。
  a. 法的譲渡可能要件　税額控除制度が、税額控除の適格基準を充足した会計年度(権利付与年度)または権利付与年度の終了の日から15か月以内に、オリジネーターが非関連者に税額控除を受ける権利を譲渡できるよう設計されている場合、当該税額控除の

オリジネーターにおいて法的譲渡可能要件は充足される。税額控除制度が、税額控除を受ける権利の譲渡を受けた者(購入者)が税額控除を受ける権利の譲渡を受けた会計年度内に、当該税額控除を受ける権利を非関連者に譲渡できるよう設計されている場合、当該税額控除の購入者において法的譲渡可能要件は充足される。当該税額控除に適用される法的枠組みの下で、購入者が当該税額控除を受ける権利を非関連者に法的に譲渡できない場合、または譲渡に関してオリジネーターよりも厳しい法的制限を受ける場合、当該税額控除は購入者において法的譲渡可能要件を充足しない。

  b. 市場性要件　税額控除を受ける権利に係るオリジネーターが、権利付与年度の終了の日から15か月以内に、当該税額控除を受ける権利を非関連者に譲渡した場合(または譲渡が行われていない、または関連者間で譲渡された場合において、権利付与年度の終了の日から15か月以内に、非関連者間で類似の税額控除を受ける権利に係る取引が行われた場合)であって、最低市場性価格以上の価格で譲渡された場合、当該税額控除のオリジネーターにおいて市場性要件は充足される。購入者が最低市場性価格以上の価格で非関連者から税額控除を受ける権利を取得した場合、購入者において市場性要件は充足される。最低市場性価格とは、税額控除の割引現在価値(NPV)の80%を意味し、NPVは、当該税額控除を付与した政府が、当該税額控除が譲渡された会計年度(または譲渡されない場合は権利付与年度)と同じ会計年度に発行した当該税額控除と同等または類似の償還期間(最長5年満期)の債券に係る償還までの利回りに基づいて計算される。ここでいう税額控除とは、税額控除の額面価格または税額控除に係る控除可能残額をいう。ここでいうNPV計算に織り込まれるキャッシュフロー予測は、税額控除の法的設計に基づき、毎年使用可能な最大金額に基づくものとする。オリジネーターと購入者は、一方が他方の受益権の50%以上(または会社の場合は、その会社の株式の総議決権および価値の50%以上)を直接または間接に所有している場合、または他の者がオリジネーターと購入者のそれぞれの受益権の50%以上(会社の場合は、その会社の株式の総議決権および価額の50%以上)を直接または間接に所有している場合に関連者とみなされる。いずれの場合も、関連するすべての事実と状況に基づき、一方が他方を支配している場合、または両者が同一の者の支配下にある場合にオリジネーターと購入者は関連者とみなされる。

112.2. 市場性要件は以下の事例で説明できる。構成事業体が1年目に額面100ユーロの税額控除の適格基準を充足し、税額控除の法的設計に従って、当該構成事業体はその後5年間にわたり年20ユーロの均等額で税額控除を利用するか、または1年目から譲渡することができるものとする。税額控除を付与する同じ政府が、1年目に償還までの利回りが4%に等しい5年満期の債券を発行した。この場合、当該税額控除のNPVは89.04ユーロとなり、最低市場性価格は71.23ユーロとなる。当該税額控除が71.23ユーロ以上の価格で非関連者に譲渡される場合には市場性要件は充足される。また、譲渡が行われないか関連者にのみ譲渡されるときには、類似の税額控除が71.23ユーロ以上の価格で非関連者間で取引される場合には市場性要件は充足される。

112.3. 税額控除を受ける権利は、一般に、日次の相場価格により公的な取引所で取引されるものではなく、当事者間の交渉により相対で取引されている。MNEグループは、類似取引の証拠に基づき、また連結財務諸表で使用されている適用可能な公正価値会計基準(例えば、IFRS第13号またはASC第820号)に従って、パラグラフ112.5の税額控除の取引価格を設定することができる。

112.4. 原則として、オリジネーターは市場性譲渡可能税額控除に係る権利付与年度において税額控除の額面金額をGloBE所得・損失として取り扱うものとする。ただし、市場性譲渡可能税額控除が資産の取得または建設に関連するものであり、オリジネーターが当該税額控除を資産の帳簿価額の減額または繰延収益として、資産の耐用年数にわたり認識する会計方針を適用している場合、GloBEルール上も同じ会計方針に従うものとする。市場性譲渡可能税額控除の全部または一部が使用されずに失効した場合、オリジネーターは、当該税額控除の失効した部分に相当する額面金額を、失効した会計年度のGloBE所得・損失の計算において損失(または資産の帳簿価額の増加)として取り扱うものとする。

112.5. オリジネーターが、市場性譲渡可能税額控除を権利付与年度の終了の日から15か月以内に譲渡した場合、(税額控除の額面価格の代わりに)譲渡価格を権利付与年度のGloBE所得・損失に含めるものとする。オリジネーターが、当該期間の後に市場性譲渡可能税額控除を譲渡した場合、譲渡した税額控除の額面金額で権利付与年度のGloBE所得・損失に含まれた金額と譲渡価格との差額は、譲渡のあった会計年度のオリジネーターのGloBE所得・損失の計算において損失として取り扱うものとする。オリジネーターが、財務会計上およびGloBEルール上、資産の耐用年数にわたって税額控除を収益として含める場合、譲渡価格と税額控除の額面金額との差額は、資産の残存使用期間にわたってGloBE所得・損失に含めるものとする。例えば、構成事業体が額面100ユーロの税額控除を受ける権利を取得し、それが5年の耐用年数を持つ資産に関連しているため、5年間にわたって所得に含めるものとする(評価勘定処理または繰延収益処理による)。2年目に、この税額控除は90の価格で譲渡されたものとする。譲渡日の税額控除の額面金額が100のままであると仮定すると、売り手である当該構成事業体は損失10を認識するが、この損失を資産の償却に応じて認識する(当該税額控除の額面額に係る)収益に対応させるため、資産の耐用年数の残り4年間にわたり按分して配分される。

112.6. 市場性譲渡可能税額控除の購入者は、自らの対象租税に係る債務に対して、当該税額控除を受ける権利の取得価額と当該税額控除の額面金額との差額を、購入者が当該税額控除を使用した期において、使用した税額控除の金額に比例して、GloBE所得・損失に含めるものとする。例えば、額面100の税額控除を90で取得し、1年目に70を使用した場合、1年目のGloBE所得には7(=70/100×(100-90))が含まれる。市場性譲渡可能税額控除の購入者がその税額控除を譲渡した場合、譲渡損益は譲渡した会計年度のGloBE所得・損失に含めなければならない。譲渡損益は、譲渡価額から取得価額と税額控除の使用により認識された利得の合計を差し引いた額となる。市場性譲渡可能税額控除の全部または一部が使用されずに失

効した場合、購入者は、当該税額控除の失効した部分に対応する金額を、失効した会計年度のGloBE所得・損失の計算上、損失として取り扱う。税額控除の失効部分に対応する損失は、譲渡を受けた価格と税額控除の使用により認識された利得のうち、使用した税額控除の額を超過した額となる。したがって、この事例の場合、損失は27（＝（90＋7）－70）となる。譲渡された市場性譲渡可能税額控除に関するこの取扱いは、譲渡された税額控除が適格還付税額控除に該当する場合にも適用される。

113. 適格還付税額控除または市場性譲渡可能税額控除であるための要件に該当しない税額控除で、財務諸表において収益として取り扱われているものは、GloBE所得・損失の計算からすべて減額しなければならない。

114. 市場性譲渡可能税額控除の要件は、政府補助金や所得税に関する財務会計基準の取扱いを参考にしており、単なる形式ではなく実質的に市場において譲渡可能な税額控除を特定するように定められている。GloBEルールに基づく市場性譲渡可能税額控除として取り扱われるためには、税額控除を受ける権利を有する納税者にとって、当該税額控除の譲渡に係る法的権利が直ちに実質的かつ経済的意義を有するような市場がなければならない。譲渡可能な税額控除のための実際の市場がない場合、譲渡可能性に係る要素は納税者にとって実質的な意義を持たず、GloBEルールでは当該税額控除を市場性譲渡可能税額控除として取り扱わない。

114.1. 運営指針に関する第8.3条の規定は、市場性に係る基準の適用に関する結果の一貫性を確保するために適用される。共通のアプローチを採用する国・地域が、市場性譲渡可能税額控除の取扱いに関連し、意図しない結果をもたらすリスクを特定した場合、当該リスクを特定された国・地域は、市場性譲渡可能税額控除に関する更なる要件を検討すること、または必要に応じて市場性譲渡可能税額控除の取扱いに関する代替的なルールを検討することを求められる可能性がある。この分析は、個別の納税者の分析ではなく、税額控除制度および市場全体に関する実証的データおよび過去のデータに基づいて行われる。

第3.2.5条

公正価値会計の代わりに実現主義を適用する選択

115. 第3.2.5条は、構成事業体の財務諸表において公正価値会計または減損会計を用いて会計処理されている資産および負債に対し実現主義を適用する選択を行う場合の取扱いについて定めている。この選択は、通常、ある国・地域のすべての構成事業体のすべての資産および負債について適用され、資産を取得した年度以後にそれらの資産または負債について行うことができる。ただし、この選択は、構成事業体が有する有形資産、または投資事業体である構成事業体が有する資産および負債にのみ限定して行うことができる。

116. この選択を行った場合、資産または負債に関連する利得または損失は、市場価値の変動または減損によりその価値が変動したことに伴ってではなく、資産が処分された時に生じ

ることとなる。利得または損失の計算上、当該資産または負債の帳簿価額は、資産の取得日もしくは負債の発生日、または当該選択が適用される会計年度開始の日のいずれか遅い日の当該資産または負債の帳簿価額となる。この選択を行うことにより、第3.2.5条に基づき、構成事業体はこの選択の対象となる資産または負債に関する時価評価または減損による損益をGloBE所得・損失の計算から除外するとともに、実現主義に基づき計算した損益を含めなければならない。

117. この取扱いの政策上の合理性は、納税者が、財務会計上の取扱いに合わせて期間ごとに損益を認識するのではなく、実際の処分日時点までGloBEルール上の利得の認識を繰り延べることができるようにすることで、損益の振れ幅を小さくすることにある。例えば、構成事業体がスタートアップ企業の転換社債を有しており、そのスタートアップ企業の業績が最初の数年間芳しくなかった場合、当該構成事業体は、適用される財務会計基準に基づき、その投資について時価評価損失を認識することを求められる場合がある。当該スタートアップ企業が最終的に関連会社以外の企業に買収され、当該構成事業体が当初の取得価額で当該転換社債を処分すると、売却時に計上される「利得」は、必ずしも経済的裏付けのある利得ではないにもかかわらず、その年に当該利得について支払われた関連する対象租税がない場合には、トップアップ税が課される可能性がある。第3.2.5条に基づく選択は、構成事業体が当該資産の取得価額に基づいて売却時に利得を計算できるようにすることで、このような結果が生じないようにするものである。

118. 第3.2.5条に基づく選択は、5年選択である。5年選択適用年度後、5会計年度内においてはその選択を取り消すことはできず、また、(5会計年度経過後に取消を行った場合には)当該取消年度後5会計年度内においては、再度当該選択を行うことはできない。本条に基づく選択が取り消された年度においては、当該年度開始の日における資産または負債の時価と、この選択に従って計算された資産または負債の帳簿価額との差額についてGloBE所得・損失を調整する。この調整により、第3.2.5条に基づく選択の適用期間中に認識されていなかった時価評価の純損益を認識することになる。

第3.2.6条

キャピタルゲインを5年間にわたり分散させる選択

119. 第3.2.6条は、MNEグループが現地有形資産の売却から生じる譲渡損益の影響を最大5年間にわたり分散することを認める選択を定めている。この選択により、単一年度で譲渡益全額を認識することによるMNEグループの国・地域別ETRの計算への影響を軽減し、現地有形資産による譲渡益と譲渡損の認識時期を一致させることができる。この選択の政策上の合理性は、資産の価値の増加は何年にもわたって累積する可能性が高く、その期間(最大5年間)にわたって譲渡益の金額を分散し、類似の資産から生じた損失と相殺することで、MNEグループが当該期間にわたり、当該国・地域において最低水準の租税が課されているか否かをより適切に評価することができるようにすることにある。

120. この選択は、国・地域ごとに行われる年次選択である。この選択は、第10.1条において構成事業体と同一の国・地域に所在する不動産として定義される現地有形資産の処分に起因する損益についてのみ適用される。この制限により、移動可能な資産に係る譲渡益に対する課税を回避する目的で本項を利用することができないことになる。一方で、この選択は、有形資産に関する第3.2.5条に基づく選択と組み合わせることができる。その場合、第3.2.5条の選択の適用期間中の当該資産に関連する時価評価損益および減損調整は、GloBE所得・損失の計算から除外され、損益を計算するための帳簿価額について時価の変動や減損による調整は行われない。この選択はグループ事業体間の売却には適用されない。なぜなら、(同一グループ内の)構成事業体が分散期間のすべての年度において継続して保有しているからである。

121. この選択に基づき、選択を行った年度(選択年度)における合計資産譲渡益は、遡及期間(第10.1条において、選択年度およびその前4会計年度と定義されている)に属する年度に配分される。合計資産譲渡益は、選択年度における当該国・地域に所在するすべての構成事業体による現地有形資産の処分から生じる純利得をいうが、グループメンバー間の資産譲渡損益は除かれる。

122. 合計資産譲渡益は、遡及期間にわたって単純に期間按分されるわけではない。最初に、遡及期間中に生じた純資産譲渡損(過去の第3.2.6条の選択によりまだ相殺されていないもの)と相殺されるが、当該遡及期間中の最も古い損失年度に最初に配分される。損失年度とは、第10.1条において、当該遡及期間中の会計年度で、当該国・地域に所在する構成事業体について純資産譲渡損が生じており、当該構成事業体すべての純資産譲渡損の合計額が純資産譲渡益の合計額を上回る会計年度と定義されている。合計資産譲渡益が最も古い損失年度で全額相殺されない場合、相殺されなかった残りの部分は次の損失年度に繰り越され、合計資産譲渡益が全額相殺されるまで、あるいは遡及期間中の残りの損失年度がなくなるまで、これを繰り返すこととなる。

123. 第10.1条において、ある構成事業体およびある会計年度に関する純資産譲渡損は、当該会計年度における当該構成事業体による現地有形資産の処分による純損失で、他のグループメンバーへの資産の譲渡による損益を除いたものと定義されている。遡及期間中の各会計年度の純資産譲渡損の金額は、過去の第3.2.6条の選択の結果として第3.2.6条第b項または第c項の適用に従って当該損失と相殺される純資産譲渡益または調整後資産譲渡益の金額だけ減額されるものとする。言い換えれば、第3.2.6条に基づく選択に従って、合計資産譲渡益が、ある会計年度の純資産譲渡損と相殺された場合、その後に行われる第3.2.6条に基づく選択にあたっては、当該会計年度の純資産譲渡損は、過去の選択時における当該相殺額を減額した後の金額となる。これにより、将来、GloBE所得・損失の計算から別の合計資産譲渡益を消去するために過去の選択時に相殺された金額を再度充当することができなくなる。ある会計年度における当該国・地域に所在するすべての構成事業体の純資産譲渡損が当該会計年度に配分された合計資産譲渡益を上回る場合、当該合計資産譲渡益は、当該会計年度における当

該国・地域に所在するすべての構成事業体の純資産譲渡損の合計額に占める当該構成事業体の純資産譲渡損の割合に基づいて、各構成事業体の純資産譲渡損と相殺される。

124. 合計資産譲渡益の金額が、遡及期間中の損失年度における純資産譲渡損を上回る場合には、その超過額は、遡及期間にわたって均等に配分された(つまり、期間按分された)後、選択年度における各構成事業体の純資産譲渡益の割合に基づき、構成事業体の間で配分される。第10.1条において、純資産譲渡益は、選択が行われた国・地域に所在する構成事業体による現地有形資産の処分から生じた純利益で、他のグループメンバーへの資産の移転から生じた損益を除いたものと定義されている。なお、遡及期間に属する各会計年度のETRおよびトップアップ税額(もしあれば)については、第5.4.1条に基づき再計算しなければならない。

125. この選択を行った場合、選択年度における純資産譲渡益または純資産譲渡損に係るいかなる対象租税(繰延税金資産を含む)も事実および状況に基づき計算し、調整後対象租税の計算から除外しなければならない。この選択が行われる多くの場合において、現地有形資産に係る純資産譲渡益または純資産譲渡損に起因する対象租税が存在しないためにこの選択を行っていることが考えられる。この選択が行われず、現地有形資産に係る純資産譲渡益または純資産譲渡損に起因する対象租税が存在する場合には、当該対象租税はETRの計算上考慮されることとなる。各年度に配分すべき対象租税の金額を計算するのは過度に煩雑であり、過年度の損失と相殺できるように繰戻しを許容すること自体に既に大きな利点がある。したがって、選択年度において純資産譲渡損益について生じる対象租税(もしあれば)は、調整後対象租税から除外される(注5)。

126. なお、過去会計年度においてGloBE損失が生じていた場合は、当該GloBE損失は本条の適用後に再計算しなければならない。本条を適用した結果としてGloBE損失が減少し、かつ、当該GloBE損失がある会計年度において既に使用されていた場合には、当該会計年度のトップアップ税額も第4.6条および第5.4条の原則に従って再計算しなければならない。

第3.2.7条

グループ内金融取引に関する特別ルール

127. 第3.2.7条は、グループ内金融取引において、軽課税事業体のGloBE所得・損失の計算に含まれる費用の金額を増加させる一方、高税率国・地域の取引相手においてそれに対応する課税所得の増加をもたらさない場合に関する規定である。この規定は、取引相手の課税所得を増やすことなく、最低税率を下回る国・地域におけるGloBE所得・損失を減らすことによって当該国・地域のETRを引き上げることを目的とした取引を、MNEグループに行わせないようにするものである。ある支払いが、取引相手が所在する高税率国・地域の法律上、所得控除、免除、損金算入または税額控除その他の税務上の恩典を享受できるものであり、当該恩典の金額が当該支払額を考慮して計算される場合、当該支払額は当該高税率国・地域

の取引相手の課税所得を増加させるものとして取り扱われない。例えば、A国・地域が納税者の純利子の損金算入について、当該納税者の利益の一定割合に制限する利子控除制限規定を導入しているものとする。この利子控除制限規定に基づき損金算入を否認される支払利子の金額は、その後の年度に繰り越され、受取利子と相殺することが認められる超過利子控除余裕額の一部を構成するものとする。ここで、A国・地域に所在する高税率国・地域の取引相手が軽課税事業体に貸付を行うものとする。貸付を実行した時点で、当該高税率国・地域の取引相手は、当該貸付が実行される予定である期間中においては使用される見込みのない過年度からの超過利子控除余裕額を有しているものとする。このような場合において、軽課税事業体から受け取る利子は、当該高税率国・地域の取引相手が、当該軽課税事業体に対する貸付に係る利子収入と超過利子控除余裕額を直ちに相殺することができる限りにおいては、当該高税率国・地域の取引相手の課税所得を増加させるものとして取り扱わない。

128. 第10.1条において、グループ内金融取引は、MNEグループの複数のメンバー間で締結される取決めで、高税率国・地域の取引相手が直接または間接に軽課税事業体に対して行う信用供与もしくは投資、と定義されている。取決めという用語には、合意、計画または了解（履行を強制できるか否かを問わず）が含まれ、そのような取決めを有効にするあらゆる手続きおよび取引が含まれる。取決めがなされているか否かは、実際に行われた取引および当該取決めの関係者が入手可能な情報から推論した上で客観的に判定される。ある一連の取引は、客観的な観察者であれば高税率国・地域の取引相手が直接または間接に軽課税事業体に対して信用供与もしくは投資を行うための計画または取決めの一部であると合理的に結論付けると考えられる場合には、グループ内金融取引の一部として取り扱われる。この判定は、達成された全体的な成果に照らして実際に行われた取引を評価することにより、客観的に行われる。ある手続きまたはある取引は、その詳細が取決めのすべての関係者に知られていなくても、当該取決めの一部を構成し得る。

129. 例えば、MNEグループのメンバーが、高税率国・地域の取引相手から資金を借り入れて、同じグループの軽課税事業体に転貸する仲介者の役割を担っているものとする。この場合、当該紐付き融資は、高税率国・地域の取引相手が間接的に軽課税事業体に融資する取決めの一部とみなされる可能性がある。当該高税率国・地域の取引相手は、当該資金の最終的な貸付先を知らなかった場合でも、当該仲介者が当該軽課税事業体に転貸するという具体的な目的をもって当該資金を借り入れたとすれば、それは十分な根拠となるであろう。しかし、当該仲介者がグループの必要運転資金を管理する当該グループの金融・財務統括会社として機能している場合には、客観的な評価に基づき、当該高税率国・地域の取引相手から借り入れた資金と、当該軽課税事業体に対して行われた貸付とは完全に別個で独立した取引であると認識され、その結果、これらの貸付がグループ内金融取引の一部とはみなされない可能性もある。

130. 第3.2.7条は、その取決めによって、高税率国・地域の取引相手の課税所得を増やすことなく軽課税事業体のGloBE所得を減らすことが当該取決めの期間にわたり合理的に予想さ

れる場合にのみ適用される。当該取決めの期間および当該取決めによって予想される結果は、当事者の資金調達の必要性を考慮することを含め、客観的な評価に基づいて判断されるべきである。たとえ最初の貸付が限られた期間しか行われない場合でも、それが長期投資の資金調達のために行われるのであれば、融資の取決めが長期間行われることが合理的に予想される。

131. 第10.1条において、軽課税事業体は、軽課税国・地域に所在する構成事業体、またはグループ内金融取引に関連して当該構成事業体が計上した収益または費用を考慮せずに当該国・地域のETRを決定した場合に軽課税国・地域となる国・地域に所在する構成事業体と定義されている。軽課税国・地域とは、あるMNEグループに関する任意の会計年度において当該MNEグループがGloBE純所得を有しており、当該期間において最低税率よりも低いETRが適用される国・地域をいう。

132. 第10.1条において、高税率国・地域の取引相手は、軽課税国・地域ではない国・地域に所在する構成事業体、またはグループ内金融取引に関して当該事業体が計上した収益または費用を考慮せずにETRを決定した場合において軽課税国・地域ではない国・地域に所在することになる構成事業体と定義されている（注6）。

第3.2.8条

同じ国・地域における取引を連結処理する選択

133. 第3.2.8条は、同一の国・地域に所在する同一のMNEグループの構成事業体間の取引に、連結上の会計処理を適用することを認める選択を定めている。この選択を行った場合、当該構成事業体間の取引から生じる収益、費用、利得および損失は、UPEの連結財務諸表の作成において用いられた許容された財務会計基準に基づき、連結調整の一環として連結グループのメンバー間の取引に関する金額を相殺消去するのと同じように、GloBE所得・損失の計算から相殺消去することが認められる。この選択は、国内のグループ内取引から生じる収益、費用、利得および損失が国内法において課税中立的なグループ内取引として取り扱われる場合に、意図しない結果をもたらすことを防止することを目的としている。当該連結上の会計処理においては、第三者との取引から生じるMNEグループの経済的利益を消去してはならず、また、資産の帳簿価額に連結上適用されているパーチェス法による調整額が含められる結果となってはならない。資産は引き続き当初の帳簿価額で所有されることになり、当該MNEグループが当該資産を所有している間に生じたすべての経済的利益または損失は、当該資産が連結納税グループの外部または当該国・地域の外部に売却される際に計上されなければならない。当該構成事業体が連結納税グループのメンバーであることという要件には、当該構成事業体が所有または共通の支配を通じて互いに関連しているという事実に基づき当期の課税所得または損失を通算することを認めるあらゆる国内法が含まれる。

134. 構成事業体間の取引の多くにおいては、処分側の事業体は即時に収益を認識し、取得

側の事業体は即時に費用を認識する結果となるため、当該国・地域のGloBE純所得の計算においては相殺消去されゼロとなる。例えば、利子は、借手側の構成事業体にとっては費用、貸手側の構成事業体にとっては収益となり、同じ財務会計基準に基づき、いずれの構成事業体においても同時に計上される。しかし、一部の取引では、収益、利得、費用または損失をグループの別のメンバーに実質的に移転し、第三者との取引に関連してその後の会計年度において認識される場合がある。例えば、調達を行う構成事業体から製造を行う構成事業体に販売された棚卸資産は完成品として製造されて、翌会計年度に第三者である顧客に販売される場合がある。この場合、当該MNEグループの連結会計上、第三者への売却時にすべての利益を考慮する必要がある。

135. この選択は、同一の国・地域に所在する構成事業体(投資事業体、MOCE、および第6.4条に基づき構成事業体として扱われるJVは除く)間の取引に限定される。異なる国・地域に所在する構成事業体間の取引については、引き続き第三者との取引と同じように取り扱われ、当該選択から生じる相殺や所得認識の繰延べの恩典を享受することはない。上記の棚卸資産の例に基づくと、当該製造側の構成事業体が完成品を別の国・地域に所在する再販売を行う構成事業体に販売した場合、当該製造側の構成事業体は、そのグループ内での販売があたかも第三者の顧客に対して行われたかのように、(独立企業原則を考慮に入れた上で)そのグループ内の販売取引から生じる利益を認識する必要がある。

136. したがって、この選択によりMNEグループは、同一の国・地域の構成事業体間の取引と異なる国・地域の構成事業体間の取引を区別することが求められる、幾らかのコンプライアンス上の負担が生じることとなる。しかし、同一の国・地域の構成事業体間の取引は、適用される連結納税制度またはグループリリーフ制度に従って、既に国内税法上相殺消去されているか、繰り延べられている可能性がある。また、当該構成事業体は、対象租税を課さない国・地域における同一国・地域内取引に独立企業原則を適用していない場合も考えられる。このような場合においては、当該MNEグループは、同一の国・地域の構成事業体間の取引について独立企業間価格を計算する負担よりも、この選択を選好する可能性がある。

137. 第3.2.8条に基づく選択が行われた場合、または取り消された場合には、GloBE所得・損失の項目に重複または漏れが生じないようにするための適切な調整が必要となる。

第3.2.9条

特定の保険会社所得の除外

138. 第3.2.9条は、保険会社の特定の所得をGloBE所得の計算から除外している。保険会社は、契約上保険契約者に対する支払額に含まれることになる利得について当期の租税を課される場合がある。保険会社は、当該租税相当額を保険契約者に対して請求し税負担を保険契約者に転嫁することで、保険契約者の代わりに支払った租税について実質的に払戻しを受けることになる。通常、保険会社は、当該租税に相当する保険契約債務を減額することにより、こ

の租税を保険契約者に転嫁する。保険契約債務の減額は収益として認識されるため、保険会社は保険契約者に代わって支払った租税について実質的に払戻しを受けることになる。

139. 財務会計基準では、一般に、契約上保険契約者に対して支払われることになる利得を保険会社の収益として取り扱い、それに対応する当該利得の保険契約者に対する支払債務を費用として取り扱う。その結果、保険会社の税引前利益に与える影響は正味ゼロとなる。上述したとおり、保険契約者に代わって支払われた租税は保険契約債務の減額となり、結果として保険会社の税引前利益の増加につながることになる。保険契約者の利得について保険会社が支払った租税が、保険会社の税引前利益段階までに計上される費用として取り扱われる場合、これらの二つの項目が保険会社の税引前利益に与える影響も正味ゼロとなり、GloBE ETRに何らの影響も与えない。

140. しかし、一部の財務会計基準では、保険契約者の利得に対して保険会社が支払う租税が当該保険会社の法人所得税として取り扱われることがある。このように、保険契約債務の減額と投資所得に対する租税が同額で最終的に相殺されるとしても、一部の財務会計基準では、前者（保険契約者に対する利得に係る租税相当額の請求額）は税引前利益を増加させるが、後者（保険会社が支払った利得に係る租税）は法人所得税に含まれることになる。この場合、GloBEルール上、当該租税はETRの計算の分子を増加させる対象租税に含まれる一方、保険契約者への請求額（当該租税に相当する保険契約債務の減額）は、ETRの計算の分母を増加させるGloBE所得に含まれる収益となる。その結果、当該租税が（税引前利益の段階で）保険契約債務の減額と相殺されETRの計算に影響を与えない場合とは異なり、事実上、保険会社が稼得した他の低税率所得についてトップアップ税が課されることを防ぐことになる可能性がある。

141. この問題に対処するため、保険契約者に対する租税相当額の請求額（または租税相当額の保険契約債務減額分）を、第3.2.9条に基づきGloBE所得・損失の計算から除外することとし、保険契約者の利得について生じるいかなる租税も、第4.2.2条第e項に従って対象租税の定義から除外することとしている。ただし、当該租税が保険会社の財務諸表において税引前損益段階までの費用として計上されていない場合にのみ、保険契約者に対する利得に係る租税相当額の請求額は、GloBE所得・損失の計算から除外される。保険契約者の利得に対する租税が、連結財務諸表において用いられる財務会計基準に基づき税引前利益段階までの費用として計上されている場合、保険契約者への税金費用の請求額（または、利得に係る租税相当額の保険契約債務の減額分）と相殺されることになるため、調整は不要となる。

第3.2.10条

その他Tier 1資本

142. 第3.2.10条は、その他Tier1資本の取扱いに関する特別なルールを定めている。その他Tier1資本は、第10.1条において、銀行業における健全性規則に従って構成事業体が発行す

る資本調達手段で、事前に定めたトリガーとなる事象が生じた場合に株式に転換または元本が削減され、金融危機の際の損失を吸収するための機能を有するものと定義されている。この種の資本は、金融市場において一般にその他Tier1資本と呼ばれている。保険業においても、多くの場合、構成事業体はその健全性規則に従って、同じ特性を有する資本調達手段を発行することが求められる。保険業においては、この種類の資本は一般に制限付Tier1資本と呼ばれる。これらの特性や目的が類似しているため、包摂的枠組みは、第3.2.10条を制限付Tier1資本にも適用することに合意した。これは、保険業に適用される健全性規則に従って構成事業体が発行する資本調達手段であって、事前に定めたトリガーとなる事象が生じた場合に株式に転換または元本が削減され、金融危機の際の損失を吸収するための機能を有するものと定義されている。

143. その他Tier1資本は、一般に、財務会計上、資本として取り扱われている。しかしながら、一部の包摂的枠組み参加国・地域においては、税務上、負債として取り扱われている。したがって、多くの構成事業体にとっては、その他Tier1資本に係る支払いは、税務上、発行体においては支払利子として損金算入されるとともに、保有者においては受取利子として所得に含まれる。これは、財務会計上の利益と課税所得との間に共通する重要な永久差異が生じることを意味する。したがって、第3.2.10条は、その他Tier1資本に係る分配に起因する構成事業体の資本の増減がGloBE所得・損失の計算上所得または費用として取り扱われることを定めている。なお、その他Tier1資本の発行または償還に起因する資本の調整は、GloBE所得・損失の計算に含まれないこととされている。

144. 第3.2.10条に従って費用として取り扱われる分配金の損金算入は、第3.2.7条の適用により否認されることはない。

第3.2.11条

145. 第3.2.11条では、第6章および第7章の要件を反映させるために必要な場合には、構成事業体の財務会計上の純損益を調整することが求められている。例えば、構成事業体が第6.2条に従って資産の過去の帳簿価額を用いなければならない状況において、当該資産の時価を用いて当該会計年度の減価償却費を計算した場合、当該構成事業体は当該資産の過去の帳簿価額を用いていたならば計算されたであろう金額に減価償却費を調整しなければならない。

第3.3条　国際海運所得の適用除外

146. 第3.3条は、国際海運から生じる所得の除外について定めている。国際海運業界は、長い間、業界固有の税制が適用されている。国際海運業の資本集約的な性質、収益性および長期にわたる経済的なライフサイクルから、数多くの国・地域がこの業界に対して代替的または補完的な税制を導入している。トン数標準税制などの国際海運業に適用される税制は、結果として海運業における課税の変動を少なくし、より安定した長期的な投資基盤を提供す

る。これらの代替的な税制が普及していることは、国際海運業がしばしば法人所得税の対象外として取り扱われていることを意味する。したがって、国際海運業をGloBEルールの適用範囲に含めると、これらの国・地域の政策選択の観点から、政策上の問題を引き起こすことがある。

147. 第3.3条は、OECDモデル租税条約(OECD、2017[1])第8条の適用範囲に基づく適格所得アプローチを適用し、GloBEルールの適用範囲から、国際航路における旅客または貨物の船舶輸送から生じる利益を除外している。第3.2条における調整と同様、国際海運所得および適格付随的国際海運所得の除外は、財務会計上の純損益に対する調整である。当該除外は、第3.3.2条から第3.3.5条に従って純額ベースで計算される。当該調整は、国際海運所得または適格付随的国際海運所得が正の金額となる状況においては減算となる一方、国際海運所得または適格付随的国際海運所得が負の金額となる状況においては加算となる。

148. 第3.3条で求められる調整によって、GloBE所得・損失の計算から除外される所得がある場合、当該所得に関連する対象租税についても、第4.1.3条第a項に従って調整後対象租税から除外しなければならない。

第3.3.1条

149. 第3.3.1条に定めるように、構成事業体に係る国際海運所得および適格付随的国際海運所得の計算による所得については、第3.3条に定める要件のもとで、当該構成事業体のGloBE所得・損失の計算から除外しなければならない。

150. 構成事業体に係る国際海運所得または適格付随的国際海運所得の計算によるいかなる損失についても、当該構成事業体が所在する国・地域における当該構成事業体のGloBE所得・損失の計算から除外しなければならない(注7)。

第3.3.2条

151. 第3.3.2条は、国際海運所得を、構成事業体が第a項から第f項に定める活動から得られる純所得と定義している。ただし、当該純所得が、同一の国・地域内の内陸水路を運航する旅客または貨物の船舶輸送から得られたものである場合は除かれる。

152. 主な除外項目は、第a項に定められている。本項では、OECDモデル租税条約第8条第1項に沿って、構成事業体が国際航路で運行する船舶による旅客または貨物の船舶輸送から稼得した利益または純所得を除外することとしている。GloBEルール上、「国際航路輸送」という用語は、船舶によるあらゆる輸送を意味するが、その船舶が単一の国・地域内でのみ運航されている場合(当該国・地域が、当該構成事業体が所在する国・地域と同じであるか否かにかかわらず)は除かれる。これは、OECDモデル租税条約第3条の定義と若干異なる。同条では「かつ、当該船舶または当該航空機を運用する企業が当該一方の締約国の企業ではない」という要件を加えている。これらの文言は、OECDモデル租税条約第8条を適切に運用する

ために必要なものであるが、GloBEルール上は、船舶がある国・地域の中でのみ運航されており、当該船舶を運航している構成事業体が当該国・地域に所在している場合にも、当該船舶による輸送は、国際航路輸送として取り扱われない(OECD、2017[1])。

153. OECDモデル租税条約第8条に関するコメンタリーのパラグラフ4と同様に、船舶が所有されているか、賃借されているか、またはその他利用の形態如何を問わず、当該構成事業体が自由に使用できる場合には当該除外規定が適用される。例えば、当該除外規定には、当該構成事業体が裸用船契約に基づき船舶を借り受けている場合における国際航路での船舶輸送からの所得が含まれる。当該除外規定は、曳航や浚渫活動からの利益には適用されないが、オフショア支援船による国際航路における旅客または貨物の輸送から生じる利益には適用される。

154. 第b項から第e項は、船舶の運航に関してOECDモデル租税条約第8条第1項に該当する利益も当該除外規定による恩典を受けられるという同条に関するコメンタリーの記述を明確にしている。

155. 第b項は、OECDモデル租税条約第8条に関するコメンタリーのパラグラフ6と同様に、当該除外規定がスロットチャーター契約に基づき国際航路で運航されている船舶による旅客または貨物の輸送についても適用されることを定めている。OECDモデル租税条約第8条に関するコメンタリーのパラグラフ6の例において説明されているように、当該構成事業体が運航する船舶以外による旅客または貨物の輸送から当該構成事業体が稼得した純所得は、当該企業がスロットチャーター契約に基づきその旅客または貨物の一部を輸送するときには、当該除外規定の対象となる。

156. 第c項は、OECDモデル租税条約第8条に関するコメンタリーのパラグラフ5と同様に、当該除外規定が、船舶が国際航路における旅客または貨物の輸送に使用されることを要件として、装備、乗組員、その他必要なものを完備した船舶の賃貸、例えば、積込み港から荷揚げ港までの航行のために船舶および乗組員が賃借される定期用船または航海用船から、当該構成事業体が稼得する純所得にも適用されることを定めている。当該除外規定による恩典を受けるためには、船舶が国際航路における旅客または貨物の輸送に使われることが見込まれることを貸主が疎明する必要がある。

157. 第d項は、国際航路における旅客または貨物の輸送に使用される裸用船契約に基づくグループ内の船舶の賃貸であって、ある構成事業体が貸主であり、かつ、別の構成事業体である海運企業に乗組員および船長なしで船舶を賃貸するものをその除外規定の対象としている。このような所得は、OECDモデル租税条約第8条に関するコメンタリーのパラグラフ5のもとでは、当該賃貸(グループ内か否かを問わない)が船舶の国際運航に従事している企業の付随的活動である場合に限り、当該除外規定の対象とされている。GloBEルール上は、裸用船契約に基づく船舶の賃貸は、借主も同一のMNEグループの構成事業体であり、国際海運所得を有することを要件として、例外的に、(付随的所得ではなく)国際海運所得として取り

扱われることとしている。この所得項目を(除外規定の対象に)含めることで、同一のMNEグループの構成事業体が関与するグループ内取引のストラクチャーによって国際海運所得の性格付けに影響が生じないようにしている。

158. 第e項は、当該除外規定が、国際航路における旅客または貨物の船舶輸送を目的としたプール事業、共同事業または国際運航代理事業に参加することによって構成事業体が稼得した純所得(OECDモデル租税条約第8条第2項に該当するもの)にも適用されることを定めている。

159. 第f項は、国際海運所得に関する除外規定が、国際航路における旅客または貨物の輸送に使用される適格船舶の売却から生じる資本利得(または損失)(通常、OECDモデル租税条約第13条に該当するもの)にも適用されることを定めている。(売買目的の)船舶売買活動が除外の対象とならないようにするために、GloBEルール上、1年間という最低保有期間の要件が適用される。再販売目的で購入された船舶は、通常、IAS第2号に基づき財務諸表上棚卸資産として計上され、当該保有期間の要件に該当していない場合の当該船舶の売却から生じる利得(または損失)は、この除外規定の対象とならない。国際的な船舶の運航に使用するために法的に所有している船舶は、それらが財やサービスの生産または供給、他者への賃貸、または管理の目的で保有されており、一会計期間を超えて使用されることが見込まれる場合、IAS第16号に基づき財務諸表上有形固定資産として認識されることとなる(IFRS財団、2022[2])。財務諸表上有形固定資産として認識されるそのような船舶の売却から生じる資本利得(または損失)は、当該船舶が構成事業体の財務諸表上1年以上、自社利用目的で保有されるものとして計上されていることを要件に、当該除外規定の対象となる。

160. 最後に、第3.3.2条の最後の文章において、当該除外規定が、河川や運河、湖といった同一の国・地域内の内陸水路を運航する旅客または貨物の船舶輸送から構成事業体が稼得する純所得には適用されないことを定めている。

第3.3.3条

161. 第3.3.1条は、GloBE所得・損失の計算から国際海運所得だけでなく、適格付随的国際海運所得も除外している。つまり、国際海運所得に関する除外規定は、特定の付随的活動から生じる純所得にも適用されることを意味する。

162. 第3.3.3条は、適格付随的国際海運所得を定義している。本条において特定されている付随的活動は、OECDモデル租税条約(OECD、2017[1])第8条に関するコメンタリーにおいて明示的に言及されているものに限定されている。この除外規定の対象となるためには、その所得は、主に国際航路における旅客または貨物の船舶輸送に関連して行われる、第3.3.3条に列挙されている活動から構成事業体が稼得したものでなければならない。

裸用船方式でのリースに係る3年の期間制限

163. 第3.3.3条第a項は、(OECDモデル租税条約第8条に関するコメンタリーのパラグラフ5において言及されている)裸用船契約に基づく船舶の賃貸であって、構成事業体が付随的活動として構成事業体ではない別の海運企業に乗組員および船長なしで船舶を賃貸するもの(つまり、構成事業体が貸主であり、当該船舶が別の当事者、すなわち用船主によって運航されるもの)をその除外規定の対象としている。ここでいう海運企業とは、船舶を運航する企業をいう。借主が構成事業体である場合は第3.3.2条第d項に関する上述のコメンタリーを参照されたい。

164. OECDモデル租税条約第8条に関するコメンタリーのパラグラフ5では、裸用船契約に基づく船舶の賃貸から生じる利益について、当該賃貸が船舶の国際運航に従事している企業の付随的活動である場合を除き、同モデル条約第8条ではなく第7条が適用されることを定めている。OECDモデル租税条約第8条に関するコメンタリーは、その活動が付随的と考えられるための期間的な制限を定めていない。第3.3.3条第a項に規定する3年という期間制限の要件は、この除外規定の対象を短期的な余剰能力を抱える海運会社による裸用船契約に基づく船舶の賃貸から生じる所得に限定し、当該除外規定が長期の賃貸契約から生じる所得に適用されないようにすることを意図したものである。ただし、3年という期間制限は、OECDモデル租税条約第8条に関するコメンタリーのパラグラフ5において言及されているような付随的な裸用船契約に基づく船舶の賃貸と考えられるものにもその適用が及ぶことを意図するものではない。契約上の取決めにより、裸用船が3年を超える期間にわたり借主に提供されることが定められている場合には、3年の期間制限要件は充足されないこととなる。この期間制限の適用を考える上では、過去の期間またはその後の期間について締結された同一船舶の他の裸用船契約を考慮する必要がある。3年よりも短い期間で契約上の取決めが合意されている場合、その事実および状況を分析した上で、用船の総期間が3年を超えるか否かを判断する。例えば、2年の裸用船契約でさらに2年更新できる契約の場合、3年を超えるものと考えられる。したがって、当該更新の日以後に稼得した所得は、この除外規定の対象とはならない。更新日前に稼得した所得がこの除外規定の対象となるか否かは、その事実および状況に応じて判断される。

国際航海における国内部分のチケット売上

165. 第3.3.3条第b項は、国際航海における国内区間について、他の海運企業が発行したチケットの販売から構成事業体が稼得する所得(OECDモデル租税条約第8条に関するコメンタリーのパラグラフ8において言及されているもの)を除外規定の対象としている。ここでいう海運企業とは、船舶を運航する企業をいう。

コンテナリース

166. 第3.3.3条第c項は、コンテナの賃貸および短期保管から構成事業体が稼得する所得、例

えば、企業が配送を待つまでの間、積載されたコンテナを倉庫に保管するための料金を顧客に請求するもの、またはコンテナの返却が遅れたことに対する留置料など（OECDモデル租税条約第8条に関するコメンタリーのパラグラフ9において言及されているもの）を除外規定の対象としている。例えば、5日以内の期間であれば、ここでいう短期と推定される可能性がある。ただし、当該保管が短期であるか否かについては、（関連する）事実および状況を勘案した上で判断する必要がある。

エンジニアリングメンテナンスおよびその他のサービス

167. 第3.3.3条第d項は、技術者、機器整備士、貨物運搬担当者、船内食担当者、顧客サービス担当者による他の海運企業へのサービス提供から構成事業体が稼得する所得（OECDモデル租税条約第8条に関するコメンタリーのパラグラフ10において言及されているもの）を除外規定の対象としている。上述したように、ここでいう海運企業とは、船舶を運航する企業をいう。

付随的投資所得

168. 第3.3.3条第e項は、投資所得を生み出す投資が国際航路において船舶を運航する事業を遂行するために不可欠なものとして行われる場合の当該投資所得（OECDモデル租税条約第8条に関するコメンタリーのパラグラフ14において言及されているもの）を除外規定の対象としている。これは、例えば、その事業の遂行のために必要な現預金やその他の短期運転資金から生じた利子所得に適用される。また、これは事業を継続するために、担保として差し入れることが法的に義務付けられる債券に係る利子所得にも適用されるが、そのような場合には、当該投資はその場所における船舶の運航を可能にするために必要なものでなければならない。

169. また、国際航路における船舶の運航に従事する企業は、排出権および排出クレジットを取得および使用することを求められることがある。そのような排出権および排出クレジットに関して当該企業が稼得する所得で、当該所得が国際航路において船舶を運航する事業を遂行するために不可欠なものは、適格付随的所得として取り扱われる。例えば、船舶の運航のために排出権を取得する場合や、その目的で取得した排出権を不要と判断して、その後に売買する場合には、これに該当する。

170. ただし、第e項は、他の構成事業体のために行うキャッシュフローの処理やその他の財務活動の過程（財務および投資活動の集中化）で生じた利子所得には、当該構成事業体が当該国・地域内に所在しているか否かにかかわらず、適用されない。また、海運事業から生じた利益を短期的に運用することによって生じた利子所得については、その投資資金が当該海運事業に必要ではない場合には適用されない。

内陸輸送に関する取扱い

171. 特定の状況下においては、内陸輸送は、OECDモデル租税条約の適用上、国際海運所

得に付随的なものとして取り扱われる可能性がある（OECDモデル租税条約第8条に関するコメンタリーのパラグラフ7参照）。しかしながら、国際海運所得の除外規定の適用上は、内陸輸送は、第3.3.3条に規定する適格付随的活動としては取り扱われない。内陸輸送から生じる所得を適格付随的国際海運所得の範囲から除外することにより、そのような内陸輸送をGloBEルールにおける適格付随的活動に含めたとすれば、国際運航事業の一部としてそのようなサービスを垂直統合している運航会社と独立した貨物輸送および陸上物流サービスの提供事業者との間に生じ得る競争上の歪みが発生するリスクを軽減している。

第3.3.4条

172. 第3.3.4条は、除外規定の対象となる付随的所得の金額に関する上限を定めている。この上限の根拠は、付随的活動は、国際海運事業の主たる活動に必要な支援を提供している場合にのみ除外規定の対象とされるべきであるというものである。

173. 国際海運所得の50%を超える当該国・地域の適格付随的海運所得は、除外規定の対象とならない。つまり、当該超過額は、GloBE所得に含められる。この上限は、国・地域ごとに適用される。当該国・地域の適格付随的海運所得は、当該国・地域に所在するすべての構成事業体の適格付随的活動から生じる純所得の合計とこれらの構成事業体の国際海運所得の合計額の半分のいずれか少ないほうとなる。したがって、この上限を適用するためには、第3.3.2条に規定する国際海運活動から生じる構成事業体の純所得と、第3.3.3条に規定する適格付随的活動から生じる純所得を別々に計算する必要がある。当該上限を超える当該国・地域の適格付随的海運所得は、当該国・地域に所在する構成事業体に、これらの各構成事業体の適格付随的海運所得に比例して配分されなければならない。

第3.3.5条

174. 第3.3.5条は、国際海運所得と適格付随的国際海運所得に関連する費用の損金算入および配賦に関連するものである。国際海運事業の運営により構成事業体に直接生じた費用は、構成事業体の国際海運活動から生じる純所得を計算する上で（関連する）事実および状況に基づいて配賦する必要がある。そのような直接帰属費用には、以下の項目が含まれるが、これらに限定されるものではない。

- 船舶を運航するための費用
  - 従業員費用（乗組員および船舶管理者等）
  - バンカー（燃料）費用
  - 保守および改修費用（乾ドック）
  - ターミナル費、積卸費、港湾費
- 船舶の使用に関連する費用
  - 船舶その他海運設備およびインフラの減価償却費

◦ 用船費
　　　◦ 海運コンテナのリース、荷役費用

175. 上述の費用の一覧は、説明の便宜のために提供されているものであり、これらの費用項目に関連して構成事業体が稼得する所得が国際海運所得に区分されるか適格付随的国際海運所得に区分されるかに影響を与えるものではない。

176. 間接費(すなわち、直接費以外のすべての費用)は、総収入に占める国際海運事業から生じる収入の割合に応じて、当該構成事業体の国際海運所得とその他の所得に定式的に配賦する必要がある。例えば、ある構成事業体が当該会計年度に、国際海運活動からの収入80、適格付随的活動からの収入20および非適格活動からの収入20を計上し、間接費30が生じていたものとする。この場合、間接費のうち20(＝30×[80/120])を国際海運活動に配賦し、5(＝30×[20/120])を適格付随的活動、5(＝30×[20/120])を非適格付随的活動に配賦すべきである。

177. 国際海運所得および適格付随的国際海運所得は、第3.3.2条および第3.3.3条に基づく純所得または純損失であり、第3.3.1条に定めるとおり、第3.2条における構成事業体のGloBE所得・損失の計算から除外される。第3.3.5条に従って、構成事業体の国際海運所得および適格付随的国際海運所得に帰せられるすべての直接費および間接費で、そのような除外所得の計算上損金算入されたものは、GloBE所得・損失の計算において減額することは認められない。総合すると、これらの規定は、GloBE所得・損失の計算から除外される純所得または純損失に相当する調整を財務会計上の純損益に一括で行うことを求めているということになる。言い換えれば、国際海運所得と適格付随的国際海運所得を別々に計算し、その純額をGloBE所得・損失の計算から除外することによって、海運活動からの総収入および費用が財務会計上の純損益の計算に含まれていたにもかかわらず、当該構成事業体は、第3.3.5条に規定する要件に既に該当している。例えば、構成事業体が国際航路における貨物の輸送料金として1,000を受領し、その料金に関連して700の費用を負担した場合、当該構成事業体の財務会計上の純損益は300となり、国際海運所得は300となる。当該構成事業体は、その財務会計上の純損益の計算上考慮された費用を調整する必要はなく、代わりに、財務会計上の純損益(300)から国際海運所得(300)を差し引くことでGloBE所得(300-300＝0)を計算する。

178. 直接費または間接費が第3.3.4条に規定する50%の上限を超える適格付随的活動からの所得に帰する場合においては、それらの費用は、構成事業体のGloBE所得・損失の計算において考慮されることとなる。なぜなら、それに関連する所得も当該GloBE所得・損失の計算に含まれているからである。

179. 例えば、国際海運事業に従事する構成事業体が国際海運活動からの収入として200、それに関連する直接費および間接費として130、結果として国際海運所得70を計上しているものとする。また、適格付随的活動からの収入として100、それに関連する直接費および間接費として60、結果として適格付随的国際海運所得40を計上しているものとする。この場合、

適格付随的国際海運所得からの純所得は、国際海運所得の50%を5（＝40－［70×50%］）だけ超過しており、当該超過部分はGloBE所得・損失の計算から除外されないこととなる。当該構成事業体は、そのGloBE所得の計算上、財務会計上の純損益110（＝収益300－費用190）を、(i)国際海運所得70、および、(ii)控除が認められる適格付随的国際海運所得35だけ減額する。

第3.3.6条

180. 第3.3.6条は、除外規定の対象となるための実質基準（substance criterion）を課している。第3.3.6条は、国際海運所得を稼得するために配備されたすべての船舶の戦略上または商業上の管理が当該構成事業体が所在する国・地域内から実質的に行われることを担保することを目的としている。この要件は、多くの海運税制が海運会社と海運税制の国・地域との間に経済的なつながりを確立するように設計されていることと整合している。

181. 除外の対象となるためには、関係する船舶の戦略上または商業上の管理は、国際海運所得を稼得するために配備された船舶を対象とするものに限定されており、当該構成事業体が所在する国・地域内から実質的に行われていなければならない。ここでいう国際海運所得を稼得するために配備された船舶とは、所有、賃借、その他利用の形態如何にかかわらず、当該構成事業体が自由に使用することができる国際航路における旅客または貨物の輸送に従事する船舶をいう。

182. 戦略上または商業上の管理が当該構成事業体の所在する国・地域内から実質的に行われているか否かは、関連する事実および状況に基づき、所得の項目に応じてあらゆる関連する要因を考慮して判断されるべきである。当該関連要因として、当該国・地域内で行われる当該船舶の戦略上または商業上の管理活動だけでなく、当該国・地域外で行われる当該船舶の戦略上または商業上の管理活動も考慮に入れることになる。船舶が特定の国・地域に船籍を有しているという事実だけでは、戦略上または商業上の管理が当該国・地域内から実質的に行われているか否かを判断する際の関連要因とはならない。ただし、後述するように、船籍国・地域が課す要件は、必要な活動が当該国・地域で行われているか否かの判断に関連する場合がある。

183. 戦略上の管理には、重要な資本的支出や資産の処分（例えば、船舶の購入および売却）、重要な契約の締結、戦略的提携および船舶のプーリングに関する合意、海外事業所の運営に関する意思決定が含まれる。戦略上の管理を疎明する関連要因としては、上級管理職を含む意思決定者の所在地、取締役会の開催場所、業務執行会議の開催場所、取締役および主要な従業員の居住地などが含まれる。

184. 商業上の管理には、航路計画、貨物または旅客の予約受付、保険、資金調達、人事管理、調達、トレーニングが含まれる。商業上の管理を疎明する関連要因としては、当該国・地域においてこれらの活動に従事する従業員の数、当該国・地域において使用している施設の性質と範囲、会社の取締役を含む主要な管理職の居住国などが含まれる。

185. 海運税制においては、管理要件がしばしばフラッグリンク、つまり、船舶とその所有者は船籍国・地域の船舶登録のための要件を遵守しなければならないこと、に関連して適用されることが多い。通常、船籍国・地域は、海上の安全、汚染その他環境への影響および労働条件を含む当該船籍国が批准した国際海事機関および国際労働機関に関する国際協定を当該船籍国・地域の旗を掲げる船に遵守させる責任を負っている。これらの管理要件によっては、フラッグリンクは、当該船籍国・地域の旗を掲げる船舶にそのような管理要件を遵守させるために、当該構成事業体に特定の義務を課すことがある。これらの責任が当該構成事業体に課され、かつ、(遵守すべく)管理されている場合には、当該構成事業体は、その所在する国・地域内から十分な水準の戦略上の管理を事実上行っているという結果になる可能性がある。同様に、国際海運所得または適格付随的国際海運所得を得ている構成事業体と同じ国・地域に所在する別の構成事業体にこれらの責任が課され、(遵守すべく)管理されている場合には、当該構成事業体は、その所在する国・地域内から十分な水準の戦略上の管理を事実上行っているという結果になる可能性がある。

第3.4条　本店とPE間の所得・損失の配分

186. PEは、財務会計上の概念というより税務上の概念である。これは、PEについて必ずしも財務会計情報が個別に維持されているとは限らないことを意味する。しかしながら、多くの場合、管理目的のため、または所在国・地域の税法を遵守するために個別にPEの会計帳簿が維持されている。GloBEルールは、管理会計や所在国・地域の税務関連情報ではなく、主に財務会計情報に依拠することから、第3.4条は、財務会計上の純損益がPEと本店に適切に配分されるようにするものである。

187. この配分に際しては、可能な限り財務会計上の取扱いに従うこととなるが、租税条約または国内税法に基づく所得および費用の配分の規定に従うことになる。

第3.4.1条

188. 第3.4.1条は、第10.1条に規定するPEの定義の第a項、第b項、第c項に基づきGloBEルール上PEが存在することになる場合について定めている。これらの条項は、租税条約または国内法に基づきPEが存在している場合と、法人所得税のない国・地域が本店所在国・地域との間で租税条約を締結していたとすればPEが存在していたであろう場合について定めている。

189. これらの状況において、第3.4.1条の第一文は、PEの財務会計上の純損益は、(当該PEの財務諸表が存在するのであれば)その財務諸表に計上されている純損益となることを定めている。これにより、構成事業体であるPEと子会社がETRの計算上、同じように取り扱われることになる。しかしながら、GloBEルールの原則に従えば、そのような財務諸表は、許容された財務会計基準、または承認された財務会計基準(比較可能性を阻害する重要な差異

が生じないようにするための調整を加えることを条件とする)に従って作成される必要がある。

190. 場合によっては、PEは個別の財務諸表を有していないことがある。そのような場合、第3.4.1条の第二文は、財務会計上の純損益は、当該PEの個別財務諸表が存在していたとすれば計上されていたであろう金額になることを定めている。したがって、このような状況においては、財務諸表に計上されていたであろう金額を計算するためにPEの会計帳簿または報告書を作成する必要がある。第3.4.1条は、この判断を、UPEの連結財務諸表の作成に用いられる財務会計基準に基づいて行うことを求めている。

第3.4.2条

191. 第3.4.2条は、第3.4.1条に基づきPEの財務会計上の純損益を計算するために、当該PEに帰属する所得および費用の金額ならびに項目に調整を加えている。PEが税務上の概念であることから、財務会計上の純損益の計算上、いずれの所得および費用の項目と金額が本店または支店で考慮されるかを判断するための具体的な会計規則は存在しない。

192. 第3.4.2条第a項は、(PEの財務会計上の純損益の計算に考慮される)所得および費用の項目と金額は、租税条約または源泉地国・地域の国内法に従ってPEに帰属するものであることを定めている。「当該PEが所在する国・地域で課税対象となる所得および損金算入される費用であるか否かにかかわらず」という表現は、PEへの所得の帰属に関する税法規定と、(所得および費用の)認識時期を含むPEの課税所得の計算に関する税法規定を区別することを意図している。

193. 例えば、A社はA国に所在するMNEグループの構成事業体であり、AB租税条約に従ってB国にPEを有しているものとする。使用料の受領によって稼得した100の事業利益が当該PEに帰属するものとする(損金算入費用はないものとする)。B国は、当該使用料の50%を免税としているものとする。この場合、当該PEは(免税とならない)50についてのみ課税されるにもかかわらず、当該PEの財務会計上の純損益の計算上考慮される所得の額は100となる。

194. B国におけるPEが個別財務諸表を有しており、税法上PEに帰属しない他の所得項目が当該個別財務諸表に含まれているがゆえに、当該財務諸表に計上されている金額が(税法上の)それより大きい場合、当該所得項目は第3.4.2条第a項に従って(PEの財務会計上の純損益の計算上)考慮されないこととなる。

195. 一方、B国におけるPEが個別財務諸表を有しており、国内税法に基づく利益の認識時期に関する規定の違いにより(例えば、B国における税務上の加速度償却により)、当該財務諸表において計上されている所得の金額が(税法上の)それより大きい場合または費用の金額が(税法上の)それより小さい場合、税法規定に基づき計算された所得の額ではなく、関連する各会計年度の財務諸表に計上される所得の額が、当該PEに帰属する所得の額を計算する

ために用いられることとなる。

196. 第3.4.2条第b項は、第10.1条に規定する定義の第c項に従ってPEが存在する場合、財務会計上の純損益を計算するための所得または費用は、OECDモデル租税条約第7条に従って当該PEに帰属したであろう収益と費用の金額と項目になることを定めている。この規定は、PEの定義の第c項に定める状況において考慮されるものであり、OECDモデル租税条約（OECD、2017[1]）第5条に基づけば、仮想的にPEを創出する活動が、ある国・地域において行われていることを前提としたものである。

第3.4.3条

197. 第3.4.3条は、第10.1条に定めるPEの定義の第d項に基づき生じるPEへの所得の帰属について定めている。第3.4.3条は、本店所在国・地域で免税とされ、かつ、当該本店所在国・地域外で行われている活動に帰属する所得は当該PEに帰属するものとしている。同様に、第3.4.3条は、本店所在国・地域外で行われる活動に帰属することを理由に当該本店所在国・地域において考慮されない費用を当該PEに配分するものとしている。

第3.4.4条

198. 第3.4.4条は、第3.4.2条および第3.4.3条によって調整されたPEの財務会計上の純損益は、本店のGloBE所得・損失の計算において考慮されないものと定めている。したがって、PEの財務会計上の純損益が本店の財務諸表に反映されている場合、本店の財務会計上の純損益から差し引かなければならない。本条は、本店およびPEのGloBE所得・損失の計算において財務会計上の純損益の二重計上や計上漏れが生じないようにすることを目的としている。

第3.4.5条

199. 第3.4.5条は、PEの損失の配分に関する規定を定めている。国・地域によっては、PEの損益が本店の国内課税所得の計算に含められるところがある（例えば、外国税額控除制度を伴う全世界所得課税制度を定めている国・地域）。しかしながら、GloBEルール上は、本店のETRはPEのGloBE所得・損失を考慮せずに計算する。PEの損失が、（本店の）国内税法上考慮される一方で、GloBE所得・損失の計算上考慮されない会計年度においては、特別な規定がない限り、本店のETRが過小に計算される可能性がある。第3.4.5条においては、当該本店の国内税法上の取扱いは、必要な対応する調整を加えた上で維持することとしている。

200. PEの損失が本店の国内課税所得または損失の計算上費用として取り扱われる限りにおいては、当該PEのGloBE損失は当該本店のGloBE所得・損失の計算上当該本店の費用として取り扱われるものとする。この規定は、本店の課税標準の計算においてPEの純損失を（ネットで）考慮するのか、または所得および費用の各項目を（グロスで）考慮するのかを問わず、適用される。したがって、本店がその国内課税所得の計算上、PE損失の80%しか考慮しな

い場合、当該PEのGloBE損失のうち同じ割合を当該本店のGloBE所得・損失の計算上費用として取り扱い、残りの20%は当該PEのGloBE所得・損失の計算において損失として取り扱う。ただし、PE損失により繰越期限のある繰越欠損金が本店に生じた場合には、当該繰越欠損金が全額使用される前に失効するか否かにかかわらず、当該PE損失は本店の国内税務上の損失の計算において費用として取り扱われたものとする。

201. 第一文の文末で、PE損失が本店所在国・地域とPE所在国・地域のいずれの税法のもとでも課税対象となる所得項目と相殺されていないことが求められている。本店への損失の再帰属に対する制限については、次の例で説明する。

202. ある本店(本店1)がPE(PE1)を有しており、別の本店(本店2)が別のPE(PE2)を有しているものとする。いずれの本店もA国・地域に所在しており、いずれのPEもB国・地域に所在しているものとする。A国・地域は、外国PEの所得に課税する全世界所得課税制度を有しており、外国PEの所得に対して支払われた租税について外国税額控除を適用している。どちらの国・地域も、その国・地域に所在する税務上の居住者およびPEが共通の支配下にある場合、それらの損益を通算することを認めているものとする(例えば、連結納税制度)。PE1は100の税務上の損失を計上し、PE2は100の課税所得を計上しているものとする。両国・地域の税法において、PE1の税務上の損失はPE2の課税所得と相殺されるため、いずれの国・地域においてもPE1とPE2に関して支払うべき租税は生じない。PE1の損失は、A国・地域で本店1の費用として取り扱われるものの、A国・地域とB国・地域の税法に基づき課税対象となる所得項目と相殺されていることを理由として、第3.4.5条に基づきA国・地域にPE1損失は再配分されない。この場合には、PE1の損失を本店1とA国・地域に配分する必要はない。なぜなら、当該損失によってA国・地域のETRが過小に計算されるわけではないからである。むしろA国・地域に損失を配分すると、B国・地域のETRが過小に計算されることになる。

203. 第3.4.5条の第二文において、PEがその後稼得したGloBE所得を、過去に本店のGloBE所得・損失の計算上費用として取り扱われた(PEの)GloBE損失の金額に至るまで、(当該PEではなく)当該本店のGloBE所得として取り扱うように対応する調整を行うことが求められている。この規定は、本店所在国・地域の課税所得または損失の計算において費用として取り扱われた全額について適用される。したがって、たとえ損失が本店所在国・地域における繰越欠損金の一部となり、全額が使用される前に失効したとしても、当該損失の範囲内で当該PEの所得は当該本店のGloBE所得として取り扱われる。この規定によって、難しい追跡の問題や追跡規定を運用するために必要となる複雑な規定を回避することができる。

第3.5条　フロースルー事業体の所得・損失の配分

204. 第3.5条は、フロースルー事業体のGloBE所得・損失がどのように異なる構成事業体間に配分されるかを定めている。これらの規定が必要とされるのは、これらの事業体の課税所

得または損失は税法に基づきその所有者に配分されるため、これらの事業体自体は課税所得または損失を有することがないにもかかわらず、多くの場合、これらの事業体は自らの財務会計上の純損益を示す個別財務諸表を有しているためである。GloBEルールが会計情報に依拠していることから、第3.5条の適用により、適用される税法規定に従ってこれらの事業体とその所有者に財務会計上の純損益が適切に配分される。

205. 一般に、フロースルー事業体とは、その組成された国・地域において課税上透明な事業体をいう。フロースルー事業体は、税務上透明な事業体とリバースハイブリッド事業体の2種類に分けることができる。フロースルー事業体は、当該事業体の直接の所有者が当該事業体を課税上透明なものとして取り扱う場合には、税務上透明な事業体として取り扱われるが、当該事業体の直接の所有者が当該事業体を不透明なものまたは課税上透明ではないものとして取り扱う場合には、リバースハイブリッド事業体として取り扱われる。第10.2条に関するコメンタリーには、これらの用語がどのように使われるかについての詳細な説明が含まれている。

206. 第3.5条の全般的な仕組みは、以下のとおりである。まず、フロースルー事業体の財務会計上の純損益は、MNEグループのメンバーではない所有者に帰属する金額だけ減額されなければならない。これにより、MNEグループのメンバーではない者が支払った租税がETRの計算上考慮されないことから、MNEグループのメンバーの国・地域別ETRが適切に計算される。

207. 第二に、フロースルー事業体の事業がPEを通じて遂行されているために当該PEの財務会計上の純損益が当該フロースルー事業体の財務会計上の純損益に含まれている場合には、当該PEの財務会計上の純損益は当該フロースルー事業体の財務会計上の純損益から差し引かなければならない。これにより、当該PEの財務会計上の純損益がETRの計算において二重に考慮されることがないようにされている。

208. 第三に、当該フロースルー事業体の財務会計上の純損益の残額を、次のとおり配分する。

　a．当該フロースルー事業体が(UPEではない)税務上透明な事業体である場合には、その構成事業体所有者に配分する。
　b．当該フロースルー事業体がリバースハイブリッド事業体である場合には、当該構成事業体自身に配分する。
　c．当該フロースルー事業体が税務上透明な事業体であり、かつ、MNEグループのUPEである場合には、当該UPEに配分する。その上で、当該UPEのGloBE所得・損失に関して第7.1条を適用するものとする。

第3.5.1条

209. 第3.5.1条は、フロースルー事業体の財務会計上の純損益をPE、構成事業体所有者およ

び当該事業体そのものに配分している。同条は、第3.5.3条に従って少数持分保有者(例えば、非グループ事業体)が保有する所有者持分に関する減額が行われた後に適用される。第3.5.1条では、まずフロースルー事業体の財務会計上の純損益をPEに配分するものとし、その上で、当該事業体の属性に応じて残額を当該事業体または当該構成事業体の所有者に配分するものとしている。これらの規定は、第3.5.1条において、次のように定められている。

最初にPEに配分される利益

210. 第a項は、フロースルー事業体の事業の一部または全部がPEを通じて行われる場合、当該フロースルー事業体の財務会計上の純損益は、第3.4条に従って当該PEに帰属させることを定めている。この規定により、当該PEの財務会計上の純損益は、それが含まれる当該フロースルー事業体の財務会計上の純損益から除外される。

211. PEは、当該事業体が組成された国・地域または第三国・地域に所在する可能性がある。例えば、A社はA国に所在する会社であり、B国の法律に従って組成された税務上透明な事業体であるB LPのパートナーであるものとする。B LPの事業活動は、B国にある事務所を通じて行われているため、B国の税法に基づき、A社はB国にPEを有しているものとする。B LPは、B国において課税上透明なものとして扱われるため、B国の税務上、A社は当該事務所を通じてB国において直接事業活動を行っているとみなされ、それによってB国において(A社の)PEが生じることとなる。この場合、B LPは、B国に所在するPEの本店となることから、B LPの財務会計上の純損益のうち、当該PEに帰属させられるものは本店の財務会計上の純損益から差し引かれることとなる。

212. PEが第三国・地域に所在している場合もある。前の例において、B LPがB国に事務所を有しているのではなく、C国に事務所を有しており、この国・地域(C国)においてPEが生じているものとする。このような状況は、第3.5.1条第a項でも取り上げられている。第三国・地域が、当該PEに帰属する所得に関して租税を、A社またはB LPのどちらに支払うことを求めるかはここでは重要ではない。「そこ(PE)を通じて当該事業体の事業の全部または一部が行われる」という表現により、第三国・地域が当該事業体をフロースルー事業体とみなしているか否かを問わず、また、そのような国・地域が、当該PEに帰属する所得に関して租税を当該事業体または当該構成事業体の所有者のいずれに支払うことを求めるかを問わず、第3.5.1条第a項が適用される。当該フロースルー事業体の構成事業体所有者が当該PEに帰属する所得に関して対象租税を支払うことを求められる場合、当該対象租税は、第4.3.2条第a項に従って(当該PEに)配分される。

直接の所有者に配分される残額

213. 第3.5.1条第b項は、MNEグループのUPEではない税務上透明な事業体の財務会計上の純損益の配分について定めている。この場合、当該事業体の国・地域と当該構成事業体所有者の国・地域の双方における税務上の取扱いをも反映させるために、そのような損益は、当該事業体の利益に係る当該構成事業体所有者の所有者持分に従って、当該構成事業体所有者

に配分される。

214. 当該構成事業体所有者も税務上透明な事業体である場合には、第3.5.1条第b項が再び適用され、グループ外の事業体に配分されずに残る財務会計上の純損益を所有権の連鎖において次の階層に位置する構成事業体所有者に配分する(ただし、所有者持分の保有者がUPEである場合を除く。その場合は第3.5.1条第c項が適用される)。したがって、すべての構成事業体が税務上透明な事業体(すなわち、税務上透明なストラクチャー)である場合には、第3.5.1条第b項および第c項に基づき、MNEグループのすべての損益が最終的にUPEに配分される。

215. 第3.5.1条第b項は、第3.5.1条第a項の規定が適用された後にのみ適用される。つまり、構成事業体所有者への財務会計上の純損益の配分額は、第3.5.1条第a項に従って既にPEに帰属された金額だけ減額されなければならないことを意味する。これにより、同じ損益の金額がPEと税務上透明な事業体の構成事業体所有者に配分されることを防止している。また、これにより、財務会計上の純損益が無国籍の税務上透明な事業体に配分されることがないようにしている。

216. 「当該構成事業体の所有者持分に応じて」という表現は、PEへの配分後に残る財務会計上の純損益の残額が構成事業体所有者に当該利益に対するそれぞれの持分に従って配分されることを担保するものである。例えば、税務上透明な事業体の所有者持分の40%が非居住者である構成事業体所有者によって保有され、残りの60%の所有者持分は、居住者である二の構成事業体所有者に均等に保有されているものとする。当該税務上透明な事業体は、それが所在する国・地域に事務所を有しているものとする。当該事業を行う一定の場所は、適用される税法に基づき、当該国・地域における当該非居住者である構成事業体所有者のPEとなり、当該税務上透明な事業体の利益の40%がPEに配分される。残りの60%の利益は、第3.5.1条第b項に従って当該構成事業体所有者に配分される(それぞれに30%)。

217. 所有者持分という用語は、第10.1条において、ある事業体の利益、資本または剰余金に対する権利を有するあらゆる資本持分と定義されている。フロースルー事業体の文脈においては、第3.5.1条が、利益と損失の配分に関する規定であることから、資本持分に由来するあらゆる合意または契約を含む資本持分に付帯する所得または利益に対する権利を考慮する。

218. しかしながら、状況によっては、構成事業体所有者が所在する国・地域における税務上のパススルー規定に基づき当該構成事業体所有者に配分される利益の金額と、当該構成事業体所有者が資本持分に付帯する権利に従って受領することが認められる利益の金額に差異が生じる可能性がある。第3.5.1条第b項は、当該事業体が第10.2.1条に従ってフロースルー事業体および税務上透明な事業体として取り扱われる場合に限り適用される。したがって、第3.5.1条第b項は、税法上の取扱いに従うものであり、GloBEルールに基づく所得、費用、利益または損失の配分を、構成事業体所有者およびフロースルー事業体に係る国内税法が定める結果に整合させている。

219. 例えば、A社がA国・地域に所在する事業体であり、B国・地域の国内法に基づき組成されたフロースルー事業体であるB社の資本持分の60%を保有しているものとする。A社とB社は、同じMNEグループの構成事業体であるが、資本持分の残りの40%の保有者は当該MNEグループのメンバーではないものとする。A社が、その資本持分に付帯する追加的な権利として、B社の組成後5年間においてはB社の利益の70%（60%ではなく）を受領する権利をA社に付与するという合意を他の資本持分保有者と締結しているものとする。A国・地域は、B社を課税上透明なものとして取り扱っているが、A社と他の資本持分保有者との間の当該合意の効果を認識しないため、当該合意によりB社の利益に対する追加的な10%の権利はA社に与えられたものとして取り扱わないものとする。つまり、A国・地域の国内税法上、B社の利益のうち60%のみが上述した5年間A社によって稼得されるものとみなされる。

220. GloBEルールのもとでは、A社は、合意した当該5年間、B社の所有者持分の70%を保有していることとする。B社の財務会計上の純利益の30%はグループ事業体ではない所有者にその所有者持分に基づき配分される金額となるため、第3.5.3条に基づき、B社の財務会計上の純利益は当該金額だけ減額されることとなる。A国・地域においては、B社が完全に課税上透明なものとみなされており、B社の利益の全額が（A社を含む）その所有者によって稼得されたものとなることから、財務会計上の純利益の残りの70%は、第3.5.1条第b項に基づき、A社に配分される。A国・地域において、A社と他の資本持分保有者との合意によるB社の利益の10%に対する追加的権利はA社に与えられたものとして取り扱われないという事実は、A国・地域においてB社が完全に課税上透明なもの（すなわち、税務上透明な事業体）として取り扱われる限りにおいて、第3.5.1条第b項に基づく利益配分に影響しない。

UPEとリバースハイブリッド事業体に係る例外

221. 第3.5.1条第c項は、(i)MNEグループのUPEである税務上透明な事業体と、(ii)リバースハイブリッド事業体、という2種類の事業体の財務会計上の純損益の配分について定めている。どちらの場合においても、（PEに配分した後の）残りの財務会計上の純損益は、所有者持分保有者ではなく事業体そのものに配分される。第3.5.1条c項の適用上、税務上透明な事業体は、その支配持分が除外事業体によって保有されていなければ当該事業体がMNEグループのUPEであった場合、当該MNEグループのUPEとして取り扱われるものとする。

222. 税務上透明な事業体がMNEグループのUPEである場合、財務会計上の純損益は、所有者ではなく当該事業体に配分される。なぜなら、当該事業体の所有者はGloBEルールの適用を求められるMNEグループの構成事業体ではないからである。第7.1条は、フロースルー事業体がMNEグループのUPEである場合に適用される追加規定を定めている。

223. リバースハイブリッド事業体の場合、財務会計上の純損益は、当該事業体に帰属したままであり、その所有者には配分されない。これは、当該所有者に適用される税法において、当該事業体は課税上透明ではなく、その損益はその所有者の段階で直接課税されることがないためである。

224. 第3.5.1条第b項と同様、UPEである税務上透明な事業体またはリバースハイブリッド事業体への財務会計上の純損益の配分額は、二重計上が生じないように、第3.5.1条第a項に従って、すでにPEに帰属した金額だけ減額する必要がある。

第3.5.2条

225. 第3.5.2条は、(各所有者に)適用される税法に従って、フロースルー事業体に係る所有者持分のそれぞれに関して第3.5.1条を別々に適用することを定めている。これは、同一のフロースルー事業体が、ある所有者によっては税務上透明な事業体として取り扱われ、他の所有者によってはリバースハイブリッド事業体として取り扱われることがあることを認識したものである。そのような場合、第3.5.1条の規定は、各構成事業体所有者の観点から別々に適用される。言い換えれば、第3.5.1条においては、当該事業体を税務上透明なものとして取り扱う構成事業体所有者に関しては税務上透明な事業体としての取扱いを適用し、その他の構成事業体所有者に関してはリバースハイブリッド事業体としての取扱いを適用する。

第3.5.3条

226. 第3.5.3条は、フロースルー事業体がグループ外の所有者を有する状況について定めている。当該規定は、当該フロースルー事業体の財務会計上の純損益を、グループ外の所有者に帰属する金額だけ減額するものである。これにより、構成事業体の所在国・地域別ETRの計算において、グループ外のメンバーが支払った租税が考慮されないようになるため、当該構成事業体の所在国・地域別ETRが適切に計算される。

227. この規定に従って行われる減額は、第3.5.1条の適用前に行われる。したがって、第3.5.3条は、第3.5.1条の適用に次のように影響することとなる。

　a．第3.5.1条第a項で言及されているPEの財務会計上の純損益は、グループ事業体に帰属する部分のみを反映する。
　b．フロースルー事業体に係る(PEに配分した後の)残りの財務会計上の純損益の全額が、第3.5.1条第b項および第c項に従って構成事業体に配分される。

228. 例えば、H社はA国に所在する事業体であり、MNEグループのUPEであるものとする。H社は、B国において組成された税務上透明な事業体であるB LPの所有者持分の60%を保有しているものとする。B LPの所有者持分の残り40%は、同じくA国に所在するグループ外の事業体(「少数持分保有者」)によって保有されているものとする。B LPは、B国に店舗を有しているものとする。B国は、当該店舗がH社と少数持分保有者のPEを構成するとみなしている。B LPの財務会計上の純利益は200である。B LPの財務会計上の純利益のうち100だけが当該PEに帰属し、B国で課税されるものとする。

229. 第3.5.3条に基づき、B LPの財務会計上の純利益は、80だけ減額される。なぜなら、当該減額された金額は、当該少数持分保有者に帰属する金額(200×40%)だからである。残り

の金額(120)は、第3.5.1条に従って配分される。まず、60が第3.5.1条第a項および第3.5.2条に従ってPEに配分される。なぜなら、これが、少数持分保有者の持分を差し引いた後のグループ事業体が保有する所有者持分に帰属するPEの利益だからである。残りの60は、第3.5.1条第b項および第3.5.2条に従ってH社に配分される。なぜなら、B LPは、税務上透明な事業体であり、その所得はその構成事業体所有者に配分されるからである。

230. MNEグループの連結財務諸表に、第3.5.3条によって減額された財務会計上の純利益に関連する対象租税が含まれている場合、当該対象租税の額を、第4.1.3条第a項に従って同じ割合で減額しなければならない。同条は、対象租税はGloBE所得・損失から除外される所得に係る当期税金費用の額だけ減額されることを定めている。例えば、フロースルー事業体が当該事業体に直接課税する第三国・地域における源泉地国課税の対象とされ、そのような租税が当該フロースルー事業体の個別財務諸表とMNEグループの連結財務諸表に反映されている場合などがこれに該当する。前項の例では、減額される対象租税の額は、減額されている所得の割合に応じて40%となる。

231. この規定は、当該フロースルー事業体の所有者持分が税務上の透明なストラクチャー(すなわち、税務上透明な事業体の連鎖)を通じてグループ外のメンバーによって保有されている場合にも適用される。税務上の透明なストラクチャーは、第10.2.3条において定義されている。

第3.5.4条

232. 第3.5.4条は、第3.5.3条が適用されない二つの事例を示している。最初の事例は、第a項に含まれており、UPEがフロースルー事業体である場合を定めている。第b項は、フロースルー事業体が税務上透明なストラクチャーを通じてフロースルー事業体であるUPEによって所有されている場合を定めている。これらの事例には、第3.5.3条の適用は見込まれていない。なぜなら、フロースルー事業体のすべての所有者がグループ外の所有者だからである。この場合については、第7.1条において定められている。

第3.5.5条

233. 第3.5.5条では、フロースルー事業体は、他の構成事業体(構成事業体所有者またはPE)に配分された利益の金額だけ、その財務会計上の純損益を減額することが求められている。これは、GloBEルールに基づきその損益が二重計上されないようにするために必要となる。

参考資料

IFRS Foundation(2022), International Financial Reporting Standards, https://www.ifrs.org/.[2]

OECD(2017), Model Tax Convention on Income and on Capital:Condensed Version 2017,

OECD Publishing, Paris, https://dx.doi.org/10.1787/mtc_cond-2017-en.[1]

OECD(2009), Recommendation of the Council on Tax Measures for Further Combating Bribery of Foreign Public Officials in International Business Transactions, https://legalinstruments.oecd.org/en/instruments/OECD-LEGAL-0378.[3]

注記事項

1 第3.1.2条の適用については、第2の柱のGloBEモデルルールに関するコメンタリーの事例集で解説されている。https://www.oecd.org/tax/beps/tax-challenges-arising-from-the-digitalisation-ofthe-economy-global-anti-base-erosion-model-rules-pillar-two-examples.pdf.
2 第3.2.1条の適用については、第2の柱のGloBEモデルルールに関するコメンタリーの事例集で解説されている。https://www.oecd.org/tax/beps/tax-challenges-arising-from-the-digitalisation-ofthe-economy-global-anti-base-erosion-model-rules-pillar-two-examples.pdf.
3 ２００９年５月２５日［C（２００９）６４］。https://legalinstruments.oecd.org/en/instruments/OECD-LEGAL-0378にて入手可能。
4 第3.2.3条の適用については、第2の柱のGloBEモデルルールに関するコメンタリーの事例集で解説されている。https://www.oecd.org/tax/beps/tax-challenges-arising-from-the-digitalisation-ofthe-economy-global-anti-base-erosion-model-rules-pillar-two-examples.pdf.
5 第3.2.6条の適用については、第2の柱のGloBEモデルルールに関するコメンタリーの事例集で解説されている。https://www.oecd.org/tax/beps/tax-challenges-arising-from-the-digitalisation-of-the-economy-global-anti-base-erosion-model-rules-pillar-two-examples.pdf.
6 第3.2.7条の適用については、第2の柱のGloBEモデルルールに関するコメンタリーの事例集で解説されている。https://www.oecd.org/tax/beps/tax-challenges-arising-from-the-digitalisation-of-the-economy-global-anti-base-erosion-model-rules-pillar-two-examples.pdf.
7 第3.3.1条の適用については、第2の柱のGloBEモデルルールに関するコメンタリーの事例集で解説されている。https://www.oecd.org/tax/beps/tax-challenges-arising-from-the-digitalisation-of-the-economy-global-anti-base-erosion-model-rules-pillar-two-examples.pdf.

第4章　調整後対象租税の計算

1．第3章は、MNEグループの各構成事業体のGloBE所得・損失の計算方法について定めている。第4章は、ETRの計算上のGloBE所得・損失に関する税額の計算方法を定めており、当該税額は第5章で説明されるトップアップ税額の計算に含まれる。調整後対象租税は第4章における最も重要な用語であり、この定義を満たす金額に限りETRの計算上の分子に含まれる。調整後対象租税の定義は、対象租税を定義することから始まる。

2．対象租税の定義は、第4.2条に定められている。同定義に関するコメンタリーに詳述されるとおり、この用語は幅広く定義されており、構成事業体の所得または利得に対して課される租税、そのような租税と機能的に同等である租税、および利益剰余金および法人の資本金等に課される租税が含まれる。他方、間接税、給与税、資産税等、所得の額に基づく租税ではないものや、GloBEルールにより課されるトップアップ税額そのものは、上述の対象租税には含まれない。

3．第4章では、対象租税の概念に基づき、調整後対象租税を計算するために多くの調整を行うこととしている。これらの調整においては、損益計算書上の法人所得税に計上されていない構成事業体の租税を考慮することとされ、また、GloBE所得・損失に関連しない租税を除外することとしている。さらに、CFC税制に基づいて課される租税や税務上透明な事業体に課される租税など一定のクロスボーダーの租税について、適切な構成事業体に配分するための調整が行われる。第4.4条は、一時差異に対処するための仕組みを定めており、これは税効果会計の仕組みに基づくものである。また、第4.5条は、MNEグループの選択により第4.4条の税効果会計に基づく調整の代わりに一定の簡便な調整を適用することを認めている。第4.6条は、対象租税に係る構成事業体の債務について申告後に変更が生じた場合の取扱いを定めている。

第4.1条　調整後対象租税

第4.1.1条

4．GloBEルールにおけるETRの計算に含めるべき租税の計算の出発点は、第4.2条に定義されているとおり、対象租税に関して構成事業体の財務会計上の純損益に計上される当期税金費用である。したがって、財務会計上の純損益に計上された当期税金費用に資産税や物品税など対象租税以外の租税の金額が含まれている場合、それらの金額は、第4.1.1条第a項、第b項、第c項の各項に定められている一定の調整を行うことなく、第4.1.1条の冒頭の文言に基づきGloBEルールにおけるETRの計算に含める租税から除外される。

 a．第4.1.1条第a項に定める対象税額の追加項目および減少項目については、それぞれ第4.1.2条および第4.1.3条に定められているとともに、コメンタリーにおいても後述している。

b．同条第b項に定める繰延税金調整総額に関する調整については、第4.4条に定められているとともに当該条文についてのコメンタリーにおいて詳述している。

c．同条第c項は、当期税金費用または繰延税金費用ではなく、資本またはOCIに計上されている対象租税の増減について、当該租税に関連する所得・損失額がGloBE所得・損失の計算で考慮される場合には対象租税の調整として取り扱うことを定めている。この規定は、GloBE所得・損失の計算に含まれる項目に関して対象租税が発生した場合、当該対象租税が当期税金費用または繰延税金費用に計上されず損益計算書に含まれていない場合でも、GloBEルールの計算に含めることを担保するものである。ただし、この調整は、当該対象租税に関連する所得・損失額が国内法上課税対象となる場合に限り適用される。例えば、第c項は、構成事業体が有形固定資産に再評価法を適用しOCIに計上した損益が課税対象となる場合に適用される。そのような利益がGloBE所得・損失の計算に含まれる場合、それに伴う対象租税の増加は、本項に基づいて考慮される。一方、損失が生じた場合には、関連する対象租税が減少することにより、本項に基づく対象租税は減額される。なお、再評価法に基づく損益に関する詳細については、GloBE所得・損失を計算するための調整に関連する第3.2.1条第d項のコメンタリーを参照されたい。

4.1. 場合によっては、構成事業体の会計年度がその事業体の所在地の課税年度と一致しないことがある。例えば、構成事業体は、12月31日に終了する会計年度に基づいて財務諸表を作成するが、4月30日に終了する期間を課税年度としなければならない場合がある。このような場合、異なるMNEグループは、それぞれの連結財務諸表の作成において適用される財務会計基準に応じて、異なる会計慣行を適用する可能性がある。会計年度と異なる課税年度を有する構成事業体の場合、構成事業体は、連結財務諸表（または当該構成事業体の財務会計上の純損益を計算するために使用される他の財務諸表）の作成において適用される方法に従い、当該会計年度の調整後対象租税を計算しなければならない。（UPEの連結財務諸表における）会計年度と異なる課税年度を有するJVまたはJVグループの調整後対象租税を計算する際にも、同様の方法を適用することとする。

第4.1.2条

5．第4.1.2条は、すべての対象租税を適切に把握し構成事業体に帰属させることを担保するために、GloBEルール上、調整後対象租税の計算において一定の加算調整を行うことを定めている。財務諸表において法人所得税の範囲は、GloBEルールの適用における対象租税の定義に該当する租税の範囲よりも狭い可能性があるため、第4.1.2条に基づく調整が必要となる場合がある。同条第a項から第d項が定める調整は四つの種類がある。

a．対象租税の定義は、財務会計原則に基づき法人所得税として取り扱われる租税の範囲よりも、通常、広い範囲に及ぶ。その結果、一部の対象租税は、構成事業体の財務諸表において法人所得税として計上されず、税引前損益の計算において費用処理される

場合がある。したがって、第a項は、財務諸表において法人所得税ではなく(通常の)費用項目として計上された対象租税に係るすべての租税債務を調整後対象租税に加算することを定めている。この場合、GloBE所得・損失の計算については、第3.2.1条第a項に基づき財務会計上の純損益について当該調整後対象租税への加算に対応する調整が行われる。例えば、法人の資本金等に基づき課される租税は対象租税であるが、当期税金費用ではなく、構成事業体の税引前損益の計算上の費用として計上されることがある。この場合、GloBEルールとの一貫性を保つために、当該租税はGloBE所得・損失に加算され、かつ、調整後対象租税の計算において当期税金費用にも加算される。

b. 第b項は、当該会計年度に使用されたGloBE純損失に係る繰延税金資産の金額について加算する調整を定めている。GloBE純損失に係る繰延税金資産は、第4.5条に基づく選択が行われた場合に使用することができる。第4.5条に係るコメンタリーにおいて詳述するとおり、当該選択により、第4.4条に定める修正税効果会計の適用に代わり、GloBE純損失に係る繰延税金資産を認識することとされる。GloBE純損失に係る繰延税金資産は、当該純損失が使用される会計年度における当該国・地域のETRの計算において調整後対象租税に加算される。第4.5条において、GloBE損失発生後の会計年度においてGloBE所得が生じたときに、当該繰延税金資産に係る純損失が使用されたものとして取り扱われる。

c. 第c項は、不確実な税務ポジションに関連して納付した対象租税がある場合には当該金額を加算するが、第4.1.3条第d項に基づき過去において対象租税の減額調整として取り扱われた額を限度とすることを定めている。ただし、第4.2.1条に係るコメンタリーにおいて詳述するとおり、そのような不確実な税務ポジションに関連して発生した、または支払ったいかなるペナルティまたは遅延利息も、当該加算調整には含まれない。第4.1.3条第d項に係るコメンタリーにおいて詳述するとおり、不確実な税務ポジションに関連して税金費用が計上された時点では、当該金額の支払の有無およびタイミングについての不確実性に鑑み、当該金額は調整後対象租税に含めないこととしている。ただし、当該金額が(実際に)支払われた場合には、当該金額を対象租税に算入することが適切である。

d. 第d項は、当期税金費用の減額として計上された適格還付税額控除または市場性譲渡可能税額控除に係る還付額またはこれに相当する税額控除額を当期税金費用に加算することを定めている。適格還付税額控除とは、第10.1条において、構成事業体が、その所在国・地域の国内法に基づき当該税額控除を受けるための要件を満たした時から4年以内に払い戻しを受けることができるように設計された還付税額控除と定義されている。市場性譲渡可能税額控除は第3.2.4条のコメンタリーのパラグラフ112.1に定義されており、GloBE所得・損失の計算上、適格還付税額控除および市場性譲渡可能税額控除は所得項目として取り扱われる。したがって、そのような税額控除または還付が認められた場合は、対象租税が減額され当該国・地域のETRが過小に計算されることが生じないよう、構成事業体の財務諸表における当期税金費用の減額として計

上された金額を当該会計年度において戻し入れる調整を行うものとする。GloBEルールは、財務会計上の純損益における対応する調整として、適格還付税額控除および市場性譲渡可能税額控除の金額を当該税額控除を受けることができる年度のGloBE所得として取り扱うことを定めている（第3.2.4条に係るコメンタリーを参照）。

第4.1.3条

6．第4.1.3条は、構成事業体のETRの計算上、GloBE所得・損失に関連して発生し、かつ、3年以内の納付が見込まれる租税のみを含めるために、いくつかの対象租税に関する減算調整を定めている。

第a項

7．第a項は、第3章の規定に基づいてGloBE所得・損失の計算から除外される所得に係る対象租税の額を除外することを定めている。つまり、ある所得項目がGloBE所得・損失の計算に含まれない場合には、当該所得に関連する租税は、その国・地域におけるGloBE所得・損失のETR計算に含まれない。構成事業体のGloBE所得・損失の計算から除外される所得項目の多くは、株式または資本持分に対する投資に係る配当および譲渡益などを含む利得に関連するものである。このような項目は、多くの場合、全額または部分的な免除制度の恩典を受ける一方で、特定の国・地域または状況においては、当該株式または資本持分に対する投資に係る利得およびその他の所得除外項目も対象租税の課税対象となる可能性がある。そのような場合に、第4.1.3条は、課税対象となる所得項目がGloBE所得・損失の計算から除外されるときには、当該租税は対象租税から除外することを定めている。

8．例えば、構成事業体が、ある法人に対する重要なマイノリティ投資（例えば25%）から受け取る配当に対して課税を受けるものとする。当該租税は、第3.2.1条第b項に従いGloBEルールでは考慮されない所得に関連するものであるため、これに対応する租税は調整後対象租税の計算から除外する。その他の例としては、財務会計上、持分法を用いて会計処理されているパートナーシップの少数持分を保有する構成事業体が挙げられる。当該構成事業体は、パートナーシップの純利益に対する当該構成事業体の持分割合に基づき純額ベースの課税対象とされる場合がある。しかしながら、当該パートナーシップにおける所有者持分から生じる収益は持分法を用いて会計処理されているため、当該収益は通常構成事業体の所有者のGloBE所得・損失から除外されることとなり、当該持分から生じる収益に関連する税金費用が当期税金費用に含まれている場合には、調整後対象租税の計算において除外する。

9．第a項に基づく調整には、特定の国際海運所得に対する対象租税も含まれる。国際海運所得または適格付随的国際海運所得に関して構成事業体が計上する法人所得税またはトン数標準税制は、第4.2.1条第a項に基づく所得に対する租税、または第4.2.1条第c項に基づき、通常、適用される法人所得税の代わりに課される租税のいずれかとして対象租税の定義に該当するものである。第3.3条の除外規定に従って、関連する国際海運所得または付随的所得が

構成事業体のGloBE所得・損失から除外される場合、当該所得に関連して発生した対象租税もGloBEルール上のETR計算から除外されなければならない。一方、第3.3.4条に規定する限度額を超える適格付随的活動から生じる所得に係る対象租税については、関連する所得がGloBE所得・損失の計算に含まれるため、調整後対象租税にも含まれる。

10. 第a項が適用される場合に、除外される対象租税の額を計算する必要がある。当該所得項目に租税が課されていない場合(すなわち、国内法上、免税措置を受ける配当など)、除外される租税はない。当該所得項目の全額が除外される場合には、関連費用を考慮することなく、同一基準で除外される租税を決定する。例えば、除外が認められる受取配当に対する源泉税の場合は当該源泉税の全額が調整後対象租税から除外される。これに対して、少数持分についてCFC税制に基づく合算課税の適用を受ける場合には、当該合算所得に係る持分保有者での合算課税のうち当該少数持分に相当する部分の金額は、GloBEルールにおけるETRの計算上、当該構成事業体の調整後対象租税から除外する。ただし、ある所得項目がGloBE所得・損失から部分的に除外される場合には、第a項は当該除外された部分に限り適用される(注1)。

11. 第a項は、ある租税を計上した構成事業体の調整後対象租税から当該租税を除外することを定めているが、当該租税が第4.2.1条に従って他の構成事業体に配分される場合には、GloBE税額の計算から完全に除外されるわけではない。例えば、他の構成事業体からの配当またはその他の分配に関連して発生する対象租税の場合、第a項は、分配を受けた構成事業体の調整後対象租税から当該租税を除外して税金費用を計上することを定めているが、このような租税は、第4.3.2条第e項に従って分配を行う構成事業体に配分され、当該構成事業体の調整後対象租税に含まれることになる。他の構成事業体から受領した配当はGloBE所得・損失から除外されるが、当該配当に対して租税を課すということは、当該分配を行う構成事業体においてすでにGloBE所得・損失の計算に含まれている所得に新たにまたは追加的に課税することを意味する。したがって、当該配当の原資となる所得の分配を行った構成事業体のETRの計算においてこれらの対象租税を含めることが適切である。グループ内配当、すなわち、グループ内の他の構成事業体から受領した配当に対して課される対象租税と、その他の除外配当および持分法による所得に対して課される対象租税との重要な違いは、当該グループ内配当の原資となる所得が過去に稼得されたときの当該MNEグループのGloBE所得・損失に含まれていたことである。したがって、そのような分配所得に関して支払われる租税は、分配を行う構成事業体の調整後対象租税に含まれ、最終的にETRの計算の分子に含まれる。

12. 同様に、第4.3.3条に定める制限のもとで、CFC税制に基づく合算所得に関して他の構成事業体において発生する対象租税は、第4.3.2条第c項に従って当該構成事業体のCFCに配分され、当該CFCの調整後対象租税に含まれる。第4.3.3条の適用により対象租税が配分されない場合には、当該対象租税は構成事業体所有者の調整後対象租税に含まれる。

第b項

13. 非適格還付税額控除は、財務会計上、構成事業体の所得として取り扱われることがある。しかしながら、GloBEルール上は、非適格還付税額控除は、第3.2.4条に従ってGloBE所得・損失の計算から除外され、当該構成事業体の税金費用の減額項目として取り扱われる。このため、第4.1.3条第b項は、非適格還付税額控除に係る控除額または還付額が当期税金費用から減額されていない場合には、当該控除額または還付額を当期税金費用から減額することを定めている。第b項は、いかなる非適格還付税額控除も、GloBEルール上のETRの計算における追加所得項目ではなく当期税金費用の減額項目として取り扱うことにより第3.2.4条を補完するものである。

第c項

14. 第c項は、適格還付税額控除および市場性譲渡可能税額控除以外の税額控除の額については、原則、構成事業体の対象租税に係る債務を減額するものとして、または過去会計年度に計上された対象租税のうち当該構成事業体に還付されるもの（別の対象租税に係る債務を減額することになるものを含む）として、当該構成事業体の対象租税の額を減額することを定めている。ただし、この取扱いは、当該税額控除または還付が財務諸表において当期税金費用の減額として取り扱われていない場合のみ適用される。

税額控除

14.1. パラグラフ14.2およびパラグラフ14.3に規定されている場合を除き、適格還付税額控除および市場性譲渡可能税額控除以外の税額控除は、構成事業体の当該会計年度内に終了する課税期間の対象租税に係る債務を減額するために使用される場合、対象租税の減額項目として取り扱われるものとする。

14.2. 市場性のない譲渡可能税額控除とは、以下の税額控除である。

a．オリジネーターが保有する場合は、譲渡可能であるが、市場性譲渡可能税額控除ではないものであり、かつ
b．購入者が保有する場合は、市場性譲渡可能税額控除ではないもの。

14.3. 市場性のない譲渡可能税額控除の場合

a．オリジネーターは、当該税額控除が会計年度中に終了する課税期間の自社の対象租税に係る債務を減額するために使用された金額および当該会計年度中に当該税額控除の譲渡の対価として受領した金額を限度として、当該会計年度の対象租税を減額するものとする。
b．購入者は、税額控除の額面額にその取得価額を超過する額がある場合、会計年度中に終了する課税期間の対象租税に係る債務を減額するために使用した税額控除額に比例して、当該超過額を当該会計年度の対象租税の額から減額するものとする。

c．購入者は、会計年度中に税額控除を譲渡した場合、譲渡益の額を対象租税の額から減額するものとし、譲渡損の額を当該会計年度のGloBE所得・損失の計算に含めるものとする。

14.4．ある税額控除についてGloBEルールの適用上の区分を判定するために、最初に（適格還付税額控除に該当するか否かに関する）還付可能性基準について検討し、次に（市場性譲渡可能税額控除に該当するか否かに関する）譲渡可能性基準について検討するものとする。したがって、ある税額控除が還付可能性基準を充足し、QRTCとして適格である場合、市場価格で譲渡可能であるか否かにかかわらず、QRTCに区分される。もしその税額控除が還付可能性基準を充足しない場合（すなわち、還付されないか、QRTCではない場合）には、その税額控除が市場性譲渡可能税額控除に該当するか否かを判定するために、譲渡可能性基準について検討するものとする。

過去会計年度に計上された対象租税の還付（および税額控除）

14.5．第c項は、構成事業体が過去会計年度に計上した対象租税について還付（別の対象租税に係る債務に対する税額控除として適用される場合を含む）を受ける場合、当該還付金額（または税額控除額）は調整後対象租税の減額項目として取り扱われることも定めている。この取扱いは、構成事業体に適用される会計原則または会計方針において、当該金額を当期税金費用の減額調整として取り扱わない場合においても適用される。

14.6．第c項に基づき、調整後対象租税は、還付税額（または税額控除額）が財務諸表に計上された会計年度において減額される。ただし、過去に計上した対象租税に係る還付または税額控除については、当該還付税額（または税額控除額）に対する第c項の適用は限定される。なぜなら、過去会計年度の税金が還付される場合の調整後対象租税の調整については、第4.6.1条の適用により、当該還付額が100万ユーロ以上である場合には、（当該還付された税金が対象租税として計上された）過去会計年度の調整後対象税額を減額しなければならないからである。第c項が適用されるのは、当該還付（または税額控除）が、第4.6.1条に基づく構成事業体の過去会計年度の調整後対象租税に対する調整の対象とならない場合に限られる。

15．例えば、第c項の規定は、ある国・地域において過去に計上した法人の資本金等に課された対象租税についての還付（または税額控除）が認められたときに、当該税額とそれに付随する還付（または税額控除）が当該控除年度における財務諸表上、通常の収益または費用項目として計上されている場合に適用される。本項は、当該税金費用を当初負担した構成事業体と異なる構成事業体に対して還付（または控除）が行われた場合における、対象租税に係る還付（および税額控除）についても適用される。第c項は、当会計年度または過去会計年度に支払われたまたは発生した対象租税に係る還付金および税額控除に適用することができる（ただし、第4.6条に規定される適用順序に従う）。

第d項

16. 第d項は、不確実な税務ポジションに関連する当期税金費用の額を除外することを定めている。不確実な税務ポジションに関連する当期税金費用は、MNEグループが納税義務はないと判断していること（場合によっては、MNEグループが当該関連する税務当局に対し明示的または黙示的に（そのように）主張していること）、および当該金額が将来支払われるか否かについての不確実性が高いことに鑑み、（GloBEルール上、対象租税として）認められない。許容された財務会計基準によって詳細な判断基準は異なるが、一般に、不確実な税務ポジションは、税務調査において認容される蓋然性が50％超（more likely than not）に達しないと考えられる税務申告ポジションをとる場合に生じる。財務会計基準では、これらのポジションに対して引当金を計上することを求めている。当該税務申告ポジションが認容された場合、引当金は戻し入れられ、これに対応する利益が財務諸表に反映されることを意味する。このような財務会計上の性質に鑑み、これらの金額の変動は、その金額が実際に支払われない限り調整後対象租税に含めてはならない。

第e項

17. 第e項は、当期税金費用のうち、会計年度終了の日から3年以内に納付が行われないと見込まれる金額については、対象租税の減額項目として取り扱うことを定めている。本項は、過去に対象租税として認識された重要性のある金額で当該会計年度終了の日から3年以内に納付されなかったものを取り消すこととする第4.6.4条に対応する規定である。第e項に従い、当該3年以内に納税することが見込まれない場合には、当該対象租税を調整後対象租税の計算に含めてはならない。対象租税に係る税額を適時に支払うか否かはMNEグループの裁量で決定できるため、当該3年の期間経過後に支払われた税額を調整後対象租税に含める仕組みは存在しない。これは、構成事業体が、最低税率を十分に上回る年度に納税しないこととし、その後、最低税率を下回る年度に税金を支払うことで、本来は当該年度に生じるはずのトップアップ税額を免れようとする濫用を防止するものでもある。第e項は当期税金費用の金額に関して適用される。したがって、事後の税務調査の結果として生じる追加の税額など税務申告後の調整については、当期税金費用に含まれることはないため、本項の適用対象外とある。第4.6条は、税務申告後の調整の結果として支払われる対象租税に関する規定を定めている。また、第4.1.2条第c項においては、不確実な税務ポジションに関して支払われた金額を対象租税に含めるという特別のルールが定められており、本項の適用にかかわらず、当該金額を対象租税に含めることが認められている。

第4.1.4条

18. 第4.1.1条から第4.1.3条の規定に基づいて行われた調整は重複する可能性があり、ある単一の課税が二つの調整区分に該当する場合がある。他方、第4.1.4条は、対象租税は単一の構成事業体に限り、かつ、一度限り調整後対象租税に含まれるものであることを明確にしてい

る。ある課税が二つの調整区分に該当する場合でも、調整後対象租税の計算において、当該会計年度の当該課税に関して生じる対象租税額が二重計上されてはならない。

第4.1.5条

19. 第4.1.5条は、ある国・地域におけるMNEグループの当該会計年度のGloBE所得がなく、当該国・地域における調整後対象租税が負の金額となり、かつ、現地の課税所得とGloBE所得との間に永久差異がある場合に限定して適用される特別ルールを定めている。こういった事例は、構成事業体の所在国・地域における国内法において、財務会計上許容される金額を超えて所得から減額することが認められており、かつ、GloBEルールと国内法により生じる差異が将来も解消されない場合に生じうる。このような永久差異を生じさせる可能性のある項目としては、みなし利子控除(notional interest deduction)または(取得価額のような)経済的費用を超える控除(いわゆる特別控除(super deduction))が挙げられる。また、永久差異は、構成事業体が全体として損失を計上する状況にある会計年度においても、当該構成事業体の所在国・地域がGloBE所得・損失に含まれる収益または利益項目について免税とする場合にも生じる可能性がある。しかし、第4.5条の規定に基づきGloBE純損失に係る繰延税金資産を認識する選択を行った場合、第4.4条の代わりに第4.5条が適用されるため、当該選択により第4.1.5条に基づいたトップアップ税額が生じることはない。

20. 第4.1.5条は他の状況においても適用される可能性があるが、第4.1.5条が適用される最も一般的な事例は、GloBEルールにおいて計算される損失額よりも大きな税務上の損失がある場合である。このような状況において、第4.4条に基づき構成事業体が繰延税金調整総額の計算に国内税法上の損失を含めることを単純に認めてしまうと、構成事業体がGloBEルールのもとで合意された規定の代わりに(より税務上優遇する)国内法に準じることを事実上認めることとなり、GloBEルールの趣旨を損なうことになる。一つの選択肢としては、GloBEルールに基づいた結果と整合させるために、構成事業体に対してこのような場合の繰延税金資産の金額を調整するよう求めることが考えられる。しかしながら、そのためには、これらの特定の事例に対応するための代替的な税効果会計の手法、またそのような差異を長期にわたって追跡・調査するための仕組みの開発が必要となり、一時差異に対応するために税効果会計に依拠することのコンプライアンス上および管理上の便益が損なわれる。これに代わり、第4.1.5条に基づく取扱いは、当該年度の永久差異に起因する超過便益に最低税率で課税する一方で、GloBEルールのもとで不利な結果をもたらすことなく、構成事業体が国内法に従い国内法の適用により生じる超過繰延税金資産を将来年度の所得と相殺することを認めるものである。

21. ある会計年度において、国内法上の損失がGloBEルールにおいて計算される損失額よりも大きい場合、追加当期トップアップ税額が、発生することになる。なぜなら、当該追加の税務上の損失額は、当該国・地域の課税標準とGloBE所得・損失との間の永久差異(経済的実質を伴わない損失またはこれに類するもの)によって生じたものであるからである。例え

ば、ある国・地域のGloBE純損失が(100)である場合、その年にGloBEルールにおいて発生する繰延税金資産の最大額は15(すなわち、GloBE純損失に最低税率を乗じた額)である。この金額は、第4.1.5条において「調整後対象租税見込額」として定められている。国内法上、認められる損失がGloBE純損失を上回り(例えば、国内法上の損失が150)、当該差額が当該国・地域の課税標準とGloBEルールの課税標準との間の永久差異によって生じた場合、第4.4条に基づく繰延税金調整総額は、調整後対象租税見込額を上回ることとなる。この場合、第4.1.5条に基づき、7.5(＝50×15%)の追加当期トップアップ税額が計算され、当該差額に対して最低税率で課税する効果が生じる。第5.4.3条は、第4.1.5条に基づき発生するトップアップ税額について、当該国・地域に所在する構成事業体間での配分に関する規定を定めている(注2)。

繰越超過マイナス税金費用の金額

21.1. MNEグループがある国・地域について計算した調整後対象租税は、様々な理由により、ゼロを下回る可能性がある。多くの場合、負の調整後対象租税の金額は、国・地域のGloBE損失額に対応する金額である。しかし、GloBE損失が生じた国・地域において課税所得の計算とGloBE所得・損失の計算との間に永久差異がある場合には、当該国・地域について計算される負の調整後対象租税の金額は、GloBE損失額に対応する調整後対象租税見込額(すなわちGloBE損失額の15%)を下回ることがある。場合によっては、GloBE所得を計上した国・地域においても、永久差異の影響により、負の調整後対象租税と(財務会計上の)負の税金費用の金額に差異が生じることがある。

21.2. GloBE損失が生じた会計年度の調整後対象租税が負の金額であって、当該負の調整後対象租税額がその会計年度のGloBE損失額の15%を下回る場合、MNEグループは、第4.1.5条に従い、追加トップアップ税額を支払わなければならない。第4.1.5条の適用において、永久差異に起因する負の税金費用の金額は、GloBE損失および国内法上の損失を計算する際に考慮された所得項目または費用項目ごとの取扱いの違いを比較することにより計算するのではなく、永久差異に起因する負の税金費用の総額について、調整後対象租税見込額(すなわち、GloBE損失額に最低税率を乗じた金額)と当該国・地域において計算された調整後対象租税額との差額に基づき計算する。

21.3. GloBE所得が生じた会計年度において調整後対象租税が負の金額である場合には、当該国・地域のトップアップ税率は最低税率を超えることになる。第4.1.5条が適用される状況と同様に、このような結果をもたらす負の調整後対象租税の金額は、GloBE所得・損失の計算と課税所得の計算の間の永久差異に起因するものである。

21.4. 包摂的枠組みは、上記のような状況を生じさせた永久差異を特定し、GloBEルール上の繰延税金資産および負債を調整することにより当該永久差異の影響を排除することを、MNEグループに対して求めることを検討した。しかし、包摂的枠組みは、この方法はMNEグループと税務当局の双方にとって非現実的であり、過度な負担になると結論づけた。一方

で、包摂的枠組みは、MNEグループがGloBE損失を生じた会計年度において第4.1.5条が適用されることにより課される追加トップアップ税額および、第5.2.1条に従い最低税率を超えるトップアップ税率が生じることの双方を回避できるようにする取扱いを規定すべきであると判断した。したがって、包摂的枠組みは、第4.1.5条が適用される場合、MNEグループが後述する超過マイナス税金費用の取扱いを適用できることについて合意した。また、第5.2.1条に従い計算されるトップアップ税率が最低税率を超える場合には、MNEグループは後述する超過マイナス税金費用の取扱いを適用しなければならない。この取扱いにより発生する繰越超過マイナス税金費用の金額は、MNEグループのGloBEルール上の租税属性であり、当該国・地域の構成事業体が処分されたか否かにかかわらず、全額使用されるまで保持される。包摂的枠組みは、当該租税属性が永久差異に起因するものであって、例えば、当該租税属性が繰越欠損金に係る繰延税金資産に含まれている場合などの特定の状況においては、その国・地域の構成事業体がすべて処分された時に当該租税属性を消去することを検討した。しかし、包摂的枠組みは、より適用を限定したルールは大幅に複雑性が増し、繰越超過マイナス税金費用の金額の性質や残高の内訳について争いが生じる可能性があると結論づけた。さらに、(その国・地域の構成事業体が処分された)状況下で当該租税属性を消去することは、適切ではないと考えられる。たとえば、繰越超過マイナス税金費用の金額を生じる原因となった繰延税金資産および負債が、(構成事業体とともに)GloBEルールの適用を受ける他のMNEグループに譲渡され、当該取得したMNEグループに適用される国内税法において、第4.1.5条の調整額を生じさせる永久差異項目を考慮することを認めているような場合である。したがって、包摂的枠組みは、第4.1.5条の適用における簡素化と安定性の要請が、この点に関して正確性を高めることによる潜在的便益を上回るものと判断した。

21.5. 超過マイナス税金費用の取扱いを選択する、または適用が義務付けられるMNEグループは、会計年度において計算された調整後対象租税の総額から超過マイナス税金費用を除外し、繰越超過マイナス税金費用の金額を設定するものとする。MNEグループがある国・地域においてGloBE所得を計上していない会計年度の超過マイナス税金費用は、当該会計年度について第4.1.5条に基づき計算される追加トップアップ税額と等しいものとする。MNEグループがある国・地域において正の金額のGloBE所得を計上した会計年度の超過マイナス税金費用は、当該会計年度における負の調整後対象租税の金額に等しいものとする。その後の各会計年度において、MNEグループが当該国・地域において正の金額のGloBE所得および調整後対象租税を計上した場合、当該MNEグループは、当該国・地域の調整後対象租税の総額から繰越超過マイナス税金費用の金額の残高に相当する額を減額するものとする(ただし、ゼロを下回らないものとする)。そして、MNEグループは、繰越超過マイナス税金費用の金額の残高を同額分(調整後対象租税を減額した額)だけ減額する。超過マイナス税金費用の取扱いにおいては、国内税法上、過去会計年度の課税所得に対して繰戻還付が適用される損失額に対応する超過マイナス税金費用は、第4.1.5条に基づき当会計年度において考慮されなければならず、繰越超過マイナス税金費用の金額に含めることはできない。GloBEルールにおける欠損金の繰り戻しの取扱いに関する第4.6.1条のコメンタリーも参照されたい。

21.6. MNEグループが超過マイナス税金費用の取扱いを適用する場合、負の調整後対象租税の金額は、当該MNEグループが国・地域においてGloBE損失を計上しているときに第4.1.5条に基づく調整後対象租税見込額を下回ることはなく、また、GloBE所得を計上しているときにETRがゼロを下回ることはない。したがって、構成事業体がこの取扱いを適用する場合、MNEグループは、GloBEルールの下で、第4.1.5条に基づく追加トップアップ税額を課されることはなく、また、国・地域のトップアップ税率が最低税率を超えることもない。

21.7. 国・地域における第4.1.5条に基づく超過マイナス税金費用の取扱いの適用は年次選択である。MNEグループは、当該選択を行った場合、超過マイナス税金費用が生じた会計年度において、当該国・地域の調整後対象租税総額の計算に当該取扱いを適用し、その結果得られる調整後対象租税を当該国・地域のETRの計算に使用する。当該選択を行った場合、繰越超過マイナス税金費用の金額は、その後の当該国・地域における関連するすべてのETRの計算に適用されなければならない。

21.8. MNEグループが、前パラグラフの年次選択を行っている国・地域において一または複数の構成事業体を処分する場合、繰越超過マイナス税金費用の金額は譲渡したグループの租税属性として残るものとする。MNEグループは、当該繰越金額の残高の記録を保持しなければならない。MNEグループが、ある国・地域の構成事業体をすべて処分した後、その後の会計年度に当該国・地域において構成事業体を再取得または設立する場合、繰越超過マイナス税金費用の金額は、当該再取得または設立した年度以後の会計年度において当該国・地域の調整後対象租税を計算する際に考慮されるものとする。

第4.2条　対象租税の定義

22. 第4.2条は、第4.1条に基づく調整後対象租税の計算において考慮される対象租税の定義を定めている。対象租税の定義は、GloBEルールの適用に限り策定されたものであり、OECDモデル租税条約（OECD, 2017[1]）において対象となる租税を定義する同条約第2条（対象税目）との直接的な相互関係はない。物品税や給与税など、GloBEルールに基づく対象租税の定義に該当しない租税は、GloBE所得・損失を減額するものとして取り扱われる（すなわち、第5.1条に基づくETRの計算における分母を減少させる）。ただし、ある租税が他の対象租税の課税標準から控除されるという事実をもって、当該租税を対象租税に含めないわけではない。

23. ある租税が対象租税であるか否かを判断する際には、当該租税の基礎的な性質に注目する。租税に付けられた名称や徴収に使用される仕組み（源泉徴収制度など）は、その性質を決定するものではない。ある租税が国・地域の法人所得税法に基づいて賦課されるか、または別の制度や法令に基づいて賦課されるかは、その基礎的な性質とは関係しない。また、課税時期は、対象租税の定義とは関係しない。したがって、分配法人が利益を分配するときに当

該分配法人のその利益に対して課される租税は、当該利益分配が当期利益に起因するものであるか、過去の累積利益に起因するものであるかにかかわらず、対象租税に該当するものとされる。

第4.2.1条

24. GloBEルール第10.1条では租税の定義を、一般政府への強制かつ対価性のない支払いと定めている。これは、OECDが長年にわたり統計上の目的で使用してきた租税の定義に基づいており、同じ定義が多くの国際機関（IMF、世界銀行、国連、欧州連合）でも同様に使用されている（OECD、2018[4]）。一般政府とは、国連－OECDの国民経済計算において定義される用語であり、中央政府、実質的にその管理下にある機関、州政府、地方政府およびその執行機関が含まれる（OECD、2018[4]）。第10.1条における一般政府の定義は、国連－OECDの国民経済計算における定義と整合するものである。租税は、政府が納税者に提供するいかなる便益も納税者の支払額に比例するものではないという意味において、対価を伴うものではない。したがって、政府が提供する特権、サービス、固定資産、その他の便益に対する手数料および支払いは、租税として認められない。同様に、租税には、適用される支払期日を過ぎた税額の支払いに関する罰金は含まれず、利子またはそれに類する支払も含まれない。対象租税の定義には、第a項から第d項に規定されている4種類の租税が含まれる。

第a項

25. 第a項は、構成事業体の所得または利得について構成事業体の財務諸表に計上される租税は、対象租税であると定めている。国際的に合意された所得税の定義はないものの、通常、所得税は一定期間に納税者に生じた金銭または金銭価値相当の流入に対して賦課されるものである。所得税は、当該期間における納税者の資産の純増加額を計算するために、当該流入を生み出すための関連費用を考慮している。（グロスではなく）ネットベースで計算される所得に適用される対象租税の定義は、財務会計上で使用される所得税の定義と一致しており、財務会計上の所得税として認識される租税は、通常、GloBEルール上の対象租税として認められる。ただし、特定の所得税は、第4.2.2条に基づき、対象租税の定義から具体的に除外されている。

26. この定義には、所得が稼得された時点で当該所得に対して課される租税だけでなく、その後の利得の分配に対して課される租税も含まれている。また、この定義には、構成事業体の所得に対する租税および当該構成事業体が所有者持分を保有する他の構成事業体の所得の持分に対する租税が含まれる。したがって、パートナーシップなど税務上透明な事業体の未分配利益のうち構成事業体の持分に対して課される租税、CFC税制に基づき課される租税および他の構成事業体からの分配に対して課される租税は、第a項に基づく対象租税として取り扱われる。他の構成事業体の所有者持分に関して配分される租税の額については、第4.3条に定めるところによる。

27. 租税が所得税として認められるためには、納税者の資産の正確な変動を計算する必要はない。仮に、対象租税の定義が、各種の租税の詳細な要件についてさらなる専門的な分析を行うことで、特定の租税が所得を稼得するために発生した関連費用の適切な金額を考慮しているか否かを判断することを納税者および当局に求めた場合、そのような定義を適用することは煩雑であり、ETRの計算に不確実性をもたらす結果となる。したがって、対象租税の定義には、純利益の簡便的な見積計算を許容している租税も含まれる。例えば、当該所得に関連する費用の全部ではなく一部を控除することが認められている租税は、当該所得の稼得に関連して控除可能な費用が発生したものと合理的に考えられる場合には所得税とみなされる。同様に、所得に対する租税が実額の代わりに定額の控除を認めている場合、そのような定額の控除が当該費用の合理的な計算方法に基づいている場合には、一般に所得税とみなされる。しかしながら、控除が認められない総利益または総収入に課される租税(すなわち、総収入税)は、所得税とはみなされない。このような総収入税の制度設計および実質的な性質は、一般に消費税または売上税と多くの類似点を持っている。したがって、第4.2.1条第c項に関連して以下に説明するとおり、総額に対して課される租税が所得税の代わりに課されるものでない限り、総額に対して課される租税は対象租税の定義には含まれないこととする。

28. 銀行業や石油・ガスの採掘・生産などの特定の活動から生じる純利益に対して課される租税や付加税も、それらが一般に適用される所得税に加えて課税されるか否かにかかわらず、対象租税の一般的な定義に該当する。また、天然資源採掘活動から生じる純利益または純収入に対して別途課される賦課金(または複合的な賦課金の一部で純利益または純収入に対して課されるもの)も含まれる。ただし、採掘と密接に関連する天然資源税、例えば、純利益または純収入ではなく、定額ベースまたは採掘された資源の数量または価値に基づいて課されるものは、これらの賦課金が第4.2.1条第c項に関連して以下に説明する「代替」テストの基準を満たす場合を除き、対象租税として取り扱われない。

29. 第1の柱に基づく構成事業体の純利益に対する租税は、所得または利得に対する租税としてGloBEルールに基づく対象租税として取り扱われる。第1の柱はGloBEルールよりも先に適用されるため、第1の柱の調整に係る所得税は、GloBE所得・損失の計算上、そのような租税に関連する所得を認識する構成事業体によって考慮される。第1の柱の課税の取扱いについては、GloBEルール実施枠組みの一環として策定される運営指針を通じてさらなる対応がなされる。

第b項

30. 第b項は、適格分配時課税制度のもとで課された分配利益に対する租税を対象租税であると定めている。これらの租税については、第3.2.8条のコメンタリーに詳述されている。

第c項

31. 第c項は、通常適用される法人所得税の代わりに課される租税を対象租税として定めて

いる。通常適用される法人所得税には、すべての居住者である法人に適用されるものと、大規模な多国籍グループのメンバーであり居住者である法人に典型的に適用されるものがある。通常適用される法人所得税には、法人に対して課される所得税で個人等の他の課税対象者にも適用される所得税が含まれる。「代替」テストには、通常適用される所得税の定義には該当しない租税で所得税の代替として機能するものが含まれる。このテストは、一部の国・地域で外国税額控除の適用においても用いられているものであり、通常適用される所得税の代わりに課されることを条件として、利子、賃料および使用料に対する源泉税、ならびに保険料などその他のカテゴリーの総支払額に対するその他の租税などが含まれる。通常適用される法人所得税に代替して課される租税には、租税条約上の最低課税ルール（STTR）から生じる租税も含まれる。

32. 「代替」の概念には、生産台数や商業面積に基づく租税など代替的な課税標準に基づき（すなわち、純利益以外に対して）課される租税で、当該国・地域の法令に基づいて通常適用される所得税に代わるものとして用いられるものも含まれる。例えば、ある国・地域が特定事業または投資に係る所得の計算に簡便的手法を用いており、当該租税が通常適用される所得税の代わりに課される場合、当該租税は対象租税の定義に該当する。州または地方政府において代替的な課税標準に基づき課税され、中央政府で通常適用される所得税の税額控除の対象となるものも、同一の国・地域の所得税から控除される限りにおいて、「代替」テストに基づき、対象租税として認められる。このような地方税は、通常適用される所得税に（部分的または完全に）代替するものであり、それと同時に同一の国・地域内で中央政府から地方政府へと税収を移転する行政的に効率的な方法と考えられている。国・地域の法令により代替的な課税標準に基づき課税される租税であっても、通常適用される所得税に代替するものとしてではなく、それに加えて課される租税は、対象租税に係る「代替」テストを充足しないものとする。

第d項

33. 第d項は、所得および資本金等の双方を課税標準とする租税を含む、利益剰余金および法人の資本金等を対象として課された租税は対象租税であると定めている。国・地域によっては、法人所得税に加えて法人の純資産に対して租税を課す場合がある。法人の純資産は、利益剰余金（すなわち、損益計算書上の税引後利益のうち未分配部分）と持分保有者からの出資で構成される。法人の純資産に課される租税は、本質的に法人税制の制度設計と相互に関連している場合がある。例えば、ある国・地域の法律のもとでは、法人所得税を法人資本税の税額控除の対象とすることにより、企業が当該国・地域で支払う法人所得税額を限度として法人資本税から控除することができる場合がある。また、法人の資本金等に対する租税は、当該国・地域による法人の活動に対する総合的な課税の一環として、法人税を補完する役割を果たす場合もある。例えば、法人の資本金等に課される租税の中には、その設計にミニマム税の要素が組み込まれている場合がある。したがって、そのような租税は、これらの国・地域における法人課税制度全体と部分的に不可分である。

34. 国・地域によっては、複数の構成要素を課税標準とする租税を課す場合がある。課税標準のすべての構成要素がGloBEルールの対象となる所得または利得の定義に該当する場合、当該租税は全体として対象租税の定義に含まれる。国・地域における法人の活動に関連して課されるその他の租税には、執行上および概念上はこれらの国・地域における法人課税制度の一部を成すが、所得要素および非所得要素のいずれもが含まれる場合がある。こういった租税については、主として事業体の所得に課される租税であり、当該租税を別途、所得部分と非所得部分に分けることが実務上負担となる場合には、そうした租税の全額がGloBEルールに基づく対象租税として取り扱われるべきである。

35. 複数の構成要素を持つ対象租税の例としては、サウジアラビア王国が法人に対して課すザカートが挙げられる。ザカートは、所得、資本またはそのいずれに対しても課される租税として機能するため、GloBEルールにおいて対象租税とみなされるのが適切である。

36. 対象租税の定義は、単なる所得税よりも広い範囲に及ぶが、通常見られる租税の多くが定義に含まれていない。以下の租税は、一般に、対象租税の定義には該当しない。

- a．売上税および付加価値税(VAT)などの消費税は、GloBEルールに基づく対象租税ではない。これらの租税は税法上予め特定された取引に対する対価を参照して計算されるものであり、納税者の純利益または資本に対する租税ではない。
- b．消費に係る物品税およびその他の租税は、GloBEルールに基づく対象租税ではない。そのような租税は、特定の消費に対して生じるものであり、所得の増加に対応するものではない。
- c．デジタルサービス税は、通常特定のデジタルサービスの提供から生じる総収入に対して適用されるように設計されており、所得税とはみなされない。デジタルサービス税は、国・地域の法令に基づき通常適用される所得税の代わりに適用されるものではなく、それらに加えて適用されるように設計されたものである。したがって、対象租税の「代替」テストを充足しない。
- d．印紙税、従価税および特定の取引に対して課されるその他の租税は、所得、資本に対する租税、または所得税に代わる租税ではない。したがって、対象租税の定義の対象外となる。
- e．給与税およびその他の雇用税、ならびに社会保障拠出金は、GloBEルールに基づく対象租税ではない。給与税および社会保障拠出金は、事業主の所得（または資本）に関して事業主に課されるものではない。これは、給与税や社会保障拠出金は、事業利益ではなく労働所得（すなわち、賃金、および場合によっては個人所得）に対して課されるという確立された考え方に沿ったものである。むしろ、賃金が課税対象となる事業利益から控除されるのと同様に、給与税および社会保障拠出金は通常、事業利益からの控除対象となる。
- f．特定の項目または分類の資産の所有権に基づく資産税は対象租税ではない。資産税は資産の評価額に基づいており、多くの場合、資産に負債が紐づいているか否かは考慮

されない。資産の評価額に対して負債の調整が行われる場合であっても、これは、主として過去の所得に対して課される租税であるというよりも、資産税における評価方法の問題である。資産税は、所得、利益剰余金または法人の資本金等に基づくものではない。また、通常適用される所得税の代わりに課される租税ではない。したがって、資産税は法人の純資産に基づく租税とは区別され、GloBEルールに基づく対象租税ではない。

第4.2.2条

37. 対象租税は幅広く定義されているが、特定の租税は具体的に定義から除外されている。除外の対象となる租税は、一般にトップアップ税額と還付税額の二つのカテゴリーに分類される。

38. 第a項から第c項までの規定は、対象租税の定義からGloBEルールに基づくトップアップ税額を除外している。対象租税は、GloBEルールに基づき、トップアップ税額（もしあれば）を決定する上で不可欠な要素である。対象租税にGloBEトップアップ税額を含めると、トップアップ税額が生じる会計年度において循環計算が行われることになる。これらをその後の会計年度の対象租税に含めると、ETR計算の分子にこれらを実質的に含めることになり、当該会計年度に当該国・地域について支払われるべきトップアップ税額を実質的に減少させることになるため、合意された最低税率の有効性を損ねる。QDMTTについても、同様の理由により対象租税の定義から除外される。ただし、このような租税は、第5.2.3条によりGloBEトップアップ税額から控除される。一方、QDMTT以外の通常の国内最低税額は、対象租税の定義を満たす場合に対象租税となる。

39. 第d項は、対象租税の定義から非適格還付インピュテーションタックスを除外している。これらの租税は、その還付時期をMNEグループの裁量で決められることから預金と類似しており、ETRの計算において考慮しないこととする。例えば、納税者は、国・地域において翌会計年度の税額を前払いすることにより預け金を行うことはできるが、そのような前払いは、当会計年度における対象租税を増加させることはない。

40. 最後に、第e項では、保険契約者の利得に関して保険会社が負担する税金費用を対象租税の定義から除外している。第e項は、第3.2.9条に基づく調整が行われる限りにおいて適用される。第3.2.9条に基づき、保険会社が保険契約者の利得に関連して負担した税金費用のうち保険契約者に対して請求する金額は、GloBE所得・損失の計算から除外される。保険契約者の利得は、財務会計基準に従って保険会社の所得として取り扱われ、保険会社は当該所得をそれに相当する保険契約者に対する支払債務（の繰入額）と実質的に相殺消去する。当該債務は、通常、当該所得に関連して保険会社に課される税額分が減額されるため、保険会社は、当該課された税額について実質的に保険契約者から払い戻しを受けることになる。したがって、保険契約者の利得に関連して保険会社に課される租税は、当該保険会社の対象租税に含まれないものとする。

第4.3条　一の構成事業体から他の構成事業体への対象租税の配分

第4.3.1条

41. 第4章の租税の配分規定は、所得配分規定と同じ形式に従っている。一般に、対象租税はその対応する所得をGloBE所得・損失の計算に含めている構成事業体(無国籍構成事業体を含む)に配分され、その後、当該対象租税は当該事業体が所在する国・地域のETRの計算に含まれる。

42. 多くの場合、対象租税は、構成事業体が自らの所得に関して所在国・地域の税務当局に対して支払うものであるから、配分の必要はない。しかしながら、より複雑な場合においては、対象租税は、別の構成事業体のGloBE所得・損失の計算に含まれる所得に対して当該構成事業体に課される場合や、当該構成事業体の所在国・地域以外の国・地域において課される場合がある。例えば、CFC税制に基づく合算課税や源泉所得税がこれに該当する。そのような場合、第4.3.3条に規定される制限のもとで、当該所得を稼得した構成事業体に当該対象租税を配分する必要がある。同様に、PEの場合には本店の対象租税を、また税務上透明な事業体の場合には構成事業体所有者の対象租税を適切に配分するための規定が必要である。最後に、分配に関する対象租税を適切に配分するための規定が必要である。第4.3.1条は、これらの対象租税の配分について定めている。第4.3.1条に基づく対象租税の配分は、当期に納付または発生した租税に限定されるものではなく、第4.4条に基づく繰延税金にも適用される。

第4.3.2条

43. 第4.3.2条は、国・地域を超えた租税の配分についての特別ルールを定めている。当該配分ルールは、一定の制限のもとで対象租税を当該対象租税が関連するGloBE所得と整合させるために必要である。第4.3.2条の規定は、以下に詳述されるとおり、PE、税務上透明な事業体、ハイブリッド事業体、CFC税制に基づく合算課税および分配に係る租税の配分について定めている。

44. 第4.3.2条の各項は、国・地域を超えた対象租税の配分ルールを適用する際に従うべき原則的な取扱いを定めている。これらの原則的な取扱いは、多くの国の税制のもとで課される対象租税を配分するために十分なものであることが期待されている。ただし、対象租税の中には、特定国の独自の税制規定により、第4.3.2条の規定を適用する方法についてさらなる指針を必要とするものがある。GloBEルール実施枠組みは、GloBEルールの協調的な執行を促進するために、包摂的枠組みによって合意された指針およびプロセスを定めている。これには、より詳細または明確な配分ルールが必要とされる特定の国の税制の対象租税を配分するための共通手法のさらなる開発を行うことが含まれている。MNEによるコンプライアンスおよび税務当局による執行を容易にし、実施国・地域全体に第4.3.2条が整合的かつ協調的に適用されるようにするために、GloBEルール実施枠組みの一環として実施されるさらなる取

組みの結果は公表され、一般に公開される予定である。

45. GloBEルールは、STTRや国内法（PEやCFCに係る税制など）が適用された後に適用されることとしている。したがって、規定の適用順序を維持するために、国内税制は、海外の国・地域で実施される適格UTPRまたは適格IIRに基づき課されるいかなる租税についても外国税額控除の対象とするべきではない。これらの租税は適格UTPRまたは適格IIRが適用される前に既に確定しているため、（適格UTPRや適格IIRを）外国税額控除の対象とすることにより循環計算の問題が生じることとなる。

第a項－PEへの配分

46. 第a項は、構成事業体からPEへの対象租税の配分について定めている。当該規定は、PEの所得に関連して本店または他の構成事業体において発生した対象租税に適用される。当該対象租税は、当該税額が生じた構成事業体の調整後対象租税から除外され、PEの調整後対象租税に含められる。

47. 本店においてPE所得に関連して発生する対象租税は、三段階の手続きを用いて計算することができる。第一段階は、本店所在国・地域における課税所得に含まれるPE所得の金額を決定することである。当該PE所得の金額は、本店の納税申告書またはその申告書を作成するために使用された作業書類から容易に入手することができる。本店の申告に含まれているPE所得の金額は、本店所在国・地域における課税所得の計算規定に基づいて決定されるため、第3.4条に基づきPEに配分されたGloBE所得と一致しない可能性がある。一方、当該本店所在国・地域における課税所得に含まれているPE所得の金額は、当該PEのGloBE所得に関して支払われた当該本店所在国・地域における税額を計算するための関連する数値である。

48. 第二段階は、PE所得が合算されることにより生じる本店の税額を決定することである。PE所得が本店のその他の所得とは切り離されて租税の対象となる場合には、当該PE所得に対して適用される税率を単純に乗じることとなる。他方、PE所得が本店のその他の所得と合計されている場合には、全所得に対する本店の外国税額控除前の税額を決定し、PE所得とそれ以外の本店の課税所得との間で配分する。多くの場合、比例配分が適切である。PE所得と本店のその他の所得が合計されている場合、本店の課税所得総額がPE所得より少なければ、外国税額控除前のすべての税額が当該合算されたPE所得に係るものとされる。すなわち、外国税額控除方式に基づき本店の課税所得の計算において認められる当該本店の損失およびその他のPEの損失は最初に当該本店の所得と相殺され、その次に合算されたPE所得と相殺される。

49. 第三段階は、PEが支払った租税に関して認められる税額控除（もしあれば）を決定することである。多くの場合、PE所得の合算に関して認められる税額控除の総額は、本店の納税申告書から容易に把握することができる。一方、本店のその他の国外所得を含む広範囲にわたる国外所得に基づきPEの控除対象租税額が計算されることがある。こういった場合、

（個々の）PE所得に帰属する外国税額控除の金額は、本店の所在国・地域の規定に基づき、必要に応じて合理的な仮定を用いて計算されなければならない。

50. PE所得の合算について支払われる対象租税の額とは、当該PE所得の合算から生じる税額が、当該PE所得に係る租税について認められる税額控除額を超過する金額である。例えば、A社の所在国・地域において、A社の所得およびそのPEの所得に対して20%の租税が課されているものとする。また、PEには当該PEが所在する国・地域において12%の租税が課されているものとする。PEは初年度に100の所得を稼得し、PE所在国において12の税額が生じるものとする。A社は当該PE所得100をすべて合算し、A社所在国・地域における税額控除前の税額は20となり、外国税額控除適用後のPE所得に係る税額は8に減額される。この例では、当該8の租税は当該PE所得に関して実際に納付した税額であるため、A社の調整後対象租税から除外され、PEに配分される。

51. 上述の三段階のプロセスにより、本店の対象租税から除外される税額が計算される。ただし、複数のPEの所得が本店の所得に合算されている場合には、いったん本店の対象租税から除外される税額を計算した後に、当該除外される税額を当該各PEの所在国に配分しなければならない。一般に、MNEは本店の所得に合算されている各PE所得に係る税額控除前の税額を計算してから、各PE所得について認められる外国税額控除額を差し引くこととなる。これらの計算を行うにあたっては、税額控除限度額を含め、本店所在国・地域の規定が適用される。例えば、多くの場合、PEが支払った租税は、当該PE所得の合算から生じる税額を限度として控除対象となる。すなわち、複数のPE間での外国税額控除の彼此流用（cross-crediting）は認められない。そのような状況においては、特定のPE所得の合算に係る超過分の租税（すなわち、本店所在国・地域で認められた税額控除限度額を超える税額）は、当該PE所得が合算されることによる控除前税額から当該PE所得について認められた外国税額控除額を差し引くことにより容易に計算される。その他の場合として、控除対象租税に一定の制限が課されることや、彼此流用が認められていることもある。控除に当該一定の制限が課される場合、MNEグループは、本店所在国・地域の規定に基づき、合算されている各PE所得について認められる外国税額控除額を個別に計算する必要があり、また、必要な場合には合理的な仮定を置かなければならない。

52. 外国税額控除の彼此流用が認められる場合には、あるPEが支払った租税は、（本店において）他のPE所得を合算することにより生じた税額を減少させることができるため、PE所得の合算により支払う租税の額の計算はより複雑になる。外国税額控除の彼此流用は、低税率国のPE所得を合算することにより支払われる租税が、当該PE所得を合算することによる外国税額控除前の税額から当該PEによって支払われた租税に関して認められる税額控除の額を差し引いたものとは等しくはならない可能性があることを意味する。外国税額控除の彼此流用が認められる場合には、PE所得を合算することにより支払われる租税は、特定のPE所得を合算することによる外国税額控除前の税額から、当該特定のPEが支払った租税に関して認められる外国税額控除額を差し引いた後に、他のPEが支払った控除対象租税に係る

限度超過額を差し引くことにより計算される。当該PEに配分されるべき控除限度超過額は、合算されているすべてのPE所得に係る控除限度超過額の合計額を、各PEが支払う控除対象外国税額のみを考慮した後に残る当該各PE所得に係る税額(すなわち、当該PEが支払った外国税額を控除した後の税額で、他の控除限度超過額を配分する前のもの)の総額に占める当該各PE所得に係る当該税額の割合に基づき配分することで決定される。各PEの控除対象外国税額のみを考慮した後に残る税額に基づいて計算された控除限度超過額を配分することにより、各PEに配分される本店の対象租税の額が、当該関連するPE所得の合算により実際に生じる税額を超えることがないようにしている。PE所得に係る繰延税金負債についても同様に配分される。繰延税金負債の認識に関する規定は、第4.4条に規定されている。

53. フロースルー事業体の場合、第4.3.2条第a項は、第3.5.1条第a項に従ったGloBE所得・損失の配分に従い、当該所得に対応する租税を当該PEに配分する。例えば、フロースルー事業体の構成事業体所有者(例えば、それ自体が構成事業体である税務上透明な事業体であるパートナーシップのパートナーなど)が、税務上透明な事業体を通じて行われた活動によりPEに帰属する所得に関して租税の支払いを求められる場合、その租税は第4.3.2条第a項に従って当該パートナーから当該PEに配分される。

54. 本章のコメンタリーの最初の項で規定されているように、各国のPEに対する課税方法には大きな違い(損失や外国税額控除の取扱いに係る違いを含む)があることを踏まえ、GloBEルール実施枠組みには、特定の国の制度に関連して、構成事業体からPEに配分される対象租税の額を決定するための共通の手法の策定が含まれている。

第b項－税務上透明な事業体からその構成事業体所有者への配分

55. 第b項は、構成事業体所有者に配分される税務上透明な事業体の所得に関連して行う税の配分について定めている。一般に、税務上透明な事業体は、組成された国・地域では法人所得税の対象とはならない。一方、一部の対象租税については、税務上透明な事業体がその国・地域の税務上の居住者としてみなされることがないにもかかわらず、当該事業体に対し地方政府または地方自治体で課税されることがある。その他の場合では、税務上透明な事業体を通じて実施される業務が源泉地国課税の対象となり、当該税務上透明な事業体に対して課税される場合がある。

56. 税務上透明な事業体がある国・地域において純利益に対して課税されるときは、ほとんどの場合、当該事業体の活動および事業運営により当該国・地域においてPEを有するものとされるからである(第10.1条のPEの定義に係る第b項を参照)。そのような場合には、第3.5.1条第a項に基づき、税務上透明な事業体の所得のうちPEに帰属する部分が最初に当該PEに配分される。

57. 第3.5.1条第b項の所得配分の取扱いと同様に、PEに配分されない対象租税は、当該税務上透明な事業体の構成事業体所有者に割り当てられる。典型的には、税務上透明な事業体の所得に課される(およびいかなるPEにも帰属しない)対象租税は、当該税務上透明な事業体

の所得に対する持分の割合で、各構成事業体所有者に割り当てられることになる。リバースハイブリッド事業体の場合、所得および租税は当該事業体自身に帰属するため、本項に従った対象租税の配分は不要である。

第c項－CFC

58. 第a項のPEへの配分と同様に、第c項は、CFC税制に従って課された税額の配分について定めている。PEに関して本店において課される対象租税を配分するための上述の第a項に規定される一般的な手続きと同様の手続きが、CFC税制に基づいて生じる税額に対しても適用される。つまり、当該CFCを直接または間接に保有する各構成事業体所有者の当該CFC所得に対する持分割合に基づいて課されるCFC税額で、これら各構成事業体所有者の財務諸表に含まれるものは、当該CFCに配分される。ただし、第4.3.3条に規定する制限を受けることとなる。

58.1. 適用初年度におけるGloBEルールの安定性と執行可能性を向上させるため、Blended CFC税制に対する特別な配分方法が期限付きで設定された。この方法は、配分可能Blended CFC税額を軽課税国・地域に配分する。

58.2. Blended CFC税制とは、持分保有者の租税債務の計算を行う目的で、すべてのCFCの所得、損失、および控除税額を合算して計算を行い、かつ、適用税率が15%未満であるCFC税制のことをいう。この特別な配分方法において、Blended CFC税制には、グループの国内所得を考慮する税制は含まれない(ただし、Blended CFC税制は、CFCの国内持分保有者に発生した損失をもって、CFCの所得合算額を減算することを認める場合がある)。

58.3. 配分可能Blended CFC税額は、第4.3.2条第c項に基づき、以下に規定する計算式に従って構成事業体所有者から構成事業体に配分されるものとする。また、その適用は2025年12月31日以前に開始する会計年度から始まるが、2027年6月30日の翌日以後に終了する会計年度は含まない。配分可能Blended CFC税額とは、Blended CFC税制の下で構成事業体所有者が負担する税額である。例えばGILTIの場合、配分可能Blended CFC税額は、米国の持分所有者の米国連邦所得税申告書に基づき計算することができ、国内損失がない場合は、GILTIの金額(GILTI控除を減額した金額)に21%を乗じた金額から、GILTIバスケットで認められている外国税額控除を差し引いた金額となる。

事業体に配分されたBlended CFC税額：

$$\frac{（当該事業体に係る）Blended\ CFC配分指数}{すべてのBlended\ CFC配分指数の合計} \times 配分可能Blended\ CFC税額$$

Blended CFC配分指数：

$$所有者帰属所得 \times (適用税率 - 国・地域別GloBE\ ETR)$$

58.4. 所有者帰属所得とは、Blended CFC税制に基づき、(構成事業体所有者である)事業体が所在する国・地域において計算されたCFCの所得(または複数の構成事業体からなるCFCの合算対象となる所得)で構成事業体所有者の持株割合に応じた所得を意味する。例えば、GILTIの場合、所有者帰属所得は、米国の持分所有者の米国連邦所得税申告書から計算することができ、構成事業体(CFCまたはCFCの検証対象単位)の検証対象所得(外国所得税の控除前)に対する当該米国の持分保有者に係る部分の金額と等しくなる。

58.5. 適用税率とは、Blended CFC税制における軽課税の基準(CFCの所得に対する外国税額が(Blended CFC税制における)CFC税額と概ね全額相殺される最低税率)を意味する。例えば、GILTIの場合、適用税率は13.125%である。

58.6. 国・地域別GloBE ETRとは、CFC税制に基づく対象租税の配分を考慮せずに、第5.1条に基づき計算される、(CFCである)事業体の所在国・地域の実効税率をいう。国・地域別GloBE ETRが適用税率または最低税率以上の場合、構成事業体のBlended CFC配分指数はゼロとして取り扱われる(Blended CFC税額の配分対象とはならない)。また、国・地域のQDMTTに相当する法人所得税は、本パラグラフに基づく当該国・地域別GloBE ETRの計算に含まれる。QDMTTは、Blended CFC税制が他の控除対象税額と同じ条件でQDMTTの外国税額控除を認めている場合に限り、国・地域別GloBE ETRの計算に含まれることとなる。

58.6.1. ある国・地域にJV、JV子会社、MOCEまたは投資事業体が所在する場合など、MNEグループが同一の国・地域内に所在する複数の異なる事業体のサブグループ(ブレンディンググループ)について第5.1条に基づきETRを計算する場合、事業体のBlended CFC配分指数は、当該事業体が属するブレンディンググループについてパラグラフ58.6に基づき計算される国・地域別GloBE ETRを使用して計算するものとする。あるブレンディンググループに係るQDMTTは、パラグラフ58.6に基づき計算される当該ブレンディンググループの国・地域別GloBE ETRの計算に含まれるものとする。配分可能Blended CFC税額の事業体間での配分において、すべてのBlended CFC配分指数の合計は、異なる国・地域別GloBE ETRに基づき計算されたBlended CFC配分指数も含め、当該国・地域に所在するすべての事業体について計算されたBlended CFC配分指数を含むものとする。

58.6.2. MNEグループが第5.1条に基づきETRを計算する必要がない国・地域については、パラグラフ58.6に定める国・地域別GloBE ETRに代えて、以下の計算方法に基づき計算される代替的な国・地域別GloBE ETRを用いて、当該国・地域に所在する構成事業体、JVまたはJV子会社のBlended CFC配分指数を計算するものとする。

a．MNEグループが移行期間CbCRセーフハーバーの適用を選択した国・地域について

は、その適用が簡易ETR要件、通常利益要件、デミニマス要件のいずれに基づいているかにかかわらず、MNEグループは、セーフハーバーと罰則等の救済に関する文書および合意された運営指針に従って計算する移行期間CbCRセーフハーバーにおける簡易ETRを国・地域別GloBE ETRとして使用するものとする。（なお、移行期間CbCRセーフハーバーおよびQDMTTセーフハーバーにおいて、JVまたはJV子会社の国・地域は、他の構成事業体およびJVグループの国・地域とは別の国・地域に所在するものとして取り扱われる）。

b．MNEグループがQDMTTセーフハーバーを選択した国・地域については、当該MNEグループは、(1)当該国・地域のQDMTTに従ってETRを計算するために使用された税額と、(2)当該国・地域でパラグラフ58.6に基づき考慮される可能性のある当該会計年度におけるQDMTT課税額を合計し、その合計額を当該国・地域のQDMTTに従って計算された所得で除して求められるETRを国・地域別GloBE ETRとして使用するものとする。

c．第5.1条に基づきMNEグループがETRを計算する必要がないその他の国・地域については、移行期間CbCRセーフハーバーに基づく簡易ETRを国・地域別GloBE ETRとして使用するものとする。ただし、MNEグループは、適格CbCRから税引前利益（損失）を取得する代わりに、適格財務諸表から当該情報を取得するものとする。

58.6.3. MNEグループが、複数の判定国・地域またはある国・地域における複数のブレンディンググループについて簡易ETRまたはQDMTTを計算する場合、事業体のBlended CFC配分指数は、当該事業体が属するブレンディンググループに適用される簡易ETRまたはQDMTTに従って計算するETRを用いて計算されるものとする。パラグラフ58.6に基づき考慮されるブレンディンググループのQDMTTの額は、パラグラフ58.6.2に基づくETRの計算において、当該ブレンディンググループに配分されるものとする。ある国・地域の一部の事業体に関してのみセーフハーバーが適用され、他の事業体には適用されない場合、MNEグループは、セーフハーバーの適用を受ける事業体のBlended CFC配分指数の計算についてはパラグラフ58.6.2に規定された方法を使用し、セーフハーバーの適用を受けない事業体のBlended CFC配分指数の計算についてはパラグラフ58.6に基づき計算された国・地域別GloBE ETRを使用するものとする。配分可能なBlended CFC税額の事業体間での配分においては、すべてのBlended CFC配分指数の合計には、一部に異なる国・地域別GloBE ETRに基づいて計算されたBlended CFC配分指数がある場合でも、当該国・地域に所在するすべての事業体について計算されたBlended CFC配分指数を含めるものとする。

58.7. 構成事業体が、その直接または間接の所有者持分を保有する非GloBE事業体（すなわち、構成事業体、JVまたはJV子会社でない事業体）の所得に関して、Blended CFC税制の適用を受ける場合、当該非GloBE事業体の所得に対するBlended CFC税額がMNEグループの（GloBE事業体である）構成事業体、JVまたはJV子会社の調整後対象租税の計算に含まれないように、当該税額を当該非GloBE事業体に配分しなければならない。当該非GloBE事業体に係るBlended CFC配分指数は、同じ国・地域に所在する、所有者帰属所得の総額が最大

であるブレンディンググループについてパラグラフ58.6からパラグラフ58.6.3の規定に基づき計算された国・地域別GloBE ETRを使用するものとする。当該非GloBE事業体に係るBlended CFC配分指数は、（配分額の計算において）すべてのBlended CFC配分指数の合計に含めるものとする。MNEグループが第5.1条に基づくETRまたはパラグラフ58.6.2から58.6.3に基づく代替の国・地域別GloBE ETRを計算しない国・地域に、Blended CFC税制の適用を受ける非GloBE事業体が所在する場合（例えば、MNEグループが当該国・地域に構成事業体を有しない場合）、当該（MNEグループがETRを計算しない）国・地域に所在する（非GloBE）事業体に関する国・地域別GloBE ETRは、当該国・地域に所在するBlended CFC税制の適用を受けるすべての非GloBE事業体の財務諸表に計上された所得金額と税額の合計に基づいて計算されるものとする（注3）。

第d項－ハイブリッド事業体

59. 第d項は、ハイブリッド事業体の所得に関連して生じる構成事業体所有者の租税の配分について定めている。ハイブリッド事業体の構成事業体所有者が、当該ハイブリッド事業体を課税上透明なものとして取り扱い、当該事業体の所得についてその所有者の持分割合に対して租税を課す課税管轄国・地域に所在する場合（第10.2条のコメンタリーを参照）、当該構成事業体所有者の財務諸表に含まれる対象租税は、当該ハイブリッド事業体に割り当てられるものとする。PEに関して本店において課される対象租税を配分するための上述の第a項に定める一般的な手続きと同様の手続きは、構成事業体所有者からハイブリッド事業体に配分される税額を計算する際にも適用される。ただし、受動的所得に関して構成事業体所有者からハイブリッド事業体に配分される税額はすべて、後述する第4.3.3条に基づく制限の対象となる。また、当該構成事業体所有者が当該ハイブリッド事業体からの分配に対して源泉税または純額ベースの税を課される場合、そのような租税は、第e項に従って当該ハイブリッド事業体に配分される。

第e項－配当およびその他の分配に係る租税

60. 第e項は、構成事業体間の所有者持分に関する分配に関連して発生する租税の配分について定めている。これには、構成事業体が行う自らの株式に係る分配に関して、直接の構成事業体所有者において発生する源泉税および純額ベースの租税で、当該分配を行った構成事業体に配分されるものが含まれる。源泉税は分配を行う構成事業体の準拠する法令に基づいて課され、源泉徴収される一方、法人所得税は構成事業体所有者が法的な納税義務を負う。この規定は、分配を行う構成事業体の所有者持分に関するいかなる種類の分配であっても当該分配に係る租税について適用される。したがって、当該規定は、分配を受ける側の国・地域において、税務上の配当の定義に該当しないが、連結財務諸表作成に使用される財務会計基準において構成事業体の所有者持分とされる持分に関して行われる分配に関しても適用される。

60.1. 第e項は、分配の基因となる持分が、課税を行う国・地域の国内税法上および財務会

計上、資本持分として取り扱われる場合における、みなし分配に関して構成事業体所有者が負担する対象租税にも適用される。みなし分配に関して課される対象租税には、同意配当などにおいて、所有者持分が保有されている事業体の未分配利益または資本に関連して、国・地域が持分保有者に課す租税(CFC税を除く)が含まれる。

61. 多くの場合、分配を行う構成事業体は、その原資となる所得を稼得した構成事業体である。また、分配を行う構成事業体は、その原資となる所得を稼得した構成事業体の直接または間接の持分保有者である場合もある。理想的には、分配に関連して構成事業体に発生する対象租税は、その原資となる所得を稼得した構成事業体の課税管轄国・地域に割り当てられるべきである。しかしながら、特にある事業体が複数の構成事業体を支配している場合には、所有権の連鎖を通じた分配を追跡・調査することは極めて複雑かつ負担の大きいものと考えられる。したがって、第e項は、このような租税は、当該租税の発生原因となった配当を分配した直接の構成事業体が所在する国・地域に割り当てられることを定めている。

第4.3.3条

62. 第4.3.3条は、子会社である構成事業体の受動的所得に起因する租税について、構成事業体所有者が「プッシュダウン」することに対して制限をしている。この規定は、可動性の高い所得に関連する国・地域ごとのブレンディングルールの整合性を維持するように設計されている。すなわち、第4.3.3条がなかった場合、CFC税制に基づきまたはハイブリッド事業体に関して構成事業体所有者により支払われる租税の配分について定めている第4.3.2条第c項および第d項の規定の適用により、構成事業体所有者が高税率国・地域において租税を支払った可動性の高い所得と、軽課税国・地域の他の所得とを実質的に混合することとなる。すなわち、第4.3.3条の規定がなかった場合に、MNEグループは、可動性の高い所得を高税率国・地域から軽課税管轄国・地域に移転することで、当該MNEグループ全体の税額(トップアップ税額を含む)を軽減することができる。

63. 第4.3.3条に基づき、第4.3.2条第c項および第d項に従って、受動的所得に関して構成事業体所有者から子会社に配分される対象租税の額は、当該受動的所得に係る実際の対象租税の額、または当該子会社が居住する国・地域で適用されるトップアップ税率(CFC税制または課税上透明なものとして取り扱う規定に基づき当該子会社にプッシュダウンされる税額を考慮せずに決定されるもの)にCFC税制または課税上透明なものとして取り扱う規定に基づいて合算される当該子会社の受動的所得の額を乗じた額のうち、いずれか少ない方に限定される。そのような受動的所得について当該子会社の構成事業体所有者に発生した対象租税のうち本条の適用後に残るものについては、当該構成事業体所有者の調整後対象租税に含まれる。したがって、この規定の実質的な効果は、そのような受動的所得に対する対象租税の総額(CFCまたは課税上透明なものとして取り扱う規定に基づき子会社に配分される税額を含む)を最低税率までに制限することである(注4)。

第4.3.4条

64. 第4.3.4条は、第3.4.5条に従ってPEのGloBE所得が本店のGloBE所得として取り扱われる場合には、当該所得に係る調整後対象租税は、当該所得に当該（本店所在地）国・地域の通常所得に対する最高法人税率を乗じた金額を超えない範囲で、本店の調整後対象租税として取り扱われるようにすることを担保するものである。通常所得に対する最高法人税率とは、特定の種類の支払いに適用される免除、除外、控除、またはその他の税務上の恩典を受けない種類の所得に対して、国・地域が通常適用する限界税率である。この概念については、行動計画2（ハイブリッド・ミスマッチ取極めの効果の無効化）に関するOECDの2015年版最終報告書の第32項でさらに詳しく考察している。また、これには特定の事業分野に限り適用される税率は含まれない（OECD、2015[5]）。

65. この状況は、第3.4.5条に基づきPEの損失が本店の損失として取り扱われた後に生じる。ほとんどの場合、PE所在国・地域がPEに損失の繰越を認めているか、または稀ではあるがPEがその国・地域において課税対象とならないことから、当該PEの所在地において租税は生じない。

66. PEのGloBE損失が第3.4.5条に基づき本店の費用として取り扱われる場合、当該PEの所在国・地域において税務上の損失に関して計上された繰延税金資産は、当該PEの所在国・地域においても、また、本店の所在国・地域においても調整後対象租税を減額することはない。反対に、当該PEが計上した繰延税金資産が当該PEの所在国・地域において取り崩される場合でも、当該PEの所在国・地域および本店の所在国・地域の調整後対象租税を増額することはない。一方、当該PEの損失に関連して本店の所在国・地域において計上されたまたは取り崩された繰延税金資産については対象租税として考慮されるものであり、引き続き、第4章のその他の規定の適用を受ける。

第4.4条　一時差異への対応と調整

67. 第4.4条は、財務会計上および税務上の所得・損失が異なる年度に認識される場合に発生する一時差異に対処するための仕組みを定めている。一時差異に対処するためにGloBEルールで用いられる主要な仕組みは、第4.4条に規定されており、税効果会計に依拠した上でGloBEルールの整合性を担保するための重要な調整が加えられている。第4.4条における期間差異に対処するための税効果会計の適用の例は、以下に示すとおりである。A社は15%の法人税を課しているZ国に所在しているものとする。A社は最初の会計年度において資産Mを100で購入し、Z国の税法に基づき即時に損金算入を行う一方、財務会計上は5年間で償却を行うものとする。また、A社は当該最初の会計年度において100の営業利益を稼得するものとする。Z国の税務上、A社には資産Mの即時償却により課税所得は発生しないが、財務会計上およびGloBEルールにおいて、A社には80（営業利益100から償却額20を控除）の所得が発生する。第4.4.1条がない場合、80の所得に対する税金が支払われていないことから、当

該最初の会計年度に12のトップアップ税額の支払い義務を負うことになる。しかしながら、第4.4.1条は、A社の繰延税金資産および負債を含めることにより、この期間差異を調整する機能を果たす。一時差異の金額は80(すなわち、当該会計年度のGloBE所得に含まれ、今後4年間にわたる財務会計上資産の償却に従い戻し入れられる額)である。この期間差異によるトップアップ税額の発生を防ぐために、第4.4条の適用によって当該GloBE所得80が課税されないようにする必要がある。したがって、第4.4.1条の規定は、標準的な税務会計原則に従い、当該最初の会計年度に12の繰延税金負債を認識することを認めており、これにより、GloBE所得80は15％の最低税率による課税の対象にはならない。

68. 第4.4条は、GloBEルール遵守のための手続の簡素化のため、MNEグループが計上する既存の繰延税金資産・負債勘定を最大限可能な範囲で使用するが、GloBEルールの整合性を担保するための一定の調整を定めている。これらの調整には、繰延税金資産および負債を計算する際に、当該繰延税金資産・負債の計上と関連のないGloBE所得が課税されないことがないよう、最低税率と適用税率のいずれか低い方の税率を使用することが含まれる。また、第4.4条は、繰延税金負債として認識された金額のうち5年以内に支払われない金額相当額の取消しを定めている。財務会計上と税務上の差異のうち最も一般的かつ重要な項目については、国・地域内の実体のある活動に関連する場合、または納税者による不正操作の可能性が低い場合、取消しの例外として取り扱われ、当該金額についてはそのためのモニタリングは必要とはされない。

第4.4.1条

69. 第4.4.1条は、第4.1.1条第b項に基づき、ある会計年度の構成事業体の調整後対象租税額に加算される金額である繰延税金調整総額について定めている。繰延税金調整総額は、一時差異の影響に対処するために、特定の繰延税金資産および負債を考慮することにより構成事業体の対象租税を調整するものである。

70. 繰延税金調整総額の出発点は、適用される税率が最低税率を下回る場合には、構成事業体の財務諸表に計上された繰延税金費用の金額となるが、それ以外の場合は、当該繰延税金費用の金額は最低税率を用いて再計算される。ある会計年度の繰延税金費用は、当該会計年度開始の日から終了の日までの繰延税金資産および繰延税金負債の純変動額である。認識される場合、繰延税金資産は負の値の税金費用(すなわち、税金費用の戻し入れ)として計上され、一方、繰延税金負債は税金費用として計上される。なお、繰延税金費用の再計算は、同じ結果が得られるため、項目ごとに行われる場合もあれば、同じ税率で計上されたすべての項目を合計して行われる場合もある。繰延税金資産または繰延税金負債の戻し入れを行う場合には、計上時と同じ金額および同じ税率により戻し入れることとする。繰延税金負債の戻し入れは負の値の繰延税金費用であり、一方、繰延税金資産の戻し入れは繰延税金費用に相当する。適用税率は、繰延税金資産・負債の計上に用いられる税率である。例えば、100の所得に対して20の繰延税金負債を計上した場合、適用される税率は20％(すなわち、ある所

得項目に課される税金を当該所得項目の額で除したもの)である。この税率は最低税率よりも高いため、最低税率により再計算がなされる。例えば、第4.4条のコメンタリーの冒頭の例でZ国の法人税率が30%であったとしても、第4.4.1条の規定では、1年目の会計年度に12(すなわち、追加所得80に最低税率15%を乗じた金額)の繰延税金負債のみ認識する。したがって、そのような繰延税金負債の戻し入れを行う場合、戻入額は12となる。

71. 繰延税金資産が繰延税金負債を超過する限りにおいては、繰延税金費用は負の値(すなわち、負債計上に代えて資産計上)となる。この金額は、通常、財務会計上と国内法による税務上の認識の期間差異を調整するために、国・地域で適用される税率(すなわち、繰延税金資産・負債が計上される所得項目に適用される国・地域の税率)により計算されている。GloBEルールにおける期間差異を調整する勘定として使用するために、当該勘定が最低税率を超える税率により計算されている場合には、最低税率を参照して再計算されなければならない。

71.1. 第4.4.1条において言及されている構成事業体の財務諸表上の繰延税金費用とは、第4.1.1条および第3.1.2条の原則に従い、当該構成事業体の財務会計上の純損益に計上された繰延税金費用と解釈するものとする。構成事業体に帰属する収益および費用が連結財務諸表のみに計上される場合、第3.1.2条は、当該収益および費用項目を当該構成事業体に紐づけることを求めている。同様に、当該構成事業体の財務諸表に計上された繰延税金費用およびMNEグループの連結財務諸表にのみ計上された当該構成事業体に関する繰延税金費用は、当該構成事業体の繰延税金調整総額の計算に含まれ、当該構成事業体の調整後対象租税の計算において考慮されるものとする。この原則は、第3.1.3条に従って構成事業体が財務会計上の純損益を計算する場合にも適用される。

71.2. 許容された財務会計基準に従って作成された構成事業体の個別財務諸表に繰延税金費用が計上されていない場合、MNEグループの連結財務諸表に計上された当該構成事業体に関する繰延税金費用のうち、パーチェス法による会計処理から生じるものまたは除外項目である収益・費用に係るもの以外は、当該構成事業体の繰延税金調整総額の計算に含まれ、当該構成事業体の調整後対象租税の計算において考慮されることになる。

71.3. GloBE ETR計算の分子(調整後対象租税)および分母(GloBE所得・損失)は、同一の財務会計基準を用いて一貫して計算されなければならない。この原則のもとで考慮される繰延税金費用は、GloBE所得・損失を計算するために使用された財務会計基準と、現地の課税所得との間の期間差異に起因するものであり、構成事業体に関する繰延税金費用は、当該繰延税金費用がGloBE所得・損失の計算に含まれる項目に関連する限りにおいて、当該原則に基づき考慮されるものとする。

第a項

72. 第4.4.1条第a項は、第3章に基づきGloBE所得・損失の計算から除外される項目に係る繰延税金費用の金額を、繰延税金調整総額から除外することを定めている。本項は、GloBE所

得・損失の計算に含まれない項目に関連する税額が、調整後対象租税額を増加させるために用いられ、その結果、国・地域のETRが過大になることを防ぐ機能を果たす。

73. 例えば、M社は法人税率が15%であり除外資本損益が課税対象となるC国に所在する構成事業体であり、ある会計年度において、M社にGloBE損失(300)および除外資本損(100)が発生するものとする。当該除外資本損は除外資本損益に該当するため、C国のGloBE所得・損失には含まれない。したがって、GloBEルールに基づく課税標準とC国の税務上の課税標準との間にその他の差異がない場合、C国のGloBE損失は(300)、C国の国内税務上の欠損金は(400)となる。この場合、60の繰延税金資産が計上されたとしても、GloBEルールにおいては、15の繰延税金資産は100の除外資本損失に関連しているため、45のみが考慮されることになる。

74. 例えば、構成事業体が、GloBE所得・損失の計算から除外される所得に対して繰延税金資産を計上している場合、GloBEルールにおける課税標準の対象外の項目に対して支払われる税金であるため、当該繰延税金資産の戻入によりその後の調整後対象租税の額を増額させることはできない。

第b項

75. 第b項は、（GloBEルール上）計上否認額および対象外計上額に関連する繰延税金費用を繰延税金調整総額から除外することを定めている。なお、これらの用語については、第4.4.6条および第4.4.7条のコメンタリーで詳述している。当該金額が実際に支払われるまで除外される主な理由は、計上否認額の場合には実際に支払われるか、対象外計上額の場合にはいつ支払われるかについて不確実性があるためである。第4.1.3条第d項のコメンタリーでは、不確実な税務ポジションに関連する当期税金費用を除外する根拠について説明している。

第c項

76. 歪みを防ぐために、第c項では、繰延税金資産に関する評価調整または財務会計上の認識調整を除外することを定めている。国内の税務上の欠損金の全部または一部を使用できる課税所得が将来生じる可能性が低い場合には、財務会計上は通常、評価性引当金または財務会計上の認識調整が必要となる。当該評価性引当金または財務会計上の認識調整は、使用することが見込まれない損失の範囲において適用される。財務会計上の認識調整が行われる場合、繰延税金資産は将来使用されることが見込まれない限り財務諸表に計上されない。財務会計基準に従い、評価性引当金の計上が必要とされる場合には、国内の税務上の欠損金に係る繰延税金資産は財務諸表に計上されるが、使用することが見込まれない範囲において、当該繰延税金資産を相殺消去するための負債勘定として評価性引当金が計上される。将来の期間において財務予測が変更され、当期または将来の期間において課税所得が発生する可能性が高くなった場合、財務会計上の認識調整、または評価性引当金は、予測が変更された年度に戻し入れが行われる。

77. 繰延税金資産の計上により調整後対象租税が減額されるため、GloBEルールにおいては、国内の税務上の欠損金に係る繰延税金資産は必ず当該欠損金と同じ年度に計上される必要がある。したがって、第c項は、GloBEルールにおいて、繰延税金資産は、当該資産を生じさせた経済的損失と同じ年度に計上されるよう定めている。評価性引当金および財務会計上の認識調整は、GloBEルールにおいては無いものとされるため、繰延税金資産は、税務上の損失の将来における利用見込みの有無にかかわらず、当該損失に基づき計上される。その結果、納税者は、繰越期間が終了した税務上の繰越欠損金に関して、GloBEルール上の繰延税金資産を有する場合がある。繰越欠損金は、国内の課税所得と相殺することができない場合には、国内法に基づき利用することはできない。財務会計規則に従い、国内の繰越欠損金から生じる繰延税金資産は、国内の課税所得と相殺するために利用された場合に戻し入れることができる。したがって、当該欠損金は、国内法に基づいて使用できない限り、GloBEルールにおいても使用することはできない。欠損金が国内法上利用できない場合には、財務会計規則に従って(繰延税金資産を)戻し入れることができないため、GloBEルールにおいても、調整後対象租税を増額することに利用できないことになる。

78. 初年度に、ある構成事業体にGloBE損失(100)が発生し、繰延税金資産(15)が計上されるが、財務予測では、当該欠損金は将来使用されないことが見込まれているものとする。したがって、評価性引当金または財務会計上の認識調整により、当該税務上の欠損金に係る税効果を認識する会計処理は行われない。しかしながら、当該処理はGloBEルールにおいては無いものとされ、繰延税金資産が認識される。2年目に、予測が変更となり、評価性引当金または財務会計上の認識調整が戻し入れられるものとする。当該処理もGloBEルールにおいては無いものとされる。3年目に、GloBE所得100を創出し、繰延税金資産が使用されて戻し入れが行われるものとする。この例において、仮に第c項の規定が適用されない場合、繰延税金資産は2年目に計上され、GloBE純所得が存在しない当該年度の調整後対象租税を減少させ、第4.1.5条に基づくトップアップ税額が発生することになる。

第d項

79. 第d項は、適用される国内税率の変更により生じる繰延税金費用の金額の除外について定めている。適用される税率の変更に関連して計上された金額は、既に計上された金額の単純な変動であり、当該会計年度の追加の対象租税の額として含められるべきではない。例えば、税率が10%から15%に引き上げられたことにより、財務諸表において追加の繰延税金費用が発生した場合、当該金額は当該会計年度のGloBE所得には関連しないため、対象租税に加算されるべきではない。第4.6.2条および第4.6.3条は、納付された租税に対して適切な調整が行われることを確保するために、GloBEルールにおいて国内税率の変更をどのように考慮するかを決定するための規定を定めている。

第e項

80. 最後に、第e項は、税額控除の発生時に計上する負の値の繰延税金費用および税額控除

の使用時に計上する繰延税金費用の双方を除外することについて定めている。税額控除とは、納税者が政府に対して納税義務を負う租税から直接に控除できる金額である。課税所得額の減額とは異なり、納税額を直接減額するものである。税額控除の一例として、投資税額控除が挙げられるが、これは政府が、特定の要件を満たす支出を行った納税者に対して将来の納税額の控除を提供するものであり、控除額は発生した支出額に対する割合で計算される。第e項に基づく税額控除には、ある国・地域において、他の国・地域で課された租税債務や他の事業体から分配された利益に対して課された租税債務に対する控除を認める外国税額控除などの税額控除が含まれる。税額控除に関する繰延税金費用は第4.4.1条の繰延税金調整総額から除外されるが、これは、当該金額を含む場合にGloBEルールの適用結果に歪みを生じさせる可能性があるためである。なお、適格還付税額控除については、第4.1.2条で別途規定されている。

81. 税額控除の発生および使用に関する繰延税金費用は繰延税金調整総額から除外されるため、当該税額控除の発生および使用から生じる繰延税金費用の変動は、調整後対象租税の計算から除外される。例えば、繰越控除対象外国法人税額が発生した場合、当該繰越額に関連する繰延税金資産は、第4.4.1条第e項に基づき繰延税金調整総額から除外されるため、調整後対象租税額を減額するものではない。一方、当該繰越控除対象外国法人税額が翌会計年度に利用された場合には、同様の理由により、当該繰延税金資産を利用したことで調整後対象租税額が増額されるものではない。これは、外国税額控除の繰越控除に係る繰延税金資産が全く計上されない場合と同様の結果となる。

82. 税額控除の発生により生じる繰延税金資産は繰延税金調整総額から除外され、調整後対象租税額は減額されないため、税額控除の発生によって第4.1.5条に基づくトップアップ税額が生じることにはならない。

82.1. ただし、税額控除の発生および使用に関する繰延税金費用の金額を会計年度における構成事業体の繰延税金調整総額から除外することが適切ではない場合もある。これは、ある国・地域の国内税法上、構成事業体の国外源泉所得に課税する場合であって、国内源泉損失と国外源泉所得が相殺され所得が生じた年度以後の所得に係る税額を減額するために外国税額控除を利用できる場合である。このような場合、特別な例外規定がなければ、繰越外国税額控除の使用に関する繰延税金費用は構成事業体の調整後対象租税から除外されるため、(当該税額控除を使用した年度において)構成事業体のETRが低下する可能性がある。当該構成事業体の国内源泉損失と国外源泉所得が相殺されることにより、より少額の繰越欠損金に係る繰延税金資産が認識されるという事実の場合であっても、この結果は生ずることとなる。もし国外源泉所得と国内源泉損失が相殺されないとしたならば、当該国内源泉損失の全額が繰越欠損金となり、これに対応する繰延税金資産が計上され、将来の会計年度において当該繰越欠損金を使用する際に(当該繰延税金資産の戻入額として)対象租税に含まれていたであろう。

82.2. この問題に対処するため、第4.4.1条第e項は、繰越欠損代替税金資産の場合には適用

されないこととし、繰越欠損代替税金資産は、以下のすべてに該当する場合に発生するものとする。

a．国・地域は、国外源泉所得に課される租税に対して外国税額控除を適用する前に、当該国外源泉所得と国内源泉損失を相殺することを求めていること
b．構成事業体が国内源泉損失を有し、当該損失の全部または一部が国外源泉所得と相殺されていること
c．当該国内税制において、構成事業体の翌年度以後のGloBE所得・損失の計算に含まれる所得に係る租税債務に対して外国税額控除の繰越額を使用することが認められていること

82.3. 上記の要件をすべて満たす場合、繰越欠損代替税金資産に対応する繰延税金費用は、当該繰延税金費用が発生しまたは取り崩された会計年度(または複数の年度)において、構成事業体の繰延税金調整総額に含まれるものとする。但し、繰越欠損代替税金資産を生じさせた繰越外国税額控除が、構成事業体のGloBE所得・損失に含まれる所得に係る租税債務を相殺するために使用される額を限度とする。繰越欠損代替税金資産の額は、以下のいずれか少ない額とする。

(i) 国外源泉所得を合算する国内税制において、構成事業体が(国外源泉所得の考慮前において)損失を計上した場合に翌年度以後への繰越が認められる外国税額控除の額
(ii) 構成事業体の課税年度の(国外源泉所得の考慮前において)損失の額に国内で適用される税率を乗じた額

繰越欠損代替税金資産は第4.4.1条第a項に定める除外項目の調整対象となり、また第9.1.1条のコメンタリーに記載された計算式に従い最低税率で再計算されなければならない。

82.4. 一部のCFC税制では、外国税額控除の繰越を認めていないが、翌年度以後において生じた外国税額控除の限度超過額を、同年度に生じた国内源泉所得を国外源泉所得として読み替えた上で、当該所得に係る租税債務と相殺することを認める損失リキャプチャーの仕組みにより、同等の結果が確保されている。この損失リキャプチャーの仕組みが、繰越欠損金が生じた場合の結果(すなわち、繰延税金資産を最低税率で再計算した場合)よりも寛大な結果とならないよう、調整後対象租税に対するこの仕組みの影響について、必要に応じて同等の結果とするための調整を行うものとする。GloBEルールの下での同等の結果を確保するため、ある課税年度において、損失リキャプチャーの仕組みが適用される構成事業体の国内源泉損失(に係る繰延税金資産)の額は、繰越欠損代替税金資産として国内源泉損失の生じた年度に発生し、翌年度以後のリキャプチャーに応じて取り崩されるものとする。ただし、取り崩される繰越欠損代替税金資産の額は、リキャプチャーの仕組みにより、構成事業体のGloBE所得・損失に含まれる所得に係る租税債務を相殺するために使用される外国税額控除の増加額を限度とする。

82.5. この指針は、国外源泉所得と相殺されず、国内源泉損失に係る繰越欠損金が生じる制

度と国外源泉所得と相殺され、国内源泉損失に係る繰越欠損金が生じない制度との間に同等の結果を確保することを意図しているが、実施国・地域は、自国の既存のCFC税制または他の税制について、国内源泉損失の発生年度において繰越欠損金が生じた場合と同様の結果となるよう改正することができる。なお、当該改正が（納税者に）便益を与えるものとして当該国・地域が適格IIRまたは適格UTPRを実施していないものとみなされることはなく、また、改正後のCFC課税額が対象租税として取り扱われなくなることはないものとする（注5）。

第4.4.2条

83. 第4.4.2条は、繰延税金調整総額に対して行われる一定の調整について定めている。第a項に規定される第一の調整は、繰延税金調整総額の計算上、会計年度中に支払われた（GloBEルール上の）計上否認額または対象外計上額を考慮することを定めている。第4.4.1条のコメンタリーにおいて説明されているとおり、当該金額は、いつ支払われるかおよび実際に支払われるかといった不確実性を考慮して、繰延税金調整総額の計算には含まれないこととされている。しかしながら、そのような租税が実際に支払われる場合、GloBEルールにおいては、それらを繰延税金調整総額の計算に含めることが適切である。納付された租税は当期税金費用に含まれるが、これに対応する繰延税金負債が繰延税金調整総額、つまりは調整後対象租税に含まれる限りにおいて、当該繰延税金負債の戻し入れにより相殺される可能性がある。結果として、GloBEルールにおいて実際に支払われる税額が考慮されるようにすることを担保するため、繰延税金調整総額に純変動がないよう当該金額を繰延税金調整総額に含める必要がある。第4.4.1条第b項において、計上否認額に関する繰延税金費用の変動を除外しているため、計上否認額が戻し入れられた場合の繰延税金負債の減額は、繰延税金調整総額から除外される。したがって、計上否認額を戻し入れることになる金額は、GloBEルールの計算上、繰延税金負債の戻し入れと相殺されることなく既に当期税金費用に計上されているため、第4.4.2条第a項に基づいて加算される必要はない。しかしながら、第4.4.1条の繰延税金費用の除外は、繰延税金費用の増減双方に等しく適用される一方で、（第4.4.7条の）対象外計上額は、繰延税金負債の増加に限り適用されると定義されており、その後の減額は第4.4.1条第b項の適用により把握されないため、対象外計上額に係る繰延税金負債のその後の減額が第4.4.2条第a項により把握されるよう規定されている。

84. 第b項は、当該会計年度中に支払うリキャプチャー繰延税金負債を加算することを認めている。第4.4.4条のコメンタリーで詳述されるように、調整後対象租税として認識される金額のうち、第4.4.4条に規定される期限内に支払われない一定の金額について取り消されることになる。第b項の規定は、以前に取り消された調整後対象租税の額が支払われるときに、当該金額を繰延税金調整総額に加算することを認めている。

85. 第4.4.2条第c項は、繰延税金資産が計上されるべきであるが、認識基準を満たしていないことから計上されない場合の、みなし繰延税金資産の計上について定めている。当該規定

は、第4.4.1条第c項において評価性引当金または財務会計上の認識調整をないものとしていることと同様の趣旨である。しかしながら、そもそも認識基準を満たさないために、繰延税金資産が計上されない場合がある。第4.4.2条第c項は、GloBEルールにおいては損失が発生した年度に繰延税金資産が計上されることを定めており、そのうえで第4.4.1条第c項に従い、その後に認識基準が満たされた年度において繰延税金資産を計上した場合であっても繰延税金調整総額の計算に含めないこととされる。これは、認識基準が満たされなかったという事実のみによって、第4.1.5条に基づくトップアップ税額が発生しないよう、その税効果の計上を損失の発生と一致させるものである。以下で、この例を説明している。

86. 初年度に、構成事業体AはGloBE損失および国内の税務上の欠損金(100)を計上するものとする。認識基準が満たされていない(すなわち、将来の課税所得の発生見込みがない)ため、財務会計上の繰延税金資産は計上していないものとする。第4.4.2条第c項を適用することにより、初年度に15の繰延税金資産を計上することになる(これは最低税率で計上されていたとする場合の繰延税金資産である)。2年目に、構成事業体Aは課税所得、またはGloBE所得・損失を稼得していないが、将来の予測が変更され、認識基準を満たすことになり、財務会計上15の繰延税金資産が計上されたものとする。これは、第4.4.1条第c項に基づき、ないものとされる。3年目に、構成事業体は100のGloBE所得を稼得し、国内の税務上の繰越欠損金が使用される場合、当該15の繰延税金資産を戻し入れる。

第4.4.3条

87. 第4.4.3条は、最低税率より低い税率で繰延税金資産が計上されている場合で、当該資産がGloBE損失に帰するものである場合には、当該繰延税金資産を最低税率で再計算することができることを定めている。この規定は、1ユーロのGloBE損失が1ユーロのGloBE所得を相殺するという基本的な考え方を維持するものである。例えば、損失に係る繰延税金資産が5%で計上される場合、GloBE損失が100であれば、繰延税金資産は5となる。その後、100の所得が稼得される場合には、5の繰延税金資産の戻し入れが行われ、繰延税金調整総額を通じて対象租税に加算される。最低税率での再計算がなされなければ、その後に100の所得が稼得されるときに10のトップアップ税額の支払い義務が生じる。しかしながら、GloBE損失を最低税率で再計算すること(すなわち、GloBE損失に関して計上される繰延税金資産の価値を5から15に増加させること)を認めることで、このような結果が生じることを防ぎ、100の損失により100の所得は課税されない。

88. 第4.4.3条に基づいて最低税率で金額を再計算する場合、歪みのある結果が生じることのないよう、再計算は当該損失がGloBE損失となる会計年度に行われなければならない。例えば、GloBE損失が発生した後の年度に再計算を行う場合、当該再計算により、第4.1.5条の適用により追加のトップアップ税額が生じる結果となる可能性がある。この規定の適用により繰延税金資産が増加した場合、実際の繰延税金資産の計上と同様に、繰延税金調整総額は計上される繰延税金資産の増加額だけ減額される。

第4.4.4条

89. 第4.4.4条は、特定の期間内に戻し入れがなされない繰延税金負債のリキャプチャールールについて定めている。第4.4.5条に定義され、以下に詳述されるリキャプチャー対象外引当を除いて、5会計年度以内に戻し入れがなされない繰延税金負債は、リキャプチャー繰延税金負債として、当該計上額が当初繰延税金調整総額に含まれた会計年度において取り消されなければならない。この規定は、リキャプチャー対象外引当に該当しない繰延税金負債が、所定の期間内に実際に戻し入れがなされることを担保するものである。

90. 構成事業体において計上されるリキャプチャー対象外引当に該当しない繰延税金費用の各項目については、第4.4.4条の規定に従い、必要に応じて各会計年度に取り消すか否かの検証を行うべきである。例えば、0年目において、構成事業体は、ある金額を繰延税金負債として認識し、その金額を調整後対象租税に含めるものとする。当該繰延税金負債が第4.4.5条のリキャプチャー対象外引当に該当せず、当該金額が計上されてから5会計年度以内に戻し入れられない場合、リキャプチャー繰延税金負債として取り消される。これに伴い、0年目のトップアップ税額の計算において、当該金額が除外されるため、第5.4条に基づいて再計算されなければならない。

第4.4.5条

91. 第4.4.5条は、第4.4.4条に基づく取り消しのためのモニタリングを必要としない繰延税金負債の区分であるリキャプチャー対象外引当について定めている。リキャプチャー対象外引当のリストにおいては、包摂的枠組み参加国・地域に共通し、かつ、MNEグループにとって一般に重要となる一時差異が列挙されている。そのような一時差異は、通常、国・地域の実質的な活動に結びついているか、または納税者による不正操作の可能性が低いものである。したがって、コンプライアンス上の負担を軽減するため、将来的に解消されることが明らかであるリスクの低い項目については、第4.4.4条の取り崩しに関する規定に基づくモニタリングは必要とされない。

第a項

92. 第4.4.5条第a項には有形資産に関する減価償却引当金が規定されているが、これは包摂的枠組みの参加国・地域においては加速度償却制度と即時償却制度が一般的であり、これらの制度の適用により生じる期間差異は資産の耐用年数にわたって解消されることが明らかであるという原則を反映するものである。第4.4.5条第a項の規定がなかった場合、第4.4.4条に規定されるリキャプチャーメカニズムは、そのような制度から得られる効果を無効にし、第4.4.4条に定める期間よりも長期の耐用年数を有する資産に関して国・地域のETRに歪みをもたらす結果となる。

93. 一般に、有形資産は、財務会計上、有形固定資産または備品に分類される資産で構成される。有形固定資産は、物品の生産またはサービスの提供、他社への貸出、または管理目的

のために所有され、かつ、複数の会計年度にわたって使用されることが見込まれる場合に、貸借対照表上に資産として計上される。

94. また、有形資産には、鉱床、木材、石油・ガス埋蔵量等の天然資源、探査・評価資産等が含まれる。第a項の規定は、天然資源が、関連する費用に関して加速度償却法またはその他費用化の取扱いの対象となる場合であって、その結果として税務上と財務会計上の期間差異が生じる場合には、当該期間差異についても適用される。本項において、資産が有形資産であるか否かは、構成事業体の財務会計上の純損益を計算するために用いられる財務会計基準に基づいて評価されるものとする。さらに、この規定は、特定の資産に関連して資産計上すべき費用の差異に関連して発生する繰延税金負債にも適用されることを目的としている。したがって、関連する財務会計規則が税務基準よりも広い範囲に及ぶ費用の資産計上を求める場合には、それに伴う繰延税金負債はリキャプチャー対象外引当として取り扱われる。同様に、鉱山や石油・ガスの採掘・開発費用等の費用が税務上は発生時に損金算入されるかまたは短い期間で償却され、財務会計上は天然資源資産に資産計上される場合、これに伴う繰延税金負債はリキャプチャー対象外引当として処理される。

95. 第a項は、有形資産がリースされている場合にも適用される。財務会計上、リース取引は通常、減価償却される資産の使用権およびリース負債（将来のリース料支払いのための負債）として取り扱われる。当初の認識時点において、資産を使用する権利とリース負債は等しく、これらは相殺されるため、純繰延税金資産・負債は発生しない。国内税務上、リース料が損金算入の対象となる営業費用として取り扱われるなど、リース資産の取扱いが財務会計上の取扱いと異なる場合に、期間差異が生じることになる。このような期間差異が生じる場合、第a項では、第4.4.4条に定めるリキャプチャールールの適用を受けないことを定めている。

第b項

96. 第b項には、不動産の使用または天然資源の開発のためのライセンス、またはリースもしくは利用権等これに類する取決めの費用であって、有形資産への多額の投資を伴うものが含まれる。不動産を使用する権利には、通信サービスのために無線周波数を利用する権利のライセンスが含まれる。また、当該権利が有形資産への多額の投資を発生させる義務を課す場合には、その費用は第b項の対象範囲となる。したがって、関連する財務会計規則と税務基準との間で、ライセンスまたはこれと同様の取決めに係る費用、または関連費用の認識時期に差異がある場合、または財務会計規則によりそのような費用をより広い範囲で資産計上する必要がある場合には、それに係る繰延税金負債はリキャプチャー対象外引当として取り扱われる。例えば、国内の税法では、無線周波数ライセンスを15年間で償却することが求められているが、財務会計上は当該資産の耐用年数は20年と定められている場合などが挙げられる。

第c項

97. 研究開発費については、包摂的枠組み参加国・地域の税法では、一般に研究開発費の損金算入が認められている一方で、財務会計上は資産計上される場合があることから、第4.4.5条第c項において規定されている。研究開発費の資産計上に関して財務諸表上の取扱いに従う場合、財務会計基準の適用や、適用する財務会計基準間の取扱いの相違に基づく影響が増大するなど、意図せざる結果をもたらす可能性がある。したがって、包摂的枠組みの参加国・地域における損金算入の取扱いについての共通性およびMNEグループにとっての研究開発費の重要性に鑑み、研究開発費はリキャプチャー対象外引当に含まれる。

第d項

98. 廃炉・廃止措置費用、および原状回復費用は、リキャプチャー対象外引当として第4.4.5条第d項の対象に含まれる。これらの費用には、耐用年数に達した特定の種類の資産の閉鎖や敷地周辺の原状回復に際して納税者に生じる費用が含まれる。例えば、原子力発電所の耐用年数が終了した場合、発電所は閉鎖されなければならず、廃止プロセスの一部として周辺環境の原状回復が必要となる。財務会計基準では一般に、投資の経済的パフォーマンスを正確に反映するために、予想される廃止費用の現在価値を資産計上し、当該資産の耐用年数にわたって償却することが必要とされている。そのような資産には、石油掘削装置、井戸、鉱山、発電所などが含まれる。

99. 例えば、天然資源採取事業においては、天然資源の継続的な生産から生じる将来的な埋め立ておよびその他の閉鎖費用は、鉱山または井戸の資源が枯渇し生産ができなくなるまで支払いが行われない場合であっても、通常、採取の進捗に応じて費用計上される。しかしながら、一部の国・地域では、これらの費用は、事業が廃止されるか、費用が支払われるまで、税務上損金算入できない場合がある。一方で、将来の埋め立てや閉鎖の費用を調達する目的で組成された信託または同様の基金への拠出に基づく損金算入を認めている国・地域も存在する。この場合、これらの拠出額は、財務諸表において費用として計上された金額と異なる場合がある。

100. 包摂的枠組み参加国・地域では、一般に、将来発生すると予想されるこれらの廃止費用および原状回復費用の損金算入が認められており、共通の取扱いが見られる。閉鎖、廃炉・廃止および原状回復に係る費用は甚大である。例えば、採取開始から半世紀以上が経過しているような井戸が廃棄、または鉱山が閉鎖される場合には、多額のコストが発生する。そのような費用を第4.4.5条第d項の規定に含めることにより、環境関連費用およびその他の原状回復費用をGloBE所得から減額することを実質的に否認することになるという意図せざる結果を回避することができる。

101. 第4.4.5条第d項の規定は、当該費用が国・地域における実質的な活動と直接関連していること、また、敷地の原状回復および廃止資産の処分に係る規制上の義務があることから、

GloBEルールにおけるリスクを生じさせることにはならない。また、これらの期間差異は不正操作される可能性が低く、一定の期間にわたって解消されることが確かなものである。

第e項

102. 公正価値会計の適用による未実現利益は、リキャプチャー対象外引当項目として第4.4.5条第e項に規定されている。財務会計上の時価評価損益の例には、保険会社の投資資産の価値の増加や、林業企業が保有する木材に対する権利の価値の増加などがある。当該投資に係る収益は、当該資産の売却またはその他の処分により当該金額が実現されるまで、税務上考慮されないことがある。実現損益に対する課税は、包摂的枠組み参加国・地域では比較的一般的であるため、一時差異を生じさせる可能性があり、当該一時差異は、MNEグループにとって、繰延の金額および期間の双方において重要となることが多い。この第e項に基づくリキャプチャー対象外引当は、公正価値会計がGloBEルールにおいて適用される場合においてのみ適用される。したがって、本項は、MNEグループが当該利益に関して第3.2.5条に基づく選択を行った場合には適用されない。

第f項

103. 第4.4.5条第f項は、外貨換算による純利益について定めている。外貨建(すなわち、構成事業体のGloBE所得・損失の計算に使用されるMNEグループの連結財務諸表の表示通貨と異なる)の債務、債権および貸付金等の貨幣性項目は、決算日の直物為替レートの終値で換算される。これらの為替差損益は、通常、構成事業体の財務会計上の収益として認識される。しかしながら、国内税法は、これらの未実現の為替差損益を、借入金の返済等の実現事象が発生するまで認識しないことがある。

第g項

104. 保険準備金は、第4.4.5条第g項において、リキャプチャー対象外引当として規定されている。通常、保険会社は保険料を徴収し、それを運用し、その収益で保険金を支払う。保険料が徴収された場合、通常その後の期間において、保険料およびその運用益の一部が保険金の支払いに充てられることが知られている。包摂的枠組み参加国・地域は通常、将来の保険金の支払いに備えた準備金繰入について損金算入を認めているため、受領した保険料全額が法人所得税の対象となることはない。損金算入が認められる金額は、通常保険規制当局が定める保険準備金の額を参照して計算されるが、当該規制は契約者に対する保険金支払いを確実にするために、保険会社に対し一定額を高格付けで流動性の高い投資資産で保有することを義務付けるものである。これらの規制上要求される準備金は、通常、財務会計上の準備金を大きく上回るものである。これらの財務会計上の準備金と税務上の準備金との間に差異が生じ、この差異が特に生命保険の場合に長期にわたって続く可能性がある。

105. 包摂的枠組み参加国・地域における取扱いの共通性および保険準備金の重要性に鑑み、保険準備金はリキャプチャー対象外引当として取り扱われる。これらの金額は、計上のタイ

ミングが規制上の要件および会計規則に従うことになるため、不正に操作される可能性は低い。また、一定期間で当該金額は確実に解消される。保険準備金をリキャプチャー対象外引当とする規定がなかった場合、会計処理と税務処理との間の重要な期間差異のため、保険会社のETRに関して重大な歪みが生じることになる。

106. 第4.4.5条第g項に定める繰延新契約費には、（例えば、保険事業の買収において）保険会社が保有契約価値に関して認識する会計科目、つまり取得した保険契約と引き受けた保険債務との時価の差分、も含めることができる。この項目は、通常、買収事業の価値、保有契約の現在価値、保有契約の取得価額、または保有保険事業の価値と呼ばれており、財務報告上、財務諸表において繰延新契約費などの他の項目とともに認識または開示されるか、もしくは別個の項目として認識または開示される。いずれの場合においても、財務会計上認識または開示される限り、第4.4.5条第g項は当該資産および負債を含めることを意図している。繰延新契約費の場合と同様に、この項目も一定の期間にわたって償却され、国内税法によっては重大な期間差異が生じる可能性がある。（保険準備金と）同様に、会計規則および国内税法によりその戻入れのタイミングが決まるため、不正に操作される可能性は低い。また、税法の違いや、保険契約の評価方法が様々な財務会計基準により異なることを反映して、長期的な性質を持つ保険契約が重要な期間差異を生じさせる可能性がある。最近の財務会計基準の変更により、保険契約の評価方法および認識方法が変更される可能性があり、これには、例えば、当該財務会計基準に基づく繰延新契約費の定義や認識の方法の変更が含まれる。第4.4.5条第g項は、これらの財務会計基準の変更が第g項の項目に対して行われた場合においても適用されるものと解釈される。

第h項

107. 第4.4.5条第h項は、構成事業体と同じ国・地域に所在する有形資産の売却益に係る繰延税金負債のうち、同じ国・地域に所在する有形資産に再投資されるものをリキャプチャー対象外引当として取り扱うことを定めている。包摂的枠組みに参加する一部の国・地域では、所定の期間内に代替資産に再投資される場合に、資本資産の売却益に関して、ロールオーバーまたは繰延処理のメリットを受けることが認められている。この場合、当該売却益は認識されず、新規資産の取得原価が減額されることにより、当該売却益は繰延べられ、将来課税を受ける。売却益のロールオーバーまたは繰延処理は、売却益を認識すると同時に、新規資産の取得原価に関して当該譲渡益と同額の即時費用化を認めることに相当する。したがって、資産が財務会計上償却可能である限りにおいて、ロールオーバーまたは繰延処理は、加速度償却および即時費用処理と類似するものである。ただし、土地の場合は土地が売却されるまで一時差異は解消されず、売却益が新たな投資に対してロールオーバーされることはない。このような一時差異は、重要であり、かつ、包摂的枠組み参加国・地域において共通しており、加速度償却と同様の特徴を有している。これは、基礎となる支出が有形資産への投資に直接に関連しており、その差異は一定期間で解消するためである。当該資産に係る財務会計上の取扱いに従った場合、GloBEルールにおける計算結果の変動等による意図せざる影

響が生じる可能性がある。

第i項

108. 第4.4.5条第i項は、第a項から第g項までに列挙された分類に関して会計原則の変更に起因する繰延税金費用についても、リキャプチャー対象外引当に関する規定を適用できることを定めている。例えば、IAS第8号に記載されるように、ある会計年度に会計原則、または会計方針の変更が生じ、その結果、以前に計上した有形資産の減価償却引当金に関連して追加の繰延税金費用が発生する場合、当該発生費用は、この第i項(IFRS Foundation、2022[2])が適用されることによって、リキャプチャー対象外引当規定の適用を受けることになる。

第4.4.6条

109. (GloBEルール上の)計上否認額に関する規定は、第4.4.6条および第4.4.1条第b項に規定されている。本規定は、不確実な税務ポジションに関連して発生した租税および構成事業体からの分配金が、実際に支払われるまで調整後対象租税額に含まれないようにすることを目的としている。

110. 不確実な税務ポジションに関して発生した金額は、MNEグループが当該納税義務はないと判断していること(場合によっては当該税務当局に対して明示的または黙示的に主張していること)および当該金額が将来支払われるか否かについての不確実性が高いことに鑑み、除外の対象となる。許容された財務会計基準によって詳細な判断基準は異なるが、一般に、不確実な税務ポジションは、税務調査において認容される蓋然性が50％超(more likely than not)に達しないと考えられる税務申告ポジションをとる場合に生じる。財務会計基準では、これらのポジションに対して引当金を計上することを求めている。当該税務処理が認容される場合、当該引当金は解消される。このような引当計上の性質を考慮し、当該金額が実際に支払われない限り、これらの金額は対象租税に含まれない。

111. 受取配当金に係る源泉税や純額ベースの税等、分配に対する課税は、通常、事業体がその持分保有者への分配を行う際に課される。MNEグループが、通常、構成事業体間のこのような分配の時期を決定していることに鑑みれば、分配に係る課税に関して発生した繰延税金費用の額を、その計上時に調整後対象租税に加算することは適切ではない。

第4.4.7条

112. 第4.4.7条は、第4.4.4条のリキャプチャールールに関して、規定への準拠を簡素化するオプションについて定めている。本条により、構成事業体は、第4.4.4条に規定される期間内に支払われることが見込まれない繰延税金負債を、繰延税金調整総額から除外することが認められる。この簡素化により、ほぼ確実に取り消しが必要とされる繰延税金負債を除外することができ、当該負債の遵守状況のモニタリングや数年後のトップアップ税額の再計算の負担が軽減される。

第4.5条　GloBE純損失に係る選択

113. 第4.5条は、GloBE損失をみなし繰延税金資産として実質的に繰り越しを行う選択ルールについて定めている。この選択がなされた場合、第4.4条に基づく修正税効果会計ルールの代わりに第4.5条が適用される。したがって、この選択がなされた場合、第4.4条は適用されないため一時差異がトップアップ税の対象となる可能性があるが、第4.5条は通常、法人所得税を課さない国・地域、または極めて低い税率で課している国・地域において、簡素化という観点から最も有用であると考えられる。なお、いかなる国・地域に関してもこれを選択することができる。

第4.5.1条から第4.5.3条

114. 第4.5.1条は、ある会計年度において、国・地域におけるGloBE純損失が発生した場合に、最低税率で計算されるみなし繰延税金資産が計上されることを定めている。このGloBE純損失に係る繰延税金資産は、第4.5.2条に基づき繰り越すことができ、また、第4.5.3条に基づきその後の会計年度において当該国・地域にGloBE所得が生じた場合に使用することができる。翌会計年度にGloBE純損失に係る繰延税金資産が使用された場合には、GloBE純損失に係る繰延税金資産の額は第4.1.2条に基づいて対象租税に加算される。例えば、構成事業体が法人税を課さない国に所在している場合、当該国の法人所得税が存在しないためにそれに応じた繰延税金資産が計上されない経済的損失について、第4.5条に基づく選択をすることにより、最低税率で計算されたGloBE純損失に係る繰延税金資産を計上することができる。第4.5条は無期限の繰越を認めているが、国内法上、特定の状況においては一定期間経過後のGloBE純損失に係る繰延税金資産の実質的な使用を制限することができる。例えば、一定の帳簿保存および証拠保存要件を満たすことができない場合、国・地域は納税者に対して繰越欠損金のメリットの活用を制限することができる。

第4.5.4条

115. 第4.5.4条は、GloBE純損失に係る選択がその後取り消される場合に適用される移行ルールを定めている。本条は、移行時に、GloBE純損失に係る繰延税金資産の残額をゼロに減額することを義務づけている。この調整が必要となるのは、国・地域が第4.4条に基づく修正税効果会計ルールに移行した場合、繰延税金資産および負債の当該選択を適用しなくなった最初の会計年度開始の日の残高は、過去会計年度から継続して第4.4条および第9.1条を適用してきたものとみなして計算した額とされるためである。仮にGloBE純損失に係る繰延税金資産を次年度以後の会計年度に繰り越すと、損失に関する二重のメリットやその他の歪みのある結果を生じさせる可能性がある。

第4.5.5条

116. 第4.5.5条は、GloBE純損失に係る選択は、MNEグループが当該選択を行う国・地域に所在する構成事業体を含む当該MNEグループの1年目の会計年度に係るGloBE情報申告書でなされなければならず、また、第7.3条に定義される適格分配時課税制度を有する国・地域については、この選択を行うことができないことを定めている。GloBE純損失に係る選択は、選択がなされた国・地域を含む当該MNEグループの最初のGloBE情報申告書で申請しなければならないため、GloBE純損失に係る選択を行うことができるのは1回限りである。第4.5.1条は、MNEグループが当該選択をすることが必要であると判断した国・地域に負担軽減や簡素化をもたらすが、第4.5.5条は、時間が経過する中で選択または取り止めを繰り返すことによる操作や歪みが生じることのないよう、第4.5.1条の適用を制限することを目的としている。また、第7.3条に定義される適格分配時課税制度が適用される国・地域においてみなし繰延税金資産を認めることは、当該分配時の課税は利益が分配される場合に限り適用されることから、ETRが過大となることが見込まれる。

117. GloBE純損失に係る繰延税金資産は、MNEグループの国・地域に帰属するものであるため、第6.2.1条第f項に従って、ある構成事業体が当該MNEグループを離脱する場合、当該構成事業体とともに移転することはない。したがって、ある構成事業体が他のMNEグループに買収される場合、当該構成事業体が属していたMNEグループがGloBE純損失に係る選択を行っていたか否かは、当該買収を行う他のMNEグループにとっては無関係であり考慮する必要はない。なお、ある国・地域のすべての構成事業体が譲渡される場合において、当該国・地域に所在する構成事業体がもはや存在しないという事実にもかかわらず、GloBE純損失に係る繰延税金資産は譲渡人であるMNEグループに残ることになる。例えば、MNEグループ1は、A国に関してGloBE純損失に係る選択を行っており、A国に所在する構成事業体ZをMNEグループ2に売却するものとする。MNEグループ2は、構成事業体Zの取得に関してGloBE純損失に係る繰延税金資産を得ることはなく、また、MNEグループ1によるGloBE純損失に係る選択が、MNEグループ2に影響を与えることはない。この場合、MNEグループ2は、希望する場合には、A国を含むGloBE情報申告書を初めて提出するときに、A国に関してGloBE純損失に係る選択を行うことができる。

第4.5.6条

118. 第4.5.6条は、フロースルー事業体であるMNEグループのUPEが、いずれの国・地域の第4.5条に基づく選択とは独立して適用することができる特別のルールを定めている。このような事業体は、第4.5条に基づくGloBE純損失に係る選択を行うことができ、選択が行われた場合、第4.5.1条から第4.5.5条の規定に従って、UPEのGloBE純損失に係る繰延税金資産が計算される。この特別なGloBE純損失に係る繰延税金資産は、当該事業体の持分保有者に帰属する損失が二重計上されないことを担保するため、第7.1.2条に従って減額された後の当該フロースルー事業体のGloBE純損失のみを参照して計算される。このGloBE純損失は、UPE

であるフロースルー事業体に留保され、当該UPEの将来のGloBE所得を相殺するために限り使用することができる。したがって、この選択はUPEであるフロースルー事業体に対してのみ行われる。なぜなら、GloBE損失の計算においては、他の事業体はUPEであるフロースルー事業体と合算されないからである。なお、UPEが所在する国・地域においてGloBE純損失に係る選択が行われた場合であっても、他の事業体はUPEであるフロースルー事業体と合算されない。

第4.6条　申告後の調整および税率の変更

119. 第4.6条は、対象期間のGloBE情報申告書が提出された後に、ある国・地域に関して発生する対象租税額の調整について定めている。MNEグループの対象租税に係る債務は、国・地域の税務当局による納税申告書の調査、または事業体の経営陣もしくは税務専門家による納税申告書のレビューの結果として国内税法上認識される所得金額が変動するなど、様々な理由により増減する可能性がある。また、対象租税に係る債務は、GloBE情報申告書提出後において、誤謬に起因して、またはより正確な見積りを行うことによって、増減する可能性がある。通常、対象租税に係る債務が増加した場合には追加の未払税金費用が発生し、減少した場合には租税の還付が（納税を行う事業体またはその持分保有者に対して現金での還付あるいはその他の租税債務の減額として）行われるが、これらは対象年度のGloBE情報申告書が提出された後に行われる。これらの未払税金費用の変更は、過去会計年度のMNEグループのトップアップ税額に影響をもたらす可能性がある。すなわち、当初のGloBE情報申告書が提出された際に、ある国・地域における最終的な租税債務が適正に計算されていたとするならば、当該持分保有者は、異なるETRを計算し、トップアップ税額をより多くまたはより少なく支払い、当該過去会計年度において、より大きなまたはより小さな繰延税金負債または繰延税金資産を計上していた可能性がある。

第4.6.1条

120. 第4.6.1条は、MNEグループがGloBEルールにおいて、過去会計年度における対象租税に係る債務の増加を当期税金費用の増加として取り扱うことを認めている。同様に、金額が大きくない対象租税の額の減少については、当会計年度における対象租税の額の減額として取り扱うことができる。このように、当期の租税債務に対して過去会計年度の租税債務に係る申告後の調整を反映することは、関連する過去会計年度に係るGloBE租税債務または潜在的なGloBE租税債務を再計算するほどに正確ではないが、GloBEルールに基づくトップアップ税額の計算を相当程度簡素化することになる。また、これらの調整は、通常、過去会計年度に生じていたであろうトップアップ税債務の計上を回避するような性質の調整ではない。対象租税の額の増加は、当会計年度に限り反映される。これは、第4.6.1条の適用により、過去会計年度において納付したトップアップ税額の還付が生じないようにする効果を有する。

121. これとは対照的に、第4.6.1条では、対象租税の額が減少した場合には、通常、税金調

整が関連する会計年度のETRおよびトップアップ税額を再計算することを義務付けている。ただし、納税者は重要性のない減少であれば当会計年度に計上することが可能である。重要性のない対象租税の額の減少とは、ある会計年度について計算された当該国・地域の調整後対象租税の減額の合計が100万ユーロ未満である場合をいう。調整に重要性がないものか否かは、各会計年度の対象租税の増減の合計額を基に、会計年度ごとに判定される。多額の減少については税金調整が関連する会計年度において調整が行われなければならない。なぜなら、対象租税に係る当初の過大申告が当該適用対象年度のトップアップ税額を回避した可能性があり、当期の対象租税を単に減額しただけでは回避されたトップアップ税額を実質的に取り戻すことができないおそれがあるからである。

122. この規定は、過去会計年度のGloBE所得・損失の計算における誤謬の訂正は、原則として当期の追加の所得または費用として考慮することを規定する第3.2.1条第h項と関連している。ただし、第4.6.1条に基づき、誤謬がある国・地域の課税所得に影響を与え、その結果、過去会計年度の対象租税の額が著しく減額された場合には、前述の一定の制限のもと、その訂正は当該過去会計年度において行われる。これらのルールは、歪みのある結果が生じることを防ぐために、GloBE所得・損失とそれに関連する対象租税は同じ会計年度のETRおよびトップアップ税額の計算において考慮することを担保するものである。

123. したがって、特定の国・地域の租税債務の計算における誤謬の訂正が、租税債務に多額の減少をもたらす場合、MNEグループは、第3.2.1条第h項および第4.6.1条を適切に適用するために、二つのことを行わなければならない。第一に、MNEグループは、租税の計算における誤謬が課税所得の計算における誤謬であるか否か、および関連する構成事業体の財務会計上の純損益の計算においてこれに対応する誤謬があるか否かを判断しなければならない。双方に誤謬がある場合、当該過去会計年度の租税およびGloBE所得・損失の双方が再計算される。第二に、第5.4.1条に従って国・地域の追加トップアップ税額があるか否かを判断するため、再計算された租税およびGloBE所得・損失に基づいて過去会計年度のETRおよびトップアップ税額を再計算しなければならない。この再計算により追加トップアップ税額が発生した場合には、当該税額は、第5.2条の規定に基づいて、当該再計算を行った会計年度の当該国・地域のトップアップ税額の計算に含まれる。しかしながら、MNEグループは、当該調整が関係する年度のGloBE情報申告書またはGloBEルールに関連して提出された納税申告書の修正は行わない。租税債務の多額の減少に起因しない修正は、第4.6.1条および第3.2.1条第h項に基づき、過去会計年度に遡及しない形で、ETRおよびトップアップ税額の計算が行われる。前述のとおり、再計算は、トップアップ税額が還付にならない場合に限り、過去会計年度に遡って実施することができる。再計算によりトップアップ税額が還付されるような結果になる場合には、当該再計算を行った年度（当会計年度）において考慮される。なお、申告構成事業体は、第4.6.1条に基づき金額が大きくない対象租税の減少を、当会計年度の対象租税に対する調整として取り扱う場合には、年次選択を行う必要があることに留意すべきである。

124. 第4.6.1条は、国内の税務上の欠損金を過去会計年度に繰り戻す場合にも適用される。税務上の欠損金が繰り戻される場合、過去会計年度に係る還付は当会計年度に行われる。当該還付金は、過去会計年度の対象租税に対する減額であるため、構成事業体の過去会計年度の対象租税に係る債務の調整として第4.6.1条の適用対象に含まれる。

125. 過去会計年度に関連する対象租税の還付は、繰越欠損金の繰越控除の取扱いと整合するように設計された国内の税務上の欠損金の繰り戻しに関する調整額と一致していなければならない。IFメンバーは、国内法に基づく欠損金の繰り戻しが行われる場合、GloBEルールに基づいて繰越欠損金が繰延税金資産として計上されるのと同じように、当該国内の税務上の欠損金は繰延税金資産を生じさせるものとして取り扱われるものとすることに同意している。したがって、当該還付金額が第4.6.1条の定義に鑑みて重要なものではなく、かつ、申告構成事業体が当会計年度において当該金額を考慮することを選択した場合を除き、みなし繰延税金資産は、国内の税務上の欠損金が発生した年度に計上されるものとする。当該繰延税金資産の額は、当該税務上の欠損金が繰越可能であった場合に財務諸表に計上されたであろう金額であり、かつ、当該国内の税務上の欠損金に最低税率を乗じた金額を上限とするものとする。第4.4条の適用により、当該繰延税金資産の認識は、当該欠損金が発生した会計年度の調整後対象租税の額を減額させることになる。当該繰延税金資産は国内の税務上の欠損金が繰り戻された会計年度において戻し入れが行われたものとみなされ調整後対象租税の額が増額され、同時に、第4.6.1条に基づく還付金に係る過去会計年度の調整後対象税額の調整が行われることとなる。繰延税金資産の戻し入れと税還付の合計が、当該過去会計年度の対象租税の純増をもたらす結果となる限りにおいて、当該純増額は第4.6.1条に基づき、当会計年度に考慮されるものとする。なお、欠損金の繰戻還付が考慮される限りにおいて、第4.1.5条の規定は引き続き当会計年度に適用される。このみなし繰延税金資産の計上および戻し入れは、GloBE所得・損失の計算において、適切かつ必要な調整を行うための望ましい仕組みであり、税効果会計に基づく調整の全体的な整合性を維持するものである。

126. 例えば、ABC社はA国におけるMNEグループの唯一の構成事業体で、税率は20%であり、欠損金の繰戻還付を認められているものとする。1年目に、ABC社は100のGloBE所得、および同額の国内課税所得があるものとする。その結果、初年度の対象租税の額は20で、GloBEルール上のETRは20%である。2年目に、ABC社はGloBE損失と国内の税務上の欠損金100を計上し、A国の税務上、初年度に繰り戻しを行い、1年目の租税債務に対して、2年目に20の還付がなされたものとする。第4.6.1条に基づき、当該損失により15の繰延税金資産（損失100に最低税率を乗じた額）が生じる。繰延税金資産の発生は調整後対象租税額の減額をもたらすため、2年目の対象租税の額は15となり、15は調整後対象租税見込額と同額であるため、第4.1.5条に基づくトップアップ税額は発生しない。還付金20および繰延税金資産15は、第4.6.1条に基づき、1年目に繰り戻される。1年目のABC社の修正後の調整後対象租税額は、還付金20および税務上の欠損金の使用額15が考慮され、15となる。GloBEルール上のETRは15%であるため、欠損金の繰り戻しによって1年目の追加トップアップ税額は生じない。

127. 最後に、第4.6.1条は、ある国・地域に係る租税の額に変更があった場合に適用されることに留意する必要がある。第4.6.1条は、GloBEルール第2章の課税規定によるトップアップ税額が反映された納税申告書の検証の結果として生じるトップアップ税に係る債務についての当該MNEグループの負債の調整には適用されない。

第4.6.2条

128. 第4.6.2条は、適用される国内税率が最低税率を下回る税率まで引き下げられた場合に、第4.6.1条の規定に基づき、そのような引き下げを考慮しなければならないことを定めている。この規定は、国内税率が事後的に引き下げられた場合に、過去会計年度に対象租税として計上された繰延税金費用を、当該繰延税金負債の戻し入れ時に実際に支払われる税額であるところの正しい数値に修正するものである。

129. 例えば、1年目の会計年度に、ある構成事業体は、GloBE所得の100に対して15%の繰延税金負債を計上した結果、15の対象租税を計上したものとする。2年目の会計年度に、当該国・地域は国内税率を10%に引き下げるものとする。その結果、最終的に繰延税金負債が支払われるときに、10の税金(ETRは10%)のみが支払われる。第4.6.1条は、そのような減額が重要なものである場合には、1年目の会計年度のトップアップ税額を再計算することを義務づけている。この場合、再計算により、2年目の会計年度に5のトップアップ税額の納税義務が生じる。

第4.6.3条

130. 第4.6.3条は、最低税率より低い税率で繰延税金費用が計算され、その後適用税率が引き上げられた場合に適用されるルールを定めている。このような場合、税額の引き上げにより生じる繰延税金費用の額は、過去会計年度の対象租税に対する構成事業体の債務の調整として取り扱われる。

131. 例えば、1年目の会計年度に、構成事業体に100のGloBE所得があり、10(ETRは10%)の繰延税金負債を計上し、その金額を対象租税として計上したものとする。2年目の会計年度に、当該国・地域の税率が15%に引き上げられ、財務会計上、5の追加繰延税金負債を計上するものとする。しかしながら、この5の増額は、第4.4.1条第d項に基づき2年目の会計年度には考慮されず、租税の支払いが行われるまで繰り延べられる。3年目の会計年度に、15の租税が支払われ、繰延税金負債の全額が戻し入れられるものとする。戻し入れられる繰延税金負債の増分5は、考慮対象外であるため、これまで対象租税として計上されておらず、3年目の会計年度の支払い時点で考慮され、第4.6.1条の適用により対象租税の増額として処理される。なお、この例における税率が20%である場合、3年目の納付時に対象租税の増分10が生じることになる。これは、過去会計年度は考慮対象外とされ、本条に基づき考慮される5の繰延税金負債と、第4.4.1条に基づき納付時に限り考慮される最低税率超過分の租税を反映した5の租税債務から成るものである。

第4.6.4条

132. 第4.6.4条は、調整後対象租税として計上された当期税金費用(すなわち、繰延税金費用ではない)が、その計上された会計年度終了の日から3年以内に支払われておらず、かつ、当該金額が100万ユーロを超える場合に、当該国・地域のETRおよびトップアップ税額の計算上、当該未払額を除いて再計算されなければならないことを定めている。

133. 例えば、1年目の会計年度に、構成事業体は当期税金費用10を調整後対象租税として計上するものとする。当該構成事業体は、現地の納税申告書を提出し納税額10を申告しているが、4年目の会計年度終了の日まで納税が行われていないものとする。当該租税が未払いであるため、1年目の会計年度のトップアップ税額は、10の税額を計算から除外して、第5.4.1条に基づき再計算されなければならない。

参考資料

IFRS Foundation(２０２２), International Financial Reporting Standards, https://www.ifrs.org/.[2]
OECD(2018), Revenue Statistics 1965-2017 Interpretative Guide, Annex A, OECD Publishing, OECD, https://www.oecd.org/tax/tax-policy/oecd-classification-taxes-interpretative-guide.pdf.[4]
OECD(2017), Model Tax Convention on Income and on Capital: Condensed Version 2017, OECD Publishing, Paris, https://dx.doi.org/10.1787/mtc_cond-2017-en.[1]
OECD(2015), Neutralising the Effects of Hybrid Mismatch Arrangements, Action 2 – 2015 Final Report, OECD/G20 Base Erosion and Profit Shifting Project, OECD Publishing, Paris, https://dx.doi.org/10.1787/9789264241138-en.[5]

注記事項

1. 第4.3.1条の適用については、第2の柱のGloBEモデルルールに関するコメンタリーの事例集で解説されている。https://www.oecd.org/tax/beps/tax-challenges-arising-from-the-digitalisation-of-theeconomy-global-anti-base-erosion-model-rules-pillar-two-examples.pdf

2. 第4.1.5条の適用については、第2の柱のGloBEモデルルールに関するコメンタリーの事例集で解説されている。https://www.oecd.org/tax/beps/tax-challenges-arising-from-the-digitalisation-of-theeconomy-global-anti-base-erosion-model-rules-pillar-two-examples.pdf

3. 第4.3.2条の適用については、第2の柱のGloBEモデルルールに関するコメンタリーの事例集で解説されている。https://www.oecd.org/tax/beps/tax-challenges-arising-from-the-digitalisation-of-theeconomy-global-anti-base-erosion-model-rules-pillar-two-

examples.pdf

4 第4.3.3条の適用については、第2の柱のGloBEモデルルールに関するコメンタリーの事例集で解説されている。https://www.oecd.org/tax/beps/tax-challenges-arising-from-the-digitalisation-of-theeconomy-global-anti-base-erosion-model-rules-pillar-two-examples.pdf

5 第4.4.1条の適用については、第2の柱のGloBEモデルルールに関するコメンタリーの事例集で解説されている。https://www.oecd.org/tax/beps/tax-challenges-arising-from-the-digitalisation-of-theeconomy-global-anti-base-erosion-model-rules-pillar-two-examples.pdf

第5章　実効税率(ETR)およびトップアップ税額の計算

1．第5章は、MNEが事業活動を行う国・地域のETRを計算するための計算ルールおよび軽課税国・地域のトップアップ税額の計算ルールを定めている。軽課税国・地域のトップアップ税額の計算には、実質ベースの所得除外によりGloBEルールの適用対象から除外される所得の額を計算するルールも含まれている。また、第5章は、同じ国・地域に所在する構成事業体の収入や所得の合計額が一定の基準を超えない場合のデミニマス除外についても定めている。

第5.1条　ETRの計算

2．第5.1条に定めるETRの計算は、GloBEルールの中心的な要素の一つである。これは、ある会計年度において、MNEグループが特定の国・地域で生じる所得に対して最低水準の租税が課されているか否か、および、当該国・地域のETRが最低税率を下回っているか否か(すなわち、当該国・地域が、MNEグループの当該会計年度において、軽課税国・地域に該当するか否か)を判定するために使用される。ETRは原則として国・地域ごとに計算される。無国籍構成事業体は、個別の国・地域における唯一の構成事業体として取り扱われる。特定の投資事業体および保険投資事業体は、第7.4条に基づき、原則として当該事業体単独のETRを計算するが、MNEグループが同じ国・地域において二の投資事業体を有する場合には、ETRは当該双方の投資事業体の対象租税およびGloBE所得・損失を考慮して計算することとする。同様に、MNEグループが少数被保有サブグループを有する場合には、ある国・地域に所在するMOCEについて、当該国・地域に所在する他の構成事業体とは別に、ETRを計算する必要がある。場合によっては、MNEグループは、ある国・地域について当該国・地域に所在する通常の事業体に係るETR、当該国・地域に所在する投資事業体または保険投資事業体に係る別のETRおよび少数被保有サブグループのMOCEに係る別のETRを計算することになる。各国・地域のETRを計算するために必要な情報は、第8.1条の要件に従ってGloBE情報申告書に含まれることになる。

第5.1.1条

3．第5.1.1条は、国・地域のETRの計算式について定めている。国・地域のETRは、当該会計年度に当該国・地域に所在する各構成事業体の調整後対象租税の合計額を、当該国・地域のGloBE純所得で除したものとする。GloBEルールにおいて、ETRの計算結果は、四捨五入してパーセンテージの少数第4位までの数値とする。(例えば、14.12346%＝14.1235%)。ETRは、その会計年度にGloBE純損失が発生した国・地域については計算されない。各構成事業体の調整後対象租税の合計額とは、第4章の規定に従って計算される同じ国・地域に所在する構成事業体のすべての調整後対象租税の合計額をいう。同様に、国・地域のGloBE純所得・損失は、同じ国・地域に所在する構成事業体のすべてのGloBE所得・損失を合計する

ことにより計算する。したがって、ETRの計算においては、グループ事業体以外の者が保有する所有者持分に帰属する租税および所得が含まれる。

4．同じMNEグループに属するすべての構成事業体の所得金額と税額のそれぞれの合計に基づく国・地域ごとのブレンディング計算を行うということは、UPEではない親事業体がIIRを適用する場合においても、当該国・地域のETRは当該親事業体が所有する構成事業体のみを対象として計算されるものではないことを意味する。すなわち、ETRは、MNEグループの当該国・地域に所在するすべての構成事業体を対象として計算する。ETRをグループ全体の平均ETRに基づいて国・地域ごとに計算するということは、当該国・地域のETRを仮に個別の事業体毎に計算した場合や当該国・地域に所在する構成事業体の親事業体の所有者持分に帰属する税額および所得金額のみに基づいて計算した場合にはLTCEに該当しないであろう事業体に関して、トップアップ税額が発生する可能性があることを意味する。他方、単独ではLTCEに該当するであろう事業体が、同じ国・地域に所在する他の構成事業体によって支払われた租税や発生した損失により、LTCEとならない可能性がある。国・地域ブレンディングを採用することによって、同じ国・地域に所在する構成事業体の間で所得および租税を移転させることにより生じるGloBEルール適用の整合性に係るリスクを避けることができ、国内税制の個々の制度（（英国のグループリリーフ制度のような）損失の移転や連結納税の仕組みなど）によって生じる潜在的な歪みに対応する必要がなくなる。また、IIRとUTPRに基づくトップアップ税額の帰属と配分の手続きも簡素化される。

5．国・地域ごとのETRの計算には、三つの例外がある。

6．第一の例外は、投資事業体および保険投資事業体に関するものである。後述するとおり、第5.1.3条に従って、ある国・地域に所在する投資事業体および保険投資事業体の所得および租税は、当該国・地域のETRの計算から除外される。投資事業体および保険投資事業体については、第7.4条に特別なETR計算ルールが定められている。

7．第二の例外は、UPEによる所有者持分が30%以下であるものの、UPEが支配持分を保有している構成事業体に適用される。この場合、第5.6条の規定によって、こうした構成事業体が通常の構成事業体と同じ国・地域に所在する場合には、当該構成事業体（いわゆるMOCE）のETRの計算は別途行われ、また、MOCEのETRの計算の中で非支配持分に帰属する所得金額と税額についての一定の調整が行われることになる。これらのルールについては、第5.6条のコメンタリーに詳述されている。

8．第三の例外として、第5.1.1条の最後の文章は、各無国籍構成事業体が、第5章の適用において、別個の国・地域に所在する唯一の構成事業体として取り扱われる特別ルールを定めている。このルールは、国・地域のETRを計算するための原則的なルールを、無国籍構成事業体に適合させるものである。ETRの計算に使用される無国籍構成事業体のGloBE所得・損失および調整後対象租税は、第3章および第4章に従って計算される。

9．こうした例外は、ごく限られた場合に発生するため、第5章の各条に関するコメンタリー

においては、例外に該当する場合の具体的な言及はなされていない。しかしながら、こうした例外に該当する場合には、コメンタリーは当該例外について考慮の上、整合するように解釈されるものとする。

第5.1.2条

10. 第5.1.2条は、国・地域のGloBE純所得の計算式について定めている。この計算式では、ある国・地域のGloBE純所得は、当該国・地域に所在するすべての構成事業体の当該会計年度のGloBE所得から、すべての構成事業体の当該会計年度のGloBE損失を差し引いて計算される正の金額として定義される。この計算を行う場合、第5.1.3条で規定されている投資事業体のGloBE所得・損失は含まれない。

11. ある国・地域に所在する構成事業体のGloBE損失が、当該国・地域に所在する構成事業体のGloBE所得と等しいかまたはそれを超える場合、第5.1.2条におけるGloBE純所得は生じないため、当該国・地域に関して、第5.2条に基づいて計算されるトップアップ税額は発生しない。したがって、当該国・地域のETRを計算する必要はない。ただし、GloBE純損失を有する国・地域については、第4.1.5条に基づいてトップアップ税額が計算される場合がある。第4.1.5条のコメンタリーを参照されたい。

第5.1.3条

12. 上述のとおり、第5.1.3条は、ある国・地域に所在する投資事業体の調整後対象租税およびGloBE所得・損失が、当該国・地域のETRの計算から除外されることを定めている。第5.1.3条に定める例外的な取扱いは、保険投資事業体にも適用される。MNEグループが支配する投資事業体または保険投資事業体は、GloBEルールの対象となるものの、そうした投資事業体または保険投資事業体は第7章の特別ルールの対象となるため、当該事業体を除外する取扱いが必要となる（なお、第1.5条で定める除外事業体には、UPEである投資事業体または第1.5.2条の要件を満たす投資事業体のみが該当する）。第5.1.3条は、GloBEルールに基づく被支配投資事業体の課税の中立性を維持し、MNEグループが投資事業体または保険投資事業体を通じて獲得する所得に対する第7章の特別ルールの適用を促すものである。必要があれば、第7.4条に従って、投資事業体および保険投資事業体のETRは別途計算される。

13. 第5.1.3条の規定は、税務上透明な事業体である投資事業体または保険投資事業体には適用されない。これは、第3.5.3条および第4.3.2条に基づき、その所得および租税が、当該事業体の構成事業体所有者、PEまたは非関連者に配分されるためである。

第5.2条　トップアップ税額

14. 第5.2条は、その国・地域に関して支払われるべきトップアップ税額、および、当該国・地域に所在する各LTCEに対する当該トップアップ税額の配分額を計算するためのルールを

定めている。最初に、第5.2.1条は、当該国・地域の超過利益に対する税率を最低税率まで引き上げるために必要な税率であるトップアップ税率を定めている。次に、第5.2.2条は、トップアップ税率の対象となる超過利益の額を規定し、第5.2.3条は、これらの二つの計算結果を用いて、その国・地域におけるMNEの事業に関して生じるトップアップ税額を計算する。トップアップ税額を計算した後に、第5.2.4条によって、当該トップアップ税額は、当該国・地域に所在する各構成事業体に配分されることになる。最後に、第5.2.5条は、第5.4.1条に基づいて計算される当該国・地域のGloBE純所得が存在しない年度のトップアップ税額の取扱いについて、特別なルールを定めている。

第5.2.1条

15. 第5.2.1条は、各国・地域のトップアップ税率の計算式を定めている。ある国・地域のトップアップ税率は、当該会計年度に関して、第5.1条に基づき計算された当該国・地域のETRに対する最低税率の超過分となる。ETRに対する最低税率の超過分は、最低税率とその国・地域のETRとの間の正の差異であって、パーセンテージで表される。例えば、ETRが8.18%の国・地域では、トップアップ税率は6.82%（＝15%－8.18%）となる。

15.1. ある国・地域のトップアップ税率は、状況によっては最低税率を超えることがある。これは、MNEグループのある国・地域における事業がGloBEルール上の利益を稼得している、すなわち当該国・地域においてGloBE所得を有しているが、MNEグループが当該国・地域について負の調整後対象租税の金額を計算する場合に起こり得る。ETRが負の値である国・地域について第5.2.1条の計算式を適用した場合、最低税率を超えるトップアップ税額が計算される。例えばETRが－4%の国・地域については、トップアップ税率は19%（＝15%－(－4%)）となる。

15.2. 調整後対象租税が負の金額であることによりトップアップ税率が最低税率を超える場合、MNEグループは後述する超過マイナス税金費用の取扱いを適用しなければならないことについて、包摂的枠組みは合意している。第4.1.5条のコメンタリーにおいて述べている超過マイナス税金費用の取扱いを正当化する根拠は、第5.2.1条においても同様に当てはまる。ただし、第5.2.1条においては、この取扱いは強制適用である。これは、会計年度の実質ベースの所得除外が、GloBE所得に対応するトップアップ税率のみ考慮され、超過マイナス税金費用の原因となった永久差異に対応するトップアップ税率までも考慮されないようにするためである。

15.3. 超過マイナス税金費用の取扱いを適用するMNEグループは、超過マイナス税金費用を当該会計年度において計算された調整後対象租税の総額から除外し、繰越超過マイナス税金費用を設定するものとする。調整後対象租税が負の金額であるため、MNEグループの国・地域のトップアップ税率が最低税率を超える会計年度における超過マイナス税金費用は、負の調整後対象租税の金額と同額となる。例えば、あるMNEグループの国・地域のGloBE所得が100で、調整後対象租税が－5の場合、超過マイナス税金費用は－5となる。

15.4. 繰越超過マイナス税金費用の金額は、その後のすべての当該国・地域のETRの計算で使用されなければならない。

15.5. MNEグループが、超過マイナス税金費用の取扱いを適用している国・地域で一または複数の構成事業体を処分した場合、超過マイナス税金費用は譲渡したグループの租税属性として残るものとする。MNEグループは、繰越超過マイナス税金費用の残高の記録を保持しなければならない。MNEグループが、ある国・地域の構成事業体をすべて処分した後、その後の会計年度に当該国・地域において構成事業体を再取得または設立する場合、繰越超過マイナス税金費用の金額は、当該会計年度から当該国・地域の調整後対象租税を計算する際に考慮されなければならない。

16. GloBEルール上、ETRが最低税率を下回る場合には、当該国・地域は、MNEグループにとって軽課税国・地域となり、当該国・地域に所在する構成事業体は、LTCEとして取り扱われる。ETRが最低税率以上の場合、その国・地域にはトップアップ税率は計算されず、当該国・地域に所在するいずれの構成事業体もLTCEとして取り扱われない(注1)。

第5.2.2条

17. 第5.2.2条は、国・地域の超過利益を計算するための計算式を定めている。超過利益とは、それに対してトップアップ税額が課される国・地域ごとに計算された利益の額である。国・地域の超過利益は、当該国・地域について実質ベースの所得除外額(第5.3条に基づき計算される額)を控除した後の残額である。納税者が、実質ベースの所得除外を適用しないことを選択した場合、超過利益は当該国・地域のGloBE純所得と等しくなる。当該国・地域の実質ベースの所得除外額が当該国・地域のGloBE純所得以上である場合には、超過利益はなく、したがって、追加当期トップアップ税額が発生する場合を除き、当該会計年度のトップアップ税額は計算されない。

18. 超過利益の計算式は、実質ベースの所得除外を、国・地域ブレンディング計算モデルに組み入れている。ある国・地域における実質ベースの所得除外額は、当該国・地域に所在する各構成事業体について計算された所得除外額の合計である。構成事業体について計算される所得除外額は、当該事業体のGloBE所得の金額が上限となるものではない。したがって、当該会計年度において、構成事業体に損失が発生した場合や利益が極めて少ない場合であったとしても、当該構成事業体の実質ベースの所得除外額によって、当該国・地域に所在する他の構成事業体の利益をトップアップ税額の課税対象から除外することができる。

第5.2.3条

19. 第5.2.3条は、国・地域のトップアップ税額の計算式を定めている。この計算式は、第5.2.1条において計算されるトップアップ税率、および第5.2.2条において計算される超過利益などで構成される。当該会計年度の当該国・地域の超過利益にトップアップ税率を乗じる計算結

果に対して、第4.1.5条および第5.4.1条に基づいて当該会計年度に関して計算された追加当期トップアップ税額を加算し、QDMTTを減額する(ゼロを下回ることはない)ことにより、当該国・地域のトップアップ税額が計算される。第5.4条のコメンタリーで詳述されているとおり、追加当期トップアップ税額は、過去会計年度のトップアップ税額の再計算に起因して、当期に追加されるトップアップ税額である。ある国・地域の追加当期トップアップ税額は、QDMTTを減額する前に計算されなければならない。なお、QDMTTの適用により、当該国・地域のトップアップ税額がゼロとなる場合には、第5.2.4条、第5.2.5条または第5.4.3条に基づく構成事業体間のトップアップ税額の配分は不要となる。

20. QDMTTに基づく課税額は、トップアップ税額の計算において全額控除されるようにするため、トップアップ税額の計算プロセスのこの段階で考慮されることとする。したがって、QDMTTに基づく課税額は、QDMTTを考慮せずに第5.2.3条に基づいて計算された当該会計年度のトップアップ税額(当該会計年度に対して計算された追加当期トップアップ税額を含む)と相殺することができる。それぞれの国・地域は、共通アプローチとしてQDMTTを導入することは求められていない。しかし、QDMTTを導入すれば、多くの場合、第5.2.3条に基づきQDMTTはトップアップ税額をゼロにまで減額することが見込まれる。QDMTTの金額は、第10.1条に定めるQDMTTの定義において許容されている異なる財務会計基準を適用して計算される場合、GloBEルールに基づいて計算される額と異なることがある。当該差異の結果、QDMTTの金額が、第5.2.3条に基づいて計算されるトップアップ税額を超える場合がある。しかし、当該超過額は、GloBEルールにおいて、トップアップ税額をゼロ以下に減額するものではなく、また、トップアップ税額の還付または将来における税額控除を生じさせるものではない。

20.1. 第5.2.3条において、「適格国内ミニマムトップアップ課税額」は、当該国・地域の構成事業体が当該会計年度のQDMTTとして計上した金額と等しいものとする。ただし、当該金額には以下の場合のQDMTTの金額は含まれない。

 a．MNEグループが司法手続きまたは行政手続きにおいて直接的または間接的に異議を申し立てている場合
 b．国・地域の税務当局が、憲法上の根拠もしくはその他の上位法に基づいて、またはMNEグループの租税債務を制限するQDMTT適用国・地域の政府との特定の協定(租税安定化協定、投資協定、または類似の協定など)に基づいて、課税または徴収できないと判断した場合

本項に基づき、QDMTT課税額に含まれなかったQDMTTは、当該金額が支払われ、かつMNEグループにより争われなくなった会計年度のQDMTT課税額に含まれるものとする。

20.2. 例えば、MNEグループが国・地域について1200ユーロのQDMTTを計算したが、当該国・地域の政府との安定化協定に基づき、その国・地域における租税債務の総額は1000ユーロを超えることはできないため、QDMTTに基づくトップアップ税額200ユーロを支払

う義務はないと主張したとする。この200ユーロは、安定化協定に基づき異議を申し立てられた金額であるため、第5.2.3条に基づくQDMTT課税額とはみなされない。一方、MNEグループが安定化協定に基づいて1200ユーロの債務全額に異議を唱えた場合、第5.2.3条に基づくQDMTT課税額はゼロとなる。

20.3. 包摂的枠組みは、このガイダンスにおける「支払額」と「課税額」の意味を明確にし、QDMTTが4会計年度以内に支払われない場合またはGloBEルールに基づき課税額として取り扱われない場合に対処するための追加の運営指針を検討し、GloBEルールの下で二重課税および二重非課税が生じる可能性を最小化するためのガイダンスとして再計算の仕組みを策定することを見込んでいる。

第5.2.4条

21. 第5.2.4条は、軽課税国・地域について計算されたトップアップ税額を、当該国・地域の各構成事業体に配分する方法を定めている。当該国・地域のトップアップ税額は、第5.2.3条においてGloBE純所得に基づいて計算されているため、当該会計年度にGloBE所得を有する構成事業体のみに配分され、GloBE損失がある構成事業体には配分されない。GloBE所得を有する構成事業体のみに対する配分は、当該会計年度について、当該国・地域に所在するGloBE所得を有するすべての構成事業体のGloBE所得の合計に対する、当該各構成事業体のGloBE所得の比率に基づいて行われる。

22. トップアップ税額は、国・地域ごとに計算されるが、第2章のIIR課税規定は、特定のLTCEの利益に対する親事業体の権利に基づいている。第5.2.4条に基づくLTCE間のトップアップ税額の配分により、UPE以外の親事業体もIIRを円滑に適用することができる。POPEおよび一部の中間親事業体が有するLTCEの利益に対する所有者持分は、必ずしもUPEと同じではない。軽課税国・地域に複数のLTCEが所在する場合には、各LTCEのトップアップ税額は、各LTCEに対して異なる所有者持分比率を有する親事業体に対して異なる比率で配分されることが見込まれる。しかしながら、UPEがIIRを適用しており、すべてのLTCEを完全に所有している場合には、当該国・地域に対して計算されたすべてのトップアップ税額は、第2章に基づきUPEに配分されるため、実際には、UPEは第5.2.4条に基づいたLTCEへの配分を行う必要はない。一方、特にLTCEのトップアップ税額の一部がIIRの対象となり残りがUTPRの対象となる場合、個別のLTCEへのトップアップ税額の配分により、UTPRを円滑に適用することができる。

第5.2.5条

23. 第5.2.5条は、第5.4.1条に基づきある国・地域の追加当期トップアップ税額が計算され、当該国・地域に当該会計年度のGloBE純所得がない場合の取扱いについて定めている。便宜上、第5.2.4条は、原則として、第5.4.1条に基づいて計算される追加当期トップアップ税額を、第5.2.4条に基づいて計算されるLTCE間の当該会計年度のトップアップ税額とあわせ

て、当該事業体のGloBE所得に基づき配分することを定めている。トップアップ税額は、第2.2条の課税規定によって、親事業体におけるGloBE所得の配分割合（合算比率）に基づいて、LTCEから親事業体に配分される。当該国・地域に当該会計年度のGloBE純所得がない場合には、追加当期トップアップ税額はそれが関連する過去会計年度における構成事業体のGloBE所得に基づいて配分することがより適切である。なぜなら、すべてのトップアップ税額は当該過去会計年度におけるGloBE所得に基づき計算されているからである。なお、UPEがIIRの対象であって、LTCEが当該UPEに完全に所有されており、当該MNEグループにPOPEが存在しない場合には、各会計年度の状況に基づくトップアップ税額の配分は同じ結果となる。つまり、当該国・地域に所在するすべての構成事業体のすべてのトップアップ税額がUPEに配分される。

24. 第4.1.5条に基づく追加当期トップアップ税額は、第5.2.5条に従って配分されず、第5.4.3条に基づき別途配分が行われる。

第5.3条　実質ベースの所得除外

25. 給与および有形資産に基づき一定の計算式に従い計算される実質ベースのカーブアウトの政策的な根拠は、国・地域における実質的な活動から生じる一定の利益を、GloBEルールの適用から除外することにある。給与および有形資産といった要素は、通常、操作しにくいものとされ、したがって、税務的な誘因に基づく歪みを引き起こしにくいと考えられるため、当該要素を実質的な活動の指標とすることは正当化される。考え方としては、GloBEルールは、実質的な活動から生じる一定の利益を除外することで、BEPSリスクの影響を最も受けやすい無形資産関連収益などの「超過所得」に重点を置いているといえる。

26. 第5.3条に定める実質ベースの所得除外は、最低税率を下回る税率で課税されている国・地域で事業を行うMNEグループに対してのみ、影響を与える。さらに、実質ベースの所得除外の潜在的な便益はルーティンの利益に限定されるため、トップアップ税額の計算ルールを考慮すると、実質ベースの所得除外の制度により、投資判断が税務的な誘因を目的として行われることを防ぐことができる。

第5.3.1条

27. 第5.3.1条は、第5.2条に基づく超過利益およびトップアップ税額の計算における、実質ベースの所得除外の役割について説明している。実質ベースの所得除外は、当該国・地域のGloBE純所得から差し引かれることで、超過利益が計算されることになる。ある会計年度において、実質ベースの所得除外が、当該国・地域のGloBE純所得を超える場合には、超過利益は存在しないため、追加当期トップアップ税額が発生する場合を除いて、当該会計年度においてトップアップ税額は生じない。ある会計年度において、実質ベースの所得除外額がGloBE純所得を上回る場合、当該超過額を繰り越したり繰り戻したりすることによって、他

の会計年度のGloBE純所得を減額することはできない。

28. 実質ベースの所得除外は、MNEグループが事業を行う各国・地域について原則として適用される。ただし、MNEグループは、毎年、実質ベースの所得除外を適用するか否かについて、国・地域ごとに選択することが認められている。MNEグループによっては、特定の国・地域において、除外額の計算に係る事務負担が除外による潜在的便益を上回ると判断される場合があるため、実質ベースの所得除外を適用しない選択肢が設けられている。

29. 申告構成事業体は実質ベースの所得除外を適用しない選択を国・地域ごとに行う。申告構成事業体は、不適用の選択に沿う形で超過利益を計算した(すなわち、国・地域のGloBE純所得から除外額の減額を行っていない)GloBE情報申告書を提出することにより、当該選択を行うこととする。ある国・地域に関する不適用の選択について、申告構成事業体が明示的に行う必要はない。ある会計年度について、実質ベースの所得除外を適用しない選択を行った場合、その選択と整合する当該会計年度のGloBE情報申告書が提出された後は、当該選択を取り消すことができない。ただし、MNEグループは、その後の会計年度において、同じ国・地域について同じ選択を行う義務を負うものではない。したがって、ある会計年度において、ある国・地域に対して実質ベースの所得除外を適用しないことを選択したMNEグループが、翌会計年度に当該国・地域について所得除外を適用することは可能である。

29.1. MNEグループは、実質ベースの所得除外額を計算する際に、適格人件費および適格有形資産の合計額の一部のみを考慮することができる。MNEグループは、実質ベースの所得除外を適用するために、常に適格人件費および適格有形資産として認められる最大額を計算する必要はない。

第5.3.2条

30. 第5.3.2条は、実質ベースの所得除外が、給与のカーブアウトと有形資産のカーブアウトの二つの要素で構成されることを定めている。以下のコメンタリーでは、これらの構成要素について、給与のカーブアウト、有形資産のカーブアウトの順で詳述している。

第5.3.3条

31. 給与のカーブアウトは、その国・地域で行われる活動に対する一定の利益を、構成事業体の人件費に基づき計算し、当該国・地域のGloBE純所得から減額するものである。給与のカーブアウトは、構成事業体の人件費が、当該国・地域におけるMNEグループの従業員が行う実質的な活動を適正に示す指標であるとの認識に基づいて、設計されている。給与のカーブアウトを適用するにあたっては、対象となる従業員(適格従業員)、その従業員の所在地、適格従業員に係る人件費(適格人件費)を特定する必要がある。

適格従業員

32. 第10.1条は、給与のカーブアウトの計算において、適格従業員とは、ある構成事業体の従業員およびMNEグループの指揮および管理のもとでMNEグループの通常の事業活動に関与している独立した請負業者の従業員を意味し、従業員にはパートタイム従業員を含むと定義している。この定義は、CbCRと整合するものであり、この定義によって従業員と独立請負人とを区別する困難な作業を省いている（OECD、2015[6]）（注2）。給与のカーブアウトの目的において、独立請負人には自然人のみが含まれる。また、人材派遣会社または人材紹介会社に雇用されているが、その日々の活動はMNEグループの指揮および管理下で遂行される自然人を含めることができる。独立請負人には、構成事業体に物品またはサービスを提供する法人請負業者の従業員は含まれない。

従業員がその活動を行う国・地域

33. 給与のカーブアウトは、国・地域ごとに計算され、構成事業体である雇用者が所在する国・地域において活動を行う適格従業員の適格人件費に基づいて計算される。従業員は、通常、構成事業体である雇用者が所在する国・地域（雇用者の国・地域）においてその活動を行う。しかし、場合によっては、従業員は、雇用者の国・地域外で、雇用者のために業務を行うこともある。

33.1. 従業員が、雇用主である構成事業体の所在国・地域内において、判定期間中にMNEグループの活動の50％超を行った場合、当該構成事業体はその従業員に関する給与全額のカーブアウトを受けることができる。一方、雇用主である構成事業体の所在国・地域内で、当該従業員が判定期間中に行ったMNEグループの活動が50％以下である場合、雇用主である構成事業体は、当該構成事業体の所在国・地域内で従業員が費やした勤務時間に対応する割合だけ給与のカーブアウトを適用することができる。例えば、適格従業員がその雇用主である構成事業体の所在国・地域内において費やした勤務時間の割合が30％である場合、当該構成事業体はその適格従業員に関して給与の30％だけカーブアウトを適用することができる。

適格人件費

34. 給与のカーブアウトは、適格人件費を計算するため、雇用者の支出が従業員に対して直接かつ個別に個人的な便益をもたらすか否かという原則的な判定基準に基づく広範な定義を採用している。第10.1条では、構成事業体の適格人件費を、給料および賃金の支出のほか、医療保険、年金基金への拠出またはその他の退職給付、適格従業員に支給する賞与および手当、株式報酬等などの福利厚生または報酬に係る支出と定義している。株式報酬に係る適格人件費の金額は、構成事業体の給与のカーブアウトを計算するために使用される財務諸表に計上された金額であり、第3.2.2条に基づく選択による影響は受けない。適格人件費には、給与税（またはフリンジベネフィットに対する租税などその他の従業員関連費用に係る租税）、

雇用者負担の社会保険料も含まれる。

35. 適格人件費を計算するための広範な定義と整合する形で、給与のカーブアウトは、当該会計年度の財務諸表に計上された給与支出の総額に基づいているが、そのうち有形資産のカーブアウトの対象となる適格有形資産として資産計上された人件費は除かれる。適格有形資産に資産計上された給与支出は、有形資産のカーブアウトとして考慮されることになる。棚卸資産を含むその他の有形資産に資産計上される給与支出は、適格人件費に含まれる。

36. なお、給与のカーブアウトの計算には、第3.3条に基づく構成事業体の国際海運所得および適格付随的国際海運所得に帰属する人件費は含まれない。第3.3.4条に基づく適格付随的国際海運所得の上限を超える構成事業体の超過所得に帰属する人件費は、給与のカーブアウトの計算に含まれる（当該超過所得がGloBEルールの対象から除かれないため、関連する実質ベースの所得除外が認められることになる）。除外される国際海運所得および適格付随的国際海運所得に帰属する人件費の額は、第3.3.5条に定める原則と同一の原則に基づいて配分される。給与のうち、国際海運所得および第3.3.4条の上限の範囲内の適格付随的国際海運所得に直接配分できる給与は、給与のカーブアウトの計算から除かれる。直接配分できない人件費については、構成事業体の国際海運所得、適格付随的国際海運所得およびその他の所得の間で、その総収入に占める国際海運事業からの収入の割合に応じて配分される。

36.1. 給与のカーブアウトの計算には、第7.2.1条に基づきUPEのGloBE所得から除外された所得に対応する適格人件費の金額は含まれないものとする。MNEグループのUPEが支払配当損金算入制度の対象となる（および他の条件が満たされている）配当を行った場合、第7.2.1条に基づき、当該UPEのGloBE所得から一定のGloBE所得の額を除外することができる。このような除外が発生する場合、当該UPEの適格人件費は割合に応じて減額される。この減額される金額は、UPEの適格人件費の合計に対して、当該UPEについて計算された（第7.2.1条による除外前の）GloBE所得総額に対する、第7.2.1条により除外されたGloBE所得の割合を乗じた額となる。この調整は、第5.3.7条第b項に基づき行われる（第7.1.1条の場合の）調整と同等である。さらに、支払配当損金算入制度の適用を受ける国・地域に所在する他の構成事業体の適格人件費は、当該事業体のGloBE所得総額に対する第7.2.3条に基づき除外されるGloBE所得の割合に応じて減額されるものとする。

第5.3.4条

37. 有形資産のカーブアウトは、ある国・地域に所在する適格有形資産の帳簿価額に対する一定割合の利益を、当該国・地域のGloBE純所得から減額するものである。適格有形資産には、構成事業体が所在する国・地域に存在する有形固定資産、天然資源、および借手の使用権資産が含まれる。幅広い範囲の有形資産をカーブアウトの基準に含めるのは、これらすべての資産が実質的な活動を示すものと考えられるためであり、さらに、事業において使用する有形資産の種類が多岐にわたるため産業の壁を超えて競争条件を公平にすることに資するためである。リースされた有形資産を含めることは、資産の所有とリースを同様に取り扱う

ものであり、また、所有かリースかという経営判断は、通常、実質的な活動の程度とは関係しないと考えられる。以下では、有形資産および除外資産の分類について詳述している(注3)。

資産が所在する国・地域

38. 有形資産のカーブアウトを適用する場合、当該有形資産がそれを所有する構成事業体と同じ国・地域に所在していること、または、当該有形資産が第c項または第d項に該当する場合には当該使用権資産を所有する構成事業体と同じ国・地域に所在していることが求められている。ほとんどの場合、有形資産は、当該資産を所有または当該資産のリースを受ける構成事業体と同じ国・地域に所在することが見込まれる。ただし、特定の状況下においては、当該資産の性質およびその使用方法によって、当会計年度中の異なる時点において、どの国・地域にも所在しない場合や、複数の国・地域に所在する場合がある(例えば、国際線の航空機)。

38.1. 有形資産が構成事業体所有者(リースの場合は借手)の所在国・地域内に当該会計年度の50%超の期間において所在する場合、構成事業体は当該資産に関して有形資産のカーブアウトの全額を受けることができる。一方、有形資産が構成事業体所有者(リースの場合は借手)の国・地域内に所在する期間が当該会計年度の50%以下である場合、構成事業体は当該資産が構成事業体所有者(リース場合は借手)の国・地域内に所在していた期間に対応する分の有形資産のカーブアウトを受けることができる。

第a項－有形固定資産

39. 有形固定資産とは、商品またはサービスの生産または供給に使用するため、または、管理上の目的のために所有しており、複数の期間にわたって使用することが見込まれる有形資産である。この分類に属する資産には、建物、機械、コンピューターおよびその他のオフィス機器、自動車、器具および備品、土地が含まれる。

第b項－天然資源

40. 天然資源には、石油・ガス田、森林地帯、鉱床が含まれる。これらの資産については、減価償却の対象となる有形固定資産と同様の会計処理が行われる。すなわち、天然資源は、権益の取得、探査関連および原状回復を含むコストの額で当初認識される。当初の認識後、資産は、取得原価から減耗償却累計額および減損損失累計額を控除した価額、すなわち原価法で計上される(注4)。減耗償却は、天然資源のコストを、採掘された鉱物や伐採された木材に配分するものであり、減価償却と多くの共通点がある。通常、天然資源の経済的価値は、採取された資源量に直接関係するため、減耗償却の計算には、生産高比例法が広く用いられている。したがって、償却期間は、採取される資源の概算量、例えば、鉱物のトン数や石油のバレル量などに基づいて決定される。

第c項－使用権のある有形資産

41. 有形資産の所有権に基づくカーブアウトは、資産を所有する場合と資産のリースを受ける場合の差異を生むことにつながる。この歪みを回避するため、カーブアウトには、構成事業体が所有する有形資産と同様に、建物や土地を含む有形リース資産の帳簿価額を含んでいる。

42. リース契約において、借手は、資産を使用する権利を表す「使用権」資産と、リース料を支払う義務を表すリース負債を、貸借対照表上で認識している。使用権資産は、政府または民間で所有する資産の使用に関して生じる場合がある。借手は、使用権資産について、有形固定資産の所有者と同様の会計処理を行う。具体的には、借手は、リース料の現在価値に基づいて使用権資産を当初認識し、その後、減価償却費および減損損失を認識する、すなわち原価法の会計処理を行う(注5)。第5.3.4条において、有形資産に関する使用権資産は、財務諸表における当該資産の取扱いの違いにかかわらず、当該有形資産の所有権と同様に取り扱われる。

リース目的で所有する資産

43. 財務会計では、ファイナンスリースとオペレーティングリースを区分して会計処理する。ファイナンスリースの場合、貸手は実質的に、有形資産である原資産を借手に移転し、その対価として債権(有形資産ではない)を得る取引として取り扱われる。したがって、貸手の財務諸表には(原資産である)有形資産の帳簿価額は計上されない。通常、借手はリース期間中に有形固定資産を使用する権利を表す使用権資産を財務諸表に計上する。GloBEルールにおいては、原資産自体が有形資産である場合、使用権資産を有形資産として取り扱うこととする。したがって、借手は、自らのSBIEの計算において使用権資産の財務会計上の帳簿価額を含めることが認められる。ファイナンスリースでは、使用権資産は、その原資産がリースではなく購入された場合の帳簿価額と実質的に同等の金額となる。

43.1. オペレーティングリースの場合、貸手はリースに関する債権を有する場合があるが、原資産を引き続き財務諸表および貸借対照表に計上する。リース期間にもよるが、借手はリース資産に対する使用権を使用権資産として会計処理し、原資産が有形資産であり借手と同じ国・地域に所在する場合には、借手の適格有形資産に含めることができる。したがって、GloBEルールにおいて、(貸手が)リース目的で所有する資産を適格有形資産の範囲から除外するルールがなければ、貸手と借手の双方の財務諸表に、適格有形資産となり得る資産が計上される。借手(貸手と同一のMNEグループの構成事業体である借手を含む)が、リース資産に係る使用権資産を財務諸表に計上していない場合、借手は、GloBEルールの計算のために、架空のまたは仮定の使用権資産を設定することはできない。これは、リースが短期リース(リース期間が12か月以下)であるか、リースの価値が重要でない場合に起こり得る。

43.2. このルールがファイナンスリースに適用されるのは、貸手が原資産を能動的に利用し

て所得を稼得しているのではなく、その資産について資金提供を行っていることを反映している。すなわち、貸手の国・地域における実質的な活動を測定するものとして依拠できないため、このような取扱いとなる。

43.3. 一方、オペレーティングリースは、リース期間または賃貸期間が、そのリース資産の耐用年数よりも大幅に短いことが多い。耐用年数にわたって継続してオペレーティングリースの対象となる資産が、（貸手の）事業において能動的に利用されていないかどうかは明確ではない。例えば、ホテルや短期の自動車レンタルなど、主としてサービスの提供と考えられる事業で資産が使用されることもある。

43.4. リース目的で所有する資産の除外ルールは、二のMNEグループまたは同じMNEグループの二の構成事業体が、同一の有形資産に関して自らのSBIEの計算に含めることを防ぐものである。ファイナンスリースの場合、借手は、使用権資産に基づき、資産価値の全額を考慮することができる。しかし、オペレーティングリースの場合、借手の使用権資産（の価値）は貸手の原資産の帳簿価額を大幅に下回ることが多く、オペレーティングリースでは、通常、完全な重複は生じない。

43.5. 包摂的枠組みは、オペレーティングリースの場合、オペレーティングリースの対象となる資産が貸手と同一の国・地域に所在する場合には、貸手は、適格有形資産を計算する際に、その帳簿価額の一部を考慮することを認めることとした。認められる金額は、会計年度の期首と期末において計算された貸手の平均帳簿価額が、会計年度の期首と期末で計算された借手の使用権資産の平均価値を超える場合、その超過額に等しくなる。貸手の帳簿価額が借手の使用権資産価値を超過する額のみを考慮することを認めることにより、借手のSBIE計算に含まれる同じ資産の価値に関して貸手がSBIE計算に含めることを防ぐこととなる。借手が構成事業体でない場合、この目的における借手の使用権資産は、リース契約に基づく割引前未経過リース料と等しいものとし、貸手の財務会計上の純損益を計算するために使用される財務会計基準に基づき借手の使用権資産を計算する際に考慮される延長期間に対応する金額を含むものとする。短期賃貸資産、例えばホテルの部屋やレンタカーの場合、借手の使用権資産はゼロとみなされる。短期賃貸資産とは、会計年度中に異なる借手に定期的に複数回賃貸され、各借手に関する平均賃貸期間（更新および延長を含む）が30日以内の資産をいう。

43.6. 適格有形資産の帳簿価額は、内部取引に係る相殺消去仕訳を考慮して計算される。同一国・地域に所在する二の構成事業体間のファイナンスリースまたはオペレーティングリースの対象となる適格有形資産の帳簿価額は、グループ会社間リースに関する連結相殺消去仕訳を考慮した後の金額となる。したがって、グループ内のオペレーティングリースにかかる借手が計上した使用権資産は消去されるため、連結財務諸表に使用された貸手の帳簿価額を自らのカーブアウトの計算に使用するものとする。

二重用途資産

43.7. 貸手が適格有形資産の大部分を借手にリースし、残余部分を自己の使用のために留保する場合（例えば、本社ビルの一部のフロアや駐車場をリースする場合など）、当該資産の帳簿価額は、資産の用途に応じて配分されなければならない。貸手の場合、適格有形資産の帳簿価額は、当該資産に関する合理的な配分基準（例：建物の床面積）に基づいて、リース部分と残存部分に配分しなければならない。貸手は、残存部分に配分された適格有形資産の帳簿価額を考慮するとともに、リース部分に配分された帳簿価額についてオペレーティングリースの対象となる資産の取扱いに関する指針を適用することができる。

第d項－不動産の使用または天然資源の開発のための政府からのライセンスまたはこれに類する取決め

44. 不動産の使用または天然資源の開発のための政府との間のライセンスまたはリースもしくは利用権等これに類する取決めであって、有形資産への多額の投資を伴うものは、適格有形資産に含まれることになる。これらの取引は、有形資産の使用権と同様の権利をもたらすからである。したがって、これらの資産は、政府が所有する不動産を使用する権利または天然資源を開発する権利を表すものである限り、当該構成事業体の財務諸表上または連結財務諸表において適用される財務会計基準に基づき当該権利が無形資産として計上または取り扱われるかにかかわらず、有形資産のカーブアウトの目的上、適格有形資産の定義に含まれる。ただし、構成事業体が、当該ライセンスまたはこれに類する権利に係る資産に関連して、不動産を使用する権利とは別の使用料や手数料を請求する権利、例えば個別のサービス契約に係る権利として取り扱う場合には、当該権利は適格有形資産には含まれない。

45. 中央政府または地方政府は、構成事業体に対し、その事業に関連して政府が所有する不動産を使用する権利、または、政府が所有する天然資源を開発する権利を付与することがある。これは、例えば、政府が不動産またはこれらの資源を民間団体等に売却することが法律で認められていない場合に生じることがあるが、こうした状況に限定されるものではない。このような取引形態は、インフラ資産に関してよくみられる。例えば、政府は、構成事業体との契約において、完成時に政府が所有することになる道路、橋、病院、空港といったインフラ資産の建設を委託するとともに、当該構成事業体が一定期間にわたり当該インフラ資産を使用して有料道路または橋、病院事業または空港事業を運営することを認める利用権ライセンスを付与する場合がある。利用権ライセンスの対象となる不動産は、すでに政府が所有しているか、建設または改良がなされた時点で政府が所有することになる。同様に、政府は、構成事業体に対し、政府が所有する鉱床、森林または埋蔵物から、鉱物、木材、石油・ガスなどの天然資源を採取・採掘し、売却することを認めることがあり、これらの権利は適格有形資産に含まれる。鉱床、森林または埋蔵物を有する土地は、天然資源を開発する権利の期間満了後も、引き続き政府によって所有される。最後に、通信周波数の一部の使用に関する政府からのライセンスまたはこれに類する取引は、適格有形資産の範囲に含まれる不動産を

使用する権利に該当する。これらすべての場合において、構成事業体は、ライセンスまたはこれに類する権利を取得するための費用を負担し、また、取得した権利を営利目的に利用するために有形資産に多額の投資を行わなければならない。したがって、このような場合には、インフラ資産の利用権ライセンス、鉱業権、および通信周波数を使用するライセンスは、当該構成事業体の財務諸表上または連結財務諸表において適用される財務会計基準に基づき無形資産として計上または取り扱われるか否かにかかわらず、適格有形資産とされる。ただし、政府からのライセンスの保有者または取引の当事者が自らの事業において当該権利を使用せず、付与された権利を活用するために有形資産に多額の投資を行わず、代わりに他の個人または事業体に対して当該権利を再ライセンスする場合には、当該政府からのライセンスまたはこれに類する取引は、適格有形資産に該当しない。

除外資産

46. 有形資産のカーブアウトの計算には、投資、売却またはリースのために保有する有形資産(土地または建物を含む)の帳簿価額は含まれない。カーブアウトは、原則として広範な有形資産を対象とするものであるが、MNEグループがある国・地域の投資不動産を購入することによって、より大きなカーブアウトを作り出すことは認められるべきではない。このリスクは、投資として保有されることが多い建物や土地について、特に関係するものである。このリスクを排除するために、賃貸収入または資産価値の増加(あるいはその双方)を目的として保有される建物および土地は、カーブアウトから除外される。ただし、商品およびサービスの生産または供給に直接または間接に使用される自己使用不動産は、カーブアウトにおいて考慮される。多くの財務会計基準において、これらの資産を特定し、別の会計処理をすることがすでに求められているため、当該除外のルールによって、複雑さやコンプライアンスコストが著しく増大することはないものと見込まれる。例えば、IFRSの場合、投資不動産はIAS第40号「投資不動産」(IFRS Foundation、2022[2])に基づいて、別途会計処理が行われる。

47. 同様に、MNEグループは、事業において継続的に使用するのではなく、主に売却により原価を回収する有形資産を有することにより多額のカーブアウトを生み出すことを認められるべきではない。そのような資産は、使用目的ではなく売却目的で保有されているため、実質的な活動を示す指標としては不十分である。したがって、売却目的で保有される資産は、カーブアウトから除外される。売却目的で保有されていると判断するにあたって、当該資産を、売却する場合に通常かつ慣習となっている条件のみが課される状況で、当該資産が現在の状態で直ちに売却することができ、また、売却の可能性が高いものでなければならない。多くの財務会計基準において、これらの資産を特定し独立した会計処理をすることがすでに求められているため、当該除外のルールによっても、複雑さやコンプライアンスコストが著しく増大することはないものと見込まれる。例えば、IFRSの場合、売却目的で保有する資産は、IFRS第5号「売却目的で保有する非流動資産および非継続事業」(IFRS Foundation、2022[2])に基づいて、別途会計処理がなされる。

48. 有形資産のカーブアウトの計算には、構成事業体の国際海運所得および適格付随的国際海運所得(第3.3.4条に基づく上限の範囲内の所得)の稼得に係る有形資産(すなわち、船舶その他の海洋設備およびインフラ)の帳簿価額は含まれないものとする。適格付随的国際海運所得を稼得するために使用される有形資産の帳簿価額は、除外される所得に比例して、すなわち適格付随的国際海運所得の合計に占める上限の範囲内にある適格付随的国際海運所得の割合で、除外されることとする。

48.1. 有形資産のカーブアウトの計算には、第7.2.1条に基づきUPEのGloBE所得から除外される所得に対応する割合の適格有形資産の帳簿価額は含まれないものとする。MNEグループのUPEが、支払配当損金算入制度の対象となる(および他の条件が満たされている)配当を行った場合、第7.2.1条に基づき、UPEのGloBE所得から一定のGloBE所得の額を除外することができる。この場合、UPEの適格有形資産の帳簿価額も対応する割合だけ減額される。この減額される金額は、UPEの適格有形資産の帳簿価額の合計に、UPEについて計算された(第7.2.1条に基づく除外前の)GloBE所得総額に対する、第7.2.1条に基づいて除外されたGloBE所得の割合を乗じた金額となる。この調整は、第5.3.7条第b項に基づき行われる(第7.1.1条の場合の)調整と同等である。さらに、支払配当損金算入制度の適用を受ける国・地域に所在する他の構成事業体の適格有形資産の帳簿価額は、当該事業体のGloBE所得総額に対する、第7.2.3条に基づき除外されるGloBE所得の割合に応じて減額されるものとする。

第5.3.5条

49. 第5.3.5条は、有形資産のカーブアウトにおける、適格有形資産の帳簿価額の計算に関するルールを定めている。同条は、MNEグループに対し、連結財務諸表を作成する際に用いられた当該資産の帳簿価額(パーチェス法および内部取引に係る相殺消去に係る調整の考慮後)に従って、カーブアウトのための帳簿価額を計算することを求めている。カーブアウトにおける各資産の帳簿価額は、期首と期末における帳簿価額の平均である。したがって、当該会計年度中に資産を取得または処分した場合、当該会計年度の期首または期末の帳簿価額はゼロとなる。会計年度中に取得または処分した資産のカーブアウトは、平均を計算する際にゼロとなる帳簿価額が含まれるため、期末または期首の当該資産の帳簿価額の2分の1となる。適格有形資産に関して、パーチェス法や内部取引の相殺消去に係る調整を考慮するため、有形資産のカーブアウトは、非関連者からの当該資産の取得原価に基づくものであり、MNEグループによる当該資産への実際の投資額を反映している。パーチェス法に係る調整を行わなかった場合には、実際の投資額が過小評価され、内部取引を相殺消去しなかった場合には、実際の投資額を過大評価または過小評価する可能性がある。

50. 財務会計上、有形固定資産に含まれる資産は、通常、当初は取得原価で計上される。取得原価には、資産の購入価格のほか、事業運営を行うために資産を必要な場所や状態に置くために直接的に生じる費用が含まれる。資産として当初認識した後、有形固定資産は、取得原価から減価償却累計額および減損損失累計額を控除した価額(「原価法」)で、貸借対照表に

計上される。減価償却とは、資産の取得原価から残存価額を控除した金額を資産の耐用年数にわたって規則的に配分することをいう。減損損失とは、資産の帳簿価額が回収可能額を超過する場合の当該超過額である。天然資源についても有形固定資産と同様に会計処理がなされるが、天然資源の帳簿価額は減価償却ではなく減耗償却により減額される。

50.1. 適格有形資産に関して、連結財務諸表の作成に使用された財務会計基準に基づいて減損損失が認識された場合、当該資産の帳簿価額は、当該減損損失を反映するために申告年度末に減額されたものとする。当該財務会計基準に基づいて減損損失の戻入れが認識された場合、適格有形資産の帳簿価額は、その戻入れを反映するために申告年度末において増加したものとするが、その戻入れは、過去会計年度に減損損失が認識されていなかった場合に計算される金額よりも帳簿価額を増加させることはできない。通常、本項に記載された調整は、構成事業体の有形資産のカーブアウトを計算するために使用される構成事業体の財務諸表における対象となる資産の帳簿価額に反映される。これらが財務諸表に反映されていない場合は、実質ベースの所得除外額の計算にあたって、対象となる資産の帳簿価額に調整を加えなければならない。

51. 土地は、減価償却の対象とはならない。ただし、(他の)有形固定資産と同様に、土地は減損テストの対象となる。例えば、土地の所在する地域において、洪水、地震、竜巻等の自然災害が発生した場合において、土地に対して減損が生じることがある。土地が実際に減損した場合には、減損損失を認識し、土地の帳簿価額が減額される。

52. 第3.2.1条第d項のコメンタリーにおいて説明されているとおり、一部の財務会計基準では、再評価法に基づいて有形固定資産を減価償却することが認められている(例えば、IAS第16号(IFRS Foundation、2022[2])を参照)。再評価法では、資産を定期的に再評価し、その結果、財務諸表上の帳簿価額が増減することになる。したがって、当該資産は、取得原価を上回る価額で財務諸表に反映されることがある。再評価法においては、資産の帳簿価額は再評価された金額に基づいて計算されるため、修正する措置が講じられなければ、カーブアウトの金額に影響を与えることが想定される。しかしながら、再評価による帳簿価額の増減は、実質的な活動とは無関係であるため、適切であるとはいえない。したがって、カーブアウトにおける再評価法の影響を排除するため、資産価値の増加および当該増加の結果生じるその後の減価償却費の増額は、カーブアウトの計算上はないものとみなされる。この結果、資産の帳簿価額は、再評価が行われなかった場合の帳簿価額を上回ることはない。これは、再評価による増額は実質的な活動の増加とは無関係であるという考え方を反映したものである。また、再評価法が認められる財務会計基準とそうでない財務会計基準との間の重要な差異も解消されることになる。

第5.3.6条

53. 第5.3.6条は、構成事業体であるPEについて、適格人件費および適格有形資産の金額の計算に適用されるルールを定めている。当該規定において、PEの適格人件費および適格有

形資産は、当該PEの個別の財務諸表に計上されている当該項目であるとされる。

54. 第5.3.6条は、第3.4.1条および第3.4.2条と同じ仕組みに則っている。PEの財務諸表が許容された財務会計基準に従って作成されている場合には、適格人件費および適格有形資産は、当該財務諸表に計上されている当該項目とされる。PEの個別の財務諸表がない場合または許容された財務会計基準に従って作成されていない場合には、適格人件費および適格有形資産の額は、UPEの連結財務諸表の作成に用いられる財務会計基準に従ってPEの個別の財務諸表が作成された場合に計上されることとなる当該項目の額として計算される。

55. さらに、第3.4.2条と同様に、適格人件費および適格有形資産は、租税条約または国内法に従ってPEに帰属する金額に調整されなければならない。PEが、第10.1条の定義の第c項に該当するPEである場合、適格人件費および適格有形資産は、OECDモデル租税条約第7条および関連規定（OECD、2017[1]）に従って当該PEに帰属するであろう金額とする。

56. 本条に含まれる要件の一つとして、適格従業員および適格有形資産に該当するためには、その従業員および資産は、PEが所在する国・地域に所在しなければならない。この要件は、第5.3.3条および第5.3.4条に定める（PE以外の）他の構成事業体に適用される要件と同様である。PEの従業員がその活動を行う国・地域の判定、およびPEの有形資産が所在する国・地域の判定については、これらの条項のコメンタリーをそれぞれ参照されたい。PEに帰属する従業員および資産が、PEが所在する国・地域内に所在しない場合には、当該従業員に係る費用および資産は、実質ベースの所得除外額の計算から除かれる。

57. さらに、第10.1条の定義の第d項に該当するPEについては、いかなる適格人件費および適格有形資産も帰属しないことになる。

58. 第5.3.6条の第二文では、PEに帰属する適格人件費および適格有形資産は、その本店の適格人件費および適格有形資産に含まれない旨が規定されている。これは、実質ベースの所得除外額の計算において、そのようなコストが二重に考慮されないことを担保するものである。さらに、第3.4.5条に従ってPEのGloBE所得・損失が本店に配分される場合であっても、当該PEに帰属する適格人件費および適格有形資産については、当該PEが所在する国・地域に帰属し、本店には帰属しないことになる。

59. 第5.3.6条の最後の文は、第3.5.3条および第7.1.4条に従ってその所得が除外されるPEについて、その適格人件費および適格有形資産は、実質ベースの所得除外額の計算から除かれる旨を定めている。所得の一部が除外されている場合には、適格人件費と適格有形資産の減額は同じ比率で行われる。これは、GloBE所得から除外される所得を生み出すための適格人件費および適格有形資産により、GloBE所得を減額することがないよう担保するものである。

第5.3.7条

60. 第5.3.7条は、フロースルー事業体の財務諸表に含まれる適格人件費および適格有形資産

が、どのように構成事業体に適切に配分されるかを説明している。本規定は、第3.5.1条と同じ仕組みに従っている。

61. 配分を行う前の段階として、第5.3.6条に従ってPEに帰属する適格人件費および適格有形資産は除外され、第5.3.7条に基づく配分の対象外となる。これは、第5.3.7条にある「第5.3.6条に基づき配分されるものを除いて」という文言によって定められている。第5.3.7条では、三つの異なる状況に適用するルールを定めている。

第a項

62. 第a項は、（UPE以外の）フロースルー事業体が、税務上透明な事業体である場合について定めている。この状況では、フロースルー事業体の財務会計上の純損益は、第3.5.1条第b項に基づき、構成事業体所有者に配分される。第5.3.7条第a項は、フロースルー事業体の適格人件費および適格有形資産を、当該フロースルー事業体の構成事業体所有者に対して、所得または損失の配分と同一の割合で配分する仕組みを採用している。「同一の割合で」とは、フロースルー事業体とその構成事業体所有者との間で財務会計上の純損益、適格人件費および適格有形資産を配分する場合に、同じ割合が適用されることを意味している。第a項は、構成事業体所有者と、（当該フロースルー事業体の）従業員および資産が、同じ国・地域に所在する場合にのみ適用される（注6）。

第b項

63. 第二の状況は、フロースルー事業体がMNEグループのUPEである場合である。この場合、UPEの財務会計上の純損益は、第3.5.1条第c項に従って当該UPEに配分される。ただし、第7.1.1条は、一定の条件が満たされる場合に、一定の損益は当該UPEのGloBE所得・損失から除外されるとしている。第7.1.1条に従ってGloBE所得・損失から除外されない限りにおいて、第b項では、当該UPEの財務諸表に含まれる適格人件費および適格有形資産は、当該UPEに配分されることを定めている。すなわち、UPEの適格人件費および適格有形資産の帳簿価額が割合に応じて減額されることとなる。この減額される金額は、UPEの適格人件費および適格有形資産の帳簿価額の合計額（第5.3.7条第a項に従いUPEに配分された適格人件費および適格有形資産の帳簿価額を含む）に、UPEについて計算されたGloBE所得総額（第7.1.1条に基づく除外前）に対する第7.1.1条で除外されたGloBE所得の割合を乗じた額となる。言い換えると、第7.1.1条で除外された所得に係る適格人件費および適格有形資産の額は、当該UPEには配分されず、第c項に従って実質ベースの所得除外額の計算から除かれる。

第c項

64. 第三のルールは、第a項および第b項に基づいて配分されなかったフロースルー事業体のその他すべての適格人件費および適格有形資産は、実質ベースの所得除外額の計算から除かれる旨を定めている。このルールは、リバースハイブリッド事業体に配分された財務会計上の純損益に係る適格人件費および適格有形資産について適用される。また、このルールは、

財務会計上の純損益に係る適格人件費および適格有形資産のうち、第3.5.3条（MNEグループの非メンバーに帰属するもの）および第7.1.1条（UPEであるフロースルー事業体）に基づき、GloBE所得・損失から除外された部分についても適用される。

第5.4条　追加当期トップアップ税額

65. GloBEルールにおいて、ETR調整条項では、過去会計年度のETRおよびトップアップ税額について、当該過去会計年度の調整後対象租税またはGloBE純所得（またはその双方）に対する調整を考慮して、遡及的に再計算することが要求または容認されている。例えば、現地有形資産の処分に関する第3.2.6条では、MNEグループの選択に関連して当該再計算が求められることになる。ETR調整条項は、第3.2.6条、第4.4.4条、第4.6.1条、第4.6.4条および第7.3条である。これらの規定によって、調整後対象租税が調整されることになった場合には、当該調整によって一または複数の過去会計年度のETRに影響を与えることになる。第5.4.1条および第5.4.2条では、ETR調整条項が適用される場合に、過去会計年度の再計算を行うためのルールが規定されている。第5.4.3条では、第4.1.5条に基づいて生じたトップアップ税額の配分に関する特別ルールが規定されている。

第5.4.1条

66. 第5.4.1条は、ある国・地域がETR調整の対象である場合に過去会計年度のETRを再計算する仕組みを定めている。第5.4.1条によって、当該過去会計年度に関して計算された追加のトップアップ税額は、追加当期トップアップ税額として取り扱われ、第5.2条に基づいて構成事業体に配分される。GloBE情報申告書の修正およびトップアップ税額の追加納付を行うことの煩雑さや事務負担を回避するため、当該追加トップアップ税額は、再計算を行った会計年度において課されるものとする。これに関しては、包摂的枠組みのメンバーは、過去会計年度と再計算が行われた年度の間のLTCEの所有者持分の変動によるトップアップ税額の配分に関する正確性よりも、コンプライアンスや事務負担を軽減する必要性を重視するべきと判断した。

67. 第5.4.1条は、GloBEルール上の計算における通常の計算誤りや、構成事業体によるIIRまたはUTPRの適用に関する検証の結果として生じるGloBE所得の調整に対応するものではない。当該調整は追加当期トップアップ税額に含める形で（計算誤り等が判明した）現時点の調整として行うものではない。例えば、MNEグループが、受取利子を受取配当と誤って分類したことによってGloBE所得の計算から除外してしまった場合には、当該計算誤りを修正するための取扱いに従わなければならない。この結果、トップアップ税額を増加させるための修正申告が必要となる場合がある。同様に、税務当局が、税務調査においてこの計算誤りを発見した場合には、税務当局は、関連する会計年度に係るGloBEルール上の租税債務を調整し、租税債務の再計算に対して、利子またはペナルティを課すことを含む通常の取扱いおよび規定を適用することがある。別の言い方をすれば、第5.4.1条は、複数の国・地域に所在

する構成事業体の所得および税額に影響をおよぼす移転価格調整のような、ある国の課税に係る調整がGloBEルール上の計算に追加的な影響を及ぼす場合にのみ適用されることになる。

第5.4.2条

68. 第5.4.2条は、第5.4.1条に従って行われた再計算の結果として課される追加トップアップ税額があり、かつ、当期において当該国・地域のGloBE純所得がない場合についての特別ルールを定めている。本ルールは、第2.2.2条の適用上、当該国・地域に所在する構成事業体のGloBE所得について、当該追加トップアップ税額を最低税率で除した金額まで増額することを定めている。この場合、当会計年度に計算されたGloBE損失はないものとされる。当該ルールによって、当該国・地域のGloBE所得がない会計年度において再計算による追加トップアップ税額が発生した場合でも、支払われるべき追加トップアップ税額をIIRの対象となる親事業体に配分する仕組みが機能することになる。

第5.4.3条

69. 第4.1.5条に基づき、当該国・地域の調整後対象租税見込額（が表す損失）よりも大きな損失が生じたことを表す負の調整後対象租税額の金額が生じた結果として、トップアップ税額が生じることがある。第4.1.5条のコメンタリーで説明されているように、当該ルールは、本質的に、永久差異から生じる損失について、当該損失が発生した会計年度の追加トップアップ税額として支払われることを定めている。これによって、GloBEルール上の繰延税金資産と財務報告目的で使用される繰延税金資産とを継続的に整合させることができるようになる。第5.4.3条は、永久差異の結果として生じるトップアップ税額について、当該永久差異から生じる損失を計上した構成事業体に配分することを定めている。

70. 以下において、第5.4.3条の適用を例示する。ある会計年度に、C国に二の構成事業体があるものとする。構成事業体Aは、GloBEルールにおいて、（100）のGloBE損失および調整後対象租税(15)を計上するものとする。また、構成事業体Bは、（100）のGloBE損失を計上したが、GloBEルールにおいて、(18)の調整後対象租税を計上するものとする。第4.1.5条に基づき、C国の調整後対象租税見込額は(30)であるが、構成事業体Bに(3)の永久差異が計上されたことにより、調整後対象租税は実際には(33)となる。第4.1.5条によって、C国に関して3の追加トップアップ税額が当該会計年度に発生することになる。第5.4.3条の適用により、この3のトップアップ税額は、構成事業体Bに配分されるが、これは構成事業体Bが永久差異を発生させた構成事業体であるためである。

71. さらに、第5.4.3条は、第4.1.5条に基づいて生じるトップアップ税額が配分される各構成事業体に係るGloBE所得について定めている。このGloBE所得は、第4.1.5条に基づいて発生するトップアップ税額について、第2.2条を適用し親事業体の配分額を計算するためにのみ使用される。第5.4.3条に基づいて計算されるGloBE所得は、第5.4.3条に基づいて事業体に配

分されるトップアップ税額を、最低税率で除した金額に等しいものとする。この目的において、当該会計年度に計算されたGloBE損失はないものとされる。

72. 第5.4.2条および第5.4.3条によって、第2.2.2条を適用するための、当該国・地域に所在する構成事業体に係るGloBE所得を計算することができる。この場合、他の条項に基づき計算されたGloBE所得に関係なく、第5.4.2条または第5.4.3条が適用されることになる。第2.2.2条の適用上、当該各条項に基づいて計算される構成事業体のGloBE所得は、当該各条項に基づいて計算されたGloBE所得の合計とする。

第5.4.4条

73. 第5.4.4条は、第5.4.1条から第5.4.3条までの規定に基づく再計算によって追加当期トップアップ税額が発生した場合に、第2章の適用上、追加当期トップアップ税額が配分された構成事業体を、LTCEとして取り扱うことを定めている。ある国・地域が軽課税国・地域であるか否かは毎年判定され、当該国・地域が軽課税国・地域でない年度においても、追加当期トップアップ税額が発生する場合がある。第2章のルールは、LTCEに関して適用されるものであるが、第5.4.4条は、構成事業体の所在地が軽課税国・地域でない年度の追加当期トップアップ税額について、第2章のルールが適切に適用されるようにするものである。

第5.5条　デミニマス除外

74. 第5.5条は、MNEグループのLTCEについて、国・地域単位で（GloBEルールの適用から）除外することを定めており、当該国・地域の事業体の(i)所得合計および(ii)収入合計のいずれもが、合意された金額基準を超えない場合に適用される。第5.5.1条は、当該除外の恩典を受けるための要件およびその適用の効果を定めている。さらに、第5.5.2条および第5.5.3条は、国・地域単位での関連指標の計算方法について定めている。第5.5条の背景にある政策意図は、GloBEルールの遵守および執行に係るコストを正当化できるほどにはトップアップ税額が見込まれない場合に、ETR計算の実施に係る煩雑さを回避することである。

第5.5.1条　デミニマス除外による効果

75. 第5.5.1条は、同じ国・地域に所在するすべての構成事業体（の合計額）がデミニマス除外の要件を満たす場合に、当該国・地域に所在する当該すべての構成事業体について、当該会計年度のトップアップ税額をゼロとみなすことを定めている。

76. 第5.5.1条はさらに、ある国・地域のETRを計算し（もしある場合には）トップアップ税額を計算するといった、第5章で別途定められている規定に優先してこの除外が適用されることを定めている。すなわち、MNEグループは、デミニマス基準を満たす国・地域に所在する構成事業体について、ETRを計算する必要はなく、また、除外が適用されなかった場合には生じたであろうトップアップ税額を計算する必要もないということである。

77. デミニマス除外は、会計年度ごとに適用される。つまり、その国・地域が、特定の会計年度にデミニマス除外に該当する場合であっても、その前年度または翌年度においては必ずしも該当するとは限らないということである。MNEがGloBEルールの適用を受ける初年度において、第5.5.1条が適用される国・地域に構成事業体が所在する場合、第9.1条に定める移行ルールは、当該国・地域に第5.5.1条が適用されないことになる1年目の会計年度開始の日において適用されることになる。MNEがGloBEルールの適用を受けることになってから一または複数の会計年度経過後に、第5.5.1条の適用が開始される国・地域に構成事業体が所在している場合、申告構成事業体は、デミニマス除外が適用される会計年度を含めて、GloBEルールに基づく申告義務を負う(例えば、従前に計上した繰延税金負債の取り崩しが所定の期間内に行われたことを確かめる等のため)。

78. デミニマス除外は、投資事業体など除外の対象とならない構成事業体を除き、あるMNEグループの同一の国・地域に所在するすべての構成事業体に対して適用される。このことは、ある国・地域は、特定の会計年度に特定のMNEグループに対してのみデミニマス除外が適用される国・地域として取り扱われるが、他のMNEグループについてはこの限りではないことを意味する。

選択的除外

79. 第5.5.1条は、申告構成事業体の選択に基づいて適用される。第8.1.4条第b項に定められているとおり、申告構成事業体はGloBE情報申告書において、当該選択を行い、デミニマス除外の恩典を受けるための要件が満たされていることを示す関連情報を提供するものとする。この選択は、年次選択である。

除外の条件

80. 第5.5.1条は、ある国・地域がデミニマス除外の対象となるための二つの要件を定めている。第一の要件は、当該国・地域における当該MNEグループの平均GloBE収入が1000万ユーロ未満であり、第二の要件は、当該国・地域における当該MNEグループの平均GloBE所得が100万ユーロ未満または損失である。平均GloBE収入および平均GloBE所得はいずれも、第5.5.3条に定めるとおり、ある国・地域のGloBE所得の計算に用いられるのと同じルールを適用して計算される。

81. 第5.5.1条に定める二つの要件は合計額で判定し、かつ、双方とも満たす必要がある。すなわち、デミニマス除外の適用においては、同じ国・地域に所在するすべての構成事業体の所得および収入を合計しなければならず、また、ある会計年度において、これらの構成事業体の合計が二つの要件のうちのいずれかを満たさない場合には、当該国・地域は、当該会計年度において、デミニマス除外の対象とならない。第5.5.2条に規定されているとおり、当該除外の判定において使用する数値に平均値を用いるため、数値の変動が最小化されるとともに、当該国・地域に関するデミニマス除外の適用可否が年度ごとに異なる可能性が最小化される。

82. また、第5.5.1条は、第5章で別途定められている規定に優先してデミニマス除外の選択が適用されることを定めている。すなわち、MNEグループは、少数被保有サブグループのメンバーについては別のMNEグループであるかのように、あるいは、MOCEについては単体ベースで、平均GloBE収入および平均GloBE所得・損失を計算する必要はないということである。したがって、これらの事業体のGloBE収入およびGloBE所得・損失は、それらが所在する国・地域の平均GloBE収入および平均GloBE所得・損失を計算するにあたって含まれることになる。

83. 第5.5.1条に規定される二つの要件は、ユーロで表示されている。そのため、7億5000万ユーロの収入基準と同様に、MNEグループはその収入および所得をユーロに換算することが求められ、現地通貨でデミニマス除外を定めている国・地域はGloBEルールの規定と整合させるため、1年ごとにデミニマス除外の基準額を更新することが求められる。当該基準額が連結財務諸表の表示通貨と異なる通貨で定められている場合、MNEグループは、当該金額を、MNEグループの会計年度開始日の直前の暦年の12月の平均為替レートに基づいて換算しなければならない。

第5.5.2条

84. 第5.5.2条は、ある国・地域がデミニマス除外の要件を満たすか否かを判定するために、当該国・地域のGloBE収入とGloBE所得・損失を平均することを定めている。第5.5.2条は、いずれの指標についても、当該国・地域が基準を下回るか否かを判断するために、当期の金額が所得または損失であっても前2会計年度の金額と平均することを定めている。3年平均を使用することは、MNEグループによるルールの遵守および税務当局によるルールの執行の双方を簡素化することを目的としている。なお、当該平均値の計算において、多額の所得（または損失）が計上された会計年度が3年平均の対象から外れる結果、平均値が大きく変動する可能性がある。

85. 第5.5.2条の第二文は、平均値の計算が歪められることを回避するため、構成事業体がその会計年度に当該国・地域に所在していたものの、GloBE収入またはGloBE損失（収入がない場合）のいずれかを計上する構成事業体が存在しない場合には、当該会計年度については平均GloBE収入および平均GloBE所得・損失の計算から除外することを定めている。これは、特定の会計年度に当該国・地域に構成事業体が存在しない場合にも適用される。同様に、当該国・地域において、休眠会社である構成事業体のみが存在する場合にも生じ得る。また、GloBEルールの適用以前は、いかなる国・地域においても、GloBE収入またはGloBE所得・損失を有する構成事業体は存在しないことになる。すなわち、例えば、GloBEルールが適用される初年度に、ある国・地域に所在する構成事業体のGloBE所得の総額が100万ユーロ以上の場合、デミニマス除外の判定は当該会計年度の収入、所得および損失のみに基づいて行われるため、当該国・地域は、当該会計年度についてデミニマス除外の恩典を受けることができないことになる。

86. 第5.5.2条に定められる平均値の計算は、各会計年度が同じ長さの期間であるという前提に基づいている。ある会計年度の期間が短ければ、当該会計年度を12か月とみなして当該GloBE収入またはGloBE所得・損失を計算に含めることもまた、結果を歪めることになる。この場合、平均値の計算上、年間のGloBE収入およびGloBE所得・損失を計算するため、当該12か月未満の会計年度を12か月に引き直してその収入および所得（または損失）を調整することで、平均値を計算するものとしている（注7）。

第5.5.3条

87. 第5.5.3条は、第5.5.2条において使用される、ある国・地域のGloBE収入およびGloBE所得・損失の定義を定めている。

第a項　国・地域のGloBE収入

88. 第a項では、ある国・地域のGloBE収入は、当該会計年度において当該国・地域内に所在するすべての構成事業体の収入の合計額であり、第3章に規定される調整額を考慮した上で計算されると定めている。第3章は、構成事業体のGloBE所得・損失の計算方法について定めている。第3.1条は、構成事業体のGloBE所得・損失を計算するための出発点は、当該構成事業体について計算された財務会計上の純損益であると定めている。同様に、構成事業体の収入を計算するための出発点は、第3.1.3条に定められる他の財務会計基準を適用する場合を除き、連結財務諸表を作成する際に用いられた財務会計上の収入となる。

89. 第3章は、構成事業体のGloBE所得・損失を計算するために適用される調整について定めている。国・地域のGloBE収入の計算においては、構成事業体の収入額に影響を与える調整のみが考慮されることになる。第3章に定められた数多くの調整は、構成事業体の収入の額に影響を与える可能性がある。例えば、財務諸表における以下の項目の取扱いによっては、それに関して第3.2条で定める調整が、収入の額に影響をおよぼす可能性がある。

- 第3.2.2条の次の項目に定められる調整：第b項（除外配当）、第c項（除外資本損益）、第d項（再評価によって含められる損益）、第e項（第6.3条に基づき除外される資産および負債の処分損益）、第f項（非対象外国為替差損益）または第h項（過年度の誤謬と会計原則の変更に起因する損益）
- 構成事業体間の取引が構成事業体の収入の一部を構成する場合における第3.2.3条に規定されるルール
- 還付税額控除に関する第3.2.4条のルール
- 構成事業体が公正価値会計または減損会計を適用している資産に係る損益に関して、第3.2.5条および第3.2.6条に定められる選択による調整
- 第3.2.8条に定められる、同一の国・地域に所在する構成事業体間の取引から生じる収益および譲渡益についての選択による取扱い
- 保険会社に適用される第3.2.9条に定められるルール

- 第3.2.10条に定められる、構成事業体が保有するその他Tier1資本に関して受領したまたは受領する分配に起因する、構成事業体の自己資本の増加として認識される額
- 第3.2.11条(第6章および第7章の規定を参照)において言及されるルールであって、構成事業体の収入の額に影響をおよぼすもの
- 国際海運所得または損失、および適格付随的国際海運所得に関して、第3.3条に従い除外されるもの
- 第3.4条(本店とPEへの所得・損失の配分)に定められるルールであって、構成事業体の収入の額に影響をおよぼすもの
- 第3.5条(フロースルー事業体からの所得・損失の配分)に規定されるルールであって、構成事業体の収入の額に影響をおよぼすもの

90. 一方、第3章では、費用のみに関連する多くの調整についても定めているが、構成事業体の収入の金額に影響を与える可能性は低い。これらの調整は、国・地域のGloBE収入を計算する際に考慮されないものとする。以下の場合がこれに該当する。

- 第3.2.2条の次の項目に定められる調整:第a項(純税金費用)、第g項(政策上の否認費用)または第i項(発生年金費用)
- 第3.2.2条に定められる、株式報酬費用の額に関する選択による調整
- 第3.2.7条に定められる、他の構成事業体に対する債務に関して発生した費用に係るルール
- 第3.2.10条に定められる、構成事業体が発行するその他Tier1資本に関して支払われたまたは支払われる額に起因する、構成事業体の自己資本の減少として認識される額
- 第3.2.11条(第6章および第7章の規定を参照)に言及されるルールであって、構成事業体の収入の額に影響をおよぼさないもの
- 第3.3.5条に定められる、国際海運所得または適格付随的国際海運所得に帰属する費用に関して除外されるもの
- 第3.4条(本店とPEへの所得・損失の配分)に定められるルールであって、構成事業体の収入の額に影響をおよぼさないもの
- 第3.5条(フロースルー事業体の所得または損失の配分)に定められるルールであって、構成事業体の収入の額に影響をおよぼさないもの

第b項　国・地域のGloBE所得・損失

91. 第b項は、ある国・地域のGloBE所得・損失は、当該国・地域のGloBE純所得または当該国・地域のGloBE純損失であると定めている。ある国・地域のGloBE純所得は、第5.1.2条において、当該国・地域のすべての構成事業体のGloBE所得の合計とすべての構成事業体のGloBE損失の合計との差額として計算される正の値として定義されており、どちらの要素も第3章に定めるルールに従って計算される。当該差額がゼロまたは負の値の場合、当該差額は当該国・地域のGloBE純損失となる。

申告後のETR調整

92. 国・地域のGloBE収入およびGloBE所得・損失は、会計年度ごとに計算され、デミニマス除外が適用されるか否かが判定される。ETR調整条項が、ある会計年度に適用された結果、過去会計年度における当該国・地域のETRを再計算することが求められるまたは容認される場合には、当該過去会計年度または当該過去会計年度からETR調整条項が適用された当会計年度までの間の会計年度について、当該国・地域のGloBE所得・損失の再計算が必要となる場合がある。ETR調整条項に基づきGloBE所得・損失が調整された場合には、GloBE収入も必要に応じて調整されることになる。過去会計年度について、GloBE所得やGloBE収入のいずれかまたは双方を減少させる調整が生じたとしても、当該国・地域は、当該過去会計年度についてデミニマス除外を適用できるようになるわけではない。一方で、当該国・地域のGloBE所得やGloBE収入のいずれかまたは双方を増加させる調整によって、当該国・地域の平均GloBE所得または平均GloBE収入が、過去会計年度についてデミニマス除外の基準に該当しなくなる可能性がある。この場合、第5.5条の規定は当該過去会計年度については適用されないこととなり、申告構成事業体は、当該過去会計年度の当該国・地域に関して、GloBE情報申告書で必要とされる関連情報を提供しなければならない。

93. 例えば、第3.2.6条に基づき再計算を行う場合には、過去会計年度のGloBE収入は、第b項または第c項によって当該会計年度の純資産譲渡損と相殺された合計資産譲渡益の金額だけ増加することになり、第d項によって当該会計年度に配分された金額だけ増加することになる。その他の例としては、申告後の調整について定めている第4.6.1条があり、申告後の調整によって過去会計年度の対象租税の額が減額される場合には、当該過去会計年度のETRを再計算することを定めている。当該調整規定によって、当該過去会計年度や、当該過去会計年度から当該調整規定が適用された会計年度までの間で、GloBE所得を再計算することが必要となる場合がある。申告後の調整によってETRが引き下げられた会計年度において、GloBE所得が増加することになる場合には、デミニマス除外の判定に影響を与えることがある。増加調整されたGloBE所得の結果、その会計年度に関して、平均GloBE所得が第5.5.1条に規定される100万ユーロの基準を超える場合には、デミニマス除外は当該会計年度に対して適用できないことになる。

MNEグループの対象範囲の変更

94. 前述のとおり、ある国・地域のGloBE収入およびGloBE所得・損失は、第3章の規定に従って計算される。第3章は、連結財務諸表を作成するために使用される財務数値を出発点として、構成事業体のGloBE所得・損失を計算する方法を定めている。これは、第5.5.3条に基づく国・地域のGloBE収入およびGloBE所得・損失の計算においては、ある構成事業体がMNEグループに含まれない期間について何ら調整を行う必要はなく、また、過去会計年度においてある事業体がMNEグループの構成事業体であったか否かという点のみを考慮することになる。したがって、あるMNEグループがグループ外の事業体を取得する場合、第5.5.3

条に基づく3年間の平均値の計算において、当該事業体の取得前の期間に係るGloBE収入およびGloBE所得・損失は考慮されないことになる。同様に、ある構成事業体がMNEグループから離脱した場合、第5.5.3条に基づく3年間の平均値の計算において、当該構成事業体の離脱前の期間に係るGloBE収入およびGloBE所得・損失は引き続き考慮されることになる。

第5.5.4条

95. 第5.5.4条は、第5.5条に基づくデミニマス除外の選択が、無国籍構成事業体に対して適用されないことを定めている。同様に、第5.5.4条は、当該選択が、投資事業体である構成事業体についても適用されない旨を定めている。デミニマス除外は、GloBEルールの遵守および執行に係るコストを正当化できるほどにはトップアップ税額が見込まれない場合に、調整後対象租税やETRおよびトップアップ税額の計算に係る煩雑さを排除することを制度趣旨としている。無国籍構成事業体や投資事業体は、そのETRを当該事業体単独で計算することになり、また当該事業体は通常、法人所得税の対象とならないため、デミニマス除外の選択は適用されない。すなわち、通常、当該事業体のETRはゼロであり、かつ、当該国・地域にデミニマス除外を適用するためにはいずれにしてもGloBE純所得・損失を計算しなければならないため、当該事業体をデミニマス除外の対象としてもGloBEルールの遵守の負担が大幅に軽減されることはなく、むしろ、対象とした場合、MNEグループがデミニマス除外の要件を満たす複数の無国籍構成事業体および投資事業体に対して所得を移転して課税を免れることを助長することになる。

96. 無国籍構成事業体および投資事業体は、デミニマス除外の対象とはならないため、当該事業体の収入およびGloBE所得は第5.5.3条に基づくデミニマス除外の計算には含まれないこととし、当該収入および所得が含まれることでデミニマス除外を満たさないものと判定されることがないようにしている。

第5.6条　少数被保有構成事業体（MOCE）

97. 第5.6条は、MOCEのETRおよびトップアップ税額の計算に関する特別ルールを定めている。MOCEとは、UPEが直接または間接に30%以下の所有者持分を保有する当該MNEグループの構成事業体をいう。UPEのMOCEに対する持分割合は低いものの、当該UPEが当該MOCEに対する支配持分を保有しているため、当該MOCEは構成事業体として取り扱われることになる。あるUPEが同じ国・地域において複数のMOCEを保有する場合、当該MOCEがグループ事業体ではない別々の所有者により保有されていることがあり得るため、MOCEについては特別ルールが必要となる。すなわち、仮にこのような複数のMOCEの所得金額および税額を合計して当該国・地域のETRを計算したとすると、ある一つの事業体（MOCE）が軽課税であることによって、当該国・地域におけるトップアップ税額が生じる可能性があり、当該トップアップ税額の一部は、別の構成事業体（MOCE）のグループ事業体ではない所有者が負担することになることが見込まれる。このような状況は、通常の国・

地域ブレンディングルールのもとでも一定程度は発生し得るものの、MOCEおよびその所有者に及ぼす潜在的な悪影響の大きさに鑑みると、特別ルールを定めることが正当化される。

98. 第5.6条に定められる特別ルールは、本店およびPEがMOCEの定義を満たす場合には、当該PEに対しても適用される。

99. 第5.6.1条は、MNEグループ内のサブグループである、MOPEおよびその少数被保有子事業体から構成される少数被保有サブグループに対して適用される。第5.6.2条は、MOCEが少数被保有サブグループのメンバーではない場合について適用される。MOCE、少数被保有サブグループ、MOPEおよび少数被保有子事業体は、第10.1条に定義されており、後述されている。

100. MOPEとは、他のMOCEに対する支配持分を直接または間接に保有するMOCEをいう。同一の所有権の連鎖において、MOCEの定義に合致する複数の親事業体が存在する場合には、その所有権の連鎖の最上位に位置する親事業体のみがMOPEとして取り扱われる。

101. 少数被保有子事業体とは、MOPEがその支配持分を直接または間接に保有するMOCEをいう。MOPEおよびその少数被保有子事業体は、少数被保有サブグループを構成する。

102. 少数被保有子事業体は、MOCEの定義を満たす必要があるため、MOPEによって支配持分が保有されているすべての構成事業体が、少数被保有子事業体となり少数被保有サブグループのメンバーとなるわけではない。例えば、UPEはB社の所有者持分の60%を保有しているが、B社に対する支配持分は、少数被保有サブグループのMOPEであるA社を通じて保有されている場合、B社は、UPEが30%を超える所有者持分を保有しているため、MOCEの要件を満たさないことになる。ある事業体に対する支配持分がMOPEを通じて保有されていることは、当該事業体が少数被保有子事業体および少数被保有サブグループのメンバーとなることを必ずしも意味するわけではない。

第5.6.1条

103. 第5.6.1条は、少数被保有サブグループのメンバーであるMOCEに対して適用される特別なルールとして、第3章から第7章および第8.2条に従って行われる国・地域のETRおよびトップアップ税額の計算を、少数被保有サブグループが別個のMNEグループであるものとして適用する旨を定めている。すなわち、少数被保有サブグループのメンバーに係るある国・地域の計算は、同じ国・地域に所在する当該MNEグループの他の構成事業体に係る計算とは別に行われることになる。さらに、少数被保有サブグループのメンバーの調整後対象租税およびGloBE所得・損失については、MNEグループの他の構成事業体のETRの計算（第5.1.1条）およびGloBE純所得の計算（第5.1.2条）から除外される旨が、第5.6.1条の後段の文章によって明確に定められている。

104. その結果、MNEグループは、ある国・地域に所在する構成事業体に関して、少数被保有サブグループのメンバーに係る計算と、MNEグループの残りの構成事業体に係る計算といった、複数の計算を行うことがある。これは、UPEまたは少数被保有サブグループのメンバーではない他の親事業体が、少数被保有サブグループのメンバーの所有者持分の一部を直接に保有している場合でも同様である。例えば、UPEはA社の所有者持分の20%を保有しており、A社はB1社およびB2社（B国・地域に所在）の所有者持分の90%を保有しているものとする。B1社およびB2社の所有者持分の残りの10%は、UPEが直接に保有しているものとする。また、すべての事業体はMNEグループの構成事業体であるものとする。A社はMOPE、B1社およびB2社はその少数被保有子事業体に該当することになる。この場合、B1社およびB2社に関するB国・地域のETRは、B国・地域に所在する当該MNEグループの他の構成事業体のETRの計算とは別に計算されることになる。

105. 第5.6.1条は、少数被保有サブグループのメンバーについて、国・地域のETRの計算方法およびそれに伴うトップアップ税額の計算方法を変更するものの、それ以外に適用されるGloBEルールを変更するものではない。例えば、MOPEがフロースルー事業体である場合には、当該MOPEの財務会計上の純損益は、第3.5.1条第b項に従って当該MOPEの構成事業体所有者に配分されることになる（ただし、第3.5.1条第a項に基づいてPEに配分される場合を除く）。同様に、第5.6.1条は、ある国・地域について、第5.5条に規定されるデミニマス除外の適用可否に影響を与えるものではない（前述の第5.5.1条に関するコメンタリーを参照）。さらに、第2章の課税規定についても、通常どおり適用されることになる。例えば、MOPEが少数被保有サブグループのUPEとして取り扱われるわけではなく、MNEグループのUPEが、少数被保有サブグループのメンバーに関してIIRを適用する必要がある。同様に、MOPEおよびその他の親事業体がPOPEに該当する場合には、少数被保有サブグループのMOCEに関してIIRを適用する必要がある。

第5.6.2条

106. 第5.6.2条は、少数被保有サブグループのメンバーではないMOCEに対して適用されるルールとして、当該MOCEのETRおよびトップアップ税額は、第3章から第7章までおよび第8.2条に従って、当該事業体単独で計算されることを定めている。さらに、当該MOCEの調整後対象租税およびGloBE所得・損失は、MNEグループの残りの構成事業体のETRの計算（第5.1.1条）およびGloBE純所得の計算（第5.1.2条）から除外されることを明確に定めている。当該MOCEの純損益および調整後対象租税の70%以上は、実質的にUPEに帰属しないため、MNEグループの他の構成事業体の純損益および調整後対象租税と合計されないよう、第5.6.2条が定められている。ただし、第5.6.2条は、その国・地域において、第5.5条に定められるデミニマス除外の適用可否に影響を与えるものではない（第5.5.1条に関するコメンタリーを参照）。

107. なお、MOCEが投資事業体である場合には、上記の規定は適用されない旨が、第5.6.2条の最後の文章において規定されている。したがって、この場合には、投資事業体に適用さ

れる特別ルール(第7.4条および第7.5条)が適用されることになる。

参考資料

IFRS Foundation (2022), International Financial Reporting Standards, https://www.ifrs.org/.[2]

OECD (2017), Model Tax Convention on Income and on Capital: Condensed Version 2017, OECD Publishing, Paris, https://dx.doi.org/10.1787/mtc_cond-2017-en.[1]

OECD (2015), Transfer Pricing Documentation and Country-by-Country Reporting, Action 13 - 2015 Final Report, OECD/G20 Base Erosion and Profit Shifting Project, OECD Publishing, Paris, https://dx.doi.org/10.1787/9789264241480-en.[6]

注記事項

1. 第5.2.1条の適用については、第2の柱のGloBEモデルルールに関するコメンタリーの事例集で解説されている。https://www.oecd.org/tax/beps/tax-challenges-arising-from-the-digitalisation-of-the-economy-global-anti-base-erosion-model-rules-pillar-two-examples.pdf。
2. 行動計画13の報告書(OECD、2015[6])の34ページを参照。「テンプレートの10番目のコラムには、申告対象であるMNEは、関連する課税管轄国・地域の税務上の居住者であるすべての構成事業体について、フルタイムに相当する従業員総数(フルタイム当量)を報告しなければならない。従業員の数は、会計年度終了の日の従業員数、年間の平均の従業員数、または課税管轄国・地域間で毎年度一貫して適用されるその他の基準による報告が可能である。構成事業体の通常の業務に従事する独立請負人も、従業員として報告することができる。従業員数に関して、課税管轄国・地域間の従業員数の配分を著しく歪めない場合には、合理的な端数処理または概数も許容される。なお、従業員数の報告方法は、毎年度、事業体間で一貫した方法を適用しなければならない。」
3. 第5.3.4条の適用については、第2の柱のGloBEモデルルールに関するコメンタリーの事例集で解説されている。https://www.oecd.org/tax/beps/tax-challenges-arising-from-the-digitalisation-of-the-economy-global-anti-base-erosion-model-rules-pillar-two-examples.pdf。
4. 一部の財務会計基準では、森林地帯については、他の天然資源と同様の会計処理(原価法)が適用される。ただし、IFRS、具体的にはIAS第41号「農業」では、森林地帯を含む「生物資産」は、時価から売却に要する見積費用を控除した金額で評価され、時価の変動は損益処理される(IFRS Foundation、2022[2])。有形資産のカーブアウトにおいては、原価法を用いて、森林地帯のみなし減耗費用を計算しなければならない。
5. 一部の財務会計基準においては、リースの借手において、「オペレーティングリース」と「ファイナンスリース」を区別して会計処理することが求められている。IFRSを含むそ

の他の基準では、リースの借手について単一会計モデルを採用しており、原資産の価値が低い場合を除き、リース期間が12か月を超えるすべてのリースについて、資産および負債を認識することとしている。

6 第5.3.7条の適用については、第2の柱のGloBEモデルルールに関するコメンタリーの事例集で解説されている。https://www.oecd.org/tax/beps/tax-challenges-arising-from-the-digitalisation-of-the-economy-global-anti-base-erosion-model-rules-pillar-two-examples.pdf.

7 第5.5.2条の適用については、第2の柱のGloBEモデルルールに関するコメンタリーの事例集で解説されている。https://www.oecd.org/tax/beps/tax-challenges-arising-from-the-digitalisation-of-the-economy-global-anti-base-erosion-model-rules-pillar-two-examples.pdf.

第6章　企業再編および所有構造

1．第6章には、企業再編(グループ結合、買収、グループ分離を含む)に関する特別ルールのほか、JV投資や複数の親事業体を持つMNEグループなどの特定の所有構造へのGloBEルールの適用に関する規定が定められている。

概要

2．第6.1条は、グループ結合およびグループ分離後の連結収入基準の適用方法を定めている。グループ結合に関して、本条は、第1.1.1条に定める4年間の収入基準テストの適用におけるグループ結合に関与した事業体またはグループの連結収入の測定方法に関する特別ルールを定めている。グループ分離に関して、本条は、第1.1.1条の収入基準テストを補完する追加的なルールを定めている。また、本条は、当該ルールの適用におけるグループ結合とグループ分離について定義している。

3．第6.2条は、ある事業体のMNEグループへの加入または離脱の場合の取扱いを定めている。これらの場合、当該会計年度中にMNEグループに加入するまたはMNEグループから離脱する構成事業体についてGloBEルールを適用するために特別ルールが必要となる。当該ルールは、GloBE所得・損失、調整後対象租税、実質ベースの所得除外の計算、およびこれらの状況におけるIIRの適用方法に影響する。

4．第6.3条は、GloBE組織再編の一環として行われる場合を含め、構成事業体の資産および負債が直接処分または取得される状況の取扱いを定めている。第6.3条は、処分による損益の認識の有無およびその程度を決定するためのルールならびに取得者がその後の会計年度におけるGloBE所得・損失の計算上用いるべき帳簿価額についてのルールを定めている。

5．第6.4条は、JVに関する特別ルールを設けている。当該ルールは、UPEがJVの所有者持分の50%以上を直接または間接に保有しており、かつUPEが当該JVについてその連結財務諸表上持分法を適用して報告している場合に適用される。第6.4条により、そのようなJVとそのJV子会社はGloBEルールの適用範囲に含まれる。

6．最後に、第6.5条は、GloBEルールにおける複数の親事業体を持つMNEグループの取扱いに関する特別ルールを定めている。

7．第6.2条および第6.3条における企業再編に関する特別ルールは、そのような取引に係る税務上の取扱いと概ね整合する結果となるようにすることを意図している。しかし、企業再編の詳細な税務上の取扱いは、包摂的枠組み参加国・地域によって異なっている。特定の状況におけるGloBEルールの適用について、例えば、構成事業体がMNEグループから離脱またはMNEグループに加入する場合ならびに新しいMNEグループが構成される場合またはMNEグループが消滅する場合のGloBEルール上の特定の規定(例えば、選択)に関する取扱

い、企業再編において対価として受領した所有者持分の帳簿価額、ならびに特定の企業結合に関連して生じる繰延税金資産および負債の測定および取扱いに関して、追加的なガイダンスが必要となる可能性がある。GloBEルール実施枠組みの一環として、これらの問題に関する合意された運営指針を提供することが検討される。

パーチェス法による会計処理および事業取得

8．連結財務諸表の作成に用いられる財務会計基準においては、通常、個別にまたは事業全体の処分の一環として行われる資産または負債の処分による損益を認識することとしている。これは、資産および負債が直接処分されるか、当該処分が構成事業体の所有者持分の売却を通じて行われるか否かを問わず当てはまる。それに加えて、構成事業体の所有者持分は、連結財務諸表上資産として認識されず、代わりに、当該構成事業体の資産および負債が、MNEグループの資産および負債として連結されることになる。したがって、(たとえ所有者持分の売却を通じてであっても)構成事業体の資産および負債が処分された場合、その基礎となる資産および負債の処分損益は、通常、連結財務諸表においてMNEグループの財務会計上の純損益に含められる。しかし、GloBEルール上、財務会計上の純損益は、連結財務諸表の作成に用いられた当該構成事業体単体の財務会計上の純損益を用いて計算される。

9．財務会計基準は、取得された資産および負債について相互に関連する取扱いを定めている。財務会計基準においては、通常、取得者は取得資産および負債を取得価額に関係なく取得日の公正価値で計上することが求められる。これは、独立した事業を取得した場合の通常の会計処理であり、企業結合とも呼ばれる。資産または負債の取得が独立した事業の取得とみなされない場合には、当該取得資産は、通常、取得原価(つまり、取得価額)で計上される。企業結合(すなわち、独立した事業の取得)においては、取得価額が取得資産の公正価値を超過する場合、財務会計上のルールでは、通常、当該超過部分をのれんとして取り扱う。取得価額が取得資産の公正価値を下回る場合、財務会計上のルールでは、通常、その下回った部分を負ののれんとして取り扱い、それに対応する収益を計上することが求められる。多くの場合、特に事業体の取得の場合、資産および負債の帳簿価額の公正価値への調整は、取得された構成事業体または当該資産および負債を取得した構成事業体の個別財務諸表ではなく連結財務諸表に反映される。「プッシュダウン会計」とは、公正価値への調整が当該構成事業体の財務諸表に反映される(すなわち「プッシュダウン」される)ことをいう。プッシュダウン会計は、一部の許容された財務会計基準においては認められておらず、そのような財務会計基準の一部ではいかなる状況においてもその適用が認められていない。

10．GloBEルールが、主として、MNEグループ全体の連結上の財務状況ではなく個々の事業体の財務状況に基づいていることから、株式取得を通じた事業の取得(すなわち、当該事業体の所有者持分の取得)と資産取得(すなわち、当該事業に係る資産および負債の取得)の会計処理を区別することが重要である。両者は、連結の観点からは会計処理は同じだが、個々の事業体の財務状況はしばしば異なることがある。株式取得の場合、事業体にとっては株主が変化するだけであるため、当該事業体の財務状況は影響を受けないことが多いが、資

産取得の場合は、新しい資産および負債が貸借対照表に計上されることになる。その結果、パーチェス法による公正価値への調整は、資産取得の場合は、通常、個々の事業体の財務状況に反映されるが、株式取得の場合は、通常、全部連結するための連結修正としてのみ反映されることになる。

11. 多くの包摂的枠組み参加国・地域の税制では、(処分側においては)資産および負債の特定の譲渡について損益の認識が求められず、(取得側においては)取得後の当該資産および負債について(処分側の)取得価額に基づく税務簿価(historical basis)を引き継ぐことが定められている。例えば、ある事業体の株式が新たな所有者に譲渡された場合、売主がその株式の売却から生じる譲渡益に課税されるか否かにかかわらず、通常、当該事業体の資産の税務上の帳簿価額および負債の金額は影響を受けない。同様に、GloBE組織再編に該当する資産および負債の譲渡から生じる譲渡益は、通常、課税対象とされず、取得側の事業体は、譲渡後の課税所得の計算において当該資産の取得価額に基づく税務簿価(historical tax basis)と負債の金額を用いなければならないこととされている。

12. 資産および負債の財務会計上の帳簿価額と税務上の帳簿価額(資産の税務簿価または負債金額)との間に差異がある場合、当該差異は財務会計上の利益および課税所得の計算における一時差異であることは明らかであるため、財務会計上、MNEグループは、原則として、繰延税金負債または繰延税金資産を計上することが求められる。企業結合においては、取得側の事業体が当該帳簿価額の差異について課税される限りにおいて、財務会計上、原則として、繰延税金負債および繰延税金資産の計上が求められる。大半の繰延税金資産および繰延税金負債とは異なり、企業結合に関連して計上される繰延税金資産および繰延税金負債は、その認識による正味の影響額が法人所得税としてではなく財務会計上ののれんとして計上されるため、その発生時において法人所得税の計算に影響は生じない。したがって、企業結合の時点で繰延税金資産および繰延税金負債を認識したとしても、その時点ではGloBEルールにおける調整後対象租税を生じさせることはない。法人所得税の計算に影響を及ぼすのは、それが戻し入れられた時のみである。

13. 例えば、MNEグループ1がA国・地域の居住者であるA社の所有者持分のすべてを保有しているものとする。A社は、単独のビジネスを営んでおり、財務会計上の総帳簿価額100米ドル、税務上の帳簿価額100米ドルの資産を所有しているものとする。A国・地域の税率は15%とする。

14. MNEグループ1は、A社の所有者持分をMNEグループ2に売却するものとする。MNEグループ2は、A社の資産に300米ドルの価値があると考えていることから、A社を購入する対価として300米ドルを支払うことに同意するものとする。この状況においては、基礎となる資産の税務上の帳簿価額は、当該取得による影響を受けない。その結果、(MNEグループ2の)連結財務諸表におけるA社資産の財務会計上の帳簿価額(300米ドル)と税務上の帳簿価額(100米ドル)との間に差異が生じ、これらの一時差異について繰延税金負債を認識することとなる(30米ドル＝(300米ドル－100米ドル)×15%)。

	金額(米ドル)
取得した純資産の時価	300
取得により認識した繰延税金負債(30＝(300－100)×15%)	(30)
のれん(買収対価総額が300になるように合わせるための差額)	30
帳簿価額合計(買収対価に等しい)	300

15. 繰延税金負債の認識から繰延税金費用は生じず、代わりにのれんが認識される。その後、MNEグループ2が300米ドルで当該資産を売却した場合、当該資産の帳簿価額は300米ドルであることから、財務会計上の損益は生じない(当初の取得以後、公正価値の変動はないものとする)。しかし、当該資産は300米ドルで売却されたが、当該資産の売却時に損金算入できる税務上の帳簿価額は100米ドルであるため、税務上は譲渡益が生じることとなる。これにより200米ドルの課税対象となる譲渡益と30米ドルの課税額(＝200米ドル×15%)が生じるが、これは当初の取得時に認識した30米ドルの繰延税金負債の戻し入れによって相殺されることとなる。その結果、この売却による財務会計上の影響額がゼロとなるのと同様、税務上の影響額(当期税金費用および繰延税金費用)の合計額もゼロとなる。

16. 取得時に認識された30米ドルの繰延税金負債は、MNEグループ2の連結財務諸表においてのみ認識され、個々の事業体の財務会計上は認識されないということに留意する必要がある。

17. パーチェス法による企業結合の会計処理に関連して生じた資産および負債の帳簿価額に係る財務会計上の調整は、第3.1.2条のコメンタリーで説明しているとおり、GloBE所得・損失の計算において通常、考慮されない。例えば、パーチェス法による調整とそれに対応する繰延税金資産および繰延税金負債は、第6.2.1条が適用される取引に関して考慮されることはない。取得した後のGloBE所得・損失の計算には、取得した資産および負債の取得価額に基づく税務簿価(historical carrying value)(すなわち、取得時に行われたパーチェス法による調整を除外した価額)を用いなければならず、これは、国内税法に基づく課税所得の計算と概ね整合したものになる。したがって、財務諸表上におけるパーチェス法による調整に関連する繰延税金資産および繰延税金負債も、ETR計算において歪みが生じないように、第4.1条に基づく調整後対象租税の計算から除外しなければならない。同じことが、第6.3.2条のルールの適用対象であるGloBE組織再編に関連して生じる財務諸表上のパーチェス法による調整とそれに伴う繰延税金資産および繰延税金負債にも当てはまる。

18. 場合によっては、パーチェス法による調整をGloBE所得・損失に反映させることが適切なこともある。第6.2.2条、第6.3.1条および第6.3.4条が適用される取引に関連して生じるパーチェス法による調整は、それらの調整が構成事業体の財務諸表ではなく連結財務諸表に反映されていたとしても、(GloBE所得・損失の計算上)考慮されるべきである。また、第6.3.3条が適用される取引に関連して生じるパーチェス法による調整は、その調整が非適格譲渡損益

に関連するものである限りにおいては、(GloBE所得・損失の計算上)考慮されるべきである。ほとんどの場合、これらの取引は国内法において全面的に課税対象となり、財務諸表において認識される各資産および負債の公正価値が税務上認識される当該資産および負債の税務上の帳簿価額と同じになるとは限らないことから、繰延税金資産および繰延税金負債が認識される可能性がある。同様に、財務会計上認識される資産のすべてが税務上認識されるとは限らず、一部の財務会計上の資産の価値は、税務上は別の資産の税務上の帳簿価額に統合または配分される可能性もある。損金算入可能なのれんの場合、当初財務会計上ののれんを認識した時に、財務会計上ののれんの公正価値と、将来期間にわたってまたはのれんの処分時に認識されるのれんの将来の損金算入額との差異に相当する繰延税金資産が認識されることがある。取得日に認識されたそのような資産に係る将来の財務会計上の償却や減損も繰延税金費用に影響を与える可能性がある。取引に関連して生じるそのような繰延税金資産および繰延税金負債は、当該取引から生じる損益がGloBE所得・損失の計算に含まれる限りにおいて、第4.1条に基づく調整後対象租税の計算において考慮することとする。

第6.1条　グループの結合および分離における連結収入基準の適用

19. 第1.1条に定めるように、GloBEルールは、判定対象会計年度の直前の4会計年度のうち少なくとも2会計年度において連結収入金額が7億5000万ユーロ以上であるMNEグループに適用される。第6.1条は、次の三つの状況について、この4年間の収入基準を補完している。

   a．複数のグループが結合して単一のグループを構成する場合
   b．ある単一の事業体が別の事業体もしくはグループを取得する場合、またはその逆の場合（GloBEルール上、「グループ結合」として取り扱われる）
   c．GloBEルールの適用範囲に含まれるMNEグループが複数のグループに分離される場合

20. 第一の状況は、各グループがそれぞれ個別の連結財務諸表を有していたために、結合したばかりのMNEグループに単一グループとしての連結収入金額が存在しない場合である。第二の状況は、買収対象者または取得者が、グループ結合前の過去会計年度においてはグループの一部ではなかったため連結財務諸表を有していない場合で、かつ当該事業体が当該過去会計年度においてグループの一部であったとしたならばGloBEルールの適用範囲に含まれるのに十分な7億5000万ユーロ以上の収入金額があった場合である。第三の状況は、GloBEルールの適用対象であったMNEグループがその後別々のグループに分離されたことにより、分離後に当該別々のグループに連結収入基準をどのように適用するかという問題が生じる場合である。

第6.1.1条

第a項－複数のグループ間のグループ結合

21. 第6.1.1条第a項は、複数のグループが結合して一のグループとなる場合に適用される。グループは過去会計年度においては別々であり、結合したグループの一部ではなかったことを踏まえると、このような状況下で連結収入基準をどのように適用すべきかという疑問が生じることになる。

22. 第a項はこの疑問に対する答えとして、グループ結合前のある会計年度における各グループの連結財務諸表に含まれる収入金額の合計が7億5000万ユーロ以上ならば当該会計年度について収入基準は充足されるものとみなすこととしている。グループ結合後においては同じグループの事業体間の取引は連結により相殺消去されることになるが、グループ結合前の会計年度については当該グループ間で行われた取引に関していずれのグループの結合前の収入金額についても調整は行わないものとする。当該判定は、第1.1条における連結収入テストに基づき判定される各会計年度について行う必要がある。

23. 例えば、AグループとBグループがそれぞれ、1年目に4億ユーロ、2年目に3億ユーロ、3年目に3億ユーロ、4年目に4億ユーロの連結収入金額を計上するものとする。AグループとBグループは5年目に結合して、AB MNEグループとなるものとする。これらの事実に基づくと、AB MNEグループは5年目においてGloBEルールの適用対象となる。それは、グループ結合前の4会計年度のうち2会計年度において、それぞれの連結財務諸表に計上されている連結収入金額の合計額が7億5000万ユーロ以上となるためである（すなわち、1年目の合計収入金額が8億ユーロ、4年目の合計収入金額が8億ユーロであったためである）。

第b項－複数の事業体間のグループ結合、または事業体とグループ間のグループ結合

24. 第b項は、GloBEルール上「グループ結合」として取り扱われる二つの一般的な状況について定めている。

   a．グループの一部を構成しない二つの単一の事業体が集合してグループを構成するが、当該グループ結合前に、当該各事業体が個別財務諸表のみを作成していた場合（すなわち、連結財務諸表を作成していない場合）
   b．連結財務諸表を作成していない単一の事業体がグループの一部となる場合

25. また、第b項は、同じ取決めの一環として、複数のグループが一の事業体と結合する場合、一のグループが複数の事業体と結合する場合、および複数のグループが複数の事業体と結合する場合にも適用される。

26. 第b項には、二つのカッコ書きの表示（買収対象者と取得者）が含まれているが、これらは単に複雑な文章の作成を容易にするためのものである。この文章を、どのグループにも属さない事業体が別の事業体またはグループによって取得される場合のみ適用するものと解

釈するのは誤りである。また、この項は、グループのメンバーでない事業体が別の事業体またはグループを取得する場合にも適用される。したがって、すでにGloBEルールの適用を受けていたMNEグループが独立した単体の事業体に取得された場合であっても、「新しいグループ」のUPEが過去会計年度に連結財務諸表を有していないことを理由に、収入基準における4年間の期間を再スタートさせるわけではない。

27. 第b項は、4年間の収入基準の適用上、ある年度の事業体とグループの収入金額を合計することによって、これら双方のケースにおける連結収入基準の適用を修正するものである。二つの単一の事業体が集合してグループを構成する場合には、連結収入基準の適用上、各事業体の収入金額(過去会計年度における各事業体の財務諸表に計上されているもの)を合計する。ある事業体があるグループに加入する場合、ある年度における当該事業体の財務諸表に計上されている収入金額をその年度と同一年度における当該グループの連結収入金額と合計しなければならない。過去の会計期間が一致しない場合には、当該会計年度の収入金額は、当該事業体がグループを構成した後に当該グループが使用する会計期間とともに終了する、または当該会計期間内に終了する会計期間の収入金額を合計することになる。例えば、暦年を会計年度としているMNEグループが2023年1月1日に、9月30日に終了する会計期間を会計年度としている事業体を取得するものとする。当該MNEグループは、取得後も引き続き暦年を会計年度とするものとする。この場合、2022年、2021年、2020年、2019年の9月30日に終了した各会計年度における当該被取得事業体の収入金額と、2022年、2021年、2020年、2019年の12月31日に終了した前4会計年度における当該MNEグループの収入金額を合計することとなる。2022年10月1日から2022年12月31日までの期間における当該事業体の収入金額(取得されていなかったならば翌年度の当該事業体の財務諸表に含まれていたであろうもの)は、2022年または2023年の暦年における当該MNEグループの収入金額の計算には含まれないこととなる。

28. 第a項と同様、第b項におけるみなし規定は、新たに構成されたグループがGloBEルールの適用範囲に含まれるかどうかを判定するために、判定対象会計年度の前4会計年度それぞれに適用される。つまり、判定対象会計年度の前4会計年度のうち2会計年度の合算収入金額が7億5000万ユーロ以上の場合、第1.1条に規定する連結収入基準を充足することとなり、当該MNEグループは判定対象会計年度においてGloBEルールの適用対象となる。実際には、取得側のMNEグループが当該グループ結合の行われる会計年度において第1.1条に規定する収入基準を満たしている場合には、このルールは関係がない。

29. 次の例で、第一の状況を説明する。1年目から4年目まで、(それぞれ別の国・地域に所在する)A社とB社はそれぞれ単一の事業体であり、それらの各会計年度においてA社が6億ユーロ、B社が4億ユーロの収入金額を計上しているものとする。5年目において、A社はB社を取得することで、グループを構成し、5年目の連結財務諸表において10億ユーロの連結収入金額を計上するMNEグループを構成するものとする。この場合、A社とB社の合計収入金額が前4会計年度のうち少なくとも2会計年度において7億5000万ユーロの基準を満たすこ

とから、新たに構成されたABグループは、5年目(すなわち、判定対象会計年度)においてGloBEルールを適用することが求められる。

30. 次の例では、第b項が対象とする第二の状況を説明する。Aグループが1年目から4年目までの各会計年度において5億ユーロの連結収入金額を計上しているものとする。5年目において、Aグループは、1年目から4年目までの各会計年度において8億ユーロの収入金額を計上していたある事業体を取得するものとする。この場合、Aグループは、前4会計年度のうち少なくとも2会計年度において被取得事業体の収入金額が8億ユーロであったことにより、7億5000万ユーロの連結収入基準を満たしているとみなされるため、5年目(すなわち、判定対象会計年度)については連結収入基準を満たすこととなる。

第c項 – グループ分離

31. 第c項は、MNEグループがある会計年度において複数のグループに分離される場合の取扱いを定めている。第c項は、グループ分離が行われる会計年度にMNEグループがGloBEルールの適用対象となっている場合に適用される。第c項は、当該分離が第6.1.3条の分離の定義に該当する場合には、そのグループ分離の態様にかかわらず適用される。第c項は、分離されたグループそれぞれに個別に適用される。

32. 第c項の規定は、前各項の規定とは異なる。第a項と第b項は、判定対象会計年度の前4会計年度の各会計年度に係る連結収入金額の額を計算することによって第1.1条の適用を補完するものである。それとは対照的に、第c項は、独立した収入基準であり、第1.1.1条に基づく判定基準に追加する形で適用されるものである。第c項の規定は、GloBEルールの適用対象となっているMNEグループの分離から生じる各グループが分離後に終了する会計年度において収入基準を満たす場合には、たとえ分離後のグループが当該会計年度において第1.1条の要件を満たしていない場合であっても、引き続きGloBEルールの適用を受けることを担保するものである。

33. 第c項は、二つの号に分かれている。第i号は、分離後最初の判定対象会計年度を対象としており、第ii号は、分離後2年目から4年目の判定対象会計年度を対象としている。これらの規定は、分離によって構成されたグループまたは分離後に残るグループ(以下、それぞれを「分離グループ」という)にそれぞれ個別に適用される。

グループ分離後1年目

34. 第i号では、グループ分離後最初の判定対象会計年度における分離グループの年間収入金額が7億5000万ユーロ以上の場合には、当該分離グループは、第1.1条に定める連結収入基準を満たすものとみなされる。つまり、この規定は、過去会計年度を考慮した判定基準を適用する代わりに、判定対象会計年度において年間収入金額が7億5000万ユーロ以上である分離グループそれぞれについて個別に適用される。なお、本項は、分離グループにのみ適用されることになるため、単一の事業体に対する支配持分の売却は、第c項の適用範囲には含ま

れない。

35. 第i号は、あるグループの「分離後に終了する」会計年度において適用される。例えば、グループAの会計年度が暦年であるものとする。グループAのUPEは、サブグループBの株式すべてを1年目の6月30日に当該UPEの株主に分配するものとする。この分配は、第6.1.3条に規定するグループ分離とみなされ、当該グループ分離によりグループBが新たに構成されるものとする。グループAの会計年度は、1年目の12月31日に終了する。この場合、グループAについては、1年目が当該グループ分離後に終了する最初の判定対象会計年度であることから、第i号の規定により、1年目における連結収入金額が判定対象とされる。また、グループBについては、第i号の規定により、当該グループ分離後に終了する最初の判定対象会計年度における連結収入金額が判定対象とされる。したがって、グループBがその会計年度として暦年を採用または継続して適用する場合には、グループBの当該グループ分離後に終了する最初の判定対象年度は1年目の12月31日に終了する会計年度であることから、第i号は当該会計年度に適用されることになる。ただし、グループBの最初の判定対象会計年度は、12か月以外の期間で構成されるため、第1.1.2条に基づき7億5000万ユーロの判定基準を期間に応じて調整する必要がある。

グループ分離後2年目以後の年度

36. 第ii号は、グループ分離後の2年目から4年目までの判定対象会計年度に関する規定を定めている。本号に定める規定によれば、グループ分離後少なくとも2会計年度において分離グループの年間収入金額が7億5000万ユーロ以上である場合には、当該分離グループは第1.1条に定める連結収入基準を充足しているものとみなされる。第i号と同様に、本号は判定対象となっている会計年度の年間収入金額に基づき判定する規定となっている。例えば、グループ分離後に終了する1年目および2年目の分離グループの連結収入金額が7億5000万ユーロ以上である場合には、当該分離グループは2年目(すなわち、判定対象会計年度)において当該判定基準を充足することになる。

第6.1.2条

37. 第6.1.2条は、第6.1.1条の規定を適用するにあたって用いられているグループ結合について定義している。「グループ結合」の定義は、第6.1.1条の適用に関してのみ適用され、一般に理解されている合併の意味よりも広いものである。この用語は、複数のグループに属するすべての事業体または実質的にすべての事業体が共通支配下に置かれることになるすべてのグループ結合または取得取引に適用される。第6.1.2条は、二つの異なる定義を定める二つの項に分かれている。第6.1.1条第a項または第b項の規定は、第6.1.2条の定義のいずれかが当てはまる場合に適用される。

第a項

38. 第a項は、グループ結合とは当事者であるグループ事業体のすべてまたは実質的にすべ

てが共通の支配下に置かれて一つに統合されたグループを構成する取決めであると定めている。当該共通支配要件が充足される限り、第a項の適用上、グループ結合の形態は問わない。例えば、第a項は、あるグループが全額現金対価の取引によって別のグループに取得される場合や、二つの別々のグループが新しいUPEの支配下に置かれる場合などに適用される。この定義から、別々のグループのメンバーである事業体の「すべてまたは実質的にすべて」がグループ結合後の統合されたグループのメンバーになることが求められている。例えば、グループがある事業部門を構成するすべての事業体を売却する場合、当該事業部門が売却側のグループの当該事業に関する実質的にすべてを行うものでなければ、この定義には該当しない。

第b項

39. 第b項に基づき、グループ結合には、（どのグループのメンバーでもない）単一の事業体が別の単一の事業体またはグループと共通の支配下に置かれ、その結果として一つに統合されたグループを構成する取決めが含まれる。この定義は、一つの独立した事業体が別の独立した事業体を取得して初めてグループとなる状況を対象としており、第6.1.1条第b項の適用と関連している。また、この定義には、単一の事業体がグループを取得する場合や、あるグループが別のグループに属さない事業体を取得する場合も含まれている。

40. 第a項と第b項のいずれにおいても、新しく「統合されたグループ」が構成されることが求められている。新しいグループが構成されるかどうかを判断するにあたっては、第1.2.2条に規定する「グループ」という用語の定義を考慮に入れなければならない。例えば、二つのグループが、それらのグループを項目ごとに連結することを求められない投資ファンドによって取得された場合、この定義は満たされないことになる。この場合、当該投資ファンドとこの二つのグループは、「統合されたグループ」を構成することにならない。なぜなら、これらの事業体の資産、負債、収益、費用およびキャッシュフローはそれぞれ異なる連結財務諸表で報告されることになるためである。

第6.1.3条

41. 第6.1.3条は、第6.1.1条第c項の適用のために「グループ分離」という用語を定義している。グループ分離とは、単一グループのグループ事業体が複数の独立したグループに分離されるあらゆる取決めと定義されている。グループ分離後、当該分離されたグループ事業体は同一のUPEによって項目ごとに連結されることはなく、当該分割の日から異なるMNEグループの複数のUPEによって引き続き項目ごとに連結されることになる。

42. この定義は、連結テストと第1.2.2条および第1.2.3条に含まれるグループの定義に依拠している。したがって、グループが複数のグループに分離されるか否かは、分離された各事業体の集まりがグループの定義を満たしており、かつ、当該分離された各事業体の集まりが第10.1条に定義されている独自の連結財務諸表を有することになるか否かにかかっている。

43. 一般的なルールとして、単一の構成事業体がグループから分離されることは、当該分離後において当該事業体はグループではなく独立した事業体になることから、グループ分離には該当しない。しかしながら、当該分離された構成事業体が別の国・地域にPEを有している場合には、当該分離された事業体と当該PEは、第1.2.3条に従ってグループとみなされるため、第6.1.3条の適用上、新しいグループが存在することになる。第6.1.3条のグループ分離の定義は、MNEグループが一または複数の構成事業体を分離するが、その取得者が別のグループである場合を対象外としている。このような場合においては、分離された事業体は、新しいグループを構成するのではなく、既存のグループに加入することになる。ただし、別のMNEグループへの一または複数の構成事業体の売却は、例えば、当該事業体の売却が売却側のグループの実質的にすべての事業の売却にあたる場合には、取得側のMNEグループについては第6.1.2条第a項または第b項に規定するグループ結合の定義に該当する可能性がある。

第6.2条　MNEグループへの構成事業体の加入と離脱

44. GloBEルールとコメンタリーは、原則として、MNEグループが会計年度全体を通して同一の構成事業体で構成されていることを前提とする定常状態を見込んで作成されている。構成事業体(第6.2条において「買収対象者」と定義されている)に対する支配持分の取得または処分が当該会計年度内に行われる場合、第6.2条は、買主と売主の双方にとって適切な結果となるようにGloBEルールの適用を修正または明確化している。これらの規定は、売主であるグループから買収対象者を円滑に分離し、取得側のMNEグループに円滑に統合できるようにすることを意図している。第6.2.1条には、事業体がグループから離脱またはグループに加入した会計年度(取得年度)に適用される規定と、取得年度後の会計年度に引き継がれるグループに加入した事業体に係る租税属性を決定するために適用する規定が含まれている。買収対象者に関しては、本条は、買収対象者がいつグループに加入または離脱したものとして取り扱われるかという問題に対処するとともに、GloBEルールの適用上、対象租税を含む買収対象者の収益および費用のグループ間の配分について定めている。

45. また、第6.2条は、買収対象者が一方または双方のMNEグループのメンバーとしてIIRを適用することが求められる親事業体である場合におけるIIRの適用に関して適用順序を定めている。ある会計年度の全部または一部について買収対象者がIIRを適用すべきか否かを判定するためには特別なルールが必要となる。なぜなら、当該買収対象者によるIIRの適用は、当該買収対象者に対する支配持分が適格IIRの適用を受けるグループ事業体に保有されているか否かにより決まるためである。これらの場合におけるUTPRの適用については、特別な順序付けルールは必要ない。それは、構成事業体がMNEグループを離脱したことまたは加入したことによる影響は自動的にUTPRの配分方法の一部として反映されるためである。UTPRに基づくトップアップ税額の配分については、第2.6条のコメンタリーにおいて詳述している。

46. 第6.2.2条に基づき、構成事業体に対する支配持分の譲渡が、当該買収対象者が所在する国・地域において所有者持分の譲渡ではなく資産および負債の譲渡として取り扱われる場合には、GloBEルール上も資産および負債の譲渡として取り扱われる。その場合には、第6.3条の規定が適用される。

第6.2.1条

47. 第6.2.1条の規定は、当該事業体に対する支配持分が直接または間接に処分または取得された結果としてMNEグループから離脱するまたはMNEグループに加入するすべての構成事業体に適用される。したがって、本条のコメンタリーにおいて用いる「買収対象者」という用語は、そのような事業体のすべてを指している。

第a項

48. 第a項は、買収対象者は、当該買収対象者に係る当該会計年度全体の財務業績が項目ごとに連結されていない場合でも、取得側および売却側双方のMNEグループの構成事業体として取り扱われることを確認的に定めている。第a項は、財務会計上の取扱いに従っており、買収対象者の資産、負債、収益、費用およびキャッシュフローの一部でも取得年度におけるUPEの連結財務諸表に含まれるならば、当該取得年度について当該MNEグループのメンバーとして取り扱われることになる。実務上、MNEグループが会計年度中に構成事業体に対する支配持分を処分した場合、その収益および費用の一部は、当該構成事業体が処分側のMNEグループのメンバーであった期間に基づいて、当該処分側のMNEグループの連結財務諸表に計上されるであろう。同様に、当該構成事業体の資産および負債のすべてが取得側のMNEグループの連結財務諸表に含まれ、その収益、費用およびキャッシュフローの一部は当該構成事業体が当該取得側のグループのメンバーである期間に基づいて含まれるであろう。第6.2条の残りの項目は、二つのMNEグループ間で税務上の結果と租税属性が公平に配分されることを担保するように設計された個別のルールを定めている。

第b項

49. 第b項は、取得年度において、各MNEグループのGloBE租税債務の計算上考慮すべき財務会計上の純損益の額と調整後対象租税の額は、各MNEグループの連結財務諸表において反映されている金額でなければならないと定めている。この考え方は、連結財務諸表の作成に用いられた財務諸表に計上されている金額に依拠するというGloBEルールが採用している原則的な方法に従っている。

第c項

50. 第6.2.1条第c項に従い、構成事業体に対する支配持分を取得するMNEグループは、GloBEルール上、その取得に起因するパーチェス法による連結修正の影響を考慮せず、取得した買収対象者の資産は譲渡前と同じ帳簿価額（取得価額に基づく帳簿価額（historical

carrying value))を有しているものとして取り扱う。言い換えれば、買収対象者に対する支配持分が取得された場合であっても、GloBE所得・損失の計算上、当該買収対象者の資産および負債の帳簿価額に変更は生じない。さらに、のれん、顧客リストあるいは労働力など取得によって生じる無形資産の帳簿価額に対するいかなる調整も、GloBE所得・損失の計算上考慮されない。買収対象者の資産および負債の帳簿価額のステップアップを否認することは、GloBEルールにおける売主と買主の取扱いと一致しており、その所有者持分の譲渡によって(買収対象者である)構成事業体の資産および負債に係る利得または損失が、GloBEルールに基づく課税から永久に除外されることがないよう担保している。また、第c項の適用によって、GloBEルールに基づく結果とほとんどの包摂的枠組み参加国・地域の国内法に基づく結果が整合することになり、財務会計基準間の潜在的な取扱いの差異が回避されることになるものと見込まれる。

51. この規定は、GloBE所得・損失の計算においてパーチェス法による調整を考慮することを禁止する第3.2条の規定と整合しており、支配持分がGloBEルールの適用日の前に取得されたかその後に取得されたかにかかわらず適用される。UPEがその連結財務諸表の作成に用いる財務会計基準において、事業の取得に起因する資産および負債の帳簿価額の調整を取得した構成事業体の個別財務諸表に「プッシュダウン」することが認められている場合において、当該取得が2021年12月1日より前に行われており、かつ、MNEグループが取得した資産および負債の調整前の帳簿価額に基づいて合理的な正確性をもってその財務会計上の純損益を計算するために十分な記録を有していない場合には、当該構成事業体は当該個別財務諸表に計上されている帳簿価額を用いることができる。ただし、そのような場合、当該構成事業体は、その財務会計上の純損益および調整後対象租税の計算において、当該取得に関連して生じる繰延税金資産および繰延税金負債も考慮に入れなければならない。

第d項

52. 実質ベースの所得除外は、第5.3条に基づき、各構成事業体について適格人件費および適格有形資産の割合を合計することによって計算される。第d項と第e項は、買収対象者が会計年度の途中で取得または処分された場合には、適格人件費と適格有形資産の計算に調整を行うことを定めている。このような規定がなければ、取得側のMNEグループと処分側のMNEグループでの実質ベースの所得除外額の計算においては、当該買収対象者がMNEグループのメンバーとなる前またはその後に生じた費用およびコストを考慮に入れることになり、場合によっては当該費用およびコストの影響が重複する可能性がある。

53. 第d項は、第5.3.3条で定められている適格人件費の額については、MNEグループのUPEが作成する連結財務諸表に計上されているコストのみを考慮して調整しなければならないと定めている。したがって、各MNEグループは、それぞれの所有期間中に生じ、かつ、経済的負担を負う適格人件費のみを考慮することになる。

第e項

54. 第e項は、第5.3.4条で定められている適格有形資産の額については、買収対象者が会計年度中にMNEグループの構成事業体であった期間の長さに応じて調整することを定めている。適格有形資産の帳簿価額は、その取得に起因するパーチェス法による連結修正を含め、連結財務諸表の作成のために計上された金額に基づいて計算される。つまり、GloBE所得・損失の計算上は買収対象者に対する支配持分の取得によって、当該買収対象者の資産の帳簿価額のステップアップが生じないにもかかわらず、実質ベースの所得除外の目的においては、買収対象者の資産の帳簿価額のステップアップを考慮することになる。第c項と第e項で異なる取扱いとなるのは、有形資産のカーブアウトはMNEグループによる関連する国・地域に所在する有形資産への投資の経済的コストに基づくものであり、そのような経済的コストは、買収対象者によって計上されている当該資産の取得価額に基づく帳簿価額よりも、(支配持分の)取得時点における当該資産の公正価値に依拠することによるほうがより正確に計算されることを根拠としている(注1)。

第f項および第g項

55. 第f項は、ある構成事業体がMNEグループ間で譲渡される場合に、当該構成事業体の繰延税金資産および繰延税金負債は、原則として、それらが生じた時点で取得側のMNEグループが当該構成事業体を支配していた場合に計上されていたのと同じ方法および同じ程度で当該取得側のMNEグループによって計上されることを定めている。したがって、取得側のMNEグループがリキャプチャー対象外引当に該当する繰延税金負債を取得した場合には、第4.4.4条は当該繰延税金負債には適用されない。一方、繰延税金負債がリキャプチャー対象外引当に該当しない場合には、取得した繰延税金負債のリキャプチャー期間に関する第g項の規定を考慮した上で、第4.4.4条に規定するリキャプチャーの対象となる。繰延税金資産または繰延税金負債が移転されるか否かは、適用される財務会計基準に基づく取扱いによって決まる。この財務会計上の取扱いは、当該国・地域の税法上、課税所得や費用の繰延に関連する項目が処分側のMNEグループと取得側のMNEグループの間でどのように配分されるかに大きく左右される。

56. 第f項の例外は、GloBE純損失に係る繰延税金資産である。通常の繰延税金資産および繰延税金負債は、特定の構成事業体に関して生じ、それに応じて会計処理される。これらの繰延税金資産および繰延税金負債は、第4.4.1条に基づく当該構成事業体の繰延税金調整総額の計算に算入されることになる。一方、GloBE純損失に係る繰延税金資産は、特定の国・地域について第4.5条に基づくGloBE純損失に係る選択に関連して生じるものである。これは、GloBEルールに基づく選択に従って生じる租税属性であるが、構成事業体またはMNEグループの財務諸表には計上されないものである。GloBE純損失に係る繰延税金資産は、当該選択を行ったMNEグループの特定の国・地域におけるGloBE純損失に関して計上されるため、当該国・地域に所在する構成事業体自体の租税属性ではなく、当該選択を行った当該

MNEグループの国・地域の租税属性とみなされ、別のMNEグループに移転することはできない。したがって、第6.2.1条第f項は、GloBE純損失に係る繰延税金資産には適用されない。

57. 第g項は、処分側のMNEグループが第4.4.4条に求められる5年の期間内に(支払いその他によって)戻し入れられていない繰延税金負債を(その計上時に遡及して)取り消さなくても済むようにすることを目的とするものである。この目的は、MNEグループから離脱する構成事業体のいかなる繰延税金負債も当該事業体がMNEグループから離脱した時点で戻し入れられたものとして取り扱うことによって達成されている。また、第g項は、構成事業体の繰延税金負債については、当該構成事業体がMNEグループに加入したときに、第4.4.4条に規定する5年の期間が新たに開始すると定めている。第4.4.4条に定める5年の期間が新たに開始するものとされることによって、第g項は、繰延税金負債がその発生日に基づいて遡及して取消しの対象とされるとすれば生じるであろう処分側のMNEグループのコンプライアンスおよび管理上の負担を軽減している。したがって、あるMNEグループから離脱して別のMNEグループに加入する構成事業体は、最初のMNEグループから離脱した時点で第4.4.4条に基づき繰延税金負債を遡及して取り消す必要はなく、2番目のMNEグループに加入した時点でその繰延税金負債のすべてについて、第4.4.4条に規定する5年の期間を新たに開始させることになる。第4.4.5条に記載されているリキャプチャー対象外引当については、第4.4.4条の要件が取得日の前後いずれにおいても適用されないため、第g項は適用されない。

58. また、第g項は、取得日後5年以内に取り崩されない繰延税金負債の処理手続にも修正を加えている。この修正が必要なのは、第4.4.4条に基づく通常のルールでは、第5.4.1条に定めるETR再計算の手続が適用されることにより、当該繰延税金負債が最初に計上された会計年度のETRおよびトップアップ税額を再計算することが求められるためである。取得側のMNEグループは、当初、取得した構成事業体の繰延税金負債に基づいて関連する会計年度に係るETRおよびトップアップ税額の計算を行っていないため、このような状況では第5.4.1条は適切に機能しない。したがって、取得した繰延税金負債が取得日後5年目の会計年度終了の日までに戻し入れられない場合には、第g項の適用により、当該(5年目の)会計年度の対象租税を減額することとしている。この減額の結果、当該会計年度におけるある国・地域の対象租税が負の値になることにより、第4.1.5条を適用するためのその他の要件を満たす場合には、第4.1.5条の適用により追加当期トップアップ税額が生じる可能性がある。

59. 本章の冒頭で説明したように、企業結合に関連して生じた繰延税金資産および繰延税金負債は、通常、GloBEルールにおいては考慮されない。それは、資産および負債の帳簿価額に対するパーチェス法による調整は、GloBE所得・損失の計算上考慮されないためである(本章の冒頭におけるパーチェス法による会計処理の議論において触れた第6.2.2条、第6.3.1条、第6.3.3条および第6.3.4条に関する例外を除く)(注2)。企業結合に関連して生じた繰延税金資産および繰延税金負債がGloBEルールに基づき考慮されない場合、第6.2.1条第f項および第g項に述べられている繰延税金資産および繰延税金負債は、被取得構成事業体がMNEグループに加入する前から計上されていた当該被取得構成事業体の繰延税金資産および繰延税金負

債、すなわち取得前の繰延税金資産および繰延税金負債を指すものとする。

60. しかしながら、GloBE所得・損失の計算上資産および負債について（パーチェス法に基づく）調整後の帳簿価額を用いることになるときは、いかなる場合においても、当該資産および負債の取得に関連して生じるすべての繰延税金資産および繰延税金負債もGloBEルールの適用上考慮することとする。そのような場合、第4.4.4条の適用において、繰延税金負債は、取得日を含む会計年度に生じたものとして取り扱われる。第4.4.5条に規定するリキャプチャー対象外引当の定義に該当する繰延税金負債は、第4.4.4条に基づく遡及取消しの適用対象とならないが、第4.4.5条第e項における公正価値会計の適用による未実現純利益に関する繰延税金負債を対象外とする規定は、企業結合に起因する繰延税金負債を包括的に対象外とする規定ではない。当該規定は、市場性ある有価証券など定期的に公正価値を用いて計上される資産および負債の未実現純利益に係る繰延税金負債を対象外とするものである。したがって、取引後において公正価値会計が適用されることになる資産および負債の帳簿価額に対して行ったパーチェス法による調整について繰延税金負債が生じる場合には、当該繰延税金負債には第4.4.5条第e項が適用されることになる。しかしながら、原価法を用いて計上される棚卸資産や、マーケティング無形資産に関して（パーチェス法による調整に関する）繰延税金負債が生じる場合には、当該繰延税金負債は、リキャプチャー対象外引当には該当しない。

第h項

61. 第h項は、買収対象者が一方または双方のMNEグループの親事業体としてIIRを適用することが求められる状況における取扱いを定めている。第h項は、買収対象者がMNEグループごとに計算される当該買収対象者自身に対するLTCEに係るトップアップ税額の配分額に対して、IIRを別々に適用しなければならないことを定めている。したがって、このルールは、買収対象者があるLTCEに対して所有者持分を有しており、かつ、MNEグループの一方もしくは双方に適用されるトップダウンアプローチまたは分割所有ルールに基づいてIIRを適用することが求められる親事業体である場合に適用される。

62. 買収対象者が所有者持分を有する構成事業体がLTCEに該当するか否かの判定は、当該買収対象者が離脱したMNEグループと加入したMNEグループの双方について別々に行わなければならない。買収対象者が所有者持分を保有する構成事業体がLTCEに該当するか否かは、国・地域ブレンディングの結果に基づいて判定されることになる。つまり、各MNEグループが所有する他の構成事業体で、買収対象者が所有者持分を保有する構成事業体と同じ国・地域に所在するものの租税および所得の額が、当該国・地域のETRに影響を及ぼし、結果として、買収対象者がLTCEの所有者持分を有しているとみなされるか否かに影響を与えることになる。実際、同一の構成事業体が処分側のMNEグループではLTCEに該当するが、取得側のMNEグループではLTCEに該当しない場合があり、その逆もある。これは、例えば、一方のMNEグループにおいて、同じ国・地域に高い税率で課税されている構成事業体があり、結果として買収対象者が所有者持分を保有する構成事業体が軽課税となるのを

回避できてしまう場合に起こりうる。この結果はGloBEルールの基本方針または原則と整合している。なぜなら、構成事業体の租税属性は、関係するMNEグループごとに二つの異なる計算の対象となるからである。

63. 同様に、買収対象者がIIRを適用することが求められる親事業体であるか否かは、各MNEグループの事実に基づき判断しなければならない。買収対象者が中間親事業体であり、取引当事者である双方のMNEグループのUPEが双方とも適格IIRを有する国・地域に所在する場合には、当該買収対象者は第2.1.3条第a項に基づきIIRを適用する必要はないことになる。しかしながら、一方のUPEのみが適格IIRを有する国・地域に所在する場合においては、IIRの適用対象とならないUPEを有するMNEグループに関して当該買収対象者はIIRを適用することが求められる可能性がある。別の言い方をすれば、第2.1.3条第a項は、適格IIRの適用対象となるUPEを有するMNEグループについては、当該買収対象者に適用されるIIRを無効とするが、適格IIRの適用対象とならないUPEを有するMNEグループについては無効としないということになる。いずれのUPEも適格IIRを有する国・地域に所在していない場合には、買収対象者は、MNEグループごとに計算される当該LTCEに係るトップアップ税額の当該買収対象者への配分額（もしあれば）について、IIRを適用することが求められる可能性がある。

第6.2.2条

64. 第6.2.2条は、第6.2.1条の例外を定めており、GloBEルール上、取引の形態にかかわらず、資産および負債の取得および処分について一貫した取扱いを行うことを目的としている。第6.2.2条が適用される場合、売主はその所有者持分を売却するものとして取り扱われ、その売却による損益は、売主が所在する国・地域において第3.2.1条第c項の適用により除外されることになる。同時に、買収対象者は当該取引について、当該売主が受領した対価と引き換えに、当該買収対象者の資産および負債を取得側のMNEグループに譲渡するという第6.3.1条の適用対象となる資産・負債の譲渡取引を行ったものとして取り扱うこととされる。当該買収対象者の資産および負債の売却による損益および対象租税は、当該買収対象者のGloBE所得・損失および調整後対象租税の計算に含められるとともに、取得日を含む会計年度における当該買収対象者が所在する国・地域に係る処分側のMNEグループのETRの計算にも含められることになる。この取扱いにより、買収対象者の資産および負債の売却として取り扱われる譲渡による損益は、所有者持分の売主が所在する国・地域ではなく、国内法上そのような取扱いをする国・地域に係る処分側のMNEグループのETRの計算に含まれることになる。

65. 第6.2.2条は、買収対象者である構成事業体が所在する国・地域が、当該買収対象者に対する支配持分の取得または処分を税務上、当該買収対象者が所有する資産および負債の取得および処分とみなし、かつ、当該売主による資産のみなし処分から生じる損益に対象租税を課している場合に適用される。第6.2.2条には、買収対象者が所在する国・地域が当該買収対

象者の資産の税務簿価と負債の金額、売主に対して支払われた対価または当該資産および負債の公正価値との差異について、当該売主に対し対象租税を課す場合が含まれる。

66. 買収対象者を支配していなかった構成事業体が当該買収対象者に対する支配を獲得できるだけの所有者持分を取得した場合に、支配持分を取得したということになる。第6.2.2条の規定では、構成事業体が支配を獲得する取引においてその所有者持分のすべてを取得することまでは求められていない。したがって、所有者持分を取得することは、たとえ小さい規模の取得であったとしても、既に当該構成事業体が保有していた所有者持分と合算すると、結果として支配持分の取得につながることがある。いったん構成事業体が支配持分を有することになった場合、当該買収対象者の所有者持分を追加的に取得したとしても、支配持分の取得には該当しない。しかしながら、当該買収対象者が所在する国・地域の国内法によっては、一の取引または一連の関連する取引により支配が獲得された場合には、当該取引を(当該買収対象者による)資産の売却として取り扱うことがある。

67. 第6.2.2条の適用には、二つの要件がある。第一の要件は、買収対象者である構成事業体が所在する国・地域が、税務上、その取引を当該買収対象者が有する資産および負債の取得または処分もしくはそれに類するものとして取り扱っていることである。この要件には買収対象者である構成事業体が所在する国・地域が、当該買収対象者に対する支配持分が取得された時に、当該買収対象者が税務上の連結納税グループのメンバーになったことを理由に、税務上、当該買収対象者の資産および負債を当該国・地域に所在する別の構成事業体の一部を構成するものとして認識する場合も含まれる。

68. 第二の要件は、当該買収対象者である構成事業体の所在国・地域が、当該買収対象者に対する支配持分の売主に対して、当該買収対象者が所有する資産の税務簿価および負債の金額と当該売主が支配持分と引き換えに受領した対価との差異、または当該買収対象者の資産および負債の税務上の帳簿価額と当該資産および負債の公正価値との差異に対して対象租税を課すことである。第二の要件は、買収対象者が所在する国・地域が、売主が受領した対価と当該買収対象者が有する資産および負債の税務上の帳簿価額との差異について、当該売主に対して対象租税を課すことになる場合には充足されることになる。第二の要件は、買収対象者が所在する国・地域が、当該買収対象者が所有する資産および負債の公正価値と当該資産および負債に係る当該買収対象者の税務上の帳簿価額との差異に対して、当該売主に対して対象租税を課すことになる場合にも充足され得る。要するに、対象租税は、買収対象者の資産および負債の「税務上の帳簿価額」を参照して計算される利得に基づいて課されていなければならないということになる。

第6.3条　資産および負債の移転

69. 第6.3条は、資産および負債の処分から生じる利得または損失を認識するか否かに関するルールと、通常の取得または処分の場合およびGloBE組織再編(売主がその利得(または損

失)の全部または一部について課税されない取引)に関連して行われる取得または処分の場合の双方に関して取得した資産および負債の帳簿価額の計算に関するルールを定めている。

70. 第6.3.1条は、個別で行われるか、事業の取得または処分の一環として行われるかを問わず、資産および負債のあらゆる取得および処分に適用される原則的なルールを定めている。第6.3.2条と第6.3.3条は、GloBE組織再編の一環として行われる資産および負債の取得および処分に適用される規定を定めている。第6.3.2条と第6.3.3条は、第10.1条の定義に規定されているGloBE組織再編に該当する国内取引とクロスボーダー取引の双方に適用される。GloBE組織再編の定義については、第10.1条のコメンタリーにおいて論じられている。第6.3.1条、第6.3.2条および第6.3.3条の規定の適用においては、処分側の構成事業体と取得側の構成事業体が同一のMNEグループに属している必要はなく、また取引の相手方が、GloBEルールの適用を受けるMNEグループに属する構成事業体であるか否かを問うものではない。

第6.3.1条

71. 第6.3.1条は、GloBE組織再編の一環として行われない資産および負債の取得または処分に関連する規定である。本条は、処分側の事業体と取得側の事業体の双方に係る財務会計上の取扱いに従っている。財務会計上のルールでは、原則として、売主は資産および負債の処分から生じる利得または損失を認識するとともに、取得者は、資産の公正価値である取得価額を用いて取得時の資産および負債を測定することが求められている。したがって、GloBEルール上、処分側の事業体はそのGloBE所得・損失の計算に資産および負債の処分から生じる利得または損失を含めなければならず、取得側の事業体は、そのUPEの連結財務諸表の作成に用いられる財務会計基準に基づき計算される調整後帳簿価額を用いなければならない。

72. 第6.2.2条が適用される譲渡において、取得した資産および負債に係るGloBEルール上の帳簿価額は、売却側のMNEグループが当該資産および負債に係る利得または損失をGloBE所得・損失の計算に含めている限りにおいて、当該資産または負債の公正価値に基づき計算される。公正価値に基づく調整が当該事業体の財務諸表またはMNEグループの連結財務諸表に反映されているか否かにかかわらず、取得年度およびその後の会計年度における取得側の事業体のGloBE所得・損失の計算は、当該取得時の公正価値に基づいて行われなければならない。

73. 取得側の事業体は、適用される財務会計基準に基づき、のれんやその他の無形資産など処分側の事業体の財務諸表では認識されていなかった資産および負債を認識することを求められる場合がある。さらに、取得側の事業体は、適用される財務会計基準に基づき、負ののれんによる利得を認識することを求められる場合がある。そのような場合、無形資産の償却または負ののれんによる利得は、取得側の事業体の財務会計上の純損益に含まれる範囲内で、GloBE所得・損失の計算に含まれることになる。

73.1. 第6.3.1条に記載されているMNEグループの構成事業体間の取引において、処分側の構成事業体のGloBE所得・損失は、第3.2.3条に従って計算される。第3.2.3条の独立企業原則は、MNEグループが構成事業体間の取引を時価ではなく、処分側の構成事業体の帳簿価額で会計処理するか否かにかかわらず適用される。包摂的枠組みは、MNEグループのグループ内取引の会計処理に起因する二重課税の可能性を回避するために、取得側の構成事業体に対して、簡素化を含むさらなるガイダンスを策定する予定である。

第6.3.2条

74. 第6.3.2条は、GloBE組織再編の一環として行われる資産および負債の取得または処分に関する原則的な取扱いを定めている。第6.3.2条は、GloBEルールを国内法に基づく組織再編に係る課税繰延べの取扱いと整合させている。GloBE組織再編の定義に規定する第b項および第c項の要件は、国内法に基づく再編または取引に係る税務上の取扱いに関連するものである。当該第b項および第c項は譲渡者/処分側の事業体と譲受人/取得側の事業体の税務上の取扱いを考慮したものであり、当該取引がGloBE組織再編に該当するためには当該第b項および第c項双方の規定を充足しなければならない。純粋な国内の再編または取引では、譲渡者/処分側の事業体と譲受人/取得側の事業体の取扱いは、通常、一貫したものになり、クロスボーダーの再編または取引においても一貫したものとなる場合もある。しかしながら、クロスボーダーの再編または取引では、常に一貫した取扱いになるとは限らない。

75. 第6.3.2条第a項においては、処分側の構成事業体はGloBEルール上、資産および負債の譲渡から生じる利得または損失を認識しないことが規定されている。第6.3.2条第b項に従って、取得側の構成事業体の将来の損益は、取得資産および負債に係る取得価額に基づく税務簿価(historical carrying value)に基づいて計算される。当該構成事業体は、取得資産および負債に係る取得価額に基づく税務簿価を参照し、GloBE所得・損失の計算を裏付けるための会計記録を保持しなければならない。

第6.3.3条

76. 第6.3.3条は、GloBE組織再編によって処分側の事業体の所在する国・地域の国内法に基づき非適格譲渡損益が認識される場合を適用対象としている。例えば、包摂的枠組み参加国・地域における税法において、当該取引がGloBE組織再編に相当するものとして取り扱われるためには、その対価の一部として支払うことが認められる資本持分以外の対価の金額に上限がある場合などがこれに該当する可能性がある。当該上限を超えて支払われた金額は課税対象となる対価に該当し、当該支払によって当該組織再編に伴って譲渡された資産に係る利得または損失を認識しなければならない可能性がある。

77. そのようなGloBE組織再編について、第6.3.3条は、処分側の構成事業体は非適格譲渡損益の範囲内で利得または損失をGloBE所得・損失の計算に含めなければならないことを定めている。つまり、財務諸表に計上されている利得または損失の額とGloBE組織再編から生じ

る課税対象となる利得または損失の額のいずれか小さい方がGloBE所得・損失の計算に含まれることになる。さらに、取得側の構成事業体は、当該取得資産および負債の帳簿価額について当該非適格譲渡損益に対応する額を増減させる。GloBEルール上の帳簿価額の増減額については、取得側の構成事業体に適用される税法に基づきそれらの資産の増減と整合する方法で、当該取得した資産および負債に対して配分しなければならない。例えば、取得側の構成事業体が、国内税法上、（処分側の構成事業体における）課税対象となる利得の計上に起因して税務上の帳簿価額を増額することになる場合に、まず償却可能資産に当該資産の含み益の金額を限度に配分し、次に棚卸資産およびその他の流動資産に配分することが求められる場合には、GloBEルール上も同様に配分しなければならない。しかしながら、GloBEルール上、非適格譲渡損益を超えて、資産および負債の帳簿価額を増減させることは認められない。

第6.3.4条

78. 構成事業体は、様々な理由からその資産の税務簿価およびその負債の税務上の金額を調整することを求められるまたは認められる場合がある。おそらく最も典型的な状況は、構成事業体がクロスボーダーの組織再編または事業体の税務上の居住地国の変更に伴って出国税を課される場合である。さらに、構成事業体は、税務上の連結グループに加入するまたはそこから離脱する場合に、その資産および負債の一部または全部の税務上の帳簿価額または金額を調整することを求められる場合もある。あるいは、構成事業体（またはその所有者）は、資産の税務上の帳簿価額および負債の税務上の金額を調整する選択を行うことが認められる場合もある。こうした国内税法で求められる調整は、通常、資産または負債の公正価値に基づいて行われるが、常にそうであるとも限らない。

79. 第6.3.4条は、こうした状況において、GloBEルール上の結果と国内税法に基づき適用される結果を整合させることを目的とする選択をMNEグループに認めている。第6.3.4条に基づく選択を行った場合、当該構成事業体は、GloBEルール上、利得または損失を認識し、その資産および負債の帳簿価額を調整する。ただし、この選択は、構成事業体による資産の通常の売却（例えば、棚卸資産の売却）や移転価格の調整には適用されない。また、第6.2.1条が適用される構成事業体に対する支配持分の取得に関連して本条に基づく選択を行った場合においても、当該選択は売主が第3.2.1条第c項の適用を受けることに関して影響を及ぼすことはない。

80. 第a項に基づくと、GloBE所得・損失の計算に含められる各資産または負債に係る利得または損失は、まず、第i号に基づき、税務上の調整の起因となった事由（起因事由）の発生日の直前における資産または負債の財務会計上の帳簿価額と、当該起因事由の直後における当該資産または負債の公正価値との差額に基づいて計算される。起因事由が生じる前における当該資産または負債の帳簿価額は、当該会計年度開始の日における当該資産または負債の帳簿価額から当該起因事由までの減価償却費またはその他の評価に基づく調整額を差し引くことで計算することができる。起因事由がある構成事業体の所有者持分の取得である場合、

当該構成事業体のすべての資産および負債の公正価値は、概ね、当該所有者持分の取得価額と等しくなる。起因事由は、GloBE組織再編の結果として、またはそれに関連して生じる可能性があるため、第ii号の適用により、第i号に基づき計算された利得（または損失）の額を、非適格譲渡損益として既に認識された利得（または損失）の額だけ減額（または増額）することになる。このようにして、第ii号は、第6.3.3条に基づきGloBE所得・損失の計算に既に含まれている非適格譲渡損益について、第6.3.4条の適用により当該利得または損失が重複して考慮されることがないようにしている。

81. 第b項に従い、構成事業体は、当該資産および負債の時価を用いて、起因事由が生じた後に終了する各会計年度に係るGloBE所得・損失を計算する。GloBE所得・損失の計算に用いられる時価は、連結財務諸表において用いられている財務会計基準に従って計算された資産の時価である。

82. 第c項では、第a項に基づき計算された構成事業体のすべての資産および負債に係る純損益は、起因事由が生じた会計年度におけるGloBE所得・損失の計算に含めるか、当該起因事由が生じた会計年度から開始する連続する5会計年度にわたり按分して計上することが認められている。純損益の総額を5会計年度にわたり按分して計上しているときに、当該構成事業体が当該5年の期間の終了前にMNEグループから離脱することになる場合には、当該純損益の残額については、当該構成事業体がMNEグループから離脱した会計年度に繰り上げて認識しなければならない。

第6.4条　ジョイントベンチャー（JV）

83. MNEグループが実施する一般的な事業行為に、第三者とのJVの設立がある。一般に、財務会計上、JVは複数の者または事業体によって共同で支配される企業である。当該企業は一の者によって独占的に支配されるわけではないため、当該企業の財務会計上の結果は、いずれの所有者にも項目ごとに連結されることはない。代わりに、JVの財務成績は、通常、複数のMNEグループが持分法を用いてそれぞれの連結財務諸表において報告されることになる。特別のルールがなければ、当該会計処理によりJVはGloBEルールの適用範囲から除外されることになる。なぜなら、JVは第1.3条の構成事業体の定義（項目ごとに連結される事業体であること）を満たさないからである。したがって、GloBEルールの適用対象である二つのMNEグループがあるJVの所有者持分を50％ずつ保有している場合、第6.4条がなければ、いずれのMNEグループも当該JVの所得に対するその持分についてGloBEルールの適用を受けないことになる。

84. 第6.4条により、GloBEルールの適用範囲は、あるMNEグループのUPEが所有者持分の50％以上を保有している事業体（GloBEルール上、そのような事業体はJVである）に拡大されている。これにより、あるMNEグループのUPEが直接または間接に保有している出資比率50対50のJVの所得のすべてがGloBEルールの適用対象になるとともに、当該MNEグループ

が(当該JVに対する支配権を有していない場合であっても)所有者持分の50%以上を保有しているあらゆるベンチャー事業に対してもGloBEルールが適用されるようになる。ただし、第6.4条は、JVまたはそのJV子会社に対してIIRまたはUTPRを直接適用することは求めておらず、MNEグループに対して、軽課税国・地域に所在するJV(またはそのJV子会社)に関してトップアップ税額を計算し、その結果生じるトップアップ税額をIIRまたはUTPRに基づき当該MNEグループ内の構成事業体に配分することを求めている。

第6.4.1条

85. 第6.4.1条は、MNEグループが連結財務諸表において報告しているJVに適用される特別ルールである。GloBEルール上のJVの定義は、会計ルールにおいて一般に用いられている定義とは異なっている。第10.1条において、JVは、UPEがその所有者持分の50%以上を直接または間接に保有しているが、当該MNEグループの連結財務諸表において持分法によりその財務数値が報告されている事業体と定義されている。したがって、UPEがある事業体の所有者持分を50%未満しか保有していないときに、当該事業体が当該MNEグループによって共同支配されているため財務会計上はJVとみなされる可能性がある場合であっても、当該事業体はGloBEルール上JVに該当しない。同様に、会計ルール(例えば、IAS第28号(IFRS財団、2022[2]))において一般に「関連会社」と呼ばれ、同じく持分法を用いて報告される事業体も、UPEが50%の所有基準を満たさないため、通常はGloBEルール上のJVの定義を満たさないことになる。後者の場合には、MNEグループは共同支配の代わりに当該事業体に対して重要な影響力を持っていることになり、会計ルール上は、このことが「関連会社」とJVの相違点である(注3)。しかしながら、そのような要素はGloBEルール上JVの定義においては決定的なものではない。

86. ある事業体が除外事業体である場合、またはMNEグループが保有する当該事業体の所有者持分が除外事業体によって直接保有されている場合、当該事業体は、GloBEルール上、JVとはみなされない。また、ある事業体が既にGloBEルールの適用対象となっているMNEグループのUPEである場合、当該事業体はJVの定義から除外される。なぜなら、そのようなグループは第1.1条に定める連結収入基準を満たしているからである。

87. また、第6.4.1条は、JVによって支配されている事業体(JV子会社)の所得にもGloBEルールの適用を拡大している。JVとそのJV子会社は、JVグループを構成する。JVグループのメンバーは、第2章における課税規定を適用することを求められていない。ただし、国・地域別ETRおよびトップアップ税額の計算上、それらの事業体は(当該JVグループの)構成事業体であるかのように取り扱われる。

88. 第6.4.1条により、JVとその子会社はGloBEルールの適用範囲に含まれることになるが、JVとその子会社に対するUPEの持分割合についてのみ適用されることになる。JVがLTCEである場合、GloBEルールは、構成事業体に適用されるのと同様の方法で適用される。ただし、第6.4.1条において、JVまたはそのJV子会社はIIRまたはUTPRを適用することを求めら

れてはいない。

第a項

89. 第a項は、JVとそのJV子会社のトップアップ税額を計算するための特別な規定を定めている。本項は、JVグループのトップアップ税額は第3章から第7章および第8.2条に従って、当該JVグループのメンバーが別個のMNEグループの構成事業体であり、かつ、当該JVがその当該グループのUPEであるものと仮定して計算することとしている。つまり、実質ベースの所得除外とGloBEセーフハーバーに関する規定を含むトップアップ税額の計算に関するGloBEルールの第3章から第7章および第8.2条に含まれるすべての規定が、当該JVグループのメンバーに適用されることを意味する。ただし、第5章に基づくJVグループのトップアップ税額の計算は、JVが別個のMNEグループのUPEであると仮定して行われることになる。したがって、例えば、当該JVグループの連結財務諸表の作成に用いられる財務会計基準は、UPEではなくJVの財務会計基準であり、当該JVとそのJV子会社のGloBE所得・損失および対象租税は、当該JVに係る国・地域別ETRの計算上（または当該JVの計算を取り込むことになるMNEグループの国・地域別ETRの計算上）、当該MNEグループの構成事業体とは合算されない。最後に、第9.1条および第9.2条の移行ルールは、それらの規定が第4章および第5章の規定を補完するものであることから、JVに対しても適用される。MNEグループがJVグループのメンバーに係る国・地域別ETRを計算する場合には、当該MNEグループの構成事業体の財務諸表に計上された調整後対象租税のうち当該JVグループのメンバーのGloBE所得・損失に関する税額は、第4.3条における調整後対象租税の配分に関する規定に基づき当該JVグループのメンバーに配分されることを考慮するものとする。

第b項

90. 第b項は、JVとJV子会社のトップアップ税額に関する親事業体によるIIRの適用について定めている。第b項は、JVまたはJV子会社の所有者持分を保有している親事業体にのみ適用される。本項によって、当該親事業体は、第2.1条から第2.3条に従って、IIRを適用することが求められている。つまり、UPEとその他の親事業体は、トップダウンアプローチと分割所有ルールに従ってIIRを適用することが求められていることを意味する。

91. IIRを適用するUPEまたはその他の親事業体は、自らに対するトップアップ税額の配分額に基づいてJVまたはJV子会社のトップアップ税額を配分しなければならない。例えば、H社が、第10.1条に定義されるJVであるJV社の所有者持分の50%を保有しているものとする。JV社は、Sub社（第10.1条に定義されるJV子会社）の所有者持分の80%を保有しているものとする。JV社とSub社はどちらもLTCEであり、それぞれに100のトップアップ税額があるものとする。UPEに対するJV社のトップアップ税額の配分額は、50である（100×50%）。UPEに対するSub社のトップアップ税額の配分額は、40である（100×50%×80%）。

第c項

92. 最後に、第c項は、UTPRがJVに関してどのように適用されるかを定めている。実際には、UPEまたはその他の親事業体が第b項に従ってJVグループトップアップ税額に対して適格IIRを適用していない場合にのみ、当該JVグループのメンバーに対してUTPRが適用されることになる。第c項は、JVグループトップアップ税額を、既にIIRに基づき課税された金額だけ減額した上で、（当該MNEグループの）UTPRトップアップ税額の総額に加算することを求めている。

93. JVグループトップアップ税額という用語は、第10.1条において、UPEに対して割り当てられたJVグループの全メンバーに係るトップアップ税額の配分額と定義されている。当該金額は、当該UPEに対するJVまたはそのJV子会社のトップアップ税額の配分額に基づいて計算される。例えば、UPEが、第6.4条の適用を受けるJVであるJV社の所有者持分の50%を保有しているものとする。JV社は、Sub社（同じく、第6.4条の適用を受けるJV子会社）の所有者持分の80%を保有しているものとする。JV社とSub社はどちらもLTCEであり、それぞれに100のトップアップ税額があるものとする。この場合、JVグループトップアップ税額は90となる（JV社のトップアップ税額50とSub社のトップアップ税額40）。

94. すべてのトップアップ税額が第b項に基づき配分される場合、JVグループトップアップ税額はゼロとなるため、第c項が適用されることはない。第b項の適用によっても課税されないトップアップ税額がある場合には、当該課税されない金額については、第2.5.1条で規定されているUTPRトップアップ税額の総額に加算されることとなり、UTPRの適用のもとで配分される。

第6.5条　複数の最終親事業体（UPE）を持つMNEグループ

95. 第6.5条は、複数のグループが、二元上場の取決めまたはステープルストラクチャーに基づきそれらのグループの財務業績を単一の経済単位として表示する連結財務諸表を作成している場合をその対象としている。本条の規定は、GloBEルールが単一のUPEを有するグループに適用されるのと同じ方法でこれらのストラクチャーに適用され、統合されたMNEグループの構成事業体間でトップアップ税額が適切に配分されるようにするものである。複数のUPEを持つMNEグループは、複数のグループから構成され、そのUPEがステープルストラクチャーまたは二元上場の取決めに該当する取決めを締結しているものをいう。複数のUPEを持つMNEグループ、二元上場の取決めおよびステープルストラクチャーという用語は、第10.1条において定義されている。

96. GloBEルールは、MNEグループにのみ適用されるため、複数のUPEを持つMNEグループの定義においては、統合されたグループの少なくとも一つの事業体またはPEが、当該統合されたグループの残りの事業体とは異なる国・地域に所在していることが求められてい

る。「統合されたグループ」という表現は、二つの国内グループが別の国・地域に所在する事業体の所有者持分を保有しているものの、それらのグループが統合されたグループとして活動する場合にのみ当該事業体に対する支配持分を保有していることとなる状況に対応するために定義の中に含められたものである。例えば、二つの別の国内グループが異なる国・地域に所在する事業体(または、異なる国・地域に所在するPEを有する国内事業体)の所有者持分の50%ずつを保有している場合がある。この場合、当該事業体は、各グループにおいてそれぞれJVとして取り扱われることになる。しかしながら、複数のグループのUPEがステープルストラクチャーまたは二元上場の取決めを締結している場合、当該JVは当該統合されたグループの構成事業体となり、当該事業体が異なる国・地域に所在しているために当該統合されたグループは複数のUPEを持つMNEグループとなる。

97. ステープルストラクチャーとは、UPEの所有者持分の50%以上が、あたかも単一の事業体の所有者持分であるかのように一体化されている取決めをいう。一体化された所有者持分は、独立して譲渡または売買できないように(所有の形態、譲渡制限その他の条件を通じて)結合されている。証券取引所に上場されている一体化された所有者持分は、当該証券取引所において、結合された所有者持分として単一価格で値付けされている。また、ステープルストラクチャーの定義上、UPEの一つが、複数のグループのすべての事業体の資産、負債、収益、費用およびキャッシュフローを単一の経済単位として合算して表示する連結財務諸表を作成することが求められている。

98. 複数のUPEを持つMNEグループの定義によってその適用の対象とされるもう一つの取決めは、二元上場の取決めである。二元上場の取決めとは、複数のUPEがそれらの事業を単一の事業体の所有または支配下に置くのではなく、契約を通じてそれらの事業を統合する取決めをいう。二元上場の取決めのもとでは、各UPEは均等化契約(equalization agreement)などの契約に従って一定の割合でその所有者に分配を行うとともに、統合されたグループの活動は、それらが単一の経済的事業体によって行われたかのように一体として管理されることになる。ステープルストラクチャーの定義と同様、二元上場の取決めの定義上も、UPEが、当該グループのすべての事業体の資産、負債、収益、費用およびキャッシュフローを単一の経済単位として合算して表示する連結財務諸表を作成することが求められている。ただし、ステープルストラクチャーとは対照的に、二元上場の取決めに基づくそれぞれのUPEの所有者持分は、異なる資本市場において別々に値付けされ、取引または譲渡される。

99. ステープルストラクチャーおよび二元上場の取決めは双方ともにその定義上、規制制度に従って外部監査の対象となる連結財務諸表を作成しなければならない。つまり、いずれかのUPEが、許容された財務会計基準に従って連結財務諸表を作成している場合で、当該財務会計基準に従い当該連結財務諸表に当該事業体の財務状態および財務業績を適正に表示することが求められ、かつ、当該連結財務諸表が当該UPEの所在する国・地域の監査基準審議会によって公表された監査基準に従って外部の職業監査人の監査を受けている場合には、

この要件を充足する。

第6.5.1条

100. 第6.5.1条は、いくつかの項に分かれており、それぞれの項において、複数のUPEを持つMNEグループに特別に適用される異なる規定が定められている。

第a項

101. 第a項は、各グループの事業体と構成事業体は、GloBEルールの適用上、単一のMNEグループのメンバーであるものとみなして取り扱われることを定めている。この項において「事業体」と「構成事業体」が言及されているのは、二つの目的からである。第一の目的は、統合されたグループの構成範囲を決定することにある。第1.2.2条同様、事業体が構成事業体であるか除外事業体であるかを問わず、すべての事業体を当該構成範囲の決定の対象としている。これは、第1.1条に規定する連結収入基準を適用する上で重要となり、統合されたグループのメンバーが除外事業体に該当するか否かにかかわらず、それらの事業体の収入金額を含めることとになる。第二の目的は、複数のUPEを持つMNEグループの構成事業体を特定することにより、GloBEルールにおける各種の計算ルールを適用できるようにすることにある。この項に基づき、各グループの構成事業体（PEを含む）は、当該複数のUPEを持つ単一のMNEグループの構成事業体して取り扱われる。

第b項

102. 第b項は、事業体（除外事業体を除く）が、複数のUPEを持つMNEグループに項目ごとに連結されている場合、またはその支配持分がそのようなグループの事業体によって保有されている場合には、当該事業体は複数のUPEを持つMNEグループの構成事業体として取り扱われることを定めている。第b項の目的は、各グループを別々に判定したならば構成事業体の定義を満たさない事業体であっても、複数のUPEを持つMNEグループの連結財務諸表においては項目ごとに連結されている事業体について構成事業体として取り扱うことにある。また、複数のUPEを持つMNEグループによって項目ごとに連結されていない事業体であっても、当該事業体に対する支配持分が当該複数のUPEを持つMNEグループの事業体によって保有されている場合には、当該事業体は構成事業体とみなされることになる。例えば、MNEグループ1とMNEグループ2が一体となって、複数のUPEを持つMNEグループを構成しているものとする。各MNEグループのUPEは、ある事業体の所有者持分を50％ずつ保有しているものとする。各MNEグループがGloBEルール上別々のグループとして取り扱われるとした場合には、当該事業体の財務業績は持分法を用いて報告されるため、当該事業体はJVとして取り扱われることになる。しかしながら、複数のUPEを持つMNEグループとしては当該事業体に対する支配持分を一体として保有しているため、当該事業体は項目ごとに連結されることになり、当該複数のUPEを持つMNEグループの構成事業体とみなされることになる。当該事業体が項目ごとに連結されていない場合でも、当該事業体に対する支配持分

が複数のUPEを持つMNEグループの事業体によって保有されているため、当該事業体は構成事業体とみなされる。例えば、各MNEグループが当該事業体に対する支配持分の30%ずつを保有する場合にも同様のことが当てはまる。

第c項

103. 第c項は、複数のUPEを持つMNEグループの連結財務諸表は、ステープルストラクチャーまたは二元上場の取決めの定義において言及されている連結財務諸表であると定めている。したがって、ステープルストラクチャーに基づき作成された複数のUPEを持つMNEグループの連結財務諸表は、ステープルストラクチャーの定義の第b項において言及されているものをいう。同様に、二元上場の取決めに基づき構成された複数のUPEを持つMNEグループの連結財務諸表は、二元上場の取決めの定義の第e項において言及されているものをいう。これらの財務諸表は、GloBEルールの適用上用いられる連結財務諸表の定義を満たすものでなければならない。また、第c項の最後の部分で、UPEの財務会計基準について言及される場合には常に、複数のUPEを持つMNEグループがその統合された連結財務諸表を作成するために用いる財務会計基準が当該UPEの財務会計基準とみなされることが明らかにされている。

第d項

104. 第d項では、複数のUPEを持つMNEグループを構成する各グループのUPEは、当該複数のUPEを持つMNEグループのUPEとみなされることが明らかにされている。本項はUPEが複数存在することを明確する点において重要である。また、第d項の最後のカッコ書きの文言は、GloBEルールにおいてUPEが言及されている場合に、複数のUPEを持つMNEグループのそれぞれのUPEを指していることを明らかにしている。

第e項

105. 第e項では、複数のUPEを持つMNEグループのUPEは、第2.1条から第2.3条に従って、当該UPEに係るLTCEのトップアップ税額の配分額について、IIRを適用しなければならないことが規定されている。つまり、第2.1条に基づき、それぞれのUPEは、その所在する国・地域においてトップダウンアプローチに基づきIIRを適用することが求められていることを意味する。また、これは、分割所有ルールも適用されることを意味している。ただし、ある事業体がPOPEに該当するかどうかの判断においては、当該事業体に対する双方のUPEが保有する所有者持分を考慮しなければならない。

106. 例えば、MNEグループ1がSub社の所有者持分の60%を保有しており、残りの40%はMNEグループ2が保有しているものとする。両グループは、複数のUPEを持つMNEグループの一部を構成している。Sub社は、あるLTCEの所有者持分のすべてを保有しているものとする。各MNEグループを別々に評価したとすれば、Sub社は、その所有者持分の20%超がMNEグループ1の構成事業体ではない者によって保有されているため、第10.1条に基づき

MNEグループ1のPOPEに該当することになる。しかしながら、MNEグループ1とMNEグループ2は単一のMNEグループとみなされることを踏まえると、Sub社の所有者持分の100%が構成事業体によって保有されていることになるため、Sub社はPOPEの定義を満たさないこととなる。この場合、MNEグループ1とMNEグループ2のUPEは、双方のUPEに対するトップアップ税額の配分額(それぞれ60%と40%)に基づいてIIRを適用することになる。

107. 複数のUPEを持つMNEグループのUPEのうち一つだけが適格IIRの適用を受けることもあり得る。そのような場合、第2.1.3条に基づくトップダウンアプローチの適用は、複数のUPEを持つMNEグループの法的な所有構造によって決まることになる。例えば、複数のUPEを持つMNEグループによって保有されている中間親事業体の所有者持分のすべてが、適格IIRの適用を受けるUPEによって保有されている場合、第2.1.3条第a項の適用によって、当該中間親事業体は、IIRを適用する義務を負うことはない。しかしながら、双方のUPEが当該中間親事業体に対する所有者持分を保有している場合、当該UPEの一つは適格IIRの適用を受けないため、第2.1.3条第a項は適用されない。後者の場合においては、中間親事業体は、当該中間親事業体のLTCEのトップアップ税額の配分額に基づいてIIRを適用することを求められ、適格IIRの適用を受けるUPEは、第2.3条に従って当該UPEに対する当該LTCEのトップアップ税額の配分額を減額することになる。

108. 第6.5条は、第2.2条に従って行われる各UPEに対するLTCEのトップアップ税額の配分額の計算に影響を及ぼさない。このことは、複数のUPEを持つMNEグループのUPEの間でその子会社の利益を共有する取決めを行っている場合であっても、当該UPEに適用される。

第f項

109. 第f項においては、複数のUPEを持つMNEグループのすべての構成事業体が、第2.4条から第2.6条に従って、UTPRを適用しなければならないことが規定されている。また、本項では、複数のUPEを持つMNEグループのメンバーであるいかなるLTCEについてもトップアップ税額を計算し、UTPRの適用上当該トップアップ税額を考慮しなければならないことが明らかにされている。つまり、第9.3条などの他の関連する規定を考慮に入れた上で、複数のUPEを持つMNEグループのすべてのメンバーのトップアップ税額を合計することで、当該複数のUPEを持つMNEグループ全体について単一のUTPRトップアップ税額を計算することを意味する。また、このことは、ある事業体が(本規定の適用がなければ)複数のグループのうち一つのグループだけの構成事業体であったとしても、(本規定の適用により)当該事業体が他のグループの構成事業体のトップアップ税額についてもUTPRを適用しなければならない可能性があることを意味する。

第g項

110. 最後に、第g項では、すべてのUPEが第8.1条に従ってGloBE情報申告書を提出することを求められることが明らかにされている。本条には例外規定が定められており、当該UPEのいずれかまたは複数のUPEを持つMNEグループの他の構成事業体を単一の指定申告事業

体として指名することが認められている。また、第g項では、GloBE情報申告書には複数のUPEを持つMNEグループを構成するすべてのグループの情報を記載しなければならないことが規定されている。第8章において求められる情報については、すべてのグループが単一のMNEグループであるかのように報告しなければならない。第g項は、例えば、指定現地事業体または適格な権限ある当局間協定を有する国・地域に所在するUPEもしくは指定申告構成事業体がGloBE情報申告書を提出しない場合には、その国・地域に所在するすべての構成事業体がGloBE情報申告書を提出する義務を負う点など、上記例外規定以外には第8.1条の規定に変更を加えていない。

参考資料

IFRS Foundation (2022), International Financial Reporting Standards, https://www.ifrs.org/.[2]

注記事項

1 第6.2.1条第e項の適用については、第2の柱のGloBEモデルルールに関するコメンタリーの事例集において解説されている。https://www.oecd.org/tax/beps/tax-challenges-arising-from-the-digitalisation-of-the-economy-global-anti-base-erosion-model-rules-pillar-two-examples.pdf.
2 企業結合に関連して生じる繰延税金資産および繰延税金負債は、被取得構成事業体がMNEグループに加入する前に存在していた当該構成事業体の繰延税金資産および繰延税金負債とは区別されなければならない。
3 例えば、IFRSでは、共同支配とは、ある取決めに対する契約上合意された支配の共有をいい、関連する活動に関する意思決定に際して、支配を共有する当事者全員の同意を必要とする場合にのみ存在する(IFRS第11号第7項)。一方、重要な影響力とは、投資先の財務および営業の方針決定に参加する権限をいうが、そのような方針に対する支配または共同支配をいうものではない(IAS第28号第3項)(IFRS財団、2022[2])。

第7章　課税中立的な制度および分配時課税制度

1．第7章は、一定の課税中立的な制度と分配時課税制度などに適用される特別ルールを定めている。当該特別ルールはGloBEルールをこうした制度の特徴に適合させるものである。

第7.1条　フロースルー事業体であるUPE

2．ある国・地域の税制には、事業所得に対する単一段階課税を達成することを目的とするルールが定められていることがある。単一段階課税を達成するため、国・地域によっては、所有者段階における所得の取扱いを調整する（例えば、株主が受領した分配金を免税とする）場合もあれば、事業体段階の所得の取扱いを調整する（例えば、一部の事業体や取決めを税務上透明なものとして取り扱う、または当該事業体や当該取決めに係る課税所得の計算上、投資家に対する分配額を控除することを認める）ことにより同様の結果となるようにする場合もある。このような制度は、（税務上透明な事業体の場合）当該事業体の所有者に対して配分される当該事業体の所得について当該所有者に直接課税することにより、または（第7.2条のコメンタリーで解説している支払配当損金算入制度の場合には）事業体が支払う、損金算入支払配当について所有者に課税することにより、当該事業体の所得に対する租税について当該事業体の所有者段階で徴収することが効率的であるという考えを前提としている。

3．こうした単一段階課税が（フロースルー事業体である）UPEに対して適用される場合、GloBEルールにおいて意図せざる結果が生じる可能性がある。なぜなら、（当該UPEの所得についての）税負担が回避されているのではなく当該UPEの所有者が負担しているにもかかわらず、当該UPE自身のETRがゼロに（あるいは、極めて低く）なり多額のトップアップ税額が当該UPEに課される可能性があるからである。

4．そのような結果は、第3章と第4章に定めるルールを適用することにより生じる可能性がある。第3.5.1条第a項および第b項に基づく税務上透明な事業体に関する所得配分ルールは、通常、所得と対象租税を対応させる（すなわち、所得と租税のいずれも所有者またはPEの段階で認識させる）が、当該税務上透明な事業体がUPEの場合には機能しない。なぜなら、UPEの所有者はグループ事業体ではないからである。したがって、第3.5.1条第c項は、UPEである税務上透明な事業体の所得をその事業体自身に配分することとしている。さらに、第4.3条により、ある構成事業体が別の構成事業体によって稼得された所得に関連して支払う対象租税を配分することになるが、グループ事業体ではない者が支払った租税については適用されない。MNEグループではない所有者において生じた租税を（当該MNEグループに対して）配分することは、GloBEルールの政策意図（すなわち、MNEグループが最低税額を支払うことを担保すること）に反するとともに、（UPEと関連しないまたは支配関係のない所有者から必要な情報を入手し、または当該所有者が支払った租税から関連する部分を抽出しなければならないため）執行上困難である。

5．第7.1条のルールは、特定の状況におけるこの問題を解消する。第7.1条のルールの基礎となる原則は、課税中立的な制度の適用により、UPEの所得について当該UPEの所有者（例えば、パートナー、受益者または株主）が同時または短期間のうちに最低税率以上で課税される限りにおいて、トップアップ税の対象となる当該UPEの所得を同額だけ減額するというものである。つまり、UPEの所有者において最低税率以上で課税される所得の割合に応じて、当該UPEのGloBE所得を減額することとなる（それにより、当該UPEに対するトップアップ税額は減額されまたは除去される）。

6．第7.1条を適用するため、GloBEルール実施枠組みでは、当該事業体に対する支配持分が除外事業体によって保有されていなかったならばMNEグループのUPEとなっていたであろう税務上透明な事業体の取扱いに関し、合意された運営指針の提供を検討している。

第7.1.1条

7．第7.1.1条は、UPEが第a項から第c項に定める三つの状況において、当該UPEのGloBE所得を減額することを認めている。

8．第7.1.1条のルールは、（フロースルー事業体であるUPEの）各所有者持分について適用される。UPEは、第a項から第c項の（いずれかの）基準を満たす各所有者持分に帰属するGloBE所得の金額を当該UPEのGloBE所得から減額する。（減額後の）残額があれば、当該残額は当該UPEのGloBE所得・損失の計算に含められ、第5.1.2条に基づく当該国・地域のGloBE純所得の計算に含められる。

第a項

9．第a項は、原則的なルールを定めている（注1）。第a項は、当該減額を適用するために（当該UPEの）各所有者持分に関して満たさなければならない課税対象期間テストと最低税額テストという二つのテストについて定めている。第一のテストは、第a項の冒頭で定められており、（所有者持分の）保有者がフロースルー事業体である当該UPEの所得について当期に課税の対象となることを求めている。具体的には、当該保有者は、MNEグループの会計年度終了後12か月以内に終了する課税期間において、当該UPEのGloBE所得に対する当該保有者の持分割合相当額について課税されることである。しかしながら、当該保有者はこのテストを満たすために当該MNEグループの会計年度終了後12か月以内に当該租税債務を支払うことは求められていない。当該UPEのGloBE所得に対する当該保有者の持分割合相当額が当該MNEグループの会計年度終了後12か月以内に終了する（当該保有者の）課税年度の課税所得に含まれていればこのテストを満たす。

10．UPEのGloBE所得に対する保有者の持分割合相当額が、当該保有者が税務上の居住者である国・地域の税法上当該保有者の課税所得に含まれる場合、または当該保有者のPEの課税所得に含まれる場合には、当該保有者は当該UPEのGloBE所得のうち持分割合相当額について課税される。

11. 第二のテストは、当該保有者の課税の程度を評価するものであり、第i号または第ii号の要件に該当する場合に充足される。第i号および第ii号の要件は二者択一であるため、いずれか一の号の要件を満たせばよい。

12. 第i号は、当該保有者が当該GloBE所得に対する持分割合相当額の全額について課税され（すなわち、例えば免税の恩典を受けることなく）、かつ、最低税率以上の表面税率で課税される場合（つまり、当該保有者についてETRの計算は要求されない場合）においてその要件が満たされることになる。収益または費用がGloBE所得・損失の計算に含められる時期とUPEの課税所得に含められる認識時期との違いによる一時差異（すなわち、期間差異）があるとしても、保有者が、当該所得の全額について課税されることとするという要件（および第a項の12か月以内に終了する課税期間に課税されるという要件）を満たさないこととはされない。例えば、UPEがその保有者に配分される課税所得を計算するために加速度償却法を使用することが認められている場合であっても、当該所得の認識時期の差異によって、当該保有者が当該UPEのGloBE所得の全額について課税されていないことにはならない。保有者の課税所得に他の投資もしくは事業または営利活動に関連する費用または損失が含まれている場合であっても、保有者はそのGloBE所得の全額について課税されるものとする。第i号の適用上、表面税率とは、UPEの所得に対する持分割合相当額について当該保有者に適用される法定税率をいう。当該保有者が累進税率で課税される場合、表面税率は、当該UPEのGloBE所得に対する当該保有者の持分割合相当額がその総課税所得であるとしたならば適用されたであろう最高税率である。

13. UPEの所在国・地域の居住者ではない保有者については、当該保有者が当該UPEの所在国・地域にPEを有するものとして取り扱われること、または当該保有者の所得が当該UPEの所在国・地域を源泉地国として源泉税または類似の源泉地国課税の対象となることにより、UPEの所在国・地域により最低税率以上の税率で課税される場合において、第i号の要件を満たすものとする。非居住者である保有者がUPEの所在国・地域において最低税率以上の表面税率で課税されない場合、当該UPEは、当該保有者がその持分割合相当の所得に対して12か月以内に最低税率以上の表面税率で課税されることを示すために、追加的な情報を求められる。

14. 第ii号に基づく選択肢の要件は、当該UPEの所有者持分の保有者に帰属する所得に関して、UPEおよび当該UPEと税務上透明なストラクチャーを構成している事業体によって支払われる対象租税の額および当該UPEの所有者持分の保有者が支払う租税の合計額が、当該所得の総額に最低税率を乗じた金額以上になることが合理的に見込まれる場合に満たされる。支払われた租税の総額が最低税率による税額以上になることが合理的に見込まれるか否かは、あらゆる事実および状況に基づいて判断される。当該MNEグループは当該見込みが合理的であることの立証責任を負うものとする。

15. 第ii号は、ETRの計算を求めていない。当該UPEが、その所得について最低税率を適用した場合の租税債務以上の税額を課せられることが合理的に見込まれることを証明した場合

に第ii号の要件が満たされる。第ii号では、当該UPEの保有者の当該UPEの所得に対する持分割合相当について、当該UPEおよび当該UPEと税務上透明なストラクチャーを構成する事業体が支払う税額と、当該UPEの所有者持分の保有者が支払う税額の純額により判定する。（本号の適用において）当該UPEおよび当該UPEと税務上透明なストラクチャーを構成する事業体が支払う租税は対象租税であり、かつ、当該保有者が支払う租税は当該UPEの所得に対する租税であることが必要となる。例えば、当該UPEの所得について連邦法においては当該UPEの保有者に配分されることになる一方で、当該UPEは当該所得について対象租税である地方税を支払わなければならない場合がある。この場合、当該UPEと当該保有者が支払う租税の純額が当該所得に対する最低税額（その所得について最低税率を適用した場合の租税債務）以上であるならば、第ii号の要件は満たされる。

第b項

16. 第b項は、フロースルー事業体であるUPEに対して少数の所有者持分を保有する自然人が存在する場合におけるセーフハーバーを定めている。少数持分所有者の税務ポジションを判定することは、当該UPEにとって負担になることもある。自然人は、通常、税務上透明な事業体を通じて得た所得について優遇税率の適用を受けることができないため、当該UPEの利益および資産の権利に対して総計で5％以下の所有者持分しか保有しない自然人の税務ポジションの判定をUPEに対して求めないことは合理的である。UPEが税務ポジションを判定することを求められるのは19人以下の自然人であり、かつ、それらの自然人が当該UPEに対して比較的大きな持分を有する場合である。このセーフハーバーは、第i号および第ii号の双方の要件に該当する場合に限り適用される。

17. 第i号は、自然人がUPEの所在国・地域の税務上の居住者であることを要件としている。自然人がある国・地域の税務上の居住者となるのは、その者が当該国・地域において個人所得税を課される場合に限られる。したがって、自然人は、個人所得税を課さない国・地域の税務上の居住者にはならない。当該UPEの所得は自然人の段階で課税されるものと見込まれる。なぜなら、当該UPEと自然人は同じ国・地域に所在しており、課税上の透明性に関する同じ税法規定の適用を受けることになるからである。さらに、当該国・地域が自然人に対し、フロースルー事業体を通じて得た所得について最低税率以上の税率で課税するものと想定することは合理的である。したがって、当該自然人は、最低税率以上の税率により自身の所有者持分に帰属する所得の総額について課税されることが見込まれる。当該UPEは、合理的な手段を用いて、その所有者が当該国・地域の税務上の居住者であるか否かを判定することができる。例えば、国外の所有者に関してUPEによる利益または分配金に対して源泉税を課している国・地域の場合、UPEは、源泉税の減免措置に係る租税条約の適用を受けることができるか否かについての所有者の表明に依拠することができる。

18. 第ii号は、セーフハーバーの適用を、UPEの利益および資産のそれぞれの権利に対し総計で5％以下の所有者持分しか保有しない自然人に限定している。つまり、例えば、ある所有者持分が利益に対する51％の権利を有する場合、たとえ資産に対する権利が5％未満であ

るとしても、第7.1.1条第b項のセーフハーバーの対象外となる。各人の所有者持分割合は、会計年度終了の日現在で判定される。本号は、UPEの所有者持分が自然人によって直接保有される場合にのみ適用される。

第c項

19. 第c項は、第7.1.1条が適用される三番目の状況について定めている。本項は、UPEの所有者持分の保有者が政府事業体、国際機関、非営利団体または年金基金である場合を対象としている。しかしながら、第b項と同様に、第c項は双方の要件が満たされる場合に限り適用される。

20. 第一の要件は、第i号に定められている。本号は、当該政府事業体、国際機関、非営利団体または年金基金が当該UPEの所在国・地域の居住者であることを要件としている。第c項における「居住者」という用語は、租税条約やモデルルール第10.2条または第10.3条において用いられている「税務上の居住地」と同じではない。第7.1.1条の適用上、当該事業体は、それらが設立され管理されている国・地域の居住者とされる。政府事業体は、当該事業体がその一部を構成するまたは当該事業体を完全に所有する政府（政治的下部組織または政府の地方機関を含む）の所在国・地域における居住者とされる。事業体がある国・地域の居住者であるか否かは、あらゆる事実および状況に基づいて判断される。

21. 第ii号に定められている第二の要件は、各事業体が保有する所有者持分に係る当該UPEの利益および資産に対する請求権が総計で5％以下であることである。これは、第b項第ii号の要件と同じである。さらに、この要件を満たすためには、政府事業体、国際機関、非営利団体または年金基金が当該UPEの所有者持分を直接保有していなければならない。これらの事業体は定義上、原則として営利事業を行うことは禁止されている。この所有制限は、当該事業体が営利事業の禁止規定の適用を回避するため、税務上透明な事業体を通じて営利事業を行い、第7.1条を利用することを防止するために設けられている。

22. 投資事業体が税務上透明な事業体に対して保有する所有者持分は、第c項に含まれない。なぜなら、投資事業体は課税中立的であるが、第c項に定められている事業体は、通常、UPEの所在国・地域の国内法により課税されないからである。投資事業体自体は最低税率未満の税率で課税され、かつ、UPEは投資事業体の所有者が課税されるか否か、またその居住地について把握できない可能性がある。したがって、第c項のルールを投資事業体にも適用することは適切ではない。

第7.1.2条

23. 第7.1.2条は、損失について第7.1.1条の規定を補完するものである。あるフロースルー事業体において生じた損失は、通常、当該保有者において認識され、当該保有者の課税所得または損失の計算において損金として認められる。また、当該損失は損失の繰戻しや繰越しにより、当該保有者に配分される当該フロースルー事業体の過去または将来の所得を、あるい

はその他の所得を減額することが認められる。しかしながら、一部の国・地域では、フロースルー事業体の損失は、当該フロースルー事業体に残り、当該事業体の将来の課税所得の計算のため繰越される場合がある。

24. 第7.1.2条は、フロースルー事業体であるUPEにおいて生じたGloBE損失の額も、当該フロースルー事業体の各所有者持分に帰属するGloBE損失の金額だけ減額しなければならないことを定めている。ただし、当該所有者持分の保有者自身の課税所得の計算において当該損失の利用が認められない場合はこの限りではない。つまり、当該フロースルー事業体であるUPEおよび当該保有者に適用される税法に基づき、GloBE損失が、当該保有者の課税所得の計算において当該損失の持分割合相当額の全額を使用できるわけではない場合には、ゼロまで減額されない。GloBE損失が減額されてゼロにならない限りにおいて、GloBE損失はフロースルー事業体であるUPEに残ることになる。このルールがなければ、(UPEではなく)所有者持分の保有者において認識される損失が、UPEの所在国・地域のETRの計算においても使用され、同国・地域に所在する他の構成事業体のGloBE所得が課税されないこととなる。

25. フロースルー事業体であるUPEのGloBE損失が第7.1.2条の適用後もゼロに減額されない(その結果、当該フロースルー事業体であるUPEのGloBE損失として残る)限りにおいて、申告構成事業体は、第4.5.6条に基づきフロースルー事業体であるUPEに限り認められているGloBE純損失に係る選択を行うことができ、当該残高についてGloBE純損失に係る繰延税金資産としてその後の会計年度に繰り越すことができる。GloBE純損失に係る繰延税金資産は、第7.1.2条適用後のGloBE損失の残額に基づいて計算され、第7.1.1条第a項第ii号の適用上、その後の会計年度におけるUPEの調整後対象租税に含まれる。

26. 第7.1.2条は、第7.1.1条と同様、各所有者持分について適用される。したがって、MNEグループは、(UPEの)各保有者の課税所得の計算において各保有者の持分相当額の損失について損金算入できないことを証明することが求められる。これは、当該各保有者の持分相当額の損失を第4.5.6条に基づき計算されるGloBE純損失に係る繰延税金資産に含めるためである。

第7.1.3条

27. 第7.1.3条は、第7.1.1条に基づく(UPEの)所得の減額に比例して、当該UPEの対象租税を減額することを求めている。第7.1.1条に従ってUPEがそのGloBE所得を80％減額した場合、当該UPEはその対象租税も80％減額しなければならない。多くの場合、税務上透明なものとして取り扱われることにより、UPEには対象租税は生じない。しかしながら、地方政府または地方自治体により課される租税のように、当該国の法人所得税以外の対象租税がフロースルー事業体に課されることがある。第7.1.3条によって除外される対象租税は、当該UPEの所在国・地域のETRの計算に含まれることはないが、第7.1.1条第a項第ii号に基づき当該UPEのGloBE所得に対する保有者の持分割合相当額に対して課される税額が当該所得に対し最低税率を適用した場合の税額以上であるか否かを判定する上で考慮される。

28. 第7.1.1条は、フロースルー事業体のGloBE所得について、所有者持分に対して配分可能なGloBE所得のすべて（対象租税を足し戻した後の金額）を減額するものとしている。したがって、当該事業体のGloBE所得から関連する対象租税を減額する第7.2.2条によるさらなる調整は必要ない。

第7.1.4条

29. 第7.1.4条は、MNEグループのUPEおよび他の特定のフロースルー事業体がPEを通じてその事業を行う場合、当該PEに対して第7.1.1条から第7.1.3条までの規定を適用することを定めている。第a項は、フロースルー事業体であるUPEの事業の全部または一部がPEを通じて行われている場合を対象としている。

30. 第b項は、フロースルー事業体であるUPEが、他の税務上透明な事業体の所有者持分を直接保有し、当該税務上透明な事業体がPEを通じて事業の全部または一部を行っている場合を対象としている。当該事業体のPEに帰属する財務会計上の純損益が当該UPEにより所有されるフロースルー事業体の財務諸表に含まれている場合が、これに該当する。

31. また、第b項は、当該フロースルー事業体であるUPEが税務上透明なストラクチャーを通じて当該税務上透明な事業体および当該PEの所有者持分を保有している場合にも適用される（第10.2条を参照）。これにより、第7.1.4条は、当該税務上透明な事業体の所有権の連鎖を通じて当該UPEによって保有されているPEにも適用される。

32. これらすべての場合において、当該PEに帰属する財務会計上の純損益は、UPEの財務諸表に含まれるが、当該所得に対する租税債務は、当該UPEまたは当該UPEの保有者が負担する場合がある。当該UPEの保有者が当該PEの所得に対する租税を負担する場合、第7.1.1条第a項または第b項の要件を満たすものについて、当該PEのGloBE所得を減額する。そのような場合、当該UPEもしくは税務上透明なストラクチャーを構成するいずれかの構成事業体または当該UPEの保有者が、当該租税を支払ったか支払うことになるかにかかわらず、第7.1.1条第b項の適用においては、当該PEの所在国・地域において支払われたか支払われるべき租税を対象とする。

33. さらに、当該PEのGloBE所得に適用される第7.1.1条のテストは、当該UPEに配分されたGloBE所得に適用されるテストとは別個のものである。このことは、当該UPEに対する第7.1.1条の適用上、当該PEのGloBE所得・損失は当該UPEのGloBE所得に含まれないことを意味している。第7.1.4条では当該PEは当該UPEとは別個に取り扱われる。なぜなら、当該PEは（当該UPEとは）別個の構成事業体であり、税務上透明な事業体の所得とは異なり、第3章により、当該PEの所得は当該UPEの所得としては認識されないからである。しかしながら、当該PEの所得について当該UPEの所有者持分の保有者が第7.1.1条の要件を満たしている限りにおいて、当該PEのGloBE所得は第7.1.4条の適用により減額される（注2）。

第7.2条　支払配当損金算入制度の対象となるUPE

34. 第7.2条は、支払配当損金算入制度の対象となるUPEに関する一連のルールを定めている。これらのルールは、GloBE所得・損失の計算において損金算入配当の控除を認めている。支払配当損金算入制度は基本的には協同組合および投資会社に適用される。支払配当損金算入制度はGloBEルールの下で投資事業体に該当する事業体と、投資事業体の定義を満たさないその他の同様の目的の事業体の双方に適用されることがある。しかしながら、第7.2条のルールは、投資事業体の定義を満たさない事業体についてのみ必要とされる。なぜなら、UPEである投資事業体は、除外事業体であるからである。

35. 支払配当損金算入制度は、ある事業体による当該事業体の所有者に対する利益分配額を当該事業体の所得から控除することを認めることにより、当該事業体の所有者における単一段階課税を実現するように設計された税制である。当該所有者は配当について課税され、当該事業体は未分配利益について課税される。協同組合の事業分量配当は、第10.1条に定める支払配当損金算入制度の定義に基づき所有者に対する分配として取り扱われる。したがって、協同組合およびその組合員について単一段階課税を実現することを意図した税制も、通常、支払配当損金算入制度として認められる。

36. 第10.1条において、損金算入配当とは、当該構成事業体がその所在国・地域の法律に基づき課税所得から控除可能な利益の分配および協同組合が支払う事業分量配当として定義されている。支払配当損金算入制度の定義には、免税措置の対象となる協同組合が含まれるため、協同組合に対する第7.2条の適用について、当該協同組合段階で課税所得から控除することが認められるか否かは問わない。つまり、第7.2条は、協同組合がその所在国・地域の法律に基づき免税となる場合にも適用される。

37. 支払配当損金算入制度の対象となるUPEに適用される本質的なルールは、税務上透明な事業体であるUPEに対するルールと類似している。しかしながら、重要な違いは、構成事業体において生じた損失の取扱いである。税務上透明な事業体において生じる損失の国内税法における取扱いとは異なり、支払配当損金算入制度の対象となる事業体において生じる損失は、当該事業体の所有者において認識されることはない。したがって、GloBEルールにおける支払配当損金算入制度に適用される規定には、構成事業体におけるGloBE損失の計算に関する特別ルールは含まれていない。当該損失は、当該事業体の所在国・地域のGloBE純所得の計算に含まれる。

第7.2.1条

38. 第7.1.1条と同様に、第7.2.1条は、UPEが支払配当損金算入制度の対象となる場合に、当該UPEのGloBE所得から損金算入配当の額を(ゼロになるまで)控除することを認めるものである。この規定は、損金算入配当がUPEの会計年度終了後12か月以内に分配される場合に適用される。当該UPEは、その会計年度終了後12か月以内に分配された当該会計年度の

GloBE所得の金額を証明するために十分な記録を保持しなければならない。この規定は、第a項から第c項(のいずれか)に定められている場合にのみ適用される。

第a項

39. 第a項は、損金算入配当がUPEの会計年度終了後12か月以内に当該配当の受領者段階で課税されることを求めている。さらに同項は、第i号から第iii号に定める要件のいずれかを満たすことを求めている。

40. 第i号は、当該会計年度のUPEのGloBE所得から損金算入配当の額を控除することについての原則的なテストを定めている。当該原則的なテストに基づき、損金算入配当の受領者が当該配当につき最低税率以上の表面税率により課税される場合には、当該UPEのGloBE所得から当該損金算入配当の額を控除することになる。

41. 第ii号は、第i号の代替となる別個のテストを定めている。UPEの所有者持分に帰属する所得について、(当該UPEによって支払われる)対象租税の額および当該所有者が支払う租税の額の合計額が、当該所得の全額に対して最低税率を乗じて計算される金額以上になることが合理的に見込まれる場合に、第ii号の要件が満たされる。第ii号は、ETRの計算を求めていない。当該UPEが、当該所得について支払われる租税の額が当該所得に対して最低税率で課税される場合の租税債務の額以上になることが合理的に見込まれていることを証明する場合に、第ii号の要件が満たされる。

42. 第iii号は、供給協同組合の組合員である自然人に分配される事業分量配当に関する特別ルールを定めている。供給協同組合とは、財・サービスを購入し、それらを当該組合員または利用者に再販売する協同組合である。供給協同組合が稼得した利益は通常は協同組合からの購入に比例して、組合員に分配される。ほとんどの供給協同組合は、事業者のグループのために物品を取得することを目的として組織されている。しかし、一部の供給協同組合は、自然人である消費者の利益のために組織されている。自然人は、個人事業主として事業を行っていない限り、原則として、供給協同組合を通じて取得した物品の原価を損金算入できない。GloBEルールにおいては、消費者である組合員を有する供給協同組合に対応できるようにするために、供給協同組合から自然人に支払われた事業分量配当は、最低税率以上の税率で課税される分配金と同様に取り扱われる。この特別ルールは、当該配当が、実際に受領者段階で課税対象となるか否かにかかわらず、受領時に課税対象となる配当として取り扱うことを意味する。

第b項

43. 第b項は、配当の受領者がUPEの所在国・地域における税務上の居住者である自然人であり、かつ、当該UPEの利益および資産の権利に対して総計で5%以下の所有者持分しか保有しない場合を対象としている。第7.1.1条第b項のコメンタリーは、第7.1.2条第b項にも適用され、どちらの規定も、同じ文言を用いており、同じ範囲に適用することを意図している。

第c項

44. 第c項は、配当の受領者が政府事業体、国際機関、非営利団体、または年金サービス事業体でない年金基金を対象としている。第c項は、これらの事業体がUPEの所在国・地域の「居住者」である場合にのみ適用される。第c項における「居住者」という用語は、租税条約やモデルルール第10.2条または第10.3条において用いられている「税務上の居住地」と同じではない。第7.2.1条の適用上、当該事業体は、それらが設立され管理されている国・地域の居住者とされる。政府事業体は、当該事業体がその一部を構成するまたは当該事業体を完全に所有する政府(その行政に係る下位機関または地方自治体を含む)の所在国・地域における居住者とされる。事業体がある国・地域の居住者であるか否かは、あらゆる事実および状況に基づいて判断される。

45. 第7.2.1条第c項は、年金サービス事業体でない年金基金の場合にのみ適用される点において、第7.1.1条第c項とは異なる。つまり、第7.2.1条は、年金基金の所在国・地域に所在するUPEが当該年金基金自体に対して支払う配当にのみ適用される。当該制限がなければ、第7.2.1条第c項は、当該UPEが世界中のどこに所在していても、当該UPEの所在国・地域に年金サービス事業体を設立するだけで、当該年金基金が支払配当損金算入制度を利用してGloBEルールの適用が免除される所得を稼得できることになる。また、本項は第7.1.1条第c項とは異なり、当該事業体が保有できる金額(所有者持分)を制限していない。第7.1.1条第c項のコメンタリーで説明しているように、この制限は、これらの事業体が原則として、営利事業の禁止規定の適用を回避できないようにするものである。支払配当損金算入制度は、通常、投資活動に従事する事業体または協同組合に適用されるため、営利事業の禁止を回避する手段として利用することが難しく、そのような手段として利用される可能性も低い。

第7.2.2条

46. 第7.2.2条は、第7.1.3条に類似している。本条は、原則として、損金算入配当として分配された所得に比例して当該UPEの対象租税を減額することとしている。ただし、当該減額は、支払配当損金算入制度の適用により未分配のGloBE純所得について支払われる租税(株主資本または利益剰余金に基づく租税を含む)には適用されない。支払配当損金算入制度のもとで未分配所得について支払われるすべての租税(株主資本または利益剰余金に基づく租税を含む)は、当該事業体の対象租税に含められ、当該未分配所得とともに、当該国・地域のETRの計算に含められる。

47. また、第7.2.2条は、対象租税の減少額について当該UPEのGloBE所得から減額することとしている。この調整は、支払配当損金算入制度に関連するGloBEルールの二つの特徴により必要とされる。第一の特徴は、GloBE所得は第3.2条に基づき、対象租税の額を財務会計上の純損益に足し戻すことによって計算されることである。第二の特徴は、第7.2.1条により当該UPEの所得から控除されることになる分配金は必然的に税引後の所得により構成されて

いることである。したがって、当該UPEが分配する所得に係る租税を負担する場合、当該分配金額を当該UPEのGloBE所得から控除したとしてもゼロにはならない。つまり、当該GloBE所得は、第3.2条に基づき当該GloBE所得に含められる租税の額についても控除しなければならないということである。このルールがなければ、UPEの利益のすべてが損金算入できる支払配当として分配された場合であってもトップアップ税額が生じてしまうこととなる。

48. 例えば、UPEの財務会計上の純利益は90であり、当該利益（の計算）には対象租税費用10が含まれているものとする。UPEは、90の所得を分配し、支払配当損金算入制度の適用により当該分配金を所得から控除することとする。しかし、第3.2.1条第a項により、当該対象租税10は財務会計上の純損益に足し戻され、当該UPEのGloBE所得は100になる。したがって、分配金90をGloBE所得100から控除してもゼロにはならない。第7.2.2条は、GloBE所得・損失の計算上、足し戻された対象租税の額について、MNEグループがトップアップ税を課されないことを担保するために、当該UPEのGloBE所得からさらに10を控除することとしている。

第7.2.3条

49. 第7.2.3条は、第7.1.4条に類似している。本条により、UPEの所在国・地域に所在する他の構成事業体であって、支払配当損金算入制度の対象となり、かつ、そのような事業体のみで構成される所有権の連鎖を通じて所有されている事業体に対して、当該UPEに適用されるルールが適用されることになる。しかし、UPEではないそのような構成事業体の所得は、当該所得が当該UPEに分配され、その後当該UPEにより第7.2.1条の要件を満たす受領者に分配される限りにおいて控除される。当該UPEは、第7.2.1条の要件を満たす受領者に対する分配が、支払配当損金算入制度の対象となる当該他の構成事業体の会計年度終了後12か月以内に行われたことを証明するのに十分な記録を保存しなければならない。当該UPEは、当該UPEの所有者に対して分配されていない他の事業体（支払配当損金算入制度の対象となる事業体および通常の法人所得税が課される事業体を含む）からのグループ内分配金の源泉を決定するためにあらゆる合理的な方法を用いることができる。

第7.2.4条

50. 第7.2.4条は、供給協同組合が分配する特定の事業分量配当に関して、第7.2.1条の適用について明確化するためのルールを定めている。供給協同組合から自然人への分配金は常に第7.2.1条第a項第ⅲ号に基づきUPEのGloBE所得の減少項目として取り扱われるため、このルールは自然人以外の配当受領者に適用される。

51. 供給協同組合からの事業分量配当に対する課税は、マーケティング協同組合からの事業分量配当に対する課税とは異なる可能性がある。マーケティング協同組合は、その組合員が自社の製品またはサービスを協同組合に販売し、協同組合が当該製品またはサービスを顧客

に再販売する協同組合である。事業者がマーケティング協同組合から受領する事業分量配当は、本質的に、協同組合の組合員によって提供された財またはサービスの追加的な販売価格に相当する。一方、事業者が供給協同組合から受領する事業分量配当は、本質的に、協同組合を通じて取得した財またはサービスの原価の減少額に相当する。財務会計上の観点から、および税務上の観点でも性質が異なるため、第7.2.4条は、当該配当受領者の課税所得計算において、供給協同組合からの事業分量配当が損金算入可能な費用または原価を減少させる限りにおいて、受領者段階で「課税対象とされたもの」として取り扱うこととする。当該配当がその後、最低税率以上の税率で課税されるかどうかは、第7.2.1条の関連ルールに基づいて判定される。

第7.3条　適格分配時課税制度

52. 第7.3条は、特定の分配時課税制度について、特定の防止規定および遡及取消規定を適用することを条件として、GloBEルールの対象に含めることとしている。分配時課税制度とは、通常、所得が稼得された時点ではなく、法人の所得がその持分保有者に分配された時点または分配されたものとみなされた時点で、当該法人に対して課税する制度である。また、分配時課税制度においては、特定の事業外費用が当期に課税されることもある。このような否認される支出の額に対する当期の課税は、従来型の所得課税における当該支出の損金算入否認に対応している。当該費用は分配可能利益を減額させるため、実際には当該費用について分配時に課税対象とすることはできない。

53. 利益が最終的に分配された時に、当該所得が低い税率により課税されないよう、分配時課税制度において最低税率以上の税率が適用されることが考えられる。しかしながら、分配またはみなし分配が行われない場合には、（当該法人の）所得の大半は、それが稼得され、財務諸表に計上される年度においては課税されないことになる。さらに、第4.4条のルールは、原則として、分配時に支払うことになる租税に関する繰延税金負債を繰延税金調整総額の計算に含めることを認めていない。このことは、当該構成事業体のGloBE所得は、実際の分配またはみなし分配が行われなかった年度についてGloBEルールに基づき課税される可能性が高いことを意味している。なぜなら、当該会計年度の調整後対象租税の額は、極めて少額かゼロとなるからである。さらに、分配が行われる年度においては、当該分配金額は当該分配が行われる年度に生じた所得と全く関係がない可能性があり、その結果、ETRが低いかまたは極めて高くなる可能性がある。そこで、第7.3条は、分配が4年以内に行われることを条件に、当該所得が財務諸表に計上される時期と分配時課税の対象となる時期との差異を調整することとしている。

第7.3.1条

54. 第7.3.1条は、申告構成事業体が適格分配時課税制度の対象となる構成事業体について年次選択を行うことにより、当該会計年度の調整後対象租税の額にみなし分配税額を加算する

ことを認めている。第7.3.1条に基づく選択は、第7.3条の他の規定に従う。

第7.3.2条

55. 第7.3.2条は、みなし分配税額の計算について定めている。みなし分配税額は、⒜第5.2.1条に基づいて計算された当該会計年度の当該国・地域におけるETRを最低税率にまで引き上げるために必要な金額と⒝当該国・地域の構成事業体が当該会計年度中に適格分配時課税制度の対象となる所得をすべて分配した場合に支払うことになるであろう分配税額のいずれか少ない方とされる。したがって、ある会計年度のGloBE所得が当該会計年度における分配可能で分配時課税の対象とされる利益の額を超える場合、みなし分配税額は、第b項により、当該会計年度の課税対象となる利益がすべて分配された場合に生じるであろう税額に制限される。

56. 第b項の制限規定の目的は、ある会計年度のみなし分配税額について、通常の状況下で、すべての利益をその稼得した年度に分配する場合に分配時課税制度に基づき課されるであろう税額を超えないように担保することである。このルールは、リキャプチャー勘定繰越損失の計上および使用に関する第7.3.3条および第7.3.4条のルールに代えて適用する、またはその適用を阻害することを意図するものではない。したがって、第b項に基づく計算は、当該国・地域に所在する構成事業体の前会計年度終了の日の繰越利益剰余金が負の残高である場合であっても行うことになる。

第7.3.3条

57. 4年以内に支払われたみなし分配税額を把握するため、選択が行われた各会計年度についてみなし分配税額リキャプチャー勘定を設定して管理し、GloBEルールを課す国・地域の税務当局が調査できる状態にしなければならない。みなし分配税額リキャプチャー勘定は国・地域ごとに管理される。これにより、所得の国・地域ブレンディングが容易になる。また、リキャプチャー勘定に対する調整を当該国・地域の連結納税制度またはグループリリーフ制度に対応できるようにし、当該国・地域のいずれの構成事業体による分配によっても当該勘定を消去できるようになる。

58. みなし分配税額リキャプチャー勘定は会計年度ごとに、当該会計年度のみなし分配税額に等しい金額として設定される。会計年度ごとの当該勘定は、以下に説明する三つの方法により減額することができる。設定された当該勘定は、最も古い会計年度から順に減額され、ゼロ未満に減額されることはない。

59. 第一に、みなし分配税額リキャプチャー勘定は、分配またはみなし分配の結果として、当該構成事業体が実際に支払った分配税額を減額することとする。当該分配税額は、最も古いみなし分配税額リキャプチャー勘定から順に減額する。当該勘定は、対応する会計年度に生じたGloBE所得の金額ではなく、みなし分配税額に基づいて管理される。したがって、

国・地域が分配税の税率を引き下げた場合、潜在的なリキャプチャー額の消去に必要な税額を生み出すためには、より多くの所得を分配する必要がある。一方、国・地域が分配税の税率を引き上げた場合、構成事業体は、より少ない所得の分配で勘定を消去することができる。

60. 第二に、当該国・地域全体としてGloBE損失が生じている場合、つまり当該国・地域に所在する構成事業体のGloBE損失の総額がGloBE所得の総額を上回る場合に、当該勘定は減額される。当該GloBE損失に係る減額は、最も古い会計年度のみなし分配税額リキャプチャー勘定に対してその限度まで適用した後、古い会計年度の勘定から順に当該GloBE損失全額が使用されるまで適用される。みなし分配税額リキャプチャー勘定は、所得の額ではなくみなし分配税額により管理されているため、当該国・地域のGloBE損失は、当該損失額に対応する負の値の分配税額に換算する必要がある。当該換算は、最低税率により行わなければならない。したがって、当該会計年度のGloBE損失に最低税率を乗じて得られる額を古い会計年度のみなし分配税額リキャプチャー勘定から順に適用する。このルールは、事実上、分配時課税制度について損失の繰戻しを認めている。当該繰戻しが必要となるのは、損失によって分配可能な利益が減額され、構成事業体が分配税の対象となる配当を分配することができなくなるためである。

61. 第三に、みなし分配税額リキャプチャー勘定は、第7.3.4条に基づいて計算されるリキャプチャー勘定損失繰越額によって減額され、同条に従って、対象となる会計年度に適用される。

第7.3.4条

62. リキャプチャー勘定損失繰越額は、当該国・地域のGloBE純損失に最低税率を乗じた額が当該国・地域のすべてのみなし分配税額リキャプチャー勘定の合計額を上回る場合に生じる。その後の会計年度において、本来であればみなし分配税額の対象とされるGloBE所得に対して当該繰越損失が適用され当該所得が減額される場合に、リキャプチャー勘定損失繰越額も減額される。当該勘定は、MNEグループがGloBEルールのもとで、分配時課税制度の対象となる事業体を通じて経済活動により稼得した所得を超過して課税されないようにすることを担保している(注3)。

63. ある国・地域に所在する構成事業体がMNEグループから離脱した場合、または当該構成事業体の実質的にすべての資産が当該MNEグループ外または当該国・地域外に移転された場合、当該構成事業体に帰属する金額まで、リキャプチャー勘定損失繰越額を減額しなければならない。当該構成事業体に帰属する金額は、みなし分配税額リキャプチャー勘定を上回るGloBE純損失に最低税率を乗じた額が生じた各会計年度における当該各会計年度の当該国・地域におけるすべての構成事業体のGloBE損失の合計額に占める当該構成事業体のGloBE損失の割合を、(当該離脱または移転が生じた時点の)リキャプチャー勘定損失繰越額に対して乗じることによって計算される。

64. リキャプチャー勘定損失繰越額は、無期限に繰り越すことができる。しかしながら、申告構成事業体は、ある会計年度の国・地域のGloBE純所得の計算に用いられるリキャプチャー勘定損失繰越額に関する疎明責任を負うこととなる。

第7.3.5条

65. 第7.3.5条は、第7.3.1条に基づく選択が当該国・地域に所在するすべての構成事業体に適用されることを定めている。

66. 第7.3.5条は、選択年度に設定されたみなし分配税額リキャプチャー勘定が、設定された会計年度後4年目の会計年度終了の日までにゼロになるまで減額されなかった場合、MNEグループは、当該選択年度について第5.4.1条に基づきETRおよびトップアップ税額を再計算しなければならないことを定めている。第5.4.1条に基づく再計算は、選択年度の調整後対象租税から、当該選択年度のみなし分配税額リキャプチャー勘定の残高(当該勘定設定後4年目の会計年度終了の日における残高)を減額することによって行われる。選択年度に関する第5.4.1条に基づく再計算において、超過利益の計算に用いられる実質ベースの所得除外額は、選択年度に生じる適格従業員の適格人件費と選択年度開始の日および終了の日の適格有形資産の帳簿価額に基づいて計算される。同様に、選択年度が第9.2条における移行ルールの対象となる会計年度である場合、関連する第5.3.3条の割合と第5.3.4条の割合が実質ベースの所得除外額の計算において適用される。

67. 第7.3.5条が適用される場合、選択年度に関するトップアップ税額に係る租税債務は、その後の4会計年度において支払われた分配税額が当該選択年度においてすべて支払われたとするならば当該選択年度について計算されるであろうトップアップ税額に係る租税債務と同額となる。

第7.3.6条

68. 第7.3.6条は、実際の分配およびみなし分配に係る分配税額の支払いについて、みなし分配税額リキャプチャー勘定の減額と調整後対象租税への算入の二つの計算に使用されることがないように担保している。すべてのみなし分配税額リキャプチャー勘定がゼロまで減額された後に支払われた分配税額のみが、当該会計年度の対象租税として取り扱われる。ただし、事業外費用に関して適格分配時課税制度に基づき支払われた租税は、対象租税に該当するものとして、第4章のルールに基づき取り扱われる。

第7.3.7条

69. ある国・地域に所在する構成事業体がMNEグループから離脱した場合または構成事業体の実質的にすべての資産がMNEグループ外または当該構成事業体の所在国・地域外に移転された場合、当該国・地域のETRおよびトップアップ税額は、第5.4.1条に基づき再計算し

なければならない。その場合、当該（離脱または移転が行われた）会計年度終了時点におけるみなし分配税額リキャプチャー勘定の残高を対象租税から減額する。第5.4.1条に基づく再計算によりトップアップ税額が生じる場合、当該税額にディスポジションリキャプチャー割合を乗じて得られる額は当該会計年度の追加トップアップ税額に含まれる。このルールにより、当該構成事業体が分配税額を生じさせることとなる利益の分配を行う立場でなくなった場合に、当該みなし分配税額リキャプチャー勘定の残高を（対象租税から）除外することにより、みなし分配税額を取り消すこととなる。第7.3.7条は、資産の譲渡に起因する利得に課税するものではない。したがって、このルールは、当該離脱または移転取引が第6.3条に基づくGloBE組織再編としての取扱いを受けるかどうかに影響されない。

70. 第7.3.7条に基づき、MNEグループは、離脱構成事業体が当該MNEグループを離脱した会計年度または実質的にそのすべての資産を処分した会計年度における当該国・地域におけるすべてのみなし分配税額リキャプチャー勘定に対して、第5.4.1条を適用する。第7.3.7条に基づく再計算は、第7.3.5条と同じ方法で行われる。各みなし分配税額リキャプチャー勘定について計算されるトップアップ税額の増加分に対して、第7.3.8条により計算されるディスポジションリキャプチャー割合を乗じて、第5.2.3条により当該会計年度について含めるべき追加トップアップ税額の金額を計算する。離脱構成事業体がある会計年度においてGloBE損失を有していた場合、当該会計年度のディスポジションリキャプチャー割合はゼロとなり、当該会計年度のリキャプチャー額（追加トップアップ税額）は生じない。

71. 第7.3.7条の適用後、みなし分配税額リキャプチャー勘定が設定されていた各会計年度における当該みなし分配税額リキャプチャー勘定、当該国・地域のGloBE純所得、調整後対象租税および実質ベースの所得除外の金額について、ディスポジションリキャプチャー割合に応じて減額しなければならない。これは、各項目の金額にディスポジションリキャプチャー割合を乗じて得られる金額を当該各項目の金額から減額するか、当該各項目の金額に、1.0とディスポジションリキャプチャー割合（小数で表される）との差を乗じることによって行うことができる。これにより、第7.3.3条に基づくみなし分配税額リキャプチャー勘定に対するその後の調整が、ETRの計算および第7.3.5条に基づく4年の期間の終了時におけるトップアップ税額の計算に完全に反映される。

第7.3.8条

72. ディスポジションリキャプチャー割合は、第7.3.8条に定められている。第7.3.7条と併せて、本条の適用により、みなし分配税額リキャプチャー勘定の残高がある各会計年度に係る当該各会計年度の当該国・地域のGloBE純所得の合計額に占める離脱構成事業体のGloBE所得の合計額の割合に基づいて、みなし分配税額リキャプチャー勘定の残高を取り消すことになる。したがって、2会計年度分のリキャプチャー勘定の残高がある場合、当該2会計年度の構成事業体のGloBE所得・損失が、当該2会計年度の（当該国・地域の）GloBE純所得の合計額に対して占める割合を計算し、当該割合を、第5.4.1条に基づき計算される各みなし分配税

額リキャプチャー勘定に係るトップアップ税額の増加分に対して乗じることにより、第5.2.3条に基づき当該会計年度に含めるべき追加トップアップ税額を計算する。離脱構成事業体が、みなし分配税額リキャプチャー勘定が設定された会計年度においてGloBE損失を有している場合、当該GloBE損失および当該会計年度の勘定は、ディスポジションリキャプチャー割合の計算において無視される。なぜなら、当該会計年度のみなし分配税額リキャプチャー勘定は、離脱構成事業体のGloBE所得に起因したものではないからである。

第7.4条　投資事業体のETRの計算

第7.4条から第7.6条における投資事業体に適用される特別ルールの概要

73. UPEである投資事業体は、MNEグループの構成事業体ではないため、GloBEルールの適用から除外されている。第1.5.1条第e項を参照されたい。しかしながら、被支配投資事業体の所得はMNEグループと連結されるため、GloBEルールの適用範囲に含まれる。第7.4条と第7.5条は、被支配投資事業体および保険投資事業体に適用される特別ルールを定めており、第7.6条は、被支配投資事業体に適用される特別ルールを定めている。

74. 第7.4条のルールは、第7.5条または第7.6条(該当する場合)に基づく選択を行っていない被支配投資事業体または保険投資事業体のETRの計算方法について定めている。投資事業体および保険投資事業体の所得は、事業体段階ではほとんどまたは全く課税されていないことが多い。第7.4条は、これらの事業体のETRおよびトップアップ税額を単独で計算することを定めており、MNEグループがこれらの事業体の軽課税の所得と他の構成事業体の所得を混合しないようにしている。また、第7.4条はMNEグループによって支配されている軽課税投資事業体に対する少数投資家の持分について、トップアップ税額が課されないようにしている。つまり、被支配投資事業体の所得のうちMNEグループに帰属する所得についてのみ、ETRおよびトップアップ税額を計算する。

75. 第7.5条は、投資事業体または保険投資事業体を税務上透明な事業体として取り扱う選択について定めている(なお、第10.2.1条の税務上透明な事業体の定義を満たす投資事業体と保険投資事業体は、当該選択を行う必要はない)。当該選択を行った場合、当該投資事業体または保険投資事業体の所得および対象租税は、当該構成事業体所有者のものとして取り扱われるため、当該投資事業体のETRの計算において第7.4条の特別ルールを適用する必要はない。以下に詳述するように、保険投資事業体とは、保険会社によって完全に所有されていることを除き、投資事業体の定義を満たす事業体である。保険投資事業体については、第7.5条に基づく選択を行うことができる。

76. 最後に、第7.6条は、被支配投資事業体である構成事業体所有者の選択について定めている。当該選択を行った場合、当該構成事業体所有者はGloBE所得・損失の計算において、当該投資事業体から受領した分配金を含める。当該投資事業体の所得のうち当該構成事業体所有者の持分割合相当額は、当該所得が4年以内に当該構成事業体所有者に分配される限り

において、MNEグループのGloBE所得・損失の計算から除外される。

77. GloBEルール実施枠組みの一環として、引き続き、保険投資事業体の構成事業体所有者が当該保険投資事業体への投資について時価評価課税またはそれに類する課税制度の対象とならない場合の取扱いを検討する予定とされている。

第7.4.1条

78. 第7.4条は、税務上透明な事業体ではない投資事業体と保険投資事業体にのみ適用される。税務上透明な事業体である投資事業体と保険投資事業体の所得については、第3.5条に定められているルールが引き続き適用される。なお、第7.4条は、投資事業体または保険投資事業体の所得のうち、第7.5条または第7.6条に基づく選択の対象となる部分には適用されない。

79. ある投資事業体または保険投資事業体が、その一部分は税務上透明な事業体であり、かつ他の部分はリバースハイブリッド事業体である場合、第7.4.1条は、当該事業体の収入、支出、利益または損失について、当該事業体が所有者の所在国・地域において課税上透明でない者として取り扱われる範囲に対して適用される。例えば、ある投資事業体が信託として組織され、当該事業体の所得のうち受益者に対して分配されていない所得に対して課税される場合、第7.4.1条は当該投資事業体または保険投資事業体の所得が分配されない範囲に対して適用される。

第7.4.2条

80. 第7.4.2条は、投資事業体または保険投資事業体のETRの計算について定めている。ETRは、同じ国・地域にある他の構成事業体とは別に計算される（換言すると、当該投資事業体または保険投資事業体のGloBE所得・損失および対象租税は、当該国・地域の他の構成事業体のものとは混合されない）。しかしながら、MNEグループが同じ国・地域に所在する複数の投資事業体または保険投資事業体に対する持分を保有している場合、当該国・地域におけるすべての投資事業体または保険投資事業体について（合計して）一つのETRが計算される。

81. 当該ETRは、（第7.4.3条において定義される）当該投資事業体または保険投資事業体の調整後対象租税を、第3章に基づき計算される当該投資事業体または保険投資事業体のGloBE所得のMNEグループ配分額によって除したものである。

第7.4.3条

82. 第7.4.3条は、投資事業体または保険投資事業体の調整後対象租税の計算について定めている。調整後対象租税の額は、第4.1条に従い当該投資事業体が計上する対象租税と、当該構成事業体所有者が計上する対象租税のうち、第4.3条に従い当該投資事業体または保険投資

資事業体に対して配分される対象租税の合計額とされる。投資事業体が支払う対象租税は、当該投資事業体のGloBE所得のうち当該MNEグループに対する配分額に対応するものに限られる。第7.4.3条の適用において考慮される当該構成事業体所有者が計上する対象租税は、当該投資事業体または保険投資事業体の所得に対する持分割合相当額について生じるものに限られる。

第7.4.4条

83. 第7.4.4条は、投資事業体または保険投資事業体のGloBE所得のうちMNEグループに対する配分額について定義している。当該配分額は、第7.5条または第7.6条に基づく選択の対象とされていない投資事業体または保険投資事業体の所有者持分のみを対象として、UPEが第2.2.2条のルールを適用するとしたならば適用される計算方法と同じ方法により計算されなければならない。第7.5条および第7.6条の選択の対象となる持分を除外することによって、当該投資事業体に係るETRの計算において、当該選択に基づき当該計算に考慮されることになる租税が重複して算入されることはない。

第7.4.5条

84. 第7.4.5条は、各投資事業体または保険投資事業体のトップアップ税額の計算について定めている。これらのルールは、トップアップ税額が当該投資事業体または当該保険投資事業体に対するMNEグループの持分のみに係る額として計算され、かつ当該持分について生じるあらゆる対象租税を考慮することを担保している。

85. 第7.4.5条のルールは、原則として第5.2条における国・地域別のトップアップ税額の計算ルールに従っている。最初に、投資事業体または保険投資事業体のトップアップ税率は、最低税率から第7.4.2条に基づき計算されるETRを差し引くことにより計算される。次に、第7.4.4条に基づく当該投資事業体または保険投資事業体のGloBE所得のうちMNEグループに対して配分される額から、（第7.4.6条に従って計算される）当該投資事業体または保険投資事業体の実質ベースの所得除外額を控除する。最後に、当該投資事業体または保険投資事業体のGloBE所得のうちMNEグループに対して配分される額が実質ベースの所得除外額を超過する額に対してトップアップ税率を乗じることにより、トップアップ税額を計算する。当該国・地域に複数の投資事業体または保険投資事業体が所在する場合、第7.4.2条から第7.4.4条に基づき計算される当該複数の事業体に係る各数値を合算して、そのようなすべての事業体のトップアップ税額を計算することとする。ある国・地域に所在する投資事業体および保険投資事業体のトップアップ税額は、当該事業体に関して支払ったQDMTTの額だけ減額されるものとする。

86. 第2.2条の適用にあたり、親事業体は、LTCEである投資事業体について第7.4.5条により計算されるトップアップ税額は、実際には、グループ事業体ではない他の所有者に帰属する金額は既に減額された後に計算されていることを考慮して、当該LTCEである投資事業体の

合算比率の計算を調整しなければならない。例えば、ある構成事業体がある投資事業体の所有者持分の90％を保有し、当該投資事業体の利益の90％に対する権利を有しており、残りの所有者持分はグループ事業体ではない者によって保有されているものとする。当該会計年度に当該投資事業体はGloBE所得100を稼得し、対象租税はないものとする。第7.4.5条により、トップアップ税額は、当該投資事業体の所得に対する当該構成事業体の持分割合相当額すなわち90に基づき、13.5と計算される。親事業体の合算比率は1.0であるため、当該投資事業体のトップアップ税額である13.5がすべて親事業体に配分される。

第7.4.6条

87. 原則として、投資事業体の所在国・地域における適格有形資産および適格従業員の適格人件費のみが実質ベースの所得除外額の計算に含められる。第7.4.6条は、投資事業体の実質ベースの所得除外額の計算のための特別なルールを定めている。第7.4.6条は、実質ベースの所得除外について、当該投資事業体または保険投資事業体のGloBE所得・損失のうちMNEグループに対して配分される額に対応するように、比例的に減額することを定めている。同一の国・地域に所在する複数の投資事業体がある場合、当該複数の投資事業体の実質ベースの所得除外額は合算され、当該複数の投資事業体のGloBE純所得の合計額から控除することにより、当該投資事業体全体の超過利益が計算される。

88. 第7.4.6条は第5.3.2条に関わらず適用される。第5.3.2条は、実質ベースの所得除外額の計算から投資事業体または保険事業体の資産および人件費を原則として除外している。第5.3.2条のルールは、投資事業体または保険投資事業体の資産および人件費が、当該国・地域のカーブアウトの計算と当該投資事業体または保険投資事業体のカーブアウトの計算の双方に同時に含められることがないようにすることを意図している。

第7.5条　投資事業体の税務上透明な事業体選択

第7.5.1条

89. 第7.5.1条は、投資事業体または保険投資事業体を税務上透明な事業体として取り扱うことができる5年選択について定めている。当該選択を利用できるのは、投資事業体または保険投資事業体である構成事業体所有者であって、当該投資事業体および保険投資事業体に対する投資について時価評価課税またはこれに類する課税制度の対象となる者である。（選択した場合には）税務上透明な事業体としての取扱いは、第3.5条を含むGloBEルールのすべての目的において適用される。

90. 第10.1条において、投資事業体は、投資ファンドまたは不動産投資ビークルの定義を満たす事業体として定義されている。また、第10.1条において、保険投資事業体は、保険会社によって完全に所有され、一または複数の保険契約または年金契約に基づく債務に関連して設立されることを除き、投資ファンドまたは不動産投資ビークルに該当する事業体として定

義されている。保険投資事業体は、一の事業体によって完全に所有されている場合もあれば、同じMNEグループの一部である複数の事業体によって完全に所有されている場合もある。保険投資事業体の定義は、所有者（または複数の所有者）が保険会社として規制されていることも要件としている。当該要件は、保険投資事業体が、保険会社と同様に規制されているフロースルー事業体によって所有されている場合にも満たされる。ある投資事業体または保険投資事業体に関して第7.5.1条に基づく選択が行われる場合、第7.4条のルールは適用されない。

91. 投資事業体または保険投資事業体の構成事業体所有者が、当該投資事業体または当該保険投資事業体に係る所有者持分の時価の年次変動について、時価評価課税またはそれに類する制度に基づき、その所在国において課税され、かつ当該所得に関して構成事業体所有者に適用される税率が最低税率以上である場合、申告構成事業体は、当該投資事業体または当該保険投資事業体である構成事業体を税務上透明な事業体として取り扱うことを選択することができる。この適用において、保険契約者に所有され、規制を受ける保険事業体（「規制を受ける相互保険会社」）が投資事業体または保険投資事業体に係る所有者持分を保有する場合には、当該投資事業体または保険投資事業体の所有者持分の時価の年次変動について時価評価課税またはそれに類する制度に基づき、最低税率以上の税率で課税されているものとみなされる。当該選択は、当該投資事業体または当該保険投資事業体に関するすべての構成事業体所有者について行う必要はない。ただし、当該選択は、当該投資事業体または当該保険投資事業体に対するある構成事業体所有者の持分すべてに対して適用される。

91.1. 以下の事例は、前項をより明確にするものである。A社は、保険契約者によって完全所有され、規制を受ける相互保険会社である。A社は、保険契約者の利益のために資金を投資するための子会社Bを設立することを決定した。子会社Bは第10.1条に定義される保険投資事業体である。子会社BはA社に完全所有されており、A社のMNEグループの構成事業体である。子会社Bの会計年度に係る財務会計上の純損益は100である。A社の財務諸表には、子会社Bの所有者持分の価値上昇に伴う時価評価益100が含まれているが、これはA社の保険契約者に対する負債の増加に伴う費用100と相殺されるため、A社の会計年度に係る財務会計上の純損益は生じない。しかし、時価評価益は、第3.2.1条第c項に基づき、A社のGloBE所得・損失から除外される。その結果、A社のGloBE損失は100となる一方で、子会社BのGloBE所得は100となる。MNEグループの観点からは、ファンドからの所得100は、経済的にはMNEグループの所得ではなく、保険契約者の所得であるため、純利益は生じない。A社は規制を受ける相互保険会社であるため、第7.5条の選択を行うことにより、子会社Bを税務上透明な事業体として取り扱うことが認められる。この選択が有効である間、子会社Bの所得は第3.5条に従ってA社に配分される。したがって、A社には財務会計上の純損益100が含まれ、これは保険契約者に対する負債の変動による費用100と一致していることから、GloBE所得はゼロとなる。子会社Bも、財務会計上の純損益がA社に配分されているため、GloBE所得はゼロとなる。

92. 投資事業体を税務上透明なものとして取り扱う選択により、GloBEルールの適用上、MNEグループは当該投資事業体の所得に対する構成事業体所有者の持分割合相当を当該構成事業体所有者の所得として含めることができる。当該選択により、GloBEルールと国内税法(構成事業体所有者が時価評価課税またはこれに類する課税制度の対象となるもの)との間で、投資事業体を通じて稼得する所得の認識時期と場所は一致する。

93. この選択は、(構成事業体所有者が)直接所有している投資事業体および保険投資事業体について適用するとともに、他の投資事業体または保険投資事業体を通じて間接的に所有している当該投資事業体についても適用することができる。これにより、直接保有している投資事業体または保険投資事業体に対する持分の時価評価において反映されている、当該事業体の所有権の連鎖の下位にある投資事業体または保険投資事業体の価値の変動にかかる構成事業体所有者における課税所得の認識と、当該連鎖の下位にある事業体のGloBE所得・損失の認識を一致させることができる。税務上の時価の計算方法と財務会計上の時価の計算方法は、全く同じではない可能性があり、当該選択を行ったとしても期間差異が生じることもある。しかしながら、それらの差異は、それほど頻繁に発生せず、かつ少額であると考えられる。

94. 投資事業体または保険投資事業体のGloBE所得・損失に対する当該構成事業体所有者の持分割合相当額は、当該構成事業体所有者において重複して計算に含まれることがないようにする必要がある。当該投資事業体または保険投資事業体のGloBE所得・損失に対する当該構成事業体所有者の持分割合相当額として計算される金額のみを、第7.5条に基づく選択に従ってGloBE所得の計算に含める必要がある。なお、当該投資事業体または保険投資事業体の利益は、連結財務諸表の作成において公正価値会計を用いて計算されている可能性が高い。

95. 構成事業体所有者は、たとえ当該構成事業体に対する支配を有していない場合に当該所有者の単体の会計上、当該構成事業体の所有者持分に対して公正価値法が適用されているとしても、投資事業体または保険投資事業体である構成事業体の所有者持分に対して、公正価値法を適用してGloBE所得を計算してはならない。構成事業体所有者の財務会計上の純損益は、連結財務諸表の作成において当該構成事業体の利益を計算するために用いられた財務会計基準を用い、第3章に従って計算する。しかしながら、何らかの理由により、構成事業体所有者が投資事業体または保険投資事業体に対する持分について公正価値法を適用して会計処理している場合、当該(公正価値法の適用による)損益は、GloBE所得・損失の計算から除外しなければならない。

96. 例えば、UPEがCE1およびCE2の100％の所有者持分を保有しており、CE1とCE2は保険投資事業体であるファンドの所有者持分をそれぞれ、CE1が90％、CE2が10％保有しているものとする。1年目に当該ファンドが稼得した純利益は100で、支払った租税はゼロであり、分配は行わないものとする。第7.5条に基づく選択がCE1とCE2に対して行われるものとする。当該選択により、CE1とCE2は、それぞれのGloBE所得・損失の計算において、当該ファン

ドの利益に対する持分割合相当額である90と10を含めることになる。CE1は単独で当該ファンドを支配しているため、仮にCE2が非関連会社であったとしても、当該ファンドの財務諸表を連結することになる。一方、CE2は、当該ファンドの10％分しか保有していないため、連結財務諸表に用いられる許容された財務会計基準の適用上、CE2の単体の財務諸表においては当該ファンドに対する持分について公正価値会計を適用しなければならない場合がある。しかしながら、GloBEルールの適用上、CE2は当該構成事業体に係る時価評価益または分配金を含めないこととしている。そうでなければ、本事例において、CE2は、第7.5条の選択に基づきその利益に含められる10の利益に加えて、10の時価評価益を認識してしまうこととなる。

97. さらに、構成事業体所有者は当該投資事業体の所得に対する持分割合相当額に関して、実質ベースの所得除外の適用をすることができる。多くの場合、投資事業体または保険投資事業体の活動の管理に関連するMNEグループの適格人件費および適格有形資産は、当該投資事業体または保険投資事業体自体に係るものではなく、構成事業体所有者が行う当該管理に関連するものである。

第7.5.2条

98. 第7.5.2条は、第7.5.1条の選択は5年選択であると定めている。また、第7.5.2条は、選択の取消しに関する移行時の取扱いを定めている。選択を取り消した場合、（当該選択の取消し後に行われる）当該投資事業体が所有する資産または負債の処分時の損益は、取消年度開始の日の資産または負債の時価に基づいて計算される。取消年度開始の日の時価が基準となる。当該投資事業体の利益が実現主義に基づき計算されている場合、資産が処分されるまで、当該価額がGloBEルールに基づく損益の計算における資産の価額となる。一方、資産について公正価値法を用いて当該投資事業体の損益が計算される場合、資産は公正価値法を用いて定期的に再評価され、再評価損益は財務会計上の純損益に含まれる。当該再評価は、GloBE所得の計算上も適用される。

第7.6条　課税分配法の選択

99. 第7.6条は、第7.4条に規定される投資事業体の取扱いに係るもう一つの代替ルールとして、課税分配法を定めている。当該分配法では、投資事業体がその所得を4年以内に分配し、かつ受領者段階で当該分配額が最低税率以上の税率で課税される限りにおいて、当該投資事業体を通じて稼得した、トップアップ税額の課税対象となる所得を減額することを定めている。包摂的枠組みは、第7.6.1条の選択を保険投資事業体にも適用することに合意した。したがって、第7.6条および関連するコメンタリーにおける「投資事業体」という用語は、保険投資事業体を含むものと解釈される。

第7.6.1条

100. 第7.6.1条は、課税分配法を使用するための5年選択を定めている。当該選択は、申告構成事業体によって行われ、投資事業体からの分配について構成事業体所有者が、その所在地で課税され、かつ当該分配について最低税率以上の税率で課税されることが合理的に見込まれる場合にのみ適用することができる。構成事業体所有者が最低税率以上の税率で課税されることが合理的に見込まれるか否かについての判断には、分配額に対して構成事業体所有者に課される租税のほか、当該分配される所得に関して投資事業体において課される租税も考慮される。当該選択は、当該投資事業体のすべての構成事業体所有者に関して行う必要はない。ただし、当該投資事業体に対する当該構成事業体所有者のすべての所有者持分について適用されることとなる。

第7.6.2条

101. 第7.6.2条は、課税分配法の運用について定めている。

102. 第a項は、構成事業体所有者は、その受領する実際の分配またはみなし分配について、当該分配が課税される会計年度のGloBE所得の計算に含めることを定めている。GloBEルールにおいて、みなし分配について独立した定義は設けられていないが、第7.6.5条第c項において、特定の所有者持分の譲渡をみなし分配として取り扱っている。第a項においてみなし分配を含めているのは、課税分配法と国内税法に基づく取扱いを整合させることを意図している。したがって、課税分配法におけるみなし分配は、通常、構成事業体所有者に対して適用される法律を参考にして決定される。課税分配法は、構成事業体からの分配をGloBE所得から除外することとする通常のGloBEルールとは相反するものである。課税分配法は、MNEグループが投資事業体を通じて稼得するGloBE所得の認識時期と場所を、（当該投資事業体の所有者である）構成事業体所有者が当該分配について課税される時期と場所とを一致させることを意図している。第7.6条の適用において、投資事業体の所得が分配されていない場合であっても、国内税法上、当該構成事業体の所有者段階で実現しているものとみなされ、同じ会計年度において課税される場合に限り、みなし分配には当該会計年度の投資事業体の所得が含まれるものとする。

103. 自らが投資事業体である構成事業体所有者、すなわち中間投資事業体は、投資事業体の課税上の中立性を保持するため、受領する分配金を当該中間ファンドのGloBE所得・損失に含めないこととしている。しかしながら、投資事業体が中間投資事業体に対して分配することにより、第7.6条の選択がなされた構成事業体所有者に対する当該投資事業体による分配に係る4年間の判定期間が新たに開始されるわけではない。以下に説明するように、分配金が投資事業体ではない構成事業体に到達するまで、当該分配金の額は未分配GloBE純所得から控除されない。

104. 第b項は、構成事業体所有者に対し、現地控除対象税額グロスアップをGloBE所得およ

び調整後対象租税に含めることを定めている。現地控除対象税額グロスアップは、第7.6.5条第d項において定義されている。これは、通常、投資事業体によって支払われた対象租税の額であり、当該投資事業体からの分配金に関する構成事業体所有者の租税債務の計算上控除が認められるものである。GloBEルール上、課税分配法の対象となる各構成事業体所有者に係る投資事業体のGloBE所得に対する持分割合相当額に対応する対象租税を追跡し管理するための別個の制度を構築する代わりに、各構成事業体所有者の所在地における税額控除制度に依拠することとしている。したがって、課税分配法は、事実上、投資事業体が支払う対象租税について、国内税法上控除が認められるのと同じ範囲まで、GloBEルール上も控除を認めるものである。このルールはまた、現地控除対象税額グロスアップを追加的なGloBE所得として取り扱うことを定めており、これは当該税額控除が損金算入と税額控除の双方の効果を得られないようにするためである。

105. 第c項は、投資事業体の未分配GloBE純所得に関する構成事業体所有者の持分割合相当額は、申告年度の当該投資事業体のGloBE所得として取り扱われ、第2章の適用上、当該GloBE所得に最低税率を乗じた結果が当該会計年度におけるLTCEのトップアップ税額として取り扱われることを定めている。このトップアップ税額に係る租税債務は、第2章に従って課税される。

106. 最後に、投資事業体の所得(および課税上の効果)を当該投資事業体ではなく当該投資事業体を所有する構成事業体所有者に帰属させるという意図した結果を得るため、第5.1.3条(および第7.6.2条第d項)は、当該会計年度の投資事業体のGloBE所得・損失、および当該所得に起因する調整後対象租税を、第5章および第7.4.1条から第7.4.5条までの規定に基づくすべてのETR計算から除外することを定めている(ただし、本条の第b項に従って当該投資事業体の調整後対象租税が当該構成事業体所有者のGloBE所得・損失および調整後対象租税に含まれる場合を除く)。

第7.6.3条

107. 第7.6.3条は未分配GloBE純所得を定義しており、第7.6.4条は、(未分配GloBE純所得を)重複して算入することを防止し、損失の繰越しを認めるための追加ルールを定めている。

108. 未分配GloBE純所得は、判定年度に生じたGloBE所得が判定期間の終了までに分配または相殺されるか否かを判定するために定義されている。したがって、実務上の問題として、MNEグループは判定年度ごとに未分配GloBE純所得の残高を管理しなければならない。未分配GloBE純所得は、投資事業体全体について計算されるが、トップアップ税額は未分配GloBE純所得に対する構成事業体所有者の持分割合相当額に基づいて計算される。

109. 第7.6.5条に基づき、判定年度は、申告年度の3会計年度前とされている。判定期間は、判定年度に開始し、申告年度に終了する4年の期間である。例えば、投資事業体が当該4年の期間内に当該判定年度のGloBE所得をすべてその構成事業体所有者に分配した場合、課税分

配法に基づくトップアップ税額は課されないこととなる。当該所有者は、自らの状況に基づき期間中のいずれかの年度においてトップアップ税額が課される可能性は残る。

110. 第7.6.3条における未分配GloBE純所得の定義は、判定年度のGloBE所得から始まる。ある会計年度のGloBE所得がゼロである場合またはGloBE損失である場合、当該年度の未分配GloBE純所得もゼロであり、当該年度が判定期間に含まれている間はゼロであり続ける。

111. 判定年度に係る未分配GloBE純所得の残高は、その設定後に、当該投資事業体により支払われる対象租税があれば、当該支払額を減額する。当該投資事業体の分配可能利益は対象租税によって減額されるため、この調整が必要となる。一方、GloBE所得・損失の計算において、対象租税は財務会計上の純損益に足し戻されるため、当該減額調整を行わなければ、当該投資事業体のGloBE所得のすべてを分配することができなくなる。しかしながら、当該投資事業体の対象租税は、その後、当該租税が分配またはみなし分配と関連する現地控除対象税額グロスアップに含められる範囲内で、構成事業体所有者の調整後対象租税に含められる。

112. さらに、未分配GloBE純所得の残高から、投資事業体である構成事業体以外の持分保有者に対する分配およびみなし分配の額を減額する。それ以外のすべての持分保有者（グループ事業体でない持分保有者も含む）への分配は、未分配GloBE純所得を減額することになる。投資事業体である構成事業体に対する分配は、その後、投資事業体ではない事業体に分配される時点で、未分配GloBE純所得を減額する。MNEグループは、投資事業体の連鎖を通じて行われる利益の分配が、（最終的に）投資事業体ではない事業体に対して分配されるかどうかを判断するあらゆる合理的な方法を使うことができる。例えば、MNEグループは、ある投資事業体による分配は、まず（当該事業体が）MNEグループの他の投資事業体から受領した分配金を原資として分配するものとして取り扱うことができる。

113. また、未分配GloBE純所得は、損失によっても減額されることになる。損失により、配当可能利益が減額されるからである。第c項は、判定期間中に生じた損失の額を未分配GloBE純所得から減額するものとしている。しかしながら、判定期間中に生じた損失が未分配GloBE純所得の残高を超過する場合、その後の会計年度に生じる未分配GloBE純所得から減額できるようにするため、投資損失繰越額を計上しなければならない。

第7.6.4条

114. 判定期間中に行われた分配が前判定年度の未分配GloBE純所得を減額するものとして取り扱われる場合を除き、当該判定期間中の分配により当該判定年度に係る未分配GloBE純所得の残高は減額される。したがって、ある分配はいずれかの年度の未分配GloBE純所得のみを減額する。つまり、重複して減額することはできない。

115. さらに、未分配GloBE純所得は、判定期間中に生じたGloBE損失および前年度までに生じた投資損失繰越額によって減額される。投資損失繰越額は、判定年度前に生じたGloBE

損失であって、判定期間において損失年度が生じる前までに完全には使用されなかった、すなわちゼロまで減額されなかった金額である。未分配GloBE純所得の計算上、GloBE損失は、未分配GloBE純所得を減額するために使用された時点で減額されるため、別の判定年度の未分配GloBE純所得を減額するために使用することはできない。

116. MNEグループが3年間連続してある投資事業体に対する持分を保有していない場合、持分を保有していなかった当該各年度のGloBE所得は、未分配GloBE純所得の計算上、ゼロとみなされる。したがって、MNEグループが投資事業体に対する持分を最初に保有した年度から3年間は、未分配GloBE純所得は存在しないこととなる。

第7.6.5条

117. 第7.6.5条は、課税分配法に関連する定義を定めている。
  a．第a項は、判定年度を申告年度の3年前の年度と定義している。
  b．第b項は、判定期間を、判定年度に開始し、申告年度に終了する4年の期間と定義している。当該定義は、投資事業体の未分配GloBE純所得の計算において重要である。当該定義は、第7.6.3条の他の規定とともに、判定年度およびそれに続く3会計年度における分配金によって投資事業体の未分配GloBE純所得を減額することを可能にする。
  c．第c項は、グループ事業体ではない者に対して、投資事業体に対する直接または間接の所有者持分を譲渡することについて、みなし分配として取り扱うことを定めている。みなし分配の金額は、当該譲渡される構成事業体の所有者持分が減少する割合に基づいて計算される。このルールは、持分を譲渡した構成事業体所有者が譲渡の結果として課税されるか否かにかかわらず、適用される。このルールがなければ、処分された投資事業体に帰属する未分配GloBE純所得が引き続き、判定期間の終了まで繰り延べられることになる。
  d．第d項は、現地控除対象税額グロスアップを、当該投資事業体において生じた対象租税の額であって、当該投資事業体からの分配に関連して生じる当該構成事業体所有者の租税債務から控除できるものと定義している。現地控除対象税額グロスアップについては、第7.6.2条第b項のコメンタリーにおいて説明している。

注記事項

1　第7.1.1条第a項の適用については、第2の柱のGloBEモデルルールに関するコメンタリーの事例集において解説している。https://www.oecd.org/tax/beps/tax-challenges-arising-from-the-digitalisation-of-the-economy-global-anti-base-erosion-model-rules-pillar-two-examples.pdf

2　第7.1.4条の適用については、第2の柱のGloBEモデルルールに関するコメンタリーの事例集において解説している。https://www.oecd.org/tax/beps/tax-challenges-arising-from-the-digitalisation-of-the-economy-global-anti-base-erosion-model-rules-pillar-two-examples.pdf

3 第7.3.4条の適用については、第2の柱のGloBEモデルルールに関するコメンタリーの事例集において解説している。https://www.oecd.org/tax/beps/tax-challenges-arising-from-the-digitalisation-of-the-economy-global-anti-base-erosion-model-rules-pillar-two-examples.pdf

第8章　執行

第8.1条　申告義務

１．第8.1条は、GloBE情報申告書の提出に関する要件を定めている。GloBE情報申告書は、標準化された様式の申告書で、GloBEルールに基づく構成事業体の租税債務の正確性を評価するために必要な情報を税務当局に提供するものである。第8.1条に定めるルールは、GloBEルールに関する申告と納税義務とを一致させることを目的とするものではない。これらのルールの目的は、GloBEルールに基づく情報報告要件を実施する国・地域に、主要な情報を提供することにある。例えば、延滞税および申告にかかる税務調査や更正の除斥期間などの申告納税義務に関するルールの運用は、各実施国・地域の現行の申告納税手続の設計に基づく判断に委ねられている。

２．GloBEルールは、発生したトップアップ税債務について、合理的な期間内にその支払期限が到来し、納付される方法で、かつ、GloBEルールおよびそのコメンタリーにより意図された結果に沿うように各国・地域において実施され運用されなければならない。

３．第8.1条は、各構成事業体が現地税務当局に対してGloBE情報申告書を提出する義務を負うことを定めている。当該申告書は、各構成事業体が現地税務当局に直接提出するか、または同じ国・地域に所在する一もしくは複数の構成事業体を代理する指定現地事業体を通じて提出することができる。一方、第8.1条においては、当該申告書の情報の大半が当該MNEグループの他のメンバーに関するものである場合は特に、構成事業体がGloBE情報申告書の完成に必要な情報を収集するのに最適な立場にない可能性があることも考慮されている。多くの場合、そうした情報の大半は、当該MNEグループの連結財務諸表の作成において既に収集されている可能性があることから、UPEまたは当該MNEグループが指名した指定申告事業体が当該情報を収集するのに適した立場にあることが見込まれる。

４．したがって、第8.1条は、各構成事業体がその所在国・地域の税務当局にGloBE情報申告書を提出する義務を負うことを定めているものの、第8.1.2条に基づき、UPEまたは指定申告事業体がその所在国・地域の税務当局にGloBE情報申告書を提出し、かつ、当該国・地域の権限ある当局が当該構成事業体の所在国・地域の権限ある当局とGloBE情報申告書を自動的に交換する有効な二国間または多国間の協定もしくは取決めを有する場合、当該所在国・地域の構成事業体は当該申告書の提出義務を免除される。権限ある当局とは、それらの国・地域の権限ある代表であって、その条項により国・地域間の税務情報の交換（当該情報の自動交換を含む）について法的な権限を与える租税条約、税務情報交換協定、または税務行政執行共助条約の当事者である。このように、当該申告義務は、当該MNEグループのUPEまたは指定申告事業体が、当該MNEグループ内のすべての構成事業体を含む単一のGloBE情報申告書を提出することができ、それが適切な国際間の交換メカニズムを通じて当該構成事業体の所在国・地域の税務当局に提供することを可能にするように運用される。

第8.1.1条

5．第8.1.1条の第一文に基づき、MNEグループの各構成事業体は、GloBE情報申告書を作成してその税務当局に提出することを求められている。複数の構成事業体が同一の国・地域に所在している場合、第8.1.1条の第二文により、そのうちの一の事業体、すなわち指定現地事業体が他の構成事業体（および自身）のために単一のGloBE情報申告書を提出することが認められている。指定現地事業体が同じ国・地域に所在する他の構成事業体の代わりにGloBE情報申告書を提出する場合、当該他の構成事業体の申告書提出義務は免除される。第8.1条は、まず、各現地構成事業体に申告義務を課しているものの、MNEグループのために情報申告書が提出されることを担保する目的が達成されるのであれば、実施国・地域が指定現地事業体を当該申告義務について法的責任を負う唯一の構成事業体とすることも認められる。

6．第8.1.1条の第一文は、実施国・地域に所在する構成事業体に対し、GloBE情報申告書を提出することを求めている。UPEでないフロースルー事業体などの無国籍構成事業体は、当該実施国・地域に所在しないこととなるため、この申告書の提出を求められない。例えば、フロースルー事業体であるパートナーシップであって、その組成された国・地域において税務上の居住者として取り扱われないものは、通常、GloBE情報申告書の提出を求められない。ほとんどの場合、これは当該組成された国・地域における税務上の取扱いと整合する。しかし、当該フロースルー事業体の構成事業体所有者は、第8.1.1条の第一文により、ある国・地域に所在する他の構成事業体と同じようにGloBE情報申告書の提出を求められる。当該フロースルー事業体がUPEである場合またはIIRを適用することが求められる場合、第10.3.2条第a項に従って、それが組成された国・地域に所在していることとなるため、GloBE情報申告書の提出が求められる。これらの場合には、受託者や管理者などの権限を与えられた主体が当該フロースルー事業体に代わり、GloBE情報申告書を提出することができる。なお、PEもその所在国・地域においてGloBE情報申告書の提出を求められる構成事業体となる。

7．フロースルー事業体は、国内税法に基づき、情報申告書の提出などの何らかの法的な義務を負う場合もある。こうした状況では、当該事業体が当該国・地域の国内法に基づき組成されていることを条件に、第8.1.1条の義務を任意に拡大し、当該事業体にも適用することができる。

8．MNEグループの連結財務諸表においてJVとして取り扱われている事業体は、第8.1.1条に従ってGloBE情報申告書の提出を求められない。なぜなら、そのような事業体は、第6.4.1条第a項に従って当該JVに係るトップアップ税額を計算する目的においてのみ当該MNEグループの構成事業体として取り扱われるものの、当該MNEグループの構成事業体ではないからである。同じ理由で、MNEグループによってJV子会社として取り扱われる事業体も、当該MNEグループに関するGloBE情報申告書の提出を求められない。

第8.1.2条

9．第8.1.2条は、すべての構成事業体(指定現地事業体を含む)は、GloBE情報申告書がUPEまたは当該MNEグループによって指名された指定申告事業体により提出されている場合に、当該申告構成事業体の所在国・地域の権限ある当局が、当該構成事業体の所在国・地域の権限ある当局と適格な権限ある当局間協定を結んでいることを条件に、GloBE情報申告書を提出する義務が免除されることを定めている。そのため、適格な権限ある当局間協定により、当該構成事業体の所在国・地域の権限ある当局は、当該UPEまたは指定申告事業体の所在国・地域の権限ある当局から自動的にGloBE情報申告書を入手することとなる。

10．第8.1.2条により認められている情報交換メカニズムにより、多くの(おそらくほとんどの)税務当局が、情報交換メカニズムを通じてGloBE情報申告書を受領することになり、実務上、現地申告義務は適格な権限ある当局間協定を有する国・地域において当該申告書が提出されていない場合にのみ適用されることとなる。適格な権限ある当局間協定のメカニズムは、MNEグループがUPEにより、または指定申告事業体を指名して、他の国・地域の税務当局に提供するためのGloBE情報申告書を一元的に作成、提出させることにより、コンプライアンス上の負担を最小限に抑えることを可能としている。多くの場合、UPEがグループ事業体の代わりにこの申告の役割を果たすこととなるが、別の構成事業体の方が、申告を行うのにより適した立場にある理由が存在する場合もあるため、MNEグループは別の構成事業体を指定申告事業体に指名することもある。例えば、指定申告事業体の所在国・地域の方が、より広範にわたる情報交換協定を締結しているために、当該MNEグループ全体の現地申告義務を軽減しやすい場合もある。

11．「適格な権限ある当局間協定」という用語は、第10.1条に定義されている。これは、GloBE情報申告書に含まれる情報の年次での自動交換について定めている権限ある当局間の二国間もしくは多国間の合意または取決めを意味する。二国間および多国間のモデルとなる適格な権限ある当局間協定は、GloBEルール実施枠組みの一環として策定され、税務行政執行共助条約、税務情報交換協定、OECDモデル租税条約の第26条と同等の規定を有する租税条約または情報の自動交換を認めるその他の国際協定に基づくものとなる。MNEグループが、構成事業体の所在国・地域それぞれにおいてGloBE情報申告書の提出を求められないようにするために、GloBEルールを導入する国・地域においては、GloBEルールを導入する適切な関係相手国との間で適格な権限ある当局間協定を締結することが奨励される。もし、権限ある当局が適格な権限ある当局間協定に従ってGloBE情報申告書を受領しておらず、当該権限ある当局が、適格な権限ある当局間協定において適用される通知およびその他の手続に従っている場合、当該適格な権限ある当局間協定の条項次第では、第8.1.2条における要件は満たされることにはならない。構成事業体への通知のため、各国・地域は、適格な権限ある当局間協定を締結した相手方の権限ある当局の国・地域のリストを公表し、定期的に更新するものとする。

第8.1.3条

12. 第8.1.3条は、構成事業体に対し、GloBE情報申告書を提出するUPEまたは指定申告事業体の識別情報および所在地を、その現地税務当局に(直接または指定現地事業体を通じて)届け出ることを求めている。これにより、税務当局は、情報交換手段を通じて当該申告書を受領するということを認識することができる。

第8.1.4条

13. 第8.1.4条は、GloBE情報申告書は、GloBEルール実施枠組みに従って作成された標準テンプレートにより提出されなければならないこと、およびGloBE情報申告書に記載すべき情報項目を定めている。以下に述べるように、GloBE情報申告書で求められる情報は、GloBEルール実施枠組みに従って、特定、拡大または限定される。第8.1.4条は、GloBE情報申告書に記載する情報に関連するものであるが、現地税務当局がその国内法に従ってGloBEルールの遵守を確認するためにさらに必要な補足情報を要求することを妨げるものではない。GloBEルール実施枠組みに従って作成されるGloBE情報申告書の標準テンプレートには、必要なすべての情報の記載欄が設けられる見込みである。

14. 第a項は、GloBE情報申告書において、MNEグループの構成事業体、その所在地およびその納税者番号(存在する場合には)を記載することを求めている。また、GloBE情報申告書において、GloBEルールに基づくその分類(例えば、POPE、JV、JV子会社、投資事業体、フロースルー事業体、PE)を明らかにすることも求めている。例えば、(GloBE情報申告書においては)指定申告事業体(もし指定されていれば)およびある事業体がGloBEルールにおいて投資事業体に該当するか否かを明らかにする必要がある。無国籍構成事業体についても第a項に従って明らかにされなければならない。

15. 第b項は、GloBE情報申告書にMNEグループの全体的な企業構造に関する情報を記載することを求めている。GloBEルール実施枠組みの一環として、税務当局がMNEグループの企業構造がどのように組織されているかを把握することができるように、MNEグループの全体的な企業構造を図表および/または一覧表として含めるかどうかを定める予定である。(企業構造情報では)どの構成事業体が他の構成事業体に対する支配持分を保有しているかを明らかにしなければならない。会計年度中に企業構造の変更があった場合、図表および/または一覧表において、それらの変更を明らかにしなければならない。

16. 第b項は、MNEグループの全体的な企業構造に関する情報を求めている。これには、除外事業体である事業体がMNEグループの一部である場合、当該事業体も含まれる。したがって、第b項は、除外事業体が構成事業体でないにもかかわらず、これらの除外事業体を企業構造の中で示すことを求めている。この項に従って提供される情報は、MNEグループの企業構造がどのように組織されているかを示すだけである。例えば、企業構造に関する情報において、除外事業体の全体的な企業構造における位置を特定するために必要な情報以外、除

外事業体に関する情報は記載されない。

17. 第c項は、ETRを計算するために必要な情報（財務会計上の純損益、GloBE所得・損失を計算するために第3.2条に従って適用された調整の種類および金額ならびに対象租税の額など）、構成事業体およびJVまたはJV子会社のトップアップ税額を計算するために必要な情報をGloBE情報申告書に記載することを求めている。例えば、これには、第5.5.1条に基づき選択した場合のデミニマス除外、あるいは第8.2条に基づき選択したGloBEセーフハーバーを適用するために必要な情報も含まれる。

18. また、第c項は、GloBE情報申告書に、第2章に定めるIIRおよびUTPRに基づくトップアップ税額の各国・地域における配分額を記載することを求めている。以下の項は、IIRおよびUTPRに基づくトップアップ税額の各国・地域における配分額に関して、GloBE情報申告書に記載しなければならない情報を示しているが、他の情報も必要となる場合がある。

19. IIRの場合、GloBE情報申告書には、第2.1条のトップダウンアプローチおよび分割所有ルールに従ってトップアップ税額を計算するために必要な情報を記載しなければならない。さらに、GloBE情報申告書には、第2.2条に従い、各LTCEのトップアップ税額の親事業体への配分額を計算するための情報を記載しなければならない。最後に、GloBE情報申告書には、下位の親事業体による適格IIRの適用による第2.3条に基づくトップアップ税額の減額に関する情報および計算について記載しなければならない。

20. UTPRの場合、GloBE情報申告書には、第2.5.1条に基づく会計年度のUTPRトップアップ税額の総額および第2.6条に基づくUTPR適用国・地域への当該税額の配分額を決定するために必要な情報を記載しなければならない。GloBE情報申告書には、第2.6.1条に定める計算式を適用するために必要な従業員数および有形資産に関する関連情報を含む、当該申告年度のUTPRトップアップ税額の総額の配分のための計算過程を記載しなければならない。また、UTPR適用国・地域におけるUTPR調整によって、当該国・地域に所在する構成事業体においてトップアップ税額に等しい追加的な現金支出税金費用が十分生じていない場合、当該申告書では過去課税年度から繰り越されたトップアップ税額も報告する必要がある。さらに、当該申告書では、第2.4.1条に基づくUTPRの適用の結果生じた追加の現金支出税金費用の額および第2.4.2条に従って翌課税年度に繰り越されるトップアップ税額を報告しなければならない。

21. 第d項は、第5.5.1条に従って行われるデミニマス除外に関する選択など、GloBEルールの関連規定に従って行われるすべての選択に関する情報を求めている。

22. 第e項は、GloBEルール実施枠組みの一環として合意され、GloBEルールの執行のために必要なその他の情報を記載することを求めている。しかしながら、第8.1.4条の冒頭で述べているように、GloBE情報申告書に記載される情報は、今後、GloBEルール実施枠組みに従って特定、拡大または限定することができる。さらに、このような対応には、GloBEルールの適用における（税務当局による）評価の目的上、必ずしもすべての情報が必要とされない場合

における簡素化した申告手続の策定も含まれる可能性がある。

23. 原則として、除外事業体に関する情報は、GloBE情報申告書には含まれない。なぜなら、除外事業体はMNEグループの構成事業体ではなく、GloBEルールの適用対象外となるからである。MNEグループ全体が除外事業体だけで構成されることによりGloBEルールの適用対象外である場合、第8.1.1条に基づきGloBE情報申告書を提出することを求められる構成事業体は存在しないため、GloBE情報申告書の提出義務はない。一方、除外事業体がGloBEルールの適用対象となるMNEグループの一部を構成している場合、第8.1.4条第b項は、原則として、全体的な企業構造の一部としてこれらの除外事業体を示すことを求めている。GloBEルール実施枠組みに基づき策定されるガイダンスは、このような除外事業体の情報に関する要件をさらに特定、拡大または限定する可能性がある。GloBEルール実施枠組みに基づき策定される除外事業体の情報に関する要件は、GloBEルールの適切な執行に合理的な範囲で必要であり、公共政策の要件に沿ったものに限定されるものとする。例えば、除外事業体は、除外事業体が設立されたまたは居住者となる国・地域の税務当局による何らかの証明書を提出することなどが考えられる。

第8.1.5条

24. 第8.1.5条は、GloBE情報申告書は、GloBEルール実施枠組みに従って作成された標準テンプレートに記載されている定義および手続きを適用しなければならないと定めている。これらの定義および手続きは、BEPSに関する包摂的枠組みのメンバーによって策定される予定である。

第8.1.6条

25. 第8.1.6条は、MNEグループに必要な情報を準備する時間を与えるために、MNEグループが申告年度終了の日後15か月以内に、GloBE情報申告書および届出書を関連する税務当局に提出しなければならないと定めている。届出書の提出期限は、GloBE情報申告書の提出期限と一致している(すなわち、申告年度終了の日後15か月以内)。これにより、構成事業体または指定現地事業体は、現地税務当局に、当該事業体に代わってGloBE情報申告書を提出するUPEまたは指定申告事業体の識別情報および所在地を十分な余裕をもって届け出ることができる。

26. GloBE情報申告書の修正に関して、第8.1条に特別な規定はない。税務申告書または情報申告書の修正に関する現行の国内法がGloBE情報申告書にも適用されるのか、それともGloBE情報申告書にのみ適用される新たな規定を導入するかは、各国・地域の決定に委ねられている。GloBE情報申告書の修正に関して、申告および権限ある当局間の情報交換の時期と方法を含むさらなるガイダンスがGloBEルール実施枠組みの一環として示される予定である。

第8.1.7条

27. 第8.1.7条は、GloBEルール実施枠組みの一環として合意されている限りにおいて、税務当局は、GloBE情報申告書に関する情報、申告および届出要件を変更できることを定めている。この規定は、GloBEルールを実施する法律、規則その他のガイダンスの制定後に、GloBEルール実施枠組みに基づいて策定された申告および届出要件（追加的な、簡素化された、または変更された申告要件を含む）の実施において国・地域およびその税務当局にある程度の柔軟性を与えることとしている。しかしながら、これらのルールの他の側面と同様、各国・地域はその法的または規制の枠組みによっては、申告要件を変更するために、財務省もしくはそれに相当する機関または税務当局に付与された権限に依拠するのではなく、制度の改正を行わざるを得ない場合がある。

第8.1.8条

28. 第8.1.8条は、罰則、制裁および申告（申告書に記載されている情報を含む）に係る秘密保持に関する各国・地域の法律がGloBE情報申告書にも適用されることを求めている。罰則および制裁については、GloBE情報申告書が期限までに提出されない場合または虚偽の情報や不完全な情報があった場合に、国内の罰則および制裁が適用されることを意味する。各国・地域は任意に、現行の罰則または制裁（および罰則または制裁の軽減規定）をGloBE情報申告書にも適用するか、GloBE情報申告書のために新たな罰則および制裁規定を設けることができる。GloBE情報申告書に関する新たな罰則および制裁は、当該国・地域における他の情報申告書および他の情報申告書提出義務に関する罰則または制裁と同等とする。

29. 申告書の秘密保持については、GloBE情報申告書に基づき収集される情報は、国内の税務申告書または情報申告書を通じて入手される情報と少なくとも同程度に保護される。さらに、情報交換を通じて税務当局が受領するGloBE情報申告書は、適用される租税条約、税務情報交換協定または情報交換に関するその他の国際協定の秘密保持ルールの適用を受ける。

第8.2条　セーフハーバー

30. MNEグループおよび税務当局は、GloBEルールの適用に関して追加的なコンプライアンスおよび執行コストを負担することになる可能性が高い。MNEグループは、軽課税国・地域におけるその事業活動に関するトップアップ税額を把握し配分するために、国・地域ごとに情報を収集し、調整し、集約する必要がある。同時に、税務当局は、申告書の情報の分析、リスク分野の評価、納税者の調査、そしてその国・地域においてGloBEルールに基づき課されるトップアップ税額の徴収を行う必要がある。MNEグループと税務当局への不要なコンプライアンスおよび執行上の負担を軽減するため、GloBEルール実施枠組みは、GloBEセーフハーバーの策定を検討する予定である。GloBEセーフハーバーは、MNEグループが最低税率以上の税率で課税される可能性の高い事業活動に関してETRおよびトップアップ

税額の計算を行わないことを認めるものである。また、GloBEセーフハーバーはGloBEルールのもとでリスク評価を行う際の税の安定性と透明性の向上をもたらす。

31. 第8.2.1条の規定は、GloBEルール実施枠組みの一環として策定される可能性のあるGloBEセーフハーバーにおいて、申告構成事業体がGloBEセーフハーバーの適用につき適格性を有する構成事業体に関して選択を行えるようにする。GloBEセーフハーバーの効果は、MNEグループが、GloBEセーフハーバー国・地域に所在する構成事業体がGloBEセーフハーバーの要件を満たすことを証明する場合に、当該MNEグループの当該国・地域のETRの計算を免除するとともに、税務当局が当該国・地域に所在する当該構成事業体のある会計年度にかかるトップアップ税額をゼロとみなすことを認めることである。第8.2.1条は、税務当局がそのような構成事業体の当該年度のトップアップ税額をゼロとして取り扱うことを可能にする一方、第8.2.2条は、関連するGloBEセーフハーバーに対するMNEグループの適格性に重大な影響を与えかねない状況において、GloBEセーフハーバーを適用した納税者の選択に対し、他の税務当局が異議を唱えることができる協調的かつバランスの取れた枠組みを定めている。

第8.2.1条

32. GloBEセーフハーバーは、MNEグループのコンプライアンスコストおよび税務当局の執行上の負担を軽減するように設計され、MNEグループの事業活動のうち、トップアップ税額が生じないことがほぼ確実な部分のみがGloBEセーフハーバーの対象となるための基準を設定するものとする。第8.2.1条および第10.1条のセーフハーバーの定義は、GloBEセーフハーバーがGloBEルール実施枠組みの一環として策定され公表されることを見込んでいる。包摂的枠組みで合意されたGloBEセーフハーバーは以下のとおりである。

　　a．移行期間CbCRセーフハーバー（付属文書A第1章）
　　b．簡易計算セーフハーバー（付属文書A第2章）
　　c．QDMTTセーフハーバー（付属文書A第3章）
　　d．移行期間UTPRセーフハーバー（付属文書A第4章）

32.1. 将来的な簡易計算セーフハーバーの枠組みは、GloBEルール実施枠組みの一部として策定される簡易計算に基づいている。包摂的枠組みによって策定された簡易計算は以下のとおりである。

　　a．NMCEの簡易計算（付属文書A第2章セクション1）

33. 申告構成事業体が、GloBEセーフハーバーの対象として適格である国・地域におけるMNEグループの事業活動にGloBEセーフハーバーを適用することを選択した場合、当該国・地域のトップアップ税額は選択を行った会計年度についてはゼロとみなされる。GloBEセーフハーバーの選択は、年度ごとの選択となる。ある国・地域（GloBEセーフハーバー国・地域）に所在する構成事業体に関してGloBEセーフハーバーを適用することを選択したMNE

グループは、当該構成事業体について第3章から第5章に基づく国・地域のETRの計算を求められることはないが、第8.1.4条第a項、第d項および第e項に従って、GloBE情報申告書の該当箇所において、GloBEセーフハーバーを利用するという選択の意思を示し、当該GloBEセーフハーバー国・地域に所在するすべての構成事業体を明らかにし、その他の関連情報を提供する必要がある。

第8.2.2条

34. MNEグループがGloBEセーフハーバーを適用することを選択した場合、税務当局は、通常の(リスク)評価、調査および監査手続を適用して、GloBEセーフハーバーがGloBEルール実施枠組みに定められた基準に従って適用されたかどうかを判断し、GloBEセーフハーバーのために用いられた基礎データの妥当性を評価することになる。その上で、第8.2.2条は税務当局に、特定の事実および状況が関連するGloBEセーフハーバーに対する構成事業体の適格性に重大な影響を与える可能性がある場合、税務当局がGloBEセーフハーバーの利用に異議を唱えることができるようにする具体的な枠組みを提供している。

35. 第8.2.2条第a項は、GloBEセーフハーバー国・地域のETRが最低税率を下回る場合にGloBEルールに基づきトップアップ税額を配分される可能性のある国・地域のみが、GloBEセーフハーバー国・地域に関するGloBEセーフハーバーの適用に異議を唱えることができると定めている。本項により、GloBEセーフハーバーの適用に異議を唱えることのできる国・地域は、その適用により影響を受ける国・地域、すなわちGloBEセーフハーバーの適用がなかったならば本来トップアップ税額が配分される国・地域に限定される。本項はMNEグループごとに適用され、GloBEセーフハーバー国・地域のETRが最低税率を下回る場合に当該国・地域にトップアップ税額が配分されていたかどうかにつき、当該MNEグループの構造を考慮に入れ、GloBEルールの配分の仕組みを適用することにより判定することを求めている。しかしながら、本項自体、ETRが最低税率を下回る可能性があることを前提としており、税務当局または納税者に、ETRが最低税率を下回るかどうかを判定するために当該国・地域のETRを計算することを求めていない。

36. 第8.2.2条第b項は、GloBEセーフハーバーの適用に異議がある税務当局は、納税義務のある構成事業体に、GloBE情報申告書の提出後36か月以内に通知することを定めている。GloBEルール実施枠組みでは、GloBE情報申告書を情報交換メカニズムを通じてまたは複数の国内構成事業体から受領する状況を鑑みて、当該36か月の期間の開始日を検討することとしている。通知では、関連するGloBEセーフハーバーに対する構成事業体の適格性に重大な影響を及ぼした可能性のある特定の事実および状況に関する情報を提供する。第10.1条に規定されているように、納税義務のある構成事業体とは、第8.2.1条のGloBEセーフハーバーが適用されなかったとした場合、そのような税務当局の国・地域においてトップアップ税額の納税義務を負う(または第2章に基づく課税の対象となる)可能性のある事業体である。税務当局は、当該国・地域に所在するすべての納税義務のある構成事業体に通知するために最善

の努力を尽くすべきだが、例えば当該国・地域におけるMNEグループの所有構造が複雑であるために、すべての納税義務のある構成事業体ではなく、実質的にすべての納税義務のある構成事業体に通知すれば十分となる状況もありうる。それに加えて、税務当局は、すべての納税義務のある構成事業体が税務当局に回答することを求められるのではなく、MNEグループの納税義務のある一つの構成事業体にのみ、他の納税義務のある構成事業体の代わりに税務当局に回答することを認めることもできる。

37. また、第8.2.2条第b項は、納税義務のある構成事業体は、それらの事実および状況がGloBEセーフハーバーの適用に与える影響を明らかにすることを税務当局から要請される旨を定めている。これらの事実および状況の影響を明らかにするために与えられる期間は6か月である。

38. 第8.2.2条第c項は、納税義務のある構成事業体が6か月の回答期間内に、税務当局によって指摘された事実および状況がその国・地域のGloBEセーフハーバーに対する当該MNEの適格性に重大な影響を与えなかったことを証明できない場合、GloBEセーフハーバーは適用されないと定めている。逆に、納税義務のある構成事業体が、税務当局によって指摘された事実および状況がGloBEセーフハーバー国・地域に所在する当該構成事業体について、GloBEセーフハーバーに対する当該MNEの適格性に重大な影響を与えなかったことを証明すれば、引き続き、GloBEセーフハーバーが適用され、当該国・地域のETRはそれが最低税率を上回っているものとして取り扱われる。

39. 第8.2.2条の結果としてGloBEセーフハーバーが適用されないと判断された場合の詳細は、GloBEルール実施枠組みにおいて検討が行われる。

第8.3条　運営指針

第8.3.1条

40. 第8.3.1条は、GloBEルールの解釈または適用に関するさらなるガイダンスが包摂的枠組みによって合意され公表されることを見込んでいる。本条は、そのようなガイダンスが公表された場合、協調された方法で適用されることを担保するものである。

41. GloBEルールには、一の税務当局による決定が、他の国・地域におけるGloBEルールの適用により影響が生じる可能性のある条項が多数存在する。この場合に、税務当局は、当該問題に対する協調的な解決策の合意に向けて包摂的枠組みを通じて互いに協力することができる。第8.3.1条は、包摂的枠組みにより合意された運営指針が策定された場合、税務当局は、国内法に基づく他の要件に従い、当該合意された運営指針に従ってGloBEルールを解釈・適用すべきであると定めている。包摂的枠組みの参加国・地域の国内法では、GloBEルールの解釈・適用において税務当局が当該合意された運営指針を直接適用することを認めていないことがある。代わりに、当該国内法のもとでは、税務当局が当該合意された運営指針を、そ

の独自の運営指針として文言通りにまたは実質的に組み込むことによって適用することもある。また、包摂的枠組みの参加国・地域によっては、当該合意された運営指針をGloBEルールの解釈・適用に用いるために、議会の承認が必要となることもある。

第9章　移行ルール

第9.1条　移行時の租税属性の取扱い

1．収入基準を超える収入を有しているMNEグループは、当該MNEグループが事業を行っている国・地域の国内法にGloBEルールが導入された時点から、GloBEルールの適用対象となる。しかしながら、小規模なMNEグループは、当該MNEグループ自身の成長によってまたは合併・買収の結果としてその収入が基準を上回ることとなって初めて、GloBEルールの適用対象となる。また、GloBEルールの適用対象となっていない構成事業体は、既にGloBEルールの適用対象となっているMNEグループによって買収された場合に、初めてGloBEルールの適用対象となる。

2．MNEグループがGloBEルールの適用対象となった時点で、国・地域別ブレンディングアプローチに基づき、当該MNEグループが事業を行っている各国・地域における所得に対するETRを計算し、最低税率と比較する必要がある。この際、当該MNEグループがGloBEルールの適用対象となる前の期間に生じた事業損失が適切に考慮されない場合には、当該国・地域における当該MNEグループの税務ポジションが正しく反映されず、当該MNEグループの経済活動により稼得した所得を超えて課税が生じることになりかねない。例えば、MNEグループがGloBEルールの適用対象となる前の年度において、その構成事業体が事業損失を計上していたとする。多くの場合、当該構成事業体の事業損失は国内税法上でも認識され、翌年度以後に繰り越して当該国・地域において将来期間に生じる課税所得から控除することができる。したがって、このような過去会計年度損失の影響を無視するならば、当該構成事業体において将来所得が生じた場合に、当該国・地域が本来高課税国であり当該MNEグループから見れば当該所得は過去会計年度の損失からの回復であるにもかかわらず、当該将来年度において当該所得が直接GloBEルールに基づくトップアップ税の対象になりかねない。

3．GloBEルールの適用日を跨ぐ一時差異に関しても、同様に移行上の問題が生じる。特に懸念されることは、それらの一時差異について、税務上は所得が前倒しで認識されることによりMNEグループがGloBEルールの適用対象となる前に税額が支払われたものの、その後において当該MNEグループがGloBEルールの適用対象となった後で解消することである（すなわち、当該MNEグループがGloBEルールの適用対象となった後で財務会計上の利益が計上される）。こうした状況は、例えば、国内法上、契約料の前払金について契約期間にわたって課税するのではなく、その受領時に課税する場合や将来の貸倒れや保証費用の見積額（すなわち、貸倒引当金や保証引当金）による損金算入を認めていない場合に生じる。そのような課税所得に関して前払いした租税を考慮するための調整ルールがなければ、当該一時差異が解消する年度におけるGloBEルール上のETRが低くなり、その結果、当該課税管轄国・地域が本来高課税国・地域であるにもかかわらず、当該年度においてトップアップ税額が生じ

る結果になりかねない。同様に、GloBEルールが適用される前に生じた財務会計上の利益に対する租税を繰り延べる一時差異は、特別なルールがなければ、GloBEルール適用期間において生じるGloBE所得に対する租税債務を減少させることとなる。

4．こうした懸念に対処するために、第9.1条は、移行ルールを定めている。第4.4条において定められている一時差異に対処するための原則的な仕組みと同様に、当該移行ルールは、税効果会計の考え方に基づいている。当該移行ルールは、MNEグループの構成事業体がGloBEルールの適用対象となった際に歪みが生じないようにするために、過去会計年度の損失から生じた繰延税金資産を含むGloBEルール適用前に計上された税効果に係る属性を、ETRの計算において使用することを認めている。以下に詳述する通り、移行ルールは、第4章で取り上げている原則的な仕組みとはいくつかの点で異なっている。

4.1. GloBEルール第9.1条とQDMTTの対応する条文の適用に関する調整ルールは、第10.1条のコメンタリーのパラグラフ118.49.1および118.49.2に定められている。

第9.1.1条

5．第9.1.1条は、移行年度以後の国・地域のETRを計算する場合に利用できる構成事業体の税効果に係る属性を定めている。本条は、移行年度前から構成事業体がGloBEルールの適用対象であるとした場合の複雑な計算をMNEグループに対して求める代わりに、最低税率または適用される国内税率のいずれか低い方の税率を適用することを条件に、移行年度開始の日の当該構成事業体の税効果に係る属性を考慮することを認める簡易的なアプローチを用いている。適用される国内税率は、財務諸表に計上されている繰延税金費用項目に適用されている税率である。ただし、GloBE損失に関する繰延税金資産のうち最低税率よりも低い税率で計上されているものについては、当該損失が生じた年度において当該MNEグループがGloBEルールの適用対象であるとした場合にGloBE損失となっていたであろう損失に起因することを納税者が証明できる場合、最低税率で再計算することができる。これらの項目には、会計上の認識調整または評価引当金により認識されていない損失に係るものが含まれる。

6．第9.1.1条は、第4.4条に基づく対象租税の計算において税効果に係る属性を使用するための根拠を定めている。したがって、GloBEルールが適用される会計年度においてGloBEルール適用前に計上された繰延税金項目が財務会計上使用される場合、当該項目は第9.1条の制限のもとで第4.4条の適用においても使用することができる。例えば、GloBEルールが適用される前の年度においてある構成事業体に税務上の欠損金100が生じた場合、繰延税金費用15（すなわち、繰延税金資産）は、（当該繰延税金費用に）関連する税務上の欠損金がGloBEルールが適用される会計年度において使用された時に第4.4条に基づき繰延税金調整総額に含められる。GloBEルール実施枠組みでは、移行年度以後の繰延税金費用の項目（すなわち、繰延税金資産および繰延税金負債）の測定および取扱いに関する合意された運営指針の提供を検討する予定である。

6.1. 国・地域の構成事業体の財務諸表に計上または開示された税額控除の繰越に関する繰延税金資産は、移行年度以後のETRの計算に使用される税効果に係る属性として取り扱われる。なお、第4.4.1条第e項は、移行年度以前に発生した繰延税金資産には適用されない。第9.1.1条の適用において考慮される繰延税金資産の金額は、繰延税金資産を計算するために使用された税率が最低税率を下回る場合には、財務諸表に計上された繰延税金資産と同額とし、それ以外の場合には、繰延税金資産は以下の計算式に従って計算するものとする。

$$\frac{財務諸表に計上された繰延税金資産}{国内適用税率} \times 最低税率$$

6.2. 当該計算において、国内適用税率は移行年度の直前の会計年度における税率を使用するものとする。ただし、その後の会計年度（再適用年度）において構成事業体に適用される税率が変更された場合には、再適用年度の期首の財務諸表の税額控除（に係る繰延税金資産）残高に対して計算式を再適用し、GloBEルール上で使用する改定繰延税金資産を計算するものとする。計算式を再適用した結果生じる繰延税金資産の金額の変動は、再適用年度の調整後対象租税の計算における繰延税金費用として取り扱わないものとする。再適用年度以後の繰延税金費用は、計算式の再適用後の改定繰延税金資産の取崩額を基に計算するものとする。

6.3. 還付税額控除は、GloBEルールが適用される前に、構成事業体の財務諸表において収益として計上されていた可能性がある。この場合、税効果の属性は発生せず、第9.1.1条の適用対象とはならない。しかし、本来意図していないような結果を避けるために、移行年度の開始前に発生した還付税額控除の精算は、その金額が法人所得税の支払額を減らすか否かにかかわらず、原則として、調整後対象租税を減額するものとして取り扱わないものとする。

6.4. さらに、第9.1.2条に規定されている場合を除き、第9.1.1条に従ってGloBEルール上の租税属性として取り扱われることになる（移行年度前に生じた）租税属性は、第4.4.1条第a項、第b項、第c項、第d項または第4.4.4条に基づく繰延税金費用の調整対象とはならない。第9.1.1条に定める移行年度の期首における構成事業体の租税属性には、認識基準を満たさないために認識されなかった繰延税金資産が含まれる。

7．第9.1.1条の対象となった項目は、第4.5条に基づきGloBE純損失に係る選択がなされた場合、第4.5.1条に従って対象外とされる。なぜなら、第4.5条に基づきGloBE純損失に係る選択が行われた場合、第4.4条は適用されないからである。当該移行年度は、国・地域ごとに決定される。第10.1条に定義するように、ある国・地域における移行年度とは、MNEグループが当国・地域に関してGloBEルールの適用範囲に含まれるようになった最初の会計年度を意味する。この定義において、「当該国・地域の（of that jurisdiction）」ではなく「当該国・地域に関して（in respect of that jurisdiction）」という表現が使われているのは、ある特定の国・地域におけるMNEグループの移行年度が別の国・地域のGloBEルールに起因して開始する場合があることを明確にするためである（注1）。

第9.1.2条

8．第9.1.2条は、GloBEルールの適用前に永久差異につながる損失を生じさせないための制限を設けている。この例として、資産の取得原価を超過する減価償却費の損金算入など、ある構成事業体がGloBE所得・損失の計算では考慮されない国内税法上の損失を生じさせる場合が挙げられる。第9.1.2条の制限がなければ、そのような項目は、GloBEルールの適用対象となった場合にGloBEルール上の計算に含められることとなる。第9.1.2条に定める制限は、2021年11月30日の翌日以後に行われる取引によって生じたすべての繰延税金資産に適用される。第9.1.2条は、遡及的な税務上の効力を有するものではなく、GloBEルールが適用される会計年度において特定の項目をどのように含めるかに関してのルールを定めるものである。

9．第9.1.2条の適用について、以下の例で解説する。2021年12月にある構成事業体が100で資産を購入したものとする。当該構成事業体が所在する国・地域は、法人税率が25％であり、当該資産を2021年に即時に費用計上することに加え、税制優遇措置として当該資産に関して同じ会計年度において追加で300の税務上の減価償却費の損金算入が認められるものとする。当該資産に関する損金算入を考慮した後、300の国内税法上の欠損金が生じ、それに対して繰延税金資産が計上される。（GloBEルール適用開始後の年度において）当該追加的な300の国内税法上の欠損金に関して計上された繰延税金資産が解消されても、本条の適用に基づき調整後対象租税に含められないこととなる。

第9.1.3条

10．第9.1.3条は、GloBEルール適用前のグループ内の資産移転に対する制限を定めている。第9.1.3条は、ある資産（棚卸資産を除く）が2021年11月30日の翌日以後MNEグループの移行年度開始前までに事業体間で移転された場合で、移転時にGloBEルールが当該MNEグループに適用されていたならば、当該移転の当事者である事業体が、当該MNEグループの構成事業体である場合において適用される。第9.1.3条が適用される場合、取得側の事業体は、GloBEルールの適用上、処分側の事業体の移転時の帳簿価額と等しい金額で資産を取得したものとして取り扱わなければならない。当該資産の帳簿価額は、容易に計算できる。なぜなら、グループ内の譲渡益は、連結財務諸表において消去しなければならないからである。その後、取得側の事業体の資産の帳簿価額は、UPEの連結財務諸表で使用されている財務会計基準に従って、資本的支出により増加し、または償却により減少する可能性がある。GloBEルールの適用上、移行年度の開始時の帳簿価額は、移転の日における処分側事業体の移転資産の帳簿価額に、移転後から移行年度開始の日前までの資本的支出または償却費を調整した金額である。資産を時価で計上することにより、増加した償却費が取得側の事業体の財務諸表に計上されている場合は、GloBE所得・損失の計算から除外しなければならない。同様に、当該資産のその後の売却損益は、GloBEルールの適用上、第9.1.3条に基づいて算定された帳簿価額を基に計算されなければならない。しかし、第9.1.3条の規定は、棚卸資産には適用されない。なぜなら、グループ間の棚卸資産の売却は経常的なものであり、通常は短

期間の所有の後にMNEグループ外に売却されるからである(注2)。

対象取引の範囲

10.1. 上述のとおり、第9.1.3条の政策的意図は、2021年11月30日の翌日以後から移行年度開始の日(以下、GloBEルール適用前期間)までの期間における資産取引から生じる譲渡益が最低税率を下回る税率で課税される一方で、当該譲渡益に対応する(ステップアップされた資産の)費用化をもって、将来の会計年度のGloBE所得に対して課されるトップアップ税額を回避することを防ぐために、通常の会計処理を否認することにある。このような取引に関して通常の会計処理を認めることは、GloBEルールの信頼性を損なうことになるため、第9.1.3条は、この信頼性への懸念に対処するために、資産の移転時に取得側の事業体に対して、処分側の事業体の帳簿価額を引き継ぐことを求め、そして、GloBEルール上帳簿価額の増加と同じ効果を持つ、当該移転取引に関連して発生した繰延税金資産の利用をできないようにしている。ただし、取引が発生する会計年度において、処分側の構成事業体がGloBEルールまたはQDMTTの適用を受ける場合には、当該信頼性の懸念は存在しない。

10.1.1. 第9.1.3条の適用において、移行年度とは、処分側の構成事業体の移行年度であり、同じ国・地域内の他の構成事業体がGloBEルールの対象となる時期にかかわらず、当該処分側の構成事業体の軽課税所得がGloBEルールの対象となる、またはQDMTTの対象となる最初の年度である。本条は、2021年11月30日の翌日以後に構成事業体間で行われる資産移転(取得側の構成事業体がGloBEルールの適用を受けるようになった後の移転を含む)であって、処分側の構成事業体の軽課税所得が、GloBEルールの適用対象外であったか、またはセーフハーバーを適用したために、GloBEルールまたはQDMTTの課税対象とならなかった場合に適用される。

10.2. その結果、第9.1.3条の適用において、「資産の移転」は、財務会計上の観点から資産の売却と同様に取り扱われ、前項の信頼性リスクを生じさせるクロスボーダー取引および国内取引を含むものと広く解釈されるべきである。したがって、第9.1.3条で使用される「資産の移転」という用語には、取得側の事業体が財務諸表において資産の帳簿価額を新たに計上し、または増加させ、処分側の事業体がそれに対応する額の収益をGloBEルール適用前期間において認識するような経済的価値のある項目(例:知的財産、不動産、金融商品、事業活動)に対する権利の移転が含まれる。このルールは、MNEグループがグループ内取引を原価で計上し、取得側の事業体における帳簿価額と国内税法上の税務簿価との差額に基づく繰延税金資産を計上する場合にも適用される。

10.3. 第9.1.3条は、同一事業体内の資産の移転またはみなし移転にも適用される。例えば、事業体の所在地の移転(それにより事業体が税務上または財務会計上、資産の帳簿価額を増加させる場合)、または公正価値会計への変更(それにより事業体が損益を計上し、それに応じて資産の帳簿価額を調整する場合)において、第9.1.3条の適用上、当該事業体は処分側の事業体および取得側の事業体の両方とみなされる。

10.4. 例えば、第9.1.3条は、以下の種類のグループ内取引または組織再編に適用される。

a．資産の売却
b．資産の取得と同一または類似の方法で会計処理が行われるファイナンスリース取引
c．財務会計上、実質的に資産の売却として取り扱われるライセンスの供与
d．支配持分の売却による資産の移転
e．ロイヤルティーまたは賃借料の前払いのうち、ライセンサーまたは貸手がその前払額を収益として計上し、ライセンシーまたは借手が財務会計上、当該前払額を資産計上し償却を行うもの
f．トータル・リターン・スワップのうち、原資産から生じる収益およびキャピタルゲインを得る権利を取得した事業体に対して、当該原資産が移転したものとして財務会計上取り扱われるもの
g．事業体の所在地の変更によって、MNEグループが、（例えば時価に基づいて）移転資産の税務簿価または財務会計上の帳簿価額のステップアップをする場合
h．事業体が公正価値会計に変更し、原資産の時価の変動から生じる損益を計上するとともに、対応する調整を当該資産の帳簿価額に行う場合

10.5. 第9.1.3条は、取得側の事業体において移転の法的効果や財務的影響がGloBEルール適用前期間またはその後の期間に計上されるかどうかにかかわらず、当該取引の会計上の影響がGloBEルール適用前期間に処分側の事業体の財務諸表に反映される取引に適用される。

10.6. 第9.1.3条は、リース、ライセンスまたはトータル・リターン・スワップなどの取引において、取引当事者が、収益とそれに対応する費用を同一の会計年度に会計処理する場合（つまり、貸手やライセンサーが収益を一括して前倒しで計上しない場合）には適用されないものとする。

原価で会計処理される取引

10.7. 第9.1.3条の目的は、グループ内取引から生ずる利得をGloBE所得・損失の計算に含めることなくMNEグループの資産の帳簿価額をGloBEルール上ステップアップさせることを制限することである。一部のMNEグループでは、グループ内取引の移転時に、取得側の事業体が処分側の事業体の帳簿価額で資産を取得したものとして会計処理し、取得側の事業体は、当該資産の税務簿価と帳簿価額との差額につき適用される国・地域の税率に基づいて繰延税金資産を計上している。MNEグループが、当該グループ内の資産移転取引に関連して計上した繰延税金資産を考慮することが認められた場合、（当該資産を処分側の）財務会計上の帳簿価額で取得側に移転したとしても、GloBEルール上、資産の帳簿価額のステップアップを認めるのとほぼ同様の影響を及ぼすこととなる。帳簿価額のステップアップは、通常、取得側の構成事業体によるその後の売却時に、または資産の償却期間にわたり、取得側の構成事業体のGloBE所得・損失の計算において、ステップアップに相当する所得の額を実質的に除外することとなる。処分側の処分時の帳簿価額で移転することにより、GloBE所得・損

失の計算上の所得は(取得側において)保持されることとなるが、(税務簿価と帳簿価額の差に)対応する繰延税金資産額は(その戻入時に)対象租税に含まれることから、事実上、(税務簿価と帳簿価額の差と)同額の所得に対してトップアップ税額が課されないこととなる。この結果は、第9.1.3条の政策的意図と目的に矛盾する。したがって、第9.1.3条が適用される場合、移行年度の期首に認識され得る移転資産に関する繰延税金資産または負債は、第9.1.3条が適用される取引以前からMNEグループの財務諸表に計上され、資本的支出または償却について適切に調整されてきたものであり、さらに、必要であれば、第9.1.1条に従って最低税率による調整がなされたものである。したがって、GloBEルール適用前期間の取引の結果、MNEグループの財務諸表に計上された繰延税金資産または負債は、パラグラフ10.8に定める場合を除き、GloBEルール上考慮されないものとする。

10.8. 取得側の事業体は、処分側の事業体が当該取引に関して租税を支払った範囲内で、そして、当該移転による利益が処分側の事業体によって解消され、または計上されなかった繰延税金資産(以下、その他の税効果)を、第9.1.1条の適用を受けたであろう繰延税金資産の範囲内で繰延税金資産を考慮することができる。処分側の事業体にグループ税制が適用される場合、本項は、グループ税制のもとでグループが支払う租税およびグループにかかるその他の税効果に適用されるものとする。また本項は、移転取引に起因し、第4.3条の原則に基づき処分側の事業体に配分されたであろう対象租税に関しても適用することができる。MNEグループは、以下を証明する責任を有する。

   a．移転取引に関して支払った租税の額
   b．その他の税効果の額
   c．移転取引に起因し、第4.3条に基づき処分側の事業体に配分されるべき対象租税の額

このルールに基づき計上される繰延税金資産は、最低税率に、移転資産の国内税法上の税務簿価と第9.1.3条に基づき算定される当該資産のGloBEルール上の帳簿価額の差額を乗じて計算される額を超えてはならない。本項に基づく繰延税金資産の計上は、構成事業体の調整後対象租税を減額しないものとする。また、本項に基づく繰延税金資産は、減価償却、減損等による各年度の資産の帳簿価額の減少に応じて、毎年調整される(注2)。

時価で会計処理される取引

10.9. 取得側の事業体が、第9.1.3条の適用を受ける取引で取得した資産を時価で財務諸表に計上した場合、当該資産の国内法上の税務簿価と第9.1.3条に基づき算定された当該資産のGloBEルール上の帳簿価額との差額に最低税率を乗じた額に相当する繰延税金資産を考慮できる場合には、当該構成事業体は、その後のすべての年度のGloBEルール適用上、財務諸表に反映された当該資産の帳簿価額を使用することができる(注2)。

10.10. 第9.1.2条同様、本条は、遡及的な税務上の効力を有するものではなく、GloBEルールが適用される会計年度において特定の項目をどのように含めるかに関してのルールを定めるものである。

第9.2条　実質ベースの所得除外に係る移行期間中の措置

第9.2.1条および第9.2.2条－実質ベースの所得除外

11.　第9.2.1条は、2023年から10年の移行期間中に開始する会計年度について、第5.3.3条に定める給与のカーブアウトを計算するための適用率を定めている。例えば、MNEグループの会計年度が2023年3月1日に開始する場合、当該会計年度における第5.3.3条に定める給与のカーブアウトの計算における適用率は10%である。

12.　この移行期間は、MNEグループがGloBEルールの適用対象となった時期とはかかわりなく適用される。例えば、あるMNEグループが2026年1月1日に開始する会計年度に初めてGloBEルールの適用対象となる場合でも、当該会計年度において第5.3.3条の適用において用いられる適用率は9.4％である。

13.　第9.2.2条は、2023年から10年の移行期間中に開始する会計年度について、第5.3.4条に定める有形資産のカーブアウトを計算するための適用率を定めている。第9.2.1条のコメンタリーでの解説と同様の原則が第9.2.2条に関しても適用される。

第9.3条　国際事業活動の初期段階にあるMNEグループに係るUTPRの適用除外

14.　第9.3条は、国際事業活動の初期段階にあるMNEグループに係る経過的なUTPRの適用除外について定めている。第9.3.1条は、当該MNEグループについてUTPRに基づき配分されるトップアップ税額をゼロに減額することを定めている。次に、第9.3.2条は、MNEグループが国際事業活動の初期段階にあるとみなされるために満たさなければならない基準について定めている。第9.3.3条は、第9.3.2条において用いられている基準国・地域の定義を定めている。最後に、第9.3.4条は、第9.3.1条の適用期限について定めている。

第9.3.1条

15.　第9.3.1条は、第9.3.2条に定める要件を満たすMNEグループに係るUTPRの適用除外について定めている。具体的には、UTPRの適用除外により、本来であれば第2.5.1条に従いUTPRトップアップ税額の計算に含まれるトップアップ税額について、ゼロに減額されることとなる。

16.　さらに、第9.3.1条は、ある国・地域のETRの計算や支払うべきトップアップ税額の計算に係る要件など、第5章に別途定める要件にかかわらず、適用除外となることを定めている。つまり、（当該適用除外の対象となる場合には）当該MNEグループは当該構成事業体のETRを計算する必要はなく、当該適用除外がなければ支払ったであろうトップアップ税額を計算する必要はない。

17.　第9.3.1条に定める適用除外は、年単位で適用される。ある会計年度について第9.3.2条に

定める要件に該当する場合に、当該会計年度について第9.3.1条に従い適用除外となる。

第9.3.2条

18. 第9.3.2条は、MNEグループが国際事業活動の初期段階にあるかどうかを判定するための二つの基準を定めている。MNEグループがある会計年度について適用除外の対象となるためには、当該会計年度についていずれの基準も満たさなければならない。

19. 第a項は、第9.3.1条に定める除外について、ある会計年度において構成事業体の所在国・地域が6以下であるMNEグループにのみ適用されると定めている。したがって、MNEグループは、その基準国・地域(基準国・地域の定義については第9.3.3条を参照)以外に、当該MNEグループの構成事業体の所在国・地域が5以下であれば、適用除外の対象となる。当該判定における五つの他の国・地域は、MNEグループが当該適用除外の恩典を受けることができる5年の期間を通じてすべて同じ国・地域である必要はない。構成事業体の所在地は、第10.3条に定めるルールに基づき決定される。無国籍構成事業体は、どの国・地域にも所在しないため、第a項に基づくMNEグループが事業を行う国・地域の数の判定において当該事業体は考慮されない。

20. 第b項は、第9.3.1条に定める適用除外は、基準国・地域外に所有する有形資産の額が一定限度内であるMNEグループにのみ適用されると定めている。基準国・地域とは、MNEグループが最初にGloBEルールの適用対象となった時点でその実質的な活動の大半を行っている国・地域をいう。具体的には、第b項は、MNEグループが適用除外の対象となるのは、当該会計年度において第9.3.3条で定義される基準国・地域以外のすべての国・地域に所在するすべての構成事業体の有形資産の正味帳簿価額の合計額が5000万ユーロ以下の場合に限られることを定めている。第10.1条に定めるように、有形資産の正味帳簿価額とは、財務諸表に計上されている減価償却累計額、減耗償却累計額および減損損失累計額を考慮した後の有形資産の期首および期末の平均値をいう。第9.3.2条第b項の適用上、判定期間を通じて基準国・地域以外の国・地域に所在する当該MNEグループの構成事業体によって所有されているすべての有形資産(第10.1条に定義されているもの)が考慮される。第9.3.2条第b項は、基準国・地域以外の国・地域に所有される有形資産の正味帳簿価額が5000万ユーロを超える場合、UTPRの適用除外を受けられなくなることを定めている。5000万ユーロ基準の判定上、無国籍構成事業体の有形資産は、基準国・地域以外の国・地域に所在する構成事業体によって所有されているとみなされる。ただし、MNEグループが、それら(無国籍構成事業体)の有形資産が基準国・地域に物理的に所在していることを証明できる場合はこの限りではない。

21. 第9.3.2条第b項の適用上、除外事業体ではない投資事業体の有形資産は、当該事業体がUTPRの適用から除外されているために考慮されず、除外事業体ではない投資事業体の所在地は、第9.3.2条第a項に基づくMNEグループの構成事業体の所在国・地域の数の判定に含まれない。JVまたは当該JV子会社は第9.3条の適用上の構成事業体ではなく、UTPRの適用を求められないことから、それらが所有する有形資産は考慮されない。また、JVおよび当該

JV子会社の所在地は、MNEグループの構成事業体の所在国・地域の数の判定において考慮されない。しかし、MOCEが所有する有形資産はこのルールの適用上考慮され、MOCEの所在地は、MNEグループの構成事業体の所在国・地域の数の判定において考慮される。

第9.3.3条

22. 第9.3.3条は、第9.3.2条の適用における基準国・地域の定義を定めている。あるMNEグループの基準国・地域とは、当該MNEグループの所有する有形資産の総額が最も大きい国・地域をいう。ここで、ある国・地域における有形資産の総額とは、当該国・地域に所在する当該MNEグループのすべての構成事業体のすべての有形資産の正味帳簿価額の合計額である。第9.3.3条の適用上、判定期間を通じて当該MNEグループの構成事業体によって所有されているすべての有形資産(第10.1条に定義されているもの)が考慮される。第10.1条に定めるように、有形資産の正味帳簿価額とは、財務諸表に計上された減価償却累計額、減耗償却累計額および減損損失累計額を考慮した後の有形資産の期首および期末の平均値を意味する。

23. 第9.3.3条の適用上、基準国・地域は、MNEグループがGloBEルールの適用対象となった最初の会計年度において特定され、当該MNEグループが第9.3.1条に定める適用除外の恩典を受けている5年間を通じて変更されることはない。

第9.3.4条

24. 第9.3.4条は、第9.3.1条に定める適用除外について、MNEグループがGloBEルールの適用対象となった後の5年間にのみ適用されることを定めている。MNEグループは、第1.1条に定める要件に該当する場合にGloBEルールの適用対象となる。したがって、当該5年の期間は、MNEグループが最初に第1.1条の要件に該当した時点から開始し、当該MNEグループがGloBEルールの適用対象となった最初の会計年度を含む。例えば、あるMNEグループが2025年1月1日に開始する会計年度について第1.1条に定める要件に初めて該当することとなったとする。この場合、当該MNEグループは2029年12月31日より後に開始するいずれの会計年度についても第9.3.1条に定める適用除外の恩典を受けることはない。

25. さらに、第9.3.4条は、(ある国・地域において)GloBEルールの効力が発生した時点からその適用対象となるMNEグループについて、当該5年の期間は当該UTPRの効力が発生した時点から開始することを定めている。この場合、当該MNEグループは、当該UTPRの効力が発生した最初の年度からUTPRの適用範囲に含まれることとなる。包摂的枠組みの参加国・地域によって法制化の進捗度合いが異なり、一部の国・地域は他の国・地域よりも早くGloBEルールを法制化することになることがある。ただし、包摂的枠組みの参加国・地域は、最短で2024年にUTPRが効力発生となることで合意している。したがって、2024年1月1日より前に開始する会計年度について第1.1条に定める要件を満たすMNEグループは、2028年12月31日より後に開始するいずれの会計年度においても第9.3.1条に定める適用除外の対象とは

ならない。このことは、構成事業体の所在国・地域のいずれかが2024年開始日から効力を発生するUTPRを導入しているかどうかにかかわりなく該当する。

26. いずれの場合においても、第9.3.4条に定める5年の期間は、いかなる状況によっても中断されない。例えば、MNEグループがある会計年度について第1.1条に定める要件を満たしていたが、その後の年度において収入が減少した結果、当該MNEグループがその後の年度についてGloBEルールの適用対象外になったとしても、当該5年の期間は継続する。

第9.3.5条

27. 第9.3.5条には、国際事業活動の初期段階にあるMNEグループに係るUTPRの適用除外を利用したタックスプランニングに対して、基準国・地域が税源を確保するためにUTPRの適用を認める任意規定が含まれている。第9.3.1条に定める適用除外は、MNEグループが事業を行うすべての国・地域についてトップアップ税額がゼロであるものとして取り扱うため、活動の大部分を国内で行うグループが、適格IIRを有していない国・地域に新たなUPEを組成することにより、当該親事業体がUTPRに基づく最低課税の対象になることなく、当該国内グループから価値を移転させることが可能となる。また、このようなGloBEルールの適用範囲のギャップはGloBEルールの非適用国・地域に所在するUPEがMNEグループを買収しようとする際に競争上の優位を与えかねない。

28. このような第9.3.1条に定める適用除外に関して起こりうる濫用を防止するために、UTPRを導入する国・地域は、国際事業活動の初期段階にあるMNEグループに関して基準国・地域に該当する場合、当該国・地域において第9.3条の適用を除外する規定、すなわち第9.3.1条の例外規定の選択を導入することも認められている。GloBEルールの実施を選択した国・地域のために第9.3条の適用を除外する選択を認める理由として、国際事業活動の初期段階にあるMNEグループのうち、当該国・地域に本社を置いているもの（したがって、軽課税国・地域における事業活動に関してIIRの適用対象となるもの）と、その事業活動の主要な部分は当該国・地域で行うがUPEは当該国・地域以外に所在するものとの間で公平な競争条件を提供することにある。基準国・地域が（後者のようにUPEが当該国・地域以外に所在する）MNEグループにUTPRを適用する任意規定があれば、当該基準国・地域に本社を置くMNEグループがGloBEルールの適用を免れるために当該基準国・地域外に本社を移転するリスクを抑制するのに役立つこととなる。

29. このような方法で第9.3条の適用を制限することを望む国・地域は、当該国・地域がMNEグループの基準国・地域にあたる場合に、第9.3.1条が適用されないものとする任意規定（第9.3.5条）の追加を検討することができる。これにより、軽課税国・地域で発生したトップアップ税額に関して、基準国・地域がUTPRに基づき行う調整の効果が維持されることとなる。これらの国・地域で発生したトップアップ税額の全額を基準国・地域に配分するために、第9.3.5条第b項は、基準国・地域外の国・地域のUTPR割合がゼロとみなされることを定めている。

30. また、第9.3.5条を導入する国・地域は本項に基づくUTPRの適用を、基準国・地域外の軽課税国・地域で発生するトップアップ税額に限定することを検討できる。すなわち、第9.3.5条第a項は、LTCEが基準国・地域に所在している場合、第2.5.1条に基づき考慮される当該LTCEのトップアップ税額をゼロに減額することを定めている。

31. 第9.3.5条に定める任意規定は、第9.3条に定めるUTPRの適用除外の例外規定であり、したがって第9.3.4条に定める原則的な期間制限の対象となる。

第9.4条　申告義務に係る移行期間中の措置

32. 第9.4.1条は、第8.1条に基づく申告および通知義務の移行期間中の措置について定めている。当該申告および通知義務は、移行年度である申告年度の終了後、通常の15か月ではなく18か月以内に履行されなければならないものとする。また、会計年度の申告および通知義務の期限は2026年6月30日よりも前に定めてはならないものとする。

注記事項

1　第9.1.1条の適用については、第2の柱のGloBEモデルルールに関するコメンタリーの事例集において解説している。https://www.oecd.org/tax/beps/tax-challenges-arising-from-the-digitalisation-of-the-economy-global-anti-base-erosion-model-rules-pillar-two-examples.pdf

2　第9.1.3条の適用については、第2の柱のGloBEモデルルールに関するコメンタリーの事例集において解説している。https://www.oecd.org/tax/beps/tax-challenges-arising-from-the-digitalisation-of-the-economy-global-anti-base-erosion-model-rules-pillar-two-examples.pdf

第10章　定義

第10.1条　用語の定義

1．第10.1条ではGloBEルールで使用されている用語の定義を定めている。これらの用語の多くは、当該用語を使用している各条のコメンタリーにおいて説明されている。その他の用語の定義については、第10.1条のコメンタリーにおいて説明されている。

2．GloBEルールおよびコメンタリーでは、第10.1条で定義されていない「損益計算書」や「勘定の増減」、「負債の戻入」など多くの一般的な会計用語や表現も使用する。第10.1条で定義されていない会計の用語または概念が、GloBEルールまたはコメンタリーにおいて、財務会計に依拠するGloBEルールまたは原則に関連して使用される場合、当該用語および概念は、財務会計基準および指針において与えられている意味と整合的に解釈されるべきである。さらに、GloBEルールまたはコメンタリーで使用されている会計用語で、他の財務会計基準で使用されている別の用語と同じ意味のものは、別の用語の意味を取り入れるか、または包含することを意図している。例えば、「profit and loss statement（損益計算書）」と「income statement（損益計算書）」という用語は、異なる財務会計基準において同一の財務諸表を表現するために用いられている。したがって、コメンタリーにおいてprofit and loss statement（損益計算書）を言及する場合には、income statement（損益計算書）についても言及している。

承認された財務会計基準

3．GloBEルールは、連結財務諸表に適用される会計原則に大きく依拠している。したがって、連結財務諸表の定義は、GloBEルールの範囲および運用を明確にする上で中心的な役割を果たす。UPEが連結ベースの財務諸表を作成していない場合、または許容された財務会計基準に従って財務諸表を作成していない場合には、GloBEルールは、UPEが承認された財務会計基準に従って財務諸表を作成していたならば適用されるであろう会計原則に依拠することになる。

4．承認された財務会計基準とは、権限のある財務会計機構によって認められた財務会計基準を意味する。権限のある財務会計機構とは、構成事業体が所在する国・地域において、財務報告のための財務会計基準を規定、制定または承認する法的権限を有する組織を意味する。承認された財務会計基準は、許容された財務会計基準のリストに含まれている場合もあれば、当該国・地域で承認された別の財務会計基準である場合もある。当該国・地域で承認された財務会計基準が許容された財務会計基準のリストに含まれない場合、GloBEルールでは、当該国・地域の財務会計基準とIFRSとの間に重要な差異があるか否かを評価するために、当該国・地域の財務会計基準に基づく結果とIFRSを適用した場合に想定される結果とを比較することが求められる。比較可能性を阻害する重要な差異がある場合、当該国・地域

の財務会計基準に基づく項目または取引の取扱いは当該差異の影響が無くなるように修正されなければならない。「比較可能性を阻害する重要な差異」の定義については、本条のコメンタリーにおいて後述する。いずれにしても、すべての重要な点においてIFRSに適合させた現地で承認された財務会計基準は、いかなる比較可能性を阻害する重要な差異も生じさせないことが見込まれる。

CFC税制

5．第4.3条は、原則として、ある所得項目に対して課される対象租税を、当該所得が発生した国・地域に配分することを定めている。これらの規定には、CFC税制のもとで生じる対象租税の配分に関する第4.3.2条第c項の具体的な規定が含まれている。当該規定は、CFC税制のもとで、外国に所在する他の構成事業体(CFC)が得た所得について、当該CFCの持分保有者である構成事業体に対して課される対象租税(CFC課税額)に適用される。PEについて国外所得免除制度を適用する国・地域は、他の国・地域に所在するPEに対して、当該PEが外国子会社であるとした場合と同様の方法で、CFC税制を適用する場合もある。

6．CFCの持分保有者に課されるCFC課税額は、CFCが得た所得(または特定の所得項目)のうち当該持分保有者の持分割合相当額に基づき計算される。CFC課税は、通常、所得が、発生した時に行われ、CFCの持分保有者の通常の税率と同一または異なる税率で課される場合もある。すなわち、CFC税制のもとで納税義務が発生するのは、所得が持分保有者に分配された時点ではなく、当該CFCが所得を稼得した時点である。

7．CFC税制は、第10.2条に詳述されている税務上透明な事業体の取扱いに関するルールといくつかの共通点があるが、CFC税制は通常、外国の法人、すなわち所有者が所在する国・地域の法令において課税上透明ではない事業体に適用される。したがって、CFC税制が存在しない場合には、持分保有者は通常、CFCの所得(その持分割合相当額)に関して稼得された時点ではなく分配されるまで課税されることはない。CFC税制は通常、一定の状況に限定して適用するための特別ルールを有している。たとえば、株主または国内株主グループが外国子会社に対して一定水準(通常、50％超)の持分を保有している場合に限定するルールがある。

8．IIRは、CFC税制の定義には含まれない。IIRは、外国子会社の所有者に対して課税する点でCFC税制と類似しているが、IIRは、トップアップ税額をまず国・地域ごとに計算し、当該国・地域の超過利益に対する課税を合意された最低税率にまで引き上げるようにする点でCFC税制とは異なる。IIRによるトップアップ税額はその後、親事業体で課税される前に、各事業体のGloBE所得に比例してそれぞれLTCEに配分される。IIRとCFC税制の政策上および制度上の差異を考慮すると、各国・地域はIIRを導入して既存のCFC税制と置き替える必要はなく、国内税法においてIIRとCFC税制の両制度を採用することを妨げるものではない。

連結財務諸表

第d項

8.1. 連結財務諸表の定義の第d項には、UPEが、承認された財務会計基準に従った財務諸表を実際には作成していない場合に適用されるみなし連結テストが定められている。みなし連結テストは、通常、グループまたは事業体の財務諸表または財務勘定に基づく判断に依拠してGloBEルールを適用する場合において、関連するグループまたは事業体が、承認された財務会計基準に従った連結財務諸表を作成していないときに適用される。GloBEルールは、グループが存在するか否かの判定を会計上の連結に関する規則に依拠している。しかし、IFRSまたは現地のGAAPに従って連結財務諸表を作成することを義務付ける法令や規則がないため、親事業体がその子会社を連結していない場合もある（例：非公開および同族の多国籍企業）。しかしながら、GloBEルールがこのようなケースに適用されることを妨げるものはない。なぜなら、みなし連結テストのもとでは、グループが連結財務諸表を作成していないとしても、法令や規則に基づき財務会計基準の適用が義務付けられるものとして、連結財務諸表を作成することが求められるからである。みなし連結テストは、財務会計基準の内容を変更するものではなく、当該財務会計基準の適用が義務付けられるとした場合に連結グループが存在したか否かを確認するものである。

8.2. みなし連結テストは、承認された財務会計基準（許容された財務会計基準または比較可能性を阻害する重要な差異を防止するために一定の調整を加えた他の財務会計基準のいずれか）に従って連結財務諸表を作成することを求めている。MNEグループは、UPEの所在国で適用される複数の承認された財務会計基準の中から（自らが適用する基準を）選択することができる。また、このみなし連結財務諸表は、例えば、MNEグループが第1.1条の収入基準を満たすか否か、または事業体がMNEグループの構成事業体として取り扱われることとなるか否かの判定など、GloBEルールの他の箇所の適用において使用される。さらに、みなし連結財務諸表の作成に使用される承認された財務会計基準は、通常、構成事業体の財務会計上の純損益および調整後対象租税を計算するために使用される。

8.3. しかし、みなし連結テストは、承認された財務会計基準のもとで適用されるルールを修正するものではないため、その基準を適用することにより結果が変わるものではない。具体的には、承認された財務会計基準が事業体に対して、他の事業体の資産、負債、収益、費用およびキャッシュフローを項目ごとに連結することを求めていない場合は、みなし連結テストはそのような連結を求めるものではない。例えば、承認された財務会計基準が、その財務会計基準に定める投資事業体に該当する事業体について、当該投資事業体による投資、(他の事業体の過半数の所有者持分を含む)を時価に基づいて財務諸表に反映させることを認めている場合、みなし連結テストは、その投資を項目ごとに連結するよう変更を求めることはない。したがって、承認された財務会計基準において投資事業体は、当該財務会計基準に従ってその投資を時価で反映した財務諸表を作成している場合には、みなし連結テストに基づいて当該投資を項目ごとに連結する財務諸表を作成することを求められることはない。同

様に、適用する財務会計基準において投資事業体に該当しその投資を時価で反映した連結財務諸表を作成することができる事業体は、みなし連結テストの適用において当該投資につき項目ごとに連結する財務諸表の作成を求められることはない(注1)。

第1.2.2条第b項との相互関係

8.4. 第1.2.2条第b項におけるグループの定義においては、規模や重要性、または当該事業体が売却目的で保有されていることのみを理由として、最終親事業体の連結財務諸表から除外される事業体が定められている。この原則は、連結財務諸表の定義に関する各項においても適用される。したがって、承認された財務会計基準に基づいて作成された連結財務諸表またはみなし連結財務諸表のいずれかにおいて、重要性が低いまたは売却目的で保有されていることのみを理由として事業体が除外される場合であっても、当該事業体は、第1.2.2条第b項に従い、グループのメンバーとなる。

支配持分

第b項

8.5. 支配持分の定義の第b項はみなし連結テストであり、UPEの連結財務諸表の作成に使用された財務会計基準における連結に関する規則に依拠することが定められている。第b項は、他の事業体の所有者持分を保有するある事業体が、連結財務諸表を作成していたと仮定した場合に、当該他の事業体を連結することが求められる場合には、当該持分保有者である事業体は当該他の事業体に対する支配持分を保有しているものとして取り扱うというものであり、連結財務諸表の定義の第d項に定めるみなし連結テストと関連している。したがって、支配持分の定義の第b項におけるみなし連結財務諸表とは、承認された財務会計基準(許容された財務会計基準または比較可能性を阻害する重要な差異を防止するために一定の調整を加えた他の財務会計基準のいずれか)に従って事業体が作成したであろう連結財務諸表である。連結財務諸表の定義の第d項におけるコメンタリーで説明されているように、みなし連結テストは、適用する財務会計基準で規定されている基準を修正したり、その結果を変更したりするものではない。同様に、みなし連結テストは、適用する財務会計基準が他の事業体の資産、負債、収益、費用およびキャッシュフローを項目ごとに連結することを求めていない場合、所有者持分の保有者を当該他の事業体に対する支配持分を保有するものとして取り扱わない。みなし連結テストの適用については、事例10.1-1から10.1-4で説明されている。

第1.2.2条第b項との相互関係

8.6. 第1.2.2条第b項におけるグループの定義においては、規模や重要性、または当該事業体が売却目的で保有されていることのみを理由として最終親事業体の連結財務諸表から除外される事業体が定められている。この原則は、連結財務諸表の定義に関する各項においても適用される。したがって、承認された財務会計基準に基づいて作成された連結財務諸表または

みなし連結財務諸表のいずれかにおいて、重要性が低いまたは売却目的で保有されていることのみを理由として事業体が除外される場合であっても、当該事業体は、第1.2.2条第b項に従い、グループのメンバーとなる。

8.7. 政府事業体として取り扱われるソブリン・ウェルス・ファンドに保有される所有者持分については、第1.4.1条におけるUPEの定義に関するコメンタリーを参照されたい。

非適格還付インピュテーションタックス

9. GloBEルールでは、対象租税の定義から非適格還付インピュテーションタックスを除外している。非適格還付インピュテーションタックスとは、適格インピュテーションタックス以外の租税であり、当該租税はまず構成事業体の所得に対して課されるが、当該所得が配当により当該構成事業体の所有者に分配される場合には、当該租税は当該構成事業体もしくは当該所有者に還付されるか、または当該所有者において配当から生じる租税債務以外の租税債務から控除される租税である。非適格還付インピュテーションタックスは、通常、適格インピュテーションタックスと区別することができる。なぜなら、非適格還付インピュテーションタックスは単一段階課税を目的とせず、また実際にそれを実現するものではないからである。非適格還付インピュテーションタックスが単一段階課税を実現するものではない理由は、当該租税が配当を受ける者において当該配当に対して課税されることなく、租税が還付されるためである。こうした税制の適用の結果、法人の所得は当該法人または株主において全く課税されないこととなる。なお、非適格還付インピュテーションタックスの定義には、受益権所有者が配当に対して最低税率を下回る表面税率で課税されていることや、当該配当が通常の所得として課税されない個人に対して行われることを除いては、適格インピュテーションタックスの定義を満たしている租税も含まれる。したがって、構成事業体が非適格還付インピュテーションタックスをその財務諸表において未払計上した場合や関連税務当局に実際に納付した場合でも、当該租税は対象租税には該当せず、当該構成事業体が所在する国・地域のETRの計算において考慮されない。同様に、非適格還付インピュテーションタックスが実際に還付された場合でも、調整後対象租税を減額しない。

10. 非適格還付インピュテーションタックスの定義は、構成事業体の所得に対して課される租税の未払計上額または納付額で、配当の分配時に還付または控除される租税のみを対象としている。したがって、当該構成事業体により稼得される一定の種類の所得に関して支払われた租税が配当の分配時に還付されない場合、その税額は非適格還付インピュテーションタックスには該当しない。

11. 持分保有者に課され、当該配当の支払時に分配法人により源泉徴収される租税は、たとえ当該源泉税の一部または全部が最終的に税務当局から当該持分保有者に還付されるとしても、非適格還付インピュテーションタックスには該当しない。これらの租税は、配当時に持分保有者に課され、当該持分保有者の税引後受取額を減少させるため、非適格還付インピュテーションタックスとは区別される。源泉徴収された租税が持分保有者に還付される場合、

当該還付金は当該持分保有者が当初支払った租税の還付である。

適格分配時課税制度

12. GloBEルールには、適格分配時課税制度の対象となる構成事業体に関する第7.3条に基づく選択が定められている。分配時課税制度に対しては特別なルールが必要となる。なぜなら、当該制度において課税の大部分が実際に企業の利益の分配が行われた時か、または分配が行われたとみなされる時に発生し、かつ当該分配は通常、分配の原資となる所得がGloBE所得・損失の計算に含まれる年度以後に行われるためである。

13. 適格分配時課税制度とは、GloBEルール上の特例の対象となる特定の分配時課税制度を規定するための用語である。適格分配時課税制度は以下のものが該当する。

　　a．法人が持分保有者に利益を分配した場合、法人が持分保有者に利益を分配したとみなされた場合、または法人が一定の事業外費用を計上した場合にのみ、当該法人に対して課税される制度
　　b．最低税率以上の税率で課税される制度
　　c．2021年7月1日以前に施行されている制度

14. 適格分配時課税制度とは、分配法人に対して課される法人所得税である。分配法人により源泉徴収され納付される租税であっても、分配に関して持分保有者に課せられる租税は同制度の対象には含まれない。

15. 分配時課税は通常、法人による配当またはその他利益の分配に対して行われる。しかし、適格分配時課税制度の定義では、分配時課税制度において実際の分配のみならず、みなし分配や一定の事業外費用に対して課税される場合があるという点を考慮している。これは、分配時課税制度において、納税者が分配時に租税を課されることなく当該（分配）法人の利益を享受することを防ぐため、通常、制度の適用について一定の整合性を取るという事実を反映したものである。これらの取扱いには、みなし分配または実質的に分配とみなされる行為に対する課税が含まれることがある。例えば、株主に供与された一定の貸付金は、株主がその貸付金を返済する能力または意思を有しない場合には、みなし分配または実質的に分配とみなされる行為として取り扱われることがある。これらのみなし分配または実質的に分配とみなされる行為に対しては、実際の分配と同様の方法で課税される。また、事業外費用が発生した年度に当該事業外費用に対する課税が行われることを確実にするように設計された仕組みもある。

16. 適格分配時課税制度の要件に該当するため、分配時課税制度は、最低税率以上の税率で課税する必要がある。この要件は、いずれにしても軽課税所得となる所得に関しては、適格分配時課税制度により認められている課税の繰延べの対象にしないことを担保している。GloBEルールの適用対象であるMNEグループに適用される税率が最低税率以上である場合には、適格分配時課税制度が累進税率を適用することを妨げるものではない。また、分配時

課税制度を有する国・地域が表面税率を適用する場合に、(実際の)分配金額を分配税の課税前の金額にグロスアップした額に対して当該税率を適用することが求められる場合、実質の税率は当該グロスアップ適用後の税率とした上で最低税率以上の税率か否かを判断することになる。例えば、分配時課税制度のもとで、納税者は分配額に対して14％の税率で課税されるが、当該規定の適用上、実際の分配額を1/0.86でグロスアップした金額に対して課税されるものとする。構成事業体の実際の分配額が100ユーロである場合、当該規定においては、この分配に対する税額は16.28ユーロ（14％×[100/0.86]）となり、これは実際の分配額100の16.3％、すなわち、最低税率15％を上回ることとなる。

17. 適格分配時課税制度の最後の要件は、当該制度が2021年7月1日以前から継続して施行されていることである。これは、適格分配時課税制度の特例に合意した最初の「経済のデジタル化に関する包摂的枠組み声明」の日付である。この要件は、既存の制度設計に沿っている限りにおいて国・地域の分配時課税制度の変更を妨げるものではない。

事業体

17.1. 事業体という用語には、中央政府、州政府、地方政府、またはそれらの行政機関や政府機能を遂行する機関は含まれないものとする。

会計年度

18. 会計年度とは、連結財務諸表において使用される会計期間（ただし、財務諸表が作成されていない場合には、暦年）を意味する。通常、この期間は12か月間、または特定の日を参照して決定される12か月の期間、例えば、52～53週間の会計年度を指す。ただし、この期間は必ずしも12か月でなくともよく、GloBEルールにおいては、例えば、第1.1.2条のように、場合により、12か月よりも長期または短期の会計年度に対応するための具体的な規定が設けられている。実施枠組みは、会計年度の変更により移行年度が12か月を超える場合を含め、12か月を超える会計年度についてさらに検討し、指針を提供する予定である。

5年選択

19. この用語は第10章において定義され、申告構成事業体がある会計年度（選択年度）に関して行う選択であって、選択年度またはそれ以後の4会計年度に関して取り消すことができないものを意味する。5年選択は、企業グループがその選択を取り消す意思表示を自ら行うまで無期限に有効となる。ある会計年度について5年選択が取り消された場合（取消年度）、取消年度後の4会計年度について改めて選択を行うことはできない。5年選択については、第1.5.3条、第3.2.2条、第3.2.5条、第3.2.8条、第7.5.2条、第7.6.6条で規定されている。

20. GloBEルール実施枠組みは、GloBEルールの協調的な実施を促進するための手続きを策定し、指針を提供する予定である。この指針には、GloBEルールの対象となるMNEグルー

プが、特定の国・地域において5年選択に関して異なる選択を行っている他のMNEグループから構成事業体を買収する場合をはじめ、構成事業体がMNEグループに加入またはMNEグループから離脱する場合に、選択または取消後の期間の適用範囲、およびGloBE所得・損失の計算に調整の必要がある場合にはその調整に関する指針が含まれる。

GloBE組織再編

21. GloBE組織再編は、第10.1条で定義される。これは、主に取得側の事業体またはそのグループの資本持分を対価として行われた資産または負債の取得であり、その処分側において当該資産または負債の譲渡に係る損益が国内税法に基づき繰り延べられる場合を意味する広範囲の定義である。国内税法のもとでは、取得側の構成事業体に対し取得した資産および負債について処分側の帳簿価額を引き継ぐことを求めることにより、当該資産の移転を伴う組織再編について生じる利得または損失は、通常、繰り延べられることになる。こうした課税の繰延べの仕組みでは、再編時における資産および負債の含み損益を実現させず、この含み損益は所得を生じる過程での資産の使用、または売却を通じて実現する。GloBE組織再編の定義は、これらの概念に基づく国内税法に依拠している。

22. 第10.1条は、GloBE組織再編に該当する可能性のある再編取引の種類を概括的に定義している。取引がGloBE組織再編に該当する前提として、定義の第a項から第c項までの要件を満たす必要がある。したがって、組織変更や、企業結合、企業分離、清算などによる資産および負債の移転、またはこれらに類する取引は、GloBE組織再編に該当する場合がある。組織変更とは、パートナーシップから法人への変更など、事業体の形態の変更を意味する。こうしたGloBE組織再編の定義には、取引によって事業体に対する持分割合の変更が生じず、追加的な所有者持分の発行の必要性がないため、事業体が拠出された財産の対価として新規または追加の所有者持分の発行を行わない既存事業体への資産の出資、いわゆる無対価再編も含まれる。

23. GloBE組織再編に該当するためには、資産および負債の移転の対価は、その全部または大部分が、取得側の構成事業体またはその構成事業体の関連者が発行する資本持分でなければならない。なお、ある事業体がOECDモデル租税条約(OECD、2017年[1])第5条第8項に定める基準を満たす場合、当該当事者は取得側の構成事業体の関連者として取り扱われるものとする。ただし、ある事業体が清算される場合には、当該事業体の資本持分の消却が対価に相当するものであると考えることができる。前項で無対価再編について述べたように、資本拠出にあたっては、資本持分の発行が経済的に意味をなさない場合には対価を必要としない。最後に、GloBE組織再編の定義は、誰に対して資本持分が発行されるかについて要件を課すものではない。例えば、同一契約の一部として資産および負債が取得された事業体の直接または間接の所有者に対して(取得側の事業体の)資本持分が発行される取引は、GloBE組織再編に該当する可能性がある。

24. 定義の第b項および第c項におけるGloBE組織再編に該当するための要件は、国内税法に

基づく組織変更または取引の税務上の取扱いに関するものである。第b項に基づき、処分側の構成事業体の資産および負債に関わる損益は、組織変更または取引の時点において、その一部または全部が非課税でなければならない。当該組織変更または取引は、その全部が非課税とされる必要はない。第b項は、処分側の構成事業体の国・地域において、課税繰延べの要件を満たさない損益が生じることがあることを許容している（当該損益は通常、第10.1条に定義される非適格譲渡損益であり、第6.3.3条に対応する損益となる。詳細は第6.3.3条のコメンタリーで説明している）。

25. 第c項では、また別の課税繰延べの要件が定められている。同項は、取得側の構成事業体が所在する国・地域の税法に対して、取得側の構成事業体が、処分側の構成事業体の資産の税務簿価と負債の金額を使用し、処分または取得に伴う非適格譲渡損益を調整した上で、取得後の課税所得を計算することを求めている。処分側の構成事業体の資産の税務簿価と負債の金額を引き継ぐことにより、国内税法では、取得した資産および負債に係る損益が永久に課税を免れることにはならず、単に繰り延べられることになるよう担保している。損益が認識される場合、当該損益が将来再び課税対象とならないように、国内税法によって資産の税務簿価と負債の金額が調整される。

政府事業体

26. 政府事業体とは、第1.5条に基づき、GloBEルールの適用範囲から除外される事業体（除外事業体）の一つである。政府事業体は、その国・地域では、通常、課税対象とならない政府機関であり、外国の法令または租税条約に基づく課税除外の恩典を受けるためGloBEルールに基づく課税の対象から除外される。GloBEルール第10.1条の対象となる政府事業体となるためには、事業体は以下のすべての要件を満たす必要がある。

   a．政府（その行政に係る下位機関または地方自治体を含む）の一部であるか、または政府によって完全に所有されていること
   b．政府の機能を果たすこと、または政府もしくは国・地域の資産を管理もしくは投資することを主たる目的としており、営利事業を行うものではないこと
   c．政府に対して、その業績全般について説明責任を負い、年次報告を行っていること
   d．収益を政府に分配し、解散時には資産を政府に帰属させること

27. これらの基準のそれぞれについて、以下でさらに詳しく説明する。

第a項

28. 第a項は、当該事業体が政府（その行政に係る下位機関または地方自治体を含む）の一部であるか、または政府によって完全に所有されていなければならないと定めている。「の一部」という用語は、公法に基づいて設立された事業体を意味する。「政府によって完全に所有される」ことの定めは、政府が（直接または間接に）完全に所有することを条件として、私法に基づいて設立された法人またはその他の事業体に対して第a項の適用を拡大するものであ

る。「政府」とは一般政府を意味し、これは第10.1条において、中央政府、その実質的に管理下にある機関、州政府、地方政府およびその執行機関として定義される。

第b項

29. 第b項は、政府事業体として取り扱われるために事業体が行うことができる活動内容を制限している。第b項は、政府事業体の主な目的として、(i)政府の機能を果たすこと、または(ii)投資の実行・保有、資産管理およびそれらに関連する活動を通じて、当該政府や国・地域の資産を管理または投資することを定めている。

30. 第i号における「政府の機能」とは、公的医療および教育の提供、公共インフラの構築、または管轄国・地域における防衛力および法律の執行力の保持などの活動を含むことを意図する広義の用語である。第ii号の要件は、政府が投資の保有および管理のために、通常、利用するソブリン・ウェルス・ファンド(法人として設立されたものを含む)などの事業体を含めることを意図している。ソブリン・ウェルス・ファンドは通常、国際収支の黒字、公的な外貨建て取引、民営化による収益、財政黒字またはコモディティ輸出による収入(注2)を原資として組成される。ソブリン・ウェルス・ファンドの機能は、国の将来の財政需要を管理し、国際収支を安定させ、国内消費と貯蓄の適切なバランスをとるために、これらの資金を投資することである。

31. さらに、第b項は、当該事業体が営利事業を行わないことを定めている。GloBEルールの文脈において、この要件は、政府が所有する営利企業と、その活動が第i号および第ii号で言及される活動に限定される事業体とを区別するために設けられている。例えば、ソブリン・ウェルス・ファンドは、その活動が第ii号で言及されるものに限定され、営利事業に相当する可能性がある商業活動は行われないため、第b項に定める要件を満たすことが見込まれる。同様に、政府(政府事業体を含む)が定義における他のすべての要件を満たす事業体を設立し、当該事業体が政府の機能を果たすために当該政府が使用する製品またはサービスの提供のみを行う場合、当該事業体の活動は、営利事業ではなく、政府の機能の一部と考えられる。一方、政府が所有する商業銀行は、営利事業に従事することになるため、第b項に適合しない。

第c項

32. 第c項は、事業体に対して、その業績全般について政府(政府事業体を含む)に対する説明責任を負い、政府(政府事業体を含む)に年次報告を行うことが必要であることを定めている。

第d項

33. 最後に、第d項の要件は、事業体が純利益を分配する場合、それらは政府(政府事業体を含む)に対して支払われ、事業体の解散時には、その資産を政府(政府事業体を含む)に帰属させることを定めている。利益の分配が政府以外の者に対して行われているか否かを検討

するにあたっては、その支払の実態および状況を考慮する必要がある。例えば、公法に基づく会社として組織されている中央銀行は、その株式の一部を民間の株主に対して発行しており、当該民間の株主はその拠出に応じて固定利率の投資利益を得る権利を有しているものとする。中央銀行は政府によって支配されており、解散時にはそのすべての資産は当該民間の株主ではなく政府に帰属する。これらの具体的な事実および状況のもとでは、当該民間の株主により保有されている株式は実質的に株式ではなく長期債券の投資利益と同質の利益をもたらす金融商品と類似しているため、当該投資利益は純利益の分配とはみなされない。

国際機関

34. 国際機関とは、第1.5条に基づき、GloBEルールの適用範囲から除外される事業体（除外事業体）の一つである。国際機関を除外する理由は、政府事業体を除外する理由と同様である。

35. 第10.1条における国際機関の定義は、「税に関する金融口座情報の自動的交換のための基準」で使用される定義と一致している。第b項の文言には、同基準のコメンタリーから引用した「実質的に類似の契約」に関する説明が含まれている。

投資ファンド

36. 投資ファンドの定義は、IFRS第10号（IFRS財団、2022年[2]）および欧州連合オルタナティブ投資ファンド運用者指令2011/61/EU（AIFMD）（欧州連合、2011年[7]）における「投資事業体」の定義を参考にしている。投資ファンドの定義を満たすためには、事業体は以下のすべての基準を満たす必要がある。

   a．複数の投資家（その一部は互いに関連しない）の資産（金融、非金融を問わない）をプールするために設けられたものであること
   b．予め定められた投資方針に基づいて投資を行うこと
   c．取引、調査、分析などに係る投資家のコストを削減し、リスクを集団で分散することを可能にするものであること
   d．主に投資収益を得ること、または特定のもしくは一般に生じる事象もしくは結果に備えることを目的としていること
   e．投資家は、自らが行った出資に基づいて、ファンドの資産もしくは当該資産から稼得される収益を得る権利を有すること
   f．当該事業体またはその管理者が、当該事業体が組成または管理されている国・地域の規制（適切なマネーロンダリング防止規制および投資家保護規制を含む）の対象となること
   g．投資家のために投資ファンド運用の専門家が運用していること

37. これらの基準のそれぞれについて、以下でさらに詳細に説明する。

第a項

38. 第a項は、事業体または契約が、複数の投資家(その一部は互いに関連しない)から集めた資産(金融資産か非金融資産かは問わない)をプールするように設計されることを定めている。投資家は、現金もしくはその他の流動資産、または不動産などの非流動資産を投資ファンドに拠出する可能性がある。

39. 第a項では、ファンドの一部の投資家は互いに関連しないことを定めている。二以上の投資家に互いに関連があるか否かを判断する場合は、事実および状況に基づく基準を用いるべきである。いかなる場合においても、投資家は、OECDモデル租税条約(OECD、2017年[1])第5条第8項に定める基準を満たす場合には、他の投資家と互いに関連があるものとして取り扱われるものとする。当該基準は、一方が他方の利益に対する持分の50%超(法人の場合には、当該法人株式の議決権および価値の50%超または当該法人の利益に対する出資持分の50%超)を直接もしくは間接に保有する場合、または他の者がそれぞれの者の利益に対する持分の50%超(法人の場合には、当該法人の株式の議決権および価値の50%超)を直接もしくは間接に保有している場合に、両者は互いに関連があるとしている。また、個人である2人の投資家は、配偶者またはシビルパートナー、兄弟姉妹、両親、祖父母や孫などの直系の尊属および卑属を含む親族同士であれば、互いに関連するとみなされる。あるファンドが複数の互いに関連がない投資家のために資産をプールするように設計されていたとしても、当該ファンドに短期間1人の投資家しかいない場合がある。例えば、ファンドが新規募集期間内または清算中である場合に、投資家が1人だけになることがある。このような状況において、投資家が1人のみのファンドは、複数の投資家(その一部は互いに関連しない)から集めた資産をプールするように設計されていることを条件として、第a項の基準を満たすことになる。

第b項

40. 第b項は、投資ファンドに対して、投資方針を定め、その方針に従って投資を行うことを定めている。こうした方針の存在を示すと考えられる単独または複数の考慮すべき要素として以下のものがある。

- a．投資方針が、遅くとも投資ファンドに対する投資家のコミットメントが拘束力を持つ時点までに決定され、確定されていること
- b．投資方針が、投資ファンドの規則もしくは定款の一部となる書面、または当該規則もしくは定款で参照される書面に記載されていること
- c．投資ファンドまたは投資ファンドを運営する法人は、投資方針および当該投資方針に対するいかなる変更事項にも従う義務を投資家に対して負っており、当該義務は、投資家が法的強制執行力を有する義務であること
- d．投資方針には、以下のいずれかまたはすべてを含む基準に関して、投資ガイドラインが明記されていること。(i)特定の種類の資産に投資すること、または資産配分に関する制限に従うこと、(ii)特定の戦略に従うこと、(iii)特定の地域に投資すること、(iv)

レバレッジに関する制限に従うこと、(v)最低保有期間に従うこと、(vi)リスク分散をもたらすために策定されたその他の制限に従うこと

第c項

41. 第c項は、投資ファンドは、投資家が集団で行うことで取引、調査、分析のコストを削減し、またはリスクを分散することを可能にすることを定めている。MNEグループのメンバーのために特定の機能(集約された金融・調達サービスなど)を果たすように設計された事業体は、取引コストの削減またはリスクの分散を行うものと特徴付けられうるものの、そのような事業体は、投資ファンドに該当するための他の要件を満たすことができないと考えられる。

第d項

42. 投資ファンドに該当するためには、事業体は、通常の事業所得ではなく、主に投資所得または投資収益を生み出すように設計されなければならない。ファンドを通じて得られる所得は投資の保有から得られる所得、つまり、配当、利子、賃料、他の投資ファンドからの投資利益、キャピタルゲインなどでなければならない。なお、ロイヤルティはこれに含まれない。あるいは、第d項は、ファンドが特定のまたは一般的なリスクに対するプロテクションを提供することを目的として設計されることを認めている。この表現は、保険業界が保険事故または保険結果をカバーするために投資ファンドを利用する場合を対象とすることを意図している。

第e項

43. 第e項は、投資家に対して、当該投資家が行った拠出に基づき、ファンドの資産からの投資利益または当該資産に基づき稼得される収益に対する権利を有することを定めている。また、当該投資家は当該ファンドの所有者持分を処分することによりキャピタルゲインを得ることもできる。

第f項

44. 第f項に基づく要件は、ファンドまたはファンドマネージャーが、ファンドが組成、または運用されている国・地域における規制制度(適切なマネーロンダリング規制および投資家保護規制を含む)の対象となっていることである。本項は、投資ファンドの健全性規制に対する様々なアプローチを網羅することを意図している。政府により設立もしくは組成されたファンド、または政府の代理もしくは受任者として活動するファンドに関しては、政府事業体に該当しない限り、当該規制は、投資ファンドの設立準拠法に含まれる説明責任および審査に関する規定など、一般政府により承認されるいかなる形態をとることもできる。

第g項

45. 最後に第g項は、投資家に代わり、専門家によってファンドが運用されることを定めて

いる。ファンドがファンド運用専門家によって運用されていることを示すと考えられる単独または複数の要素として以下のものがある。

a．ファンド運用者は投資家から独立した立場で業務を行い、投資家から直接雇用されていないこと
b．ファンド運用者は、知識と能力に関して国の規制を受けていること
c．提供された役務に対する運用報酬の一部は、ファンドの運用実績に基づいていること

ジョイントベンチャー（JV）

46. JVは、財務会計基準上、その収益、費用、資産および負債がMNEグループの他の事業体と項目ごとに連結処理されていないため、MNEグループの構成事業体ではない。ただし、財務会計上で定義されるJVの軽課税所得は、次の定義に該当する場合、第6.4条に従ってGloBEルールの適用範囲に含まれる。

JVとは、UPEがその所有者持分の50％以上を直接または間接に保有しているが、UPEの連結財務諸表において持分法によりその財務数値が報告されている事業体を意味する。

47. 様々な許容された財務会計基準および承認された財務会計基準のもとで、JVの定義には、共同で事業を行う者が事業体を共同支配していることを前提に、その所有者持分が50％未満である事業体も含まれる。一方、GloBEルールにおけるJVの定義では、UPEが直接または間接にJVの所有者持分の50％以上を保有する事業体のみが含まれる。例えば、出資の条件において、構成事業体である出資者が利益、資本または準備金の50％以上（GloBEルール上の判断基準）の持分を有するが、議決権についてはその50％（財務会計上の判断基準）しか与えられない場合、当該構成事業体が保有する共同事業に対する出資持分についてGloBEルールにおけるJVの定義が適用される。

48. JVの定義に関する第二文では、第6.4条の規定から除外される事業体を列挙している。以下でさらに詳しく説明する。

第a項

49. 第a項では、GloBEルールの対象となる別のMNEグループのUPEとなる事業体をJVの定義から除外している。これにより、GloBEルールの適用を受けているMNEグループのUPEが別のMNEグループのJVでもある場合には、二の国・地域によりGloBEルールの適用（当該単独のMNEグループとして、また第6.4条により別のMNEグループのJVとして適用）を受けることを回避できる。

第b項から第d項

50. JVに該当する事業体であっても、第1.5条に定める除外事業体の要件を満たす場合には、第6.4条の適用から除かれる。第b項は第1.5.1条に記載された除外事業体について、第c項は

第1.5.2条に記載された除外事業体の定義を参照したものである。

51. 第c項は、事業体が第1.5.1条に記載された除外事業体によって直接所有されることを定めている。これは、第1.5.2条第a項および第1.5.2条第b項に記載された要件と基本的に同様であるが、唯一の違いは、これらの規定には、「95％所有基準」および「85％所有基準」が含まれていることである。MNEグループは、典型的には、第c項が適用される事業体の所有者持分の50％を保有するため、これらの基準をそのまま設定することにより本項が適用されないことを避けるためである。第c項は第1.5.2条に定める要件を三つの号に分けて、改めて定めている。

52. 第d項は、除外事業体のみで構成されるMNEグループによって所有される事業体はJVではないことを定めている。これにより、すべての構成事業体が除外事業体であるため、GloBEルールから除外されるべきMNEグループが、JVの持分を保有している場合においても当該ルールの適用外とされる。

第e項

53. 第e項では、JV子会社とJVは区別して定められ、それらはJVグループの定義で参照されている。

JV子会社

54. JV子会社は、JVグループの定義および第6.4条において参照されている。JV子会社は、その資産、負債、収益、費用およびキャッシュフローが、許容された財務会計基準に基づいてJVにより連結される（あるいは、許容された財務会計基準に従って、連結財務諸表を作成する必要がある場合に連結される）事業体と定義される。これは、JVとJV子会社が同じグループ（JVグループ）に属することを意味する。

55. 定義の第二文は、JVまたはJV子会社のPEは、その本店とは別のJV子会社として取り扱われることを明確にしている。したがって、本ルールのもとでは、子会社とPEは、第6.4.1条の適用上、同様に取り扱われ、すなわち、いずれもJV子会社ということになる。これは、子会社とPEの双方を構成事業体として取り扱うことと同様である。

本店（Main Entity）

56. 本店（Main Entity）という用語は、PEとの関係において、一般に、本社と呼ばれる企業体の一部を指すために、GloBEルールに導入された概念である。GloBEルールでは「本社（head office）」という用語の使用を避けているが、その理由はこの用語には合意された意味がなく、特にフロースルー事業体との関連で混乱を招く可能性があるためである。GloBEルールの仕組み上、本店とは第3.4条に従ってPEに帰属する財務会計上の純損益をその財務諸表に含める事業体（PEが所在する国・地域において、納税義務を負う納税者として取り扱われる者で

あるかは問わない）と定義されている。

57. 本店という用語は、GloBEルールの各条項、例えば第1.3条における構成事業体の定義、および本店とそのPEとの間でGloBE所得・損失を配分するためのルールにおいて使用されている。

比較可能性を阻害する重要な差異

58. 比較可能性を阻害する重要な差異とは、GloBEルールで用いられる連結財務諸表の作成のために、承認された財務会計基準の数値に対する調整要否を判断するための概念である（調整された数値は、構成事業体のGloBE所得・損失を計算するための出発点となる）。

59. GloBEルールは、GloBE所得・損失を計算するために異なる財務会計基準の使用を認めているため、比較可能性を阻害する重要な差異を排除するための特別ルールが必要となる。包摂的枠組みでは、包摂的枠組み参加国・地域で使用される財務会計基準間の差異の比較を行っていないが、比較可能性を阻害する重要な差異に対する調整は、承認された財務会計基準のもとで認められた独自の会計原則および基準において、許容された財務会計基準においては得られない有利な取扱いをMNEグループが享受することを制限するためのルールである。

60. GloBEルールにおいて、比較可能性を阻害する重要な差異が存在する場合とは、許容された財務会計基準以外の財務会計基準で認められている特有の会計原則または会計処理を適用した場合に、IFRSでの会計原則または会計処理を適用した場合と比較して、一会計年度における差異の総額が7500万ユーロを超える場合をいう。差異の総額とは、MNEグループの連結財務諸表に反映される差異の合計を指し、適用される会計原則または会計処理が、MNEグループのすべての構成事業体におけるすべての関連する取引に与える影響を集計したものである。特有の会計原則または会計処理を適用することにより比較可能性を阻害する重要な差異が生じる場合には、当該会計原則または会計処理の対象となる項目または取引の処理は、合意された運営指針に従い、IFRSにおける会計処理に準拠するよう調整されなければならない。

有形資産の正味帳簿価額

61. 有形資産の正味帳簿価額は、UTPRのもとで主に二つの目的のために使用される。第一に、第2.6条に従い、UTPR適用国・地域のUTPR割合を決定するために、当該UTPR適用国・地域の有形資産の正味帳簿価額が使用される。第二に、MNEが第9.3条に基づきUTPRの適用除外となるか否かを判定するために、有形資産の正味帳簿価額が使用される。

62. GloBEルール第10.1条に定める、有形資産の正味帳簿価額の定義は以下のとおりである。

「・・・財務諸表に計上されている有形資産の減価償却累計額、減耗累計額、減損累計額

を考慮した後の帳簿価額の期首と期末の平均値を意味する」

63. 有形資産とは、次の資産をいう。

「・・・税務上の居住者とされるすべての構成事業体の有形資産を意味する。有形資産には、現金または現金同等物、無形資産、金融資産は含まれない・・・」

64. 有形資産の正味帳簿価額は、国・地域に所在するすべての構成事業体について国・地域ごとに計算される。この目的のために、第10.1条の定義では、正味帳簿価額は、ある会計年度において、当該国・地域に所在する(すべての)構成事業体が所有する有形資産の価額について期首および期末の平均値として計算されると定めている。平均値を使用するのは、例えば、構成事業体の譲渡などにより、国・地域ごとで会計年度中に所有する有形資産の金額が大幅に変動する場合に対処するためである。

65. 例えば、ある国・地域内に一の構成事業体のみを有し、当該構成事業体が会計年度開始の日において正味帳簿価額が100の有形資産を所有するMNEグループがあるものとする。当該構成事業体が会計年度中に当該資産を売却したとすると、会計年度終了の日の当該構成事業体が所有する有形資産の正味帳簿価額はゼロとなる。この場合、当該国・地域における有形資産の正味帳簿価額は、50(＝[100＋0]/2)となる。

66. 有形資産の正味帳簿価額は、ある国・地域に所在する構成事業体がある会計年度に所有するすべての有形資産の正味帳簿価額の合計を意味し、PEに帰属する有形資産の正味帳簿価額を含む。PEに関しては、第3.4.1条の定めに従い、会計原則に基づき当該PEの個別の財務諸表に計上されるか否か(個別の財務諸表に含まれるであろう場合を含む)および第3.4.2条に定める所定の調整に基づき、有形資産はPEが所在する課税管轄国・地域に配分される。

67. 有形資産の正味帳簿価額は、減価償却累計額およびその他類似の引当を考慮するが、有形資産の定義には、減価償却累計額またはその他類似の引当の対象とならない有形資産も含まれる。

68. 有形資産の正味帳簿価額の計算にあたり、「有形資産」という用語は、BEPS行動計画13のCbCRに記載されるものと同義であり、第5.3.4条で定義される「適格有形資産」に限るものではない。例えば、「有形資産」という用語には、第5.3.4条の適用上は適格有形資産ではない投資、販売またはリースのために所有する資産(土地または建物を含む)、ならびに構成事業体の国際海運所得および適格付随的国際海運所得に関する有形資産(すなわち、船舶、その他の海洋設備およびインフラ等)を含む。また、実質ベースの所得除外額の計算において第5.3.4条で規定する適格有形資産の要件とは異なり、有形資産の正味帳簿価額を決定するにあたって、有形資産が構成事業体の所在する国・地域内に所在するという要件は求められていない。

非営利団体(NPO)

69. 非営利団体は、第1.5.1条に定める除外事業体に該当する。非営利団体の定義は、「税における金融口座に関する自動的情報交換のための基準」のセクションⅧ(用語の定義)に含まれる「活動中の非金融事業体(NFE)」の定義の第h項に基づいている。

70. 定義の第a項は、非営利団体の定義の活動目的の基準を定めている。非営利団体とは、宗教、慈善、科学、芸術、文化、スポーツ、教育、または公衆衛生、人権もしくは動物の権利の向上および保護、環境保護その他同様の事項のみを目的として、その所在国・地域内に設立され運営される事業体をいう。また、職業団体、業界団体、商工会議所、労働団体、農業または園芸団体、市民団体、または社会福祉の振興その他同様の目的のためにのみ運営される団体・機関を含む。非営利団体は、その設立および運営が行われる国・地域に所在するものとされる。

71. 第b項および第c項は、当該事業体のすべての所得が実質的に国内税制上非課税であること、およびその所得または資産に対する受益権を有する持分保有者または社員を有していないことを定めている。

72. 第d項は、当該事業体の収益または資産を、個人または慈善団体ではない者に対し分配し、またはその利益のために利用してはならないという原則を定めているが、三つの例外規定がある。

　a．第i号に含まれる第一の例外は、当該分配または利益の供与が当該事業体の慈善活動に関わる場合である。例えば、大学の同窓会財団が支援を必要とする学生の教育費を拠出する場合である。
　b．第二の例外は、提供された役務または資産の使用に対する合理的な報酬が支払われる場合である。例えば、事業体(借手)が、その活動に必要な事務所またはその他の施設を使用するために、個人(貸手)に対して賃借料を支払う場合である。
　c．第三の例外は、当該事業体が資産の購入にあたり、個人に対し公正な市場価格で支払いを行う場合である。例えば、ある組織が事務所を設置するために、個人から不動産を公正な市場価格で購入する場合である。

73. 第e項は、当該事業体が解散する場合に、当該事業体が所有する資産が他の非営利団体または政府(政府事業体を含む)に譲渡されることを定めている。すなわち、当該事業体の終了、清算または解散にあたり、当該事業体が所有するすべての資産は、非営利団体または事業体の所在国・地域の政府(政府事業体を含む)もしくはその行政に係る下位機関に分配または返還されなければならないと定めている。

74. 第e項の判定にあたっては、例えば、当該事業体が終了、清算または解散された場合に当該事業体の資産に係る権利を有する個人または事業体について定める、当該事業体の定款またはその他の取決め、および国内法における規定および指針を考慮する必要がある。

75. 非営利団体の定義の最後は、設立目的に直接関連しない営利事業を行う事業体を除外するという原則を定める条項が含まれている。例えば、組織の資金調達活動の一環として、ロゴ入りシャツなどの物品を販売している事業体は、それが設立目的に関連する事業であることから、除外対象とはみなされない。他方、物品の販売を専業とする事業体は、正当な理由のために利益を放棄したとしても、非営利団体に該当するとはみなされない。非営利団体の定義に該当する事業体は、MNEグループのUPEになる可能性がある。ただし、国際的に営利事業を行う企業の持株会社としてのみの役割を果たす事業体は、国内税法上、非営利財団等として取り扱われるという理由だけでは（GloBEルール上の）非営利団体として認められない。

従業員数

76. 従業員数は、第2.6条に基づきUTPR適用国・地域のUTPR割合を決定するために使用される。

77. GloBEルール第10.1条に定める、従業員数の定義は以下のとおりである。

「・・・当該課税管轄国・地域の税務上の居住者であるすべての構成事業体のフルタイム当量（FTE）に換算した総従業員数を意味する。この場合、構成事業体の通常の営業活動に関与する独立請負人は、従業員に含まれる。・・・」

78. 従業員数の定義は、BEPS行動計画13の報告書においてCbCRに関して記載されている定義と一致している。従業員数は、フルタイム当量に換算した総従業員数で計算すると定めている。具体的には、当該会計年度の総従業員数をフルタイム当量で計算することが可能な場合には、会計年度終了の日の従業員数、年間の平均従業員数、または課税管轄国・地域間で毎年度一貫して適用されるその他の基準による報告が可能である。フルタイム当量を使用する背景は、従業員が複数の構成事業体に雇用されている可能性や、本店とそのPEを兼務している可能性に対応するものである。また、例えば、構成事業体の譲渡などにより、国・地域単位で従業員数の範囲に大きな変更が生じる場合にも対応することが可能である。さらに、合理的な範囲で端数処理や概算数値を用いることは、それが課税管轄国・地域にわたる従業員の相対的な分布を著しく歪めない限り許容されるが、毎年度およびグループ全体で、一貫した計算方法が適用される必要がある。GloBEルール実施枠組みの中で示される申告義務に関する指針において、より詳細な内容が説明される予定である。

79. 従業員数には、GloBEルールにおける適格従業員の定義と同様、構成事業体の通常の事業活動に従事する独立請負人を含むすべての従業員が含まれる。CbCRにおいて独立請負人を従業員として含めることも認めるBEPS行動計画13とは異なり、GloBEルールにおける従業員数の定義では、独立請負人が構成事業体の通常の事業活動に従事する場合、当該独立請負人は常に従業員数に含まれることになる。これは、構成事業体の通常の事業活動に参加する独立請負人は、実質的に従業員と同様に貢献しているため、国・地域のUTPR割合を決定

する上では従業員とみなされるからである。例えば、病気のために休暇中の従業員の代わりに、構成事業体に雇われる独立請負人が、当該構成事業体の通常の事業活動に従事する場合が考えられる。したがって、申告構成事業体は、独立請負人が構成事業体の通常の事業活動にどの程度従事しているかを説明する責任がある。従業員数は、当該国・地域に所在するすべての構成事業体について国・地域ごとに計算され、PEに帰属する従業員も含まれる。PEが所在する国・地域において報告される従業員数は、第3.4.1条に従い、会計原則に基づき当該PEの個別の財務諸表に当該従業員の人件費が計上されるか否か(個別の財務諸表に含まれるであろう場合を含む)および第3.4.2条に定める所定の調整に基づき、PEが所在する課税管轄国・地域に配分される。この配分は、実質ベースの所得除外における給与のカーブアウトの処理と整合している。

80. 従業員は、その活動を行う場所を考慮することなく、関連する人件費を負担する構成事業体またはPEが所在する国・地域に割り当てられる。実質ベースの所得除外額の計算のために、第5.3.3条で求められる適格従業員の要件とは異なり、その国・地域がUTPR割合の計算に用いる従業員数を決定するにあたり、構成事業体(PEを含む)の従業員は、当該構成事業体の国・地域においてMNEグループのために活動することは求められない。同様に、いずれの構成事業体に従業員数を配分するかを決める際に、これらの従業員の活動内容を考慮することはない。例えば、ある構成事業体に雇用されている従業員が、他の構成事業体に役務を提供する場合、当該従業員を雇用している構成事業体の従業員とみなされる。

所有者持分

81. 所有者持分という用語は、GloBEルールを通して使用されている。特に、グループおよびMNEグループのメンバーの決定、ならびにLTCEのトップアップ税額の親事業体に対する配分に用いられる。所有者持分は、ある事業体の利益、資本または剰余金に対して権利を有するあらゆる資本持分を意味する。また、本店がそのPEの利益、資本または剰余金に対して有する資本持分も含まれる。さらに、パートナーシップや信託などのフロースルー事業体やそのPEの利益、資本、剰余金に対して権利を有する資本持分も含まれる。なお、GloBEルールの適用上、資本持分は、利益、資本または剰余金のいずれか一つに対する権利を有するだけでよく、例えば、資本に対する権利のみを有し、それ以外の権利は有していない場合であっても、資本持分として取り扱われる。所有者持分には議決権が付されていることが多いが、議決権が付されていない場合も含まれる。

82. 所有者持分は、利益および資本または剰余金に対する権利がそれぞれ異なる割合で付与されている場合がある。例えば、事業体の利益の20%に対する権利を有する一方、資本に対する権利は10%しか有していない場合がある。GloBEルールでは、例えば、POPEの定義のように、一定のルールの適用範囲を決定するために、所有者持分の特定の権利に関する割合を明示している場合がある。

83. JV、MOPEおよびステープルストラクチャーの定義のように、モデルルールにおいて

特定の権利に関する割合が示されていない場合には、関連する経済的権利の各種類(すなわち、利益、資本または剰余金)について同等の権利として取り扱うこととする。これは、特定の権利に関する割合を用いる必要がなければ、すべての権利は同等の重要性を有すると考えられるからである。例えば、事業体Aが、事業体の利益に対する権利を有する利益ユニットと、清算時の資本に対する権利を有する資本ユニットの、2種類の所有者持分を発行しているとする。これらのユニットは、B、CおよびDの3事業体が保有しており、事業体Bは、発行済利益ユニットの50%および発行済資本ユニットの80%を保有している。事業体Cは利益ユニットの50%を保有している。事業体Dは資本ユニットの残りの20%を保有している。事業体Bの所有者持分は、事業体Aが発行する各ユニットの持分の平均値、すなわち(1/2×50%)＋(1/2×80%)＝65%となる。事業体Cの所有者持分は(1/2×50%)＋(1/2×0)により、25%となる。事業体Dの所有者持分は残りの10%（(1/2×0)＋(1/2×20%)）となる。

84. ただし、第3.5.1条第b項の税務上透明な事業体の場合、財務会計上の純損益は、所有者持分の割合に応じて構成事業体所有者に配分されるが、この場合における所有者持分の割合は、利益に対する権利のみを考慮することが適切である。第3.5.1条第b項の税務上透明な事業体に財務会計上の純利益の配分を行う場合、通常、利益に対する権利の割合を用いるためである。

85. 所有者持分の定義では、資本持分という用語を使用して所有者持分と、事業体の利益、資本または剰余金に対するその他の権利とを区別している。その他の権利とは、例えば、利益分配契約に基づき、事業体に対していかなる持分も有していない従業員が有する利益の分配を受ける権利や、債務不履行に陥っている事業体の債務返済のために特定の資産売却を求めることができる債権者の権利などである。資本持分とは、連結財務諸表の作成に使用される財務会計基準において、株主資本として会計処理されている持分をいう。同様に、例えば、空売りに関連して他の者に貸し付けた株式や買戻条件付で売却した株式などの資本持分について、ある構成事業体が当該資本持分の保有者であるか否かは、連結財務諸表における当該持分の会計処理に基づいて決定される。ある構成事業体が発行し、同一のMNEグループ内の他の構成事業体が保有する金融商品は、発行者と保有者の双方において一貫性をもって負債または資本に分類し、GloBE所得・損失の計算においてその分類に従って処理をしなければならない。その発行者と保有者である構成事業体が、当該金融商品について適用する財務会計基準に基づきそれぞれ異なる分類を行っている場合には、GloBEルール上は、発行者が適用した分類を適用しなければならない。発行者と保有者における金融商品の分類を一致させることにより、MNEグループのGloBE所得・損失の計算において、当該金融商品を発行した構成事業体が、その金融商品に係る支払を費用として取り扱う場合に、当該金融商品の保有者が受取金額を除外配当として取り扱わないことになる。発行者が当該金融商品を財務会計上負債に分類している場合、MNEグループは、第3.2.7条の適用を検討する必要がある。

受動的所得

86. 受動的所得の定義は、第4.3.3条に基づき租税のプッシュダウンを制限する際に用いられる。第10章において定義される受動的所得とは、(a)配当または配当相当額、(b)利子または利子相当額、(c)賃貸料、(d)使用料、(e)年金（一定期間にわたり支払いを受けることができる契約上の権利）、または、(f)(a)から(e)に掲げる所得を生み出す資産から生じる純利益、をいう。受動的所得の各項目については、CFC税制に基づき、またはハイブリッド事業体に係る所有者持分の結果として、構成事業体所有者がこれらの所得につき課税を受ける場合に限り、租税のプッシュダウンにおける制限の対象となる。

87. 受動的所得の各項目は、容易に特定できる性格を有する可動性の高い支払いに焦点を当て明確に定義された基準を示すことを意図している。受動的所得の定義には、所得項目が能動的事業の一部として稼得されたか否かに関する基準は含まれない。ETRの計算において、定性的判断を行うことにより不整合が生じる事態を避けるため、能動的事業基準を受動的所得の定義から除外しているからである。したがって、包摂的枠組みで合意された受動的所得の定義は、GloBEルールという特別な目的のための定義であり、CFCルールのもと、課税対象とすべき所得の適切な範囲についての見解を示すものと解釈されるべきではない。受動的所得の定義は、広範ではあるものの、構成事業体所有者においてCFCまたはハイブリッド事業体に関して支払われる租税の額が当該構成事業体のETRの計算において混合されることによる影響を制約するために使用されており、GloBEルールの文脈からは適切なものと考えられる。なお、こうした定義は、その他の状況においては必ずしも適切と考えられる定義ではない点、留意が必要である。

年金基金

88. 年金基金は第1.5.1条に基づく除外事業体である。第a項において、年金基金とは、個人に対する退職給付その他の付随的かつ偶発的な給付の管理および提供を専らまたは主として行うために設立され運営される事業体をいう。

89. 第a項第i号は、OECDモデル租税条約第3条第1項i)の(i)に含まれる「認定年金基金」の定義と整合しており、同条項に関するコメンタリーもまた、GloBEルールと租税条約（OECD、2017年[1]）の間の差異に留意した上で参照することができる。GloBEルールの定義では、信託のように他の法的取り決めに基づき組成された年金基金も含まれるため、当該年金基金が組成された国・地域において別個の者として課税されるというモデル条約上の要件は参照されていない。この定義は、公的および私的年金基金の双方に適用される。

90. 第a項第ii号は、年金基金の定義を拡大するものである。第i号の規制の対象ではないが、政府の規制により保証または保護されている年金債務を履行するために信託またはそれに類する契約により保有されているファンドが含まれる。この拡大された定義により、年金基金としての規制の対象ではないが、退職給付を管理または提供するために組成され、当該退職

給付が政府の規制により保証または保護され、当該年金債務の履行を保証するため信託契約または信託委託者を通じて所有する資産プールから支払われる場合は、年金基金の定義に該当することになる。例えば、MNEが従業員の利益のために資金を管理する自己管理型年金基金であって、その給付が政府の規制によって保証されている場合が含まれる。

91. 第b項により、年金基金には年金サービス事業体が含まれる。年金サービス事業体の定義については、以下に詳述する。

年金サービス事業体

92. 年金サービス事業体という用語は、年金基金の定義において使用される。年金サービス事業体は第1.5.2条においても言及されており、年金サービス事業体が所有する事業体は除外事業体には含まれないものとされている。

93. 年金サービス事業体について、二つの類型が示されている。第a項が示す第一の類型は、年金基金のために投資を専らまたは主として行うために組成され運営される事業体である。第二の類型は、年金基金の定義の第a項で言及されている規制された活動に付随する活動を専らまたは主として行うために設立され運営される事業体である。

94. 第b項は、年金サービス事業体が年金基金に対して直接的に役務提供することを要件としていない。年金サービス事業体の定義は、年金サービス事業体の活動が年金基金の行う規制された活動に付随するものであること、および年金サービス事業体と当該年金基金が第1.2.2条および第1.2.3条で定義される同一グループのメンバーであることのみを求めている。例えば、第a項の要件を満たす年金基金が、そのファンドマネージャーとなる事業体(A社)を設立するものとする。A社は年金基金の全体的な投資戦略について責任を負い、B国・地域における投資機会に関してA社に対して助言サービスを行うB社を同国・地域に設立する。すべての事業体は同一グループのメンバーである。この場合、B社は、その活動が当該年金基金の活動に付随するものであるため、当該年金基金に直接サービスを提供していないが、年金サービス事業体に該当する。

95. 「専らまたは主として」という文言は、当該事業体の活動のすべてまたはほぼすべてが第a項または第b項に規定するものでなければならない、という事実および状況に基づく判定を行うことを意味している。この文言は、OECDモデル租税条約第3条における「認定年金基金」の定義に用いられている文言および当該文言に言及しているコメンタリー(第3条のコメンタリーのパラグラフ10.11参照)を参考にしたものであり、その解釈に当たっては、GloBEルールと租税条約(OECD、2017年[1])の目的の違いを考慮する必要がある。

恒久的施設

96. PEという用語は、第1.3条における構成事業体の定義を含む、GloBEルールのいくつかの規定において用いられている。この定義はGloBEルールに限定して適用されるものであり、

租税条約や国内法におけるPEの解釈や、CbCRにおけるPEの定義に影響を与えることを意図したものではない。PEの定義は四つの状況に分けて示され、GloBEルール上PEが存在するのは、これら四つの状況のいずれかに該当する場合である。

第a項

97. 第a項は、有効な租税条約が存在する状況について定めている。この場合、OECDモデル租税条約第7条と同様の規定に従って源泉地国が当該PEに対して課税することを前提として、GloBEルール上、当該租税条約に従ってPEの存在を認識する。第a項におけるPEの定義は以下のとおりである。

> 「ある国・地域に所在する事業の場所（事業の場所とみなされるものを含む）であって、適用される租税条約に従ってPEとして取り扱われるもの。ただし、当該国・地域が、OECDモデル租税条約第7条と同様の規定に従って、当該事業の場所に帰属する所得に対して課税する場合に限る。」

98. 第a項ではまず事業の場所または事業の場所とみなされるものについて述べている。

> 「事業の場所とみなされるもの」という文言は、例えば、当該非居住者は当該国・地域に事業の場所を有していないが、当該国・地域内における従属代理人の活動が租税条約の規定に基づき代理人PEであるとみなされる場合を含む。

99. 第a項によりGloBEルール上PEが存在することになるのは、租税条約の適用上PEが存在する場合に限られる。租税条約の適用上のPE認定については当該国・地域の裁判所および権限ある当局による判断も考慮される。例えば、関連する国・地域の権限ある当局が相互協議（MAP）を通じて、租税条約に従いPEが存在することに合意している場合、第a項が適用される。同様に、第a項の適用には、租税条約の適用上のPE認定に関する国内の裁判所または行政裁判所の最終的な決定が考慮される。

100. 「適用される有効な租税条約」という文言は、当該租税条約が効力を生じ、かつ、その規定が当該租税に関して適用されている場合を指す。例えば、租税条約が第1年度に発効したが第2年度から適用される場合には、第a項は第1年度には適用されない。

101. 第a項は、源泉地国・地域が当該OECDモデル租税条約第7条と同様の規定に従い、当該PEに帰属する所得に対して課税することを要件としている。例えば、R国の居住者である構成事業体は、専ら国際運輸における航空機の運航を行っており、S国にも事務所を有しその事業の一部を行っているものとする。R-S間の租税条約はOECDモデル租税条約に準拠している。当該構成事業体は当該租税条約第5条に従いS国にPEを有しているが、第7条第4項および第8条により、S国は当該PEの所得に課税することができない。その場合、租税条約上はS国にPEは存在するが、GloBEルール上は第a項に従いPEは存在しないことになる。

102. 「OECDモデル租税条約第7条と同様の規定」という文言は、源泉地国・地域がPEの帰

属所得に対して課税することに関し、同国・地域の租税条約の関連する条項の文言が2017年のOECDモデル租税条約第7条の文言または適用結果と同一であることを求めるものではないことを示している。例えば、租税条約が2010年7月22日改訂前のOECDモデル租税条約第7条や2017年国連モデル租税条約の文言を用いている場合も「OECDモデル租税条約第7条と同様の規定」に含まれる。

第b項

103. 第b項は、居住地国・地域と源泉地国・地域との間で有効な租税条約が存在しないが、国内法に従いPEまたはそれに類する概念（US trade or businessなど）に帰属する所得に対して課税する場合について定めている。つまり、租税条約は適用されておらず、当該国・地域がPE（またはこれに類する概念）の定義および課税ルールを国内法に取り入れている場合である。その場合、国内法に基づき認定されるPEまたはそれに類する概念を、GloBEルール上もPEとして取り扱う。

104. 例えば、A社およびB社はそれぞれA国およびB国の居住者である構成事業体であり、かつ、両社はC国で組織されたパートナーシップの唯一のパートナーであるとする。C国の国内法では、当該パートナーシップは税務上透明なものとみなされ、A社およびB社はそれぞれC国にPEを有するものとして取り扱われる。GloBEルールはC国の国内法に従い、当該PEをそれぞれ別個の構成事業体として認識する。

105. 第b項は、適用される租税条約が存在しない場合に適用され、PEの定義は以下のとおりである。

「ある国・地域が国内法に基づき、ある事業の場所に帰属する所得に対して、当該国・地域の居住者に対する課税方法と同様に純額ベースで課税する場合における、当該事業の場所（事業の場所とみなされるものを含む）」

106. 第b項はまず「事業の場所（または事業の場所とみなされるもの）」について述べている。第b項に基づき事業の場所または事業の場所とみなされるものが存在するか否かは、国内法上の問題である。「事業の場所（または事業の場所とみなされるもの）」という用語を国内法の定義で使用しているか否かにかかわらず、当該用語は事業活動がその場所を通じて行われていることを意味するため、事業の場所は源泉地国・地域内に所在していなければならない。「事業の場所とみなされるもの」の場合には、源泉地国・地域と当該国・地域内で行われる活動との間の関連性が、国内法に従い認定される必要がある。

107. 第b項は、「国内PE」の帰属所得に対する源泉地国・地域による課税が、同国・地域の居住者に対する課税方法と同様に純額ベースでなされることを要件としている。「国内PE」に対して居住者と同様の方法で課税がなされていればよく、全く同一の方法である必要はない。例えば、「国内PE」が費用の損金算入に関して居住者には適用されない追加の制限を受ける場合であっても、居住者と同様の方法で課税されるものとして取り扱われる。さらに、

課税所得は「国内PE」に帰属するものでなければならない。すなわち、事業活動が源泉地国・地域内のPEを通じて行われなければならないことを意味する。なお、第b項の適用を検討する上では、総額ベースの源泉課税(源泉税など)は対象外となる。

第c項

108. 第c項は、国・地域が法人課税制度を有していない場合にのみ適用される。PEの定義は以下のとおりである。

> 「当該国・地域内に所在する事業の場所(事業の場所とみなされるものを含む)であって、OECDモデル租税条約が適用されるとすればPEとして取り扱われるもの。ただし、当該国・地域が同モデル条約第7条に従って当該PEの帰属所得に対して課税する権利を有していたであろう場合に限る。」

109. 第c項の適用によりPEの存在が認識されるのは、当該国・地域内に所在する事業の場所または事業の場所とみなされるものについて、OECDモデル租税条約が適用されるとすればPEとして取り扱われる場合である。ただし、当該国・地域が同モデル条約第7条に従って当該PEの帰属所得に対して課税する権利を有していたであろう場合に限る。

110. 第c項は、法人課税制度を導入していない国・地域(以下、本項において「源泉地国」という)にPEが存在していたか否かについて仮説的分析を行うことを求めている。その分析は、居住地国と源泉地国がOECDモデル租税条約の最新版と同一内容の租税条約を有していると仮定して行われる。これは、分析を行う年におけるOECDモデル租税条約を適用することを意味する。例えば、OECDモデル租税条約に従うと、A国に所在する構成事業体は第1年度から第4年度までの間に源泉地国にPEを有していないものとする。第5年度に、源泉地国においてPEの存在が認識されるようにモデル条約が修正された場合、第c項は第5年度からこの規定が適用されることになる。

第d項

111. 第d項では、構成事業体が所在する国・地域が当該国・地域外で行われる事業活動に帰属する所得について免税としている状況において、GloBEルール上のPEを認定するものである。第d項は、前述の第a項から第c項に該当しない場合にのみ適用される。同項におけるPEは、「事業体の所在国・地域外の事業の場所(または事業の場所とみなされるもの)であり、当該活動がその場所を通じて行われるもの。ただし、当該所在国・地域が当該活動に帰属する所得を免税とする場合に限る」と定義されている。

112. 第d項は、第a項から第c項に既に記載されているPEを除外することにより、本項に該当するPEと上記の項に該当する他の種類のPEとの重複を回避している。第d項に基づく無国籍PEと第a項から第c項に基づくPEを明確に区別することは、第10.2条に従ってPEの所在地を決定する上で重要である。例えば、A国・地域に所在するA社が、A社の名義で常習的に契約を締結する者を通じてB国・地域で活動を行っているものとする。B国・地域は

OECDモデル租税条約第5条のPEの定義を国内法に採用し、そのPEの帰属所得に対して課税する。A国・地域は、当該PEを通じてA社が稼得する所得を免税とする。A国・地域およびB国・地域の間に租税条約は存在しない。この場合、B国・地域が当該PEの帰属所得に対して国内法に従って課税するため、第b項が適用される。A国・地域が当該PEを通じて行われる事業に帰属する所得を免税とすることから、第d項も適用される。この場合、GloBEルール上のPEは、B国・地域に所在するものとされる。ただし、A社本人名義で契約を常習的に締結する代理人が、B国・地域の国内法上PEとして取り扱われない場合には、第d項が適用され、当該PEはGloBEルール上無国籍PEとなる。この場合、当該無国籍PEの所得は、B国・地域に所在する他の構成事業体と合算されることはなく、単独でGloBEルールの対象となる。

113. 定義の最初の部分では「事業の場所(または事業の場所とみなされるもの)」と述べている。構成事業体(ここでは本店)の所在する国・地域が、他の国・地域に事業の場所(または事業の場所とみなされるもの)が存在するとみなすかどうか、または源泉地国・地域の国内法もしくは同国との租税条約に従って事業の場所が存在することになるか否かは問わない。第d項の要件は、構成事業体(本店)の所在する国・地域が当該国・地域外の事業活動から生じる所得を免税としていることである。

114. 第d項は、事業体の所在国・地域外における事業の場所(または事業の場所とみなされるもの)であって、その場所を通じて行われる活動に帰属する所得が免税となるものについて述べている。この文言は、構成事業体による事業活動が当該構成事業体の所在国・地域外で行われているという事実に起因して免税される場合にのみ、本項が適用されることを意図している。例えば、外国子会社の株主が外国配当免税(資本参加免税など)の恩典を受けている場合には、当該株主が当該配当に関連する事業活動を他の国・地域において行っていることを理由として当該所得が免税とされているわけではないため、第d項は適用されない。

適格国内ミニマムトップアップ税(QDMTT)

115. GloBEルール実施国・地域において、同ルールを正しく適用するために、納税者および税務当局の双方は、同じグループに属する構成事業体が他の国・地域でQDMTTの対象となっているか否かを評価する必要がある。大半の国・地域の法人所得税は、ETRの計算上対象租税に含まれ、第5.2条に基づいて計算されるトップアップ税額を間接的に減額させる。これに対し、QDMTTは、同条に基づきトップアップ税額を直接減額することになる。例えば、あるLTCEに対し、IIRが適用される場合に生じるであろうトップアップ税額と同額の税額となるQDMTTが課される場合、当該事業体の所有者持分を有する親事業体は、通常、IIRのもとでいかなる租税債務も負わないこととなる。

116. QDMTTとは、国内の構成事業体の超過利益に対して適用され、当該超過利益に係る国内の租税債務を最低税率まで引き上げることになる租税である。適格IIRの定義に関するコメンタリーでより詳細に説明されているように、実施国・地域がQDMTTを課す代わりに

なんらかの見返りとしての便益の提供を禁止することを含め、QDMTTはGloBEルールおよびそのコメンタリーの規定のもとでもたらされる結果と整合するように実施され運用されなければならない。こうした課税に対する見返りとしての便益の提供に対する制限は、国・地域がGloBEルールのもとでの新たな国際的な税体系に照らした自国の法人税制度の変更を制限することを意図するものではない。国内ミニマム課税の導入に伴う国内法人税制の変更は、当該変更によって、MNEグループがGloBEルールおよびそのコメンタリーの規定のもとでもたらされるものと整合しない結果を享受することにならない限り、便益とはみなされるべきではない。

117. ミニマム課税が、連結財務諸表で使用されている財務会計基準とは異なる、ある地域で承認された財務会計基準に基づいて計算される場合であっても、当該地域で承認された財務会計基準が、許容された財務会計基準である場合またはMNEグループが使用する財務会計基準に合わせるため比較可能性を阻害する重要な差異について調整されたものである場合には、当該ミニマム課税をQDMTTとして取り扱うことを妨げるものではない。

118. 国内ミニマム課税がQDMTTとして取り扱われるためには、GloBEルールと機能的に同等でなければならない。機能的に同等であるとみなされるためには、国内ミニマム課税は、GloBEルールおよびコメンタリーの適用によりもたらされる当該国・地域の結果と整合する結果を確実にもたらすように実施され運用されなければならない。特に、GloBEルールと機能的に同等であるとみなされるためには、ミニマム課税がGloBEルールの税体系に沿ったものであり、かつ、制度的に当該国・地域における追加的なトップアップ税がGloBEルールに基づき計算されたであろう金額よりも少ない金額とならないように設計されていなければならない。以下の説明では、この機能的同等性を達成するために、GloBEルールの構成要素であるモデルルールの各章に定めるルールに対して、QDMTTがどの程度適合している必要があるかについて検討している。

第1章 範囲

小規模MNEグループと国内グループ

118.1. QDMTTは、GloBEルール第1.1条に定める7億5000万ユーロの基準を満たすMNEグループの当該国・地域に所在する構成事業体に適用されなければならない。しかし、当該国・地域にUPEが所在するグループであるが、その収入が7億5000万ユーロの基準を下回るため、GloBEルールの適用範囲に含まれないグループに対しても、共通のアプローチとの整合性の観点からQDMTTの適用を拡大することが認められる。つまり、国・地域は、そのようなグループにIIRを適用することができるため、QDMTTを適用することもできる。さらに、QDMTTを、純粋な国内グループ、すなわち、外国子会社または支店を持たないグループに適用することも認められる。GloBEルールの適用範囲に含まれないグループにも適用されるQDMTTは、（GloBEルールとの）機能的同等性を欠くような結果をもたらすことはないものとする。

構成事業体の範囲

118.2. 多くの場合、ある国・地域の国内法に基づき課税対象となる構成事業体は、GloBEルールにおいても当該国・地域に所在する構成事業体に該当する。しかし、国内法では課税対象とならない事業体またはPEが、GloBEルール上、構成事業体として取り扱われる場合がある。QDMTTにおける所得、租税およびETRの計算において、これらの構成事業体のGloBEルールにおける租税属性を含めない場合、機能的に同等ではない結果が生じる可能性がある。

118.3. 機能的に同等の結果をもたらすようにするために、QDMTTは、GloBEルールに基づき当該国・地域に所在すると判定されるMNEグループの構成事業体に対して適用されなければならない。これは以下のことを意味する。

　a．QDMTTにおけるUPE、MNEグループ、構成事業体の定義は、GloBEルールにおける定義と一致していなければならない。
　b．QDMTTはその国・地域の租税債務について、GloBEルールに基づき当該国・地域に所在するものとされた構成事業体の所得および対象租税を考慮して計算しなければならない。

118.4. したがって、第3.4条のルールに従い、QDMTTは、当該国・地域に所在する構成事業体（本店またはPE）に係る所得および対象租税のみを考慮するものとする。例えば、ある国・地域が外国のPEを通じて稼得した所得についてもその本店に課税する場合であっても、第3.4.5条が適用されるような状況でない限り、他の国・地域に所在するPEのGloBEルールにおける租税属性は考慮すべきではない。

118.5. QDMTTは、関連するすべての構成事業体に対して適用されなければならないが、当該国・地域の税法において課税対象とならない事業体に対しては、QDMTTに係る租税債務を課す必要はない。QDMTTに係る租税債務は、当該国・地域の税法において課税対象である（一または複数の）構成事業体に対して課すことができる。同一のMNEグループの中に、当該国・地域の税法において課税対象である他の構成事業体が存在する場合であっても、MNEグループのコンプライアンスの負担を軽減するために、QDMTTは、当該MNEグループの単一の構成事業体に対して租税債務のすべてを課すように設計することができる。後述の課税規定を参照されたい。

MOCE

118.6. MOCEについては、GloBEルールにおいて特別な取扱いがある。つまり、MOCEは構成事業体ではあるが、国・地域の他の構成事業体とは区分され、ETRとトップアップ税額は別個のものとして計算される。このようにETRとトップアップ税額が（他の構成事業体とは）別個のものとして計算されるため、多くの場合において、当該国・地域内のすべての構成事業体の所得と対象租税に基づく単一の合算計算の場合とは異なる結果が生じることが

ある。したがって、機能的に同等であるためには、QDMTTは、MOCEのETRとトップアップ税額は別個のものとして計算しなければならない。

JV

118.7. 第6.4条に基づき、各国・地域に所在するJVおよびJV子会社のETRおよびトップアップ税額は、同一国・地域に所在する構成事業体のETRおよびトップアップ税額とは別個のものとして計算される。これらの計算結果は、（当該国・地域においてQDMTTの対象となるすべての事業体について）合算されたETRおよびトップアップ税額の計算結果と異なる可能性がある。したがって、GloBEルールと機能的に同等であるために、QDMTTにおいても当該国・地域に所在するJVおよびJV子会社のETRおよびトップアップ税額は別個のものとして計算しなければならない。

118.8. GloBEルールにおいては、JVやJV子会社にトップアップ税額を課さず、IIRまたはUTPRに基づき、当該トップアップ税額をMNEグループの構成事業体に配分することを求めている。パラグラフ118.10において説明されているとおり、国・地域は、当該国・地域に所在するMNEグループのすべての構成事業体が、会計年度全体を通じてUPEまたはPOPEに完全に所有されている場合にのみ、当該MNEグループに対してQDMTTが適用されるように設計することができる。その場合には、QDMTTは、当該国・地域に所在するJVおよびJV子会社には適用されない。

無国籍フロースルー事業体およびPE

118.8.1. GloBEルール上、無国籍構成事業体は単独でETRおよびトップアップ税額の計算の対象となる。GloBEルールと機能的に同等であるという要件を満たすために、QDMTTを無国籍構成事業体に適用する必要はない。しかし、無国籍構成事業体であるフロースルー事業体の場合には、国・地域は、当該国・地域の国内法に基づいて設立された当該フロースルー事業体に対してQDMTTを課すことは任意である。無国籍構成事業体であるPEの場合には、国・地域は、事業の場所（または事業の場所とみなされるもの）が当該国・地域に所在し、かつ、適用される租税条約がない場合、または適用される租税条約があり事業の場所（または事業の場所とみなされるもの）が所在する国・地域が当該租税条約に従って課税権を有する場合に限り、当該無国籍事業体であるPEに対してQDMTTを課すことは任意である。いずれの場合も、これらの事業体は、ETRとトップアップ税額の計算を別個に行うものとし、QDMTTが課されるか否かにかかわらず、GloBEルールおよびQDMTT上、無国籍構成事業体として取り扱われる。

118.8.2. MNEグループのUPEであるフロースルー事業体は、第10.3.2条第a項に基づき設立された国・地域に所在することとされる。QDMTT国・地域は、当該国・地域の計算においてフロースルー事業体であるUPEのGloBE所得・損失および対象租税について第7.1条に従って減額されなかった部分の金額を考慮しなければならない。QDMTT国・地域は、フ

ロースルー事業体であるUPEが当該国・地域の税務上の居住者でない場合、GloBEルールと機能的に同等であるという要件を満たすために、当該UPEに対してQDMTT税額を課す必要はない。当該QDMTT税額は、当該国・地域に所在する他の構成事業体に配分することができる。あるいは、国・地域は、フロースルー事業体であるUPEにQDMTT税額を課すか、または当該UPEに関して発生する租税債務の履行を強制できるように別の仕組みを導入するかを決定することができる。フロースルー事業体であるUPEが国・地域に所在する唯一の構成事業体である場合に、（第7.1条に基づき当該UPEのGloBE所得がゼロに減額されない限りにおいて）当該国・地域が当該UPEに対してQDMTTを課さない場合には、当該国・地域で計算されたトップアップ税額はUTPRの対象となる可能性がある。

118.8.3. IIRの適用を求められるフロースルー事業体は、第10.3.2条第a項に基づきIIRの適用上、設立された国・地域に所在することとされる。国・地域がこれらの事業体に対してIIRに基づく租税債務を課す場合（すなわち、GloBEルールにおいてのみ納税者として取り扱う場合）、QDMTTの適用において同様に取り扱う可能性がある。IIRを適用することが求められる事業体は、その事業体がQDMTT国・地域で設立された場合、QDMTTの適用においてもその国・地域に所在するとみなされる。つまり、第3.5条に基づき財務会計上の純損益が当該IIRを適用することが求められる事業体に配分され、第4章に基づき対象租税が当該事業体に配分された場合、当該損益および租税は（QDMTTの計算上）QDMTT国・地域において合算されるものとする。ただし、QDMTT国・地域は、当該事業体が当該国・地域の税務上の居住者でない場合には、GloBEルールと機能的に同等であるという要件を満たすために、当該事業体に対してQDMTT税額を課す必要はない。QDMTT税額は、当該国・地域に所在する他の構成事業体に配分することができる。あるいは、国・地域は、当該フロースルー事業体に対してQDMTT税額を課すか、または当該事業体に関して発生する租税債務の履行を強制できるように別の仕組みを導入するかを決定することができる。

第2章 課税規定

118.9. IIRとUTPRは主に国外の構成事業体の所得に関して適用されるため、第2章の課税規定はQDMTTには適合しない。対照的に、QDMTTは国内の構成事業体に限定して適用される。QDMTTは、第2章の課税規定に代わって、親事業体を含むすべての国内の構成事業体の超過利益に関して、一または複数の国内の構成事業体に対してトップアップ税額を課すものとする。

118.10. QDMTTの対象となる国・地域別トップアップ税額は、MNEグループの（いずれかの）親事業体による当該QDMTT国・地域に所在する構成事業体の所有者持分の保有割合にかかわらず、GloBEルール第5.2.3条に基づき計算された国・地域別トップアップ税額の全額に基づくものとなる。MOCE、JV、JV子会社に関してQDMTTが計算される場合、これらの事業体がGloBEルールとQDMTTに基づきETRおよびトップアップ税額の個別計算の対象となっていることとは関係なく、同じ原則が適用される。状況によっては、QDMTTに基づき国・地域別トップアップ税額の全額が課される場合、GloBEルールが適用されたとした場

合に課される税額よりも高い税額が課される結果となり得る。これは、例えば、MNEグループが、QDMTT国・地域に所在する構成事業体に関して適格IIRの対象であり、IIRに基づく納税義務がある親事業体が当該構成事業体の所有者持分の100％を保有していない状況において生じる可能性がある。国・地域は、当該国・地域に所在するすべての構成事業体が、会計年度全体を通じてUPEまたはPOPEに100％保有されているグループに対してのみ、QDMTTを適用するというルールを実施することができる。国・地域に所在するすべての構成事業体が会計年度全体を通じてUPEまたはPOPEに100％保有されているMNEグループにQDMTTの適用を限定している国・地域は、同様に、国・地域に所在するJV、JV子会社およびMOCEに対してQDMTTを適用しないものとする。

118.11. 本指針は、軽課税構成事業体から生じるQDMTTの租税債務の全額について、当該国・地域において課税対象となる一または複数の構成事業体に配分されている限りにおいて、特定の方法により当該国・地域の構成事業体間で配分することを求めるものではない。QDMTTに基づき発生する租税は、国・地域全体のGloBEトップアップ税額を減額（または除外）する。QDMTTがJVグループまたは少数被保有サブグループ（単独のJVおよびMOCEを含む）のメンバーに適用される場合、QDMTTの租税債務は、JVグループまたは少数被保有サブグループのいずれかのメンバーに、または同じ国・地域に所在する構成事業体に直接配分される場合もあり得る。JVグループにおいて租税債務が生じる場合には、主要グループの構成事業体に租税債務を配分するQDMTT国・地域は、（当該JVグループに係る）共同事業者の双方がGloBEルールまたはQDMTTの対象であるMNEグループである場合において二重課税を回避する仕組みを定めるべきである。QDMTTを差し引いた後にGloBEトップアップ税額が残る場合、その残額は、第5.2.4条および第5.2.5条を含むGloBEルールに基づき、（当該国・地域に所在する）構成事業体間で配分される。したがって、IIRに基づくトップアップ税額とQDMTT税額の両方を各構成事業体に対して配分したうえで、事業体ごとに、配分されたIIRに基づくトップアップ税額からQDMTT税額を差し引く（という計算をする）必要はない。

118.12. QDMTTの課税規定を設計するにあたり、国・地域は、自国の法的枠組みに準拠し、履行を強制できることを前提に、当該国・地域の構成事業体のうち、少なくとも一の構成事業体に対してQDMTTに係る法的な租税債務が配分されるようにしなければならない。例えば、国内の構成事業体すべてがQDMTT税額に対する連帯債務を負うものとし、構成事業体のいずれかから当該税額を徴収することは、GloBEルール上の結果に影響を与えるものではないものとして認められる。QDMTTが構成事業体ごとに適用される場合には、QDMTT国・地域は、最低税率より低いETRを有する構成事業体に対してのみQDMTTの課税額を配分することができる。一方、国・地域のブレンディングが適用される場合には、GloBEルール第5.2.4条の計算式に従うか、または当該国・地域に所在するすべての構成事業体の超過利益の合計額に対する構成事業体の超過利益の割合に基づき、QDMTT課税額を配分することができる。少数投資家がQDMTT課税額を負担することを回避するため、国・地域は、QDMTT課税額を100％保有されている構成事業体に対してのみ配分することを決定するこ

ともできる。これらの例は、あくまでも可能性のある設計の選択肢を提供することを意図しており、国・地域が適切と考える方法でQDMTT課税額を配分する裁量を制限するものではない。さらに、構成事業体間でのQDMTT課税額の配分は、CFC税制を含む国・地域の税制を適用するうえで、他の国・地域を拘束するものではない。

118.13. 最後に、QDMTTの定義は、国・地域がQDMTTまたはGloBEルールに関連する便益を提供することを禁止している。そのような便益が提供されたか否かの評価は、適格IIRまたはUTPRに関して行われる同等の評価と整合すべきであり、QDMTTがMNEグループに直接または間接に還付されることを防止している。GloBEルール第10章の適格インピュテーションタックスの定義を満たす税制に従って納付された税額の控除または還付は、QDMTTであることを妨げる便益を生じさせるものとしては取り扱われない。包摂的枠組みは、QDMTTに関連する便益の識別に関してさらなる指針を提供する予定である。

第3章　*GloBE所得・損失*

財務会計基準

118.14. QDMTTの定義において、国・地域が、(MNEグループの)連結財務諸表において使用されている財務会計基準とは異なる、承認された財務会計基準を使用して当該国・地域の損益を計算することを求めることができると定めている。その定義において、現地税務当局は、他の国・地域に所在するUPEが使用している財務会計基準よりも、その国・地域で許容されている財務会計基準に精通している可能性が高いことを認めている。当然のことながら、国・地域は、連結財務諸表において使用されている財務会計基準に基づき損益を計算することを求める、または許可することができる。

118.15. QDMTTの定義においては、許容された財務会計基準、または許容された財務会計基準ではないが比較可能性を阻害する重要な差異を防止するために必要な調整を加えた承認された財務会計基準を使用することが認められている。包摂的枠組みは、QDMTTにおいて許容された財務会計基準ではない承認された財務会計基準の使用が認められている場合、比較可能性を阻害する重要な差異に関するより厳格な定義の必要性を検討する可能性がある。比較可能性を阻害する重要な差異の基準は、MNEグループ全体に関しある会計年度において7500万ユーロである。この基準は、連結財務諸表が(そのグループの構成事業体の)すべてを対象として、特定の財務会計基準を使用して作成されることを前提に設定されたものである。したがって、この基準は、単一の国・地域に適用されるQDMTTにおいて適用されるべきではなく、包摂的枠組みは、GloBEルールと整合する結果をもたらすために、より低い基準での判定についてさらなる指針の提供を検討する。例えば、包摂的枠組みは、当該基準を国・地域におけるMNEグループの相対的な収入金額に基づいて調整可能か否かを検討する可能性がある。

現地通貨と報告通貨

118.16. QDMTTのもとで発生した租税は現地通貨で支払われる。このことは、(QDMTTに)関連する計算を現地通貨で行うべきか、または国・地域の外貨換算に関する通常の税制上の規定に従い行うべきかを示唆している。しかし、GloBEルールは、MNEがある国・地域のトップアップ税額について当該国・地域の現地通貨に基づいて計算することを求めていない。したがって、国・地域が(GloBEルールとは)異なる通貨に基づいてQDMTTを計算することを求める場合、以下に説明するように、年度ごとではGloBEルールと異なる結果をもたらす可能性がある。

118.17. 承認された財務会計基準において、MNEグループは、取引に関する現地の機能通貨から連結財務諸表の報告通貨への換算について、二つの基本的な方法のいずれかを採用することができる。第一の方法は、機能通貨建てで行われた取引について、取引時に報告通貨に換算し、財務諸表に計上するものである。第二の方法は、取引は機能通貨により財務諸表に計上され、連結手続きにより連結財務諸表の報告通貨に換算するものである。これらの異なる換算方法を用いて構成事業体の損益を計算した結果は、長期的には同じであるが、年度ごとでは異なる可能性がある。しかし、為替変動は予測不可能であるため、いずれのアプローチも、MNEグループにとって一貫して有利または不利になることはない。GloBEルールおよびQDMTTの適用上、それぞれ異なる通貨換算方法を用いて関連する財務諸表の数値を計算することは、困難で複雑な作業である。また、MNEグループの財務会計の換算方法とは異なる計算は、通常の財務会計上の監査手続の対象とならないため、より信頼性が低い。現地の税制上の外貨換算ルールに基づいてこれらの金額を計算することも同様に複雑であり、(GloBEルールを適用した場合とは)異なる結果が生じる場合も多い。

118.18. 機能的に同等な結果となるようにするために、基礎となる計算は、GloBE情報申告書に使用される通貨換算の方法に基づくものとする。(QDMTTについて)異なる通貨換算の方法を適用することは、年度ごとに(GloBEルールを適用した場合と)異なる結果をもたらす可能性があるため、機能的同等性を年度ごとに確保する唯一の方法は、GloBEルールとQDMTT双方の計算に同じ換算の方法を使用することである。これにより、QDMTTのコンプライアンスと執行も簡素化される。

118.19. ただし、これは、GloBE情報申告書に反映された通貨を用いてQDMTT申告書を作成しなければならないことを意味するものではない。国・地域は、MNEグループに対し、GloBE情報申告書に記載された数値を単一の換算レートを使用して現地通貨に換算しQDMTT申告書を作成することを求めることができる。ただし、その場合に換算が必要となる会計数値はGloBE情報申告書に反映された数値であり、QDMTT申告書の提出期限に影響を及ぼす可能性がある。

永久差異

118.20. 所得と税額の計算は、機能的同等性を確保するため、原則としてGloBEルールと同じである必要がある。しかし、QDMTTの各国の事情を反映した修正は、二つの状況において許容される。第一に、QDMTTについてGloBEルールよりも厳格な制限を設けることが現地の税制と整合する場合、そのような厳格な制限は許容される。例えば、自国の法人所得税において罰金およびペナルティの損金算入を一切認めていない国・地域は、QDMTTにおいても同じ基準を適用することができる。GloBEルールは、5万ユーロ超の罰金およびペナルティのみ（損金算入）を否認しているため、この変更によりQDMTT税額がGloBEルールを適用した場合のトップアップ税額を下回ることはない。一方、5万ユーロ超の罰金およびペナルティの費用を認めることは、機能的に同等の結果をもたらさない。

118.21. 第二に、国・地域は、第3章における調整項目のうち、当該国・地域の税制に関連しない調整項目をQDMTTの計算に含める必要はない。GloBEルールの一部は、MNEグループのGloBE所得・損失を、その国の課税所得計算と一致させることを意図している。株式報酬について現地税務上の損金算入額を費用額とする選択は、そのよい一例である。国・地域によっては、（税務上の損金算入額は）ストックオプション付与時の期待価値に基づく金額ではなく、権利行使日の価値に基づく株式報酬費用の金額とされているため、この選択が設けられている。しかし、もしその国・地域が株式報酬の損金算入額を会計上認められている金額を限度としている場合、GloBEルールと課税所得を一致させるための（第3章における株式報酬費用に関する）調整をQDMTTにおいて設ける必要ない。

恒久的施設の所得

118.22. 国・地域は、海外支店に対する課税制度（全世界所得課税）を有する場合があるが、QDMTTがGloBEルールと機能的に同等とみなされるためには、QDMTTは第3.4条と整合するルールにより、国外PEの所得・損失を本店の所得・損失から除外するものでなければならない。PEの軽課税所得は、（第10.3条に基づいて判定される）PEが所在する国・地域のQDMTTまたはGloBEルールに基づいて課税される。GloBEルールの原則に従い、包摂的枠組みは、特定の状況（例えば無国籍PEやリバースハイブリッド事業体）において、QDMTTの適用における（当該国・地域外の）PEへの所得配分に関してさらなる指針の提供を検討する。

税務上透明な事業体の所得

118.23. GloBEルールでは、税務上透明な事業体の所得は、その構成事業体所有者またはPEに配分される。構成事業体所有者は、税務上透明な事業体が設立された国・地域とは異なる国・地域に所在している場合がある。

118.24. 機能的に同等とみなされるためには、QDMTTは、国外または国内に所在する税務上透明な事業体の所得および租税を、第3.5条と整合するルールに従い、当該国・地域に所

在する構成事業体所有者またはPEに配分しなければならない。同様に、QDMTTは、GloBEルールに基づき国外の構成事業体所有者に配分される税務上透明な事業体の所得を除外すべきである。このようなルールがない場合、国・地域のETRとトップアップ税額の計算は、(GloBEルールとは)常に異なる結果をもたらし、QDMTTはGloBEルールと機能的に同等ではなくなる。

118.25. 税務上透明な事業体であるUPEは、GloBEルール第10.3条に基づき、そのUPEが設立された国・地域に所在することとされる。QDMTTに第7.1条に類する規定が含まれていない限り、税務上透明な事業体であるUPEが当該国・地域に所在する場合には、QDMTTの計算に税務上透明な事業体であるUPEの所得と租税を含めなければならない(後述する税務上透明な事業体であるUPEに関する議論を参照されたい)。ただし、当該国・地域に所在する最上位の構成事業体が(UPEではない)税務上透明な事業体である場合、その所得と租税は第3.5条に従って国外の構成事業体所有者に配分される可能性もある。そのような場合、QDMTTの計算から当該税務上透明な事業体の所得と租税を除外しなければならない。

第4章 調整後対象租税

原則

118.26. QDMTTに基づき計算されたETRが、国・地域のGloBEルールによるETRと機能的に同等であるためには、調整後対象租税の範囲が(GloBEルールと)同等か、またはより制限されたものである必要がある。つまり、対象租税に含まれる租税の範囲は、後述の場合を除き、同等かそれより狭くする必要がある。また、国・地域のQDMTTは、GloBEルールの第4.4条と整合する税効果会計を採用しなければならない。

118.27. ただし、QDMTTは、第4.5条に定めるGloBE純損失に係る選択を規定する必要はない。この選択は、主に、いかなる税制も有しない国・地域、または損失の繰越を認めない国・地域を対象としている。損失の繰越を認める税制を有する国・地域は、GloBEルールとの機能的同等性を達成するために第4.4条のルールに依拠することができる。税制も損失の繰越制度もない国・地域は、GloBE純損失に係る選択を規定することを希望する場合があり得るが、QDMTTが機能的に同等であるという要件を満たすために同選択を規定する必要はない。なぜなら、GloBE純損失に係る選択がないことは、GloBEルールを適用した場合に計算されるトップアップ税額よりも必ず大きい税額となるからである。

株主または本店の対象租税から除外される国・地域を越えた租税

118.28. QDMTTは、当該国・地域におけるCFC税制または海外支店に適用される(全世界所得)課税制度のもとで、国外の構成事業体の所得に関して国内の構成事業体が計上しまたは支払った租税を除外しなければならない。国外のPEに配分された本店の租税は、第4.3.2条第a項に従って除外される。さらに、第4.3.4条に従って本店の対象租税として取り扱われる租税は、QDMTTにおいても本店へ配分されなければならない。国外のCFCに係る構成事

業体所有者の租税は、第4.3.2条第c項に従って除外される。これらの租税は、他の国・地域に所在する構成事業体の所得に対して課されたものであるため、GloBEルールに基づき、株主または本店の国・地域のETR計算に含めることはできない。QDMTTにおいても、租税と所得のミスマッチ（および二重計上）を回避するために、同様のルールが必要である。GloBEルールにおけるこの原則の例外として、CFCまたはハイブリッド事業体の受動的所得に対する（当該事業体の所有者に課される）租税のうち、第4.3.3条に基づき当該事業体へのプッシュダウンが認められている金額を超過する部分の租税がある。QDMTTにおいても、その部分の租税について、GloBEルールの取扱いに従い、構成事業体所有者の国・地域の対象租税に含めることができる。

118.29. あるいは、国外において生じた受動的所得に対する国内の租税額を計算することは、追加的で不必要な複雑さをもたらすものであることから、国外のCFCまたはハイブリッド事業体の所得に対し当該国・地域において課されるすべての税額を、QDMTTの調整後対象租税の計算から除外することを選ぶ可能性がある。このような取扱いは、通常、QDMTTに基づく租税が生じる可能性を高めるものであり、制度的にGloBEルールに基づく租税債務よりも少額となる結果をもたらすことはない。したがって、この取扱いは機能的に同等であるものとする。

国・地域を超えた租税

118.30. QDMTTにおけるETRの計算においては以下の対象租税を除外するものとする

(i) 第4.3.2条第c項に基づき当該国内の構成事業体(CFC)に対して配分される、構成事業体所有者の所在国のCFC税制に基づく対象租税費用

(ii) 第4.3.2条第a項に基づき当該国・地域に所在するPEに配分される、本店の対象租税費用

(iii) 第4.3.2条第d項に基づき、当該国・地域に所在するハイブリッド事業体に配分される、ハイブリッド事業体の所得に係る構成事業体所有者の対象租税費用

(iv) 第4.3.2条第e項に基づき、当該国・地域に所在する利益の分配を行った構成事業体に配分される、構成事業体所有者の対象租税費用（例：純額ベースの税）で、QDMTT国・地域が当該分配に対して課す源泉税以外のもの

QDMTT国・地域がQDMTT国・地域に所在する構成事業体からの分配に対して課した第4.3.2条第e項に規定する源泉税は、QDMTTにおいても当該分配構成事業体に配分される。CFC課税額とPE課税額（に係る配分額）を除外することにより、QDMTTの計算の簡素化につながり、第4.3.2条第c項に基づきCFC課税額を配分する必要がある場合に行われる複雑な計算はQDMTT国・地域において求められないようになる。さらに、（トップアップ税額の課税権に関する）適用順序は、その国・地域に所在する構成事業体（のトップアップ税額）に関して、当該国・地域のQDMTTに一次的課税権を与えることを意図している。この適用順序が逆である場合、すなわち、上述の国・地域を越えた租税がQDMTTに基づき控除される

場合、QDMTTに基づく課税が最低税率を下回ることを回避するための追加の計算が必要となる。具体的には、親事業体または本店の所在地国・地域で課される税額からQDMTTを控除できる場合に、(上述の第4.3.2条各項に掲げる親事業体または本店の租税をQDMTTのETR計算に含めることにより)QDMTTが減額されることは、二つの仕組みが相互作用するため、QDMTTの正しい金額計算の面で問題を引き起こすことになる。QDMTTの計算から当該税額を除外することで、このような実務的な問題が生じないようにしている。包摂的枠組みは、QDMTTとCFC税制および全世界所得課税制度との相互関係が、GloBEルールのもとで意図される結果となっていることを確認するため、この相互関係をモニタリングし、将来、問題が発生した場合に対処するための解決策を検討する可能性がある。

GloBEルールに基づく租税

118.31. 対象租税の定義において、適格IIRおよび適格UTPRに基づき発生する租税は除外されている。適格IIRおよび適格UTPRを除外する規定は、当該国・地域が同じMNEグループに対してIIRまたはUTPRに基づく租税債務を課すことができる可能性がある場合に、QDMTTとの関係において必要となる。このルールは、GloBEルールに基づくIIRとUTPRとの関係において、QDMTTが優先して適用されるという明確な適用順序を確立することを目的としている。このため、IIRとUTPRのトップアップ税額計算においてはQDMTTを考慮する。一方、IIRおよびUTPRは、QDMTTの計算から除外しなければならない。例えば、国・地域がUTPRを導入しており、当該国・地域がUTPRトップアップ税額の配分額を徴収できるように、当該国・地域の構成事業体において費用の損金算入が否認される場合、UTPRに基づいて発生する租税債務をQDMTTの対象租税として取り扱うことはできない。国・地域がIIRまたはUTPRのいずれも導入していない場合、QDMTTにおける対象租税の定義においてGloBEルールに基づいて支払われた税額を除外する規定を設ける必要はない。しかし、国・地域のQDMTTを継続的にモニタリングするにあたっては、その国・地域がその後GloBEルールを導入したか否か、また導入した場合には、QDMTTにおける対象租税の定義を修正したか否かにつき検討する必要がある。

QDMTTにおける第4.1.5条と同等の規定とGloBEルールにおける第4.1.5条の調整

118.32. QDMTTが機能的に同等であるという要件を満たすためには、第4.1.5条と同等の規定が不可欠である。このQDMTTにおける第4.1.5条と同等の規定は、GloBEルールに基づき対応する追加トップアップ税額が考慮されるのと同時かつ同様に、同規定に基づき計算される税額を考慮するように設計されなければならない(繰越超過マイナス税金費用の金額に関する運営指針を含む)。

第5章　トップアップ税額の計算

国・地域ブレンディング（合算計算）

118.33. 原則として、トップアップ税額は国・地域全体に対して計算されるが、投資事業体、JVおよびMOCEの所得および租税はその計算から除外される。これらのカテゴリーの事業体のETRおよびトップアップ税額は、本コメンタリーの他のパラグラフで詳述されているとおり機能的に同等であるという要件を満たすためにはQDMTTにおいて別個に計算されなければならない。また、国・地域によっては、QDMTTにおいて、通常の構成事業体を対象とする所得と税額の合算計算について、より厳しい制限を設けることができる。ただし、当該合算計算に関する制限は、GloBEルールと機能的に同等であるという要件を満たすことを条件とする。

118.33.1. ある国の国内法がMNEグループに対する国レベルでの課税を規定しておらず、その代わりに、対象租税およびQDMTTが、当該国の地方政府、州政府等の地方自治体の法律に基づき課される場合、当該国の地方自治体は、ETRおよびトップアップ税額の計算ルールを含むQDMTTを当該地方自治体の管轄区域（例：地域または州）に所在する構成事業体に対してのみ適用することができる。これは、QDMTTの租税債務が、地方自治体の管轄区域に所在する構成事業体について合算計算されることを意味する。同様に、国または地方自治体の管轄区域は、国内法に基づいて決定された課税単位（例：単一の構成事業体）に基づいてQDMTTを適用することができる。これは、QDMTTに基づく租税債務が、課税単位ごとの合算計算（例えば、課税単位が単一の構成事業体である場合、構成事業体ごとの合算計算）に基づいて計算されることを意味する。構成事業体ごとにETRを計算する場合であっても、QDMTTがGloBEルールと機能的に同等であるとみなされる。

トップアップ税額の計算式

118.34. GloBEルール第5.2.3条は、GloBEルールに基づくトップアップ税額の計算式を定めている。この計算式では、当期トップアップ税額からQDMTTに基づき支払われる税額を差し引くこととされている。QDMTTの適用において、この計算式は、当該減算を行わないように修正されなければならない。そうでない場合には、循環計算が行われることとなるからである。当期QDMTTトップアップ税額は、QDMTT所得に当該国・地域のトップアップ税率を乗じ、さらにその国・地域で発生する追加QDMTTトップアップ税額を加算して計算されるべきである。

118.35. QDMTTはまた、第5.2.3条と同等の規定に基づき計算された、（GloBEルール上の）最低税率を超過するQDMTTに基づくトップアップ税額が、GloBEルールにおいても反映されるよう、関連する構成事業体により、同じ時期に同じ方法で計上されるようにしなければならない。つまり、当該超過分の税額は、繰越したり、または過去会計年度の減額項目として取扱うことはできないことを意味する。

実質ベースの所得除外

118.36. 第10.1条のQDMTTの定義において、国内の超過利益に係る国内の租税債務を（最低税率水準まで）引き上げることとなる租税であると定めている。GloBEルールにおいて、超過利益とは一般に、第5.3条の実質ベースの所得除外額を超える利益金額である。実質ベースの所得除外額は状況によりゼロとなる場合もあり、MNEグループは国・地域により実質ベースの所得除外を適用しないこともできる。実質ベースのカーブアウトを有しない、または（GloBEルール上の）実質ベースの所得除外より厳しい実質ベースのカーブアウトを有するミニマム課税は、GloBEルールと機能的に同等であるものとする。

118.37. QDMTTは、実質ベースのカーブアウトを設ける必要はない。しかし、実質ベースのカーブアウトを設ける場合、そのカーブアウトは、（GloBEルール上の）実質ベースの所得除外に定められている実体的な要素、すなわち有形資産と給与よりも広範であってはならない。また、有形資産と給与の対象範囲とその測定は、機能的に同等であるために、GloBEルールより広範とならないようにしなければならない。また、QDMTTのカーブアウトは、GloBEルールよりも低い適用率を定めることができる。例えば、ある国・地域は、当該国・地域の有形資産の5％のみに基づく、または有形資産と給与の3％に基づくカーブアウトを定めることができる。同様に、ある国・地域は第9.2条の移行期間における適用率を採用しないこととすることができる。カーブアウトに適用される適用率は、機能的に同等であるとみなされるためには、GloBEルールにおいて定められている適用率（移行期間における適用率を含む）を超過することはできない。

税率

118.38. 機能的に同等であるためには、QDMTTにおいて適用される税率は最低税率以上でなければならない。そうでなければ、徴収される税額は常にGloBEルール上のトップアップ税額に満たないことになる。

デミニマス除外

118.39. QDMTTは、GloBEルールと機能的に同等であるとみなされるために第5.5条に従ってデミニマス除外を定める必要はない。しかし、QDMTTがデミニマス除外を定める場合、それは平均収入および平均所得・損失に基づくものとし、関連する基準は第5.5.1条に定められる基準と同等かそれ以下とするものとする。また、選択については年次選択とする。

第6章　企業再編と所有構造

118.40. 第6章は、企業組織再編に関するルールを定めている。これらのルールは、GloBEルールを一般的な組織再編税制と整合させることを意図している。QDMTTが機能的に同等であるためには、当該国・地域の組織再編税制に整合するようにするために必要な範囲内で、第6章と同様のルールを定める必要がある。例えば、国・地域が、通常の法人所得税において

課税の繰延べが認められる組織再編税制を有していない場合、その国・地域は、GloBE組織再編に適用されるルールを必要としない。同様に、国・地域に第6.3.4条に基づく選択の対象となる時価評価課税の規定がない国・地域、または複数の最終親事業体を持つMNEグループを認めていない国・地域は、第6.3.4条または第6.5条に対応するルールを採用する必要はない。一方で、QDMTT国・地域は、（株式買収において）買収対象会社の買収後のGloBE所得の計算は、買収直前の資産・負債の帳簿価額を使用して行うことを求める第6.2.1条に類するルールを定める必要がある。さらに、QDMTT国・地域は、当該国・地域における構成事業体間の資産の移転時に損益を認識することを求める第6.3.1条に類するルールを必要とする。そして、当該国・地域に所在する複数の最終親事業体を持つMNEグループの構成事業体に対して、GloBEルールのもとで適用されるルールと同様のETRおよびトップアップ税額の計算ルールが適用されるようにするために、第6.5.1条第a項から第d項に類するルールが必要となる。

第7章　課税中立的な制度および分配時課税制度

フロースルー事業体であるUPEおよび支払配当損金算入制度の対象となるUPE

118.40.1.　GloBEルールと整合する結果をもたらすために、QDMTTは、GloBEルール第7.1条および第7.2条に類する規定を有しなければならない。それにより、UPEに帰属する所得は、第7.1条または第7.2条が適用される限りにおいてQDMTTの対象とはならない。第7.1条に関しては、フロースルー事業体を有する国・地域は、この規定が必要であり、そうでなければGloBEルールにおける計算とは異なる結果となる。フロースルー事業体を有しない場合であっても、国・地域は、第7.1.4条がこれらの国・地域に所在しうるPEに適用されるため、この規定を設ける必要がある。一方、第7.2条に関しては、国・地域が支払配当損金算入制度を有していないのであれば、対応する規定をQDMTTに含める必要はない。

適格分配時課税制度

118.40.2.　申告構成事業体は、適格分配時課税制度の適用を受ける構成事業体に対して第7.3条を適用する年次選択を行うことができる。第7.3条は、みなし納税額に基づいて毎年国・地域のETRを計算し、その後、実際の納税額に基づいて4年経過時にETRを再計算することになる。適格分配時課税制度を有する国・地域は、QDMTTに第7.3条と同等の規定を含めなければならない。適格分配時課税制度（すなわち、2021年7月1日以前に施行された分配時課税制度）を有しない国・地域は、何ら影響がないため、QDMTTに第7.3条と同等の条項を含める必要はない。

投資事業体のETRの計算

118.40.3.　GloBEルール第7.4条は、トップアップ税額がMNEグループの投資事業体または保険投資事業体に対する持分に関してのみ生じることを確実にする規定である。これは、MNEグループに帰属する所得および租税のみに基づいて、当該事業体のETRおよびトップ

アップ税額を計算することによって実現する。これらの事業体のトップアップ税額は、グループ事業体以外の事業体に帰属する金額だけ既に減額されているため、親事業体の投資事業体および保険投資事業体に対する合算比率は、当該親事業体のこれらの事業体の所得に対する実際の持分にかかわらず、100％とみなされる。

118.40.4. 投資事業体および保険投資事業体は、多くの場合、課税中立的であり、その所得は株主段階でのみ課税の対象となる。QDMTTは、投資事業体または保険投資事業体をその課税対象から除外することができる（すなわち、課税対象を当該国・地域に所在する他の構成事業体に限定することができる）。この場合、当該投資事業体や保険投資事業体のETRが最低税率未満となるのであれば、それらの事業体の所得は引き続き、IIRまたはUTPRに基づくトップアップ税額の課税対象となる。

118.40.5. 投資事業体および保険投資事業体に適用されるQDMTTにおいては、GloBEルールと同じ方法で第7.4条に従ってETRおよびトップアップ税額を計算しなければならないが、第4.3.2条第c項および第d項による当該事業体への対象租税の配分は考慮されない。QDMTT税額に係る租税債務は、パラグラフ118.12に従って構成事業体のいずれかに配分することができる。第7.4条に基づき計算されたQDMTT税額に係る租税債務は、投資事業体または保険投資事業体の課税中立性を維持するため、原則として、当該国・地域に所在する他の構成事業体（所在する場合には）に配分されるべきである。

投資事業体の税務上透明な事業体選択

118.40.6. GloBEルール第7.5条は、投資事業体または保険投資事業体を税務上透明な事業体として取り扱うための5年選択について定めている。当該選択をすることができるのは、当該投資事業体に対する投資について最低税率以上の税率で時価評価課税またはこれに類する課税の対象となる構成事業体所有者である。当該規定は、GloBEルールと当該構成事業体所有者が所在する国・地域の国内ルールに基づく所得の認識時期と場所を一致させることを意図している。

118.40.7. パラグラフ118.53で解説されているように、QDMTTは、GloBEルールで認められているすべての選択と同等の選択を有していなければならず、MNEグループに対してQDMTTとGloBEルールの双方において同じ選択を行うことを求めている。GloBEルールと整合する結果をもたらすようにするため、構成事業体所有者の投資事業体に対する所有者持分に関して（GloBEルール）第7.5条に基づく選択が行われた場合には、QDMTTにおいても投資事業体または保険投資事業体を税務上透明な事業体として取り扱わなければならない。QDMTTにおいて、第7.5条に基づく選択の対象となる投資事業体または保険投資事業体の所得および租税に対する構成事業体所有者の持分割合相当額を、当該構成事業体所有者の所得および租税として取り扱わなければならない。つまり、ある投資事業体または保険投資事業体のすべての所有者持分が第7.5条基づく選択の対象となる場合、すべてのGloBE所得・損失は構成事業体所有者に配分されるため、当該投資事業体はQDMTTの対象となるGloBE所

得・損失を有しないこととなる。一方で、投資事業体または保険投資事業体に対するすべての所有者持分が第7.5条に基づく選択の対象とならない場合には、当該投資事業体または保険投資事業体の全所得は第7.4条の対象となるか、または選択により第7.6条の対象となる。

課税分配法の選択

118.40.8. GloBEルール第7.6条は、課税分配法を適用するための5年選択を定めている。当該選択により、投資事業体がその所得を4年以内に分配する場合に限り、トップアップ税額の課税対象となる所得が減額される。当該選択は、構成事業体所有者自体が投資事業体または保険投資事業体ではなく、かつ、当該構成事業体所有者が(その持分を保有する)投資事業体または保険投資事業体からの分配金について最低税率以上の税率で課税されることが合理的に見込まれる場合にのみ適用することができる。

118.40.9. GloBEルールと整合する結果をもたらすために、QDMTTは、GloBEルール第7.6条と同等の規定を有していなければならない。この規定に基づき、国・地域に所在する構成事業体所有者のGloBE所得・損失の計算における投資事業体または保険投資事業体からの分配金をQDMTTの計算においても考慮し、未分配純所得に関しては投資事業体または保険投資事業体に対してQDMTT税額を課すこととなる。

第8章 執行

申告義務

118.41. GloBEルールに基づく申告義務は第8.1条に定められており、MNEグループの申告年度終了の日後15か月以内にGloBE情報申告書を提出することが求められている。GloBE情報申告書は、税務当局が適切なリスク評価を行い、構成事業体のトップアップ税額に係る租税債務の正確性を評価するために必要な情報が含まれた標準テンプレートである。

118.42. 前述したとおり、QDMTTは、GloBEルールのもとで達成される結果と同様の結果をもたらすものでなければならないが、この結果を達成するために、GloBEルールの文言通りに従う必要はない。ただし、(GloBEルールとの)整合性を確保し、透明性を維持するためには、GloBEルールにおける租税債務を計算するために必要な情報を用いてQDMTTにおける計算を行うことができるように、QDMTTの設計はGloBEルールと機能的に同等である必要がある。QDMTTとGloBEルールにおいて、同等の情報を使用することは、MNEグループのコンプライアンスや、国・地域間の協調関係や相互信頼関係を促進する。QDMTT国・地域により収集される情報申告書は、GloBE情報申告書とは異なる様式を採用することも認められている。しかし、QDMTTはGloBE情報申告書で提供されるものと同等のデータポイントを使用するため、QDMTT国・地域は、GloBE情報申告書を使用するか、GloBE情報申告書に含まれる情報に依拠するかを選択することができる。包摂的枠組みは、GloBE情報申告書との関係において、QDMTTにおける情報収集と報告要件に関するさらなる指針を提供することを検討する予定である。

118.43. GloBEルール第5.2.3条は、QDMTTに基づき課される税額をトップアップ税額から減額することを定めている。QDMTT国・地域は、GloBE情報申告書におけるトップアップ税額に係る租税債務の正しい報告を促進するために、QDMTTの申告期限の調整を図る必要がある。

合意されたセーフハーバーとの相互関係

118.44. 包摂的枠組みは、GloBEルールにおける移行期間セーフハーバーの設計と、将来の恒久的セーフハーバーを策定するためのルールの枠組みについて合意した。これらのセーフハーバーは、GloBEルールの詳細な計算要件を遵守する負担を軽減するために、一定の条件下で、MNEグループが国・地域のトップアップ税額をゼロであるとみなすことを認めるものである。移行期間CbCRセーフハーバーは、初期の移行期間において、ある国・地域でトップアップ税額が発生する可能性が低い場合に適用される。恒久的簡易計算セーフハーバーは、簡易計算（合意された運営指針により策定される予定）を実施することにより、GloBEルールを全面的に適用する場合にもたらされる結果と同じ最終結果がもたらされる場合、または、GloBEルールの信頼性を損なわない場合に適用される。どちらの場合においても、GloBE情報申告書は、セーフハーバーの適格性を証明するために必要な情報のみを求めている。セーフハーバーが適用される国・地域に関しては、MNEグループのトップアップ税額に係る租税債務を計算する必要がないため、GloBEルールにおけるより詳細な計算に必要な情報が報告されることはない。

118.45. 原則として、QDMTTは、GloBEルールに基づいてトップアップ税額が課されるであろう場合に、トップアップ税額を課すように設計されている。この設計の原則に従い、QDMTTは、移行期間セーフハーバーを含む、GloBEルールにおいて合意されたセーフハーバーと整合するセーフハーバーを有するべきである。そうでなければ、包摂的枠組みがトップアップ税額に係る租税債務の発生リスクがほとんどないと判断している場合においても、MNEグループはQDMTTの目的のためだけに、所得と対象租税の詳細計算を行うことを強いられることになる。

QDMTTセーフハーバー

118.46. 包摂的枠組みは、QDMTTセーフハーバーの策定についてさらなる作業を行う予定である。当該セーフハーバーは、今後の作業で策定される一定の条件を満たすQDMTTを採用している国・地域で事業を行うMNEグループのコンプライアンスを簡素化するものである。例えば、セーフハーバーの適格要件を満たす国・地域に所在する構成事業体について、GloBEルールに基づく原則的な計算を追加的に行うことを免除することなどである。

第9章　移行ルール

118.47. GloBEルールにおける移行ルールは、第9章に定められている。これらのルールは、MNEグループが最初にGloBEルールの対象となる際に、GloBEルールの適用を簡素化し、コ

ンプライアンス上の負担を軽減するために、税務上の欠損金を含む（移行年度期首時点に）存在するすべての租税属性を考慮することとしている。また、第9章は、MNEグループが海外進出の初期段階にある場合、UTPRの適用を制限している。さらに、移行ルールは、2023年1月から10年間にわたり、実質ベースの所得除外額を段階的に縮小することで、GloBEルールを段階的に導入することを定めている。

租税属性

118.48. 第9.1.1条は、MNEグループは、移行年度期首時点に存在する税効果に係る属性について最低税率による再計算を行うなどの一定の調整を行った上で（移行年度以後の）GloBEルールの計算に反映しなければならないという原則的なルールを定めている。これらの税効果に係る属性は、通常、MNEグループがGloBEルールの対象となっている将来の年度において解消され、（当該年度の）調整後対象租税が増減する可能性がある。調整後対象租税はGloBEルールにおけるETR計算の重要な構成要素であるため、QDMTTにおける税効果に係る属性の移行年度の期首残高はGloBEルールにおける期首残高と同一であることが不可欠である。そうでなければ、QDMTTのもとで計算されるETRは、異なる税効果に係る属性の残高の増減により、GloBEルールのもとで計算されるETRと大きく異なる可能性がある。GloBEルールと整合的な結果となることを確保しながら、QDMTTにおいて繰延税金資産および負債の増減を（GloBEルールとは）別個に修正し追跡することは容易ではない。したがって、QDMTT国・地域は、繰延税金資産・負債の期首残高をGloBEルール上と同一にするために、第9.1.1条の移行ルールを採用しなければならない。

118.49. 同様に、第9.1.2条と第9.1.3条は、第9.1.1条の税効果に係る属性の期首残高に対するGloBEルール固有の修正を定めているため、QDMTTとGloBEルールの税効果に係る属性の期首残高が同一であるようにするために、第9.1.2条と第9.1.3条はQDMTTにおいて採用されなければならない。第9.1.2条は、納税者がGloBEルール適用前の年度においてGloBE所得の計算から除外される税務上の欠損金を発生させ、その繰越欠損金に係る繰延税金資産をGloBEルールの適用年度に持ち込むことを防止するための濫用防止規定である。同様に、第9.1.3条は、移行年度前に（構成事業体間で）資産を移転することにより、その移転に関連する利得がGloBE所得への算入を免れることが生じないよう、当該資産の（税務上の）帳簿価額のステップアップを否認する規定である。第9.1.1条と同様に、これらの条項も、GloBEルールとの一貫性のある結果を確保し、対象租税と資産の帳簿価額についてGloBEルールと同一の期首残高が考慮されるようにするために、QDMTTにおいて採用されなければならない。

118.49.1. GloBEルール第10.1条において、移行年度とは、MNEグループが国・地域に関してIIRおよび／またはUTPRの適用対象となる最初の会計年度と定義されている。ある国・地域に所在する構成事業体に対して、当該国・地域のQDMTTが適用される最初の会計年度が、当該構成事業体に対してGloBEルールが適用される最初の会計年度の前または後の場合、第9.1.1条および第9.1.2条の規定の適用において何らかの調整が必要である。第9.1.3条に

おいて、処分側の構成事業体がGloBEルールおよび/またはQDMTTの適用対象となる会計年度と、取得側の構成事業体がGloBEルールおよび/またはQDMTTの対象となる会計年度が異なる場合にも調整が必要である。

118.49.2. ある国・地域の構成事業体に対してGloBEルールが最初に適用される会計年度以前に開始する会計年度において、QDMTTが当該国・地域の構成事業体に対して適用される場合には、QDMTTにおいて第9.1.1条および第9.1.2条と同様の移行ルールを定めなければならない。QDMTT適用後にGloBEルールが当該構成事業体に対して適用される場合の両ルールの（適用）結果が整合するように、QDMTTは、当該構成事業体に対してGloBEルールが最初に適用される会計年度を新たな移行年度として取り扱い、当該構成事業体の以下の属性を再設定する追加的なルールを持たなければならない。

a．第4.1.5条および第5.2.1条　第4.1.5条または第5.2.1条に基づく繰越超過マイナス税金費用の金額は、新移行年度の期首に消去される。
b．第4.4.4条　QDMTTにおけるETRを計算する際に考慮され、新移行年度前にリキャプチャーされなかった繰延税金負債については、第4.4.4条のリキャプチャールールは適用されない。第4.4.4条は、新移行年度以後に計上される繰延税金負債に適用される。
c．第4.5条　新移行年度より前の年度に認識したGloBE純損失に係る繰延税金資産はすべて消去しなければならない。申告構成事業体は、新移行年度において新たにGloBE純損失に係る選択を行うことができる。
d．第9.1.1条　新移行年度以前に（QDMTTにおける第9.1.1条と同等の条項に基づき）計算された繰延税金資産・負債は消去され、新移行年度の期首に第9.1.1条が適用される。
e．第9.1.2条　第9.1.2条は、2021年11月30日の翌日以後、新移行年度の開始前に行われる取引に適用される。ただし、税務上の欠損金に起因する繰延税金資産に関して第4.1.5条の適用によりQDMTTが支払われる場合、当該繰延税金資産は第3章におけるGloBE所得・損失の計算から除外される項目から発生したものとして取り扱われない。

実質ベースの所得除外に係る移行期間中の措置

118.50. GloBEルール第9.2条は、10年間の移行期間中、より大きい実質ベースの所得除外額を定めている。実質ベースの所得除外は、国・地域に関するトップアップ税額の計算において、国・地域の超過利益を減少させる方向にのみ機能する。第9.1条とは異なり、第9.2条を採用しなかったとしても、GloBEルールと整合しない結果をもたらすことはない。なぜなら、より大きい実質ベースの所得除外額を採用しないのであれば、QDMTTを導入した国・地域に関して追加のトップアップ税額が徴収される結果となるだけであるためである。したがって、QDMTTを導入する国・地域は、GloBEルールとの整合性を有する結果をもたらすために第9.2条を採用する必要はない。

国際事業活動の初期段階にあるMNEグループに係るUTPRの適用除外

118.51. 第9.3条は、MNEグループが国際事業活動の初期段階にある場合、UTPRトップアップ税額をゼロに減額することを定めている。この規定は実質的にUTPRを無効にするが、親事業体がIIRを導入した国・地域に所在する場合、国際事業活動の初期段階にあるMNEグループに対してIIRは依然として適用される。国・地域には、QDMTTの立法において、第9.3条に関して三つの選択肢が認められる。選択肢1は、国・地域がQDMTTの立法に際し第9.3条を採用しないことである。選択肢2は、QDMTT国・地域に所在する構成事業体の所有者持分のいずれもがQIIRの対象となる親事業体によって保有されていない場合に限り、国・地域がQDMTTの立法に際し第9.3条を導入することである。選択肢3は、国・地域が選択肢2における制限なく、QDMTTの立法において第9.3条を採用することである。国・地域がこれら三つの選択肢のいずれかを採用する場合、QDMTTのステータスに影響を与えることはないものとする。

申告義務に係る移行期間中の措置

118.52. 第9.4条は、移行年度におけるGloBE情報申告書の申告期限の延長を定めている。本条は、一度限りの申告期限の延長に関するもので、GloBEルールに基づく計算には関係しないため、QDMTTにおいて採用する必要はない。しかし、国・地域は、希望するのであれば、QDMTTの申告期限を第9.4条の申告期限に一致させることを選択することができる。その申告期限の延長がGloBEルールと整合しない結果をもたらすことが無いからである。

第10章　定義

118.52.1. 調整を必要とする問題を回避し、GloBEルールと整合する結果をもたらすため、QDMTTの定義に関する第10.1条のコメンタリーにおいて修正または別段の定めがある場合を除き、国・地域は、QDMTTの立法（導入）において、GloBEルール第10章のすべての定義および事業体またはPEの所在地を決定するルールによりもたらされるのと同じ結果になるようにしなければならない。

その他の検討事項

選択

118.53. GloBEルールが選択を認めている場合、原則として、QDMTTは当該選択についても規定し、MNEグループに対して、GloBEルールにおいて行われる選択と同じ選択をQDMTTにおいても行うよう求めなければならない。MNEグループが、GloBEルールとQDMTTの双方において、同じ選択を行うことを認められていない、または義務付けられていない場合、その選択に関連する計算結果は一致せず、QDMTTは機能的に同等ではなくなる可能性がある。ただし、GloBE純損失に係る選択など、特定の選択を定めていないQDMTTについては、機能的に同等であると認められる場合がある。

通貨

118.54. QDMTTが、第3.1.2条または第3.1.3条に従って定められた財務会計基準に基づいて計算される場合、当該QDMTTは、構成事業体に対し、第3.1.2条および第3.1.3条のコメンタリーに従い、連結財務諸表の表示通貨を用いてQDMTTにおける計算を行うよう求めるものとする。QDMTTが、現地会計基準を用いて計算を行うことを求めており、国・地域のすべての構成事業体が現地通貨を機能通貨として使用している場合、QDMTTは現地通貨を用いて計算を行うことを求めるものとする。ただし、QDMTTにおいて、現地財務会計基準を用いて計算を行うことを求めているが、当該国・地域の一または複数の構成事業体が現地通貨以外の通貨を機能通貨として使用している場合には、構成事業体が連結財務諸表の表示通貨または現地通貨のいずれかを用いてQDMTTにおける計算を行うかについての5年選択を定めるものとする。異なる機能通貨を使用する構成事業体は、QDMTTにおける計算のために使用する財務会計基準の為替換算ルールを適用しなければならない。これらのルールは、納税のためにQDMTTの租税債務を現地通貨に換算するための当該国・地域のルールを考慮することなく適用される。

適格IIR

119. 適格IIRの定義は、第2.1条から第2.3条に定めるIIRの適用に関連するものである。納税者と税務当局の双方は、GloBEルールを正しく適用するために、同じグループに属する他の構成事業体が当該所在国・地域において適格IIRの対象となっているか否かを評価する必要がある。例えば、MNEグループのUPEが同一会計年度に適格IIRの適用を求められる場合、中間親事業体は、自社が保有するLTCEの所有者持分に関してIIRを適用する必要はない。

120. 適格IIRの定義は、「GloBEルールの第2.1条から第2.3条までに相当する一連のルール(これらの規定に付随するGloBEルールの規定を含む)として、ある国・地域の国内法に導入され、GloBEルールおよびそのコメンタリーの規定のもとでもたらされる結果と整合する方法で実施され運用されるもの」である。すなわち、ある国・地域の国内法において採用されているIIRが、GloBEルールおよびそのコメンタリーの規定のもとでもたらされる結果と同じ結果となる方法により実施および適用されるようにすることを意図している。これには、GloBEルールの手続規定および同ルールに基づき租税を適時に徴収することも含まれる。

121. この定義は、ある国・地域と他の国・地域の国内法を比較することを要求するものではなく、ある国・地域で法制化されたルールと、OECD/G20の税源浸食と利益移転に関する包摂的枠組みによって策定されたGloBEルールおよびそのコメンタリーの関連規定とを比較することを定めている。これにより、各国・地域のIIRは、他のすべての国・地域と個別に二国間の国内法の比較を行うことなく、OECD/G20の包摂的枠組みの参加国・地域によって策定された一連の同一のルールに基づいた評価がなされることとなる。

122. 国・地域によっては憲法上またはその他の法的な制約により、当該国・地域外で策定

された基準を直接適用することを制限している場合がある。つまり、当該国・地域は、他の国・地域のIIRをGloBEルールに基づき評価する法律を制定することができない恐れがある。このような状況下では、当該国・地域の国内法の規定がGloBEルールと同等であり、したがって、GloBEルールと同じ結果をもたらす他の国・地域の法令に基づき実施されるルールは、適格IIRに関する当該国・地域の国内法上の判定基準も満たすことになるという前提に基づき、適格IIRの判定を当該国内法に基づく判定結果として結びつけることができると考えられる。当該国・地域内のLTCEに対してIIRを適用しない第2.1.6条を含む第2.1条を参照している場合、適格IIRとして取り扱われることになる。したがって、国内法において同国・地域内の子会社もIIRの対象としている国・地域は、他の国・地域の国内法が国外の事業体のみを対象とするIIRを適用するとしても、当該他の国・地域のIIRを適格IIRとして取り扱うこととなる。

123. 定義の次の部分は、IIRが「適格」であるための条件として、国・地域は、実施するIIRまたはUTPRに関連するいかなる便益も提供してはならないと定めている。この要件は、IIRまたはUTPRを導入するすべての国・地域において、公平な競争条件を提供することを意図している。「便益」とは、税制上の優遇措置、補助金および助成金を含む、国・地域によって提供されるあらゆる種類の利益を含む包括的な用語であり、「当該ルールに関連する」という表現は、便益が提供される様々な仕組みを念頭において意図的に広義の表現を用いている。

124. 例えば、ある国・地域が第2.1条の規定を含むGloBEルールのすべての規定をその国内法に採用しているとする。一方、IIRに基づいて支払われた租税の一部に相当する金額の税額控除を他の租税について提供している場合、当該国・地域は適格IIRを導入していることにはならない。

125. ある便益がIIRに関連するものであるか否かは、個々の事例の事実や状況に基づいて判断されなければならない。すべての国・地域に対して公平な競争条件を提供し、GloBEルールの実施および適用の違いにより動機付けられたインバージョン（納税地の変更）を回避するという、当該規定の背後にある原則を考慮する必要がある。

126. すべての納税者に提供される税制上の優遇措置または補助金は、GloBEルールの適格IIRの判定には影響しない。当該判定における決定的ではないものの関連する事実として、税制上の優遇措置や補助金がGloBEルールの対象となる納税者のみに適用されるか、その優遇措置がGloBEルールの一部として喧伝されるか、OECD/G20の包摂的枠組みにおいてGloBEルールの議論を開始した後に当該制度が導入されたか否か、などが挙げられる。この文脈において、「国・地域」という用語の対象範囲は、当該国・地域の国または中央政府に限定されない。ここで言う国・地域には、行政に係る下位機関、地方自治体、またはその他の公的機関や公的な取り決めが含まれる。例えば、公的な開発銀行が国内法におけるIIRの適用に関連して特定の便益を提供する場合、当該IIRは適格IIRではない。

127. GloBEルール実施枠組みは、GloBEルールの協調された実施を促進するための手続きを策定し、指針を提供する。これには、ある国が適格IIRを導入しているか否かの税務当局による判断を支援する手続きが含まれる。透明性、一貫性、および協調を促進するため、これらの決定の結果を公表し、公に利用可能なものとする。

適格インピュテーションタックス

128. GloBEルール上、適格インピュテーションタックスの具体的な定義を定めることにより、適格インピュテーションタックスと非適格還付インピュテーションタックスとを区別している。これらの租税はいずれも、法人が支払った法人所得税について、当該課税対象となった所得がその後配当として持分保有者に分配されたときに、当該法人または持分保有者のいずれかが、当該法人所得税の全額または一部について税額控除を受けまたは還付の請求をすることができるという意味において、インピュテーションタックスである。ただし、非適格還付インピュテーションタックス制度のもとでは、持分保有者において受取配当に対して課税されない場合であっても、法人が支払った法人所得税が当該株主に還付される場合がある。

129. 適格インピュテーションタックスおよび非適格還付インピュテーションタックスの定義は双方とも、先に納付された法人税額について税額控除および還付を認める国・地域のインピュテーション制度を精査することを必要とする。ある国・地域の特定の制度がGloBEルールにおけるこれらの制度の定義に則して運用するために導入され、また、当該特定の制度がどの程度GloBEルールにおけるこれらの制度に則した方法で運用されているかを確認した場合、納税、税額控除または還付のそれぞれがこれらの制度の定義に該当するものであるか否かを個別に判断する必要はない。しかしながら、当該国・地域が、納付された法人所得税についての税額控除または還付あるいは適用税率に関する国内税法を変更する場合、当該国・地域の制度がGloBEルールにおけるこれらの制度の定義に則して運用されているか否か、または当該制度がどの程度そのような方法で運用されているか否かを再び判断する必要がある。

130. 適格インピュテーションタックスの定義は、還付または税額控除が実際に単一段階課税となる仕組みになるように、配当受領者に対する課税に関して具体的な要件を定めている。定義の第b項および第c項において、還付または税額控除は、以下の配当受領者に対する配当に関連して行われなければならない。

　a．最低税率以上の表面税率が課されている配当受領者
　b．分配法人の所在する国・地域の居住者である個人であり、受取配当が通常の所得として課税される配当受領者

131. 国・地域が累進課税制度を有する場合、定義の第b項に基づく表面税率は配当受領者に適用される最も低い税率となる。定義の第c項において言及される通常の所得としての課税は、当該配当が、配当またはその他の受動的所得に対してのみまたは特別に適用される低

い税率の対象とはならないことを担保することを意図している。ただし、政府事業体、国際機関、居住者である非営利団体、居住者である年金基金、または居住者である投資事業体でグループ事業体ではないものに対して分配された配当についてこれらの事業体において課税されない場合であっても、適格インピュテーションタックスの要件は満たすことになる。また、生命保険会社は、年金基金と同様に取り扱われる年金基金事業に関して受領する配当について、最低税率以上で課税されるという適格インピュテーションタックスの要件は適用されない。

132. 特定のインピュテーション制度について、前項までには言及されていない取扱いを含む場合(例えば、還付または税額控除の対象となる可能性のある持分保有者のカテゴリーが第a項から第d項までに記載されていない場合)、対象租税の特定の金額が第a項から第d項までに規定された状況においてどの程度税額控除が認められまたは還付可能であるかを検証する必要がある。この場合、当該対象租税の還付または税額控除が定義の第a項から第d項の規定に該当する範囲内で、当該対象租税の金額を適格インピュテーションタックスとして取り扱うことができる。第a項から第d項までを適用する場合、未だ分配、(配当の)決定、または支払がなされていない配当であっても、第a項から第d項までに規定された状況で分配された場合に還付金の支払が可能となる、または税額控除が可能となることが合理的に見込まれる場合に限り、対象租税の額は適格インピュテーションタックスとして取り扱うことができる。

133. GloBEルール実施枠組みは、GloBEルールの協調された実施を促進するための手続きを策定し、指針を提供する。これには、税制が適格インピュテーションタックスであるか否かの税務当局による判断を支援する手続きが含まれる。透明性、一貫性、および協調を促進するため、これらの決定の結果を公表し、公に利用可能なものとする。

適格還付税額控除

134. GloBEルールでは、第3章および第4章において、適格還付税額控除および非適格還付税額控除の取扱いに関する具体的なルールを定めている。適格還付税額控除は、GloBEルール上、所得として取り扱われる。つまり、適格還付税額控除額はETRの計算における分母の額に含まれ、還付または税額控除が請求される年度における構成事業体の租税の額を減額するものにはならない。その他のすべての還付税額控除(すなわち非適格還付税額控除)は、還付または税額控除が請求される期間における所得からは除外され、対象租税の減額として処理される。つまり、ETRの計算において分子の額を減額することになる。「適格」と「非適格」の還付税額控除を区別し、第3章および第4章においてそれぞれ異なる取扱いをすることにより、還付税額控除に関するGloBE所得・損失および調整後対象租税の計算が適切に行われ、GloBEルールのもとで透明性があり、かつ、予測可能な結果がもたらされるようになる。

135. GloBEルールのもとで適格還付税額控除として取り扱われるためには、税額控除を認める国・地域の国内法に基づく要件が満たされた時点から4年以内に当該税額控除に相当す

る金額が還付される制度でなければならない。還付されるとは、対象租税を控除するために未だ適用されていない税額控除の金額が、現金または現金同等物として支払われることを意味する。現金同等物には、小切手、短期の政府債務証書、連結財務諸表の作成に使用されている財務会計基準において現金同等物として取り扱われているもの、および対象租税負債以外の負債を控除するために使用できるものが含まれる。税額控除の金額が対象租税を控除するためだけに利用可能である場合、すなわち現金で還付されず、または他の租税から控除することもできない場合、税額控除に相当する金額が還付されることにはならない。ある税額控除制度において、税額控除相当額につき還付を受けることを選択できる場合には、当該税額控除制度は、特定の納税者が還付される方法を選択するか否かにかかわらず、還付される金額の範囲内で適格還付控除税額とみなされる。

136. 適格還付税額控除の条件は、財務会計基準における政府補助金や所得税の取扱いを参考にしており、単なる形式ではなく実質的に還付される可能性の高い税額控除の金額を識別するように設計されている。ただし、ある国・地域の法令に基づく税額控除制度がGloBEルールに基づく適格還付税額控除として取り扱われるためには、税額控除を受ける権利を有する納税者に対してその還付の仕組みが実質的な意義を有するように設計されなければならない。すなわち、税額控除に相当する金額がいずれの納税者においても租税債務の額も超えないように設計されている(またはそのように意図されている)場合、還付の仕組みは納税者にとって実質的な意義を持たず、GloBEルール上、当該税額控除は適格還付税額控除には該当しない。GloBEルールにおいて税額控除の金額が還付されることになるか否かは、当該税額控除が付与される要件と、当該税額控除制度が国内法に導入された時点で入手可能であった情報に基づいて評価されなければならない。この分析は、個別の納税者毎ではなく税額控除制度全体の定性的評価に基づくこととなるが、税額控除が利用可能となる状況は考慮されるべきである。例えば、課税所得を有する納税者または納税者グループのみが利用可能である(そして課税所得を有しない納税者を除外する)税額控除制度は、実際には、納税者の租税債務の額を超える税額控除が決して発生しえない還付の仕組みが含まれている可能性がある。一方、納税者が通常利用できる税額控除制度については、その税額控除を利用するすべての納税者が課税所得を有する納税者であるという状況だけで、適格還付税額控除に該当しなくなることはない。

137. 税額控除の金額が4年以内に還付されるか否かの判断は、当該税額控除を認めた国・地域の法律に基づき、税額控除が付与される要件が満たされた時点で行われる。したがって、ある構成事業体が、税額控除制度を有する国・地域の政府に対して租税またはその他の債務を負担していない状況で、当該税額控除制度が適格還付税額控除の対象となるためには、当該税額控除が付与される要件が満たされた時点から4年以内に当該税額控除に相当する金額が当該構成事業体に対して現金または現金同等物で支払われなければならない。国・地域の国内法に基づく税額控除制度が税額控除に相当する金額の一定割合または一部のみを還付するという規定である場合、税額控除に相当する金額のうち還付される部分は、その税額控除制度を有する国・地域の国内法に基づいて税額控除を認める要件が満たされた時点から4年

以内に還付されることを条件に、適格還付税額控除として取り扱うことができる。

138. 運営指針に関する第8.3条の規定は、本基準の適用に関する結果の一貫性を担保するために適用される。共通のアプローチを採用している国・地域が、意図しない結果をもたらす税額控除および政府補助金の取扱いに関連するリスクを特定した場合、当該リスクを特定された国・地域は適格還付税額控除に該当するための要件を検討するよう、または必要に応じて税額控除および政府補助金の取扱いに関する代替的なルールを検討するよう求められる可能性がある。この分析は、個別の納税者の分析ではなく、税額控除制度全体に関する実証的データおよび過去のデータに基づいて行われる。

適格UTPR

139. GloBEルールは、共通のアプローチの一環として実施されることを意図している。共通のアプローチにおいては、国・地域はGloBEルールを導入することを求められていないが、GloBEルールの導入を選択した国・地域はGloBEルールと整合する方法で実施および運用することに同意するものとする。GloBEルールは、(i)合意されたルールの適用順序および、(ii)該当する場合はトップアップ税額の配分、を通じて同一項目の所得に関してGloBEルールが重複して適用されるのを回避するための相互に関連する一連のルールにより構成されている。特にUTPRは、適格UTPRを施行する国・地域として定義されるUTPR適用国・地域に対してトップアップ税額を配分することとしていることからも、各国・地域の国内法のもとでUTPRを適用するためには、MNEグループのどの構成事業体が適格UTPRの対象となっているのかを確認する必要がある。

140. GloBEルール第10.1条に定義される適格UTPRとは、以下を意味する。

> 「…GloBEルールの第2.4条から第2.6条に相当する一連のルール（これらの条項に関連するGloBEルールの規定を含む）であって、ある国・地域の国内法に含まれ、GloBEルールおよびコメンタリーに規定されている内容と整合する方法で実施され運用されるものをいう。ただし、当該国・地域が当該ルールに関連するいかなる便益も提供しないものとする。」

141. この定義において、国・地域が実施しているIIRまたはUTPRに関連する便益を当該国・地域が提供することを禁じている。これに関する説明については、適格IIRの定義に関するコメンタリーを参照されたい。

142. この定義は、国内法に基づくUTPRと他の国・地域で実施されている同等の規定とを比較するものではなく、ある国・地域の国内法で採用されているUTPRと、OECD/G20の税源浸食と利益移転に関する包摂的枠組みによって策定されたGloBEルールおよびそのコメンタリーとを比較している。場合によっては、憲法上またはその他の法的な制約により、ある国・地域がその域外で策定された基準を直接適用することを制限する場合がある。つまり、当該国・地域は、他の国・地域のUTPRをGloBEルールに基づいて評価する法律を制定する

ことができない恐れがある。このような状況下では、当該国・地域は適格UTPRの判定を当該国・地域の国内法における立法に基づいた判定結果として結びつけることができると考えられる。

143. GloBEルール実施枠組みは、GloBEルールの協調された実施を促進するため、BEPSに関する包摂的枠組みによって合意された指針と手続きを提供する。これには、一連のルールが適格UTPRとみなされるか否かを判断するための指針および手続きが含まれる。ある国・地域が適格UTPRを有するか否かを判断するためには、配分されたUTPRトップアップ税額を徴収するUTPR適用国・地域の能力を(例えば、関連する除斥期間を考慮して)評価する必要がある。MNEによるコンプライアンスおよび税務当局による執行を容易にするため、これらの決定の結果を公表し、公に利用可能なものとする。

不動産投資ビークル

144. 投資ファンドと同様、MNEグループのUPEである不動産投資ビークルは、第1.5.1条に従い、除外事業体となる。多くの場合、UPEである不動産投資ビークルは投資ファンドに該当することを理由として除外事業体に該当するが、不動産投資ビークルが必要な規制の対象とならない場合や、不動産投資ビークルが投資ファンド運用の専門家によって運用されていないため、投資ファンドの定義の第f項もしくは第g項の要件を満たさない場合がある。したがって、MNEグループのUPEである不動産投資ビークルは、GloBEルールのもとで、第1.5.1条に基づく「除外事業体」において別のカテゴリーとして識別されている。

145. 不動産投資ビークルとは、幅広い投資家により所有されている事業体であり、主として不動産を所有している。GloBEルールにおける定義は、OECDモデル租税条約(OECD、2017年[1])第1条に関するコメンタリーのパラグラフ86に記載された「特別租税制度」の規定を参考にしている。また、幅広い投資家により所有されている事業体とは、関連者以外の所有者が多数存在する事業体である。幅広い投資家により所有されている事業体の判定の目的において、ある所有者は、OECDモデル租税条約第5条第8項で規定されている基準を満たす場合、他の所有者と関連する者として取り扱われるべきである。不動産投資ビークルのうち、少数の投資事業体(幅広い投資家により所有されているもの)または年金基金(多数の受益者を有するもの)が直接所有している場合は、幅広い投資家により所有されているとみなされる。

146. この定義における要件の一つは、不動産投資ビークルが単一段階課税(最長1年間の繰延)であることである。つまり、当該ビークルまたはその持分保有者のいずれかに対する単一段階課税が達成されるように設計された課税中立的なビークルを意味する。例えば、一定の期間内に所得を分配することを要件に課税免除となる事業体がこれに該当する。当該事業体からの分配が課税対象となることで、分配金が単一段階課税となる。さらに、所得の一部がファンド段階で課税対象となり、残りの所得が投資家段階で課税対象となる場合も含まれる。

147. しかしながら、状況によっては、持分保有者が、認定年金基金のように、課税中立的なビークルである場合もある。この場合、厳密に言えば、こうした投資家に対して行われた分配が課税免除とされる可能性があるため、1年以内に単一段階課税が達成されないことになる。しかしながら、(当該事業体に適用される)税制の設計は単一段階課税を目的としたものであるため、不動産投資ビークルの定義は依然として満たされることになる。

148. この定義はまた、事業体が主として不動産を所有することを求めている。不動産の所有は、場合によっては直接ではなく、不動産と価値が連動する有価証券を所有することで間接に所有することもある。主として不動産を直接に、または当該有価証券を通じて間接に(またはその双方を通じて)所有する事業体は、この定義の要件を満たす。

租税条約

149. 租税条約という用語は、GloBEルールにおいて広く定義されている。租税条約は、所得に対する租税に関する二重課税を回避するための協定を意味し、これにはその後の議定書または「税源浸食および利益移転を防止するための租税条約関連措置を実施するための多数国間条約」による条約の修正が含まれる。所得に対する租税に関する二重課税を回避する条項を有するその他の種類の協定(航空協定など)があり、その条項がGloBEルールの目的に関連する場合、租税条約にはそのような協定も含まれる。

第10.2条 フロースルー事業体、税務上透明な事業体、リバースハイブリッド事業体およびハイブリッド事業体の定義

150. 第10.2条は、フロースルー事業体、税務上透明な事業体、リバースハイブリッド事業体、およびハイブリッド事業体の用語の定義について述べている。これらの用語は、GloBEルールの様々な箇所で使用されているが、特に、フロースルー事業体の財務会計上の純損益の配分について定める第3.5条、およびフロースルー事業体であるUPEに適用される第7.1条で使用されている。

第10.2.1条

151. 第10.2.1条はフロースルー事業体について定義している。ある事業体の収益、支出、利益または損失について、その組成された国・地域において当該事業体が課税上透明なものである限りにおいて、当該事業体はフロースルー事業体として取り扱われる。フロースルー事業体の例としては、課税上透明なパートナーシップが挙げられる。事業体が課税上透明なものとして取り扱われるか否かの判定基準については、以下の第10.2.2条のコメンタリーにおいて詳述している。

152. 第10.2.1条の後段部分は、フロースルー事業体の定義から除かれるものについて定めている。ある事業体が他の国・地域において税務上の居住者であり、当該他の国・地域において当該事業体の所得または利得に対して対象租税が課される場合には、当該事業体はフロースルー事業体ではないと定めている。例えば、A国で組成された事業体が、B国に実質的管理の場所を有しているものとする。当該事業体は、A国（事業体が組成された国・地域）において、課税上透明なものとして取り扱われることを選択した。B国において税務上の居住地は、実質的管理の場所によって判定されるため、B国は当該事業体を自国の税務上の居住者として課税する。この場合、当該事業体はB国の税務上の居住者となるため、GloBEルールに基づくフロースルー事業体には該当しない。

153. フロースルー事業体の定義から除外される要件の一つは、当該事業体が居住地国・地域において対象租税を課されていることである。したがって、当該事業体は、ある国・地域の税務上の居住者とみなされるだけでなく、当該国・地域において実質的に対象租税が課されること（純損失が生じたことにより特定の会計年度において納税しない場合を含む）を満たす必要がある。

154. フロースルー事業体は、さらに税務上透明な事業体、およびリバースハイブリッド事業体の二つに分類することができる。これらの用語の違いは、直接の所有者（当該事業体の所有者持分の保有者）が当該所有者の所在地の国内法に基づき、これらの事業体をどのように取り扱うかによって決まる。

155. フロースルー事業体が当該所有者の国内法において課税上透明なものとして取り扱わ

れ、当該事業体の収入、支出、利益または損失を、当該所有者が稼得した収入または負担した支出として取り扱うことが求められる場合には、当該事業体は税務上透明な事業体とされる。

156. 一方、フロースルー事業体が当該所有者の国内法において課税上透明なものとしては取り扱われず、当該事業体の収入、支出、利益または損失について、その稼得されたまたは発生した時点ではなく、当該所有者に対し利益の分配またはそれに相当する支払が行われる時点で認識することになる場合には、当該事業体はリバースハイブリッド事業体とされる。

157. 上述の三つの定義はすべて、「その収入、支出、利益または損失に関して」および「その範囲内で」という文言を含んでいる。これらの文言は、第10.2条のルールが、ある事業体の特定の収入もしくは支出、または一部の利益もしくは損失に関して、適用される場合があることを意味している。この文言の様々な状況への適用については、以下に述べる。

158. フロースルー事業体の定義において、「その収入、支出、利益または損失に関して」および「その範囲内で」という文言は、事業体が組成された国・地域が当該事業体を完全に課税上透明なものとしては取り扱わない状況を対象としている。例えば、ある信託が設定された国・地域では、当該信託がその受益者の所得として取り扱う所得に関してのみ、当該信託を課税上透明なものとして取り扱うものとする。受益者に帰属しない所得については、当該信託の段階で課税される。この場合、当該信託は、当該受益者の所得に関しては、フロースルー事業体となる。一方、当該信託は、当該信託の段階で課税される所得に関しては、フロースルー事業体とはみなされない。

159. 税務上透明な事業体とリバースハイブリッド事業体の定義について、これらの文言は、税務上の居住地国・地域が異なる者によって所有される同一のフロースルー事業体について、一方の国・地域では税務上透明な事業体として、他方の国・地域ではリバースハイブリッド事業体として取り扱われる場合があることを示している。例えば、第3.5.1条を適用する場合には、フロースルー事業体を税務上透明な事業体として取り扱う所有者に帰属する財務会計上の純損益は、第3.5.1条第b項に従って当該所有者に配分される。一方、当該フロースルー事業体をリバースハイブリッド事業体として取り扱う所有者に帰属する財務会計上の純損益は、第3.5.1条第c項に従って当該フロースルー事業体に配分される。

第10.2.2条

160. 第10.2.2条は、第10.2.1条および第10.2.5条における課税上透明であることの意義について説明している。第10.2.2条は、ある国・地域において、ある事業体の収入、支出、利益または損失を、当該事業体の直接の所有者がその持分に応じて稼得したものまたは当該所有者において発生したものとみなされる場合、当該事業体は、当該国・地域の国内法に基づいて課税上透明であることとして取り扱われると定めている。

161. ある事業体が組成された国・地域において、当該国・地域は当該事業体に対して対象

租税を課さず、当該事業体の所有者がそれぞれの持分に応じて当該事業体の所得を直接稼得しているものとして取り扱う場合には、当該事業体は当該国・地域において課税上透明なものとして取り扱われる。当該ルールは、当該所有者の持分に応じた当該事業体の純損失が、当該所有者において生じているものとして当該国・地域が取り扱うことを要件としていない。したがって、ある事業体が組成された国・地域の国内法上、収益のパススルーを認めているものの、純損失は当該事業体において繰り越し、当該事業体のその後の期間における所得の計算において考慮することを求めている場合であっても、当該事業体が課税上透明なものとして取り扱われているとみなすことができる。この種の事業体の例としては信託を挙げることができ、特定の区分または種類の所得を特定の受益者に配分する一方で、ある課税年度の純損失は将来年度の所得と相殺することができるように、当該課税年度から翌課税年度に繰り越すことを認めている場合がある。なお、ある事業体が連結納税グループのメンバーであることにより、ある国・地域において税務上、他の構成事業体の所得計算の一部として取り扱われているという理由のみでは、当該国・地域の国内法に基づき課税上透明なものとして取り扱われていることにはならない。

162. ある事業体について、地方、州または地域の段階では対象租税が課されるが、国内法または連邦法のもとでは課税上透明なものとして取り扱われる場合がある。当該事業体は、その所得または利得について同じ国・地域における地方政府または地方自治体によって対象租税が課される場合であっても、GloBEルールのもとでは、課税上透明なものとして取り扱われる場合がある。

163. ある事業体の所有者がその所在国・地域において、その持分に応じた当該事業体の所得または損失について、当該所有者が直接稼得した場合と同様の方法で課税される場合には、当該事業体は、当該国・地域において課税上透明であるものとされる。当該所有者によって直接稼得された場合に課税の対象とされたであろう、当該事業体のすべての所得項目（費用および損失控除後）について、当該所有者に対して課税がなされる場合には、当該所有者が同様の方法で課税されたものとして取り扱う。ただし、項目ごとに当該所有者にパススルーされた所得項目について、当該事業体で課税されたとした場合と同じ方法により課税されることは求められていない。例えば、ある国・地域は、ある事業体に生じた資産譲渡損に対して、所有者に直接生じた資産譲渡損に課される制限とは異なる制限を課すことができる。

第10.2.3条

164. 第10.2.3条は、ある所有者が、ある事業体またはPEの所有者持分について、税務上透明な事業体の連鎖を通じて保有するものを税務上透明なストラクチャーと定義している。この用語は第3.5.3条において、MNEグループのメンバーでないものが、税務上透明なストラクチャーを通じて、フロースルー事業体の所有者持分を保有する場合について説明するために用いられている。

第10.2.4条

165. 第10.2.4条は、ある構成事業体が税務上の居住地国・地域を有しておらず、したがって対象租税またはQDMTTの課税対象となっておらず、かつ、その所有者が当該事業体を課税上透明なものとして取り扱う場合、当該構成事業体を税務上透明な事業体であるフロースルー事業体として取り扱うみなし規定である。この規定が適用される最も一般的なケースは、税務上の居住地国・地域を有していない構成事業体が、法人所得税を導入していない国・地域で組成され、その所有者が当該事業体を課税上透明なものとして取り扱う場合である。この状況は第10.2.1条の対象には含まれない。なぜなら、これらの事業体は、その収入、支出、利益または損失をその所有者が稼得したまたはその所有者において発生したものとして取り扱う法人所得税法の適用を受けないため、当該事業体が組成された国・地域において税務上透明ではないからである。

166. 第10.2.4条は、いくつかの要件が満たされた場合にのみ適用される。第一に、当該構成事業体が、その事業の管理の場所もしくは組成された場所またはこれに類する基準に基づく税務上の居住地を有しておらず、対象租税またはQDMTTの課税対象ではないこと。第二に、当該事業体の所有者の所在国・地域が、当該事業体を課税上透明なものとして取り扱うこと。第三に、当該事業体が、その組成された国・地域に事業の場所を有しないこと。第四に、当該事業体の収入、支出、利益または損失がそのPEに帰属するものではないこと。最後の三つの要件は、第a項から第c項に規定されている。

167. 第10.2.1条と同様に、第10.2.4条は、第a項から第c項までの要件が満たされている範囲内で、事業体の収入、支出、利益または損失に関して適用される。したがって、ある事業体は、税務上透明な事業体であるフロースルー事業体として取り扱われると同時に、フロースルー事業体以外の事業体として取り扱われる場合がある。その場合、当該事業体はフロースルー事業体ではないため、リバースハイブリッド事業体にはならない（すなわち、設立国・地域は、当該事業体の収入、支出、利益または損失をその所有者が収入を稼得し、支出を負担したものとして取り扱わないためである）。

168. 例えば、法人所得税を導入していない国・地域であるC国に、構成事業体であるC社が設立されたものとする。C社は、設立された国・地域に事業の場所を有しておらず、その所得はPEに帰属しない。C社の所有者持分は、同じMNEグループの構成事業体であるA社およびB社が均等に保有している。A社はA国の居住者であり、A国はC社を課税上透明なものとして取り扱う。B社はB国の居住者であり、B国はC社を課税上透明なものとして取り扱わない。この場合、C社の所得の50％のみが税務上透明な事業体（第3.5条の適用対象となる事業体）により稼得されたものとして取り扱われる。C社の所得の残りの50％は、フロースルー事業体以外の事業体（第3.5条の適用対象とならない事業体）により稼得されたものとして取り扱われる。

第10.2.5条

169. 第10.2.5条において、ハイブリッド事業体とは、当該事業体が所在する国・地域の税務上、独立した課税客体（税務上の居住者）として取り扱われるが、当該事業体の所有者の所在国・地域においては課税上透明なものとして取り扱われる事業体と定義されている。第10.2条の他の定義と同様に、「その収入、支出、利益または損失に関して、その所有者の所在国・地域において課税上透明である範囲内で」という文言は、事業体を課税上透明なものとして取り扱う所有者に関してのみ、当該事業体をハイブリッド事業体として取り扱うことを認めるものである。ハイブリッド事業体という用語は、第4.3.2条第d項の目的に関連している。

第10.3条　事業体およびPEの所在地

170. 第10.3条は、GloBEルールにおいて事業体およびPEの所在地を決定するためのルールを定めている。事業体とPEの所在地を決定することは、国・地域ブレンディングおよびトップアップ税額が納付される国・地域を決定する上で重要である。第10.3条は、税務上の居住地および源泉地課税に関する国内規定および条約規定に影響を及ぼすものではない。

171. 第10.3条には2種類の規定がある。

   a．第一に、GloBEルールにおける事業体が所在する場所に関するルールを定めている（第10.3.1条から第10.3.3条までおよび第10.3.7条）。
   b．第二に、構成事業体が複数の国・地域に所在するとみなされる場合のタイブレーカールールを定めている（第10.3.4条から第10.3.6条まで）。

172. これらのルールの基礎となる原則は、国内法に基づく取扱いに準じることである。これらのルールにおいては、可能な限り税務上の居住地を優先する。ほとんどの場合、事業体はいずれかの国・地域における税務上の居住者であり、それがGloBEルール上の当該事業体の所在地となる。税務上の居住地がない場合は、組成された場所が所在地となる。フロースルー事業体は、UPEであるかまたはIIRを適用する必要がある場合は、それらが組成された国・地域に所在するものとされ、それ以外のすべての場合、無国籍事業体とされる。PEについては、ほとんどの場合、当該事業の場所（適用される租税条約、国内税法規定または物理的な所在地により決定される）に所在することになる。ある限定された場合においては、PEは無国籍となる。

173. 国内法上の取扱いにより、ある事業体が複数の国・地域に所在するものと認定される可能性がある。GloBEルール上のタイブレーカールールは、適用される租税条約におけるタイブレーカールールの結果に従う。適用される租税条約によって特定されない場合、当該事業体はまず、対象租税がより多い方、次に（実質ベースの所得除外額に基づき計算される）活動実態がより大きい方の順で、当該国・地域に所在するものとする。ある限定された場合においては、当該事業体は無国籍となる。

174. GloBEルールは、無国籍事業体の取扱いに関し特別なルールを設けており、無国籍構成事業体に配分される所得および租税は、単独でトップアップ税額の計算対象になるものとして取り扱う。無国籍構成事業体に配分されるGloBE所得に対して単独で課税する根拠は、当該所得がいわゆる「無国籍所得」（すなわち、いずれの国・地域の法令においても、居住者である納税者またはPEの所得として取り扱われない所得）であるからである。GloBEルールは、構成事業体が「無国籍」として取り扱われ得る二つの状況を定めている。

    a．構成事業体が第10.3.2条第b項に特定されるフロースルー事業体である場合
    b．構成事業体が、第10.1条におけるPEの定義の第d項に規定されるPEである場合（第10.3.3条第d項を参照）。

175. 無国籍構成事業体に配分される所得および租税は、単独のものとしてGloBEルール上の計算に取り込まれる。

176. フロースルー事業体の所得および租税の配分に関するルールは、第3.5条および第4.3.2条第b項に規定されている。実務上、あるフロースルー事業体に対して配分される所得が無国籍所得となる唯一のケースは、当該フロースルー事業体がリバースハイブリッド事業体であり、当該事業体が組成された国・地域、または当該事業体の所有者の所在国・地域のいずれにおいても当該事業体の所得が居住者である納税者の所得として認識されない場合である。無国籍PEの場合、第3.4.3条に従ってPEに配分される所得および租税は、無国籍所得として取り扱われ、国・地域ブレンディングの対象とはならず、単独の国・地域に所在するものとして取り扱われる。この場合、本店の所在国・地域は、その所得が国外PEに帰属する所得であることを根拠として課税を免除しているが、当該国外PEは当該国外PE所在国・地域の法令のもとでは認識されない。したがって、当該所得は、居住者である納税者またはPEのいずれにも帰属しないため、GloBEルールに基づき「無国籍所得」となる。

177. 「国・地域」という用語は、GloBEルール第10.1条その他いずれの規定においても定義されていない。GloBEルール上の「国・地域」の定義は、CbCRで用いられる「課税管轄国・地域」の定義に従うものであり、国家および国家以外の国・地域であって、財政上の自主性を有するものを意味する。

第10.3.1条

178. 第10.3.1条は、フロースルー事業体以外の事業体の所在地を定めるための主たるルールである。第10.3.1条は、PE以外の構成事業体に適用される。また、当該規定は二つの項で構成されている。

第a項

179. 第a項では、ある事業体が、その事業の管理の場所、設立地またはこれに類する基準に基づいて税務上の居住者とみなされる国・地域に所在するものであることを定めている。構

成事業体が国・地域の居住者であるか否かの判断は、各国・地域の国内法による。

180. 第a項は、ある事業体がある国・地域における税務上の居住者となるための要件として、当該事業体が法人であることを求めていない。例えば、ある国・地域において税務上の居住者とみなされるパートナーシップは、第a項の対象範囲に含まれる。一方、フロースルー事業体とみなされる法人は、第a項の対象外となる。

181. 「事業の管理の場所および設立地」とは、各国・地域の税務上の居住地国判定において通常使用されている基準の一例であり、これに限定されるものではない。第a項で使用される「設立地」という用語は、設立登記地や組成された場所などを範囲に含む。「その他これに類する基準」という用語は、住所、登記など、国内法において税務上の居住地国判定に用いられるその他の基準を用いることを許容している。

182. 事業体は、国内法または連邦法に従って税務上の居住者である場合には、(GloBEルール上)税務上の居住者とされる。例えば、構成事業体は、国内法または連邦法上はフロースルー事業体である一方、地方税法上は税務上の居住者とみなされる場合がある。このような場合、当該事業体は、第a項で規定される対象範囲における国・地域の居住者ではない。

183. 国・地域によっては、当該国・地域外で組成された事業体が、当該国・地域における税務上の居住者となる選択を行うことを認める場合がある。この選択自体は「その他これに類する基準」には該当せず、第10.3.1条における所在地を決定することにはならない。

第b項

184. 第b項では、その他すべての場合において、フロースルー事業体でない事業体は、それが設立された国・地域に所在するものであると定めている。これは、法人課税制度を導入していない国・地域で設立された事業体の場合が該当する。

第10.3.2条

185. 第10.3.2条は、フロースルー事業体である事業体の所在地について定めている。フロースルー事業体という用語は、第10.2条に定義されており、税務上透明な事業体とリバースハイブリッド事業体に区分される。この規定は、当該フロースルー事業体がその事業の全部または一部を行うPEには適用されない。第10.3.2条は二つの項で構成される。

第a項

186. 第a項では、フロースルー事業体がUPEである場合、またはIIRを適用する必要がある場合、フロースルー事業体は組成された国・地域に所在することとすると定めている。

187. ほとんどの場合、フロースルー事業体は各国・地域において納税義務者ではないことから、各国・地域は、当該フロースルー事業体である親事業体に対してIIRの適用を求めないものと見込まれる。ただし、国・地域によっては、当該フロースルー事業体である親事業

体にIIRの適用を求める場合がある。この場合、当該事業体はその組成された国・地域に所在することになるため、当該国・地域においてIIRを適用する必要がある。

第b項

188. 第b項では、その他すべての場合において、フロースルー事業体は無国籍事業体とみなされると定めている。ただし、フロースルー構成事業体の財務会計上の純損益が、第3.5条に基づき他の構成事業体に配分された場合には、「無国籍所得」にはならない。無国籍構成事業体の意義と取扱いについては、第10.3条全般に係るコメンタリーで述べている。

第10.3.3条

189. 第10.3.3条はPEの所在地について定めている。この規定は、第10.1条におけるPEの定義および第1.3条における構成事業体の定義など、PEに対応するGloBEルールの他の規定と併せて理解する必要がある。

190. 第10.3.3条は、次の（第10.1条の定義に規定される4種類のPEに対応する）各項で構成される。

191. 第a項は、PEが第10.1条第a項の定義を満たす場合の当該PEの所在地について定めている。PEの定義の第a項は、源泉地国・地域と居住地国・地域との間の有効な租税条約に従い、源泉地国・地域がPEの純所得に対して課税する場合について述べている。この場合、GloBEルールは租税条約に基づく判定結果を適用し、当該PEは源泉地国・地域に所在するものとして取り扱われる。

192. 第b項は、PEが第10.1条第b項の定義を満たす場合の当該PEの所在地について定めている。PEの定義の第b項は、源泉地国・地域が（国内法に基づき）PEの純所得に対して課税するが、源泉地国・地域と居住地国・地域との間に有効な租税条約が存在しない場合について述べている。この場合、当該PEは源泉地国・地域に所在するものとして取り扱われる。

193. 第c項は、PEが第10.1条第c項の定義を満たす場合の当該PEの所在地について定めている。PEの定義の第c項は、源泉地国・地域が法人課税制度を有していないため、PEの純所得に対する課税が行われない場合について述べている。第c項は、当該源泉地国・地域がOECDモデル租税条約を適用したならばPEを認識し、同条約第7条に基づき当該PEに帰属する所得に対して課税する権利を有する場合には、当該PEはGloBEルール上の目的において存在するとみなされると定めている。この場合、当該PEは当該法人課税制度が有していない国・地域に所在することとされる。

194. 最後に、第d項は、PEが第10.1条第d項の定義を満たす場合の当該PEの所在地について定めている。PEの定義の第d項は、PEの定義の他の項に該当しないPEにのみ適用される。同項は、ある居住者の事業活動（またはその事業活動の一部）が当該居住地国・地域外で行われていることを理由として、当該事業活動から生じる所得について当該居住地国・地域の国

内法により課税が免除される場合に、GloBEルール上、PEが存在するものとみなしている。PEの定義の第d項に基づきPEが認定される場合、第10.3.3条において当該PEは無国籍であるとされる。

第10.3.4条

195. 第10.3.4条は、PE以外の構成事業体が、第10.3.1条に従うと二以上の国・地域に所在することになる場合（すなわち、複数の国・地域の居住者である場合）について定めている。例えば、ある構成事業体が、ある国・地域で設立され、他の国・地域に実質的な管理の場所を有する場合に、それぞれの国・地域における税務上の居住地に関する国内法に基づき、双方の国・地域の税務上の居住者として取り扱われることがある。

196. この取扱いは、次の二つの理由により、GloBEルールの趣旨と相容れない。1）ETRおよびトップアップ税額の計算において、ある構成事業体の租税属性は一の国・地域においてのみ考慮できるものであること、および、2）ある構成事業体は、二重課税を回避するために、一の国・地域においてのみIIRまたはUTPRを適用することが求められること。

197. この問題を解消するため、GloBEルール上、第10.3.4条は、そのような構成事業体の所在地について定めている。この規定は、各国・地域の国内法に基づいた課税権に影響を与えるものではない。第10.3.4条は、次の二つの状況に対応している。

  a．有効な租税条約が存在する状況
  b．条約が適用されない状況

198. 第10.3.4条の規定は、会計年度ごとに適用される。つまり、構成事業体は、タイブレーカールールに基づく判定結果によっては、会計年度ごとに異なる国・地域に所在するものとして取り扱われる可能性がある。例えば、租税条約が翌年以後に効力を生ずる場合、または権限ある当局間合意が翌年以後に成立し、第b項に基づく判定結果と異なる結果となる場合である。同様に、権限ある当局間合意または裁判所の判決により二重居住地の問題が解決され、この決定が遡及適用される場合、GloBEルールに基づいた計算（関係する国・地域のETRの計算、構成事業体のトップアップ税額の計算、またはトップアップ税が支払われる国・地域など）に影響を与える可能性がある。権限ある当局間合意が遡及的に適用される場合、当該合意に関連して支払われるまたは還付されるいかなる租税についても、第4.6条に基づく調整ならびに第5.4.1条に基づくETRおよびトップアップ税額の再計算が必要となる可能性がある。

適用される有効な租税条約が存在する場合

199. 第a項は、構成事業体が所在するものとして取り扱われる国・地域が有効な租税条約を有し、その関連規定が効力を有している場合に適用される。

200. この場合、二つの結果が考えられる。第一に、当該租税条約により二重居住地の問題

が解消される場合(例えば、OECDモデル租税条約(OECD、2017年[1])第4条第3項と同様の規定により解消される場合)である。この場合、GloBEルールは条約を適用した結果に従うことになる。なお、租税条約に含まれるタイブレーカールールの種類(例えば、二重居住地の問題について、実質的な管理の場所により解消する規定、または権限ある両当局間の合意により解消する規定など)がこの判定に影響するものではない。

201. 次に、当該租税条約が二重居住地の問題を解消しない場合(例えば、権限ある当局間の合意のための手続きが開始されていない、または合意に達していない、またはタイブレーカールールに従うと構成事業体が条約上のいずれの国・地域の居住者としても取り扱われないことになる場合)には、適用される有効な租税条約が存在しないものとして、第10.3.4条第b項を適用することになる。

適用される有効な租税条約が存在しない場合

202. 第10.3.4条第b項は、租税条約が適用されない場合(有効な租税条約が存在しないか、租税条約の規定に該当しなかったまたは二重居住地の問題が解消されなかった場合)について定めている。同項は、構成事業体の所在地の問題を解消するための段階的な一連のルールを定めている。

203. まず、第10.3.4条第b項第i号において、構成事業体はその会計年度により多くの対象租税額を支払った国・地域に所在するものとすると定めている。本ルールでは、当該構成事業体が所在するものとされる国・地域において支払われた対象租税の金額のみを比較しており、それ以外の国・地域で支払われた外国税額(源泉税を含む)については、当該構成事業体が所在するものとされる国・地域において外国税額控除の適用を受けられるとしても対象外とされる。さらに、第10.3.4条第b項第i号は、CFC税制に従って支払われる租税も対象外とされる。

204. 第10.3.4条第b項第i号は、MNEグループの会計年度における「納税額」を比較している。この目的において、「納税額」とは、特定の会計年度において、各国・地域において納付されたまたは納付されるべき対象租税の額をいう。その情報は、事業体が各国・地域において提出するまたは提出する予定の納税申告書から得られる。課税年度が会計年度と異なる場合には、税額を按分し、会計年度に対応する月数に割り当てることになる。例えば、ある構成事業体が最初の課税年度に120、次の課税年度に60の租税を支払ったものとする。課税年度は7月1日から6月30日である。会計年度は暦年と同一である。この場合、会計年度は二つの課税年度に跨っている。当該会計年度の納税額は90($=[120/12]\times 6+[60/12]\times 6$)となる。

205. 双方の国・地域で支払われる対象租税が同額または0である場合において、第10.3.4条第b項第ii号により、構成事業体は、第5.3条に従って当該構成事業体について計算される実質ベースの所得除外額が大きい方の国・地域に所在するものとされる。通常、第5章に基づく計算は単体の事業体に基づくものではなく、国・地域ごとに行われるため、本条項に基づき構成事業体の所在地を決定する場合には特別な計算が必要となる。

206. これらの二つの基準によっても問題が解消されない場合において、第10.3.4条第b項第iii号により、当該構成事業体は無国籍とみなされる。この規定はMNEグループのUPEでない場合に限り適用される。なお、MNEグループのUPEである場合には当該UPEが組成された国・地域が所在地となる。

三以上の国・地域が関係する場合

207. 第10.3.4条は、ある構成事業体が三以上の国・地域に所在するとみなされる場合にも適用される。まずは、関連する国・地域間で適用される租税条約がある限りにおいて、それらの条約の規定は第a項に従って適用される。当該問題が関連する条約を適用することによって解消されない場合には、第b項が適用される。

第10.3.5条

208. 第10.3.4条のタイブレーカールールにより、適格IIRを適用していない国・地域に親事業体が所在することになる場合がある。この場合、第10.3.5条は第10.3.4条に基づく判定結果にかかわらず、他方の国・地域にその国内法に基づく適格IIRを当該親事業体に適用することを認めている。第10.3.5条は、ETRおよびトップアップ税額の計算上の構成事業体の所在地を変更するものではない。当該他方の国・地域が当該親事業体に適格IIRを適用することのみを認めている。

209. 租税条約の適用により、第10.3.5条の運用が制限される可能性がある。租税条約におけるタイブレーカールールを適用した結果、構成事業体が一方の国・地域の居住者となり、他方の国・地域の居住者ではないこととされた場合には、当該租税条約の規定（OECDモデル租税条約（OECD、2017年[1]）第7条または第21条に相当する規定）に基づき、当該他方の国・地域は、IIRを適用することを含め当該構成事業体に対して自国・地域の居住者として課税することが認められない可能性がある。この点について、租税条約におけるタイブレーカールールが、2017年OECDモデル租税条約第4条第3項に従うまたは同様の場合（権限ある当局間の合意が必要となる場合）、当該合意において、居住地とされる国・地域が適格IIRを導入していない場合に、他方の国・地域が適格IIRを適用することを妨げないこともできる。また、権限ある当局間合意が成立せず、したがって、構成事業体が租税条約に基づく救済または租税の減免を受ける権利を有しない場合、当該他方の国・地域が国内法に基づく適格IIRを当該構成事業体に適用することについて制約されることはない。つまり、租税条約上、適格IIRの適用を禁じていないため、第10.3.5条を適用することができると考えられる。

第10.3.6条

210. 第10.3.6条は、会計年度中に事業体の所在地を変更する場合について定めている。同項は、事業体がその会計年度中は離脱した国・地域に所在するものとする。翌会計年度については、当該事業体が加入した国・地域に所在することになる。

参考資料

European Union(2011), Directive 2011/61/EU of the European Parliament and of the Council of 8 June 2011 on Alternative Investment Fund Managers and amending Directives 2003/41/EC and 2009/65/EC and Regulations(EC) No 1060/2009 and(EU) No 1095/2010, http://data.europa.eu/eli/dir/2011/61/oj.[7]

IFRS Foundation(2022), International Financial Reporting Standards, https://www.ifrs.org/.[2]

IWG(2008), Sovereign Wealth Funds:Generally Accepted Principles and Practices -"Santiago Principles", https://www.ifswf.org/santiago-principles-landing/santiago-principles.[9]

OECD(2017), Model Tax Convention on Income and on Capital:Condensed Version 2017, OECD Publishing, Paris, https://dx.doi.org/10.1787/mtc_cond-2017-en.[1]

注記事項

1 みなし連結テストの適用については、第2の柱のGloBEモデルルールに関するコメンタリーの事例集で説明されている。https://www.oecd.org/tax/beps/tax-challenges-arising-from-the-digitalisation-of-the-economy-global-anti-base-erosion-model-rules-pillar-two-examples.pdf
2 ソブリン・ウェルス・ファンド国際作業部会、「ソブリン・ウェルス・ファンド」：一般に公正妥当と認められた原則と慣行、「サンティアゴ原則」（IWG、2008[8]）、2008年10月、附属書1。また、2017年モデル租税条約（OECD、2017年[1]）第4条第8.5項に関するコメンタリーとして同内容を追加。

付属文書A セーフハーバー

はじめに

4月公開協議

1．GloBEルール実施枠組みに関する公開協議が、2022年4月に開催された。当該公開協議において、包摂的枠組みは、利害関係者から簡素化とセーフハーバーに関する意見を求めた。意見の要請に対し、利害関係者は、GloBEルールが要求する財務会計上の収益および租税に関する計算や調整の複雑さについて、懸念を示した。特に、高税率国・地域やその他のリスクが低い国・地域での事業に関して、GloBEルールが特定のMNEに不均衡なコンプライアンス負担を課す可能性があるとの指摘があった。このような問題は、MNEや税務当局がルールの運用に慣れていく導入初期の数年間に、特に深刻になる可能性が高いとの指摘もあった。したがって、利害関係者は、包摂的枠組みに対して、この導入初期の間、MNEが低リスクの国・地域に関する全面的なGloBEルールの計算を免除するような、一連のセーフハーバーの策定を求めた。また、利害関係者は、国・地域がセーフハーバーの要件を自国の実施法や申告要件に盛り込み、MNEがコンプライアンスに必要とされる適切なデータを収集するために必要となるシステムを構築するのに間に合うよう、セーフハーバーに関するガイダンスを策定するべきであると強調した。利害関係者は、セーフハーバーと簡素化の両方が、コンプライアンスコストおよび執行コストを削減し、MNEに対する税の安定性を向上させるうえで重要な役割を果たすと指摘した。

合意されたセーフハーバー

2．この公開協議での意見を踏まえ、包摂的枠組みは、様々な移行期間セーフハーバーと恒久的セーフハーバーの設計、今後見込まれる恒久的セーフハーバーの策定に係る規制の枠組み、および経過的な罰則等の減免措置に関する共通理解について合意した。

3．第1章において詳述する移行期間CbCRセーフハーバーは、初期の数年間において、リスクが低い特定の国・地域におけるMNEの事業をGloBEルールの適用範囲から事実上除外するための短期の措置として設計されており、これにより、MNEはGloBEルールに基づくコンプライアンス義務に関して、ルールを導入する際に生じる負担が軽減される。移行期間CbCRセーフハーバーにより、MNEは、適格CbCRと財務会計データに基づき、その国・地域において、収入と利益がデミニマス基準を下回ること（デミニマス要件）、ETRが合意された税率以上であること（簡易ETR要件）、または通常利益控除後の超過利益がないこと（通常利益要件）を証明できる場合、その国・地域に関する詳細なGloBEルールの計算を行わないことが認められる。移行期間CbCRセーフハーバーは、ある国・地域におけるMNEの事業がこれらのテストを満たすか否かを判断するために、MNEのCbCRから得られる収入金額および税引前当期利益（損失）、ならびにMNEの財務諸表から得られる法人所得税（対象租税以外の租税および不確実な税務ポジション（に係る租税）の控除後）を使用する。MNEは、通常

利益要件を満たすためには、依然として実質ベースの所得除外額の計算を全面的に適用することを求められる。

4．第2章では、MNEがGloBEルールに基づき求められる計算および調整の回数を減らす、または、ある国・地域に関してGloBEルールに基づく租税債務が発生しないことを証明するためにMNEが代替的な計算を行うことを認める恒久的セーフハーバーを策定するための枠組みを提示している。これらの簡易計算セーフハーバーは、MNEがGloBEルールに基づくデミニマス要件、通常利益要件、またはETR要件を満たすか否かを判断するために、簡素な利益、収入および税額の計算に依拠することを認めるものである。このセーフハーバーで認められた簡易計算は、OECD/G20 BEPS包摂的枠組みにより合意され、継続的に公表される運営指針により定められる。また、第2章では、重要性の低い構成事業体(NMCE)の取扱いに適用される簡易計算セーフハーバーについて説明している。

5．第3章で詳述するQDMTTセーフハーバーは、並行するルールの下で、同一の構成事業体に関して別個のトップアップ税額の計算が求められる可能性がある場合に、MNEグループのコンプライアンスコストおよび税務当局の執行負担を最小化するための現実的な解決策を提供することを意図している。MNEグループがQDMTTセーフハーバーの適用条件を満たす場合、第8.2条の適用により、GloBEルールに基づくトップアップ税額がゼロとみなされ、他の国・地域におけるGloBEルールの適用から除外される。したがって、QDMTTセーフハーバーにより、MNEグループは、GloBEルールを適用する国・地域において、QDMTTに基づく計算を1度行うことで、モデルルール第8.2条の適用によりトップアップ税額は自動的にゼロに減額されるため、GloBEルールに基づく更なる計算を行う必要はなくなる。しかし、QDMTTセーフハーバーのもとでMNEグループが2回目の計算を行う必要がないという事実は、QDMTTの下で支払うべき国内トップアップ税額が(GloBEルールに基づくトップアップ税額に対して)少額となる場合があっても、GloBEルールの下で追徴税額を支払うことにはならないため、信頼性リスクを生じさせる可能性がある。このリスクに対処するため、QDMTTがセーフハーバーの適用を受けるには、QDMTT会計基準、整合性基準、運用基準という追加的な基準を満たさなければならない。

6．第4章は移行期間UTPRセーフハーバーを含んでおり、UPE所在国・地域に対し、2025年末以前に開始する会計年度についてUTPRの適用を免除するものである。

7．以下の章では、国・地域に所在する構成事業体が、(それぞれの)GloBEセーフハーバーの適用を受けるために満たさなければならない基準を定めている。GloBEルールの実施国・地域の税務当局が、セーフハーバーの適用を受ける国・地域に所在する構成事業体について当該セーフハーバーの適用を受けるための適格性に重大な影響を及ぼした可能性のある特定の事実および状況があると考える場合、当該税務当局は、第8.2.2条に基づき、当該国・地域に所在する構成事業体の適格性に異議を申し立てることができる。例えば、移行期間CbCRセーフハーバーに関連して報告された情報が、MNEの適格財務諸表に記載された情報を正確に反映していないと考えられる場合、関連する税務当局がそのような措置をとることがで

きる。なお、移行期間CbCRセーフハーバーにおける適格CbCRの信頼性および一貫性を確保するため、第8.2.2条第b項が適用される状況に関する追加の指針の策定が見込まれる。

今後の作業

8．この付属文書では、合意された移行期間セーフハーバーと恒久的セーフハーバーを定めているが、ルールのさらなる簡素化の余地がある。包摂的枠組みは、今後、本指針において詳述されているものを補完する他のセーフハーバーや簡素化のためのルールを策定できるか引き続き検討する。

第1章　移行期間CbCRセーフハーバー

移行期間CbCRセーフハーバー

1．移行期間中、国・地域の会計年度のトップアップ税額は、以下のいずれかの場合、ゼロとみなされる

　a．MNEグループの当該会計年度の適格CbCRにおいて、当該国・地域における総収入金額が1000万ユーロ未満、かつ、税引前当期利益（損失）が100万ユーロ未満である場合

　b．MNEグループが、当該会計年度における当該国・地域の簡易ETRが経過税率以上である場合

　c．MNEグループの当該国・地域における税引前利益（損失）が、すなわち、CbCRに基づく当該国・地域に所在する構成事業体に係る税引前利益（損失）が、GloBEルールに基づき計算された、（当該国・地域の）実質ベースの所得除外額以下である場合

2．以下に示す用語は、次のとおり定義される。

簡易対象租税とは、MNEグループの国・地域（に所在する構成事業体）の適格財務諸表に計上されている法人所得税から、対象租税以外の租税および不確実な税務ポジション（に係る租税）を控除したものである

簡易ETRは、国・地域の簡易対象租税を、MNEグループの適格CbCRの税引前当期利益（損失）で除して計算される。

移行期間とは、2026年12月31日以前に開始するすべての会計年度を意味する。ただし2028年6月30日の翌日以後に終了する会計年度は含まない。

経過税率は、以下のとおりである。

　a．2023年および2024年に開始する会計年度：15％

　b．2025年に開始する会計年度：16％

　c．2026年に開始する会計年度：17％

概要

1．本章で説明するセーフハーバーは、GloBEルールが施行される初期の数年間において、

MNEグループに移行期間中の負担軽減措置を提供することを目的として設計されている。このセーフハーバーは、MNEが全面的なGloBEルールの計算を行うことを求められる状況を、より少数のリスクの高い国・地域に限定することによって、MNEがそのような計算を実施するために必要なデータを収集するシステムを構築する際に直面する、当面のコンプライアンス上の困難を緩和することを目的として設計されている。セーフハーバーの設計は、国・地域について全面的なGloBEルールの計算を行うことによる高い精度での達成を目指すのではなく、容易に入手することができ検証可能なデータを使用する明確なルール（の設定）に重点を置いている。移行期間CbCRセーフハーバーは、MNEの適格CbCRに含まれる国・地域の簡素化された収入金額および利益の額、およびMNEの適格財務諸表に含まれる国・地域の税額の情報を利用することにより運用される。このセーフハーバーは、MNEの構成事業体が所在する国・地域（「判定対象国・地域」）に適用される。セーフハーバーの運用は以下のとおりである。

a．各国・地域のMNEグループの総収入金額および税引前利益（損失）の額は、適格CbCRから直接引用される。判定対象国・地域の収入金額および利益の額がデミニマス要件を満たしている場合、当該判定対象国・地域は移行期間CbCRセーフハーバーの適用を受けることができる。

b．判定対象国・地域は、簡易ETRが経過税率以上である場合、移行期間CbCRセーフハーバーの適用を受けることができる。簡易ETRは、適格CbCRの税引前利益（損失）および適格財務諸表の法人所得税を用いて計算される。したがって、簡易ETR要件に使用される法人所得税には繰延税金費用が含まれる。GloBEルールに基づく調整（例えばCFC課税額や本店の税額の配分など）は不要であるが、対象租税に該当しない租税および不確実な税務ポジションに係る租税は除外する。

c．判定対象国・地域は、通常利益要件を満たす場合、移行期間CbCRセーフハーバーの適用を受けることができる。このテストでは、MNEはGloBEルール（コメンタリーおよび合意された運営指針を含む）に従って当該国・地域の実質ベースの所得除外額を計算し、MNEの適格CbCRに報告されている当該国・地域の税引前利益（損失）と比較する。当該国・地域の実質ベースの所得除外額が税引前利益（損失）以上である場合、当該対象国・地域は、トップアップ税額の計算対象となる超過利益が存在する可能性が低いことから、移行期間CbCRセーフハーバーの適用を受けることができる。

2．移行期間CbCRセーフハーバーは、MNEグループが適格財務諸表（後述）を使用してCbCRを作成する場合にのみ適用される。さらに、本セーフハーバーは、本章において特定されるCbCRが全体としてMNEグループの所得につき信頼性のある指標を提供していない状況においては、適用されない。例えば、CbCRが複数の最終親事業体を持つMNEグループのすべての情報を含んでいるわけではない場合、本セーフハーバーは適用されない。また、本セーフハーバーは、2026年12月31日以前に開始する会計年度に適用される移行期間に限定され、2028年6月30日の翌日以後に終了する会計年度は含まれない。

3．MNEグループがGloBEルールの対象となる会計年度において、ある国・地域について移行期間CbCRセーフハーバーを適用していない場合、当該MNEグループは、翌会計年度以後、当該国・地域について当該セーフハーバーの適用を受けることができない。第9.1条に基づく移行ルールの適用を含む、移行期間の運用に関する詳細は後述のとおりである。

4．本セーフハーバーを利用するために、MNEグループは、GloBE情報申告書において、移行期間CbCRセーフハーバーに特有の提出要件を遵守する必要がある。例えば、通常利益要件に関するセーフハーバーの適用を受けようとする判定対象国・地域に関して当該MNEグループは、GloBE情報申告書に、GloBEルール第5.3条に基づく実質ベースの所得除外額の全面的な計算を行う場合に求められる記載と同様の情報を記載する必要がある。

5．移行期間CbCRセーフハーバーは、CbCRおよび財務会計情報を代用情報として、判定対象国・地域が、最低税率以上のETR、デミニマス基準未満の収入および利益、または実質ベースの所得除外額以下の利益となる可能性が高いか否かを判断する。CbCRや財務会計情報は代用情報であるため、GloBEルールの範囲外となる項目（例えば、除外事業体の利益）が含まれる可能性がある。しかし、判定対象国・地域が、簡易ETR要件、デミニマス要件、または通常利益要件を満たすと判断された場合、当該判定対象国・地域に所在する構成事業体は、第8.2条に従って本セーフハーバーの適用を受けることができる。

使用情報

> **使用情報**
>
> 1．以下に示す用語は、次のとおり定義される。
>
> 適格CbCRとは、適格財務諸表を用いて作成され提出されたCbCRを意味する。
>
> 総収入金額とは、適格CbCRにおいて報告されるMNEグループの国・地域における総収入金額を意味する。
>
> 税引前利益(損失)とは、適格CbCRにおいて報告されるMNEグループの国・地域における税引前利益(損失)を意味する。
>
> 適格財務諸表とは、以下のいずれかを意味する。
>
> 　a．UPEの連結財務諸表を作成するために使用された財務勘定
>
> 　b．各構成事業体の個別財務諸表であって、許容された財務会計基準または承認された財務会計基準のいずれかに従って作成され、当該財務諸表に含まれる情報が当該財務会計基準に基づいて維持され、かつ信頼できるもの
>
> 　c．規模または重要性のみを理由としてMNEグループの連結財務諸表に項目ごとに連結されていない構成事業体の場合、MNEグループのCbCRの作成に使用される当該構成事業体の財務諸表

GloBE所得(損失)および収入

6．移行期間CbCRセーフハーバーは、MNEの収入および利益を国・地域ごとに計算するための基礎として、CbCRに依拠している。GloBEルールとCbCRのルールはその適用範囲が類似しているため、GloBEルールの適用を受けるMNEは、通常、既にCbCR情報を収集していることが想定される。さらに、CbCRにおける構成事業体の特定および国・地域への所得配分に関するルールは、GloBEルールのものと概ね一致している。これらの理由から、CbCRは、これらの低リスクの国・地域をGloBEルールの情報収集およびコンプライアンス要件から除外するための合理的な代用指標として機能する。CbCRに基づくセーフハーバーを認めることは、移行期間中のMNEにとって、大幅なコンプライアンス上の負担の削減および一定の確実性を提供することが期待される。

7．移行期間CbCRセーフハーバーは、GloBEルールを適用した場合にトップアップ税額が発生する可能性があるか否かを判断するためのリスク評価ツールとしてCbCRを使用するものであり、CbCRをGloBEルール上の税額計算に使用してはならない。本セーフハーバーの

条件を満たさない場合、原則が適用され、トップアップ税額が生じるか否かは、通常のGloBEルールに基づいて計算されなければならない。このCbCRの使用目的は、行動計画13に関する最終報告書と一致している。

適格財務諸表

8．CbCRの作成に使用される基礎データの品質のばらつきに関する懸念は、セーフハーバーの適用を、MNEが適格CbCRを作成した場合に限定して認めることで対処することができる。適格CbCRとは、適格財務諸表を用いて作成されたCbCRである。

9．適格財務諸表とは、UPEの連結財務諸表を作成するために用いられる財務勘定、または各構成事業体の個別財務諸表を意味し、個別財務諸表の場合、当該個別財務諸表が許容された財務会計基準または承認された財務会計基準のいずれかに従って作成され、当該財務諸表に含まれる情報が当該財務会計基準に基づいて計上され、かつ信頼性があることを条件とする。後者の場合、当該財務会計基準の適用により生じる100万ユーロの永久差異があるか否かをテストする必要がない点を除き、モデルルール第3.1.3条と類似している。

9.1．適格財務諸表の定義第a項は、連結財務諸表の作成に使用される構成事業体の財務勘定（報告パッケージ）に焦点を当てており、個別財務諸表を別途作成することを要求していない。一方、定義の第b項は、構成事業体に関して作成された個別財務諸表に依拠している。

9.2．ある構成事業体が、その所有者持分を取得されることによりグループに加入した場合、パーチェス法による会計処理に起因するその構成事業体の資産および負債の帳簿価額の調整は、MNEグループの連結財務諸表に計上されるか、連結財務諸表の作成に使用されるその構成事業体の財務勘定（報告パッケージ）に直接組み込まれるか、または、（パーチェス法による調整のプッシュダウンが認められる場合には）その構成事業体の個別財務諸表に計上される。MNEグループの連結決算手続上でパーチェス法による調整が行われる場合、その調整は構成事業体の報告パッケージには含まれず、連結する親事業体において行われる。後者の二つのケースでは、構成事業体のパーチェス法による調整は、その報告パッケージまたは個別財務諸表に含まれるため、連結する親事業体において追加の調整は必要ない。移行期間CbCRセーフハーバーが適用されない場合、第3.1.2条および関連するコメンタリーにおいて、MNEグループはすべての取引について、財務会計上の純損益の計算からパーチェス法による調整の影響を除外しなければならない。ただし、2021年12月1日より前に発生した取引に関する調整額を決定するための十分な記録を欠いている場合を除く。

9.3．移行期間CbCRセーフハーバーは、適格財務諸表とみなされるために、財務勘定や個別財務諸表に記載された金額に関して調整を行うことを通常要求または許容していない。しかし、構成事業体の財務勘定または個別財務諸表が、パーチェス法による調整を反映した構成事業体の財務諸表に基づいている場合、重要な歪みが生じる可能性がある。MNEグループが、連結財務諸表の作成に使用する、取得した構成事業体の財務勘定（パーチェス法による

調整を反映した構成事業体の報告パッケージ)または構成事業体の個別財務諸表にパーチェス法による調整を反映している場合、パラグラフ9.4の条件を満たし、かつ、パラグラフ9.5により要求される調整が行われない限り、これらの財務勘定または個別財務諸表は適格財務諸表とはみなされない。

9.4. 一貫性のある報告要件。MNEグループは、2022年12月31日の翌日以後に開始する会計年度について、パーチェス法による調整を含まない構成事業体の報告パッケージまたは個別財務諸表に基づき作成されたCbCRを提出していないこと。ただし、構成事業体がパーチェス法による調整を反映するように報告パッケージまたは個別財務諸表を変更することを法律または規則により要求された場合を除く。

9.5. のれんの減損調整。2021年11月30日の翌日以後に締結された取引に関連するのれんの減損に起因する構成事業体の利益の減少は、以下の目的において税引前利益に足し戻さなければならない。

　　a．通常利益要件を適用する目的
　　b．簡易ETR要件を適用する目的。ただし、のれんの減損に関する繰延税金負債の戻入れまたは繰延税金資産の認識・増加が、財務諸表に含まれていない場合に限る。

10. MNEグループは、GloBEルールの適用範囲には含まれるが、規模および重要性のみを理由として、MNEグループの連結財務諸表に項目ごとに連結されない構成事業体を有する可能性がある(GloBEルール第1.2.2条参照)。構成事業体が連結されておらず、かつ、許容された財務会計基準または承認された財務会計基準のいずれかに従って作成された個別財務諸表を有していない場合、当該構成事業体は、適格財務諸表の定義第a項または第b項に定める要件を満たさない。この場合、適格財務諸表の定義第c項により、MNEグループは、当該グループのCbCRの作成に使用される、当該構成事業体の財務諸表と同一の財務諸表を使用することができる。

11. 適格財務諸表を使用するという要件にもかかわらず、国・地域の収入および利益の計算において、CbCR規則およびGloBEルールの間でいくつかの重要な差異が生じる可能性が認識されている。しかし、本セーフハーバーを策定するにあたり、包摂的枠組みのメンバーは、これらの懸念事項と、簡素化の必要性や明確なルールによる既存データに基づくセーフハーバーを優先するという観点を比較衡量した。包摂的枠組みのメンバーは、GloBEルールが導入され、MNEや税務当局がこれに対応し、必要なデータ収集や報告システムを構築する導入初期の数年間は、(簡素化や明確化という)要素が特に重要であると考えている。さらに、CbCRの利益計算ルールの多くは、GloBEルールのものと概ね一致している。差異が存在する場合、結果を一致させるための調整は、通常どちらの方向にも行く可能性があることから、そのような差異がGloBEルールの整合性を損なうようなシステミック・リスクを生じさせることはない。信頼性リスクも、本セーフハーバーの経過的な性質と経過税率が余裕をもって設定されていることにより軽減される。

対象租税

12. 前述のとおり、利益の額は適格CbCRの税引前利益（損失）が引用される。一方、納付税額と発生税額は、いずれもMNEのCbCRにおいて報告されるが、移行期間CbCRセーフハーバーの目的においては、どちらも信頼できる指標とはみなされていない。包摂的枠組みが本セーフハーバーの目的のために選択した税額の測定基準は、構成事業体の財務諸表に計上される法人所得税である。ただし、その構成事業体の（財務諸表に計上された）利益がCbCRに反映されていること、および第4.2.2条に定める対象租税以外の租税が、含まれないことを条件とする。法人所得税には、すべての税金費用（below-the-line tax expenses）が含まれる（ザカートなど）。上述のとおり、MNEは既に適格CbCRを作成するために適格財務諸表を使用しているため、適格財務諸表の法人所得税を使用することは、必ずしも別のデータソースを追加することにはならない。

13. 簡易ETR計算に法人所得税を使用することは、ETR計算の分子に繰延税金費用を含めることを意味する。繰延税金費用を含めることは、一時差異の影響を認識することになるため、GloBEルールの設計と整合している。GloBEルールでは、繰延税金費用（すなわち、繰延税金負債と繰延税金資産の純変動額）に対して一定の調整を行うことが求められているため、GloBEルール上のETRの計算はさらに複雑になる可能性がある。しかし、移行期間中は、不確実な税務ポジション（に関する繰延税金費用）を除き、そのような調整は無視できると結論づけた。

14. 不確実な税務ポジションに係る税金費用は重要な金額となり得るため、国・地域のETRがGloBEルールを適用した場合と比較して過大になる可能性がある。法人所得税と不確実な税務ポジションに係る税金費用は、MNEグループの適格財務諸表およびその注記の作成に使用される残高試算表において別々の項目として計上されるため、法人所得税から不確実な税務ポジションに係る税金費用を控除することに関して、MNEグループのコンプライアンス負担が増加することはない。法人所得税に、過去会計年度の（財務諸表に）法人所得税として報告された金額を最終的な申告税額と一致させるための調整（return to provisionと呼ばれることもある）が含まれる場合、その調整に反映された不確実な税務ポジションに係る税金費用の影響は除外されなければならない。

適用要件

15. 移行期間CbCRセーフハーバーの適用を受けるためには、判定対象国・地域は、(a)デミニマス要件、(b)簡易ETR要件、または(c)通常利益要件のうち、少なくとも一つの要件を満たす必要がある。本セクションでは、これらの要件の運用について説明する。

デミニマス要件

16. デミニマス要件は、GloBEルール第5.5条のデミニマス除外に類似している。デミニマス

除外は以下の場合に適用される。

 a．当該国・地域の平均GloBE収入が1000万ユーロ未満であること
 b．当該国・地域の平均GloBE所得・損失が、100万ユーロ未満または損失であること

17. 移行期間CbCRセーフハーバーの場合、CbCRに反映されている当期の総収入金額および税引前利益(損失)のみを考慮することを除き、判定は(GloBEルール第5.5条のデミニマス除外と)同様に行われる。このテストにより、複数年度にわたるCbCRの収入金額および利益の額を計算する必要がなくなり、これまで適格財務諸表以外の使用情報に基づいてCbCRを作成していたMNEが、適格財務諸表の使用に変更した場合にも、セーフハーバーの恩恵を享受できることになる。判定対象国・地域が赤字である場合、第b項の条件が満たされることに留意する。

18. 第1.2.2条第b項により構成事業体となる事業体(すなわち、売却目的で保有される事業体)には、デミニマス要件の適用が除外される場合がある。ある国・地域におけるMNEグループの構成事業体に売却目的で保有される事業体が含まれる場合で、MNEの適格CbCRにおいて報告された当該国・地域におけるCbCRの総収入金額、およびこれら売却目的で保有される事業体の総収入金額を合計した額が1000万ユーロ以上となるときは、当該国・地域は、デミニマス要件を適用することができない。このルールにより、デミニマス要件の適用対象から除外されることとなる(デミニマス要件の調整ではない)。これは、MNEグループが、当該国・地域において、売却目的事業体を保有しており、当該売却目的事業体が連結されていたとしたならばデミニマス要件が適用できないほどの収益規模を有する場合に、デミニマス要件を適用することを防止することを意図している。

簡易ETR要件

19. 簡易ETR要件は、GloBEルールの仕組みを反映している。MNEグループは、当該国・地域の簡易対象租税を、MNEの適格CbCRに記載された当該国・地域の税引前利益(損失)で除して、当該国・地域の簡易ETRを計算する必要がある。国・地域の簡易対象租税とは、その国・地域をCbCRにおける居住地国とする構成事業体の簡易対象租税の合計額である。

20. 判定対象国・地域の簡易ETRが経過税率以上である場合、当該国・地域は本セーフハーバーの適用を受けることができる。判定対象国・地域の簡易ETRが経過税率を下回る場合、当該国・地域は本セーフハーバーの適用を受けることができない。そのうえで、当該簡易ETRはGloBEルールにおけるトップアップ税額の計算上無視されることとなる。例えば、移行期間CbCRセーフハーバーの計算に基づき、ある国・地域の簡易ETRが10％である場合、GloBEルール第5.2.1条に従ってトップアップ税率を計算する目的では、当該簡易ETRを使用することはできない。したがって、MNEグループは、GloBEルールに基づく計算を行う必要があるか、または恒久的セーフハーバーとして定められている簡易計算の適用による恩恵を享受することになる。経過税率は、移行期間CbCRセーフハーバーが適用される会計年度

ごとに異なる。経過税率は、2023年および2024年に開始する会計年度では15％、2025年に開始する会計年度では16％、2026年に開始する会計年度では17％である。

通常利益要件

21. 通常利益要件は、GloBEルールに基づく判定対象国・地域の実質ベースの所得除外額と、MNEの適格CbCRにおける当該国・地域の税引前利益（損失）を比較するものである。ある国・地域の実質ベースの所得除外額が当該国・地域の税引前利益（損失）以上である場合、当該国・地域では超過利益がほとんど（または全く）生じていない可能性が高いことを意味し、当該判定対象国・地域は本セーフハーバーの適用を受けることができる。移行期間CbCRセーフハーバーの判定上、実質ベースの所得除外額はGloBEルール第5.3条に従って計算される。通常利益要件のために計算される実質ベースの所得除外額は、CbCRの構成事業体でない事業体（例：売却目的で保有される事業体）またはGloBEルール上の構成事業体でない事業体（例：除外事業体）の給与および有形資産を考慮しない。構成事業体が所在するものとされている国・地域が、CbCRとGloBEルールにおいて異なる場合、その構成事業体の給与および有形資産は、両国・地域における通常利益要件の実質ベースの所得除外額の計算に含めない。

22. 判定対象国・地域が損失であるか、または利益がゼロである場合は、通常利益額を超える利益が存在しないため、常に通常利益要件を満たすこととなる。このような場合、MNEは当該国・地域の実質ベースの所得除外額を計算する必要はない。この結果は、判定対象国・地域にGloBE純所得がない場合にETRの計算を不要とする、GloBEルール第5.1条を適用した場合の結果に対応するものである。

23. この要件は、利益に対して十分な実体がある国・地域を特定し、MNEグループがそのような国・地域について全面的なGloBEルールの計算を行う必要をなくすことで、その国・地域において相当程度の労働力または有形資産を活用するMNEグループに恩恵をもたらすものである。

移行期間

24. 移行期間の目的は、GloBEルール導入初期の数年間、MNEグループのGloBEルールのコンプライアンス義務を緩和することである。実務では、MNEグループは、2024年に開始する会計年度にIIRの対象となり、1年後の2025年に開始する会計年度にUTPRの対象となることが予定されている。したがって、多くのMNEグループにとって、移行期間は、IIRに関しては3会計年度にわたるコンプライアンス義務の緩和、UTPRに関しては2会計年度にわたるコンプライアンス義務の緩和となる。ただし、本セーフハーバーは移行期間にのみ適用される（すなわち2026年12月31日以前に開始する会計年度に適用されるが、2028年6月30日の翌日以後に終了する会計年度を含まない）。移行期間終了後は、本セーフハーバーは失効し利用できない。移行期間CbCRセーフハーバーは、あらかじめ定められた期間のみ適用可能であ

る(国・地域がGloBEルールを導入した後、またはMNEがGloBEルールの適用対象となった後、X年間利用可能であるわけではない)。したがって、国・地域がGloBEルールを導入した時期にかかわらず、MNEが同じ移行期間に従うこととなり、国・地域間でGloBEルールを協調的に適用することが容易になる。

25. 移行期間CbCRセーフハーバーの政策意図は、移行期間中におけるMNEのコンプライアンス負担を軽減することである。本セーフハーバーは、セーフハーバーの条件に従って低リスクとして取り扱われる国・地域について、その会計年度のトップアップ税額をゼロとみなすことにより、負担の軽減を達成する。しかし、本セーフハーバーが適用されるにもかかわらずMNEがGloBEルールに基づく他の目的のために、当該国・地域においてGloBEルールの計算を全面的に行う必要がある場合、移行期間CbCRセーフハーバーの恩典と政策意図は損なわれることになる。MNEが、当年度のETR計算を免除されたとしても、翌年度以後のGloBE租税債務を正確に計算するために同様の計算を行う必要がある場合、移行期間CbCRセーフハーバーによるコンプライアンス上のメリットはほとんど得られないことになる。したがって、MNEが低リスクの国・地域において移行期間CbCRセーフハーバーの適用を受ける会計年度において、実施国・地域は、移行期間CbCRセーフハーバーが適用されなくなる最初の会計年度まで、当該MNEが当該国・地域の詳細なETR計算を行う必要がないように、GloBEルールを適用するものとする。このアプローチは、GloBEルールの適用に以下のような影響を与える。

a. 判定対象国・地域が、移行期間CbCRセーフハーバーの恩恵を享受する会計年度において、および当該会計年度に関して、いかなるトップアップ税額も生じないものとする。これには、追加当期トップアップ税額(例えば、第4.1.5条の適用によるもの、またはGloBEルールが当該判定対象国・地域に適用されるようになった後の年度にトップアップ税額を再計算した結果として生じるもの)を含む。

b. 第9.1.1条で言及されている移行年度とは、関連する判定対象国・地域が移行期間CbCRセーフハーバーの適用を受けることができないこととなった、または適用しないこととした最初の会計年度とする(したがって、GloBEルールにおいて定義される移行年度は、国・地域ごとに適用されることとなる。例えば、あるMNEグループが二の国・地域で事業を行い、一の判定対象国・地域のみが移行期間CbCRセーフハーバーの恩恵を享受する場合、本パラグラフに定める移行年度に関する取扱いは、当該恩恵を享受する判定対象国・地域のみに適用されることとなる。投資事業体が移行期間CbCRセーフハーバーの恩恵を享受する場合、移行年度は、当該投資事業体に本セーフハーバーが適用されない最初の会計年度となる。また、移行年度に関するルールの適用において、JVまたはJV子会社の国・地域は、他の構成事業体や他のJVグループの国・地域とは別個の国・地域として扱うこととする)。

c. 第9.1.2条に定める移行ルールは、判定対象国・地域が移行期間CbCRセーフハーバーの恩恵を享受する会計年度においては、当該国・地域の構成事業体に引き続き適用されるものとする。

d．第9.1.3条の適用において、処分側の構成事業体が移行期間CbCRセーフハーバーの適用を受ける会計年度は、同条に定める当該処分側の構成事業体の移行年度には該当しないものとする。

e．判定対象国・地域に関するGloBE純損失に係る選択は、当該判定対象国・地域が移行期間CbCRセーフハーバーの適用を受けられなくなるか、または適用しないこととする会計年度まで遅らせることができる（すなわち、当該国・地域についてGloBEルールを全面的に適用する計算を含む最初のGloBE情報申告書において当該選択を行わなければならないものとする）。

26．MNEは、国・地域毎に移行期間CbCRセーフハーバーの適用を受ける場合であっても、依然としてGloBEルールに従う必要があり、本セーフハーバーにより、MNEグループがグループ全体のGloBEルール上の要請を遵守することが免除されるわけではない。例えば、MNEグループは、移行期間CbCRセーフハーバーの適用を受ける国・地域についてもその国・地域の情報を含むGloBE情報申告書を作成し、申告する必要がある。GloBEルールの第9.2条から第9.4条に記載されている措置の期間はグループ全体に関するものであり、特定の判定対象国・地域が移行期間CbCRセーフハーバーの適用を受けているとしても延長されない。

27．MNEグループが、ある国・地域についてGloBEルールの適用を受ける会計年度において、当該国・地域について移行期間CbCRセーフハーバーを適用していない場合、当該MNEグループは、翌年度以後、当該国・地域について本セーフハーバーの適用を受けることはできないものとする（「once out, always out」アプローチ）。

28．MNEグループが、前会計年度にある国・地域に構成事業体を有していなかった場合、この「once out, always out」アプローチは適用されないものとする。例えば、あるMNEグループが2023年度にGloBEルールの適用を受けるものとする。その年において、MNEグループはX国に構成事業体を有していないが、2024年度に、X国に構成事業体を設立したとする。この場合、当該MNEグループは、2024年度にX国において移行期間CbCRセーフハーバーの利用を検討することができる。

29．税務調査の結果、納税者が移行期間CbCRセーフハーバーを正しく適用しておらず、ある会計年度において、ある国・地域が移行期間CbCRセーフハーバーの恩恵を享受すべきではなかったと判定された場合、GloBEルールは、当該会計年度およびそれ以後の会計年度について全面的に適用されることとなる。

特定の事業体およびグループの取扱い

JVの特別ルール

1．移行期間CbCRセーフハーバーのルールは、JVおよびJV子会社に対して、それらが別個のMNEグループの構成事業体であるものとして適用することとする。ただし、GloBE所得・損失および総収入金額は適格財務諸表に報告された金額を使用することとする。

課税中立的なUPEの特別ルール

2．移行期間CbCRセーフハーバーは、UPEの所有者持分のすべてが適格所有者によって保有されていない限り、UPEがフロースルー事業体である国・地域においては適用されない。

3．パラグラフ2に従い、UPEがフロースルー事業体である場合または支払配当損金算入制度の適用を受ける場合、UPEの税引前利益(損失)(および関連する租税の額)は、(UPEがフロースルー事業体である場合には)適格所有者の所有者持分に帰属する金額を限度としてまたは(支払配当損金算入制度の適用を受ける場合には)分配される結果として減額される金額を限度として減額される。

4．パラグラフ2および3において、適格所有者とは以下を意味する。

　a．UPEがフロースルー事業体である場合、GloBEルール第7.1.1条第a項から第c項に規定される所有者

　b．UPEが支払配当損金算入制度の対象となる場合、GloBEルール第7.2.1条第a項から第c項に規定される所有者

投資事業体およびその構成事業体所有者に係る特別ルール

5．CbCRにおいて、ある投資事業体が居住者とされている国・地域(投資事業体所在国・地域)について、

　a．以下のパラグラフ6に該当する場合を除き、投資事業体は第7.4条から第7.6条に基づき、個別のGloBEルールに基づく原則的な計算を行うことが求められる

　b．投資事業体所在国・地域および当該投資事業体の構成事業体所有者の居住地国・地域は、移行期間CbCRセーフハーバーの恩恵を享受することができる

　c．投資事業体の税引前利益(損失)および総収入金額(および関連する租税の額)は、当該投資事業体の直接の構成事業体所有者の国・地域においてのみ、その所有者

持分に応じて反映される

6．投資事業体は、第7.5条または第7.6条に基づく選択が行われておらず、当該投資事業体の構成事業体所有者のすべてが投資事業体所在国・地域に居住している場合、個別にGloBEルールに基づく原則的な計算を行う必要はない。

7．パラグラフ5および6において、投資事業体には保険投資事業体が含まれる。

正味未実現時価評価損失に関する特別ルール

8．正味未実現時価評価損失が5000万ユーロを超える国・地域においては、正味未実現時価評価損失は税引前利益（損失）から除外される。

9．正味未実現時価評価損失とは、（ポートフォリオ持分を除く）所有者持分の時価の変動から生じたすべての損失の合計額から利益の合計額を控除した額を意味する。

適用除外

10．以下の構成事業体、MNEグループまたは国・地域は、移行期間CbCRセーフハーバーの適用を受けることができない。

a．無国籍構成事業体

b．複数の親事業体を持つMNEグループで、単一の適格CbCRに当該複数のグループを合計した情報が含まれていない場合

c．第7.3条に基づき適格分配時課税制度の適用を選択した構成事業体を有する国・地域

d．MNEグループが、GloBEルールの適用を受けている当会計年度前のいずれかの会計年度において、移行期間CbCRセーフハーバーの適用を受けていない国・地域（ただし、MNEグループが当該前の会計年度に当該国・地域に構成事業体を有していなかった場合を除く）

30．構成事業体が移行期間CbCRセーフハーバーの適用を受けられるか否かは、当該事業体のGloBEルール上の所在国・地域による。例えば、構成事業体がCbCRのルールによれば移行期間CbCRセーフハーバーの適用を受けられる国・地域の居住者として取り扱われる場合であっても、その構成事業体がGloBEルールによれば移行期間CbCRセーフハーバーの適用を受けることができない国・地域に所在することになる場合、その構成事業体は移行期間CbCRセーフハーバーの適用を受けることはできない。

31．さらに、特定の事業体は、特別なGloBEルール上の計算の対象となる。以下のセクションでは、これらの事業体の多くに関するGloBEルールおよびCbCRにおける取扱い、ならび

に移行期間CbCRセーフハーバーの取扱いを詳述する。

CbCRから除外されている事業体またはサブグループ

JVおよびJV子会社（第6.4条）

32. JVおよびJV子会社は、持分法で報告されるため、CbCRにおいてはMNEグループの構成事業体ではない。GloBEルールでは、これらの事業体は構成事業体と同様に取り扱われるが、そのGloBE所得・損失および調整後対象租税は（そのJVの判定の基礎となる）MNEグループの構成事業体とは合算されず、特別な取扱いを受ける。したがって、ある判定対象国・地域が移行期間CbCRセーフハーバーの適用を受ける場合、その適用に係る判定のための計算においてはJVおよびJV子会社は考慮されていないため、（MNEグループに適用されるCbCRセーフハーバーを）JVやJV子会社に拡大して適用することは適切ではないと考えられる。

33. しかし、JVおよびJV子会社の収益、費用、資産、負債およびキャッシュフローが項目ごとに連結されていないという事実からも、これらの事業体にGloBEルールを（全面的に）適用することはMNEグループにとって追加の負担となることから、JVおよびJV子会社を移行期間CbCRセーフハーバーの対象から除外することは、直感的には正しくない。したがって、JVおよびJV子会社が移行期間CbCRセーフハーバーの利用を検討できるようにするための追加措置が必要である。

34. 上記枠内のパラグラフ1は、JVおよびJV子会社が、移行期間CbCRセーフハーバーを適用できるようにする特別ルールである。この特別ルールは、JVおよびJV子会社に同じセーフハーバールールを適用することを認めるものであるが、MNEグループは、CbCRに基づいてGloBE所得・損失を計算する代わりに、JVおよびJV子会社の適格財務諸表から当該情報を取得することが要求される。その他の点において、セーフハーバーの適用要件は同じである。例えば、JVの対象租税額は、適格財務諸表から得られる簡易対象租税の額と等しくなる。さらに、JVが税務上透明な事業体である場合、または支払配当損金算入制度の適用を受ける場合（例えば、JVグループのUPEまたは単独のJVである場合）、以下で述べるフロースルーUPEまたは支払配当損金算入制度の適用を受けるUPEに関するルールが適用される。

35. 本セーフハーバーの計算は、JVおよびJV子会社をあたかも別個のMNEグループのメンバーであるかのように取り扱わなければならないという点で、原則的なGloBEルールと同じである。例えば、二の構成事業体と一のJVが同一の国・地域に所在する場合、二の別個のセーフハーバーの判定に係る計算を行う必要がある。一方は構成事業体について、他方はJVについてである。これには、当該国・地域のJVがデミニマス要件を適用し、同一国・地域の構成事業体が別のデミニマス要件を適用する場合の計算も含まれる。

売却目的で保有されている事業体（第1.2.2条第b項および第1.3.1条第a項）

36. GloBEルールは、売却目的で保有されているという理由で連結財務諸表から除外されたグループ事業体にも適用されるため、CbCRよりも広範である（第1.2.2条第b項および第1.3.1条第a項参照）。したがって、売却目的で保有されている事業体の所得と租税は、（CbCRには含まれていないことから）CbCRセーフハーバーに基づき国・地域の所得またはETRを計算する際に考慮されない。判定対象国・地域が移行期間CbCRセーフハーバーの適用を受ける場合、売却目的で保有されている構成事業体も、その利益および租税がCbCRに含まれないという事実にかかわらず、セーフハーバーの適用を受けるべきか否かという問題が生じる。

37. 移行期間CbCRセーフハーバーにおけるいくつかの基準の計算基礎として、CbCRおよび財務諸表を使用する政策上の根拠は、売却目的で保有されている事業体がGloBEセーフハーバーの適用を受けることができる国・地域に所在する場合に本セーフハーバーの適用を受けるものとするという結論の根拠としても当てはまる。これらの事業体は、利益をあげている場合もあれば損失が発生している場合もあり、また、高税率国・地域に所在する場合もあれば軽課税国・地域に所在する場合もある。したがって、移行期間CbCRセーフハーバーの下でこれらの事業体を除外したとしても、GloBEルールの信頼性に対するシステミック・リスクを必ずしも生じさせるものではない。軽課税所得を有する事業体の場合、GloBEルール導入初期の数年間に、MNEのコンプライアンス負担を軽減するための移行期間中の救済措置を提供するという政策目的とリスクをバランスさせる必要がある。このような課題は、売却目的で保有されている事業体が連結に含まれないため、特に重大である。

GloBEルールの下で特別な取扱いを受ける事業体およびサブグループ

無国籍構成事業体

38. 無国籍構成事業体は、国・地域に所在していないため、GloBEルールでは別個のETR計算の対象となる。例えば、リバースハイブリッド事業体は、国・地域に所在しないものとされるため、別個のGloBEルールの計算対象となる。これらの事業体は、移行期間CbCRセーフハーバーから除外されるものとする。

39. このルールは、所得の100％が恒久的施設または構成事業体所有者に配分されることになる税務上透明な事業体には、実質的な影響を与えない。なぜなら、そのような税務上透明な事業体には、GloBEルールの計算に含まれるGloBE所得・損失が存在しないためである。

少数被保有構成事業体（MOCE）

40. MOCEは、第5.6条に従い、別個の国・地域別ETRを計算する対象となる。すなわち、GloBEルールのETR計算において、MOCEは同一国・地域に所在する他の構成事業体とは別個に取り扱われることを意味する。また、ある国・地域に所在する複数のMOCEがそれぞ

れ別の少数被保有サブグループに属している場合には、それらのMOCEをそれぞれのグループに分けることになる。

41. MOCEは連結子会社であるためCbCRにおける構成事業体であり、CbCRにおいては税務上の居住地である国・地域に含まれる。しかし、CbCRのルールにはMOCEという概念は存在しないため、CbCRとGloBEルールの相違点は、GloBEルールにおいて、「通常の」構成事業体と同一国・地域に所在するMOCEが、ETR計算のために二以上のグループに分けられることにある。売却目的で保有される事業体に対する原則的なアプローチと同様に、ある国・地域にMOCEが所在するとしても、その国・地域についてMNEが移行期間CbCRセーフハーバーの判定を行うことの適格性に影響を与えないものとする。売却目的で保有されている事業体と同様に、MOCEは、利益をあげている場合もあれば損失が発生している場合もあり、また、高税率国・地域に所在する場合もあれば軽課税国・地域に所在する場合もある。したがって、移行期間CbCRセーフハーバーの下でMOCEを含めたとしても、GloBEルールの信頼性に対するシステミック・リスクを必ずしも生じさせるものではない。移行期間CbCRセーフハーバーの下では、MOCEの所得と租税は（その居住地国・地域における）他のグループ事業体の所得および租税と合算されるが、（合算されることによる）リスクと、GloBEルール導入初期の数年間にMNEのコンプライアンス負担を軽減するための移行期間中の救済措置を提供するという政策目的を比較衡量する必要がある。したがって、MOCEは、移行期間CbCRセーフハーバーにおいて特別に取り扱われることはないものとする。これは、移行期間CbCRセーフハーバーの要件を満たす国・地域に所在するMOCEは、本セーフハーバーの恩恵を享受できることを意味する。

複数の最終親事業体を持つMNEグループ（第6.5条）

42. 複数の最終親事業体を持つMNEグループとは、GloBEルール第6.5条に定められているように、ステープルストラクチャーまたは二元上場の取決めに従って、二以上のグループが単一のグループに統合されたものをいう。このルールでは、複数の最終親事業体を持つMNEグループは、異なるグループの別個の所有構造であるにもかかわらず、単一のMNEグループとして取り扱われる。

43. ほとんどの場合、このようなMNEグループは、GloBEルール上の目的で使用されるものと同一の連結財務諸表に基づき、複数の最終親事業体を持つMNEグループ全体を統合したCbCRを提出することが想定される。このような状況下では、CbCRには複数の最終親事業体を持つMNEグループのすべての構成事業体の情報が含まれるため、移行期間CbCRセーフハーバーを（当該複数の最終親事業体を持つMNEグループに）適用することが適切である。

44. しかし、複数の最終親事業体を持つMNEグループを構成する各グループごとに異なるCbCRが提出されている場合、または、CbCRにいずれかのグループまたは構成事業体の情報が含まれていない場合（例えば、いずれかのMNEグループがCbCRの提出義務の基準に満

たないため)、移行期間CbCRセーフハーバーの判定の目的で当該CbCRを使用することは適切ではない。そのため、パラグラフ10bは、このような状況下での本セーフハーバーの適用を認めていない。

課税中立的なUPE

45. パラグラフ2および3は、課税中立な制度の対象となるUPEの取扱いを定めている。GloBEルールでは、フロースルーUPEは第7.1条に従い、支払配当損金算入制度の対象となるUPEは第7.2条に従い、それぞれ特別な取扱いの対象となる。これらの制度および移行期間CbCRセーフハーバーにおける取扱いについて、次項以降で説明する。

フロースルー事業体であるUPE(第7.1条)

46. フロースルー事業体は、GloBEルールにおいて特別な取扱いを受ける。MNEグループの構成事業体が税務上透明な事業体である場合には、そのGloBE所得・損失および調整後対象租税は、それらが(第3.5.1条第a項に従って)先にそのPEに配分される場合を除き、当該事業体の構成事業体所有者に配分される。UPEの所有者はMNEグループの構成事業体ではないため、このフロースルー事業体としての取扱いはUPEには適用されない。したがって、第7.1条は、その代わりとなる特別な計算ルールとして、UPEの所有者が15%以上の税率で課税される場合に限り、当該UPEのGloBE所得のうち、その所有者に配分される額を減額することを定めている。

47. GloBEルールでは、フロースルー事業体であるUPEは、その設立国・地域に所在する(第10.3.2条第a項参照)。しかし、CbCRでは、フロースルー事業体は無国籍事業体となる。このことは、CbCRでは、フロースルー事業体であるUPEの所得は無国籍として報告される一方で、GloBEルールにおいては、当該UPEの所得と租税は、当該UPEが設立された国・地域で報告されることを意味する。このようにCbCRとGloBEルールにおける取扱いは異なるが、フロースルー事業体であるUPEについて第7.1条が適用される場合には、(そのCbCRに基づいた移行期間CbCRセーフハーバーの判定は)GloBEルールの適用結果に影響を与えないこととなる。

48. 第7.1条が適用され、フロースルー事業体であるUPEのGloBE所得がゼロになる場合、CbCRおよびGloBEルールの取扱いは、両制度とも当該UPEの所在地国・地域の金額には当該UPEの所得は含まれないため、一致することになる。このような場合、当該国・地域に所在する(その他の)構成事業体について移行期間CbCRセーフハーバーによる判定を行い、フロースルー事業体であるUPEにはGloBEルールを適用しないことが適切である。

49. 第7.1条が適用されない場合(または当該規定を適用してもフロースルー事業体であるUPEの所得がゼロにはならない場合)、CbCRおよびGloBEルールの下で報告される所得および租税は異なることとなる。GloBEルールでは、フロースルー事業体であるUPEの所得をその所在国・地域の計算に含めることが求められるが、CbCRでは、当該所得は無国籍として

報告されることになる。このような状況では、CbCRの情報が（GloBEルールの取扱いと）一致しないため、当該UPEの所在国・地域に移行期間CbCRセーフハーバーを適用することは適切ではない。このため、パラグラフ2は、この特定のケースについて移行期間CbCRセーフハーバーによる判定を認めていない。

50. フロースルー事業体であるUPEのすべての所得（損失）がPEに帰属する場合（当該PEが当該UPEの所在国・地域または第三国のいずれに所在するかにかかわらず）、第7.1.1条に定める条件が満たされていれば、当該UPEの所在国・地域を移行期間CbCRセーフハーバーから除外する必要はない。これは第7.1.4条と整合している。

支払配当損金算入制度の対象となるUPE（第7.2条）

51. 第7.2条には、支払配当損金算入制度の対象となるUPEに関する一連のルールが定められている。支払配当損金算入制度とは、ある事業体によるその所有者に対する配当について、当該事業体の所得から控除することにより、当該事業体の所有者における単一段階の課税を意図とした制度である。所有者は配当に対して課税され、当該事業体は配当されずに留保された利益に対して課税されることとなる。

52. 第7.2条の目的は、UPEのETRが過小に計算されることを回避することである。この問題は、税務上損金算入した支払配当の額は、通常、会計上の費用とはみなされないこと、および、UPEの持分保有者が当該受取配当について支払う租税は、MNEグループの構成事業体によって支払われたものではないため、対象租税とはみなされないことによって起こる。したがって、第7.2条は、いくつかの条件（例えば、株主が15％以上の表面税率で配当に対して課税される等）を満たすことを条件に、MNEがUPEのGloBE所得を（本制度に基づき）損金算入した支払配当の額だけ減額することを認めることにより、この問題を是正している。

53. 税引前利益（損失）は、会計上の利益を表すものであり、課税所得を表すものではないため、同じ問題がCbCRの文脈でも生じる。（損金算入した支払配当に係る）調整を行わない場合、第7.2条に従ったとした場合に認められるはずの（支払配当の）減額ができないことから、UPE所在国・地域のETRは、移行期間CbCRセーフハーバーの判定において過小に計算され、MNEはUPE所在国・地域において全面的なGloBEルール上の計算を行うことを余儀なくされる可能性が高い。したがって、このような状況を回避するため、上記枠内のパラグラフ3では、第7.2条に従ったとした場合に認められる（支払配当の）控除と同様の控除を規定している。この控除は、（CbCRセーフハーバーのETR計算において）UPE所在国・地域の税引前利益（損失）に対して適用される。

54. この恩恵は、第7.2条の条件を満たし、（第7.2条の）原則的なルールと同様に運用された場合にのみ享受できる。これには、移行期間ルール上のCbCRセーフハーバーの枠外でこのルールを適用するときに使用する情報と全く同じ情報を使用することや、第7.2.2条に従ってUPEの租税を本セーフハーバーの計算から除外することが含まれる。

適格分配時課税制度(第7.3条)の対象となる事業体

55. 適格分配時課税制度の適用を受ける事業体は、第7.3条に基づき、その後の年度(4年間)において(分配またはみなし分配を行った時に)納付することになる租税を、当該(分配の原資となる所得が生じた)会計年度においてみなし分配税額として認識することができるという特別な取扱いを受けることができる。これは、(GloBEルール上は)当該会計年度に租税を認識するが、会計上の法人所得税は将来の会計年度に反映されることを意味する。第7.3条は年次選択であり、当該国・地域に所在するすべての構成事業体のETR計算に適用され、影響を与える。

56. 移行期間においても、対象となるMNEグループは、(国・地域のすべての構成事業体に適用される)第7.3条に従って、最初の会計年度において事業体を適格分配時課税制度の適用対象とする取扱いを選択することができる。このような場合、まず、MNEは、当該国・地域の構成事業体について移行期間CbCRセーフハーバーによる判定を行うか否かを決定する。移行期間CbCRセーフハーバーによる判定を行わない場合、MNEは第7.3条を適用するか否かを決定する。MNEが第7.3条の適用を選択した場合、適格分配時課税制度の適用を受ける構成事業体を有する国・地域について、(その選択をした会計年度を含む)移行期間の残りの期間を通じて、移行期間CbCRセーフハーバーによる判定を行うことはできない。

57. MNEが最初の会計年度に第7.3条を適用しないことを決定した場合、適格分配時課税制度を有する国・地域であるとしても、他の国・地域と同様の条件で移行期間CbCRセーフハーバーによる判定を検討することができる。

投資事業体および保険投資事業体(第7.4条から第7.6条)

58. 税務上透明な事業体として取り扱われない投資事業体(保険投資事業体を含む)は、GloBEルールに基づく特別な取扱いの対象となる。そのような投資事業体に対する原則的な取扱いは第7.4条に規定されており、投資事業体は、同一国・地域に所在する他の構成事業体のETRとは別に、当該投資事業体のETRを計算することが求められる。GloBEルールはさらに、投資事業体のGloBE所得(損失)および調整後対象租税の取扱いに関する二つの代替方法をMNEに提供している。

   a．MNEは、第7.5条に定める要件を満たす場合には、投資事業体を税務上透明な事業体として取り扱うことを選択できる。この選択は、当該投資事業体のGloBE所得(損失)および調整後対象租税を当該投資事業体の構成事業体所有者に配分する効果を有する。

   b．MNEは、(第7.6条に基づき)投資事業体のGloBE所得(損失)を計算から除外し、当該事業体が行った配当を当該投資事業体の構成事業体所有者のGloBE所得(損失)に含めることを選択できる。ただし、当該投資事業体が4年以内に配当を行わない場合、MNEに対して当該投資事業体の未分配のGloBE純所得に15%を乗じたトップアップ

税が課されることとなる。

59. 税務上透明ではない投資事業体は、CbCRの下では特別な取扱いの対象とはならない。そのような投資事業体の税引前利益(損失)はCbCRにおいてその税務上の居住地国・地域で報告されなければならないが、投資事業体の利益(損失)は、CbCRにおいて二重に報告されることがある。これは、例えばCbCRが連結パッケージに基づいて作成されておらず、当該投資事業体の構成事業体所有者の財務諸表において、投資事業体に対する投資が時価ベースで報告されている場合に起こりうる。

60. 移行期間CbCRセーフハーバーの下で、投資事業体を正しく取り扱いつつ、GloBEルールとCbCRのこうした差異に対処するため、本セーフハーバーの適用にあたっては、以下のような原則的アプローチをとる必要がある。

   a．投資事業体は移行期間CbCRセーフハーバーによる判定の対象から除外され、MNEグループは、当該投資事業体についてGloBEルールを適用し、第7.5条あるいは第7.6条に基づく選択が行われた場合にはその選択に従い、当該投資事業体のGloBE所得に関してトップアップ税額が発生するか否かを判断する。
   b．当該投資事業体の構成事業体所有者および当該投資事業体が所在する国・地域は、引き続き本セーフハーバーによる判定の対象となることができる。判定の結果、これらの国・地域が本セーフハーバーの適用を受けることができる場合、当該国・地域に所在するすべての構成事業体は、トップアップ税額がゼロとみなされるが、当該投資事業体については別個の計算の対象になるものとする。

61. 投資事業体に適用される別個のGloBEルール上の計算の一環として、申告構成事業体は、第7.5条または第7.6条の適用を引き続き選択することができる。この5年選択は、移行期間CbCRセーフハーバーが適用されない年度にも引き継がれる。上記のルールは、第7.4条から第7.6条までのルールを適用する保険投資事業体にも同様に適用される。

62. 上記の原則的なルールには、以下の条件が適用される。

   a．第7.5条または第7.6条の適用を選択しない投資事業体は、投資事業体および当該投資事業体の構成事業体所有者が同一の国・地域に所在する場合、別個のGloBEルール上の計算を行う必要はない。
   b．投資事業体および当該投資事業体の構成事業体所有者が所在する国・地域において移行期間CbCRセーフハーバーを適用する場合、当該投資事業体の所得および関連する租税が、当該投資事業体の構成事業体所有者の国・地域においてのみ考慮されるように、(投資事業体の)国・地域の税引前利益(損失)を必要に応じて減額しなければならない。

63. 第1の条件は、投資事業体および当該投資事業体の構成事業体所有者(および対応する利益と租税)が、CbCRにおいて同一の国・地域で報告される場合に、当該投資事業体につい

て別個のGloBEルール上の計算を行うことを免除するという点で、簡素化として機能するものである。第2の条件は、CbCRに記録されるすべての利益の額について、(移行期間CbCRセーフハーバーの判定においては)その構成事業体所有者の国・地域において一度だけ計算に含まれるようにすることで、CbCRにおける二重計上リスク(二重計上が本セーフハーバーの判定に影響するリスク)を回避する。投資事業体の所有者持分の一部が、MNEグループのメンバーでない所有者によって保有されている場合、当該所有者に帰属する税引前利益(損失)は、移行期間CbCRセーフハーバーの計算から除外するものとする。

64. 投資事業体は、移行期間CbCRセーフハーバーの判定の対象から除外されるため、MNEグループは、当該投資事業体のGloBE所得に関してトップアップ税が発生するか否かを判断するために、通常のGloBEルールを適用する(ただし、上記枠内のパラグラフ6に記載される場合を除く)。したがって、投資事業体がGloBEルール上のETRの計算をするために第7.6条の適用を選択した場合には、MNEは、第7.6.3条から第7.6.5条に従って未分配GloBE純所得を決定するために、(残高を把握するための)繰越勘定を維持することが求められる。移行期間中または移行期間後の4年以内に配当されなかった金額(すなわち、判定会計年度における未分配GloBE純所得)は、第7.6条に従って依然としてトップアップ税額の対象となる。さらに、移行期間終了後に投資事業体が当該投資事業体の構成事業体所有者に配当を行う場合、当該配当金は、同条の要件に従い、当該投資事業体の構成事業体所有者のGloBE所得(損失)に含めなければならない。この取扱いは、投資事業体の対象となる利益が、当該投資事業体の構成事業体所有者の国・地域における過去会計年度の利益の額として報告され移行期間CbCRセーフハーバーの判定が行われ適用されていたか否かにかかわらず適用される。

正味未実現時価評価損失の取扱い

65. 正味未実現時価評価損失とは、ポートフォリオ持分を除く所有者持分の時価の変動から生じるすべての損失から利益を控除したもの(純損失)を意味する。純損失の計算には、減損損失および減損の戻入れが含まれる。これらの項目は、第3.2.1条第c項に従い除外資本損益として取り扱われるため、GloBE所得・損失の計算から除外される。これらの項目がCbCRの税引前利益(損失)に含まれている場合、移行期間CbCRセーフハーバーの判定を行うときに、税引前利益(損失)が過小になり、判定結果に歪みを引き起こす可能性がある。

66. したがって、ある国・地域の正味未実現時価評価損失が5000万ユーロを超える場合、当該国・地域に係るCbCRの税引前利益(損失)から当該損失額を除外するものとする。判定対象国・地域が5000万ユーロ以下の正味未実現時価評価損失、またはポートフォリオ持分を除く所有者持分に関する正味時価評価益(すなわち、時価評価益および減損の戻入れが時価評価損失および減損を上回る場合)を報告している場合、正味未実現時価評価損失に関する調整は行なわないものとする。ある会計年度において、ポートフォリオ持分を除く所有者持分の時価の変動により利益(減損の戻入れを含む)が発生した場合、当該利益は損失の額を上限として当該損失と相殺することができる。例えば、MNEグループがX国に2件の投資を行っ

ており、同一会計年度において投資Aに関して80の減損損失および投資Bに関して80の減損損失の戻入れ(前年度に80の減損損失)が発生した場合、(減損損失と戻入れの)両方が当該会計年度の税引前利益(損失)に含まれており、(X国において)減損による純損失は生じないため、当該会計年度において正味未実現時価評価損失はない。なお、簡易ETR計算の分子(すなわち租税)に対する調整は行われない。

移行期間CbCRセーフハーバーに関する追加ガイダンス

判定対象国・地域

67. 移行期間CbCRセーフハーバーは、判定対象国・地域に所在するすべての事業体およびPEのデータに基づいて判定される。本セーフハーバーの判定において、同一国・地域に所在する構成事業体、単体のJV、JVグループは、それぞれ別の判定対象国・地域に所在するものとして取り扱われる。具体的には、ある国・地域に所在するすべての構成事業体は一つの判定対象国・地域に所在するものとして取り扱われ、当該国・地域に所在する同一のJVグループに属するすべての事業体は別の判定対象国・地域に所在するものとして取り扱われる。さらに、当該国・地域に所在する単体の各JVは(各々が)別個の判定対象国・地域に所在するものとして取り扱われる。例えば、あるMNEグループが10の構成事業体および二つの異なるJVグループをA国に有する場合、当該MNEグループは、移行期間CbCRセーフハーバーの判定において、A国に所在する事業体に関して三つの判定対象国・地域を有することとなる。すなわち、10の構成事業体を対象とする判定対象国・地域と、二つのJVグループのそれぞれを対象とする二つの判定対象国・地域である。

適格財務諸表

一貫したデータの使用

68. 移行期間CbCRセーフハーバーの計算に使用される事業体またはPEのデータ(総収入金額、税引前利益(損失)、法人所得税、人件費、資産の帳簿価額など)は、すべて同一の適格財務諸表から取得されなければならない。言い換えれば、MNEグループは、事業体またはPEの判定対象国・地域が移行期間CbCRセーフハーバーの判定を行うため、事業体またはPEの対象データを収集するときには、1)UPEの連結財務諸表を作成するために使用される報告パッケージ、または2)構成事業体の個別財務諸表(ただし、本文書において定める要件を満たすもの)のいずれかを使用しなければならない。本セーフハーバーの計算において、同一の事業体またはPEについて、双方の適格財務諸表のデータを使用するMNEグループは、当該事業体またはPEが所在する判定対象国・地域について、移行期間CbCRセーフハーバーの判定を行うことは認められない。

69. 事業体またはPEのすべてのデータを同一の適格財務諸表から取得することを求めるこ

とにより、本セーフハーバーの各計算要素に異なる基準で作成されたデータが使用されることによる歪みが生じないようになる。例えば、法人所得税が現地の財務会計基準に基づいて作成された個別財務諸表から取得され、税引前利益(損失)がそれとは異なる財務会計基準に基づく連結財務諸表の作成に使用される財務勘定から取得された場合、歪みが生じる可能性がある。しかし、事業体の報告パッケージまたは個別財務諸表に反映された税引前利益(損失)に関して、それに対応する法人所得税額のうち繰延税金費用について、(事業体自身の報告パッケージまたは個別財務諸表ではなく)連結財務諸表の作成において連結親事業体の段階で行われる連結仕訳のみに計上されている場合、当該連結仕訳により計上された繰延税金費用は、当該事業体の繰延税金費用として取り扱うものとする。

70. 以下の事例は、パラグラフ9.2から9.5で認められているPPA調整に関して適用される、パラグラフ76および77において定める原則を説明するものである。

71. 事例1:UPE-XはMNE-XグループのUPEであり、X国に所在し、Y国に所在するCE-Yを所有している。MNE-Xの連結財務諸表の作成に使用されるCE-Yの財務勘定(報告パッケージ)には、2019年にMNE-XがCE-Yの株式を取得した際にCE-Yにおいて計上されたPPA調整額および関連する繰延税金費用が含まれている。CE-Yはその財務勘定に基づいて適格CbCRのY国に関する総収入金額および税引前利益(損失)を計算するための数値を報告している。移行期間CbCRセーフハーバーに基づく簡易ETRの計算において、CE-Yは、PPA調整に関連する繰延税金費用(または利益)を含む、これらの財務勘定に反映された法人所得税を使用しなければならない。

72. 事例2:事実関係は事例1と同様であるが、UPE-Xは、(CE-YのPPA調整に関連する)繰延税金費用(または利益)を、連結親事業体の段階で行われる連結財務諸表の作成における連結仕訳によってのみ計上する(すなわち、その繰延税金費用(または利益)は、連結財務諸表の作成に使用されるCE-Yの財務勘定(報告パッケージ)には反映されていない)。移行期間CbCRセーフハーバーに基づく簡易ETRの計算において、CE-Yは、連結財務諸表に反映されている当該PPA調整に関連する繰延税金費用(または利益)を(Y国の法人所得税の額として)含めなければならない。

73. 事例3:事実関係は事例2と同様であるが、適格CbCRにおけるY国の収入金額および税引前利益(損失)の金額を計算するために、CE-Yの個別財務諸表が使用されており、その個別財務諸表にはPPA調整額および関連する繰延税金費用は含まれていないものとする。移行期間CbCRセーフハーバーに基づく簡易ETRの計算において、PPA調整が適格CbCRの作成に使用される適格財務諸表(であるCE-Yの個別財務諸表)に計上されていないため、連結財務諸表に反映されているCE-YのPPA調整額に関連する繰延税金費用(または利益)を(Y国の法人所得税の金額として)含めることは認められない。

74. CbCRの項目のうち、移行期間CbCRセーフハーバーで使用されないその他の項目(すなわち、納付税額、発生税額、資本金の額、利益剰余金の額、従業員の数、有形資産(現金お

よび現金同等物を除く)の額)は、関連するCbCR作成規則で認められている使用情報から入力することができる。関連するCbCR作成規則とは、UPE所在国・地域におけるCbCRの作成規則であり、UPE所在国・地域以外の代理親会社所在国・地域でCbCRを提出する場合はその国・地域のCbCRの作成規則である。UPE所在国・地域がCbCRの作成規則を有しておらず、MNEグループがいずれの国・地域においてもCbCRの提出を求められない場合、関連するCbCR作成規則とは、OECD BEPS行動計画13の最終報告書および国別報告書の実施に関するOECDガイダンスを意味する。

75. さらに、移行期間CbCRセーフハーバーの計算において、同一の判定対象国・地域に所在する複数の事業体に関して使用するすべてのデータは、同じ種類の適格財務諸表(またはそれらの適格財務諸表を作成するために使用された勘定)から取得しなければならない。言い換えれば、MNEグループは、1)判定対象国・地域のすべての事業体について、UPEの連結財務諸表の作成に使用された財務勘定、または2)同一の判定対象国・地域のすべての事業体について、許容された財務会計基準または承認された財務会計基準に従って作成された各構成事業体の個別財務諸表、のいずれかの種類の適格財務諸表を使用しなければならない(当該財務諸表に含まれる情報が当該財務会計基準に基づいて維持され、かつ信頼性がある場合に限る)。ただし、判定対象国・地域の構成事業体にNMCEまたはPEが含まれている場合、本セーフハーバーの判定のために使用するデータのうちNMCEおよびPEに関するものは、コメンタリーまたは合意された運営指針において明確に認められている使用情報から取得することができる。このNMCEおよびPEに関するデータは、本セーフハーバーの判定を行う目的で、判定対象国・地域の他の構成事業体のデータと合算することになる。同一判定対象国・地域のすべての事業体(NMCEおよびPEを除く)について、同種の適格財務諸表を使用してセーフハーバー計算を行わない場合、当該判定対象国・地域については、移行期間CbCRセーフハーバーの判定を行うことが認められない。

76. 適格CbCRとみなされるか否かは、判定対象国・地域ごとに、CbCRが適格財務諸表に基づき作成されているか否かに基づき個別に判断される。その結果、CbCRは、ある判定対象国・地域に関しては適格CbCRとみなされ、他の判定対象国・地域に関しては適格CbCRとみなされない可能性がある。例えば、判定対象国であるA国については一貫して適格財務諸表を使用してCbCRを作成し、B国については管理会計データを使用して作成しているものとする。A国の財務データは、移行期間CbCRセーフハーバーの目的上、適格財務諸表とみなされるが、B国の財務データは、適格財務諸表とはみなされず、したがってB国について移行期間CbCRセーフハーバーの判定を行うことはできない。

77. 最後に、適格財務諸表には、構成事業体の個別財務諸表が含まれるが、許容された財務会計基準または承認された財務会計基準に従って作成されており、当該財務諸表に含まれる情報が当該会計基準に基づいて維持され、かつ信頼できるものである場合に限られている。MNEグループは、法定報告目的のために当該個別財務諸表を作成している場合がある。しかし、適格財務諸表の定義において、当該個別財務諸表が法定報告目的またはその他の規制

報告目的のために作成されたものであることを求めていない。

異なる財務会計基準の使用

78. MNEグループは、異なる判定対象国・地域の適格CbCRの作成において、異なる財務会計基準に基づく適格財務諸表を使用情報とすることができる。

適格財務諸表に対する調整

79. CbCRにおいて、ある国・地域に関して記載されている適格財務諸表から取得したデータに対して調整を加えた場合、その調整がCbCRのデータをGloBEルールとより整合的なものとすることを意図したものであるとしても、当該国・地域に移行期間CbCRセーフハーバーの適用をすることは認められない。同様に、移行期間CbCRセーフハーバーの判定における簡易計算のために使用される適格財務諸表の他のデータに対して調整を加えた場合、(その調整の意図にかかわらず)これらの簡易計算は本セーフハーバーの判定において認められない。

80. 適格財務諸表のデータに対する調整を認めないことに関する唯一の例外は、コメンタリーまたは合意された運営指針において明示的に調整が必要とされている場合である。

81. 例えば、MNEグループが期末に移転価格調整を行い、A国の所得が5,000増加したとする。この調整は2024年にA国の現地の法定財務諸表に反映されたが、連結財務諸表の作成に使用される構成事業体の財務勘定(報告パッケージ)には2025年まで反映されないものとする。MNEグループは、報告パッケージを使用して、CbCRを作成している。2024年のA国のCbCRに記載された金額に対して税引前利益5,000を追加することは、GloBEルールとの整合性の観点からも移転価格税制におけるリスク評価の観点からも、A国のCbCRデータをより正確なものとするが、A国の適格財務諸表の金額に調整が加えられた場合には、2024年のA国に移行期間CbCRセーフハーバーの適用はできない。

82. さらに、本セーフハーバーの計算において、適格財務諸表に反映された情報は、取引に関する各国の税務上の取扱いに応じて調整されてはならない。適格財務諸表上、受領者では収益として、支払者では費用として処理されているグループ会社間の支払いについては、受領者または支払者が所在する国・地域における当該取引の税務上の取扱い、およびCbCRにおける当該取引の取扱いにかかわらず、本セーフハーバーの判定における計算上は調整を行うことなく、(適格財務諸表に計上された額を)総収入金額および税引前利益(損失)の額に含めなければならない。

83. 例えば、UPE-XはCE-Xを所有しており、UPE-XおよびCE-Xはともに判定対象国Xに所在するものとする。UPE-XはCE-Xの優先株式を取得するが、これはUPE-Xの連結財務諸表では(CE-Xの)負債として取り扱われている。財務会計上、当該優先株式に基づく支払いは、UPE-Xの連結財務諸表において、CE-Xでは支払利息として、UPE-Xでは受取利息として処理されている。一方、X国の税務上、当該優先株式は資本として取り扱われる。当該支払い

はX国において配当として取り扱われることから、国別報告書の実施に関する2022年10月ガイダンスの第2章質問7.1に対する回答を含む、適用されるCbCガイダンスの解釈に基づき、UPE-Xは、当該支払いをCbCRの収入金額および税引前利益(損失)の額から除外した。しかし、当該支払いは(適格財務諸表において)CE-Xの費用として取り扱われているため、UPE-Xは、CbCRにおける取扱いにかかわらず、移行期間CbCRセーフハーバーにおいて総収入金額および税引前利益(損失)の額を計算する際に、当該支払いを(UPE-Xの)収入金額として取り扱わなければならない。本セーフハーバーの計算上、UPE-Xの総収入金額および税引前利益(損失)の計算に当該収入を含めなかった場合には、X国は、移行期間CbCRセーフハーバーの適用はできない。

CbCRを提出する必要がないMNEグループ

84. BEPS行動計画13は、直前会計年度の年間連結グループ収入が7億5000万ユーロ未満のMNEグループに対し、CbCRの提出義務を免除している。しかし、GloBEルールにおける連結収入基準の7億5000万ユーロは、変動を緩和するために、「4会計年度のうち2会計年度」のテストを使用している。それぞれの基準が異なることから、GloBEルールの適用範囲に含まれるグループであったものの、CbCRの提出を要求されない可能性がある。同様に、CbCRおよび/またはGloBEルールの基準がユーロ以外の通貨で設定されている場合、為替レートの変動により適用範囲に差異が生じる可能性がある。さらに、UPEの定義に差異がある可能性があり、国・地域によっては、特定の事業体(例えば、休眠事業体や免税事業体)にCbCRの報告を要求しない場合もある。最後に、国内にのみ所在するグループはCbCRの提出を要求されないが、IIRは国内にのみ所在するグループにも適用される場合がある(Council Directive(EU)2022/2523参照)。GloBEルールまたはQDMTTの適用を受けるMNEグループが、CbCRの作成および提出を要求されていないという理由だけで、移行期間CbCRセーフハーバーによる判定を検討できないとすることは、移行期間中においてこれらのMNEグループにとって不平等な取扱いを課すこととなる。

85. GloBEルールが適用されるが、CbCRの提出が求められていないMNEグループは、CbCRの提出を義務付けられていたとした場合に、適格CbCRで総収入金額および税引前利益(損失)として報告されていた適格財務諸表のデータを使用してGloBE情報申告書のセクション2.2.1.3(a)を記載した場合、移行期間CbCRセーフハーバーの適用の判定を行うことができるものとする。ここで、「適格CbCRで報告されていた」金額という表現は、MNEグループがUPE所在国・地域のCbCRの作成規則に従ってCbCRを提出することが求められていたとした場合に適格CbCRとして報告されたであろう金額(または、UPE所在国・地域にCbCRの作成規則がない場合、OECDのBEPS行動計画13最終報告書および国別報告書の実施に関するOECDガイダンスに従って報告されたであろう金額)を含むものと解釈される。

PEの適格財務諸表

86. PEについては、そのPEの適格財務諸表がある場合、それを使用して、判定対象国・地

域における移行期間CbCRセーフハーバーの計算に使用する金額を計算しなければならない。しかし、PEは税務上の概念であり、会計上の概念ではないため、PEに帰属する収益および利益のデータを、UPEの連結財務諸表または本店の財務諸表から直接入手できることは稀である。あるPEについて適格財務諸表を利用できない場合、MNEグループは、本店が財務報告、規制、税務申告、または内部管理目的で当該PEに関して作成した個別財務諸表を使用して、本店の総収入金額および税引前利益（損失）の額のうち当該PEに帰属する部分の金額を決定することができる（OECD BEPS行動計画13最終報告書を参照）。PEにおいて発生した損失が当該PEに配分される範囲において、当該損失が二重計上されないよう、本店の税引前利益（損失）の額に必要な範囲で対応する調整を行わなければならない。

簡易ETR計算

PE、CFC、ハイブリッド事業体の所得に関する対象租税

87. 簡易ETR要件は、適格CbCRの税引前利益（損失）および適格財務諸表の法人所得税を用いて計算される。セーフハーバーおよび罰則等の免除に関する文書のパラグラフ9は、簡易ETR要件に使用される法人所得税には繰延税金費用が含まれ、対象租税以外の租税および不確実な税務ポジションに係る税金費用を除外すること以外には、GloBEルールに基づく調整（CFCまたは本店に係る租税の配分など）は必要ないとしている。

88. PE所在国・地域における、当該PEの所得に対する法人所得税は、当該PE所在国・地域にのみ配分されなければならず、当該PE所在国・地域の簡易ETRの計算にのみ含めるものとする。当該PEに係る法人所得税は本店所在国・地域の簡易ETRの計算には含めることができない。

89. PE、CFC、またはハイブリッド事業体が所在する国・地域において移行期間CbCRセーフハーバーの適用を受けることができない場合、MNEグループは、GloBEルールに基づいて当該国・地域のETRを計算し、それらの事業体またはPEの所得に対してその親事業体または本店が納付した、または計上した対象租税を（それらの事業体またはPEのETRの計算において）考慮する必要がある。CFC税制または全世界所得課税制度の下で納付された租税は、CFC、PEまたはハイブリッド事業体を含む国・地域のGloBEルール上のETRの計算において、当該租税の一部または全部が考慮されているという事実にかかわらず、それらの事業体の構成事業体所有者または本店の所在国・地域の移行期間CbCRセーフハーバーにおける簡易ETRを計算する目的でそれらの事業体やPEに対して配分しないものとする。

通常利益要件

90. MNEグループは、GloBEルールに基づく実質ベースの所得除外額の計算に使用されるパーセンテージ（第9.2条に定める移行期間レートを適用することを含む）を使用して、移行期間CbCRセーフハーバーにおける実質ベースの所得除外額を計算するものとする。例えば、

2024年については、通常利益要件に使用する第5.3.3条の割合は9.8％であり、第5.3.4条の割合は7.8％である。

ハイブリッド裁定取引の取扱い

91. 判定対象国・地域が移行期間CbCRセーフハーバーの適用対象となるか否かを決定するためには、2022年12月15日の翌日以後に締結されたハイブリッド裁定取引について、当該判定対象国・地域の税引前利益（損失）および法人所得税に調整を加えなければならない。ハイブリッド裁定取引とは、(i)控除/不算入取引、(ii)重複損失取引、(iii)重複税金費用取引である。

92. 判定対象国・地域のセーフハーバー計算は、以下のように調整されなければならない。

    a．判定対象国・地域の税引前利益（損失）から、控除/不算入取引または重複損失取引の結果生じた費用または損失を除く。
    b．判定対象国・地域の法人所得税から、重複税金費用取引により発生した法人所得税を除く。

93. 控除/不算入取引とは、ある構成事業体が、直接または間接に他の構成事業体に対して信用を供与する、または投資することにより、当該他の構成事業体の財務諸表に費用または損失が発生し、かつ、以下のいずれかの場合に該当する取引である。

    a．その相手側である構成事業体の財務諸表において、（当該費用また損失に）相応する収益または利益が増加しない場合
    b．その相手方である構成事業体において、その取引が継続する期間中に、（当該費用または損失に）相応する課税所得の増加が合理的に見込まれない場合

当該費用または損失がその他Tier1資本のみに関して生じるものである場合には、当該取引は、控除/不算入取引には該当しないものとする。

94. 重複損失取引とは、一方の構成事業体の財務諸表に費用または損失が含まれ、かつ、以下のいずれかの場合に該当する取引をいう。

    a．当該費用または損失が、相手方である構成事業体の財務諸表にも費用または損失として計上される場合
    b．当該取引が、他の国・地域に所在する相手方の構成事業体の課税所得の計算上、（当該費用または損失と）同額の控除可能額を生じさせる場合

95. 重複税金費用取引とは、複数の構成事業体が、同一の法人所得税について、その一部または全部の金額を以下のいずれかの項目に含めることになる取引をいう。

    a．調整後対象租税
    b．移行期間CbCRセーフハーバーにおける簡易ETR

ただし、当該取引により、課税対象となる所得が(当該取引の当事者である)各構成事業体の財務諸表に計上される場合は、重複税金費用取引には該当しないものとする。ある構成事業体について(GloBEルール上の)調整後対象租税額を計算するとした場合に取引の相手方の構成事業体に配分されることになる法人所得税について、(移行期間CbCRセーフハーバーの)簡易ETRの計算においてはそのような配分は要求されていないという理由のみで、当該構成事業体において税金費用の重複が生じている場合は、重複税金費用取引には該当しないものとする。

96. パラグラフ91から96までの意義は、以下のとおりである。

    a．構成事業体には、同一の判定対象国・地域に所在するか否かにかかわらず、JVのようなGloBEルールにおいて構成事業体として取り扱われる事業体、および移行期間CbCRセーフハーバーの判定において考慮される事業体で適格財務諸表を有するものが含まれる。

    b．構成事業体の財務諸表は、当該構成事業体のGloBE所得を計算するために使用される財務諸表、または当該事業体が移行期間CbCRセーフハーバーの判定の対象となる場合の適格財務諸表を意味する。

    c．構成事業体は、2022年12月15日の翌日以後に以下のいずれかに該当する場合、同日以後に取引に参加したものとみなされる。
       ⅰ．当該取引が修正または譲渡された場合
       ⅱ．当該取引に基づく権利の行使または義務の履行の内容が、2022年12月15日以前と異なる場合(支払は減額または停止されたが、(未払金として)負債残高が増加する場合を含む)
       ⅲ．当該取引に関する会計処理に変更があった場合

    d．構成事業体は、以下のいずれかの場合には、(他の構成事業体において生じた費用または損失に)相応する課税所得の増加があるとはみなされないものとする。
       ⅰ．課税所得に含まれる金額が、繰越欠損金や繰越未使用利息のような税務上の属性項目によって相殺される場合であって、2022年12月15日の翌日以後に締結されたハイブリッド裁定取引を考慮せずに、構成事業体が当該税務上の属性項目を使用できるか否かの判断をしたならば、当該税務上の属性項目に係る評価調整または会計認識調整が行われた、または行われたであろう場合
       ⅱ．ある構成事業体による支払が、その取引相手である構成事業体と同一の国・地域に所在する構成事業体の財務諸表に費用または損失として計上され、税務上も損金または損失となるが、当該国の(CbCRの)税引前利益(損失)の計算において費用または損失として計上されていない場合(当該支払いが構成事業体が同一国・地域において所有するフロースルー事業体により行われ、その財務諸表に費用または損失として計上される場合を含む)

    e．一方の構成事業体と相手方の構成事業体双方の財務諸表に含まれる、費用の額が(同様に双方の財務諸表に含まれる)収益と相殺される範囲において、当該取引は、パラ

グラフ94aの重複損失取引には該当しない。
- f．一方の構成事業体の財務諸表に計上された費用の額が以下のいずれにも含まれる収益または所得と相殺される限り、当該取引は、パラグラフ94bの重複損失取引には該当しない。
    - ⅰ．当該費用または損失を計上した当該一方の構成事業体の財務諸表に計上された収益
    - ⅱ．当該費用または損失を課税所得から控除する取引の相手方構成事業体の課税所得
- g．費用または損失が税務上透明な事業体の構成事業体所有者の財務諸表に含まれる範囲において、当該費用または損失は、当該税務上透明な事業体の財務諸表には含まれないものとする。
- h．パラグラフ94aの重複損失取引が発生し、費用または損失を財務諸表に計上した複数の構成事業体が同一の判定対象国・地域に所在する場合、一の構成事業体の財務諸表に計上された当該費用または損失については、パラグラフ92aの調整を行う必要はない。

97．国・地域が、2022年12月15日の翌日以後に締結される取引について、憲法上の理由または他の上位にある法律に基づき、パラグラフ91から96に含まれる運営指針を適用できない場合、当該国・地域は、当該運営指針の「2022年12月15日」を「2023年12月18日」と置き換えて適用することができる。

第2章　恒久的セーフハーバー

1．ある国・地域におけるMNEの事業活動が、移行期間セーフハーバーの要件を満たさない場合でも、恒久的セーフハーバーの条件を満たす可能性がある。移行期間CbCRセーフハーバーと同様に、国・地域ごとに恒久的セーフハーバーの要件を充足しても、MNEグループは、GloBE情報申告書の作成および提出義務などのグループ全体に課されるGloBEルール上の遵守事項が免除されるわけではない。

2．本章では、今後ルール化される可能性がある簡易計算セーフハーバーの枠組みについて説明する。この枠組みの下で規定される簡易計算は、MNEグループが行う必要のある計算の手間と複雑さを軽減することにより、GloBEルールへの準拠を簡素化すると同時に、この簡易計算がGloBEルールにおける原則的計算の結果との整合性と透明性を損なわないようにすることを目的とした恒久的セーフハーバーの一部を構成する。

セクション1．簡易計算セーフハーバーの枠組み

簡易計算セーフハーバー

1．国・地域のトップアップ税額(追加トップアップ税額を除く)は、判定対象国・地域が、以下のいずれかの要件を満たした場合、会計年度においてゼロとみなされる。

　a．通常利益要件

　b．デミニマス要件

　c．ETR要件

2．構成事業体は、会計年度においてこれらの要件を満たすか否かを判断するために、簡易所得計算、簡易収入計算、または簡易税額計算を使用する。

3．判定対象国・地域において、それぞれ以下の場合に各要件を満たすことになる。

　a．通常利益要件－簡易所得計算に基づいて計算されたGloBE所得が、GloBEルール第5.3条に従って計算された当該国・地域の実質ベースの所得除外額以下である場合

　b．デミニマス要件－GloBEルール第5.5条に従って計算された、当該国・地域の(簡易収入計算に基づく)平均GloBE収入が1000万ユーロ未満であり、かつ当該国・地域の(簡易所得計算に基づく)平均GloBE所得が100万ユーロ未満であるか、損失である場合

　c．ETR要件－GloBEルール第5.1.1条に従い、簡易所得計算および簡易税額計算に基づいて計算される国・地域の実効税率が15％以上である場合

4．簡易所得計算、簡易収入計算および簡易税額計算(以下、併せて「簡易計算」という)は、それぞれGloBEルールで規定されるGloBE所得・損失、GloBE収入および調整後対象租税の計算の代替計算である。これらの計算は、今後BEPSに関する包摂的枠組みが、原則的計算に対する調整または簡素化が以下のいずれかを充足すると判断した場合に、合意された運営指針において規定される予定である。

　a．GloBEルールを適用した結果と最終的に同じ結果となる。

　b．上述a.を満たさないとしても、GloBEルールの信頼性を損なわない。

3．簡易計算セーフハーバーの目的は、MNEグループがGloBEルールを(全面的に)適用した場合の結果と変わることなく、あるいはGloBEルールの信頼性を損なうことなく、計算を簡素化できる場合、GloBEルールを(全面的に)適用する場合における複雑な計算を回避でき

るようにすることである。

合意された運営指針

4．本章で説明するセーフハーバーは、簡易計算の活用に関して、今後、合意された運営指針を策定するための枠組みを提供するものである。運営指針は、包摂的枠組みにより公表され、簡易計算セーフハーバーを参照する形で作成されることになる。MNEグループは、国・地域ごとのETR計算を行い、GloBE情報申告書を提出する際に、今後公表されるセーフハーバーに依拠することができる。MNEグループが簡易計算セーフハーバーを適用するためには、当該セーフハーバーに関して合意された運営指針の策定にあたって合意した申告要件を遵守する必要がある。

5．セーフハーバーは、運営指針において示された簡素化された計算方法に依拠することにより、以下の点を実現するものである。

- a．計算の簡素化を、合意された内容と一貫した形で適用することにより、GloBEルールに基づく結果の信頼性を担保する。
- b．包摂的枠組みのメンバーに対し、将来、追加の簡素化を行うことを許容することで、セーフハーバーの制度設計とその適用においてある程度の柔軟性を認める。
- c．GloBE情報申告書を作成し、GloBEルールの各実施国・地域でのトップアップ税額を計算する際、本セーフハーバーを適用することにより、MNEにとっての税の安定性がさらに高まる。

6．なお、このアプローチは、合意された運営指針が国内法の要件に従い適用されると規定する第8.3条に反することなく実施されるものとする。

セーフハーバーの適用

7．簡易計算セーフハーバーの枠組みにおいて規定される通常利益要件、デミニマス要件およびETR要件は、GloBEルールで規定されているこれらの要件と同じものとすることを意図している。つまり、通常利益要件では実質ベースの所得除外額を用い、デミニマス要件はデミニマス除外に準じ、ETRテストはGloBEルール上のETR計算に基づくものである。判定対象国・地域がこれらの要件のいずれかを満たす場合、MNEはその国・地域のトップアップ税額は生じないものとされる。

8．判定対象国・地域が簡易計算セーフハーバーの適用を受ける場合、当期トップアップ税額は、第8.2条に従いゼロに減額される。一方、本セーフハーバーの適用により、追加トップアップ税額がゼロになることはないものとする。

通常利益要件

9．同様に、通常利益要件は、第5.3条の実質ベースの所得除外の規定を適用して計算する。

したがって、実質ベースの所得除外額は、原則的なGloBEルールにより計算される金額と同じであるが、違いとしては、通常利益要件の判定にあたり(実質ベースの所得除外額と比較することになる)GloBE所得は簡易所得計算により計算することができ、(原則的なGloBE所得の計算に対し)簡略化する調整が規定されていることである。

10. ある国・地域が簡易所得計算によりGloBE損失となる場合、その国・地域に関しては利益が生じていないため、通常利益要件を充足するものとする。通常利益要件を満たすことにより、当期トップアップ税額がゼロとみなされる(なお、これは第4.1.5条をはじめとする追加トップアップ税額もゼロとみなされるわけではない)。第4.1.5条に基づく追加トップアップ税額が発生するか否かを判断する目的で、MNEがGloBEルールを全面的に適用してGloBE損失の計算を行う必要がないようにするために、さらなる合意された運営指針を検討する余地がある。

デミニマス要件

11. デミニマス要件は、第5.5条のデミニマス除外に従うものである。この要件は、国・地域の平均GloBE収入が1000万ユーロ未満であり、かつ平均GloBE所得が100万ユーロ未満である場合に適用される(当該国・地域が損失を計上している場合を含む)。第5.5条の規定は、平均GloBE収入および平均GloBE所得を計算する目的で、簡易計算セーフハーバーにおいて同様に適用される。違いとしては、デミニマス要件の検討にあたり用いる簡易所得計算および簡易収入計算において簡略化する調整が規定されることである。

ETR要件

12. ETR要件は、国・地域のETRが15％以上であるというGloBEルールの原則に従うものである。国・地域のETRは、会計年度において国・地域に所在する各構成事業体の調整後対象租税の合計を、当該国・地域のGloBE純所得で除したものとなる。簡易計算セーフハーバーでは、国・地域のETRは簡易計算に基づいて計算することとなる。

簡易計算の条件

13. 合意された運営指針において策定されるすべての簡易計算は、上記枠内のパラグラフ4に定めるいずれかの条件を満たす必要がある。すなわち、簡易計算は、モデルルールおよびコメンタリーで想定されている結果と同じ結果となるものであるか、またはGloBEルールの信頼性を損なわない代替的な計算でなければならない。

GloBEルールと同様の結果

14. 第1の条件の下では、簡易計算の結果は、最終的にはGloBEルールを(全面的に)適用した場合における結果と同じでなければならない。つまり、簡易計算は、国・地域または構成事業体に関してトップアップ税額が発生するか否かを判断するための「ショートカット」として機能するものでなくてはならない。

15. 例えば、財務会計上の純損益に対して特定の調整を行うか否かによりGloBEルールの適用結果が変わらない場合、包摂的枠組みはその調整を無視することをMNEに認めるような追加の運営指針を定めることに合意することができる。例えば、財務会計上の純損益にポートフォリオ配当が含まれた状態で、その国・地域が調整なしで既にデミニマス除外の要件を満たしている場合を想定する。GloBE所得の計算上、MNEはポートフォリオ配当のうち除外される金額を計算する必要がある。つまり、当該配当金が短期ポートフォリオ持分から生じるものであるか、または第7.6条の適用を受ける投資事業体から生じるものであるかを判断する必要がある。たとえすべてのポートフォリオ配当が除外配当に該当するとしても、MNEは（除外配当について財務会計上の純損益を減額する前に）デミニマス要件を既に満たしているため、運営指針は、MNEがこの調整を行わないことを認める可能性もある。

結果はGloBEルールの信頼性を損なうものではない

16. 第二の条件として、この簡易計算による結果が、GloBEルールの信頼性を損なうものである必要がある。この条件により、包摂的枠組みは、GloBE所得、GloBE収入および調整後対象租税の計算において、簡易計算がGloBEルールを全面的に適用した場合と同じ結果をもたらすものではないものの、GloBEルールの信頼性を損なうリスクが生じない限り、簡易計算である代替計算を規定できる。例えば、構成事業体がGloBEルールを全面的に適用した計算を行った場合と比較して、簡易計算では、GloBE収入またはGloBE所得の過少計上、あるいは調整後対象租税の過大計上となる可能性がある。ただし、セーフハーバーによるコンプライアンス負担の軽減が、トップアップ税額が僅かに減少するリスクを十分に上回る場合には、かかる計算を簡易計算に組み込むことができる。

17. 合意された運営指針において示されることになる計算の簡素化は、第2の柱のビジネス・アドバイザリー・グループ（BAG）や他の利害関係者との協議を通じて策定されることも想定される。その協議は、所得、収入、税額計算のうち、コンプライアンス負担の観点から最も懸念のある部分に焦点を置いたものになることが想定される。

セクション２．重要性の低い構成事業体（NMCE）の簡易計算

> **NMCEの簡易計算**
>
> １．申告構成事業体は、判定対象国・地域の簡易計算セーフハーバーによる判定を行うために、年次選択により、NMCE簡易計算を用いてNMCEのGloBE所得・損失、GloBE収入、および調整後対象租税を計算することができる。
>
> ２．NMCEとは、規模または重要性を理由にUPEの連結財務諸表に項目ごとに連結されないものの、第1.2.2条に従って構成事業体とみなされる事業体であり、そのPEを含むものとする。なお、以下のすべての場合に該当する必要がある。
>
> 　ａ．その連結財務諸表は、第10.1.1条第a項または第c項に定めるものであること
>
> 　ｂ．その連結財務諸表は外部監査を受けていること
>
> 　ｃ．そのNMCEが総収入が5000万ユーロを超える事業体である場合、CbCRの作成に使用されるその事業体の財務諸表は、許容された財務会計基準または承認された財務会計基準に従って作成されるものであること。
>
> ３．NMCE簡易計算とは、恒久的セーフハーバーを適用するにあたって、NMCEに関して適用する以下の全ての計算方法を意味する。
>
> 　ａ．簡易所得計算の適用において、NMCEのGloBE所得は、関連するCbCR作成規則に従って定められた総収入金額と等しいものとする。
>
> 　ｂ．簡易収入計算の適用において、NMCEのGloBE収入は、関連するCbCR作成規則に従って定められた総収入金額と等しいものとする。
>
> 　ｃ．簡易税額計算の適用において、NMCEの調整後対象租税は、関連するCbCR作成規則に従って定められた発生税額と等しいものとする。
>
> ４．関連するCbCR作成規則とは、UPE所在国・地域のCbCRの作成について定める規則、またはUPE所在国・地域でCbCRを提出しない場合には代理親会社所在国・地域のCbCRの作成について定める規則を意味する。UPE所在国・地域においてCbCRの作成規則がなく、MNEグループがどの国・地域においてもCbCRを提出する必要がない場合、関連するCbCR作成規則とは、OECD BEPS行動計画13最終報告書およびCbCRの実施に関するOECDガイダンスを意味するものとする。

18．包摂的枠組みは、恒久的セーフハーバーの一部として、簡易所得計算、簡易収入計算および簡易税額計算の方法を策定する方針について合意した。これは、GloBEルールに基づき計算することを求められるGloBE所得・損失、GloBE収入および調整後対象租税についての

NMCEの定義

19. 上記枠内のパラグラフ2に定める定義によれば、NMCEとは、UPEの連結財務諸表において規模または重要性を理由として除外されるが、GloBEルール第1.2.2条に従って構成事業体とみなされる事業体を意味する。さらに、構成事業体がNMCEとみなされるためには、三つの追加の条件を満たす必要がある。

20. 最初の条件は、上記枠内のパラグラフ2aに記載されているとおり、UPEは、第10.1.1条の連結財務諸表の定義における第a項または第c項に定める連結財務諸表を作成しなければならないことである。これは、UPEが、許容された財務会計基準による連結財務諸表、または比較可能性を阻害する重要な差異を防止するための調整を条件とする承認された財務会計基準による連結財務諸表を作成しなければならないことを意味する。

21. したがって、MNEグループの連結財務諸表が、第10.1.1項第b項または第d項に定めるものである場合には、NMCEの定義に該当しないことになる。第b項は、国外のPEを有する本店(すなわち、第1.2.3条のMNEグループ)の財務諸表を指すため、第b項の連結財務諸表は、NMCEの定義における要件を満たさない。したがって、本店とPEのみで構成されるMNEグループには、NMCEは存在せず、NMCE簡易計算を適用することはできない。

22. 同様に、第d項は、UPEが連結財務諸表を作成していない場合に適用されるみなし規定であるため、第d項の連結財務諸表は、NMCEの定義における要件を満たさないこととなる。NMCEの定義では、事業体の非重要性を判断するために、連結財務諸表が存在し、かつ、外部監査を受けていることを要件としており、したがって、みなし連結財務諸表を作成するMNEグループの構成事業体はNMCEの定義を満たさないこととなる。

23. 上記枠内のパラグラフ2bに規定されている第2の要件は、MNEグループの連結財務諸表が外部監査を受けていることである。この条件は、監査人の意見において事業体を連結の範囲から除外することに関して異議(すなわち、限定意見)が含まれていないことを必要としている。上記枠内に「外部監査人」の定義はないが、関連する監査業務を遂行する専門知識を有する法人または個人でなければならないとされている。国・地域の法律の下で監査人として登録されている者は、この専門知識を有するとみなされる。

24. 最後に、パラグラフ2cに定める第3の条件は、総収入金額が5000万ユーロを超える事業体の場合、CbCRの作成に使用されるNMCEの財務諸表は、許容された財務会計基準または承認された財務会計基準に従って作成されなければならないというものである。

25. PEを有する本店が、(UPEの連結財務諸表において)項目ごとに連結される場合、当該

PEはその規模や重要性にかかわらずNMCEとはみなされない。一方、本店がNMCEである場合、その本店のすべてのPEはNMCEとみなされる。

簡易所得計算、簡易収入計算、簡易税額計算

26. NMCE簡易計算は、簡易計算セーフハーバーの一環として、NMCEのGloBE所得・損失、GloBE収入、調整後対象租税を計算するための代替的な計算方法を提供するものである。ある国・地域について簡易計算セーフハーバーによる判定を行うためにNMCE簡易計算を使用することは、事業体ごとに適用される年次選択であり、国・地域ごとに選択されるものではない。簡易計算セーフハーバーの各要件(すなわち、デミニマス要件、通常利益要件、ETR要件)による判定を行うため、各NMCEは選択により以下の簡易所得計算、簡易収入計算および簡易税額計算を実施する。

27. 簡易所得計算において、NMCEのGloBE所得・損失は、関連するCbCR作成規則に従って算定される総収入金額とする(注1)。したがって、NMCEのGloBE所得・損失は、NMCEの財務会計上の純損益をGloBEルールに従って調整する計算を行うのではなく、関連するCbCR作成規則に従って算定される当該NMCEの総収入金額と同額になる。

28. 簡易収入計算において、NMCEのGloBE収入は、関連するCbCR作成規則に基づき算定される総収入金額とする。つまり、NMCE簡易計算では、GloBE所得とGloBE収入は同額となる。

29. 簡易税額計算において、NMCEの調整後対象租税は、関連するCbCR作成規則に基づき算定される発生税額とする。つまり、簡易税額計算には、繰延税金費用、長期未払の当期税金費用に係る調整および不確実な税務ポジションに対する引当額は含まれない。

30. NMCEであるPEの場合、GloBE所得、GloBE収入、および調整後対象租税の額は、当該PEに関して関連するCbCR作成規則に基づいて算定された総収入金額および発生税額とする。例えば、(本店を含む)NMCE全体の財務諸表に報告される総収入金額が100であるとする。関連するCbCR作成規則では、当該収入金額のうち60は本店の所在国・地域の総収入金額として報告され、40がPEの所在国・地域の総収入金額として報告されるものとする。この場合、本店のGloBE所得およびGloBE収入は60であり、PEのGloBE所得およびGloBE収入は40である。

関連するCbCR作成規則

31. 上記枠内のパラグラフ4は、NMCEの簡易計算における「関連するCbCR作成規則」を定義している。当該用語は、UPE所在国・地域におけるCbCRの作成に関する法令または規則、またはUPE所在国・地域でCbCRを提出しない場合には代理親事業体の国・地域におけるCbCRの作成に関する法令または規則を意味する。UPE所在国・地域にCbCRの作成規則がなく、かつMNEグループがいずれの国・地域においてもCbCRを提出する必要がない場合

には、関連するCbCR作成規則とは、OECD BEPS行動計画13最終報告書およびCbCRの実施に関するOECDガイダンスを意味する。

モニタリング

32. OECDのCbCRモデルルールは、2020年に実施されたCbCR制度に関するレビューの一環として、現在見直しが行われている。包摂的枠組みは、NMCE簡易計算がGloBEルールの信頼性を損なうような問題を生じさせないよう、総収入金額と発生税額に関連するCbCRモデルルールの変更が行われるか否かについて注視している。

33. さらに、包摂的枠組みは、遅くとも2028年までには、これらの簡易計算で採用されている計算方法を検証し、実際にこれらの簡易計算が恒久的セーフハーバーの条件を満たしているか否かを評価する予定である。

事例

34. あるMNEグループが、A国に二つのNMCE、B国に三つのNMCEを有しているとする。A国にはNMCE以外の構成事業体が存在しないが、B国には50の構成事業体が存在し、それらの事業体は当該MNEグループの連結財務諸表上項目ごとに連結されているものとする。

35. 当該MNEグループは、当該会計年度について簡易計算セーフハーバーの選択を行い、また、NMCE簡易計算の適用を選択した。当該MNEグループは、A国に所在する二つのNMCEについては双方ともにNMCE簡易計算を適用し、B国においては（三つのうち）一つのNMCEにのみ簡易計算の適用を選択した。

36. A国の二つのNMCEについて、関連するCbCR作成規則により算定された総収入金額の合計は250,000ユーロであり、発生税額の合計は50,000ユーロである。簡易計算セーフハーバーに基づくETR計算では、A国のGloBE所得は250,000ユーロ、調整後対象租税は50,000ユーロとなる。したがって、ETRは20％となり、A国のトップアップ税額はゼロとみなされる。

37. B国について、当該MNEは同国に所在するNMCEのうち一つに対してのみNMCE簡易計算を適用する。当該MNEの連結財務諸表に項目ごとに連結される50の構成事業体、およびNMCE簡易計算の選択を行わない二つのNMCEは、簡易計算セーフハーバーの一環として定められるGloBEルール上の計算を行う。これらの52の構成事業体は、（簡易計算セーフハーバーにおける）ETR計算のために合計して計算される通常の構成事業体である（なお、MOCE、JV、投資事業体は含まれない）。これら52の構成事業体について算出されたGloBE純所得および調整後対象租税の合計は、それぞれ10,000,000ユーロおよび1,600,000ユーロとする。選択が行われたNMCEについて計算された簡易所得および簡易税額は、それぞれ100,000ユーロおよび10,000ユーロとする。この場合、簡易計算セーフハーバーの判定におけるETRは15.94％（1,610,000ユーロ／10,100,000ユーロ）となる。簡易計算セーフハーバーの

ETR要件が満たされるため、B国のトップアップ税額もゼロとみなされる。

第3章　QDMTTセーフハーバー

はじめに

1．QDMTTとは、MNEグループの構成事業体のうち、その国・地域に居住する事業体、またはその国・地域にPEを有する事業体に対して、その国・地域が課す国内ミニマム税である。QDMTTは、GloBEルール第5章に基づく国・地域のETR計算と整合する方法により計算されるトップアップ税額として運用される。QDMTTの計算方法はモデルルールに規定されたものと若干異なる可能性があるが、全体としてQDMTTの制度設計とその計算結果は、GloBEルールに規定されたものと整合するものでなければならない。

2．QDMTTとGloBEルールの間に差異が生じる可能性（例えば、QDMTTのもとで現地財務会計基準を適用できる等）があることで、QDMTTのもとで課されるトップアップ税額が、GloBEルールを適用した場合に課されたであろうトップアップ税額より少なくなる一定のパターンが生じえることとなる。しかしながら、第5.2条に定めるトップアップ税額の計算式においてQDMTTは控除項目とされていることから、QDMTTのもとで支払うべき国内トップアップ税額がGloBEルールを適用した場合のトップアップ税額より少なくなるとしても、追加の税額が発生するだけである。したがって、MNEグループがQDMTTのもとで支払うトップアップ税額がGloBEルールのもとで支払うべき税額より少なくなる場合であっても、GloBEルールの信頼性に関するリスクを生じさせるものではない。

3．しかしながら、このQDMTTによるトップアップ税額を控除する計算式を適用するためには、同じ国・地域に関して、少なくとも二つの別個のトップアップ税額の計算が必要である。すなわち、国・地域のQDMTTに関する法令に基づく第一の計算と、GloBEルール（例えば、UPE所在国・地域のIIRに関する法令）に基づく第二の計算である。包摂的枠組みのメンバーは、同一の構成事業体に関して、併存するルールによって別個のトップアップ税額を計算する必要があることは、MNEグループのコンプライアンスコストと税務当局の事務負担を増加させることになると指摘している。

4．QDMTTセーフハーバーは、この問題に対処するための実務的な解決策を提供することを目的としている。MNEグループがある国・地域についてQDMTTセーフハーバーの適用を受ける場合、第8.2条に基づき、当該国・地域のトップアップ税額をゼロとみなすことで、当該国・地域は他の国・地域におけるGloBEルールの適用から除外される。すなわち、MNEグループは、ある国・地域についてQDMTTに基づくトップアップ税額の計算を1回行うことにより、当該国・地域について第8.2条に基づくQDMTTセーフハーバーが適用され、他の国・地域におけるGloBEルールの適用上、当該国・地域のトップアップ税額が自動的にゼロとみなされることで、GloBEルールに基づく再度の計算を回避することができる。しかしながら、MNEグループでセーフハーバーの下で2回目の計算をする必要がないということは、QDMTTのもとで支払うべき国内トップアップ税額が、GloBEルールを適用した場合の

税額と比べて不足する場合であっても、追加の税額が発生しないため、GloBEルールの信頼性の観点でリスクを生じさせる懸念がある。

5．このリスクに対処するため、QDMTTセーフハーバーの適用を受けるためには、その国・地域のQDMTTは追加の基準を満たすものでなければならない。具体的には、QDMTTがGloBEルールと異なる取扱いを定めることが認められていることを踏まえ、QDMTTセーフハーバーの適用を受けることができるQDMTTは、以下の三つの基準を満たさなければならないものとする。

　　a．QDMTT会計基準 – QDMTTはUPEの財務会計基準または一定の要件を満たす現地財務会計基準に基づいて計算されるものであること。
　　b．整合性基準 – QDMTTの計算はGloBEルールに基づく計算と同一であること。ただし、運営指針により修正された第10.1条のQDMTTの定義に係るコメンタリー（以下、QDMTTコメンタリー）において、QDMTTにおける計算はGloBEルールと異なるものとすることを明示的に定めている場合、または選択によりGloBEルールと異なる取扱いが認められている項目について、包摂的枠組みが整合性基準を満たすものと判断する場合を除く。
　　c．運用基準 – QDMTT国・地域は、GloBEルールを実施する国・地域に適用されるものと同様の、継続的なモニタリングプロセスの要件を満たすことを要する。

6．包摂的枠組みは、QDMTTがこれらの追加的な基準を満たし、QDMTTセーフハーバーの適用を受けることが認められるかの判断について、ピアレビュープロセスに依拠するものとする。QDMTTセーフハーバーの適用を受けることが認められるかの判断は、包摂的枠組みが、その国・地域の国内ミニマム課税が「適格」であるかを判断することと同時に行われる可能性がある。追加的な基準を満たすか否かは、国・地域のQDMTTの法令とその執行方法に基づいて判断され、QDMTTの法令が特定の企業グループにどのように適用されるかに基づいて判断されるわけではない。これにより、QDMTTセーフハーバーの適用が認められるか否か明確になり、納税者の予測可能性を高めることができる。

7．QDMTTセーフハーバーに適用される追加的な基準は、QDMTTの適格性の要件と混同されるべきではない。国内ミニマム課税がQDMTTと認められるための要件は、包摂的枠組みが策定したQDMTTコメンタリーにおいて規定されている。一方、本文書で定められている基準は、国内ミニマム課税がすでにQDMTTと取り扱われていることを前提にしている。したがって、QDMTTセーフハーバーの適用を受けるためには、まず国内ミニマム課税がQDMTTとして取り扱われ、次にこれらの追加的な基準に基づいてQDMTTセーフハーバーの適格性を検討する必要がある。例えば、QDMTTに関するコメンタリーのパラグラフ118.28から118.30に準拠せず、クロスボーダーの税額の配分を規定している国内ミニマム課税は、QDMTTとは認められないことになる。そのため、当該国・地域はQDMTTセーフハーバーの適用を受けることは当然できない。しかしながら、本文書に定める（QDMTTセーフハーバーの適格性を判断するための）追加的な基準は、（ある国内ミニマム課税が）QDMTT

として認められるために当該追加的な基準の特定の要素を満たすべきことを要求するものではない。包摂的枠組みが、国内ミニマム課税がQDMTTとして認められるために（本文書における追加的な基準と）同じ基準が必要であると判断した場合には、その基準による判断は、QDMTTセーフハーバーの適格性を決定する第二段階ではなく、国内ミニマム課税がQDMTTとして適格であるかを判断するQDMTTピアレビュープロセスの第一段階の一部として検討されることとなる。

QDMTTセーフハーバーの運用

8．GloBEルール第8.2.1条は、ある国・地域に所在する構成事業体、または当該国・地域のQDMTTの適用を受ける構成事業体がGloBEセーフハーバーの適用を受けることができる場合、申告構成事業体が当該GloBEセーフハーバーの適用を選択することにより、当該国・地域のトップアップ税額はゼロとみなすと定めている。包摂的枠組みは、下記枠内のパラグラフ1から5に示す基準を満たすQDMTTを実施する国・地域に関して、GloBEセーフハーバーの対象とすることに合意した。QDMTTがこれらの基準を満たすか否かは、QDMTTのピアレビュープロセスの一環として、包摂的枠組みにより判定される。

9．GloBEルールの適用国・地域は、他の国・地域のQDMTTが下記枠内に示す基準を満たす場合、当該他の国・地域のトップアップ税額をゼロにする仕組みを自国の法令において定めなければならない。GloBEルールの適用国・地域においてQDMTTセーフハーバーがどのように法制化または導入されるかは、GloBEルールの適用国・地域の法体系に委ねられる。GloBEルールの適用国・地域は、QDMTTがQDMTTセーフハーバーの要件を満たしているか否かについて、ピアレビュープロセスの一環として包摂的枠組みが下した決定を受け入れなければならない。

10．QDMTTセーフハーバーは、MNEグループが、別個のQDMTT計算の対象となるサブグループまたは事業体ごとに、その適用を選択できるものとする。例えば、（あるMNEグループにおいて）QDMTTセーフハーバーの基準を満たすQDMTT国・地域に、三つの構成事業体からなる主たるグループ、二つの事業体からなるJVグループ、およびGloBEルール第7.4条の対象となる一つの投資事業体が所在しているとする。この場合、申告構成事業体は、三つの構成事業体からなる主たるグループ、二つの事業体からなるJVグループ、および投資事業体について、別個にQDMTTセーフハーバーの適用を選択する必要がある。

11．申告構成事業体がQDMTTセーフハーバーの適用を選択できるのは、仮にQDMTTセーフハーバーが適用されない場合には、QDMTTに基づいて計算されるトップアップ税額が第5.2.3条に定めるトップアップ税額の算式において「適格国内ミニマムトップアップ課税額」として取り扱われる場合のみである。したがって、MNEグループは、QDMTTに基づく租税債務が、第5.2.3条のコメンタリーのパラグラフ20.1に記載されているように、申立ての対象となるか、または課税できないとみなされる場合には、QDMTTセーフハーバーの適用を選

択することはできない。そのような場合、MNEグループは当該QDMTTが下記枠内に定める基準を満たすか否かにかかわらず、当該国・地域についてQDMTTセーフハーバーの適用を選択することはできない。

12. 第5.2.3条コメンタリーのパラグラフ20.1においては、「適格国内ミニマムトップアップ課税額」の意味について追加のガイダンスが提供され、QDMTTの金額が支払われない場合を明確にするとしている。パラグラフ20.1に従って、QDMTTの金額が申立の対象となるか、または課税できないとみなされるため、QDMTTの金額が納付されない場合、MNEグループは当該国・地域についてQDMTTセーフハーバーを適用することができない。例えば、パラグラフ20.1に記載された状況において、QDMTT国・地域が、QDMTTに基づいて計算されたトップアップ税の一部または全部について課税することを阻止または制限される場合がある。これは当該国・地域のQDMTTが整合性基準を満たすことには影響しないが、こうした場合、当該国・地域の事業体に関してQDMTTが「適格国内ミニマムトップアップ課税額」に該当しないため、当該MNEグループは、当該国・地域の事業体についてQDMTTセーフハーバーの適用を選択できない。

13. また、ある国・地域のQDMTTは下記枠内に示される基準を満たすものの、当該国・地域のQDMTTがスイッチオフ・ルールの適用を受ける可能性がある場合、MNEグループは、当該国・地域のQDMTTに関してセーフハーバーを適用できない。本書の「整合性基準」のセクションで、スイッチオフ・ルールの運用について詳しく説明する。

QDMTTセーフハーバーを適用するために満たすべき基準

QDMTTセーフハーバーを適用するために満たすべき基準

1．QDMTTは、QDMTT会計基準、整合性基準および運用基準をすべて充足する場合には、QDMTTセーフハーバーを適用するための要件を満たすものとする。

2．QDMTTに関する法令において以下のいずれかの規定が設けられている場合、QDMTT会計基準を満たすものとする。

　a．GloBEモデルルールの第3.1.2条および第3.1.3条に相当する規定

　b．現地財務会計基準規定

3．現地財務会計基準規定は、以下のすべてを満たす規定である。

　a．QDMTT国・地域に所在するすべての構成事業体が現地財務会計基準に基づく財務諸表を有し、当該財務諸表に基づきQDMTTが計算され、かつ、以下のいずれかを満たすこと

　　ⅰ．国内の会社法または税法に基づき、当該財務諸表を保存または用いることが義務付けられていること

　　ⅱ．当該財務諸表が、外部の会計監査の対象となること

　b．現地財務会計基準とは、権限のある財務会計機構により、または関連する国内法に従い、QDMTT国・地域で承認された、または適用が義務付けられた財務会計基準で、以下のいずれかに該当するものであること

　　ⅰ．許容された財務会計基準

　　ⅱ．承認された財務会計基準について、比較可能性を阻害する重要な差異を防ぐための調整が行われたもの

　c．国・地域に所在するいずれかの構成事業体が第a項の要件を満たさない場合、または当該財務諸表の事業年度が、MNEグループの連結財務諸表の事業年度と異なる場合、QDMTTはGloBEルール第3.1.2条および第3.1.3条に相当する規定に基づいて計算されることを定めていること

4．QDMTTに基づく計算がGloBEルールに基づく計算と同一であれば、QDMTTは整合性基準を満たすものとする。ただし、QDMTTコメンタリーにおいてQDMTTの計算がGloBEルールに基づく計算とは異なるものとすることを明示的に求めている場合を除く。QDMTTについて、以下のいずれかの場合であっても、整合性基準を満たすことと

する。

  a．実質ベースの所得除外に関する規定を有しないか、または実質ベースの所得除外の適用がGloBEルールより限定的である場合

  b．デミニマス除外に関する規定を有しないか、またはデミニマス除外の適用がGloBEルールより限定的である場合

  c．国・地域の利益または超過利益に対して適用されるトップアップ税率の計算において、最低税率が15％超とされている場合

5．QDMTTは、GloBEルールに適用される継続的モニタリングプロセスで規定される要件を満たしている場合、運用基準を満たすものとする。

QDMTT会計基準

14. GloBEルールでは通常、MNEグループは、各構成事業体のGloBE所得・損失を計算するために、UPEの連結財務諸表作成に使用される財務勘定に基づいて計算を行うことを求めている（UPEの財務会計基準に基づく計算）。しかしながら、モデルルールにおけるQDMTTの定義では、現地財務会計基準に基づいて計算することも明示的に認められている。QDMTTの計算において、（QDMTT国・地域は）現地財務会計基準を使用することを選択できることから、現地財務会計基準に基づきQDMTTの計算を行うことを要求される場合において、MNEグループが当該現地財務会計基準に基づく財務諸表を作成していないときには、MNEグループにとってさらなる実務運営上の負担を生じさせることになると、包摂的枠組みのメンバーは指摘している。

15. こうした場合、現地財務会計基準の使用を要求することは、MNEグループの事務負担を軽減するというQDMTTセーフハーバーの本来の目的を損なう可能性がある。また、QDMTTに基づく損益を計算する目的のみで財務勘定が作成される場合、そのような財務勘定はMNEグループ全体が適用している財務会計基準と整合していない可能性があり、外部の監査人による会計監査の対象とならない可能性があるため、信頼性リスクも生じる。

16. この懸念に対処するため、QDMTT会計基準は、GloBEルール第3.1.2条および3.1.3条の要件に準拠して、現地財務会計基準の適用を制限している。つまり、QDMTTの計算は、UPEの連結財務諸表に使用されている財務諸表を使用することが合理的に実施可能ではない場合を除き、UPEの連結財務諸表作成に使用されている財務諸表と財務会計基準に基づく必要がある。

17. ただし、QDMTT会計基準は、国・地域がQDMTTの計算を現地財務会計基準に従って行うことを望む場合の選択肢を許容している。上記枠内のパラグラフ2bに従い、QDMTT国・地域は、第3.1.2条および第3.1.3条の代わりに現地財務会計基準規定として定義している

特別規定を適用することができる。

18. 現地財務会計基準規定は、上記枠内のパラグラフ3に定められている。現地財務会計基準規定においては、QDMTT国・地域に所在するすべての構成事業体が既に現地財務会計基準に基づいて財務諸表を作成している場合、当該現地財務会計基準に基づきQDMTTの計算を行うこととしている。この条件は、ある構成事業体の(現地財務会計基準に基づく)財務会計上の純損益が、MNEグループの別の事業体によって作成された現地財務会計基準に基づく連結財務諸表の一部として含まれている場合にも満たされる。この条件により、MNEグループが当該現地財務会計基準に基づく財務諸表を作成していない場合には、QDMTT国・地域が当該MNEグループに対して現地財務会計基準の使用を要求することを防止できる。この制限の目的は、QDMTTの目的のためだけにMNEグループに対して現地財務会計基準に基づく財務諸表の作成を要求することは出来ないこととすることで、MNEグループのコンプライアンスコストを増やさないことにある。したがって、QDMTT国・地域は、構成事業体が現地財務会計基準に基づいて財務諸表を作成していない場合、GloBEルール第3.1.2条および第3.1.3条に相当する規定によって適用される財務会計基準に基づいてQDMTTを計算することを求めなければならない。

19. QDMTT国・地域の法令は、当該QDMTT国・地域に所在するMNEグループのすべての構成事業体がパラグラフ3aの要件を満たす場合にのみ、当該現地財務会計基準の使用を認めるものでなければならない。この要件は、JVグループ(単体のJVを含む)には個別に適用される。したがって、JVグループ自体がパラグラフ3aの要件を満たす場合、当該JVグループは現地財務会計基準の適用を受けることができる。例えば、ある国・地域に所在するMNEグループのすべての構成事業体がパラグラフ3aの要件を満たすが、当該MNEグループが異なる財務会計基準の適用を受ける同じ国・地域に所在するJVグループの持分を保有している場合、当該MNEグループの構成事業体のQDMTTの計算には当該国・地域の現地財務会計基準を使用することができるが、JVグループには第3.1.2条および第3.1.3条と同等の規定が適用されることになる。つまり、MNEグループのすべての構成事業体またはJVグループのメンバーに関して、パラグラフ3aの条件を満たさない場合、当該法令では、第3.1.2条および第3.1.3条と同等の規定に基づいてQDMTTを計算することとしなければならない。

20. 構成事業体がPEである場合、QDMTT国・地域は、非居住者(である本店)が当該国・地域に所在するPEのために、当該国・地域の現地財務会計基準に基づいて当該PEの個別の財務諸表を作成する場合に限り、現地財務会計基準規定を適用することができる。この条件は、GloBEルールの計算に必要な情報が入手可能である限り、当該非居住者(である本店)が、当該PEの別個の財務諸表を作成しなくとも、現地税務申告等のために現地財務会計基準に基づく必要な財務会計情報を作成するのであれば満たされる。これは、PEの財務会計上の純損益を計算する出発点は、(それが存在する場合)税務上または経営管理上、作成された財務諸表であるとする第3.4条のコメンタリーのパラグラフ186および189と整合している。財務会計上の純損益の本店とPEの間の配分に関する今後の作業の一環として、包摂的枠組み

は、GloBE所得の源泉地である国・地域のQDMTTにおいて現地財務会計基準規定が適用される場合について検討し、特別な配分ルールが必要になるかどうかを判断する予定である。

21. また、現地財務諸表の会計年度が連結財務諸表の会計年度と異なることがあり、QDMTTの計算とGloBEルールのもとで求められる計算との間に不整合が生じる可能性がある。このような場合、QDMTT国・地域は、GloBEルールとQDMTTの整合性を確保するため、(現地財務会計基準ではなく)UPEの財務会計基準の使用を求めなければならない。

22. QDMTT国・地域が現地財務会計基準規定を採用する場合、MNEに一貫した基準の適用を要求しなければならず、条件を満たす場合には、現地財務会計基準の使用を求めなければならない。QDMTTの法令において、MNEグループにどの基準を使用するかを選ぶ選択肢を与えてはならない。これは、MNEグループがQDMTTの適用に関し、どの財務会計基準がより有利な計算結果をもたらすかを選択可能とするタックス・プランニングのリスクに対処するものである。

23. QDMTTセーフハーバーの要件を満たすために、現地財務会計基準は、GloBEルールで定義される許容された財務会計基準か、承認された財務会計基準のいずれかでなければならない。また、承認された財務会計基準に基づく現地財務諸表の場合、包摂的枠組みが策定する合意された運営指針に従い、比較可能性を阻害する重要な差異について調整されなければならない。

24. 上述のパラグラフ3bの現地財務会計基準の定義には、同パラグラフの条件を満たす財務会計基準が含まれる。したがって、QDMTT国・地域の権限のある財務会計機構、または当該国・地域の関連する法律に基づき、当該国・地域において複数の現地財務会計基準が認められている場合、QDMTTにおいてもその複数の現地財務会計基準のうちいずれかを適用することができる。例えば、QDMTT国・地域の国内法では、ある事業体に対して、現地において一般に公正妥当と認められる財務会計基準に基づく個別財務諸表を作成することを要求する一方、大規模MNEグループまたは証券取引所で株式が取引されているMNEグループの事業体については、IFRSに準拠した連結財務諸表作成のための財務諸表を作成することを要求する場合がある。このような場合、現地における一般に公正妥当と認められる財務会計基準に加え、IFRSは、上記枠内のパラグラフ3bに従い、現地財務会計基準とみなされることになる。また、国内の会社法または税法が事業体に対して財務諸表を作成または使用することを義務付けているが、適用する財務会計基準は、複数の現地財務会計基準の中から選択することができる場合も、パラグラフ3a(i)を満たすこととなる。

25. ある国・地域に所在する構成事業体が複数の財務会計基準を用いて財務諸表を作成する場合、QDMTT国・地域は、MNEグループに(適用する財務会計基準を)任意に選択する余地を与えることなく、QDMTTの計算目的のためにどの財務会計基準に基づく財務諸表を使用すべきかをQDMTTの法令において定めるべきである(すなわち、QDMTT国・地域は、QDMTTの適用目的のためにどの財務会計基準を使用すべきかを決定するためのタイブレー

カールールを用意しなければならない)。

26. このガイダンスは構成事業体の現地財務会計基準に基づき算定された財務会計上の純損益と、UPEの財務会計基準に基づき算定されたものとの間の差異に関する調整を含んでいないが、包摂的枠組みは、移行期間セーフハーバーおよび恒久的GloBEセーフハーバーに関して使用されるものを含め、異なる会計基準および税務規定の間の収益、費用または取引に関する非対称な取扱いについて、さらなるガイダンスを提供することを検討する。

整合性基準

27. QDMTTコメンタリーによれば、国内ミニマム課税は、モデルルールとコメンタリーに従って計算され、GloBEルールに基づく結果と同じ結果をもたらす場合、QDMTTと判断される。しかしながら、QDMTTコメンタリーは、QDMTTとGloBEルールとの間の差異が、(GloBEルールを全面的に適用した場合と比較して)同等かそれ以上の税負担を生じさせるか、または、計算の仕組みとしてより低い税負担を生じさせないことを条件に、QDMTTのある程度の変更を許容しまたは要求している。国・地域がその裁量によりQDMTTを設計できる部分があるということは、各国が導入するQDMTTがGloBEルールと完全には整合していない可能性があることを意味する。

28. 整合性基準の目的は、QDMTTセーフハーバーの下で明示的に認められている場合を除き、QDMTTがGloBEルールと整合している場合にのみ、QDMTTセーフハーバーを適用することができるようにすることである。これにより、共通の基準に基づいて国・地域ごとに最低水準の課税を求めるというGloBEルールの目的がQDMTTセーフハーバーにより損なわれることがないようにしている。

29. 原則として、ある国・地域のQDMTTがQDMTTセーフハーバーの適用を受けるためには、まず(その国・地域の国内ミニマム税が)QDMTTであるための条件を満たし、QDMTTがIIRおよびUTPRのモデルルールおよびコメンタリーを遵守することを求めるQDMTTコメンタリーの各種条件を満たすものでなければならない(注2)。QDMTTが、第5.2.3条のコメンタリーのパラグラフ20.1に記載されているように、申立の対象となっている、あるいは課税できないとみなされているとしても、整合性基準には影響しない。しかしながら、一定の場合、QDMTTコメンタリーは特定事項の取扱いについてGloBEルールからの乖離を要求または許容している。以下のパラグラフで説明するように、これらの乖離は、必須の乖離と任意の乖離に分類することができ、整合性基準における取り扱いは乖離の種類によって異なることとなる。

必須の乖離

30. QDMTTコメンタリーでは、いくつかの事項に関して、QDMTTがGloBEルールから乖離することを明確に求めており、その結果、異なる計算結果となることを含め、異なる規定

を定めることを求めている。ピアレビュープロセスにおいて、ある国・地域の国内ミニマム課税がQDMTTとして認められるためには、その設計においてこうした乖離を含める必要がある。

31．QDMTTコメンタリーでは、現在二つの必須の乖離について規定している。第1の乖離は、QDMTTコメンタリーのパラグラフ118.28から118.30に規定されており、親事業体において生じたCFC税額や、PEに帰属する利益に関して本店において生じた税などの、クロスボーダーの税金の配分はQDMTTにおいて考慮しないことである。第二の乖離は、QDMTTコメンタリーのパラグラフ118.54に規定されており、QDMTTが現地財務会計基準に従って作成された財務諸表に基づいて計算される場合で、かつ、その国・地域のすべての構成事業体の現地財務諸表が現地通貨を使用しているときには、QDMTTは現地通貨により計算しなければならないことである。

32．これらの乖離は、国内ミニマム課税がQDMTTとみなされるための必要条件であるため、整合性基準においても、これらの乖離をQDMTTの通常の設計として含めるよう求めている。これらの乖離がない国内ミニマム課税はQDMTTとはみなされず、したがってQDMTTセーフハーバーの必要条件を満たさないこととなる。

任意の乖離

33．QDMTTコメンタリーでは、QDMTTにおけるGloBEルールからの乖離が、(GloBEルールを全面的に適用した場合と比較して)同等以上の税負担をもたらす場合、または、計算の仕組みとして(常に)租税負担が減少することがない場合には、QDMTTがGloBEルールから乖離することが許容されている。こうした乖離は、それぞれ分析する必要があるが、QDMTTコメンタリーでは、QDMTT国・地域がその裁量によりGloBEルールから乖離する規定を定めることができる具体的なケースをいくつか示している。

34．任意の乖離に関する原則的な考え方は、QDMTT国・地域が導入したGloBEルールから乖離する規定が、IIRとUTPRに関するモデルルールとコメンタリーを適用した場合の結果と整合する結果をもたらす場合に限り、整合性基準を満たすことになるということである。QDMTT国・地域がIIRとUTPRに関するモデルルールとコメンタリーの規定から乖離する規定を導入した場合、包摂的枠組みがその乖離が許容できるものであり、QDMTTセーフハーバーを適用することができる旨に同意しない限り、当該国・地域のQDMTTは整合性基準を満たさないこととなる。

35．包摂的枠組みは、以下のGloBEルールからの任意の乖離は、常にGloBEルールと同等以上の税負担をもたらすものとして容認する旨、合意している。

　　ａ．実質ベースの所得除外を適用しない、もしくはより限定的なものとする
　　ｂ．デミニマス除外を適用しない、もしくはより限定的なものとする

c．国・地域のトップアップ税率を計算する上で、15％を超える最低税率を定める

36．包摂的枠組みは、整合性基準の一部として、GloBEルールからのその他の乖離が上述のリストに含まれるか否かを今後検討する。すべての状況において同等以上の税負担をもたらす場合、または、GloBEルールの一部がそのQDMTT国・地域には該当しないものであるため、当該一部のルールの適用を省略したとしても結果が変わる可能性がない場合にのみ、GloBEルールからの任意の乖離の検討対象とすることができる。例えば、QDMTTの実施国・地域が事業体ごとにETRとトップアップ税額を計算するQDMTTを設計したときに、当該国・地域がそのQDMTTについて、国・地域ごとの計算を行う場合と比較して常に同等かそれ以上の税負担をもたらすものであることを証明できる場合、包摂的枠組みは、そのQDMTTの設計を上述のリストに含めることに合意することができる。これらの制度設計の要件を満たしたQDMTTは、本ガイダンスに規定された他の要件を満たせば、QDMTTセーフハーバーの適用を受けることができる。

スイッチオフ・ルール

37．QDMTT国・地域のQDMTTの法令および執行における実務は、ピアレビューの過程において、本ガイダンスで挙げられている三つの基準に基づき評価される。したがって、QDMTTがQDMTTセーフハーバーの要件を満たすか否かは、ピアレビュープロセスで実施される国・地域ごとの評価であり、MNEグループごとの評価ではない。しかしながら、QDMTT国・地域が、特定の構成事業体または企業構造に関してQDMTTを課すことに一定の制限を受ける場合もあることが認識されている。こうした制限は、QDMTT国・地域が整合性基準を満たすか否かの判定に影響する可能性があるが、こうした制限は少数の事業体や特定の企業構造に関連するものであり、（QDMTTの適用を受けるすべての法人への影響と比較して）バランスを欠いていると思われる。

38．国・地域ごとに適用されるQDMTTセーフハーバーと、QDMTTの適用における特定の制約の存在が整合性基準を満たすか否かに影響を与えるのを避けること、の両者の間で適切なバランスをとるため、包摂的枠組みは、以下のケースはQDMTTが整合性基準を満たすことに影響を与えないことにつき合意した。

　　a．QDMTT国・地域が、その国・地域で設立されたフロースルー事業体に対してQDMTTを課さないこと
　　b．QDMTT国・地域が、GloBEルール第7.4条、第7.5条、第7.6条の対象となる投資事業体に対してQDMTTを課さないこと
　　c．QDMTT国・地域が、QDMTTの法令において第9.3条を採用し、その適用に制限を設けないこと（すなわち、QDMTTコメンタリーのパラグラフ118.51のオプション3）
　　d．QDMTT国・地域が、JVグループ（単体のJVを含む）のメンバーをQDMTTの対象範囲に含めるが、QDMTTコメンタリーのパラグラフ118.11で認められているように、

JVグループのメンバーに直接課税するのではなく、MNEグループの構成事業体に課税すること

39. QDMTT国・地域が上述のいずれかのケースに該当する場合、ピアレビュープロセスにおいて、そうした制約を包摂的枠組みに通知する必要がある。さらに、そのQDMTTがQDMTTセーフハーバーの基準を満たしている旨の合意の中で、その制約がQDMTTの整合性基準に影響を与えない点についても判断される。

40. 上述した(四つの)特定のケースについて、MNEグループに対してスイッチオフ・ルールが適用されることから、QDMTT国・地域に所在する、または設立された構成事業体の全部または一部の構成事業体(事例5および事例7の場合)に関してQDMTTセーフハーバーを適用することができなくなる。その代わりにGloBEルール第5.2.3条に規定されるQDMTTの控除計算を行うこととする。以下の例は、整合性基準とスイッチオフ・ルールの適用に関する追加ガイダンスを提供する。

事例1 − 無国籍フロースルー事業体

41. QDMTT国・地域によっては、フロースルー事業体は当該国・地域の法人税法においては税務上の居住者ではないため、QDMTTの範囲に含めていない場合がある。そのような事業体は、MNEグループのUPEであるか、または第2.1条に従ってIIRが適用される場合を除き、GloBEルールでは無国籍事業体として取り扱われることになる。しかしながら、QDMTTコメンタリーのパラグラフ118.8.1は、QDMTT国・地域に対し、これらの無国籍事業体がQDMTT国・地域で設立される場合に限り、当該事業体について単体で計算されるQDMTTを課すことを認めている。原則として、QDMTT国・地域は無国籍事業体であるフロースルー事業体に対してQDMTTを課すことを求められていないが、QDMTT国・地域が、そのようなフロースルー事業体に対してQDMTTを課すか否かにかかわらず当該国・地域のQDMTTについての整合性基準の判定には影響しないこととしている。QDMTTがこうした無国籍フロースルー事業体に適用されない場合、MNEグループは、QDMTTを適用する国・地域で設立されたすべての無国籍フロースルー事業体に対してGloBEルールを適用することになる。

事例2 − フロースルー事業体であるUPE

42. 事例1で記載のとおり、多くのQDMTT国・地域では、フロースルー事業体は当該国・地域の法人税法においては税務上の居住者ではないため、QDMTTを課さない場合がある。しかしながら、GloBEルール上、フロースルー事業体であるUPEはその設立国・地域に所在するものとみなされるため、QDMTTコメンタリーのパラグラフ118.8.2は、QDMTT国・地域がフロースルー事業体であるUPEに対して直接QDMTTを課さない場合であっても、QDMTTの計算においてはフロースルー事業体であるUPEを考慮しなければならないとしている。QDMTT国・地域がフロースルー事業体であるUPEに対してQDMTTを課すか否か

にかかわらず、フロースルー事業体であるUPEがその国・地域のQDMTTの計算に含まれている限りQDMTTは整合性基準を満たすこととなる。一方、フロースルー事業体であるUPEが(税務上の居住者として)所在する国・地域が当該UPEに対してQDMTTを課さない場合、MNEグループは当該QDMTT国・地域についてスイッチオフ・ルールを適用することとなる。なお、その国・地域がフロースルー事業体であるUPEに帰属するトップアップ税額を当該国・地域に所在する他の構成事業体に再配分しているため、当該UPEに対してQDMTTを課していないとしても、当該UPEが(税務上の居住者として)所在する国・地域に関してスイッチオフ・ルールを適用しなければならない点に留意が必要である。

事例3－IIRを適用するフロースルー事業体

43. 第2.1条から第2.3条および関連条項に従いIIRの適用を求められるフロースルー事業体は、その事業体が設立された国・地域に所在するものとされる。QDMTTコメンタリーのパラグラフ118.8.3は、事例2と同様の考えに基づき、QDMTT国・地域が当該事業体に対してQDMTTを課すか否かを選択することを認めている。当該事業体が設立された国・地域のQDMTTの計算に含まれる限り、QDMTT国・地域が当該事業体にQDMTTを課すか否かにかかわらず、当該国・地域のQDMTTについての整合性基準の判定に影響することはない。一方、このようなフロースルー事業体が(税務上の居住者として)所在する国・地域が当該フロースルー事業体に対してQDMTTを課さない場合には、MNEグループは当該国・地域に関してスイッチオフ・ルールを適用することとなる。なお、その国・地域がこれらのフロースルー事業体に帰属するトップアップ税を当該国・地域に所在する他の構成事業体に配分しているため、当該フロースルー事業体に対してQDMTTを課していないとしても、当該フロースルー事業体が(税務上の居住者として)所在する国・地域に関してスイッチオフ・ルールを適用しなければならない点に留意が必要である。

事例4－国際活動の初期段階にあるMNEグループ

44. 第9.3条は、MNEグループが国際的な事業活動の初期段階にある場合、経過措置としてUTPRの適用除外を定めている。この規定はUTPRの一部であり、IIRの運用には影響しない。QDMTTコメンタリーのパラグラフ118.51は、QDMTTの法令における第9.3条の採用に関して三つの選択肢を提示している。第一の選択肢は、ある国・地域がQDMTTの法令において第9.3条を採用しないことを認めるものである。第二の選択肢は、ある国・地域が、(その国・地域に所在する構成事業体に対して)適格IIRが適用されない場合に限り、第9.3条を採用することを認めるものである。第三の選択肢は、国・地域が第二の選択肢における制限を設けることなく第9.3条を採用することを認めるものである。国・地域がこれら三つの選択肢のいずれを選択しても、整合性基準は満たされることとする。この場合、第9.3条をQDMTTに適用するMNEグループは、その国・地域が第三の選択肢を採用しているQDMTT国・地域に所在するすべての構成事業体に関して、スイッチオフ・ルールを適用するものとする。一方、QDMTT国・地域が第一または第二の選択肢を採用している場合、スイッチオフ・

ルールは適用されない。

　事例5－投資事業体

45. QDMTT国・地域は、その国・地域の投資事業体に関する税制が課税の中立性を保持するように設計されているため、その国・地域に所在する第7.4条、第7.5条または第7.6条の対象となる投資事業体に対してQDMTTを課さないこととすることができる。このような場合、QDMTTがこれらの投資事業体に課されていなくても、整合性基準を満たすことになる。ただし、QDMTTがこれらの投資事業体には適用されないことから、MNEグループは、これらの投資事業体に関してスイッチオフ・ルールを適用することになる。

　事例6－完全所有ではない構成事業体

46. QDMTTコメンタリーのパラグラフ118.10において、QDMTT国・地域は（当該国・地域に所在する構成事業体に対する所有者持分の保有割合にかかわらず）国・地域別トップアップ税額の全額に対してQDMTTを課すこととされており、これにより当該国・地域のトップアップ税額は、GloBEルールのもとでゼロになるとしている。一方、パラグラフ118.10は、国・地域のすべての構成事業体が、事業年度を通じて、UPEまたはPOPEに100％所有されていない場合、こうしたMNEグループに関して、QDMTTを適用しないこととする選択肢をQDMTT国・地域に与えている。QDMTTは、UPEまたはPOPEが有する構成事業体に対する所有者持分の保有割合にかかわらず、国・地域別トップアップ税額の全額に対してQDMTTが課される場合にのみ、QDMTTセーフハーバーにおける整合性基準を満たすことになる。すなわち、（QDMTTの導入において）部分的にしか所有しない事業体をQDMTTの対象から除外する選択をする国・地域は、整合性基準を満たさないため、QDMTTセーフハーバーの対象とはならない。この場合には、QDMTTがセーフハーバーの適用をそもそも受けることができないため、スイッチオフ・ルールとは関係ないこととなる。

　事例7－JV

47. QDMTTコメンタリーのパラグラフ118.8および118.10は、QDMTT国・地域は、当該国・地域に所在するJVグループ（単独のJVを含む）のメンバーを有するMNEグループに対してQDMTTを適用しない選択を認めている。しかしながら、QDMTT国・地域が、当該国・地域に所在するJVグループのメンバーを有するMNEグループに対してもQDMTTを適用する場合にのみ、QDMTTセーフハーバーにおける整合性基準は満たされる。なお、QDMTTコメンタリーのパラグラフ118.11が許容しているとおり、QDMTTの課税額の配分を同一国・地域に所在するJVグループのメンバーまたは主たるグループの構成事業体のいずれに対して行うかは整合性基準の充足の判断に影響を与えない。ただし、QDMTT国・地域がJVグループのメンバーをQDMTTの範囲に含めており、かつ、QDMTTを当該JVグループのメンバーに直接課税するのではなく、主たるグループの構成事業体に課税額を配分している場

合、MNEグループは、当該JVグループのメンバーに関してスイッチオフ・ルールの適用を受けることとなる。一方、QDMTT国・地域がJVやJV子会社をQDMTTの適用範囲に含めないと決定した場合には、そもそもQDMTTは整合性基準を満たさないため、セーフハーバーの対象とはならず、スイッチオフ・ルールは関係しないことに留意が必要である。

事例8－GloBE所得の調整

48. QDMTTコメンタリーのパラグラフ118.21では、国・地域は、モデルルール第3章の調整項目が自国の税制には関連しない場合があるため、第3章の調整項目のすべてを含める必要はないものとしている。一例として、当該パラグラフでは、QDMTT国・地域の株式報酬の税務上の損金算入額が会計処理に従って計算される額とされている場合、当該QDMTT国・地域は、モデルルール第3.2.2条で規定されている調整をQDMTTの計算に含める必要はないこととしている。一方、QDMTTに関する法令がモデルルール第3章で求められているすべての調整項目を網羅していない場合、QDMTTは整合性基準を満たさないこととなる。しかしながら、包摂的枠組みが、モデルルールにおける計算方法と同等以上の租税負担をもたらすものと判断した場合、将来的に、このような調整は上記パラグラフ35に記載しているGloBEルールからの任意の乖離のリストに含まれる可能性がある。なお、整合性基準が満たされないことによりQDMTTセーフハーバーの要件を充足しない場合、スイッチオフ・ルールは関係しないこととなる。

事例9－適格分配時課税制度

49. 適格分配時課税制度は、GloBEルール第7.3条の特別ルールが適用される。対象となる課税制度には2021年7月1日以前に施行されていた税制が該当する。QDMTTコメンタリーのパラグラフ118.40.2は、適格分配時課税制度を有する国・地域は、そのQDMTTの法令に第7.3条の内容を含めることを求めている。一方、2021年7月1日までに適格分配時課税制度を有していないQDMTT国・地域は、当該条項が効力を持たないため、QDMTTの法令に当該条項を含める必要はない。適格分配時課税制度がない国・地域の場合、当該国・地域がQDMTTの法令に当該条項を反映するか否かは整合性基準の充足の判断に影響は与えない。なお、本パラグラフの内容は、スイッチオフ・ルールが適用されるケースのリストに含まれていないため、この件に関してスイッチオフ・ルールは適用されないこととなる。

運用基準

50. QDMTTセーフハーバーにより、GloBEルールの適用国・地域における計算は不要とされ、GloBEルールの適用国・地域は、MNEグループがQDMTT国・地域において最低レベルの課税を受けることについて、QDMTT国・地域における計算に依拠することになる。こうした観点から、運用基準とは、QDMTTの運用が他の国・地域のGloBEルールの適格要件を満たす法令における運用と同等であることを確保するものである。

51. 運用基準では、QDMTTセーフハーバーが適用されるQDMTT国・地域に対し、GloBEルールと同様の継続的なモニタリングプロセスを実施することを求めている。これは、GloBEルールを実施するすべての国・地域がQDMTT国・地域のトップアップ税額をゼロに減額し、QDMTT国・地域によるQDMTTの効果的な適用に依存することになるためである。継続的なモニタリングプロセスには、QDMTTにおいて求められる情報収集と報告事項が、GloBEルールにおけるこれに相当する要件およびGloBE情報申告書において示される方法と整合していることを確認するためのレビューが含まれる。例外として、QDMTTセーフハーバーの適格要件を充足するQDMTTを導入している国・地域は、以下のいずれかに該当する場合、GloBE情報申告書に関して定められている簡素化した国・地域ごとの報告の枠組みを適用しないことを選択することができる。

a．QDMTTの下でトップアップ税額が発生する場合（トップアップ税額を構成事業体間で配分する必要がない場合を含む）
b．QDMTTセーフハーバーのために使用される財務情報が、既に各構成事業体により報告されており、当該国・地域の法令が、課税の対象となる事業体に対し、現地の税務上の手続きにおいて、当該事業体に係る情報申告書または税務申告書を提出することを要求している場合

この場合、QDMTTを適用する国・地域は、MNEグループに対し、現地の構成事業体ごとに、QDMTTにおいて使用される財務会計基準に従って行われたGloBE所得・損失および調整後対象租税に関する調整（当該事業体に関する各調整項目に対する加算および減算に係る報告を含む）を報告することを求めることができる。

QDMTTセーフハーバーのピアレビュープロセス

52. ピアレビュープロセスは、最低課税制度がQDMTTとみなされるか否かを決定するものである。ピアレビュープロセスは、GloBEルール実施枠組みの下でまだ策定中である。しかしながら、このピアレビュープロセスは、QDMTTがQDMTTセーフハーバーの基準を満たしているか否かを判断するための経過的なレビュープロセスおよび恒久的なレビュープロセスを含むものとする。

53. ピアレビュープロセスにおいて、最初に検討されることは、その国・地域の最低課税制度がQDMTTとみなされる基準を満たすか否かである。この判断は、2023年2月に公表されたQDMTTに関する合意された運営指針と、包摂的枠組みによって策定されるさらなるガイダンスに基づいて行われることとなる。

54. その最低課税制度がQDMTTの基準を満たしている場合、ピアレビュープロセスの次のステップは、QDMTTに該当する最低課税制度がQDMTTセーフハーバーの基準を満たしているか否かを判断することである。この分析は、本文書が定める基準に基づいて行われる。つまり、QDMTTがQDMTTセーフハーバーの適用を受けるためには、QDMTT会計基準、

整合性基準、および運用基準を満たす必要がある。

55. 最後に、ある国・地域のQDMTTが、当該国・地域の適格IIRまたは適格UTPRに従って計算される場合、そのQDMTTはQDMTTの原則的な要件とQDMTTセーフハーバーの基準を満たすものになる。ただし、パラグラフ31に規定される必須の乖離による計算方法の修正は行われる。この結果、法令の複雑さと冗長さが緩和され、ピアレビュープロセスが容易になることが期待される。このレビューがどのように行われるかについてのさらなるガイダンスは、ピアレビュープロセスの作業の一環として、包摂的枠組みによって示される予定である。

第4章　移行期間UTPRセーフハーバー

> **移行期間UTPRセーフハーバー**
>
> １．UPE所在国・地域が20％以上の税率を適用する法人所得税制度を有する場合、UPE所在国・地域のUTPRトップアップ税額は、移行期間中の各会計年度においてゼロとみなすものとする。
>
> ２．移行期間とは、2025年12月31日以前に開始し、2026年12月31日より前に終了する12か月以内の会計年度をいう。

１．UTPRは、IIRのバックストップとして、各国・地域に対してGloBEルールの採用を促し、また、MNEに対してIIRの課税対象となるようにグループの資本関係を構築するよう促すように設計されている。しかしながら、GloBEルールの適用順序において、その国・地域がQDMTTを導入していない場合、UPE所在国・地域についてトップアップ税を課す手段としては、事実上、UTPRが主たる制度として機能することとなる。UPE所在国・地域についてUTPRが適用される可能性があるMNEグループは、UPEの利益を（UPE所在国以外で適用される）IIRの課税対象とするために、資本関係を変更する余地は子会社に比べて限られている。各国・地域がQDMTTを含む適格ルールの導入を完了させていく中で、特にGloBEルールの適用開始から最初の数年間において、UTPRはより頻繁に適用されることが考えられる。

２．各国・地域がQDMTTを導入するための十分な時間がない間に、UTPRをUPE所在国・地域に適用することは、以下の理由から望ましくないと考えられる。まず第一に、UTPRの下で各国・地域に配分されるトップアップ税額は、その国・地域で生じる利益に比例しない場合が多いことである。多くのMNEグループは、その事業と利益の大部分はUPE所在国・地域に帰属するものであり、他の国・地域にはより小さい事業しか有していない。第二に、UTPRはIIRよりも多くの情報とより高度な各国間の課税権の調整を必要とするため、UTPRの下では紛争が生じる可能性が高くなることである。UTPRの施行と課税権の調整は、過去に実績のある紛争予防・解決メカニズムや、場合によっては事前の安定性メカニズムを活用することも考えられる。

３．MNEグループは、UPE所在国・地域以外の国・地域については、当該国・地域の事業に係る持分が適格IIRの適用を受ける外国持株会社により保有されるようにすることで、当該国・地域についてUTPRの適用を回避することができる。しかしながら、多くのMNEは、UPE所在国・地域についてUTPRの適用を回避するためUPEに関する資本関係を逆転させ、UPEを別の国・地域に所在する会社の子会社とすることは、実務上容易にはできない。UPEがUTPRの適用を回避するための資本関係の変更を実行できない場合、UPE所在国・地域が現行の法人所得税を改正するか、国内IIRまたはQDMTTを導入しない限り、UPE所在国・地域の軽課税所得がUTPRの対象となる。移行期間UTPRセーフハーバーは、各国・地

域がGloBEルールの影響を評価し、最低税率以上のGloBEルール上のETRを常に生み出すように既存の法人所得税法を改正するか、国内IIRやQDMTTのような適格国内最低課税制度を導入するための時間的な猶予を提供するものである。

4．移行期間UTPRセーフハーバーは、GloBEルールの適用が開始される最初の2年間に適用される、UPE所在国・地域における移行期間中の措置を定めるものである。移行期間UTPRセーフハーバーの下では、2025年12月31日以前に開始し、2026年12月31日より前に終了する12か月以内の会計年度について、UPE所在国・地域について計算されるUTPRトップアップ税額はゼロとみなされる。

5．（移行期間UTPRセーフハーバーの適用要件となっている）国・地域の法人所得税率は、GloBEルールの適用対象であるMNEグループの通常の課税所得に対して課される法定税率である。この税率は、すべての州や地方について、GloBEルールの適用対象となるMNEグループに一般的に適用される（国税と州税や地方税の）合計税率が20％以上となるように設計されていることを条件として、州税や地方税を考慮することができる。表面税率上の20％テストは、UPEが、法人所得税制を有し税率が十分に高い国・地域に所在するMNEグループのみが移行期間UTPRセーフハーバーの適用を受けることができるようにするものである。GloBEルールの実施国・地域は、どの国・地域が移行期間UTPRセーフハーバーの対象となるかを判断する際に、移行期間に含まれる各会計年度に関しOECDが公表する法定法人所得税率表を参照することができる。包摂的枠組みは、必要に応じて、国・地域が対象となる会計年度について20％テストを満たしたか否かを特定するための、さらなる運営指針を提供するものとする。

6．移行期間を短期間にした背景は、移行期間UTPRセーフハーバーが、各国・地域によるGloBEルールの導入を阻害する要因となったり、MNEグループがまだQDMTTを導入していない国・地域に移転したり、実効税率の低いUPE所在国・地域に利益を移転したりするインセンティブとならないようにするためである。したがって、移行期間を延長することはできない。

7．複数の移行期間セーフハーバーの適用を受けるMNEグループは、国・地域ごとに適用するセーフハーバーを選択することができる。ある国・地域のある会計年度において、MNEが移行期間CbCRセーフハーバーと移行期間UTPRセーフハーバーの両方の適用を受けることができる場合、MNEは、移行期間UTPRセーフハーバーではなく、移行期間CbCRセーフハーバーの適用を選択すると考えられる。なぜなら、移行期間CbCRセーフハーバーは、一度適用を受けないと、その後も適用を受けることができないとする"Once out, always out"に基づき、後続の会計年度で適用を受けることが出来なくなるためである。

(注1) OECD CbCRガイダンスは、「収益」の広範な定義を規定している。収益には、「特別利益および投資活動からの利益」を含む、「棚卸資産および不動産の販売、サービス、ロイヤルティ、利子、保険料、その他の収益」が含まれる。なお、「収益」から、他の構成事業体から受領する配当、およびその他包括利益(例えば、「包括所得／利益、再評価、および／または純資産および資本の部に反映された未実現利益」)は除外される。出典：OECD BEPS行動計画13最終報告書、国別報告書の実施に関するOECDガイダンス。

(注2) IIRとUTPRのモデルルールとコメンタリーで規定されている財務会計基準以外の会計基準を使用しているQDMTTへのQDMTTセーフハーバーの適用は、整合性基準ではなく、QDMTT会計基準で規定されている。

グローバル税源浸食防止(GloBE)
Pillar Two
Ⅲ．事例集

はじめに

1．グローバル税源浸食防止(GloBE)ルールは、デジタル経済における税制上の課題に対処するための解決策の一環として策定されたものである。これらのルールは、大規模な多国籍企業(MNE)が、事業活動を行っている各国・地域における所得に対して、最低水準の租税は確実に支払うように設計されている。GloBEルールのコメンタリーは、税務当局および納税者に、GloBEルールの解釈と適用に関する指針を提供する。本コメンタリーの目的は、GloBEルールについて、一貫性のある共通の解釈を提供することにより、税務当局とMNEグループのいずれもが協調的に運用できるようにすることである。本コメンタリーでは、GloBEルールの意図する適用結果を説明するとともに、特定の用語の意味を明確にする。

2．OECD事務局が作成した本文書は、GloBEルールの適用について多くの事例を提示している。事例の番号はGloBEルールの関連規定およびGloBEルールのコメンタリーの条項と一致している。本事例集は、専ら例示を目的としたものであり、コメンタリーの一部を構成するものではない。GloBEルールの同一またはその他の側面およびコメンタリーにおける説明について例示するための追加の事例が作成・公表されることが想定される。

第２章－事例

第2.1.3条

事例2.1.3－1
トップダウンアプローチの適用

１．本事例では、UPEが適格IIRの適用を求められない場合における第2.1.3条に基づくトップダウンアプローチの適用について説明している。

２．A社はA国に所在するABCグループのUPEである。A社はB国に所在するB1社およびB2社を直接保有している。B1社およびB2社はC国に所在する構成事業体であるC社の所有者持分を50％ずつ保有している。C社の所有者持分は普通株式であり、利益分配と資本に対して同等の権利を有している。ABCグループにおける構成事業体はA社、B1社、B2社およびC社のみである。

３．A社、B1社およびB2社はいずれも当該会計年度のETRが最低税率を上回っているが、C社は軽課税国・地域に所在するLTCEである。3つの国・地域のうち、B国だけが適格IIRを実施している。ABCグループ各社の資本関係および所在地は、以下の図のとおりである。

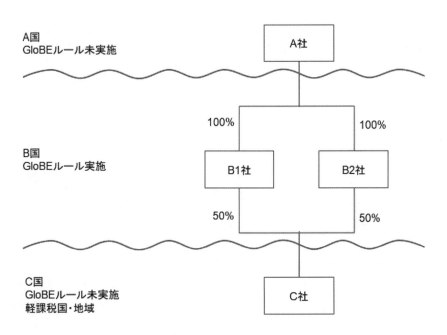

４．GloBEルール上、C国は軽課税国・地域であり、C社はLTCEであるため、第5章に基づいて計算されるC社に係るトップアップ税額についてIIRが適用され、課税されることとなる。

5．A社はUPEであり、仮にA国が適格IIRを導入していたとするならば、第2.1.1条および第2.1.3条に基づき、IIRを優先的に適用することとなる。しかしながら、本事例では、B国のみが適格IIRを導入しており、第2.1.3条第a項の要件に該当しないため、中間親事業体であるB1社およびB2社は、第2.1.2条に従って、IIRを適用することを求められる。B1社およびB2は、第2.1.2条に従って、C社に係るトップアップ税額の配分額（各50％）に基づき、IIRを適用しなければならない。B1社およびB2社はIIRに基づき、C社に係るトップアップ税額の総額相当額のトップアップ税額を納付することとなる。

事例2.1.3－2
トップダウンアプローチの適用および二重課税排除の仕組み

1．本事例では、適格IIRの適用が求められる中間親事業体が、同一のLTCEに関して適格IIRの適用が求められる他の中間親事業体の所有者持分を保有している場合における第2.1.3条のトップダウンアプローチの適用について説明している。

2．事実関係は、以下を除き、事例2.1.3－1と同じである。

　　a．A社はB2社の所有者持分の80％を直接保有し、B2社の所有者持分の残りはB1社が保有する。
　　b．B1社およびB2社がC社の所有者持分の50％をそれぞれ保有するのではなく、B1社がC社の所有者持分の10％を、B2社がC社の所有者持分の90％を保有する。

3．ABCグループ各社の資本関係および所在地は、以下の図のとおりである。

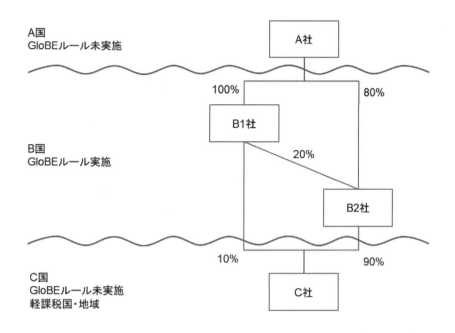

4．本事例では、IIRの適用を受ける中間親事業体の一つであるB1社が、他の中間親事業体であるB2社の所有者持分を一部保有している。しかしながら、B1社はB2社に対する支配持分を保有していないため、下位階層の事業体であるB2社において第2.1.3条第b項の適用はなくIIRの適用が行われる。したがって、B1社およびB2社はともに、第2.2条に従って、トップアップ税額の配分割合に基づき、第2.1.2条のIIRの適用が求められる。

5．この場合、C社に係るトップアップ税額に対するB2社の配分割合は（C社の直接保有に基づき）90％となり、B1社の配分割合は（10％の直接保有と18％の間接保有により）28％となる。しかしながら、二重課税を避けるため、第2.3条では、B1社がC社の間接保有に起因するトップアップ税額を、B2社に課された金額だけ減額することを定めている。

第2.1.5条

事例2.1.5－1
IIRの適用－POPE

1．本事例では、UPEとPOPEが同一のLTCEに関して適格IIRの適用を求められる場合における分割所有ルールとトップダウンアプローチの適用について説明している。

2．A社はA国に所在し、ABCDグループのUPEである。A社は3つの構成事業体（B国、C国、D国にそれぞれ所在するB社、C社、D社）に対する支配持分を保有している。A社はB社の所有者持分の60％を保有し、残りの40％は第三者が保有している。B社はC社を、C社はD社をそれぞれ100％保有している。B社、C社およびD社の所有者持分は普通株式であり、利益分

配と資本に関して同等の権利を有している。ABCDグループ各社の資本関係および所在地は、以下の図のとおりである。

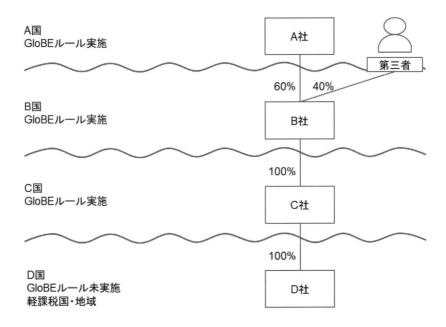

3．D社はGloBEルールにおける軽課税国・地域に所在するため、第5章に基づいて計算されるD社に係るトップアップ税額は、適用されるIIRに従って課税の対象とされる。

4．第10.1条によれば、POPEとは、(a)同じMNEグループに属する他の構成事業体の所有者持分を（直接または間接に）保有しており、(b)その（構成事業体の利益に対する）所有者持分の20％超が当該MNEグループの構成事業体でない者により直接または間接に保有されている構成事業体をいう。間接所有権テストでは、構成事業体でない者がUPEを通じて保有する所有者持分は考慮されない。B社は、(a)C社の所有者持分を保有し、(b)その所有者持分の40％がABCDグループの構成事業体でない者に保有されているので、POPEに該当する。また、C社は、(a)D社の所有者持分を保有し、(b)その所有者持分の40％が（B社を通じて）ABCDグループの構成事業体でない者に間接的に保有されているため、POPEの定義に該当する。D社は、その所有者持分の40％が（B社およびC社を通じて）MNEグループの構成事業体でない者に間接的に保有されているものの、当該MNEグループのいずれの構成事業体の所有者持分も保有していないため、POPEには該当しない。

5．第2.1.4条により、POPEは、UPEまたは中間親事業体がIIRの適用を求められる場合であっても、LTCEに係るトップアップ税額の配分額についてIIRの適用が求められる。したがって、B社とC社はD社の所有者持分を保有しているため、第2.1.4条によりIIRの適用が求められる。しかしながら、C社は他のPOPEであるB社に完全に保有されているため、第2.1.5条によりIIRの適用が行われない。その結果、B社は第2.1.4条に従ってIIRを適用し、D社に係るトップアップ税額の100％相当額を納税することとなる。

6．POPEの存在により、UPEは適格IIRの適用を妨げられるものではない。しかしながら、第2.3条におけるIIRの二重課税排除の仕組みにより、UPEは自身に対するトップアップ税額の配分額をPOPEにおいて課された分だけ減額することが求められる。したがって、A社は、第2.3条に従って、D社に係るトップアップ税額の配分額をゼロにする必要がある。

事例2.1.5－2
IIRの適用－POPE

1．本事例では、二つのPOPEが同一のLTCEに関して適格IIRを適用することが求められる場合における第2.1.4条および第2.1.5条に基づく分割所有ルールとトップダウンアプローチの適用について説明している。

2．事実関係は、以下を除き、事例2.1.5－1と同じである。

　a．C社の所有者持分の10%を第三者が直接保有している。
　b．残りの90%はB社が引き続き保有している。

3．ABCDグループ各社の資本関係および所在地は、以下の図のとおりである。

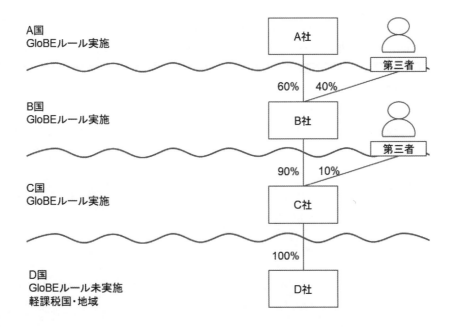

4．B社およびC社は、その所有者持分の20%超をABCDグループの構成事業体でない者によって保有されているため、POPEに該当する。B社はその所有者持分の40%をグループ外の者によって直接保有されているため、POPEに該当する。C社もその所有者持分の46%を第三者によって直接（10%）および間接（40%×90%＝36%）に保有されているため、POPEに該当する。

5．しかしながら、本事例では、C社は他のPOPEにより完全には保有されていないため、第2.1.5条によるIIRの適用制限はない。

6．したがって、C社は、D社に係るトップアップ税額の100％がトップアップ税額の配分額であるため、当該トップアップ税額について第2.1.4条に基づきIIRを適用する。この場合、B社は（適格IIRの適用を求められる他のPOPEに完全所有されていないことから）第2.1.5条の適用を受けず、第2.1.4条に従って（異なるトップアップ税額の配分について）IIRの適用が求められる。しかしながら、第2.3条の仕組みにより、A社とB社がD社に関してIIRを適用することによる二重課税の可能性はすべて排除されることとなる。

第2.2.3条

事例2.2.3－1
IIRに基づくトップアップ税額の配分

1．本事例では、合算比率と親事業体に係るトップアップ税額の配分額の計算について説明している。

2．A社はMNEグループのUPEであり、B国に所在するPOPEであるB社の所有者持分の70％を保有している。B社の残りの30％の所有者持分は、グループ事業体でない者が保有している。B社は、C国に所在するLTCEであるC社の所有者持分の20％を保有している。A社はC社の所有者持分の70％を直接保有している。C社の所有者持分の残りの10％は、グループ事業体でない者が保有している。A社は、D国に所在するLTCEであるD社の所有者持分を100％保有している。B社、C社およびD社の所有者持分は、利益分配と資本に関して同等な権利を有する普通株式である。MNEグループ各社の資本関係および所在地は、以下の図のとおりである。

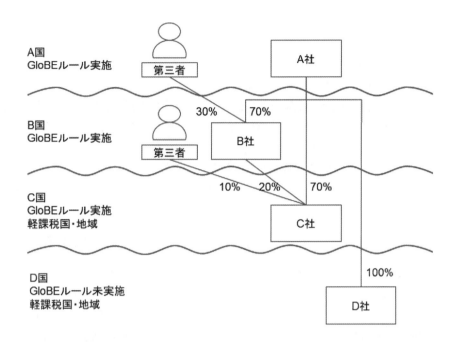

3．当該会計年度において、C国について計算され、C社に配分されたトップアップ税額は1,000である。D国について計算され、D社に配分されたトップアップ税額は500である。A社の連結財務諸表に含まれるC社およびD社の財務会計上の純利益は、それぞれ18,000および0である。C社のGloBE所得は20,000であり、D社のGloBE所得は35,000である。C社のGloBE所得と連結財務諸表に含まれる利益との差額は、GloBE所得・損失の計算において考慮されない費用2,000に起因している。D社のGloBE所得と連結財務諸表に含まれる利益との差額は、すべてD国外に所在するグループ事業体と行われている取引から生じている。

事業体	連結損益	GloBE所得	差異
C社	18,000	20,000	2,000
D社	0	35,000	35,000

4．C社に係るB社のトップアップ税額の配分額は、以下のように計算される。

a．B社がUPEの財務会計基準に従って実際に連結財務諸表を作成する場合、B社はC社の所有者持分の20％しか保有していないため、C社の収益および費用を連結しないこととなる。しかしながら、第2.2.3条第a項に従い、B社がC社に対する支配持分を保有すると仮定した場合、仮想の連結財務諸表上、B社はC社の収益、費用、資産、負債およびキャッシュフローを連結することが求められる。

b．B社の合算比率を計算する第一段階は、第2.2.3条に従って、A社の所有者持分を含む「他の所有者」の所有者持分に帰属するGloBE所得の金額を計算することである。第d項により、LTCEに対する支配持分を有しないグループ外の事業体への利益配分に関

するUPEの財務会計基準の適用上、A社の所有者持分は、グループ外の事業体が保有する所有者持分として取り扱われる。この場合、GloBE所得のうち16,000（グループ事業体でない者が保有する10％に係る2,000およびA社が保有する70％に係る14,000）は、他の所有者が保有する所有者持分に帰属するものとされる。

 c．第二段階では、第2.2.2条に基づき、C社に係るB社の「合算比率」を計算する。B社の合算比率は20％（＝［GloBE所得20,000－他の所有者の持分16,000］/GloBE所得20,000）である。

 d．最終段階では、第2.2.1条に従って、C社に係るB社のトップアップ税額の配分額を計算する。B社のトップアップ税額の配分額は200（＝トップアップ税額1,000×合算比率20％）となる。

5．C社に係るA社のトップアップ税額の配分額は、以下のように計算される。

 a．第一段階として、第2.2.3条に従って、「他の所有者」が保有する所有者持分に帰属するGloBE所得の金額を計算する。この場合、GloBE所得のうち3,200（グループ外の事業体が直接保有する10％の所有者持分に係る2,000とグループ外の事業体がB社を通じて間接的に保有する6％の所有者持分に係る1,200）は、他の所有者の所有者持分に帰属するものとされる。この金額は、第2.2条が財務会計上の純利益でなくGloBE所得を用いることから、連結財務諸表に含まれる金額としてグループ外事業体である者に帰属する金額とは異なる。

 b．第二段階では、第2.2.2条に従って、C社に係るA社の「合算比率」を計算する。A社の合算比率は84％（＝［GloBE所得20,000－他の所有者の持分3,200］/GloBE所得20,000）である。

 c．最終段階では、第2.2条および第2.3条に従って、C社に係るA社のトップアップ税額の配分額を計算する。まず、A社は第2.2.1条に従って暫定的なトップアップ税額の配分額840（＝トップアップ税額1,000×合算比率84％）を計算する。次に、A社はB社に適用されるIIRに基づく課税額相当額、つまり14％（＝20％×70％）に相当する額をA社の配分額から控除する。したがって、第2章の適用上、A社のトップアップ税額の配分額は700（＝暫定配分額840－控除額140）である。

6．最後に、D社に係るA社のトップアップ税額の配分額は、以下のように計算される。

 a．第一段階では、第2.2.3条に従って、「他の所有者」が保有する持分に帰属するGloBE所得の金額を計算する。この場合、D社はA社に100％保有されているため、その金額はゼロとなる。

 b．第二段階では、D社に対するA社の合算比率を計算する。A社の合算比率は100％（＝［GloBE所得35,000－他の所有者の持分0］/GloBE所得35,000）である。第2.2.3条第c項では、A社の連結財務諸表に含まれる構成事業体の利益ではなく、GloBE所得に基づく配分額を求めているため、実際の連結手続きにおいてD社の利益が消去されたとしても、仮定の配分額は変わらない。

c．最終段階では、第2.2.1条に従い、D社に係るA社のトップアップ税額の配分額を計算する。A社トップアップ税額の配分額は500（＝トップアップ税額500×100%の合算比率）である。

7．各LTCEに係る各親事業体のトップアップ税額の配分額および第2.3条の二重課税排除の仕組みは、以下の表のとおりである。

	A社	B社	グループ外	合計
C社に係るトップアップ税額の配分額	840	200	100	1,140
第2.3条に基づく二重課税排除	(140)	ー	ー	(140)
D社に係るトップアップ税額の配分額	500	ー	ー	500
配分されたトップアップ税額合計	1,200	200	100	1,500

第2.2.4条

事例2.2.4－1
IIRに基づくトップアップ税額の配分

1．本事例では、第3.5.3条に基づきLTCEの利益の一部がグループ外の事業体に配分される場合の合算比率およびトップアップ税額の配分額の計算について説明している。

2．リバースハイブリッド事業体とは、B国で設立され、B国税法では課税上透明なものとして取り扱われるが、A国税法では課税上透明なものとしては取り扱われない事業体である。A国に所在するMNEグループの親事業体がリバースハイブリッド事業体の所有者持分の60%を保有し、残りの40%の所有者持分はグループ外の事業体が保有している。MNEグループ各事業体の資本関係および所在地は、以下の図のとおりである。

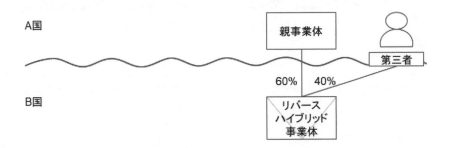

3．第3.5.1条が適用される前に、リバースハイブリッド事業体のGloBE所得・損失は、グループ外の事業体への配分額である40%だけ減額される。GloBE所得・損失の残りの60%は、第3.5.1条第c項に従って自らに配分される。第2.2条に基づく親事業体のトップアップ税額の

配分額の計算において、第2.2.4条ではリバースハイブリッド事業体の所得は第3.5.3条の適用によりグループ外の事業体に配分される所得を含まないと定めている。したがって、リバースハイブリッド事業体に係るトップアップ税額の配分額を計算するための親事業体の合算比率は、第3.5.3条に基づく調整後、100％となる。すなわち、第3.5.3条により、リバースハイブリッド事業体のGloBE所得からグループ外の事業体に配分されるGloBE所得が除外されたため、残りのGloBE所得はすべて親事業体の所有者持分に帰属することとなる。

第2.3.2条

事例2.3.2－1
IIRの二重課税排除の仕組み－POPE

1．本事例では、UPEとPOPEが同一のLTCEに関して適格IIRを適用する場合における第2.3.2条の適用によるIIR二重課税排除の仕組みについて説明している。

2．A社はABCグループのUPEである。A社はA国に所在し、2つの子会社（B国に所在するB社およびC国に所在するC社）に対する支配持分を直接または間接に保有している。C社は軽課税国・地域に所在するLTCEである。ABCグループの構成事業体は、A社、B社およびC社のみである。

3．A社はB社の60％の所有者持分を保有し、残りの40％は第三者が保有している。B社は、C社の所有者持分を100％保有している。B社およびC社の所有者持分は普通株式であり、利益配当および資本に係る同等の権利を有している。MNEグループ各社の資本関係および所在地は、以下の図のとおりである。

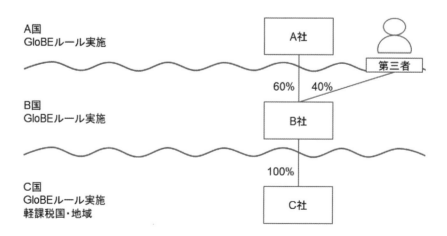

4．C社に係るトップアップ税額は1000万ユーロである。B社はABCグループの他の構成事業体（C社）の所有者持分を保有し、自社の所有者持分の40％が第三者（グループ外の事業体）に保有されているため、POPEに該当する。したがって、B社は、LTCEの所有者持分を保

有するPOPEに該当するため、第2.1.4条に基づきIIRの適用が求められる。また、A社はUPEであるため、第2.1.1条に従ってIIRの適用が求められる。しかしながら、二重課税を排除するため、第2.3.1条に従い、A社に配分されたトップアップ税額を減額する。これはA社がPOPEであるB社を通じてLTCEであるC社の所有者持分を保有しているためである。第2.3.2条の規定により減額されるトップアップ税額は、上位の親事業体であるA社に配分されたトップアップ税額のうち、下位の中間親事業体またはPOPEであるB社においても「課税される」部分に限られる。

5．したがって、B社はIIRの適用が求められ、そのトップアップ税額の配分額は1000万ユーロである。A社もIIRの適用が求められるが、B社に課されたトップアップ税額が減額され、A社のトップアップ税額の配分額(600万ユーロ)はゼロになる。本事例の計算結果は、以下の表のとおりである。

事業体	C社の直接所有者持分	C社の間接所有者持分	合算比率	トップアップ税額の配分額	IIRの二重課税排除	最終的なトップアップ税額
B社	100%	―	1	1000万ユーロ	―	1000万ユーロ
A社	―	60%(60%×100%)	0.6	600万ユーロ	600万ユーロ	0ユーロ

事例2.3.2－2
IIR二重課税排除の仕組み－POPE

1．本事例では、UPEがLTCEの所有者持分を直接およびPOPEを通じて間接に保有し、UPEとPOPEのいずれもがLTCEに関して適格IIRを適用する場合における第2.3.2条の適用によるIIRの二重課税排除の仕組みについて説明している。

2．A社がC社の所有者持分の50%を直接保有し、残りの50%をB社が保有していることを除き、事実関係は事例2.3.2－1と同じである。B社およびC社の所有者持分は普通株式であり、利益分配と資本に関して同等の権利を有している。MNEグループ各社の資本関係および所在地は、以下の図で示すとおりである。

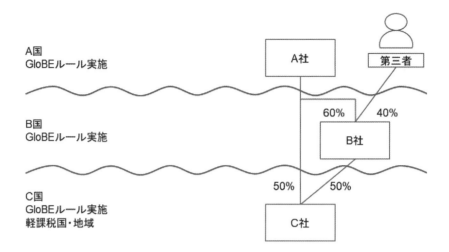

3．C社に係るトップアップ税額は1000万ユーロである。B社はLTCEであるC社の50％を保有するPOPEであるため、IIRの適用が求められる。A社も、LTCEであるC社の80％を直接および間接に保有するUPEであるため、IIRの適用が求められる。しかしながら、A社のトップアップ税額の配分額は、下位の親事業体であるB社に課税される金額相当額が減額される。本事例の計算結果は、以下の表のとおりである。

事業体	C社の直接所有者持分	C社の間接所有者持分	合算比率	トップアップ税額の配分額	IIRの二重課税排除	最終的なトップアップ税額
B社	50%	—	0.5	500万ユーロ	—	500万ユーロ
A社	50%	30% (60%×50%)	0.8	800万ユーロ	300万ユーロ	500万ユーロ

事例2.3.2－3
IIRの二重課税排除の仕組み－中間親事業体

1．本事例では、二の中間親事業体が同一のLTCEについて適格IIRを適用する場合における第2.3.2条の適用によるIIRの二重課税排除の仕組みについて説明している。

2．A社は、ABCDグループのUPEである。A社はA国に所在し、3つの子会社（B国に所在するB社、C国に所在するC社およびD国に所在するD社）に対する支配持分を保有している。D社は軽課税国・地域に所在するLTCEである。ABCDグループの構成事業体は、A社、B社、C社およびD社のみである。B国およびC国のみがGloBEルールを実施している。

3．A社は、B社の所有者持分の100％およびC社の所有者持分の60％を保有している。B社は、C社の残りの40％の所有者持分を保有しているが、本事例では支配持分には該当しない。C社は、D社の所有者持分を100％保有している。C社の所有者持分は普通株式であり、利益分

配と資本に関して同等の権利を有している。MNEグループ各法人の資本関係および所在地は、以下の図のとおりである。

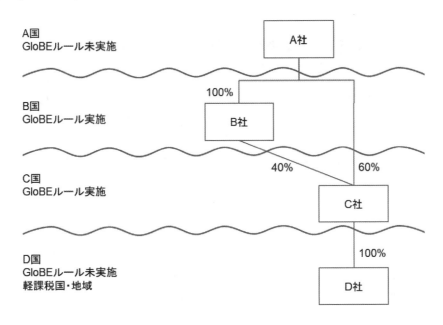

4．D社に係るトップアップ税額は1000万ユーロである。A国はGloBEルールを実施していないため、UPEであるA社はIIRの適用を求められない。

5．C社は中間親事業体であり、LTCEであるD社の所有者持分を保有しているため、第2.1.2条に基づきIIRの適用を求められる。C社に対する支配持分を保有する親事業体であるA社はIIRの適用を求められないため、C社に第2.1.3条の適用はなく、IIRを適用しなければならない。

6．B社もLTCEであるD社の40％を保有する中間親事業体であり、自社の支配持分はIIRの適用が求められる親事業体によって保有されていない（A社はIIRの適用が求められない）ため、IIRの適用が求められる。しかしながら、B社のトップアップ税額の配分額は、下位の親事業体であるC社において課税される金額のうち、B社がC社を通して保有するD社の所有者持分に相当する額が減額される。本事例の計算結果は以下の表のとおりである。

事業体	D社の直接所有者持分	D社の間接所有者持分	合算比率	トップアップ税額の配分額	IIRの二重課税排除	最終的なトップアップ税額
A社	—	100% （60%＋40%）	—	—	—	—
B社	—	40%	0.4	400万ユーロ	400万ユーロ	0ユーロ
C社	100%	—	1	1000万ユーロ	—	1000万ユーロ

第2.4.1条

事例2.4.1－1
UTPRの適用－追加現金支出税金費用（繰越欠損金制度あり）

1．本事例では、UTPR適用国・地域に所在する構成事業体において、第2.4.1条の適用上、当該国・地域に配分されたUTPRトップアップ税額相当額の追加現金支出税金費用が生じているか否かの評価方法について説明している。構成事業体においてUTPRトップアップ税額相当額の追加現金支出税金費用が生じているか否かの評価は、第2.4.2条（繰越の仕組みの利用可能性）と第2.6.3条（UTPR適用国・地域のUTPR割合への影響）の適用にも関係する可能性がある。

2．UTPR適用国・地域の構成事業体が、1年目に200ユーロの収入と300ユーロの費用（100ユーロの損失）、2年目に200ユーロの収入と100ユーロの費用（100ユーロの利益）を稼得したとする。構成事業体が所在する国・地域では、欠損金は無期限に繰越が認められている。当該国・地域に配分されたUTPRトップアップ税額は1年目に60ユーロで、当該国・地域の法人所得税率が20％、当該国・地域に他の構成事業体はない。

3．追加現金支出税金費用は、構成事業体が課税所得および税額の計算に関する通常の国内法に基づいて支払うであろう税額に加えて支払われるものである。したがって、追加現金支出税金費用は、UTPR調整後に支払うべき税額と課税所得計算に関する通常の国内法に基づいて支払うであろう税額を比較することにより計算される。

4．当該国・地域では、1年目にUTPRトップアップ税額に相当する60ユーロの追加税金費用を生じさせるために、UTPRに基づく300ユーロの損金算入（＝60/20％）を否認し、その結果、100ユーロの繰越欠損金が消去され、200ユーロの利益が生じることとなる。この200ユーロの利益について、構成事業体は、UTPRの調整がなければいかなる租税も課されなかった1年目に40ユーロの租税が課されることとなる。40ユーロの追加租税は、1年目に生じた追加現金支出税金費用であるが、1年目に追加現金支出税金費用(60)の全額は支払われない。40ユーロの追加租税は、この国・地域に配分されたUTPRトップアップ税額60ユーロより少ないが、繰越欠損金が消去されるため、将来年度については追加現金支出税金費用が生じる可能性がある。

5．本事例では、1年目に行われたUTPRの調整により2年目に追加現金支出税金費用が生じることとなる。UTPRの調整により100ユーロの繰越欠損金が消去されたため、構成事業体は2年目に生じた利益について20ユーロの追加現金支出税金費用が生じることとなる。UTPRの調整の結果、100ユーロの繰越欠損金が1年目に消去されなかった場合、2年目の課税所得を相殺し、UTPRの適用がなければ2年目に租税債務は生じないこととなる。

6．UTPR適用国・地域における構成事業体のUTPRの調整前の租税債務は以下の表のとお

りである。

UTPRの調整前

	1年目	2年目
収入	200	200
費用	(300)	(100)
損益(UTPRの調整前)	(100)	100
発生した繰越欠損金または(使用)(UTPRの調整前)	100	(100)
繰越欠損金残高(UTPRの調整前)	100	0
国・地域における租税債務(UTPRの調整前)	0	0

7．UTPR適用国・地域における構成事業体のUTPRの調整後の租税債務は、以下の表のとおりである。

UTPRの調整後

	1年目	2年目
収入	200	200
費用	(300)	(100)
UTPRの調整(損金算入の否認)	300	—
損益(UTPRの調整後)	200	100
発生した繰越欠損金または(使用)(UTPRの調整後)	0	0
繰越欠損金残高(UTPRの調整後)	0	0
国・地域における租税債務(UTPRの調整後)	40	20

8．1年目および2年目に構成事業体について生じた追加現金支出税金費用の計算は以下の表のとおりである。

追加現金支出税金費用の計算

	1年目	2年目
[A] 国・地域における課税額(UTPRの調整前)	0	0
[B] 国・地域における課税額(UTPRの調整後)	40	20
[C] 追加現金支出税金費用　[C]＝[B]－[A]	40	20

9．本事例で説明しているように、繰越欠損金が消去されたとしても、翌期以降に対応する所得が生じるまでは追加現金支出税金費用は生じない。この場合、構成事業体において生じる追加現金支出税金費用は1年目に40ユーロ、2年目に20ユーロとなる。したがって、この構成事業体には、通期で60ユーロの追加現金支出税金費用が発生する。

第2.4.2条

事例2.4.2-1
UTPRの適用-追加現金支出税金費用（繰越欠損金制度なし）

1．本事例では、第2.4.1条の適用上、UTPR適用国・地域に所在する構成事業体において当該国・地域に配分されるUTPRトップアップ税額相当額の追加現金支出税金費用を生じるようにするため、第2.4.2条に基づく繰越の仕組みが必要となる場合について説明している。

2．事例2.4.1-1では、1年目にUTPRを適用すると、2年目に繰り越せる欠損金がなくなり、2年間にわたりUTPRトップアップ税額相当額の追加現金支出税金費用が生じることとなる。したがって、2年目にUTPRの追加調整は必要ない。

3．本事例では、UTPR適用国・地域において、課税所得の計算上欠損金の繰越控除が認められていないことを除き、事実関係は事例2.4.1-1と同じである。

4．UTPRの調整前のUTPR適用国・地域の構成事業体の租税債務は以下の表のとおりである。

UTPRの調整前

	1年目	2年目
収入	200	200
費用	(300)	(100)
損益（UTPRの調整前）	(100)	100
繰越欠損金残高（UTPRの調整前）―使用不可	0	0
国・地域における租税債務（UTPRの調整前）	0	20

5．1年目に行われたUTPRの調整後のUTPR適用国・地域の構成事業体の租税債務は以下の表のとおりである。

UTPRの調整後

	1年目	2年目
収入	200	200
費用	(300)	(100)
UTPRの調整（損金算入の否認）	300	―
損益（UTPRの調整後）	200	100
繰越欠損金残高（UTPRの調整後）―使用不可	0	0
国・地域における租税債務（UTPRの調整後）	40	20

6．本事例では、第2.4.2条に基づく追加調整が行われない限り、構成事業体において生じる追加現金支出税金費用は、1年目が40ユーロ、2年目が0ユーロとなる（以下を参照）。1年目に行われたUTPRの調整の結果生じる2年目の追加現金支出税金費用はない。

7．したがって、2年目にUTPRに基づく追加現金支出税金費用が生じるようにするためには、UTPR適用国・地域は2年目にさらに100ユーロの損金算入を否認し、利益を増加させて200ユーロにする必要がある（それにより、UTPRの適用による20ユーロの追加租税が生じることとなる）。

8．1年目に行われたUTPR調整と2年目に行われた追加調整後の構成事業体のUTPR適用国・地域における租税債務は以下の表のとおりである。

UTPRの調整後の租税債務（1年目および2年目）

	1年目	2年目
収入	200	200
費用	(300)	(100)
UTPRの調整（損金算入の否認）	300	100
損益（UTPRの調整後）	200	200
繰越欠損金（UTPRの調整後）－使用不可	0	0
国・地域における租税債務（UTPRの調整後）	40	40

9．構成事業体の1年目および2年目の追加現金支出税金費用を計算した結果は以下の表のとおりである。

追加現金支出税金費用の計算

	1年目	2年目
[A] 国・地域における課税額（UTPRの調整前）	0	20
[B] 国・地域における課税額（UTPRの調整後）	40	40
[C] 追加現金支出税金費用　[C] ＝ [B] － [A]	40	20

10．本事例では、構成事業体に生じた追加現金支出税金費用は、1年目が40ユーロ、2年目が20ユーロとなる。したがって、この構成事業体では、通期で60ユーロの追加現金支出税金費用が生じているが、事例2.4.1－1と異なり、この結果となるためには、2年目に追加のUTPR調整が必要となった。この追加調整は、第2.4.2条に基づいて行われる。

第2.5.3条

事例2.5.3－1
UTPRトップアップ税額

1．本事例では、第2.5.3条に基づくUTPRトップアップ税額の計算方法について説明している。

2．A社がABCDグループのUPEであるとする。A社は、A国に所在し、B国に所在するB社の100％、C国に所在するC社の55％、D国に所在するD社の100％の所有者持分を直接保有し

ている。B社は、C社の40%の所有者持分を保有し、C社の残りの5%の所有者持分は少数株主によって保有されている。ABCDグループ各社の資本関係および所在地は、以下の図のとおりである。

3．C社は、LTCEであり、A国およびC国はGloBEルールを実施していないが、B国およびD国は適格IIRおよび適格UTPRを実施している。C社に係るトップアップ税額は100ユーロである。

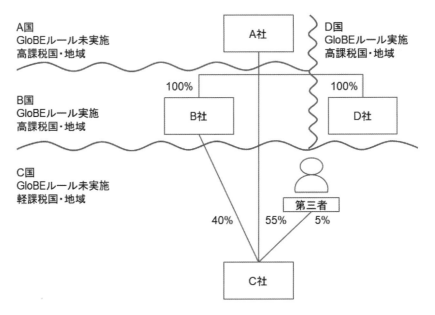

4．A社は、適格IIRの適用を求められない。B社のC社に係るトップアップ税額の配分割合は40%である。したがって、第2.1.2条に基づき、B社はC社に係るトップアップ税額の40%に関して適格IIRの適用が求められる。

5．A社のC社に対する所有者持分は合計で95%相当であり、B社を通じて40%を間接保有し、55%を直接保有している。したがって、A社のC社に対する所有者持分のすべてが、C社に係る適格IIRの適用が求められる親事業体により保有されているわけではないことから、第2.5.3条が適用される。

6．第2.5.3条に従い、C社に係るトップアップ税額100ユーロから、B社のC社に係るトップアップ税額の配分額（40ユーロ）を減額し、UTPRに基づいて配分されるUTPRトップアップ税額を計算することになる。本事例では、UTPRトップアップ税額は60ユーロ（＝100－40）となる。

第2.6.4条

事例2.6.4－1
UTPRにおけるトップアップ税額の配分

1．本事例では、UTPR適用国・地域のUTPR割合に対する第2.6.4条の影響を説明している。

2．事実関係は事例2.5.3－1と同じであるが、B社はC社の所有者持分を一切保有しておらず、A社がC社の所有者持分を直接保有している。ABCDグループ各社の資本関係および所在地は、以下の図のとおりである。

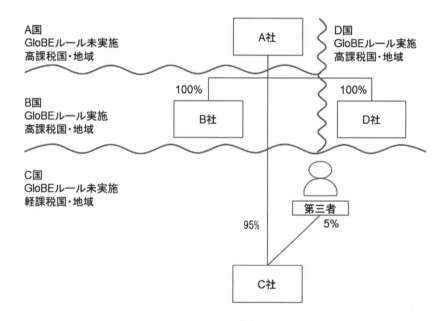

3．A国はGloBEルールを実施しておらず、B社およびD社はC社の所有者持分を保有していないため、C社に係るトップアップ税額について適格IIRの適用が求められる構成事業体はない。したがって、UTPRによりトップアップ税額全額を配分する。

4．C社に係るUTPRトップアップ税額を1年目から4年目までそれぞれ100ユーロとし、第2.6.1条の計算式に基づく同一期間におけるB国およびD国のUTPR割合をそれぞれ50%とする。

5．1年目において、B国とD国はそれぞれ50ユーロのトップアップ税額を配分される。1年目の終了の日を含む課税年度において、B国は50ユーロの全額を徴収できないものとする。第2.6.3条では、1年目にB国に配分された50ユーロのUTPRトップアップ税額がB社に同等の追加現金支出税金費用を負担させない限り、2年目(およびそれ以後の年度)のB国のUTPR割合をゼロとみなすと定めている。つまり、B国が関連する租税(同等の追加現金支出費用を

発生させる租税)を課すことができるようになるまで、さらなるUTPRトップアップ税額はB国に配分されないことになる。

6．2年目において、B国のUTPR割合はゼロである。その結果、2年目について計算されたUTPRトップアップ税額の全額(100ユーロ)がD国に配分される。2年目の終了の日を含む課税年度において、B国が再び(1年目に配分された)UTPRトップアップ税額50ユーロを全額徴収できないものとする。さらに、D国でも、(2年目に配分された)100ユーロの全額を2年目終了の日を含む課税年度に徴収できないものとする。第2.6.3条で定められているように、B国とD国はともに3年目のUTPR割合はゼロとなる。

7．しかしながら、第2.6.4条では、すべてのUTPR適用国・地域のUTPR割合がゼロに減少される場合、第2.6.3条は適用されないと定めている。したがって、第2.4.2条により、3年目において、UTPRトップアップ税額の合計額100ユーロは、第2.6.3条を適用することなく、第2.6.1条の計算式(50%/50%)に基づくUTPR割合でB国およびD国に配分されることになる。50ユーロのトップアップ税額は、各国・地域がまだ徴収していないその他のUTPRトップアップ税額に加算される。

8．最後に、3年目の終了の日を含む課税年度において、両方の国・地域において残りのUTPRトップアップ税額が全て徴収されたとする。4年目において、UTPRトップアップ税額100は、第2.6.1条の計算式を用いて計算されたそれぞれのUTPR割合に基づき、B国およびD国に配分される。

9．本事例で各国に配分されるUTPRトップアップ税額は以下の表のとおりである。

年度	UTPRトップアップ税額	B国配分額	D国配分額
1	100ユーロ	50ユーロ (UTPR割合50％)	50ユーロ (UTPR割合50％)
2	100ユーロ	0ユーロ (UTPR割合0％)	100ユーロ (UTPR割合100％)
3	100ユーロ	50ユーロ (UTPR割合50％)	50ユーロ (UTPR割合50％)
4	100ユーロ	50ユーロ (UTPR割合50％)	50ユーロ (UTPR割合50％)

第3章－事例

第3.1.2条

事例3.1.2－1

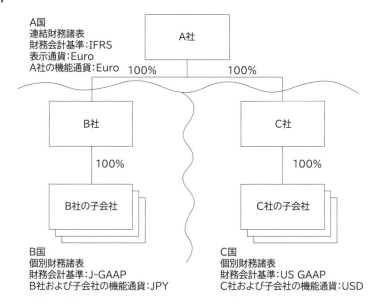

1．MNEグループのUPEであるA社はA国に所在する。当該MNEグループの連結財務諸表はIFRSを使用して作成され、表示通貨はユーロである。

2．A社はB社（B国に所在）とC社（C国に所在）の2つの子会社を所有している。B社はB国に、C社はC国にそれぞれ複数子会社を所有している。B社およびその子会社の個別財務諸表は、日本会計基準（J-GAAP）に従って作成されている。B社およびその子会社の財務会計上の機能通貨は日本円である。C社およびその子会社の個別財務諸表は、米国会計基準に従って作成されている。C社およびその子会社の財務会計上の機能通貨は米ドルである。いずれの子会社もハイパーインフレーションの状況にある経済圏に所在していない。

3．MNEグループの連結会計システムは、事業体段階で行われた現地機能通貨建てのすべての会計処理につき、その計上と同時に連結財務諸表の表示通貨（ユーロ）に換算して計上する。その結果、各構成事業体のGloBE所得・損失に必要なすべての詳細データは、連結財務諸表の表示通貨（ユーロ）で容易に入手できることになる。MNEグループの連結会計システムは、損益計算書項目には取引日の為替レートを使用し、貸借対照表項目には決算日の為替レートを使用している。この為替換算方法は、IFRSの関連原則と整合するものである。

4．IFRSの為替換算の原則において、他の為替換算方法も許容されている。しかし、MNEグループの連結会計システムで使用されている為替換算方法は、関連するIFRSの原則と整合しているため、GloBEルールの適用においても尊重される。

事例3.1.2－2

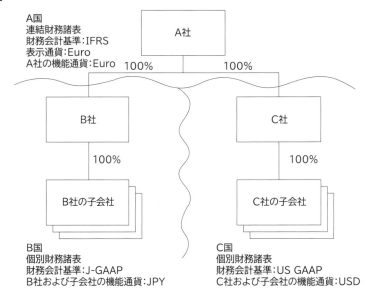

1．MNEグループのUPEであるA社はA国に所在する。当該MNEグループの連結財務諸表はIFRSに従って作成され、表示通貨はユーロである。

2．A社はB社（B国に所在）およびC社（C国に所在）の二つの子会社を所有している。B社およびC社は、それぞれB国およびC国に複数子会社を所有している。B社およびその子会社の個別財務諸表はJ-GAAPに従って作成されている。B社およびその子会社の財務会計上の機能通貨は日本円である。C社およびその子会社の個別財務諸表は、米国会計基準に基づいて作成されている。C社およびその子会社の財務会計上の機能通貨は米ドルである。いずれの子会社もハイパーインフレーションの状況にある経済圏には所在していない。

3．MNEグループの会計連結システムは、事業体段階の会計データは現地の財務会計上の機能通貨で計上し、月次連結処理においてIFRSに従って連結財務諸表の表示通貨（ユーロ）に換算するよう設定されている。現地データの連結決算は、勘定残高の集計レベル（つまり、項目または取引ごとではない）で行われ、損益計算書項目については月次平均レート、貸借対照表項目については決算日レートが使用されている。その結果、各構成事業体のGloBE所得・損失を計算するために必要な詳細データの大半は、現地機能通貨（すなわち、日本円および米ドル）でのみ入手可能となる。

4．MNEグループの会計システムは、収益または費用の一年間の累積数値の各月の発生額を特定することができないため、月次換算レートを適用することができない。したがって、実務上の理由から、MNEグループは、損益項目に関連するGloBEルール上の必要情報を現地通貨から表示通貨に換算する際に、年平均レートを使用している。これらの調整項目に年平均レートを使用することは、IFRSの関連原則に照らして適切である。

5．各構成事業体のGloBE所得・損失を計算するために使用される為替換算方法は、IFRSの関連原則と整合しているため、GloBEルールの適用においてもその換算方法は尊重される。

事例3.1.2－3

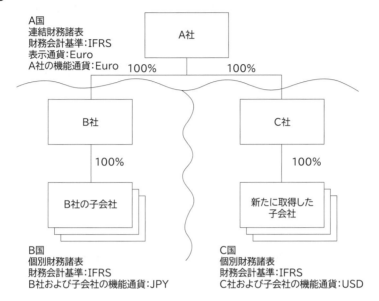

1．MNEグループの連結財務諸表はIFRSに従って作成されており、そのグループの表示通貨はユーロである。B社およびその子会社の財務諸表はIFRSに従って作成されており、財務会計上の機能通貨は日本円である。C社およびその子会社の財務諸表はIFRSに従って作成されており、財務会計上の機能通貨は米ドルである。いずれの子会社もハイパーインフレーションの状況にある経済圏に所在していない。

2．MNEグループの連結システムは、事業体段階で行われた現地機能通貨建てのすべての会計処理につき、その計上と同時に連結財務諸表の表示通貨に換算して計上するように設定されている（すなわち、第一の換算方法を使用している）。その結果、各構成事業体のGloBE所得・損失の計算に必要な詳細データは、MNEグループの表示通貨（すなわちユーロ）で容易に入手できることになる。MNEグループの連結会計システムは、損益計算書項目には取引日の為替レートを使用し、貸借対照表項目には決算日の為替レートを使用している。

3．最近行われた買収（新会社）により取得された一部の子会社（新会社）は当該連結会計システムに含まれていない。商業上の理由（例えば、システムコストやこれらの新会社の重要性の低さ）により、これらの新会社をMNEグループの連結会計システムに組み入れないことが決定されている。その結果として、これらの新会社の事業体段階の会計処理は、現地の財務会計上の機能通貨建てで計上されており、月次の連結処理において残高合計額を表示通貨に換算している。

4．これらの新会社については、GloBE所得・損失の計算に必要な詳細なデータは、現地機

能通貨(すなわち米ドル)でのみ入手可能である。MNEグループの会計システムは、収益または費用の一年間の累積数値の各月の発生額を特定することができないため、月次換算レートを適用することができない。したがって、MNEグループは、これらの新会社に係る損益項目の現地通貨から表示通貨への換算に際して、年平均レートを使用している。当該為替換算方法は連結財務諸表に適用される財務会計基準と整合しているため、これらの新会社のGloBE所得・損失の計算においても、当該換算方法は尊重される。

事例3.1.2－4

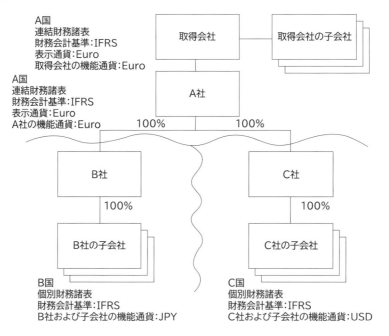

1．A社グループの連結財務諸表はIFRSに従って作成されており、その表示通貨はユーロである。B社およびその子会社の財務諸表はIFRSに従って作成されており、財務会計上の機能通貨は日本円である。C社およびその子会社の財務諸表はIFRSに従って作成されており、財務会計上の機能通貨は米ドルである。いずれの子会社もハイパーインフレーションの状況にある経済圏に所在していない。

2．A社グループの連結会計システムは、事業体段階の会計データを現地の機能通貨で計上し、月次連結処理において表示通貨に換算するように設定されている。現地データの連結決算は、勘定残高の合計額(すなわち、項目ごとまたは取引ごとではない)で行われ、損益計算書項目については月次平均レートを、貸借対照表項目については決算日レートを使用している。その結果、各構成事業体のGloBE所得・損失の計算に必要な詳細データは、現地機能通貨(すなわち、日本円および米ドル)のみで入手可能である。事例3.1.2－2と同様、MNEグループは、GloBEルールの計算に必要なデータの現地通貨から表示通貨への換算に年平均レートを使用している。

3．新たな買収により、A社グループはより大きなMNEグループの一部となり、取得会社が、GloBEルール上の新たなUPEとなった。取得会社グループはIFRSを使用しており、表示通貨はユーロである。取得会社グループの連結会計システムは、事業体段階で行われた現地機能通貨建てのすべての会計処理につき、その計上と同時に連結財務諸表の表示通貨に換算して計上するように設定されている。A社グループを取得会社の連結会計システムに組み込むことが決定されたが、これには3年かかる予定である。それまでの期間において、取得会社は、A社グループの為替換算方法を、取得会社グループが使用する換算方法と並行して引き続き使用することとなる。すなわち、既存の子会社は、既存の子会社について従来の為替換算方法を維持する一方、A社グループ（およびその子会社）について異なる為替換算方法を3年間維持することとなる。これらの異なる方法は、A社グループの子会社と、取得会社グループの既存の子会社が同じ国・地域にある場合にも適用される。A社グループが取得会社グループの連結会計システムに組み込まれた時点で、A社グループは取得会社グループと同じ為替換算方法（すなわち同時換算）を使用することとなる。

4．A社グループが取得会社グループの連結会計システムに組み込まれる前と後においてそれぞれ適用される為替換算方法は、MNEグループの連結財務諸表に適用される財務会計基準と整合していることから、各構成事業体のGloBE所得・損失の計算においても、当該為替換算方法が尊重される。

事例3.1.2－5

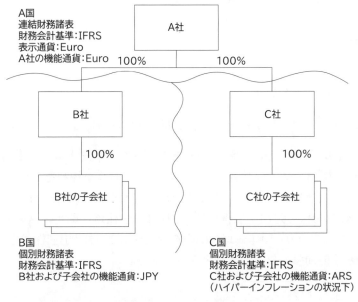

1．MNEグループの連結財務諸表はIFRSに従って作成されており、その表示通貨はユーロである。B社およびその子会社の財務諸表はIFRSに従って作成されており、財務会計上の機能通貨は日本円である。C社およびその子会社の財務諸表はIFRSに従って作成されており、財務会計上の機能通貨はアルゼンチンペソである。C社グループはハイパーインフレーショ

ンの状況にある経済圏に所在している。

2．MNEグループの連結会計システムは、事業体段階の会計データを現地の機能通貨で計上し、月次連結処理において連結財務諸表の表示通貨に換算するように設定されている（すなわち、第二の換算方法を使用している）。現地データの連結決算は、勘定残高の合計額（つまり、項目ごとまたは取引ごとではない）で行われ、損益計算書項目については月次平均レートを、貸借対照表項目については決算日レートを使用している。

3．その結果、各構成事業体のGloBE所得・損失を計算するために必要とされるより詳細なデータは、現地機能通貨（すなわち、日本円およびアルゼンチンペソ）でのみ入手可能となる。このようなより詳細な調整項目の換算に月次平均レートの使用を求めることは、MNEグループの連結会計システムが、連結前の各事業体段階で行った個別の計上処理の時期と適用される為替レートを追跡できるように設計されていない場合には、実行不能である。

4．したがって、実務上の理由から、MNEグループは、各構成事業体のGloBE所得・損失を計算するために必要となるデータを現地通貨から表示通貨に換算する際に、年平均レートを使用している。年平均レートを使用することは、B社グループにとっては、財務会計基準上適切な為替換算方法でありGloBEルール上も尊重されるが、C社グループにとっては適切なものではない。C社グループに適用する為替換算方法は、グループの財務会計基準（本件ではIFRS）におけるハイパーインフレーションの状況にある経済圏の場合に適用される為替換算方法の原則と同様の原則に従うものとする。

第3.2.1条第b項

事例3.2.1(b)－1
除外配当および短期ポートフォリオ持分

1．本事例では、ポートフォリオ持分の保有期間に関する判定方法を説明する。

2．A社は、GloBEルールの適用を受けるMNEグループの構成事業体である。B社は、A社とは資本関係がない。B社は、利益分配と資本に関して同等な権利を有する普通株式10,000株を発行している。A社は、1年目の7月1日にB社の普通株式200株を取得し、2年目の3月31日にB社の普通株式100株を追加で取得する。B社は、一種類の株式のみを発行しており、2年目の12月31日に1株当たり0.10ユーロの配当を分配する。A社がB社株式を保有する期間と配当の受領日を示す時間軸は以下の表のとおりである。

	1年目				2年目			
1月－3月	4月－6月	7月－9月	10月－12月	1月－3月	4月－6月	7月－9月	10月－12月
		200株						
					100株			
		7月1日 200株取得		3月31日 100株取得				12月31日 配当30

3．A社は、B社の株式の10％未満を保有するMNEグループのメンバーである。したがって、A社は、配当支払日現在、B社株式のポートフォリオ持分を保有していることとなる。このうち100株は、A社の保有期間が配当日時点で12か月未満であるため、GloBEルールのもとでは短期ポートフォリオ持分として取り扱われる。A社のGloBE所得の計算には、その受取配当10（＝100株×0.10）が含まれており、残りの200株に係るA社の受取配当20のみが、第3.2.1条第b項の除外配当として取り扱われる。

事例3.2.1(b)－2
除外配当および短期ポートフォリオ持分

1．本事例の事実関係は、A社が2年目の9月30日にB社株式40株を売却することを除き、事例3.2.1(b)－1と同じである。第3.2.1条のコメンタリーによれば、B社株式の売却は、A社が直近に取得した同一種類の株式の売却とみなされるため、A社は2年目の3月31日に取得したB社普通株式を売却したものとして取り扱われる。B社は2年目の12月31日に1株当たり0.10ユーロの配当を分配する。A社がB社株式を保有していた期間と配当金の受領日を示す時間軸は以下の表のとおりである。

1年目				2年目			
1月-3月	4月-6月	7月-9月	10月-12月	1月-3月	4月-6月	7月-9月	10月-12月
		200株					
						60株	
					40株		
		7月1日 200株取得		3月31日 100株取得		9月30日 40株売却	12月31日 配当26

2．A社が保有する260株のうち60株は、保有期間が配当日時点で12か月未満であるため、GloBEルールにおいては、分配日における短期ポートフォリオ持分として取り扱われる。これらの株式に係る受取配当6（＝60株×0.10）は、A社のGloBE所得の計算に含められ、残りの200株に係るA社の受取配当20のみが、GloBEルール第3.2.1条の除外配当として取り扱われる。

事例3.2.1(b)－3
除外配当および短期ポートフォリオ持分

1．本事例の事実関係は、事例3.2.1(b)－1と同じであるが、A社が1年目の12月31日に50株を売却するものとする。コメンタリーの第3.2.1条によれば、B社株式の売却は、A社が直近に取得した株式の売却とみなされる。この場合、A社は1年目の7月1日に取得したB社株式を売却したものと取り扱われる。B社は2年目の12月31日に1株当たり0.10ユーロの配当を支払う。A社がB社株式を保有していた期間と配当の受領を示す時間軸は以下の表のとおりである。

	1年目				2年目			
	1月-3月	4月-6月	7月-9月	10月-12月	1月-3月	4月-6月	7月-9月	10月-12月
			150株					
			50株			100株		
			7月1日 200株取得	12月31日 50株売却	3月31日 100株取得			配当25

2．このうち100株は、A社の保有期間が配当日時点で12か月未満であるため、GloBEルールにおいては、分配日における短期ポートフォリオ持分として取り扱われる。これらの株式に係る受取配当10（＝100株×0.10）は、A社のGloBE所得の計算に含められ、残りの150株に係るA社の受取配当15のみが、GloBEルール第3.2.1条の除外配当として取り扱われる。

第3.2.1条第c項

事例3.2.1(c)－1

1．本事例は、ある構成事業体（発行構成事業体）が発行するヘッジ手段により、他の構成事業体が保有するポートフォリオ持分以外の所有者持分に係る為替リスクをヘッジする場合における、当該ヘッジ手段に係る除外資本損益の配分方法について説明している。

2．Aグループは連結財務諸表を米ドル建てで作成し、Bグループは連結財務諸表をユーロ建てで作成している。Aグループは、Bグループを買収してBサブグループとし、同サブグループの資産および負債をユーロから米ドルに換算して連結財務諸表に計上することから生じる資産および負債の価値の変動をヘッジするために、Aグループはユーロ建ての外部借入を行う。当該借入は、買収後も米ドル建てで作成されるAグループの連結財務諸表の作成に使用される承認された財務会計基準上、有効なヘッジとみなされているものとする。

3．Aグループの連結財務諸表では、当該借入金は、新たに買収したBグループへの投資に対する純投資ヘッジとして指定されているため、当該借入金の為替変動は損益計算書ではなくその他包括利益（OCI）に計上される。これにより、ユーロと米ドルの為替変動がAグループの連結財務諸表におけるBサブグループの財務数値に影響を与えないようにしている。

4．当該ユーロ建ての外部借入は、Aグループの財務機能を担っているTC社（A国に所在するAグループの構成事業体）によって締結された。一方、新たに買収されたBグループへの投資は、B国に所在するAグループの別の構成事業体であるBサブグループ持株会社によって保有されている。TC社とBサブグループ持株会社のいずれも機能通貨は米ドルで、A国およびB国の法人所得税率は25％である。

5．Bサブグループ事業体の財務諸表はユーロで作成され、連結のために米ドルに換算される。TC社単体としてはBサブグループに関して為替エクスポージャーを持たないため、事業体から見れば外部借入はヘッジにならず、TC社事体の財務諸表に純投資ヘッジ会計を適

用することはできない。したがって、借入金の為替変動はTC社の財務諸表の損益計算書に計上される。外部借入の為替変動が課税所得に影響するのを避けるため、TC社（貸手）とBサブグループ持株会社（借手）は、TC社が借り入れた外部借入と同額のユーロ建てグループ内貸付を行う。したがって、TC社における外部借入の為替変動は、グループ内貸付に係る同額で反対方向の為替変動と相殺され、財務諸表または課税所得に外部借入に係る純損益が含まれることはない。一方、Bサブグループ持株会社においては、当該グループ内借入の為替変動は財務諸表に計上される。これは、Bサブグループへの投資が原価で測定され、為替変動に起因する所有者持分の価値の変動が反映されず、Bサブグループ持株会社の単体の財務諸表では純投資ヘッジ会計を適用することができないためである。その結果、グループ内借入の為替変動は、Bサブグループ持株会社においては損益計算書の為替変動を何らヘッジしないことになる。しかし、B国の税法では、当該グループ内借入の為替変動は、新たに買収したBサブグループに対する当該持株会社の投資をヘッジするために使用された借入に関するものであるため、課税所得には含まれない。したがって、連結の観点からは、取決め全体からの純利益がない場合には、グループ内貸付を行うことにより、外部借入によるAグループの課税所得への影響が回避される。

6．1年目において、TC社とBサブグループ（Bサブグループ持株会社を含む）は、為替変動を考慮する前に、それぞれ1000米ドルの利益を計上している。しかし、為替変動により、ユーロ建ての外部借入の価値が100米ドル増加し、TC社に100米ドルの費用が発生した。Aグループの連結財務諸表では、この100米ドルはその他包括利益に計上される（したがって、当該純利益には含まれない）。同じ為替変動がグループ内貸付にも適用されるため、TC社の（連結調整前）単体の財務諸表においては、当該為替変動の影響は中和される（すなわち、TC社単体の財務諸表においては、外部借入の為替変動により発生した100米ドルの費用は、グループ内貸付から生じる100米ドルの利益で相殺される）。一方、Bサブグループ持株会社については、グループ内借入から生じた100米ドルの費用が財務諸表に計上されるが、B国の税法では、課税所得の計算からは除外される。したがって、TC社の財務会計上の利益が1000米ドルであるのに対し、Bサブグループの財務会計上の利益が900米ドル（＝Bサブグループの利益1000米ドル－Bサブグループ持株会社のグループ内借入から生じた費用100米ドル）であるにもかかわらず、250米ドルの租税（＝1000米ドル×法人所得税25％）がAB両国で支払われる。

7．Aグループの連結財務諸表の作成に使用されている承認された財務会計基準では、外部借入は有効なヘッジとみなされているため、当該外部借入に係る為替変動はその他包括利益に計上される。したがって、TC社単体で計上している100米ドルの費用は、第3.2.1条第c項における除外資本損益となる。しかし、TC社はBサブグループの投資を保有していないため、実際には100米ドルの費用はBサブグループ持株会社のGloBE所得・損失から除外されることになる。したがって、TC社は1年目に1000米ドルのGloBE所得を計上し、GloBE ETRは25％（＝調整後対象租税250/GloBE所得1000米ドル）となる。Bサブグループの1年目のGloBE所得は1000米ドル（＝財務会計上の利益900米ドル＋除外資本損失100米ドル）であり、GloBE

ETRは25％（＝調整後対象租税250/GloBE所得1000米ドル）となる。

第3.2.1条第f項

事例3.2.1(f)－1
非対称外国為替差損益

1．A国に所在するA社は、GloBEルールの適用を受けるMNEグループのメンバーである。A社は、会計・税務の報告期間を暦年に定めている。A社は、税務上の機能通貨にユーロを、財務会計上の機能通貨に米ドルを使用している。A社は、1年目の開始日に額面1,000米ドルの無利子債券を保有している。年初のユーロの対米ドルの為替レートは1ユーロあたり1米ドルであったが、その年の終了日にはユーロが米ドルに対して上昇し、為替レートは1ユーロあたり1.25米ドルとなる。ユーロベースでの債券価値の下落（マイナス200ユーロ＝[1,000/1.25]－1,000）は、A国の国内法に基づくA社の課税所得の計算上、1年目の損金に含まれる。しかし、この債券は財務諸表と同じ通貨建てであるため、A社の財務会計上の利益に変化はない。

2．下表は、1年目の為替レートの変動による影響を示している。下表の左側はA社の現地税法上の利益およびETR（ユーロで計算）、右側は財務会計上の同一計算（米ドルで計算）を示している。その他利益とA国の租税は、その年の終了日の為替レートである1ユーロあたり1.25米ドルをもとに換算している。

税務上の機能通貨（ユーロ）		財務会計上の機能通貨（米ドル）	
その他利益	500	その他利益	625
為替差（損）益	(200)	為替差（損）益	—
課税所得	300	利益	625
A国租税	(60)	A国租税	(75)
ETR	20％	ETR	12％

3．この場合、ユーロ高によりA社はユーロ建てで利益が減少（それに伴い、税金費用も減少）するが、債券と会計が同一通貨建てであるため、財務諸表上では債券の為替差損は計上されない。したがって、A社の税務上の機能通貨によるETRは20％であるのに対し、財務会計上の機能通貨によるETRは12％（＝75/625）である。

4．税法上の為替差損は、財務会計上の機能通貨と税務上の機能通貨との為替レートの変動に起因している。したがって、この損失は非対称外国為替差損益の定義の第a項に該当する。税務上認識された損失額は、関連する為替レート（1ユーロあたり1.25米ドル）で米ドルに換算され、A社の財務会計上の純損益にマイナスの調整として含めなければならない。GloBE ETRの計算上、非対称外国為替差損益を含めた場合の影響は以下の表のとおりである。

財務会計上の機能通貨(米ドル)	
その他利益	625
非対称外国為替差(損)益調整	(250)
利益(GloBE所得)	375
A国租税	(75)
ETR	20%

事例3.2.1(f)－2
非対称外国為替差損益

1．A国に所在するA社は、GloBEルールの適用を受けるMNEグループのメンバーである。A社は、会計・税務の報告期間を暦年に定めている。A社は、税務上の機能通貨にユーロを、財務会計上の機能通貨に米ドルを使用している。1年目の開始日にユーロ建ての融資契約を締結し、1年目の終了日に500ユーロの利子費用を未払計上するが、1年目のユーロあたり米ドルの為替レートは1ユーロあたり1米ドルのため、連結財務諸表上では500米ドルの利子費用に換算される。

2．2年目に、A社は1年目の終了日に未払計上した利子費用500ユーロを支払うが、ユーロが対米ドルで上昇し、為替レートが1ユーロあたり1.25米ドルとなったため、財務会計上では625米ドルに換算される。未払計上利子額(500米ドル)と支払利子額(625米ドル)の差額、125米ドルは、連結財務諸表上、為替差損または追加利子費用として反映される。しかし、この借入金および利子費用は税務上の機能通貨であるユーロで換算されるため、この差額は課税所得に影響を与えない。

3．下表は、1年目および2年目の間の為替レートの変動による影響を示している。下表の左側は、2年目のA社の現地税法上の利益およびETR(ユーロで計算)、右側は、財務会計上の同一計算(米ドルで計算)を示している。その他利益および租税は、その年の終了日の為替レート1ユーロあたり1.25米ドルをもとに換算している。

税務上の機能通貨(ユーロ)		財務会計上の機能通貨(米ドル)	
その他利益	1,000	その他利益	1,250
為替差(損)益	－	為替差(損)益	(125)
課税所得	1,000	利益	1,125
租税	(200)	租税	(250)
ETR	20%	ETR	22.2%

4．この場合、ユーロ高により、米ドル換算したA社の為替差損または利子費用は増加するが、支払利子は税務上の機能通貨と同一通貨であるため、課税所得の計算上はA社の支払利子に係る為替差損は生じない。したがって、A社の税務上のETRは20%であるのに対し、財務会計上のETRは22.2%(すなわち250/1,125)である。

5．財務会計上発生した為替差損は、税務上の機能通貨と財務会計上の機能通貨との間の為替レートの変動に起因している。したがって、この損失は非対称外国為替差損益の定義第b項に該当する。財務会計上認識された損失額は、A社の財務会計上の純損益にプラスの調整として含めなければならない。GloBE損益およびETRの計算上、非対称外国為替差損益を含めた場合の影響は以下の表のとおりである。

財務会計上の機能通貨(米ドル)	
その他利益	1,250
為替差(損)益	(125)
非対称外国為替差(損)益調整	125
利益(GloBE所得)	1,250
C国租税	(250)
ETR	20%

事例3.2.1(f)－3
非対称外国為替差損益

1．A国に所在するA社は、GloBEルールの適用を受けるMNEグループのメンバーである。A社は、財務会計・税務の報告期間を暦年に定めている。A社は、税務上の機能通貨にユーロを、財務会計上の機能通貨に米ドルを使用している。1年目の英ポンド：ユーロの為替レートは1英ポンドあたり1.1ユーロ、英ポンドの対米ドルの為替レートは1英ポンド：1.8米ドル、米ドルの対ユーロの為替レートは1米ドルあたり0.61ユーロである。1年目に、A社は商品を英100ポンドで販売し、現地税務上110ユーロの売掛金を計上し、財務諸表上では180米ドルの売掛金を計上している。

2．2年目に、A社は1年目に計上した売掛金に係る100英ポンドを受領するが、英ポンドが上昇し、(i)対ユーロで1英ポンドあたり1.21ユーロ、(ii)対米ドルで1英ポンドあたり1.98米ドルとなったため、当該売掛金は121ユーロおよび198米ドルに換算される(2年目の米ドルの対ユーロの為替レートは1米ドルあたり0.61ユーロのままとする)。

3．英ポンドの上昇により、A社は税務上110ユーロで計上されていた売掛金に関して121ユーロ相当の英ポンドを受領したため、税務上11ユーロ(＝121－110)の利益が発生した。さらに、財務会計上180米ドルで計上されている売掛金について198米ドル相当の英ポンドを受領したため、財務会計上18米ドル(＝198－180)の利益となる。しかしながら、ユーロ建ての利益は、A国の法律に基づくA社の課税所得の計算には含まれないものとする。

4．下表は、1年目と2年目の為替レートの変動による影響額を示している。下表の左側は2年目のA社の現地税法上の利益およびETR(ユーロで計算)を示しており、右側は財務会計上の同一の計算(米ドルで計算)を示している。その他利益および租税は、その年の終了日の為替レートである1英ポンドあたり1.21ユーロおよび1英ポンドあたり1.98米ドルをもとに換算

している。

税務上の機能通貨(ユーロ)		財務会計上の機能通貨(米ドル)	
その他利益	200	その他利益	328
為替差(損)益	−	為替差(損)益	18
課税所得	200	利益	346
租税	(30)	租税	(49)
ETR	15%	ETR	14%

5．この場合、英ポンドが強くなることで、A社は米ドル換算での利益が増加する。財務会計上発生する為替差益は、第三の通貨(英ポンド)とA社の財務会計上の機能通貨との為替レートの変動に起因するため、非対称外国為替差損益の定義の第c項に該当する。したがって、財務会計上認識された当該利得の額は、A社の財務会計上の純損益のマイナス調整として含めることとなる。

6．第三の通貨(英ポンド)とA社の税務上の機能通貨との為替レートの変動に起因する為替差益は、非対称外国為替差損益の定義の第d項に該当する。第d項では、当該変動に起因する損益がA社の課税所得に含まれるか否かにかかわらず、財務会計上の純損益の調整を行うことが定められている。したがって、税務上の機能通貨に係る利得の額は、財務会計上の機能通貨に換算して、A社の財務会計上の純損益に加算調整することとなる。下表は、GloBE ETRの計算上、第c項および第d項の非対称外国為替差益の調整を含めた場合の影響額を示している。

財務会計上の機能通貨(米ドル)	
その他利益	328
為替差(損)益	18
非対称外国為替差(損)益調整(第c項)	(18)
非対称外国為替差(損)益調整(第d項)	18
利益(GloBE所得)	346
A国租税	49
ETR	14%

第3.2.1条第i項

事例3.2.1(i)−1
発生年金費用の調整

1．本事例は、第3.2.1条第i項に基づく発生年金費用に係る構成事業体の財務会計上の純損益に対する調整を説明している。

2．A社は、GloBEルールを実施しているA国に所在する。A社は、ABCグループの構成事業体であり、GloBEルールの適用対象である。A社は、A社の従業員への退職給付の管理・提供のみを目的として運営されている年金基金をA国設立している。A国は15％の法人所得税（CIT）を課しており、A国の国内税法では、年金基金に拠出された課税年度、または年金基金を通じて管理されていない年金給付の場合は年金受給者に支払われた時点で、年金債務に係る費用の損金算入が認められている。

3．A社は、1年目に100ユーロの収益があり、財務会計上20ユーロの発生年金費用を計上した。A社は、2年目に100ユーロの所得があり、年金基金に15ユーロを拠出している。

4．A社は、1年目に100ユーロの課税所得を計上し、15ユーロの租税債務を負っている。A国の税務上、財務会計上の発生年金費用は考慮されない。なぜなら年金基金への拠出がないからである。20ユーロの財務会計上の年金債務（未払年金費用）は、年金基金に拠出されるまで税務上損金算入されないことから、A社の財務会計上の負債の帳簿価額が税務上の負債の帳簿価額を20ユーロ上回ることとなり、3ユーロ（＝20ユーロ×15％）の繰延税金資産を計上した。この一時差異は、20ユーロが年金基金に拠出された時点で解消される。財務会計上、繰延税金資産を計上したことによって、A社の1年目の法人所得税は12ユーロ（＝15ユーロ－3ユーロ）となり、財務会計上のETRは15％（＝法人所得税12ユーロ／税引前利益80ユーロ）となる。

5．1年目において、A社の財務会計上の純損益は68ユーロ（＝収益100ユーロ－年金費用20ユーロ－法人所得税12ユーロ）であった。

6．GloBE所得・損失の計算においては、年金費用は、会計年度中の年金基金への拠出額を限度として費用として認められる。第3.2.1条第i項に基づき、A社の財務会計上の純損益は、以下の計算式に従って算出された額を調整することになる。

　　GloBEルール上の調整額＝（会計年度の発生収益または発生費用＋会計年度の支払額）×（－1）

　・発生収益は正の金額で表示
　・発生費用は負の金額で表示
　・支払額は正の金額で表示

7．1年目のGloBE調整額は、20ユーロ（＝（［－20ユーロ］＋［0］）×［－1］）であり、その結果、GloBE所得は100ユーロ（＝財務会計上の純損益68ユーロ＋年金費用に係る調整額20ユーロ＋法人所得税12ユーロ）となる。A社は財務会計上、繰延税金資産3を計上したが、第3.2.1第i項に基づくGloBEルール上の調整により、課税所得とGloBE所得の間の一時差異が消滅したため、A社の調整後対象租税の計算において、当該繰延税金資産の計上は無視される。したがって、ABCグループのA国におけるGloBE ETRは15％（＝調整後対象租税15／GloBE所得100）となる。本事例の1年目の計算結果は以下の表のとおりである。

収益	発生年金費用	年金基金拠出額	課税所得	法人所得税
100ユーロ	20ユーロ	0ユーロ	100ユーロ	15ユーロ
繰延税金資産	税金費用	財務会計上の純損益	GloBEルール上の調整	GloBE所得
3ユーロ	12ユーロ	68ユーロ	20ユーロ	100ユーロ

8．2年目において、A社は税引前利益100ユーロを計上し、年金基金に対して15ユーロを支払ったが、財務会計上の発生年金費用は0であった。また、A社は年金費用に係る繰延税金資産を3から0.75に減額し、2.25の正の繰延税金費用が発生した。国内税法上、A社の年金基金への拠出額15ユーロは課税所得において損金算入が認められることから、課税所得は85ユーロとなり、A国の租税債務は12.75ユーロとなる。また、A社の財務会計上の純損益も85ユーロ（＝収入100ユーロ－当期税金費用12.75ユーロ－繰延税金費用2.25ユーロ）となるが、(GloBE所得の算出において)第3.2.1条第i項に基づき、年金費用の拠出額について、上記の計算式に従って算出される額を、調整しなければならない。この結果、A社の財務会計上の純損益に対する調整額は、－15ユーロ（[0ユーロ＋15ユーロ]×[－1]）となり、その結果、GloBE所得は85ユーロ（＝財務会計上の純損益85ユーロ－年金費用に係る調整額15＋法人所得税12.75＋繰延税金費用2.25）となる。A社は財務会計上、繰延税金資産を2.25ユーロ減額したが、A社の調整後対象租税の計算において、当該繰延税金資産の取崩しは無視される。したがって、A国におけるABCグループのGloBE ETRは15％（調整後対象租税12.75ユーロ／GloBE所得85ユーロ）となる。本事例の2年目の計算結果は以下の表のとおりである。

収益	発生年金費用	年金基金拠出額	課税所得	法人所得税
100ユーロ	0ユーロ	15ユーロ	85ユーロ	12.75ユーロ
繰延税金資産	税金費用	財務会計上の純損益	GloBEルール上の調整	GloBE所得
0.75ユーロ	15ユーロ	85ユーロ	(15ユーロ)	85ユーロ

事例3.2.1(i)－2
発生年金費用の調整

1．以下を除き、事実関係は事例3.2.1(i)－1と同じである。

　a．3年目において、A社の収益は100である。
　b．年金基金の収入40ユーロ稼得する。
　c．A社の当年度の年金債務は10ユーロである。
　d．A社は繰延税金資産を0.75減少させた。

2．繰延税金資産が取り崩されたのは、年金基金の収益により、A社が1年目に計上した財務会計上の年金費用（5ユーロ）に対応する現金拠出を行う必要がなくなったためである。当該国・地域における税務上の損金算入は現金拠出に基づくことから（年金基金が収益を計上した結果基金への現金拠出が不要となり）、将来において税務上の損金算入は生じないこと

となる。A社の3年目の財務会計上の純損益には、年金剰余金純額30ユーロが収益として含まれている。財務会計上、年金剰余金に係る税効果は計上されないため、既存の繰延税金資産の取崩しにより発生する繰延税金費用0.75ユーロのみが発生する。

3．3年目において、財務会計上の純年金収益30ユーロはA国の税務上考慮されないため、A社の課税所得は100ユーロ、租税債務は15ユーロとなる。A社の財務会計上の純損益は114.25ユーロ（＝収益100ユーロ＋年金収益30ユーロ－当期税金費用15ユーロ－繰延税金費用0.75ユーロ）となる。

4．第3.2.1条第i項は、財務会計上の純損益に年金剰余金または年金収益が認識されている場合にも適用される。第3.2.1条第i項に基づき、以下の計算式に従って算出される額を、3年目のA社の財務会計上の純損益に対して調整する。

GloBEルール上の調整額＝（会計年度の発生収益または発生費用＋会計年度の支払額）×（－1）

・発生収益は正の金額で表示
・発生費用は負の金額で表示
・支払額は正の金額で表示

5．3年目のGloBEルール上の調整額は、－30ユーロ（＝（30ユーロ＋0ユーロ）×［－1］）であり、その結果、GloBE所得は100ユーロ（＝財務会計上の純損益114.25ユーロ－年金収益に係る調整額30＋当期税金費用15＋繰延税金費用0.75）となる。A社は、財務会計上、繰延税金資産を取崩したが、A社の調整後対象租税の計算において、当該繰延税金資産の取崩しは無視されることになる。したがって、A国におけるABCグループのGloBE ETRは15％（調整後対象租税15ユーロ／GloBE所得100ユーロ）となる。本事例の3年目の計算結果は、以下の表のとおりである。

収益	発生年金費用	年金剰余金純額	課税所得	法人所得税
100ユーロ	0ユーロ	30ユーロ	100ユーロ	15ユーロ
繰延税金資産	税金費用	財務会計上の純損益	GloBEルール上の調整	GloBE所得
0ユーロ	15.75ユーロ	114.25ユーロ	(30ユーロ)	100ユーロ

第3.2.3条

事例3.2.3－1（※）
クロスボーダー取引に関する独立企業要件

1．A国・地域に所在するA社と、B国・地域に所在するB社は、同一のMNEグループの構成事業体である。A国・地域の表面税率は25％であり、B国・地域は現地所在の事業体に対して法人所得税を課していない。B社は1年目にA社にサービスを提供する。本取引について、A社の財務会計上は100の費用が計上され、B社の財務会計上は100の収入が計上されている。しかし、税務上、A社はそのサービスについて150を損金算入している。

2．第3.2.3条では、グループ事業体間の取引は、同一価格で、独立企業原則に準拠していなければならないとしている。GloBEルールに基づく二重課税または二重非課税を排除するために必要な場合で、構成事業体が関連者間取引に起因する収益または費用の額について、財務会計上の額と異なる金額で税務申告する場合には、第3.2.3条により、財務会計上の純損益を調整する。

3．この事例では、A社は1年目の税務申告上150の費用、財務会計上100の費用を計上した。B社は1年目の財務会計で100の利益を計上した。その結果、MNEグループの所得のうち50については、A国・地域で課税されず、B国・地域ではトップアップ税額が課されない。GloBEルールにおいて二重非課税を防止するため、第3.2.3条では、A社は50の追加費用を、B社は50の追加所得を、1年目のGloBE所得・損失に含めることとなる。

事例3.2.3－2（※）
クロスボーダー取引に関する独立企業要件

1．本事例の事実関係は、A社がA国・地域と結んだユニラテラルの事前確認に従って、B社との取引による80の費用をA国・地域の税務申告書に計上したことを除き、事例3.2.3－1と同じである。

2．本事例では、A社は1年目のA国・地域の税務申告上で80の費用を計上し、財務会計上で100の費用を計上した。B社は1年目に財務会計上100の収益を計上した。その結果、A社はA国・地域で20の所得に対して課税され、B国・地域でもトップアップ税額が課される。二重課税を排除するため、GloBEルール第3.2.3条により、GloBE所得・損失の計算上、A社は20の費用を控除し、B社は20の所得を減額することとなる。

事例3.2.3－3（※）
クロスボーダー取引に関する独立企業要件

1．本事例の事実関係は、B国・地域における表面上の法人税率が7.5％であり、B社はA社との取引による50の所得をB国・地域と結んだユニラテラルの事前確認に従ってB国・地域で申告したことを除き、事例3.2.3－1と同じである。

2．本事例では、B社はB国・地域での1年目の申告書において50の所得を、財務会計上100の利益を計上した。A社は、A国・地域での1年目の申告書上および財務会計上で100の費用を計上した。A社のA国・地域での課税所得から控除され、B社のB国・地域での課税所得から除外された50の所得は、B社のGloBE所得・損失に含まれるため、GloBEルールにおいてはB国・地域でトップアップ税の対象となる。B社のB国税制に合わせて調整した場合、A国・地域で課税されず、B国・地域ではトップアップ税額が課税されなくなることから、GloBEルールでは二重非課税となると考えられる。したがって、第3.2.3条では、A社およびB社のGloBE所得・損失の調整を求めず、また認めないこととしている。

（※）事例3.2.3－1、3.2.3－2および3.2.3－3は、関連する税務申告書の提出と同時に調整されているため、第4.6.1条は関係しない。

第3.2.6条

事例3.2.6－1
キャピタルゲインを5年間にわたり分散させる選択

1．A社は、MNEグループの構成事業体である。A社は、A国に法人格を有する税務上の居住者であり、現地に有形資産を所有している。A社は、3年目に現地の有形資産を売却し、25ユーロの純資産譲渡損が発生した。A社は、5年目に残りの現地の有形資産を300ユーロで売却した。5年目に売却した現地の有形資産の帳簿価額は100ユーロであった。その結果、5年目に200ユーロの純資産譲渡益が実現した。A社は5年目の純資産譲渡益に関して、第3.2.6条に基づく年次選択を行った。

2．第3.2.6条のコメンタリーの説明のとおり、A社は、5年目に現地の有形資産を売却し、200ユーロの合計資産譲渡益を実現した。また、A社は、3年目にも25ユーロの純資産譲渡損を計上していたため、A社は、まず、第3.2.6条第b項に基づいて25ユーロの合計資産譲渡益を3年目に配分しなければならない。これは、第3.2.6条第b項は、選択年度における合計資産譲渡益について、まず最も古い損失年度に繰り戻して純資産譲渡損と相殺しなければならないと定めているからである。

3．その後、第3.2.6条第d項に従って、A社は残りの175ユーロを過去4会計年度および選択年度からなる遡及期間の各会計年度に均等に配分しなければならない。この結果、遡及期間の各会計年度に35ユーロを配分することになる。

4．第3.2.6条は実効税率調整条項である。第5.4.1条に従い、A社のGloBE所得・損失、ETRおよびトップアップ税額は、遡及期間の各会計年度において、第3.2.6条第d項により各年度に配分された合計資産譲渡益を含めて再計算しなければならない。

5．遡及期間の5年間における合計資産譲渡益の配分は、以下の表のとおりである。

資産譲渡益合計	1年目	2年目	3年目	4年目	5年目 （選択年度）
200ユーロ	35ユーロ	35ユーロ	60ユーロ	35ユーロ	35ユーロ

第3.2.7条

事例3.2.7－1
グループ内金融取引に関する特別ルール

1．A社は、10％の法人所得税率が適用されるA国に所在する構成事業体である。B社は、30％の法人所得税率が適用されるB国に所在する同じMNEグループの構成事業体である。後述する取引を行う前は、MNEグループにおけるA国でのETRは10％、B国でのETRは30％であった。

２．A社はB社に対して現金と引き換えに利付債を発行する(すなわち、A社がB社から借入を行う)。これは、財務会計上は負債として取り扱われるが、税務上はA国およびB国のいずれにおいても資本として取り扱われる。その結果、本利付債に係る支払いによりA社のGloBE所得・損失は減少するが、A社のA国国内での租税債務は減少しない。これは、支払利子はGloBE所得・損失に含まれるが、配当はA国およびB国の税法上の収益または費用に含まれないためである。同様に、本利付債に係る支払いによりB社のGloBE所得・損失は増加するが、B社のB国国内での租税債務は増加しない。本利付債の発行により、A国のGloBEルール上のETRは増加し、B国のETRは減少することとなる。

３．本取決めがグループ内金融取引であるか否かを判定するため、第3.2.7条に基づく分析が必要である。本取決めがグループ内金融取引に該当する場合、第3.2.7条の規定が適用される。

４．第10.1条に基づくグループ内金融取引とは、MNEグループの複数のメンバー間で締結され、高税率国・地域の取引相手が、直接または間接に軽課税事業体に信用供与またはその他の投資を行う取決めをいう。

５．第10.1条に基づき、高税率国・地域の取引相手とは、軽課税国・地域でない国・地域に所在する構成事業体、または、その構成事業体がグループ内金融取引に関して発生した収益または費用を含めることなくETRを計算した場合に軽課税国・地域でなくなるであろう国・地域に所在する構成事業体である。軽課税国・地域とは、MNEグループがGloBE純所得を有し、その期間のETRが最低税率未満になる国・地域である。

６．B社は、本取引にかかわらず、30％のETRが最低税率を上回っており、軽課税国・地域に所在していないため、高税率国・地域の取引相手となる。

７．B社は高税率国・地域の取引相手であるため、A社が軽課税事業体であるか否かを判定する必要がある。軽課税事業体とは、軽課税国・地域に所在する、または、分析対象の取引にかかわらず、軽課税国・地域となりうる国・地域に所在する構成事業体を意味する。A社のETRは10％であり、本取引にかかわらず最低税率未満であるため、A社は軽課税事業体である。

８．第3.2.7条の分析の最終段階では、本取決めが予定している期間において、以下のことが合理的に予想されるか否かで判定することとなる。

　a．本取決めにより、軽課税事業体（A社）に係るGloBE所得・損失の計算に含まれる費用の額を増加させること
　b．一方で、高税率国・地域の取引相手(B社)の課税所得がそれに見合って増加しないこと

９．B社とA社の間で発行された本利付債は、財務会計上は有利子負債として取り扱われるため、A社のGloBE所得・損失の計算に含まれる費用の額を増加させることにより、第3.2.7条の第一の要件を満たすこととなる。

10. また、B社とA社の間で発行された本利付債はB国の税務上は資本として取り扱われるため、B国に所在するB社の課税所得は増加しないことから、第3.2.7条の第二の要件も満たすことになる。

11. 第3.2.7条の要件をすべて満たしているため、B社とA社の間で発行された本利付債に係る支払利子は、A社のGloBE所得・損失の計算から除外されることとなる。

事例3.2.7－2
グループ内金融取引に関する特別ルールおよび軽課税事業体のETRの増加に使用される租税属性の使用

1．本事例の事実関係は、B社とA社の間で発行された利付債が、A国およびB国の税務上負債として取り扱われることを除けば、事例1と同じである。本利付債の発行時に、A社は高レバレッジであり、A国の税務上、追加的な支払利子を控除することはできない。また、B社も高レバレッジであり、B社とA社の間で発行された本利付債に係る受取利子を相殺消去して課税所得を生じさせないようにするのに十分な額の過年度における支払利子控除否認額の繰越額を有している。

2．A社が負担した支払利子は、A社のGloBE所得・損失の計算に含める費用の額を増加させるため、第3.2.7条の第一の要件を満たすことになる。

3．B社の課税所得がそれに見合って増加しないため、第3.2.7条の第二の要件も満たすことになる。これは、B社に係る繰越超過利子費用があるため、A社からの受取利子について、B国の課税所得はそれに見合って増加しないためである。

4．前事例と同様、第3.2.7条の要件をすべて満たしているため、B社とA社の間で発行された本利付債に係る支払利子は、A社のGloBE所得・損失の計算から除外されることとなる。

第3.3.1条

事例3.3.1－1
国際海運所得および適格付随的国際海運所得のGloBE所得・損失からの除外

1．本事例では、第3.3条で規定される国際海運所得と適格付随的国際海運所得の除外方法について説明している。ある構成事業体が200ユーロの財務会計上の純利益を得たとする。この構成事業体には、第3.3条の適用を受けない活動により得られた60ユーロの所得がある。さらに、この構成事業体は、100ユーロの国際海運所得および40ユーロの適格付随的国際海運所得がある。構成事業体に係るGloBE所得の計算上、国際海運所得および適格付随的国際海運所得を除外すること以外の調整は定められていない。その結果、当該構成事業体のGloBE所得は60ユーロ（＝200－(100＋40)）となる。

2．第3.3.1条で定められている調整は、以下の表のとおりである。

構成事業体のGloBE所得の計算

	純利益
[A] 財務会計上の純損益	200
[B] 所得（海運以外）	60
[C] 国際海運所得	100
[D] 適格付随的国際海運所得	40
[E] 第3.3.1条に基づく調整＝[C+D]	140
GloBE所得＝[A]－[E]	60

事例3.3.1－2
適格付随的国際海運所得が第3.3.4条の限度額を超える場合における国際海運所得および適格付随的国際海運所得の除外

1．本事例では、適格付随的国際海運所得の額が第3.3.4条で定められる限度額を超える場合に、第3.3条で定められる国際海運所得および適格付随的国際海運所得の除外方法について説明している。本事例の事実関係は、第3.3条が適用されない活動により生じた所得の額が40ユーロであり、適格付随的国際海運所得の額が60ユーロであることを除き、事例3.3.1－1と同じである。

2．第3.3.4条は、ある国・地域に所在するすべての構成事業体の適格付随的国際海運所得の合計は、これらの構成事業体の国際海運所得の50％を超えてはならないと定めている。したがって、本事例では、適格付随的国際海運所得の合計額は50ユーロが限度となる。その結果、当該構成事業体のGloBE所得は50ユーロ（＝200－(100＋50)）となる。

3．第3.3.1条で求められる調整は、以下の表のとおりである。

構成事業体のGloBE所得の計算

	純利益
[A] 財務会計上の純損益	200
[B] 所得（海運以外）	40
[C] 国際海運所得	100
[D] 適格付随的国際海運所得	60
[E] 第3.3.4条に基づく減額調整＝[C]×50％－[D]	(10)
[F] 第3.3.1条に基づく調整＝[C+D+E]	150
GloBE所得＝[A]－[F]	50

事例3.3.1－3
国際海運損失および適格付随的国際海運損失の除外

1．本事例では、第3.3条で定められる国際海運所得および適格付随的国際海運所得が負の

値の場合(すなわち、損失が発生した場合)の除外方法について説明している。

2．本事例の事実関係は、構成事業体が第3.3条の適用を受けない活動により得た所得が360ユーロであり、さらにこの構成事業体が100ユーロの国際海運損失および60ユーロの適格付随的国際海運損失を有することを除き、事例3.3.1－1と同じである。当該構成事業体の財務会計上の純利益は200ユーロであるが、当該構成事業体のGloBE所得は360ユーロ(＝200－(－100－60)＝200＋160)である。

3．第3.3.1条で求められる調整は、以下の表のとおりである。

構成事業体のGloBE所得の計算

	純利益
[A] 財務会計上の純損益	200
[B] 所得(海運以外)	360
[C] 国際海運所得	(100)
[D] 適格付随的国際海運所得	(60)
[E] 第3.3.1条に基づく調整 ＝ [C+D]	(160)
GloBE所得 ＝ [A]－[E]	360

― 542 ―

第4章－事例

第4.1.3条

事例4.1.3－1
純額ベースの課税

1．A社はGloBEルールの適用を受けるMNEグループのメンバーであり、20％の法人所得税を課すA国に所在している。ある会計年度において、A社は、第3.2.1条第b項に基づきGloBE所得・損失の計算から除外される配当100を受領する。しかしながら、この配当はA国で課税所得の計算に含まれる。

2．A社は同一会計年度にGloBE所得となるA国での課税所得100を追加で稼得する。したがって、A国の国内法上、A社は、200の課税所得（配当100＋営業利益100）およびA国租税40（200×20％）を計上する。

A社国内課税所得

	1年目
受取配当金	100
営業利益	100
A国課税所得合計	200
A国租税（20％）	(40)

A社GloBE所得

	1年目
受取配当金	0
営業利益	100
A社GloBE所得合計	100

3．第4.1.3条第a項では、GloBE所得・損失の計算から除外された所得に係る当期税金費用の額を、構成事業体の対象租税から減額することを定めている。したがって、GloBEルール上、除外された配当に係るA国租税は、A社のGloBEルール上の調整後対象租税から除外されなければならない。

4．第4.1.3条第a項の除外所得に起因する減少額の計算上、除外所得の額を当該国・地域の課税所得で除して当期税金費用を乗じることとされる。

5．本事例では、除外所得100（受取配当金）、課税所得200（受取配当金100＋営業利益100）がある。100を200で除した50％について、A社のA国での課税所得が減少する。この割合にA社のA国での税額40を乗じ、A社の対象租税の計算から20の税額を除外する。

6．その結果、A社の当期のGloBE所得は、（配当が除外されているため）100となり、ETRは20％（対象租税20/GloBE所得100）となる。

第4.1.5条

事例4.1.5－1
損失年度におけるトップアップ税の課税

1．A社は、GloBEルールの適用を受けるMNEグループの構成事業体である。A社は、A国に所在する唯一の構成事業体である。A国の国内法のもとでは、A社に課される唯一の租税は、15％の税率で課される法人所得税である。A国では、税務上の損失の繰越しを規定しており、納税者は、その損失をその後の期間に繰り越し、将来年度の課税所得から控除することができる。

2．1年目に、A社はGloBEルールによる収入120、支出220を計上し、当該期間におけるGloBE損失は100となる。しかしながら、A国の国内税法では、A社の収入は100として取り扱われる。これは、A社の収入のうち20が、A国の国内法で非課税とされているキャピタルゲインによるものであることに起因している。下表は、A社の国内法上およびGloBEルール上の所得計算を示したものである。下表の左側は、国内法に基づき計算したA社の損失で、右側は、GloBEルールで計算したA社の損失である。

国内法		GloBEルール	
収入	100	収入	100
		国内法に基づく譲渡益	20
支出	(220)	支出	(220)
合計所得（損失）	(120)	所得（損失）合計	(100)
租税（税効果）	(18)	調整後対象租税見込額	(15)

3．A社の国内法上の損失は、GloBEルール上計算される損失よりも大きい。A国の国内法に基づく20の追加損失は、A国の国内法上20のキャピタルゲインを含めないことに起因する（すなわち、当該追加損失は、非経済的損失に関する永久差異となる）。A社の税務上の損失により、財務会計上、税務上の損失に法人税率を乗じた額（120×15％＝18）の繰延税金資産が生じる。この繰延税金資産の発生額は、A社の第4.4.1条の繰延税金調整総額に含まれ、A社の第4.1.1条の調整後対象租税の減額として取り扱われる。繰越欠損金がA国のその後の会計年度で使用される場合、繰延税金資産は、同規定の仕組みにより、A社の調整後対象租税の加算項目として取り扱われる。

4．ある国・地域のGloBE純所得がない会計年度において、当該国・地域の調整後対象租税がゼロ未満で、調整後対象租税見込額に満たない場合、当該国・地域の構成事業体は、第

5.4条に基づいて、当該国・地域において、これらの金額の差額として当会計年度に生じる追加当期トップアップ税額を有するものと取り扱われる。調整後対象租税見込額は、ある国・地域のGloBE所得・損失に最低税率を乗じた額となる。

5．本事例では、A社はGloBE損失を計上し、A国に所在する唯一の構成事業体であるため、A国にはGloBE純所得がないこととなる。A社の当該年度の調整後対象租税見込額は、A社のGloBE損失(100)に最低税率15%を乗じたものである［(15) = (100)×15%］。

6．A社の調整後対象租税(18)は、A社の調整後対象租税見込額(15)を下回っている。したがって、A社は、第4.1.5条に基づき、1年目に3ユーロの追加トップアップ税額を計上する。1年目にA社に即時課税することは、A社の財務会計上およびGloBEルール上の繰延税金費用の整合性を維持しながら、国内税務上発生する追加の繰延税金資産を調整後対象租税の計算において認識できる(すなわち、財務会計上の繰延税金資産18ユーロがGloBEルール上でも使用される)ことを意味する。第4.1.5条は、永久差異により増額された税務上の欠損金がその後に使用される際に、A国のETRが過大に計算されることがないようにしている。

7．2年目に220の収入と100の支出があり、120の所得がGloBE所得と課税所得に含まれる。A社は、国内税法上、1年目に生じた120ユーロの繰越欠損金を使用しているため、2年目のGloBE所得は120、課税所得はゼロ、当期税金費用はゼロとなる。しかしながら、18ユーロの繰延税金資産の全額が、第4.4条により2年目の調整後対象租税の額に含まれ、トップアップ税額は発生しないことが見込まれる。

8．下表は、2年目のA社の国内税務上とGloBEルール上の所得計算を示したものである。表の左側は、A社の国内税務上の所得計算を示し、右側は、GloBEルール上のETR計算を示している。

国内法		GloBEルール	
収入	220	収入	220
支出	(100)	支出	(100)
繰越損失控除額	(120)		
合計所得(損失)	0	所得合計	120
		調整後対象租税の額	18
		GloBE ETR	15%

事例4.1.5－2
調整後対象租税

1．以下を除き、事実関係は、事例4.1.5－1と同じである。

　a．A1社とA2社は、GloBEルールの適用を受けるMNEグループの構成事業体であり、ともにA国に所在している。

b．1年目に、A1社は、事例4.1.5のA社と同様、GloBE損失100、繰延税金資産18を有している。
　　c．1年目のA2社のGloBE所得は50である。

2．この事例では、A国の調整後対象租税の額がゼロ未満かつ調整後対象租税見込額より少ない場合、A1社およびA2社は、第4.1.5条に基づき、1年目に生じるこれらの差に相当する追加当期トップアップ税額が発生することになる。

3．A1社およびA2社の1年目の調整後対象租税見込額は、当該国・地域のGloBE所得・損失に最低税率を乗じた額に相当する。A1社の繰延税金資産(18)は、A2社の対象租税7.5(15%×50)と合計されることになり、A国の調整後対象租税は(10.5)となる。A1社およびA2社の1年目の調整後対象租税見込額は、A1社およびA2社のGloBE損失50に最低税率15%を乗じた額(50×15%=7.5)である。

4．調整後対象租税の額(10.5)がゼロ未満で、かつ、調整後対象租税見込額(7.5)よりも少ないため、第4.1.5条に基づき、追加当期トップアップ税額3が生じる。A1社は、調整後対象租税の額がゼロ未満で、かつ、GloBE所得・損失に最低税率を乗じた額より少ないため、第5.4.3条に基づき、当該追加当期トップアップ税額3をA1社に配分する。

5．本事例の計算結果は、以下の表のとおりである。

	A1社	A2社	所在国・地域の合計額(A国)
GloBE所得・損失	(100)	50	(50)
繰延税金資産	(18)	―	
対象租税	―	7.5	
調整後対象租税見込額			(7.5)
調整後対象租税の額	(18)	7.5	(10.5)
追加当期トップアップ税額			3

事例4.1.5－3
調整後対象租税

1．A国の所得税率が25%であることを除き、事実関係は、事例4.1.5－2と同じである。

2．この事例では、A2社の調整後対象租税は12.5(=50×25%)である。GloBE損失に最低税率を乗じるため、1年目のA国における調整後対象租税見込額は(7.5)[=(50)×15%]である。A1社の繰延税金資産の額は、第4.4.1条に従って最低税率で再計算されたため(18)となり、A2社の調整後対象租税の額12.5に加え、A国での調整後対象租税の額は(5.5)となる。

3．A国の調整後対象租税額(5.5)は、調整後対象租税見込額(7.5)を下回らないため、本事

例においては、第4.1.5条に基づく調整は不要となる。A2社の1年目の発生税額は十分であるため、A1社の永久差異に係るトップアップ税額が課されないこととなる。本事例の計算結果は、以下の表のとおりである。

	A1社	A2社	所在国・地域の合計額(A国)
GloBE所得・損失	(100)	50	(50)
繰延税金資産	(18)	ー	
対象租税	ー	12.5	
調整後対象租税見込額			(7.5)
調整後対象租税の額	(18)	12.5	(5.5)
追加当期トップアップ税額			0

事例4.1.5－4
除外配当と第4.1.5条の適用

1．A社は、法人税率25％を課税するA国に所在する。A国の課税標準は、GloBEルール上の課税標準と同じである。ある会計年度において、A社は、第3.2.1条第b項に基づきGloBE所得・損失から除外される配当所得100を稼得した。また、A社は、当該会計年度において、当該配当所得に直接関連する150の費用を支出している。第3.2.1条第b項では、配当所得のみを除外するため、A社の当該会計年度のGloBE損失は150となる。A社の調整後対象租税見込額は(22.5)であり、GloBEルール上で計上された実際の繰延税金資産も(22.5)（すなわち、国内税務上の損失150に15％の最低税率を乗じた金額）であるため、第4.1.5条のトップアップ税額は生じない。

事例4.1.5－5
超過マイナス税金費用の取扱い

1．本事例は、第4.1.5条に基づく超過マイナス税金費用の取扱いを説明するものである。

2．X国で事業を行うMNEグループでは、1年目に100のGloBE損失が発生している。一方で、X国の国内税法のもとでは、MNEグループは1年目に300の純損失を計上している。X国の調整後対象租税見込額は(15)であるが、実際の調整後対象租税は(45)である。MNEグループは、超過マイナス税金費用の取扱いを適用することを選択し、1年目にトップアップ税額を支払わないものとする。繰越超過マイナス税金費用の金額は30となる。

3．MNEグループは、2年目にX国でGloBE所得300を稼得し、繰越欠損金300を全額適用して課税所得と相殺する。GloBEルール上は、繰越欠損金の使用により、1年目に計上した繰延税金資産(45)が取り崩されることとなる。しかし、1年目に超過マイナス税金費用の取扱いを選択したため、X国の2年目の調整後対象租税は、繰越超過マイナス税金費用の金額30

が減額される。その結果、2年目の調整後対象租税は15となり、ETRは5％（＝調整後対象租税15/GloBE所得300）となる。国・地域のトップアップ税率は10％（＝最低税率15％－ETR5％）となり、2年目にはトップアップ税額30が適用されることとなる。

第4.3.2条

事例4.3.2－1

1．X国にUPEを有するMNEグループは、X国においてBlended CFC税制が適用される。X国のBlended CFC税制のもとでは、CFCの株主は、所有者持分を保有するすべてのCFCの所得と税額につき、当該保有持分に対応する額を合算する。このBlended CFC税制のもとで（CFCの株主に対する）CFC課税が適用されないようにする十分な外国税額控除を得るためのCFCに係るETRは13.125％であるものとする。この税率はX国で適用される外国税額控除限度額の算式の影響は考慮されていない。

2．UPEは、A国（A社）、B国（B社）、C国（C社）にCFCを所有している。会計年度において、(Blended CFC税制の)対象となる所得が、A社において100、B社において50およびC社において25がそれぞれ発生している。当該UPEは各CFCを100％所有し、各CFCの所得はすべて当該事業体に係るBlended CFC税制の対象となる所得である。

3．国・地域別GloBE ETRは以下のとおりである。

　a．A国10％
　b．B国20％
　c．C国5％

4．Blended CFC税制のもとで、税額20がUPEに課され、当該税額20をCFCに配分しなければならないものとする。

5．各CFCのBlended CFC配分指数の計算は以下のとおりである。

事業体	配分基準の計算 （事業体の帰属所得× （適用税率－国・地域別GloBE ETR)）	Blended CFC配分基準 （左記配分基準の計算結果）
A社	100×（13.125％－10％）	3.125
B社	50×（13.125％－20％）	配分額なし
C社	25×（13.125％－5％）	2.031
すべてのBlended CFC配分基準額の合計額		5.156

6．Blended CFC税額20は、以下のとおり配分される。

事業体	配分金額の計算 （当該事業体のBlended CFC配分基準／全ての事業体のBlended CFC配分基準額の合計額）） 配分対象Blended CFC税額）	Blended CFC税額配分額 （左記配分計算の結果）
A社	（3.125/5.156）×20	12.12
B社	配分額なし	配分額なし
C社	（2.031/5.156）×20	7.88
Blended CFC税額配分額の合計額		20.00

事例4.3.2－2

1．事実関係は事例4.3.2－1と同様であるが、A国には2つの事業体が所在している。A1社は非構成事業体であり、A2社は構成事業体である。A1社は所得100を稼得し、そのうちの25が（Blended CFC税制の）対象となる所得である。A2社は所得75を稼得しており、そのすべてが対象となる所得である。

2．Blended CFC配分指数の計算は、以下のとおりである。

事業体	配分基準の計算 （事業体の帰属所得× （適用税率－国・地域別GloBE ETR））	Blended CFC配分基準 （左記配分基準の計算結果）
A1社	25×（13.125％－10％）	0.781
A2社	75×（13.125％－10％）	2.344
B社	50×（13.125％－20％）	配分額なし
C社	25×（13.125％－5％）	2.031
配分基準額の合計額		5.156

3．Blended CFC税額20は、以下のとおり配分される。

事業体	配分金額の計算 （当該事業体のBlended CFC配分基準／全ての事業体のBlended CFC配分基準額の合計額）） 配分対象Blended CFC税額）	Blended CFC税額配分額 （左記配分計算の結果）
A1社	(0.781/5.156)×20*	A1社は構成事業体ではないため計算から除外される
A2社	(2.344/5.156)×20	9.09
B社	配分額なし	配分額なし
C社	(2.031/5.156)×20	7.88
Blended CFC税額配分額の合計額		16.97*

＊Blended CFC税額の3.03（[0.781/5.156]×20）はA1社に帰属するが、A1社は構成事業体ではないため、MNEグループの調整後対象租税には含まれない。

第4.3.3条

事例4.3.3－1
調整後対象租税（CFC税額のプッシュダウン制限）

1．A社は、A国に所在するMNEグループの構成事業体である。A国は25％の法人税率を課し、CFC税制により、外国子会社（CFC）が稼得する受動的所得に対して株主において課税することとしている。

2．A社はB国に所在するB社を完全に所有している。B国は5％の法人税率を課している。B社はB国に所在する唯一の構成事業体である。

3．1年目に、B社のGloBE所得は100ユーロで、そのうち50ユーロはA国のCFC税制の対象となる受動的所得である。

4．A国は、B社が稼得した受動的所得50ユーロをCFC課税の対象としている。当該CFC課税は、B社が稼得した受動的所得にA国の法人税率25％を適用し、外国税額控除（FTC）を適用して計算される。したがって、A国でのCFC税額は10（＝[50×25％]－[50×5％]）となる。A社は1年目にその他の営業利益はない。以下の表は、A社およびB社の税額計算を示したものである。

A社（A国）	
A国所得金額	
営業所得	0
CFC合算所得（B社）	50
課税所得合計	50

B社（B国）	
B国所得金額	
営業所得	50
受動的取得	50
課税所得合計	100

A国租税	
営業所得に対する租税（25％）	0
CFC合算課税（25％）	12.5
外国税額控除額（CFC合算課税）	(2.5)
A国租税合計※	10

B国租税	
営業所得に対する租税（5％）	2.5
受動的所得に対する租税（5％）	2.5
B国租税合計	5

※他の所得はないため、全額がCFC税額に係るものである。

5．直接または間接の構成事業体所有者の財務諸表に含まれるCFC所得に係る持分相当額に対するCFC税額は、第4.3.2条第c項に基づき、当該CFCに配分される。ただし、CFC税額の配分は、第4.3.3条により制限される。

6．第4.3.3条により、CFC税額の配分額は、以下のいずれか少ない金額に制限される。

　ａ．当該受動的所得に係る実際の対象租税の額
　ｂ．子会社の所在国・地域で適用されるトップアップ税率に、CFC税制で合算される子会社の受動的所得の額を乗じた金額

この計算式において、トップアップ税率は、CFC税制で子会社に配分される対象租税を考慮せずに計算することとなる。

7．したがって、第4.3.3条に基づきA国からB国へ配分可能な（ETRを増加させる）CFC税額の限度額は、以下のように計算する。

・第一段階：B国のトップアップ税率は、構成事業体所有者の当該受動的所得に係る対象租税の額を考慮せずに計算する。当該税率は10％（＝15％－5％）である。
・第二段階：第一段階で計算されたトップアップ税率に、A国のCFC税制で合算される構成事業体の受動的所得の額を乗じる。当該金額は5ユーロ（＝50×10％）である。
・第三段階：第二段階で計算された金額と、受動的所得に係る実際のCFC税額のうち、いずれか少ない金額をB社に配分する。

8．この場合、第二段階の金額は5であるが、実際のCFC税額は10である。したがって、第4.3.3条に基づき、A国からB国に対し5の対象租税を配分することができる。第4.3.3条の制限がなければ、第4.3.2条第c項によりCFC税額10ユーロ全額をB国に配分することとなる。第4.3.3条は、A国からB国に配分するCFC税額により、CFC税制で課される所得について最低税率が適用されることとなる。A国における残りの5ユーロの対象租税はA社に帰属し、A国のETRの計算上の調整後対象租税に含まれる。下表は、第4.3.3条適用後のGloBEルール上の

計算を示したものである。

A社（A国）	
GloBE所得	0
対象租税	
A国租税	10
CFC税額のB国への配分額	(5)
A国調整後対象租税額	5
ETR	－
トップアップ税額	－

B社（B国）	
GloBE所得	100
うち受動的所得	50
対象租税	
B国租税	5
CFC税額のA国への配分額	5
B国調整後対象租税額	10
ETR	10%
トップアップ税額	5

第4.4.1条

事例4.4.1－1
繰延税金調整額－税額控除

1．A社は、A国に所在する唯一の構成事業体である。また、A社は、GloBEルールの適用を受けるMNEグループの構成事業体である。A国の国内法においてA社に課される税は25％の税率で課される法人所得税のみである。A国の課税標準は、GloBEルール上の課税標準と同じである。A国では、ある課税年度に少なくとも17％の法人所得税を納めなければならないというミニマム税の制度がある。

2．1年目に、A社はA国でGloBE所得100を稼得する。したがって、A社の当初の納税額は25であるが、A国はA社に15の特別税額控除を提供している。A国のミニマム税制により、17％の最低税率が適用されるため、1年目に使用できる特別税額控除は8のみである。残り7の特別税額控除は、将来の課税年度に繰り越すことができる。したがって、A社は1年目に17のA国租税を納付し、7の税額控除超過額を繰り越すことができる。

3．2年目に、A社はGloBE所得100を稼得し、A国での当初の納税額は25である。A社は、1年目からの繰越税額控除超過額7を適用し、2年目にA国租税18を納付する。

4．第4.4.1条第e項は、税額控除の発生と使用に関する繰延税金費用を除外すると定めており、1年目に発生した7の繰越税額控除超過額はGloBEルール上では繰延税金資産を生じさせないため、1年目のA国の調整後対象租税の額は減少しない。同規定を適用して、2年目に繰越税額控除超過額7を使用しても、2年目のA国の調整後対象租税は増加しない。その結果、A国のETRは、1年目17％（17/100）、2年目18％（18/100）となる。本事例の計算結果は、以下の表のとおりである。

	1年目	2年目
課税所得（GloBE所得）	100	100
A国法人税（25%）	(25)	(25)
税額控除	15	0
繰越税額控除使用額	0	7
最低課税（17%）への調整	(7)	0
租税債務	(17)	(18)
A国ETR	17%	18%
トップアップ税額	0	0
税額控除の繰越額	7	0

5．第4.4.1条第e項の規定がなければ、繰越税額控除により繰延税金資産が生じ、調整後対象租税が最低税率より低くなることから、A国での計算結果は、1年目の税額控除超過の発生により歪められることとなる。

第4.4.1条第e項

事例4.4.1(e)－1

1．ABC MNEグループは、Z国において構成事業体であるA社を100%所有している。A社は、Z国における当該MNEグループの唯一の構成事業体である。Z国は17.5%の法人所得税を課し、CFC税制を通じてA社の全世界所得に課税する。A社は、Y国に所在する構成事業体であるB社を100%所有している。Y国は20%の法人所得税を課している。B社の所得は、Z国においてA社の課税所得とされ、Z国のCFC税制のもとで国外源泉所得として合算課税される。Z国は、国外源泉所得に係るZ国の税額を相殺するための外国税額控除を認めている。Z国のCFC税制を除き、Z国とY国の課税標準はGloBEルールにおける課税標準と同じとする。

2．1年目に、A社はZ国において損失100を計上し、B社はY国において所得100を稼得したとする。B社は1年目にY国において税金20を支払う。A社は、Z国における課税所得がないため、Z国において納税はない。Z国では、国内源泉損失が国外源泉所得と相殺されるため、繰越欠損金は発生しない。Y国で1年目に（B社が）支払った税金は、Z国において（A社の）外国税額控除の対象となり、控除できない外国税額控除額は翌期に繰り越される。繰越欠損代替税金資産として、当該翌期に繰り越された外国税額控除額を最低税率により再計算した額に等しい額15が認識され、繰り越されることになる。

3．2年目に、A社はZ国において所得100を稼得し、B社のY国における損益はゼロであるとする。Z国の国内法では、1年目に繰越欠損金が発生しなかったため、繰越外国税額控除を使用して国内源泉所得100（に係る税額を）を相殺することが認められている。繰越外国税額控除が適用された場合、繰越欠損代替税金資産は取り崩され、調整後対象租税に加算される。したがって、Z国の2年目の調整後対象租税は15となり、トップアップ税額は発生しな

い。これは、Z国において、1年目に国内源泉損失に係る繰越欠損金が生じ、2年目に繰り越され適用された場合と同じ結果となる。

1年目	国外源泉所得（損失）	国内源泉所得（損失）	合計
A社所得（損失）	100	(100)	0
外国税額発生額（控除額）	20	0	20
欠損金発生額（控除額）	0	0	0
繰越外国税額控除額	20	0	20
Z国税額	−	−	0
Z国のGloBE所得（損失）		(100)	
Z国の調整後対象租税額		(15)	
2年目	国外源泉所得（損失）	国内源泉所得（損失）	合計
A社所得（損失）	100	100	100
外国税額発生額（控除額）	0	(17.5)	(17.5)
欠損金発生額（控除額）	0	0	0
繰越外国税額控除額	2.5	0	2.5
Z国税額	−	−	0
Z国のGloBE所得（損失）		100	
Z国の調整後対象租税額		15	

事例4.4.1(e)−2

1．ABC MNEグループは、Z国において構成事業体であるA社を100％所有している。A社は、Z国におけるMNEグループの唯一の構成事業体である。Z国は17.5％の法人所得税を課し、CFC税制を通じてA社の全世界所得に課税する。Z国は、国外源泉所得に課される税金に対して外国税額控除を適用する前に、国外源泉所得と国内源泉損失を相殺することを求めている。A社は、Y国に所在する構成事業体であるB社を100％所有している。Y国は30％の法人所得税を課している。B社の所得は、Z国のCFC税制のもと、A社の国外源泉所得として、合算課税される。Z国は、国外源泉所得を有する課税年度に生じた国内源泉損失に関する欠損金の繰越しを認める代わりに、ある課税年度において国外源泉所得が国内源泉損失と相殺された場合には、時間の経過に従い当該国外源泉所得が（租税債務の計算において）適切に考慮されるように、その後の課税年度において生じた国内源泉所得を国外源泉所得と再分類することを認めている。当該ルールに基づき（国外源泉所得と）再分類される所得の上限額は、国外源泉所得と相殺された国内源泉損失の額とされている。Z国は、繰越外国税額控除を認めていないが、当該再分類の仕組みにより、欠損金の繰越しが行われたとした場合と同等の結果を提供している。Z国のCFC税制を除き、Z国とY国の課税標準はGloBEルール上の課税標準と同じとする。

2．A社は1年目にZ国において損失100を計上し、B社はY国において所得100を稼得してい

る。B社は1年目にY国において税金30を納税する。A社は、Z国に課税所得がないため、Z国での納税はない。Z国においては、国内源泉損失が国外源泉所得と相殺されているため、繰越欠損金は発生しない。しかし、1年目の国内源泉損失100が国外源泉所得100と相殺された結果、将来の課税年度において生じた国内源泉所得100が国外源泉所得として再分類され、外国税額控除の使用が認められる。

3．本事例では、A社の繰越欠損代替税金資産の額は、Z国の税制のもとで(国外源泉所得の)取り戻しの対象となる国内源泉損失100に、国内で適用される税率17.5％を乗じ、最低税率15％で再計算した金額となる。この結果、1年目に繰越欠損代替税金資産15が生じることになる。

4．2年目に、A社はZ国において所得100を稼得し、B社はY国において所得200を稼得したとする。外国税額控除を考慮する前のA社のZ国の租税債務は52.5（＝300×17.5％）である。B社は、Y国に税額60を支払い、そのうちの35（＝200×17.5％）がZ国において外国税額控除として認められ、B社の所得200に係るZ国の税額から控除される。さらに、Z国の国内税法上、A社の国内源泉所得100は国外源泉所得として再分類されるため、さらに外国税額控除17.5を使用することができる。したがって、2年目にZ国において納税はないことになる。しかし、国内源泉所得が国外源泉所得として再分類され、当該再分類された国外源泉所得に係るZ国の税額から控除するために外国税額控除17.5が使用された場合、GloBEルールにおいては、繰越欠損代替税金資産が取り崩され、2年目のZ国の調整後対象租税に15が加算される。したがって、Z国の2年目の調整後対象租税は15となり、2年目にZ国においてトップアップ税額は課されないことになる。これは、Z国において、1年目に国内源泉損失に係る欠損金が生じ、2年目に当該欠損金が繰り越され適用された場合と同じ結果となる。

5．繰越欠損代替税金資産の取崩しを反映した調整後対象租税への加算は、再分類された年における再分類により使用された追加の外国税額控除の額を限度とすることに留意する。したがって、2年目に生じた国内源泉所得を国外源泉所得に再分類しても、（2年目に）Z国において追加の外国税額控除が認められなかった場合、繰越欠損代替税金資産の取崩しにより、2年目のZ国の調整後対象租税が加算されることはない。

1年目	国外源泉所得(損失)	国内源泉所得(損失)	合計
A社所得(損失)	100	(100)	0
外国税額発生額(控除額)	30	0	30
欠損金発生額(控除額)	0	0	0
繰越外国税額控除額	0	0	0
Z国税額	ー	ー	0
Z国のGloBE所得(損失)		(100)	
Z国の調整後対象租税額		(15)	

2年目	国外源泉所得(損失)	国内源泉所得(損失)	合計
A社所得(損失)	200	100	300
外国税額発生額(控除額)	(35)	(17.5)	(52.2)（B社納税額は60だがZ国税率17.5%が上限となる）
欠損金発生額(控除額)	0	0	0
繰越外国税額控除額	0	0	0
Z国税額	—	—	0
Z国のGloBE所得(損失)		100	
Z国の調整後対象租税額		15	

第5章－事例

第5.2.1条

事例5.2.1－1
超過マイナス税金費用の取扱い

1．本事例では、第5.2.1条の超過マイナス税金費用の取扱いを説明する。

2．X国で事業活動を行うMNEグループAは、1年目にGloBE所得200を稼得したが、X国の国内税法上は、1年目に欠損金100を計上した。当該MNEグループは、税務上の欠損金により繰延税金資産15を計上し、マイナスの税金費用15を計上した。当該MNEグループは（最低税率を超えるトップアップ税率が発生することから、第5.2.1条に従い）、1年目に超過マイナス税金費用の取扱いを適用する必要がある。したがって、調整後対象租税は当該マイナスの税金費用を除外するため0となり、ETRは0%となるため、1年目のトップアップ税額は30（＝GloBE所得200×(15%－0%)）となる。繰越超過マイナス税金費用の金額は15である。

3．2年目に、当該MNEグループは、GloBE所得100を稼得するが、繰越欠損金100により、X国の租税は生じていない。繰越欠損金が使用された場合、繰越欠損金に関して計上されていた繰延税金資産15が取り崩される。この結果、調整後対象租税は暫定的に15となる。しかし、超過マイナス税金費用の取扱いが1年目に適用されたため、繰越超過マイナス税金費用の金額が2年目に適用され、2年目の調整後対象租税は0となる。その結果、当該国のETRは0%となり、2年目のX国に係るトップアップ税額は15（＝GloBE所得100×(最低税率15%－ETR 0%)）となる。

第5.3.4条

事例5.3.4－1

1．A社は、GloBEルールの適用を受けるX国に所在するMNEグループAの構成事業体である。B社は、X国に所在するMNEグループBの構成事業体であり、GloBEルールの適用対象である。A社はB社に機械をリースしており、B社はその機械をX国内で使用している。当該リース契約によれば、リース開始日は2024年1月1日、リース期間は3年、リース料は毎年100,000ユーロである。賃借人（であるB社）の追加借入利子率は5%である。適用される財務会計基準に従い、A社はこのリースをオペレーティングリースに分類する。2024年期首現在、機械の帳簿価額は1,200,000ユーロ、耐用年数は15年である。

2．適用される財務会計基準に従い、B社は当該リース契約を使用権資産に分類する。B社は、2024年1月1日に、その時点で支払われていないリース料に対し、追加借入利子率5%を用いて現在価値を計算し、リース負債を測定する。リース開始日以降、B社は原価モデルを適用

して使用権資産を測定する。リース開始日におけるB社の償却スケジュールは以下のとおりである。

会計期間	支払リース料	利息相当額	リース負債減額分	リース負債残高	減価償却費	リース資産残高
期首残高				272,325		272,325
2024	100,000	13,616	86,384	185,941	90,775	181,500
2025	100,000	9,297	90,703	95,238	90,775	90,775
2026	100,000	4,762	95,238	0	90,775	0

3．B社のカーブアウトの計算におけるリース機械の帳簿価額は、以下のように計算される。

　　a．2024年、カーブアウトの計算における帳簿価額は226,912.5（＝(272,325＋181,500)/2）
　　b．2025年、カーブアウトの計算における帳簿価額は136,137.5（＝(181,500＋90,775)/2）
　　c．2026年、カーブアウトの計算における帳簿価額は45,387.5（＝(90,775＋0)/2）

4．オペレーティングリースでは、A社はリース料を収益として認識し、原資産の減価償却方法は、同様の資産に対する賃貸人であるA社の通常の減価償却方法と一致する。A社の減価償却スケジュールは以下のとおりである。

会計期間	リース料収入	未経過リース料	収益	減価償却費	リース資産残高
期首残高		300,000			1,200,000
2024	100,000	200,000	100,000	80,000	1,120,000
2025	100,000	100,000	100,000	80,000	1,040,000
2026	100,000	0	100,000	80,000	960,000

5．A社のカーブアウトの計算におけるリース機械の帳簿価額は、以下のように算定される。

　　a．2024年、カーブアウトの計算における帳簿価額は910,000（＝(1,200,000＋1,120,000)/2－250,000）
　　b．2025年、カーブアウトの計算における帳簿価額は930,000（＝(1,120,000＋1,040,000)/2－150,000）
　　c．2026年、カーブアウトの計算における帳簿価額は950,000（＝(1,040,000＋960,000)/2－50,000）

事例5.3.4－2

1．A社がY国に所在していることを除き、事実関係は事例5.3.4－1と同じである。機械は、B社によってX国内で使用されているため、A社にとっては適格有形資産ではない。

事例5.3.4－3

1．A社およびB社の両方がMNEグループAの構成事業体であることを除き、事実関係は事例5.3.4－1と同じである。

2．適格有形資産の帳簿価額は、内部売上に係る相殺消去仕訳を考慮して計算される。賃貸人と賃借人が同じ国・地域に所在する場合には、適格有形資産の帳簿価額は、グループ会社間リースに係る相殺消去仕訳を考慮した上で計算される。したがって、A社にはカーブアウトが認められ、X国のカーブアウトにおける適格有形資産の帳簿価額は、以下のように計算される。

　　a．2024年、カーブアウトの計算における帳簿価額は1,160,000（＝(1,200,000＋1,120,000)/2）
　　b．2025年、カーブアウトの計算における帳簿価額は1,080,000（＝(1,120,000＋1,040,000)/2）
　　c．2026年、カーブアウトの計算における帳簿価額は1,000,000（＝(1,040,000＋960,000)/2）

第5.3.7条第a項

事例5.3.7（a）－1
実質ベースの所得除外

1．本事例では、フロースルー事業体が、適格人件費と適格有形資産を有する場合における実質ベースの所得除外を説明する。

2．A社は、A国に所在するABグループのUPEである。A社は、B1社の所有者持分の50％及びB2社の所有者持分の100％を保有している。B1社の残りの所有者持分は、B2社(45％)およびグループ外の事業体(5％)が保有している。

3．B1社は、フロースルー事業体であり、B国で事業を行っている。B1社がB国で事業を行うことに起因して、A社はB国にPEを有するものとされている。A社、B1社、B2社および当該PEは、ABグループの構成事業体である。

4．B1社は、1年目に1,000ユーロのGloBE所得を獲得し、B国内で勤務する従業員に関して200ユーロの適格人件費を負担し、B国に所在する400ユーロの適格有形資産を所有している。

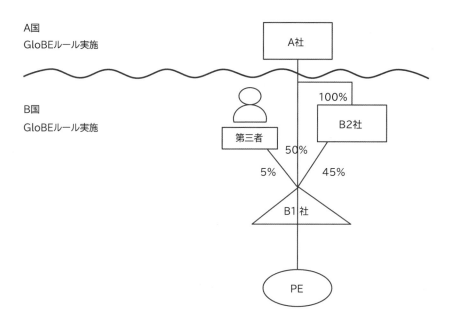

5．B1社のGloBE所得は、以下のように減額され、配分される。まず、第3.5.3条に基づいて、B1社のGloBE所得から、グループ事業体でない者に配分される50ユーロを減額する。次に、B1社のGloBE所得のうち500ユーロを第3.4条に従ってPEに配分し、第3.5.1条第a項に従って、そのGloBE所得から減額する。最後に、B1社のGloBE所得のうち残りの450ユーロを、第3.5.1条第b項に基づき、B2社に配分する。

6．B1社の適格人件費および適格有形資産は、以下のように配分される。第5.3.6条に基づき、B1社の適格人件費の50％（100ユーロ）および適格有形資産の50％（200ユーロ）がPEに配分される。次に、B1社の適格人件費の45％（90ユーロ）および適格有形資産の45％（180ユーロ）について、B2社がB国に所在することから、第5.3.7条第a項により、B2社に配分される。B1社の適格人件費の残り（10ユーロ）および適格有形資産の残り（20ユーロ）は、第5.3.7条第c項に基づき、いずれの構成事業体においても実質ベースの所得除外額の計算に含まれないことになる。

第5.5.2条

事例5.5.2－1
デミニマス除外－1年に満たない会計年度に係る平均値の計算の調整

1．本事例では1年に満たない会計年度がある場合に、平均GloBE収入と平均GloBE所得の計算がどのように調整されるかを説明する。

2．ABCグループの会計年度は暦年であり、B国に唯一の構成事業体であるB社を所有して

いる。B社は、7月1日に設立され、1年目のGloBE収入は100万ユーロ、GloBE所得は5万ユーロであった。2年目のGloBE収入は100万ユーロ、GloBE所得は10万ユーロであった。3年目のGloBE収入は300万ユーロ、GloBE損失は20万ユーロであった。B社のGloBE収入、GloBE所得・損失は、B国でしか発生していない。本事例では、デミニマス除外の計算がどのように行われ、B社に係るトップアップ税額が3年目にゼロとみなされるかどうかを判定する。

3．第5.5.2条に基づく平均額の計算は、会計年度が同一期間であることを前提としている。ある会計年度が1年に満たない期間である場合、当該平均値は、当該1年に満たない会計年度の期間に対応するGloBE収入およびGloBE所得（または損失）を12か月の期間に引き直して計算する。したがって、1年目において、B社のGloBE収入とGloBE所得は6か月（7月1日～12月31日）のみの期間に生じたものであるため、1年目のGloBE収入とGloBE所得を2倍（＝12/6）にして、年間のGloBE収入およびGloBE所得の平均値を計算することになる。

4．平均値の計算は、以下のように行われる。

5．この国の3年間の平均GloBE収入は、以下のとおりである。
　　（［2×100万ユーロ］＋100万ユーロ＋300万ユーロ）／3＝200万ユーロ

　　そして、この国の3年間の平均GloBE所得・損失は、以下のとおりである。
　　（［2×5万ユーロ］＋10万ユーロ＋［－20万ユーロ］）／3＝0ユーロ

6．B国の平均GloBE収入は1000万ユーロ未満、かつ、B国の平均GloBE所得は100万ユーロ未満である。したがって、GloBEルールに基づき、申告構成事業体がデミニマス除外適用の選択をした場合、B国に係る3年目のトップアップ税額はゼロとみなされる。

第6章－事例

第6.2.1条第e項

事例6.2.1(e)－1
MNEグループに加入または離脱する構成事業体

1．ABCグループは、2年目の9月30日に、完全に保有している構成事業体であるC社の全株式をDEFグループに200ユーロで売却する。C社は、1年目の終了日においてABCグループの連結財務諸表を作成する際に計上された帳簿価額(2年目開始日の帳簿価額)100ユーロの適格有形資産である資産を1つ所有している。当該資産は2年目にABCグループによる保有期間について80ユーロの減価償却を行ったため2年目終了日における簿価は20ユーロとなっている。いずれのグループの会計年度は12月に終了する。

2．第5.3.4条における資産の帳簿価額の計算は、UPEの連結財務諸表を作成するために計上された帳簿価額の申告年度開始日と終了日の平均に基づいて行われることとなる(第5.3.5条参照)。第6.2.1条第e項に基づき、当該資産の帳簿価額は、C社がABCグループのメンバーであった会計年度の期間に応じて調整されなければならない。したがって、ABCグループに係る当該資産の帳簿価額は、45ユーロ［＝([100＋20]/2)×(9/12)］となる。

3．DEFグループの場合、申告年度(2年目)の開始日時点では、買収したC社の適格有形資産の帳簿価額はゼロである。しかしながら、UPEの連結財務諸表では、減価償却累計額を調整したDEFグループによる取得価額に基づく当該資産の公正価値が反映されているため、2年目終了日における帳簿価額は200ユーロである。DEFグループの申告年度(2年目)の開始日および終了日における当該資産の帳簿価額と、C社がDEFグループのメンバーであった2年目の期間を考慮すると、第6.2.1条第e項に基づく当該資産の帳簿価額は、25ユーロ［＝([0＋200]/2)×(3/12)］となる。

第7章－事例

第7.1.1条第a項

事例7.1.1(a)－1
フロースルー事業体であるUPE

1．A社は、MNEグループのUPEであるフロースルー事業体である。A社はA国に所在し、会計年度は1月31日に終了する。個人1はA国の国内税法上の居住者であり、個人2はB国の国内税法上の居住者である。個人1と個人2はそれぞれA社の所有者持分の50%を保有している。第1年の1月31日に終了する会計年度において、A社はA国の国内税法およびGloBEルール上、140,000ユーロの所得を計上する。

2．A国の国内税法上、A社の所得のうち70,000ユーロは、第1年の12月31日に終了する歴年の個人1の課税所得に含まれる。個人1の課税所得の計算には、A国で行っている別の事業から生じた損失50,000ユーロも含まれる。A国の国内税法に基づく個人1の課税所得は20,000ユーロ（＝70,000－50,000）であり、個人1は当該課税所得に対してA国で20%の税率で課税される。

3．A国の国内税法上、個人2はA国内にPEを有するものとして取り扱われ、当該PEの課税所得にはA社の課税所得70,000ユーロが含まれる。個人2はA国において、第1年の12月31日に終了する暦年の当該PEに係る所得に対して20%の税率で課税される。

4．UPEであるフロースルー事業体は、(1)その保有者が当該MNEグループの会計年度終了の日後12か月以内に終了する課税期間において当該UPEの所有者持分に帰属する所得に対して課税され、かつ、(2)当該UPEの所有者持分の保有者が当該所得のすべてについて最低税率以上の表面税率で課税される場合には、第7.1.1条第a項第i号に基づき、当該UPEのGloBE所得から当該所有者持分に帰属する額を減額することとなる。

5．個人1は、A社の会計年度終了の日である1年目の1月31日から12か月以内である1年目の12月31日に終了する課税期間においてA社のGloBE所得に係る個人1の持分割合相当額に課税されることになるが、当該租税債務の支払いはA社の会計年度終了の日から12か月以内に生じない。また、個人1は、A社のGloBE所得に係る持分割合相当額について、最低税率以上の表面税率で課税される。A国の課税所得の計算上、A社のGloBE所得の持分割合相当額を他の事業損失と相殺することが認められていたとしても、個人1は当該所得全額について課税されていることとされる。したがって、A社は、第7.1.1条第a項第i号に従って、1年目の1月31日に終了する会計年度のGloBE所得から、個人1が保有する所有者持分に係る70,000ユーロを減額する。A社は、第7.1.3条に基づき、当該GloBE所得の減額に応じた対象租税を減額することとなる。

6．個人2は、A社の会計年度終了後12か月以内に終了する課税期間において、A社のGloBE

所得に係る個人2の持分割合相当額に対して課税される。また、個人2は、当該所得の全額に対して、最低税率以上の表面税率で課税される。したがって、A社は、第7.1.1条第a項第i号に従って、第1年の1月31日に終了する会計年度のGloBE所得から、個人2が保有する所有者持分に係る70,000ユーロを減額する。本事例の結果は、下表のとおりである。

	個人1	個人2
GloBE所得	70,000	70,000
最低税率	15%	15%
表面税率	20%	20%
第7.1.1条第a項第i号によるGloBE所得減額の適用	あり	あり

事例7.1.1(a)－2
フロースルー事業体であるUPE

1．C社はMNEグループのUPEであるフロースルー事業体であり、かつ、税務上透明な事業体である。C社は、5％の法人税率が適用されるC国に所在している。C社の1年目の12月31日に終了する会計年度の課税所得およびGloBE所得は200,000ユーロである。C社の所得に係る調整後対象租税の額は10,000ユーロ（＝200,000×5％）で、当該税額は対象租税の定義に該当する（第4.2条参照）。

2．個人3はC国の税務上の居住者であり、C社の所有者持分の50％を保有している。C社の1年目の会計年度の所得に係る個人3の持分割合相当額は95,000ユーロ（＝[200,000－10,000]×50％）である。個人3には、暦年で11％の表面税率による個人所得税が課される。1年目の12月31日に終了する会計年度における個人3のC社の所得に対する持分割合相当額は、1年目の12月31日に終了する暦年における個人3のC国の課税所得に含まれる。C国がC社の所得に対して課税したことにより生じる租税について、個人3はその持分割合相当額について税額控除をすることが認められていないものとする。

3．C社は、個人3に適用される個人所得税率が最低税率を下回る表面税率である11％のため、第7.1.1条第a項i号に従ってGloBE所得を減額することができない。しかしながら、UPEであるフロースルー事業体は、(1)その保有者がMNEグループの会計年度終了の日から12か月以内に終了する課税期間において当該UPEの所有者持分に帰属する所得に対して課税され、(2)当該所得に係る当該UPEの調整後対象租税および当該UPEの所有者持分の保有者の租税の合計額が、当該所得の全額に最低税率を乗じた額以上になることが合理的に見込まれる場合、第7.1.1条第a項に従い、所有者持分に帰属するGloBE所得の額を当該GloBE所得の額から減額することとなる（第7.1.1条第a項第ii号参照）。

4．個人3は、C国において10,450ユーロ（＝C社の税引後所得95,000×11％）の税額を支払うことが合理的に見込まれている。個人3に帰属する100,000ユーロのGloBE所得について個人3

およびC社が支払う租税の額の合計は、15,450ユーロ（＝個人3が支払う10,450ユーロ＋C社が支払う5,000ユーロ）であり、当該所得の全額に最低税率を乗じて計算される（100,000ユーロ×15％）金額（15,000ユーロ）を超えることとなる。したがって、C社は、1年目の200,000ユーロのGloBE所得から、個人3の所有者持分に帰属する100,000ユーロのGloBE所得を減額することになる。C社は、第7.1.3条に基づき、対象租税の額を比例的に減額する。本事例の計算結果は、下表のとおりである。

	ユーロ
GloBE所得	100,000
最低税率による租税	15,000
租税（C社）	5,000
租税（個人3）	10,450
租税合計	15,450
第7.1.1条第a項第ii号によるGloBE所得減額の適用	あり

事例7.1.1(a)－3
フロースルー事業体であるUPE

1．事実関係は以下を除き、事例7.1.1(a)－2(改訂版)と同じである。

　a．個人3は、自己の持分割合に帰属する所得に関してC社が支払った租税について、損金算入ではなく、税額控除を受けることができる。
　b．適用される法令に基づき、1年目に個人3の持分割合に帰属するC社の税引前利益の額は100,000ユーロ（＝50％×200,000ユーロ）である。

2．個人3は、C国において6,000ユーロの租税（＝11％×C社の税引前利益100,000ユーロ（－）税額控除5,000ユーロ）を支払うことが合理的に見込まれている。個人3の持分に帰属するGloBE所得100,000ユーロに対して、個人3およびC社が支払う税額の合計は11,000ユーロ（＝個人3が支払う6,000ユーロ＋C社が支払う5,000ユーロ）であり、当該所得に最低税率（100,000ユーロ×15％）を乗じて得られる金額（15,000ユーロ）を超えない。したがって、C社の1年目のGloBE所得200,000ユーロから、第7.1.1条第a項第ii号に基づき個人3の所有者持分に帰属するGloBE所得100,000ユーロを減額することはできない。本事例の計算結果は、下表のとおりである。

	ユーロ
GloBE所得	100,000
最低税率(15%)による税額	15,000
C社の税額	5,000
個人3の税額	6,000
C社と個人3の合計税額	11,000
第7.1.1条(a)(ii)に基づくGloBE所得の減額	なし

第7.1.4条

事例7.1.4－1
フロースルー事業体であるUPE

1．A社は、ABCグループのUPEである。A社は、2つの保有者がそれぞれ所有者持分の50％を保有している。A社は、A国で組成されたフロースルー事業体であり、税務上透明な事業体である。A社は、A国およびB国で事業を行っている。A社がB国で事業活動を行う場合の事業拠点はB国でPEを構成する。A社は、ある会計年度においてA国およびB国で合計300ユーロのGloBE所得を稼得した。

2．第3.4条および第3.5条の規定に基づき、A社の所得のうち100ユーロがB国に所在するPEに配分されるものとする（第3.5.1条第a項参照）。B国は、当該PEに配分された100ユーロの所得について、A社の保有者に対し15％の表面税率で課税し、各保有者はB国に対して7.5ユーロ（合計15ユーロ）の税額を納付することとなる。

3．B国では、A社の所有者持分の保有者は最低税率に等しい表面税率で課税され、各保有者が支払う7.5ユーロの税額は、PE所得に対する各保有者の持分に最低税率を乗じて計算した金額（所得50×最低税率15％）に相当すると見込まれる。したがって、第7.1.4条に従い、B国においてPEのGloBE所得は100ユーロ減額される。

4．本事例の計算結果は、下表のとおりである。

	B国
所得配分額	100ユーロ
税率	15％
支払租税	15ユーロ
最低税率を上回る（下回る）租税	0ユーロ
第7.1.4条の適用	あり

第7.3.4条

事例7.3.4－1
適格分配時課税制度

1．A社はMNEグループの構成事業体であり、適格分配時課税制度を導入している国・地域に所在している。分配(およびみなし分配)は15%の税率で課税される。第7.3.1条に基づく選択は、当該国・地域において1年目、2年目および3年目について行われる。A社は1年目、2年目および3年目において実際の分配もみなし分配も行わないものとする。

2．1年目にA社は100ユーロのGloBE所得を稼得し、第7.3.2条第a項に基づき15ユーロのみなし分配税額を計上する。したがって、1年目終了時点におけるみなし分配税額リキャプチャー勘定の残高は15ユーロとなる(第7.3.4条参照)。

3．2年目にA社で120ユーロのGloBE純損失が生じる。第7.3.3条に基づき、GloBE純損失に最低税率を乗じ(120×15%＝18)、みなし分配税額リキャプチャー勘定残高15ユーロを0ユーロに減額する(第7.3.3条第b項)。みなし分配税額リキャプチャー勘定を超過する3ユーロ(＝18－15)は、リキャプチャー勘定損失繰越額の残高となる。

4．3年目にA社は100ユーロのGloBE所得を稼得し、最低税率となるよう15ユーロのみなし分配税額を計上する(第7.3.2条第a項を参照)。みなし分配税額リキャプチャー勘定は15ユーロ増加し、2年目のリキャプチャー勘定損失繰越額の残高が3ユーロ減額することにより、3年目のみなし分配税額リキャプチャー勘定残高は12ユーロとなる。

(ユーロ)

	1年目	2年目	3年目
GloBE所得(または損失)	100	(120)	100
最低税率による租税	15	(18)	15
みなし分配税額リキャプチャー勘定	15	0	12
リキャプチャー勘定繰越損失	0	3	0

第9章－事例

第9.1.1条

事例9.1.1－1

1．A社は、2023年12月31日に終了する会計年度において初めてGloBEルールの適用を受けることになるMNEグループの構成事業体である。A社は、A国に所在しており、A国は全世界所得課税制度を適用し、二重課税の可能性を軽減するために外国税額控除を規定している。A国は20％の法人税率を課している。また、A国におけるA社の課税年度は12月31日に終了する。

2．A社は、2022年にB国における投資によって、B国で源泉税30の対象となる受取利子100を稼得した。A国の国内税法において、A社は、2022年に源泉税20を税額控除として使用し、残りの源泉税10の税額控除の繰越が認められた。A社は、財務諸表において、繰延税金資産10を計上した。

3．また、2022年において、A社は、一定の要件を満たす研究開発費の支出を行い、投資税額控除10を付与された。これに伴い、A社は、財務諸表において、繰延税金資産10を認識した。

4．繰越税額控除に係る繰延税金資産は、移行年度およびそれ以降の会計年度において考慮されるが、適用される国内税率が最低税率以上であるため、当該繰延税金資産は最低税率で再計算される。繰越外国税額控除10および繰越投資税額控除10から生じる繰延税金資産は、第9.1.1条のコメンタリーに記載されている計算式に従って再計算される。これらの事実に基づき再計算された、各繰越税額控除から生じる繰延税金資産は、7.5（＝[繰延税金資産10/国内税率20％]×最低税率15％）となる。

事例9.1.1－2

1．A社が投資税額控除を繰延税金資産としてではなく、財務諸表上の収益として取り扱ったことを除き、事実関係は事例9.1.1－1と同じである。投資税額控除は適格還付税額控除の定義を満たさないものとする。2027年に、A社は、投資税額控除10を適用し、2027年度分の現金納税額を減額したとする。A社の調整後対象租税は、その年に適用された投資税額控除額によって減額されることはない。

第9.1.3条

事例9.1.3－1
第9.1.3条に基づく*資産の帳簿価額および繰延税金資産*

1．本事例は、資産の帳簿価額と繰延税金資産に関する第9.1.3条のルールの適用を説明している。

2．A社はA国に所在し、B国に所在するB社とC国に所在するC社を完全に所有している。B国は法人所得税を課していないが、C国は15％の法人所得税を課している。

3．A社は、2021年度以前のすべての会計年度において、B社およびC社の資産、負債、収益、費用およびキャッシュフローを連結財務諸表に含めていた。したがって、以下に記載する譲渡の時点で、当該MNEグループに関してGloBEルールが適用されていたとするならば、B社およびC社はA社をUPEとするMNEグループの構成事業体であった。

4．B社は、貸借対照表上の帳簿価額が1000万ユーロであるが、時価が1億1000万ユーロの無形資産を所有していた。B社またはMNEグループの財務諸表には、この無形資産に関する繰延税金資産は計上されておらず、当該資産はB社で棚卸資産とされていなかった。2021年12月5日に、B社は当該無形資産をC社に1億1000万ユーロで売却した。

5．各社の資本関係、所在国および当該資産の譲渡取引は、以下の図のとおりである。

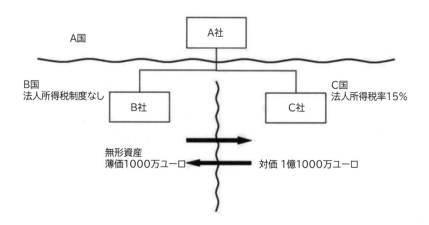

6．C国は税務上の資産の帳簿価額を取得原価により認識することとしているため、C社の無形資産の現地税務上の帳簿価額は1億1000万ユーロとなる。A社の連結財務諸表作成に使用されている財務会計基準において、C社の無形資産の帳簿価額は、取得原価である1億1000万ユーロではなく、1000万ユーロとされている。ただし、当該財務会計基準に基づき、C社は、当該無形資産に関し、財務会計上の帳簿価額と税務上の帳簿価額の差額1億ユーロに起因する1500万ユーロの繰延税金資産を計上している。

7．グループ内売却は、2021年11月30日の翌日以後、移行年度開始前の期間において行われたため、第9.1.3条が適用され、C社の取得した無形資産のGloBEルール上の帳簿価額は、B社の売却時の帳簿価額（1000万ユーロ）に、その後の資本的支出または償却を調整した金額となる。B国は法人所得税を有していないため、売却前にB社またはMNEグループの財務諸表に当該無形資産に係る繰延税金資産は計上されておらず、また、売却益はB社の課税所得に

含まれず、売却に係る税金は支払われなかった。したがって、GloBEルール上、当該無形資産に係る繰延税金資産は認識されない。

事例9.1.3－2
第9.1.3条に基づく資産の帳簿価額および繰延税金資産

1．事実関係は、以下を除き、事例9.1.3－1と同じである。

　a．B国は20％の法人税率を課している。
　b．B社は、6000万ユーロの収入から4000万ユーロの費用を控除した2000万ユーロのその他課税所得を計上した。
　c．B社は、2021年12月31日に終了した課税年度の課税所得総額1億2000万ユーロ(グループ内の資産譲渡による所得1億ユーロ、通常業務による所得2000万ユーロ)に対して2400万ユーロの税金(税率20％)を支払った。

2．C社は、第9.1.3条に基づき、グループ内取引である資産譲渡からの利得に係る(B社の)支払税額または当該利得の15％のいずれか低い方の金額と同額の繰延税金資産の計上を認められている。B社はすべての所得に対して20％の税率が適用されたため、1億ユーロの当該利得に対して2000万ユーロの税金を支払った。C社は、取得した無形資産に関して、1500万ユーロのGloBEルール上の繰延税金資産を計上することができる。本事例の事実に基づき、C国は15％の法人税率を課しているため、第9.1.3条に基づき設定された(GloBEルール上の)繰延税金資産の金額は、C社の個別財務諸表において財務会計上認識された繰延税金資産の金額と偶然にも一致している。当該(GloBEルール上の)繰延税金資産は、財務会計上取り崩される繰延税金資産と同じく毎年調整される。

事例9.1.3－3
第9.1.3条に基づく資産の帳簿価額および繰延税金資産

1．事実関係は、以下を除き、事例9.1.3－2と同じである。

　a．B社には、加速償却による譲渡資産に係る200万ユーロの繰延税金負債があり、税務上の帳簿価額はゼロ、財務会計上の帳簿価額は1000万ユーロであった。
　b．B社は、課税対象となる資産譲渡益として1億1000万ユーロ(＝1億1000万ユーロ－ゼロ)を計上する。この譲渡益は全額B社の課税対象となり、対する納税額は2200万ユーロ(1億1000万ユーロ×20％)となる。

2．C社は資産を1000万ユーロで認識する。当該資産のGloBEルール上の帳簿価額は1000万ユーロである。

3．GloBEルール上認識されうる繰延税金資産または負債に関して、二段階の分析を行う。(i)B社において取引の直前に存在した繰延税金資産または負債は、GloBEルール上、C社に

おいても認識されるが、15％（最低税率とC社に適用される法人税率のいずれか低い方）で再計算される、(ii)当該譲渡取引に関連してC社で計上される繰延税金資産または負債は、第9.1.3条のコメンタリー第10.8項に定める条件を満たす場合に考慮される。本事例において、C社は、以下のGloBEルール上の繰延税金資産および負債を認識することとなる。

（百万ユーロ）

	C社
法人税率	15％
譲渡取引直前に存在した繰延税金負債	(1.5)
譲渡取引に関連して生じた繰延税金資産	16.5
繰延税金費用(純額)	15

4．当該資産の譲渡取引に関連してB社が税金を支払わなかった場合、第9.1.3条に従い、C社は繰延税金資産を認識できず、(B社において)譲渡直前に存在した繰延税金負債のみがC社のGloBEルール上の繰延税金負債として150万ユーロ(最低税率で再計算後)が認識されることとなる。

事例9.1.3－4
第9.1.3条に基づく資産の帳簿価額および繰延税金資産

1．事実関係は、以下を除き、事例9.1.3－1と同じである。

　a．B社には、キャピタルゲインに対して10％、キャピタルゲイン以外の所得に対して20％の税率が適用された。
　b．B社は、その他の所得に対して400万ユーロ(税率20％)および無形資産の売却に対して1000万ユーロ(税率10％)の税金を支払った。
　c．B社は2021年12月31日に終了した課税年度において、1億2000万ユーロの課税所得に対して合計で1400万ユーロの税金を支払った。

2．C社は、第9.1.3条に基づき、グループ内取引である資産譲渡に係る譲渡益について、納税額または譲渡益の15％のいずれか低い方の金額と同額の(GloBEルール上の)繰延税金資産の計上を認められている。B社は無形資産の売却益に対して10％の税率が適用され、1億ユーロの売却益に対して1000万ユーロの税金を支払った。C社は、取得した無形資産に関して、1000万ユーロのGloBEルール上の繰延税金資産を計上することができる。

事例9.1.3－5
第9.1.3条に基づく資産の帳簿価額および繰延税金資産

1．事実関係は、以下を除き、事例9.1.3－1と同じである。

a．B社はすべての所得に対して10％の税率が適用される。
　　b．B国では、税務上の欠損金の無期限繰越が認められている。
　　c．B社は2000万ユーロの損金算入可能な損失が生じていた。
　　d．したがって、B社は2021年12月31日に終了した課税年度の課税所得総額8000万ユーロに対して800万ユーロの税金(税率10％)を支払った。

2．無形資産の売却益がB社の所得に含まれていなければ、B社は2000万ユーロの損失を計上し、200万ユーロの繰延税金資産を計上したこととなる。C社は、第9.1.3条に基づき、グループ内の資産譲渡に係る譲渡益の15％か、次の合計額のいずれか少ない金額に相当する繰延税金資産の計上が認められる。ⅰ)資産譲渡に係る(B社の)納税額、ⅱ)第9.1.1条に基づき、資産譲渡に係る譲渡益が(B社の)課税所得に含まれなかったとした場合に認識されたであろう繰延税金資産の額。C社は、取得した無形資産に関して、1000万ユーロのGloBEルール上の繰延税金資産を計上することができる。

3．GloBEルール適用初年度に、C社が当該資産を1億1000万ユーロで第三者に売却するとする。財務会計上の帳簿価額は1000万ユーロであり(財務会計上の償却は行われないものとする)、財務会計上は1億ユーロ相当の売却益が計上される。しかし、当該資産の税務上の帳簿価額は1億1000万ユーロ(税務上の償却も行われないものとする)であるため、当該売却による当期税金費用は発生しないこととなる。一方、取得時に計上した1000万ユーロの繰延税金資産は取り崩され、C社の調整後対象租税に含まれることになる。C社には、当該年度に他の所得がなかったと仮定すると、C国のETRは10％(＝調整後対象租税1000万ユーロ/GloBE所得1億ユーロ)となる。

事例9.1.3－6
第9.1.3条に基づく資産の帳簿価額および繰延税金資産

1．事実関係は、以下を除き、事例9.1.3－1と同じである。

　　a．B社は、国内税法上の繰越欠損金1億ユーロ(第9.1.1条に定める要件を満たすものとする)および対応する繰延税金資産2000万ユーロを有する。
　　b．B国の税率は20％で、税務上の欠損金の無期限繰越が認められている。
　　c．B社は、2021年12月31日に終了した課税年度について、利用可能な税務上の欠損金との相殺により支払う税金はなかった。

2．C社は、(B社の課税所得の計算において)グループ内の譲渡によって発生した譲渡益との相殺がなければ、第9.1.1条に基づいて認識されていたであろう繰延税金資産の金額を上限として、第9.1.3条に基づく繰延税金資産の計上を認められている。B社の税務上の繰越欠損金1億ユーロに起因する2000万ユーロの繰延税金資産は、2021年11月30日以前に発生したものであり、移行年度以前に繰越期限が到来しないため、第9.1.1条に基づき認識することができる。したがって、C社には1500万ユーロの(GloBEルール上の)繰延税金資産の計上が認め

られる。

事例9.1.3-7
第9.1.3条に基づく資産の帳簿価額および繰延税金資産

1．A社の連結財務諸表作成に使用された財務会計基準のもと、C社において、購入した無形資産の財務会計上の帳簿価額は1億1000万ユーロであるため、税務上の帳簿価額と等しくなるということを除き、事実関係は、事例9.1.3-2と同じである。したがって、本事例では、財務会計上、繰延税金資産は計上されていない。それにもかかわらず、第9.1.3条に基づき、当該資産のGloBEルール上の帳簿価額は1000万ユーロとなり、1500万ユーロのGloBEルール上の繰延税金資産が計上される。

2．(C社における)当該資産の帳簿価額1億1000万ユーロは、税務上および財務会計上、10年にわたり定額法によって償却されるものとする(年間1100万ユーロ)。これに対応して、第9.1.3条に基づき計算されたGloBEルール上の繰延税金資産は、毎年150万ユーロが取り崩されることになる。当該償却および第9.1.3条に基づき計算された繰延税金資産の取崩しは、C社が当該年度にGloBEルールの適用を受けるか否かにかかわらず、毎年発生する。

3．GloBEルールの適用を受ける各年度について、C社が財務諸表に時価で資産を計上したことに起因する年間1000万ユーロ(1100万ユーロ－100万ユーロ)の追加償却は、C社のGloBE所得・損失の計算から除外しなければならない。ただし、(GloBEルール上の)繰延税金資産の取崩額はC社の調整後対象租税に含まれるため、追加GloBE所得のETRへの影響は無くなる(すなわち、ETRの分子は毎年150万ユーロ増加し、1000万ユーロの追加GloBE所得に対して15％のETRが生じることとなる)。

4．同様に、C社がGloBEルールを適用する年度に資産を第三者に売却した場合、売却によるGloBE所得・損失は、売却時のGloBEルール上の帳簿価額に基づいて計算され、残存する(GloBEルール上の)繰延税金資産は取り崩され、C社の調整後対象租税に含まれる。したがって、C社が2年後に資産を1億ユーロで売却した場合、GloBEルール上の帳簿価額は800万ユーロ(＝1000万ユーロ－200万ユーロの償却)、GloBE所得・損失は9200万ユーロ(＝1億ユーロ－800万ユーロ)となる。一方、財務会計上および税務上の帳簿価額は8800万ユーロ(＝1億1000万ユーロ－2200万ユーロの償却)であり、計上されるキャピタルゲインは1200万ユーロ(1億ユーロ－8800万ユーロ)である。したがって、GloBE所得・損失は、キャピタルゲインの増加分に相当する8000万ユーロ増加するが、残存する(GloBEルール上の)繰延税金資産(1200万ユーロ、すなわち8000万ユーロに15％を乗じた金額)は取り崩されるため、ETRの計算において、増加したGloBE所得の影響は無くなる。

5．あるいは、(本事例においては)第9.1.3条により認められる(GloBEルール上の)繰延税金資産は、第9.1.3条の対象となる利得の15％と等しいため、C社は当該資産の財務会計上の帳簿価額をGloBE所得・損失の計算のために使用することができる。

第10章－事例

第10.1条

事例10.1－1
財務諸表の作成が求められず財務諸表を作成しない非公開事業体

1．本事例では、財務諸表の作成が求められておらず、財務諸表を作成していない非公開事業体に関して、第10.1条における連結財務諸表の定義第d項および支配持分の定義第b項に定めるみなし連結テストについて説明する。

2．投資会社はA国に所在する非公開会社であり、財務諸表を作成することが求められておらず、財務諸表を作成していない。投資会社は、IFRS第10号における投資企業ではない。投資会社は、事業本社、事業本社の子会社である事業会社1および事業会社2のすべての所有者持分を（直接または間接に）保有している。事業本社はA国に所在し、証券取引所で取引される債券を発行しており、A国の証券規制機関によって、A国における承認された財務会計基準であるIFRSに準拠した財務諸表の作成が求められている。また、投資会社は、MNE親会社1とその子会社1、およびMNE親会社2とその子会社2のすべての所有者持分を（直接または間接に）保有しているが、これらの会社は、財務諸表を作成することが求められていない。資本関係および事業体の所在地は、以下の図のとおりである。

図表1.1 資本関係図

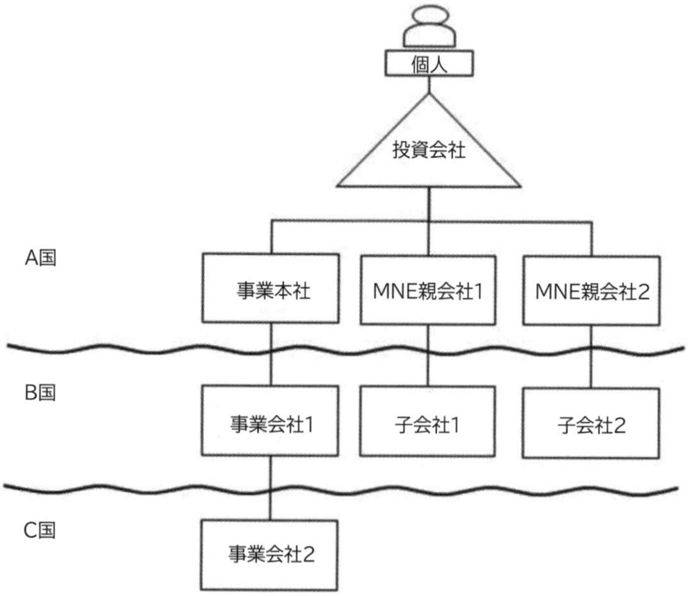

3．投資会社は、その所在国・地域の許容された財務会計基準であるIFRSに基づき財務諸

表を作成していたとした場合には、自らの財務数値に事業本社、事業会社1、事業会社2、MNE親会社1、子会社1、MNE親会社2および子会社2の財務数値を項目ごとに連結することが求められることになるため、これらの会社の支配持分を保有しているとみなされる。事業本社が投資会社を含まない連結財務諸表を作成しているという事実は、支配持分の定義第b項に基づいて行う投資会社が有する支配持分に係る分析に影響を与えることはない。

4．投資会社は、承認された財務会計基準に従った財務諸表を作成していないため、連結財務諸表の定義第d項が適用される。つまり、投資会社の連結財務諸表は（仮に投資会社が連結財務諸表の作成を求められたならば）A国における承認された財務会計基準であるIFRSに基づき作成することが求められる連結財務諸表である。したがって、当該MNEグループには、投資会社、事業本社、事業会社1、事業会社2、MNE親会社1、子会社1、MNE親会社2および子会社2が含まれる。

事例10.1－2
投資に係る連結を求められない投資事業体

1．本事例では、投資事業体が、その投資について連結することを求められない場合において、第10.1条における連結財務諸表の定義第d項および支配持分の定義第b項に定めるみなし連結テストについて説明する。

2．投資会社は、A国で設立され、A国の税務上の居住者であり（GloBEルール上の）投資ファンドである。投資会社は、A国の証券取引所で取引される株式を市場で発行している。A国の法令によって、投資会社は、IFRSに従って財務諸表を作成することが求められている。投資会社は、サービス会社および事業本社の発行済株式のすべてを保有している。サービス会社は、投資会社に対して会計およびその他の投資サービスを提供しているA国における税務上の居住者である。事業本社は、事業会社1および事業会社2の日常業務を能動的に管理しているA国における税務上の居住者である。事業本社は、B国の税務上の居住者である事業会社1およびC国の税務上の居住者である事業会社2の株式の100％を（直接または間接に）保有している。資本関係および事業体の所在地は、以下の図のとおりである。

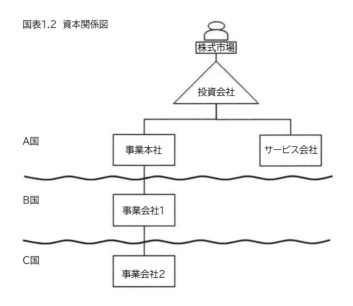

国表1.2 資本関係図

3．投資会社は、IFRS第10号に基づく投資企業である。投資会社は、投資会社自身とサービス会社の財務数値を項目ごとに連結する連結財務諸表を作成している。一方、投資会社は、事業本社、事業会社1および事業会社2の発行済株式のすべてを（直接または間接に）保有しているが、事業本社、事業会社1および事業会社2（の財務数値）を項目ごとに連結することを求められていない。ただし、IFRS第10号に従い、公正価値法に基づき、投資会社の財務諸表に（事業本社、事業会社1および事業会社2に対する）投資実績を反映させることが求められている。事業本社は、IFRS第10号に基づく投資企業ではないため、IFRSに従い、事業本社自身と事業会社1および事業会社2の財務数値を項目ごとに連結した連結財務諸表を作成している。

4．この場合、投資会社は、許容された財務会計基準でもある承認された財務会計基準のIFRSに基づき、サービス会社の財務数値を自らの財務数値と連結することを求められているため、サービス会社の支配持分を保有していることとなる。一方、投資会社は、自社の連結財務諸表の作成に使用された承認された財務会計基準、すなわちIFRSにおいて、事業本社、事業会社1および事業会社2の財務数値を自らの財務数値と連結することを求められていないため、これらの会社の支配持分を保有していないこととなる。同様に、投資会社は、連結財務諸表の定義第a項に定められている財務諸表（すなわち、投資会社が支配持分を保有する事業体（サービス会社）の財務数値を連結するIFRSに基づく連結財務諸表）を作成しているため、この状況においては、連結財務諸表の定義第d項は適用されない。

事例10.1－3
財務諸表を作成していない投資事業体

1．本事例では、財務諸表を作成することを求められておらず、財務諸表を作成していない投資事業体に関して、第10.1条における連結財務諸表の定義第d項および支配持分の定義第b項に定めるみなし連結テストについて説明する。

2．本事例の事実関係は、投資会社がいかなる目的のためにも財務諸表を作成することを求められておらず、作成していないことを除き、事例10.1－2と同じである。

3．この場合、投資会社がIFRSに基づき連結財務諸表を作成していたとした場合には、サービス会社の財務数値を自らの財務数値に項目ごとに連結することを求められることから、支配持分の定義第b項に従い、投資会社はサービス会社の支配持分を保有しているものとみなされる。しかしながら、投資会社がIFRSに基づき連結財務諸表を作成していたとした場合でも、事業本社、事業会社1および事業会社2の財務数値を自らの財務数値に項目ごとに連結することを求められないことから、投資会社はこれらの会社の支配持分を保有しているとはみなされない。

4．同様に、連結財務諸表の定義第d項が投資会社に対して適用される。投資会社の連結財務諸表は、連結財務諸表の定義第d項に基づき、連結財務諸表を作成することが求められるとした場合（例えば法令または規制機関によって求められるとした場合）に、承認された財務会計基準（許容された財務会計基準または比較可能性を阻害する重要な差異を防止するために一定の調整を加えた他の財務会計基準のいずれか）に基づき作成されることになる連結財務諸表である。投資会社は、その所在国・地域で適用される財務会計基準であるIFRSに基づきサービス会社の財務数値を連結することを求められることになる。一方、IFRS第10号に従い、投資会社は、事業本社、事業会社1および事業会社2の財務数値を連結することを求められることはない。

事例10.1－4
財務諸表を作成していない投資事業体以外の事業体

1．本事例では、財務諸表の作成を求められておらず、財務諸表を作成していない投資事業体以外の事業体に関して、第10.1条における連結財務諸表の定義第d項および支配持分の定義第b項に定めるみなし連結テストついて説明する。

2．本事例の事実関係は、事業本社が、いかなる目的のためにも、事業会社1および事業会社2の財務数値を含む財務諸表の作成を求められておらず、作成もしていないことを除き、事例10.1－2と同じである。

3．この場合、事業本社がIFRSに基づく連結財務諸表を作成していたとした場合には、事業会社1および事業会社2の財務数値を自らの財務数値に項目ごとに連結することが求められることから、支配持分の定義第b項に従い、事業本社はこれらの会社の支配持分を保有しているとみなされる。

4．同様に、連結財務諸表の定義第d項は事業本社に対して適用される。事業本社の連結財務諸表は、連結財務諸表の定義第d項に基づき、連結財務諸表の作成を求められるとした場合（例えば、法令または規制機関によって求められるとした場合）に、承認された財務会計基準（許容された財務会計基準または比較可能性を阻害する重要な差異を防止するために一定

の調整を加えた他の財務会計基準のいずれか）に基づいて作成される連結財務諸表である。事業本社は、その所在国・地域で適用される財務会計基準であるIFRSに基づき、事業本社自身と事業会社1および事業会社2の財務数値を連結することが求められることになる。事例10.1－2において説明している理由により、投資会社は、事業本社、事業会社1および事業会社2の支配持分を保有しているとはみなされない。事業本社の所在国・地域において、IFRS以外の他の承認された財務会計基準があり、本件事例の事実関係において、当該他の承認された財務会計基準（許容された財務会計基準以外の基準を適用する場合には比較可能性を阻害する重要な差異についての調整を考慮したもの）により、事業本社が事業会社1と事業会社2を連結することを求められない場合に、事業本社は、GloBEルール上、（IFRS以外の）当該他の承認された財務会計基準に基づき、その子会社を連結しないことができる。このような状況下で、連結財務諸表の定義第d項は、事業本社に対してIFRSに基づく連結財務諸表を作成することを求めているわけではないため、GloBEルールにおいて、事業本社は（当該他の承認された財務会計基準を選択することにより）MNEグループのUPEとして取り扱われないことになる。

監訳者あとがき

　本書は、OECD/G20のBEPS（税源浸食と利益移転）包摂的枠組みによって承認され、OECD事務局から公表された第2の柱モデルルール（2021年12月公表）ならびにこのモデルルールに係るコメンタリーおよび事例集（2022年3月公表）に、その後の運用指針（2023年末までの公表）で示された内容を書き加えた改定版を翻訳（仮訳）したものです。

　第2の柱は、法人税率引下げについてのいわゆる「底辺への競争（race to the bottom）」への対応に係るものであり、グローバルでの法人最低（ミニマム）税率に各国が合意することで各国企業間の競争条件を同等にすることを狙いとしています。法人税率は各国の課税主権に基づいて各国独自に設定することが可能とされるなかで、各国での競うような法人税率引下げを国際的に阻止することは、事実上困難と長年みられていました。また、OECDにおける有害な租税競争（harmful tax competition）プロジェクトにおいても、OECD加盟国間でさえ議論の収束が容易ではなかったところです。このような経緯に鑑みますと、最低法人税率課税ルールについて、このように約140の国・地域が参加するBEPS包摂的枠組みにおいてグローバルで具体的対応がなされることへの合意を得られたことは、まさに画期的であり、極めて感慨深いものがあります。

　BEPS包摂的枠組みではBEPS行動計画の15項目について検討され、第2の柱とともに議論されてきた第1の柱は、行動計画1（デジタル経済課税への対応）として新たに市場国へ課税権を配分しようとするものです。第1・第2の柱いずれも従来制度での考え方を大きく変えるものであり、それだけにかなり複雑で理解の難しいところがありますが、当面、第2の柱が先行して共通ルールとして各国で採用されつつあり、わが国でも「国際最低課税額に対する法人税」として2024年からIIRが実施されるとともに、今後、それを補完するルールであるUTPRおよびQDMTTについてもそれぞれ「国際最低課税残余額に対する法人税」、「国内最低課税額に対する法人税」として法制化され、2026年から実施されることになっています。

　したがって、この新たなグローバルミニマム課税制度（GloBEルール）に係る第2の柱モデルルールおよびそのコメンタリー等の翻訳は、本ルールに対するグローバルでの考え方の理解とともに、この新たな課税制度をわが国で実施するにあたって、制度の内容およびその具体的適用関係を理解する上で極めて有用なものであると考えられます。とりわけ、この新制度では、新しい概念・用語がかなり使用されていますので、翻訳に際しては、原文に即して忠実に訳しつつも、意味のわかりにくいところは適宜かっこ書きなどで補足説明を行い、できるだけわかり易くなるよう配慮いたしました。本書を通じて少しでも広くこの制度の理解に役立つことができれば、たいへん幸いです。

　なお、本改訂版では、新たに順次公表された運用指針（実施ガイダンス）の内容を該当箇所や付属文書で取り込んでおり、これにより本制度の内容についての更なる理解とともに、具

体的実施に係る各国間での共通理解が深められるようになっています。また、今後、本制度を巡って各国間で異なる解釈の生じる可能性もあり得ることから、税の安定性(tax certainty)に向けての各国間協力も、引き続き鋭意検討される予定です。これらの取組みは包摂的枠組みへの参加国・地域の本制度定着への熱意を強く感じさせるものであり、また、本制度がグローバルで幅広く採用され定着していくことは、今後の国際課税制度の新たな発展につながるものと感じます。

　最後に、国際課税分野への造詣も深い日本租税研究協会には快く本件翻訳の許可・ご支援を頂きましたことに厚く感謝申し上げますとともに、本書刊行にあたっての労を各段階でとって頂いた出版社の方々に改めて御礼を申し上げます。

翻訳者一覧

【監訳】

PwC税理士法人　デジタル経済課税対応支援チーム
岡田　至康

【主要翻訳者（50音順）】

浅川　和仁
磯山　晶子
大森　紘一
上村　聡
城地　徳政
白土　晴久
鈴木　俊二
鶴田　将吾
長井　郁子
松本　弥生
山岸　哲也

【翻訳者（50音順）】

鬼頭　朱実
小林　秀太
神保　真人
高澤　歩夢
沼尻　雄樹

グローバル税源浸食防止(GloBE) Pillar Two
モデルルール・コメンタリー・事例集
〔改訂版〕

令和7年4月4日印刷
令和7年4月11日発行

    監訳者 岡田 至康
    翻 訳 PwC税理士法人
           デジタル経済課税対応支援チーム

  発行所 公益社団法人日本租税研究協会

      東京都千代田区丸の内3丁目3番1号
      新東京ビル2階241区
      TEL 03-6206-3945
      FAX 03-6206-3947
      E-mail：j-tax-as@soken.or.jp

  印刷所 日本印刷株式会社
       TEL03 —5911 —8660